新时代中国农村发展与政策研究

宋洪远 等 著

中国农业出版社

北 京

前 言

FOREWORD

　　自 1991 年我到农业部（现农业农村部）农村经济研究中心工作以来，每隔三五年都将我和同事们撰写的有关中国农村经济和政策问题的分析研究报告结集出版。编写出版的目的，不只是在于对过去几年的研究工作进行自我记录和总结，更重要的是将这些研究成果拿出来与大家进行交流和讨论。

　　本书是中国农村发展与政策分析研究报告系列的第 7 本，收录了我和同事们在最近几年撰写的有关分析研究报告 47 篇。这些分析研究报告主要围绕农村改革、产业发展、农业经营主体、农产品质量安全、粮食安全、脱贫攻坚、乡村振兴、新冠肺炎疫情影响等方面的内容，对"十三五"时期的运行情况和"十四五"时期的发展趋势进行了分析和展望。有些文章已经公开发表过，有些文章则是第一次公开发表。

　　本书中的部分研究报告在内容上有所重复和交叉，考虑到各篇分析研究报告的完整性，所以在编辑本书时基本上保持了文章的原貌。考虑到篇幅的限制和文章体例的统一，在编辑本书时删去了参考文献，望有关同仁和读者见谅。本书内容以编写年月为序进行编排，作者及文章发表的时间与出处附于篇后。

　　由于我们自身知识结构和学术水平的限制，本书的一些研究成果还存在着不足之处，衷心希望能够得到各位学界同仁与读者的批评和指教。我们希望这本书能够帮助读者了解近几年来我国农村经济发展动态和政策制定实施的基本脉络，希望这本书中一些有价值的观点和结论，对推动我国农业和农村的改革与发展会起到积极的作用。

　　值此本书出版之际，要特别感谢对我们的研究工作给予支持的有关机构，为我们开展调研活动提供过帮助的有关部门和农民朋友，全国农村固定观察点调查系统和从事这项工作的同志，农业农村部有关司局的领导和同志，农业农村部农村经济研究中心的领导和同志，以及长期以来一直关心和支持我们的经济学界同仁！当然，本书收录的分析研究报告中存在的缺点和错误应由作者负责。

最后，这本文集之所以能够在较短的时间内出版，要特别感谢我的学生江帆和魏佳朔博士的大力协助，还要感谢中国农业出版社领导和贾彬编辑为编辑本书付出的大量心血和劳动。

宋洪远

2022 年 1 月

目 录
CONTENTS

关于"十三五"时期农村改革发展的几点建议[①]

——"2015 中国农村发展高层论坛"专家观点综述

近日，农业部农村经济研究中心在北京举办"2015 中国农村发展高层论坛"，中央和国家相关部门及部分高校的有关负责同志、专家、学者，以及部分省份农村工作综合部门的负责同志参加，认真学习贯彻习近平总书记系列重要讲话精神，深入分析"十二五"收官之年农业农村形势，积极为"十三五"时期农村改革发展出谋划策。大家主要提出以下五个方面的意见和建议：

一、坚持走"集约、高效、安全、可持续"的现代农业发展道路，加快推进农业现代化

第一，稳定粮食和主要农产品产量，确保中国人的饭碗牢牢端在自己手上。大家认为，"十三五"时期农业农村发展的首要目标就是要保证粮食和主要农产品产量不出现大起大落。近年来，我国粮食产量、进口量、库存量"三量齐增"和农产品国内外价格倒挂的局面，是多方面原因造成的，不能简单地以为"减产"就能解决问题。切实保障粮食和主要农产品有效供给，才能在国内资源环境压力加大、国际政治经济形势复杂多变的背景下，牢牢掌握粮食安全的主动权。为此，大家建议"十三五"时期应重点做好四项工作：一要坚决守住耕地红线，尽快划定永久基本农田，严格控制非农建设占地规模，确保粮食播种面积基本稳定。二要切实加强农田水利建设和高标准农田配套建设，加快农业科技创新，推动农业综合生产能力进一步提升。三要落实和完善农业支持保护政策，真正让搞农业有奔头、当农民有体面。四要继续优化农业发展的空间布局，推动农产品生产向最适宜的地区、最有效率的优势产区集中。

第二，加快创新农业经营体系，努力构建家庭经营为基础、社会化服务为支撑、多种经营主体共同发展的新格局。大家提出：一要坚持家庭经营的基础地位不动摇。普通农户占大多数，在当前和今后相当长一个时期，仍是我国农业发展的基本面。政策创设、科技创新、选择生产经营模式，都不能脱离这个基本面。二要积极培育种养大户、家庭农场、农民合作社、工商企业等新型农业经营主体，形成多元化、复合型、立体式的农业经营主体新格局。三要努力构建农业社会化服务新机制。通过多种方式，吸引各种社会力量广泛参与农业产前产中产后服务，提高农业集约化、组织化、专业化、便利化程度和智能化水平。四要加紧建立完善符合市场经济要求和国际规则的农业支持保护政策体系。重点是在保供给、保增收、

---

① 本文与陈良彪、夏海龙等合作，写于 2015 年 10 月。

保生态的目标下，继续强化农业综合服务，同时推动农业补贴从"黄"向"绿"转变，把现行直接与生产挂钩的"黄箱"措施，适当合并打包变成农业收入补贴等"绿箱"措施。

第三，加快转变农业发展方式，集约、节约使用农业资源，增强农业可持续发展能力。大家认为，"十二五"期间，我国农业发展已开始从生产导向转向消费导向、从主要追求产量转向数量质量效益并重、从主要靠拼资源拼消耗的粗放经营转向创新驱动的集约经营。"十三五"期间，应继续坚持"三个转向"，围绕"稳产、提质、减损、降耗、增效"目标，重点做好三方面工作：一要在保障数量安全的同时，更加重视质量安全。用质量安全战略引领农业标准化、品牌化发展，倒逼农业发展方式转变和农业结构调整，实现转方式和保安全充分融合、调结构与提质量相互促进。二要在提高生产效率的同时，更加重视经营效益。发展"互联网＋"农业，积极创新种养模式和农产品商流模式，进一步拉近生产与消费的距离。三要在全方位开发利用水土资源的同时，更加重视资源节约和环境保护。控制农业用水总量，减少化肥和农药施用量，加大有机肥补贴和农业面源污染治理力度。

第四，加快完善农业风险防范机制，保持农业生产和农民收入基本稳定。专家建议，"十三五"期间，应强化农业保险，降低农民因自然灾害和市场波动遭受的损失。继续加大对农业保险的保费补贴力度，尽快建立农业巨灾风险分担体系。对粮食主产区的粮食生产、生猪调出大县的生猪养殖保险，可考虑由中央财政补贴全部保费。在认真总结棉花、大豆目标价格补贴试点经验的同时，积极探索重要农产品目标价格保险等平抑市场波动的有效办法。

二、努力促进农民增收，深入推进新农村建设，确保广大农民与全国人民一道迈进全面小康社会

第一，切实把促进农民增收放在首位，让农民真正成为体面的职业。专家建议：一要大力发展特色高效经济作物和规模养殖，优化农产品品质，努力挖掘农业增产提质增效潜力。二要加大就业培训和创业支持力度，鼓励农民从土地上走出来，实现自身更大的发展。三要以农产品加工业为引领，采取种养结合、"种养加销"结合、产加销加文化旅游结合等多种模式，推进农村一二三产业融合发展，充分发挥农业多种功能。四要加强农民财产权的保护，增加农民的财产性收入。加快农村集体资产股份合作制改革，因地制宜推进以土地承包经营权、林权、宅基地使用权入股设立农民合作社，在条件成熟的地区可开展农村土地折资入股试点。五要继续完善强化农业补贴政策，强化对农业补贴资金的监督检查。

第二，持续推进美丽乡村建设，让农村真正成为生态宜居的美好家园。专家认为，深入推进美丽乡村建设，应突出两个重点：一是重视农村人居环境综合整治，把青山绿水、田园风光留下来、保护好，把农耕文化、乡村情韵保护好、传下去。"十三五"期间，应加大力度推进农村垃圾、污水处理和村庄绿化美化。二是加强农村公共设施建设，推进基础设施和公共服务向农村延伸。同时，应做到"五个坚持"：一要坚持规划引领、城乡一体，把新农村建设完全融入新型城镇化进程之中。二要坚持产业先行、产村相融，通过产业发展让农民就地就近就业。三要坚持因地制宜、分类指导，不刻意追求建筑外观风貌，不搞大拆大建。四要坚持尊重自然、生态环保，以绿化、净化、美化、文化为追求，走"小规模、组团式、微田园、生态化"的路子。五要坚持群众主体、创新机制，不搞大包大揽，不搞强迫命令。

第三，坚定实施城乡一体化发展战略，让农民真正共享现代化的成果。专家提出：一方面，应继续推进公共服务均等化，在坚持政府主导的原则下，探索建立基本公共服务供给的市场机制，充分发挥社会力量的积极作用。另一方面，应加快构建城乡要素平等交换和公共资源均衡配置的体制机制，继续完善城乡平等的就业和劳动报酬制度。加快推动城镇基本公共服务常住人口全覆盖。加快推进城镇居民社会养老保险和新型农村社会养老保险合并进程，进一步完善新型农村社会养老保险与其他养老保险制度转移接续的办法。

第四，强化扶贫攻坚工作，让贫困地区的农民真正脱贫致富。要认真贯彻落实习近平总书记"四个切实"的要求，彻底解决扶贫工作中存在的突出问题。专家提出：一要在落实领导责任上狠下功夫。通过"硬"指标，形成"硬"约束，把"中央统筹、省负总责、市（地）县抓落实的管理体制"和"片为重点、工作到村、扶贫到户的工作机制"真正落到实处。二要在精准扶贫上狠下功夫。在选定扶贫对象、安排扶贫项目、使用扶贫资金等方面，摸清底数、找准根源、因地制宜、对症下药。三要在强化扶贫合力上狠下功夫。科学划分事权，明确职责分工，整合各类资源，着力构建财政扶贫、行业扶贫、社会扶贫等多方力量有机结合和互为支撑的大扶贫格局，形成扶贫合力。

三、全面深化农村改革，力争在体制机制创新上取得新突破，为保持经济社会持续健康发展提供有力支撑

第一，稳妥推进农村土地制度改革。专家提出，加快承包地确权登记颁证工作，坚决落实"现有承包关系要保持稳定并长久不变"政策。鼓励和引导承包经营权流转，探索发展多种形式的土地股份合作。赋予农民对承包地占有、使用、收益、流转及承包经营权抵押、担保权能，允许农民以承包经营权入股发展农业产业化经营。坚持以试点试验为带动力，稳妥推进农村集体建设用地管理制度改革，允许集体经营性建设用地出让、租赁、入股，实行与国有土地同等入市、同权同价。推进土地征收征用制度改革，进一步缩小征地范围，规范征地程序，建立兼顾国家、集体、个人的土地增值收益分配机制，提高农民在土地增值收益中的分配比例。

第二，加快推进农村金融体制改革。专家建议：一是明确各类金融机构服务"三农"的责任，建立量化考核机制，规定只要在农村吸收存款的，都应保证一定比例的贷款用于支持"三农"发展。二是确立农村金融服务的支持政策，服务"三农"成本高，硬性要求商业银行为"三农"提供贷款并不现实，可以实行一些优惠政策，谁支持"三农"多谁享受优惠政策就多。比如营业税，现在信用社是3%，其他金融机构是5%，将来可以考虑凡是面向"三农"的金融服务都把营业税降到3%。三是完善农村金融机构运作机制和风险分散转移机制，把保险政策与金融政策融合起来。应充分发挥财政资金四两拨千斤的作用，通过财政注资入股等方式，引导社会资本建立完善农业担保体系。四是建立农村金融服务的差别化监管政策，实行差别化绩效考核，鼓励对"三农"金融业务给予最高的绩效权重。五是加强农村诚信体系建设。

第三，积极推进集体产权制度改革。专家建议，农村集体产权制度改革应聚焦两个关键领域：资源性资产的确权和经营性资产的股份制改造。对于土地等资源性资产，重点是"确实权、颁铁证"，让承包户吃下"定心丸"。对于经营性资产，重点是尽快折股量化到集体经

济组织成员，赋予农民对集体资产股份占有、收益、有偿退出及抵押、担保、继承权。对于非经营性资产，重点则是探索集体统一运营管理的有效机制，更好地为集体经济组织成员及社区居民提供公益性服务。同时，建议把没有分到户的山林、林地、池塘，包括其他经营性资产，作为股份，以换取和吸收外来资本和技术，发展混合制经济，由集体成员共享收益。

第四，继续推进农业补贴制度改革。对种粮农民实行直接补贴，是新时期强农惠农富农政策的核心内容和突出亮点，深受亿万农民群众欢迎，对连续增产增收、巩固发展"三农"好形势起到了重要保障作用。专家建议，"十三五"期间，应在保持政策连续性、稳定性的基础上，进一步完善补贴办法、强化补贴措施、提高补贴效用。现行的种粮直补、良种补贴和农资综合补贴等，已逐步演化成农民的收入补贴。应尽快合并有关生产性补贴，设立"农户收入补贴"或"耕地补贴"科目，按二轮承包面积发给农户。同时，进一步健全主产区利益补偿机制和生态补偿制度，不断增加对农业生产大省大县、生态保护重点县的奖励。

四、加强农村法治建设，健全支持农业可持续发展、规范农村市场秩序、保护农村产权和农民权益的法律体系

专家提出，当前农村法治建设，特别是立法工作，仍面临不少难题。专家建议，"十三五"时期农村法治建设应突出四个方面：

第一，加快有关法律的修订工作。专家提出，现行的大多数涉农法律是20世纪90年代和21世纪初制定的。如《中华人民共和国农业法》《中华人民共和国种子法》《中华人民共和国农村土地承包法》《中华人民共和国农民专业合作社法》《中华人民共和国土地管理法》《中华人民共和国渔业法》《中华人民共和国森林法》《中华人民共和国草原法》等，对计划体制向市场机制转变的过程考虑较多，对市场经济运行本身考虑较少，已不适应当前农村改革发展的现实，需要尽快修订。可以考虑抓紧修订《农村土地承包法》《农民专业合作社法》《种子法》。修订《农村土地承包法》，应重点抓住和解决好以下三个问题：一是土地经营权的定义、定性。二是长久不变的期限。土地承包权是用益物权，是一种期限物权，起点怎么算，期限定多长，必须尽快明确。三是要不要开调地的口子。现行法律列举了几种可以调地的情况。今后不管开不开口子，承包地都绝不能打乱重分，这是底线。修订《农民专业合作社法》，主要是要把生产性、服务性、综合性合作社都纳入进来，修订为《农民合作社法》，并对合作社开展信用合作等做出明确规范。

第二，加快有关立法工作。专家提出，尽快制定《中华人民共和国粮食法》《中华人民共和国扶贫法》《中华人民共和国农业投入法》《中华人民共和国土地污染防治法》《中华人民共和国农村金融法》等，补上农业农村法律体系的短板。专家建议，要特别重视农村合作金融立法，应在坚持"自愿设立、民主管理、自担风险、互助共济"四项原则，坚守"封闭运营、不吸收公众存款、不对外放贷、不支付固定回报"四根红线的前提下，尽快明确农村合作金融组织法律地位，建立合作互助和可持续发展的内部运行机制，营造农村合作金融组织发展的外部制度环境。

第三，处理好政策和法律的关系。专家提出，应及时通过立法程序，将党中央一系列强农惠农重大政策上升为法律，以法律手段巩固农业农村发展好形势，保证"十三五"农业农

村发展规划目标顺利实现。

第四，加强农业普法教育和农业执法。专家提出，加强农业执法队伍，增强农业执法能力。持续深入开展农村法制宣传教育，增强基层干部和农民法治观念。建立健全农村安全体系和社区矛盾纠纷化解机制，维护农村社会稳定。

五、创新农村社会管理，发挥乡规民约等传统治理组织和方式的积极作用，推动乡村治理体系和治理能力现代化

第一，推进乡村治理组织结构现代化。专家提出，总的原则是坚持合法性、开放性和综合性，构建以基层党组织为核心，村民自治组织、农村集体经济组织和各类社会组织定位明确、各负其责、良性互动的乡村治理组织体系，实现多元参与的治理格局。一是选好配强村级党组织班子，发挥领导核心作用。二是村委会要真正体现自治本质，切实承担起自我管理、自我教育、自我服务的职能。三是充分发挥传统治理组织的积极功能。把法律的刚性和乡规民约的柔性有机结合起来，支持和引导各类农村社会组织为新农村服好务。

第二，推进乡村治理体系和机制现代化。专家建议，一是重视完善乡村公共安全体系。可考虑以村警务室为核心，形成联防联控、群防群控的格局，调动全体村民参与到村公共管理中来。同时，应在每个村民小组设立纠纷矛盾调解员和信息员，负责村民矛盾纠纷调解和公共安全隐患的上报，争取做到"大事不出村，小事不出组"。二是要完善村民监督机制。制定村干部权力清单，将土地调整、宅基地审批、惠农项目实施流程等事项，通过村务公开栏告知村民，引导全体村民主动全程参与村务监督。三是要推行"一站式"社区服务平台，让服务到基层，农民少跑腿。

第三，推进乡村治理方式和手段现代化。专家建议：一是根据当前农民经济分化情况，适当进行分散决策，牵涉不同群体的事情应由不同群体来决定。二是对村干部决策的事项和实施情况，由村民代表、村干部代表和乡镇联村干部共同做出评价，对重大决策失误、损害村民权益行为进行追责。三是注重对农村留守儿童、留守妇女、留守老人等特殊群体的心理关怀。

涉农财税、金融、贸易政策"十二五"执行情况及"十三五"对策建议[①]

根据农业部的部署和要求，农业部农村经济研究中心对"十二五"期间涉农财政、税收、保险、信贷和农产品贸易政策执行情况进行了初步评估，并对"十三五"时期调整完善相关政策措施提出了一些意见建议。现将有关情况汇报如下：

一、关于财政"三农"投入政策

"十二五"时期，我国财政"三农"投入政策的要点及其执行情况具有如下几个特点。一是确保"总量持续增加、比例稳步提高"。2011—2014年，中央财政"三农"年均支出规模为12 671.5亿元，年均增长率为10.1%，是"十一五"时期年均支出的2.2倍。二是重点支持农业发展、农林生态建设与保护、农村民生改善、农村重大改革等领域。2012年，中央财政"三农"支出中，支持农业生产支出占38.6%，"四补贴"支出占13.3%，农村社会事业发展支出占43.1%，其他支出约占5%。三是以县为单位，推进涉农财政资金整合和统筹。在黑龙江、山东、江西、湖北、湖南、河南、贵州、四川、陕西等地开展试点，并取得积极成效。财政"三农"投入的大幅增长，支出结构的不断优化，提升了粮食等主要农产品的生产能力，提高了农业的物质技术装备水平，改善了农村基础设施和公共服务，增强了农民的参与感和获得感。

"十三五"期间，要针对农业可持续发展和农村公共服务等薄弱环节，进一步完善财政"三农"投入保障机制，继续加大财政投入支持力度。

第一，进一步完善公共财政"三农"支出稳定增长机制。一要进一步明确规定中央和地方各级政府促进农业发展的事权和支出责任，确保财政农业农村投入"总量持续增加，比例稳步提高"；二要进一步拓宽财政支农资金来源渠道，包括提高土地出让净收益用于农业基础设施建设的比重、从中央和省级国有资本经营预算收入中安排固定比例用于"三农"支出、将预算超收部分安排固定比例用于"三农"支出等多种途径。

第二，进一步提高中央财政转移支付投入农村的比例。中央财政转移支付，要明确规定用于农业农村建设的比例并逐年提高。要重视和完善财政转移支付项目的绩效评价，建立科学合理、操作性强的评价指标体系，完善评价信息库和评价方法，加强绩效评价结果的管理和应用。

第三，进一步优化财政支农资金投入结构。一要优化财政支农资金投入结构，提高财政支农资金使用效率。二要把耕地质量建设作为支持农业生产支出的重中之重，借鉴日本发展

① 本文与习银生、张红奎等合作，写于2015年11月。

土壤改良事业的经验，建立全国耕地质量数据库，确定不同地区土壤改良的方向和标准，将土壤有机质提升项目、耕地深耕项目、测土配方项目等整合为土壤改良综合项目。三要通过贴息、以奖代补、风险补偿、税费减免等措施与政府和社会资本合作（PPP）模式等，带动信贷资金、工商资本等更多投入农业农村。

二、关于农业补贴政策

党的十六大以来，形成了以种粮直补、良种补贴、农机补贴、农资综合补贴为主要内容的农业补贴政策体系。一是稳定提高农业补贴规模。目前，种粮直接补贴资金每年 151 亿元；良种补贴已涵盖主要的粮食作物、经济作物和畜牧业，补贴资金 2014 年已达到 261.8 亿元；农机购置补贴资金 2014 年已达到 228.7 亿元，补贴范围已扩大到全国所有农牧县和农场，补贴农机具种类主要包括大中型拖拉机、耕地机械、种植机械、植保机械、收获机械、粮食干燥机械等；农资综合补贴资金 2014 年已达到 1 077.2 亿元。二是探索新的补贴方式。2014 年，国家在新疆启动了棉花目标价格改革试点，在东北和内蒙古启动了大豆目标价格改革试点。农业补贴政策特别是"四补贴"，不仅充分调动了农民种粮务农的积极性，保障了粮食等主要农产品连年丰收，而且大幅提高了农业效益，促进了农民较快增收。2014 年，"四补贴"规模超过 1 718.7 亿元，按二轮承包耕地面积计算亩均达到 130 元，相当于当年亩①收益的 31%；按农业户籍人口计算人均 177 元，按乡村常住人口计算人均 256 元，占农民人均纯收入的比重分别为 2.13% 和 3.12%。

"十三五"时期，必须顺应农村改革发展形势和任务要求，进一步调整农业补贴政策，最大限度地发挥其促进农业生产、农民增收的作用。

第一，坚持增加补贴总量，建立农业补贴稳定增长机制。建议适时修订农业法，或直接制订农业补贴条例，明确农业补贴的政策目标、资金规模、资金用途、分配依据，确保农业补贴增幅不低于财政收入增幅、不低于农业生产物质费用增幅。

第二，坚持"黄"转"绿"的改革方向，扩大"三补合一"试点范围。将"农业支持保护补贴"直接更名为"农户收入补贴"或"耕地保护补贴"，按二轮承包面积（计税面积）直接发到农户，进一步明确其"绿箱"政策属性。

第三，坚持补贴向新型农业经营主体倾斜，加快推动农业经营体系现代化。一要扩大种粮大户补贴试点范围，对经营耕地面积达到一定数量且主要从事粮食生产的农户，按实际种植面积给予专门补贴；二要进一步落实对专业大户、家庭农场、农民合作社等兴建农田水利、产品处理和贮藏等基础设施给予投资补助和贷款贴息等政策；三要继续加大对农民的培训和创业支持力度，可以设立 40 岁以下青年创业贷款贴息专项基金，支持农村青年创业，努力造就一支愿意留在农村、乐意从事农业生产的高素质农民队伍。

第四，坚持生产补贴与价格补贴相结合，不断提高补贴政策效能。一是以农业生产的现金支出成本为主要依据确定农产品的目标价格；二是以过去固定年份的种植面积为基数来确定补贴额，可以 3～5 年（大致为一个生产波动周期）核查调整一次；三是尽快设立目标价格补贴专项基金，以解决价格年际间波动而引发的年度补贴预算平衡问题。

---

① 亩为非法定计量单位，1 亩＝1/15 公顷。——编者注

三、关于涉农税收政策

实行全面取消农业税政策以来，中央对涉农主体和生产经营业务采取了一系列税收减免等优惠措施。一是对农民专业合作社实行税收优惠。包括对合作社销售本社成员生产的农产品免征增值税；对合作社向本社成员销售农膜、种子、种苗、化肥、农药、农机免征增值税；对合作社与本社成员签订的农产品和农业生产资料购销合同免征印花税。二是对农产品加工企业实行税收优惠。包括减免重点龙头企业所得税；对大部分农产品初加工免征企业所得税；企业通过外购农产品进行加工和销售可按13％计征增值税；购进农业生产者和合作社销售的免税农产品可按13％的扣除率计算进项税额；对部分进口农产品加工设备免征关税和增值税，同时提高农产品出口退税率。三是对农产品流通实行税收优惠。包括对蔬菜流通环节减免增值税；对农产品批发市场暂免征收城镇土地使用税和房产税。据农业部农村经济研究中心对222家合作社和1 102家农业产业化龙头企业的调查结果，86.7％的合作社享受了减免增值税政策，80.4％的合作社享受了减免印花税政策；73.13％的企业享受了税收减免政策。这些税收优惠政策贯彻落实较好，给合作社和农产品加工企业带来了较大实惠，有效提高了其经济效益和产品竞争力，也为农民增收和现代农业发展提供了活力和动力。

"十三五"时期，要尽快完善涉农经营主体和业务税收计征办法，进一步加大涉农税收优惠力度。

第一，进一步落实好农民合作社的税收优惠政策。一要把合作社纳入国民经济统计并作为单独纳税主体列入税务登记（合作社发票）的重要政策落到实处。二要认真落实免征合作社兴办农产品加工、流通业务的所得税、建设用地使用税，减免合作社销售本社成员生产的农产品和向本社成员销售农业生产资料的营业税，对投入合作社的财政资金免征营业税和所得税等有关规定。

第二，进一步落实好对农产品加工企业的税收优惠政策。扩大享受农产品初加工所得税优惠政策的范围，免征饲料和食品生产加工的企业所得税。尽快统一农产品加工增值税进销项税率，彻底解决增值税的高征低扣问题。适当减免企业土地使用税和房产税，并在计算企业房产税应纳税额时扣减房产折旧。建议免征白酒销售的从量税，或将从量税并入从价税，解决白酒消费税的复合征收问题。

第三，以税收优惠进一步拓展和丰富农产品流通渠道。对农超对接、产销对接、社区直送、订单生产、网上直销、周末市场、产销联盟等流通业态，减免流通环节税收。落实社区批发市场、直营店、电子商务平台税费优惠减免政策，打通农产品流通"最后一公里"，降低流通成本，缩小运销价差。延长免征农产品批发市场土地使用税和房产税的政策至2020年。

四、关于农业保险政策

"十二五"时期，中央出台了一系列支持农业保险发展的政策，制订颁布了《农业保险条例》，形成了"政府扶持引导、部门协同推进、保险机构市场运作、农民自愿参加"的农业保险发展模式，构建了"中央支持保基本，地方支持保特色"的农业保险保费补贴政策体系。一是稳步扩大农业保险覆盖面。保险品种已包括农作物保险、主要畜产品保险、重要"菜篮子"品种保险和森林保险，以及农房、农机具、设施农业、渔业、制种保险等。2014年，全国承保的主要农作物面积已突破15亿亩，占作物播种面积的比例已高达61.6%；其中水稻、小麦和玉米的保险覆盖率分别为69.5%、49.3%和68.7%。提供风险保障1.66万亿元，参保农户2.47亿户次。二是建立农业保险保费财政补贴体系。中央、省级、市县三级财政分别补贴了保费的30%~50%、25%~30%、10%~15%，各级财政合计保费补贴比例已超过75%。三是不断创新农业保险产品。在农业生产保险基础上，拓展了包括粮食目标价格保险、大豆目标价格保险、生猪价格保险、蔬菜价格保险、气象指数保险、水文指数保险、设施农业保险、农机保险、农房保险等农险新品种。四是探索建立农业保险大灾风险分散机制。2007—2014年，农业保险提供风险保障从1 126亿元增加到1.66万亿元，年均增长57.09%；累计提供风险保障5.72万亿元，向1.68亿户次的受灾农户支付赔款958.62亿元。我国农业保险对防范化解农业生产风险、稳定农民收入、落实国家粮食安全战略和完善农村社会支持保护体系等发挥了重要作用。

"十三五"期间，围绕满足农户需求尤其是新型农业经营主体多元化的需求，应从以下几个方面完善农业保险政策。

第一，尽快建立农业保险联席会议制度。建议由国务院分管领导牵头，农业、保监、财政等有关部门参加，建立共商制度，对我国农业保险重大政策措施的制定、决策进行讨论，构建利益平衡机制，充分反映各相关主体的利益诉求，协调推进关系农业保险发展全局的重要工作。

第二，尽快建立主要粮食等品种基本保险普惠补贴制度。认真落实中央1号文件提出的降低和取消粮大县保费补贴配套比例的政策要求。在此基础上，对主产区主要粮食作物和大宗经济作物，实行基本保障水平保险全覆盖，保额以全部直接物化成本为标准，保费由中央和省级财政全额分担，县级财政和农民不再支付保费。对非主产区，根据农民实际承保面积，中央财政依据保额给予一定比例（50%以下）的保费补贴。

第三，尽快建立中央财政对地方优势特色农业保险的"以奖代补"制度。对现已纳入中央财政补贴的其他农产品、地方特色农产品保险，保险经营企业按照核定的费率和保额，以商业化方式经营，中央和省级财政根据投保人的认可程度，确定费用奖励标准和金额给予奖励。

第四，尽快建立主要农产品市场保险制度。在粮食等主要农产品主产区，整合现行最低收购价、临时收储、自然灾害保险等相关支持政策，研究开发农民收益保险品种，加快试点探索，从保自然风险逐步向保市场风险和自然风险并重转变。针对新型农业经营主体的避险需求，采取"基本险＋附加险"的模式，开发覆盖直接物化成本、完全成本、基本收益等不同保障水平的保险产品，财政对基本险的保费给予全额补贴，对高保障附加险的保费给予一定比例的补贴。

五、关于涉农信贷政策

"十二五"时期，党中央、国务院制定了一系列推动金融支持"三农"发展的政策措施。一是增加为农服务的金融组织和机构。引导大金融在县以下增设相应机构，培育村镇银行、小贷公司、农村合作金融组织等新型农村金融机构，建立健全省级政策性农业信贷担保体系，推动乡镇基础金融服务全覆盖。二是引导和鼓励各类金融组织增加对"三农"的信贷投放。对农村金融机构实行差别化的货币政策，制定和落实农村金融机构涉农贷款增量奖励、定向费用补贴和税收优惠等政策。三是不断拓宽涉农贷款抵押担保物范围。探索开展承包土地经营权、宅基地使用权、住房财产权抵押担保试点，推广农业机械设备、运输工具、水域滩涂养殖权、林地使用权和林木所有权等抵押融资。四是明确信贷支持"三农"的重点领域。支持转变农业发展方式、创新农业经营方式、提升农业综合生产能力、发展农业社会化服务以及农业基本建设等。农村金融体制改革创新的不断深化，以及正向激励扶持政策的不断完善，对信贷资金更多地投向"三农"发挥了重要引导作用。2014年年末，全口径涉农贷款余额23.6万亿元，比2010年年末增加11.8万亿元，年均增长19%，高于各项贷款总额年均增速4.8个百分点。

"十三五"时期，要继续推进农村金融改革创新，继续加强政策支持，确保"涉农贷款增量不低于上年，增速不低于各项贷款平均增速"的要求不折不扣落到实处。

第一，进一步强化农村金融支持政策。各级财政对各类涉农贷款担保基金提供一定比例的资金配套，尽可能提高这些基金对涉农贷款的担保能力；对各类农村资金互助组织按互助股金等比例配股，股金交由合作社管护，尽可能扩大互助合作的受益面；对各类新型农村金融组织，比照农村信用社给予货币政策、税收政策等优惠，对其发放涉农贷款给予相应的奖励和补助，并提供相应的业务指导和帮助。

第二，进一步健全农村金融监管政策。对农民合作社开展信用合作，建议抓紧出台监督管理办法，明确登记监管责任，建立财政支持的风险保障基金，防范信用合作金融风险。

第三，进一步创新农村金融产品和服务。加快农村"两权"的确认、登记、颁证工作，稳妥开展农村承包土地经营权和农民住房财产权抵押贷款试点；尽快修订有关法律法规，推动开展"两权"流转交易，解决"两权"抵押物的处置流通和变现问题。积极推进大型农业机械设备融资租赁和农产品营销贷款试点，加大财政支持力度，扩大试点范围。

第四，进一步加强农村信用体系建设。完善农户、家庭农场等农业经营主体的信用信息采集与应用机制，推进农业经营主体的信用评价和信用村、信用乡镇创建，出台以信用为基础的相关政策措施，增进农业经营主体的信用价值，提高其融资可获得性和便利性。

六、关于农产品进出口政策

加入世界贸易组织以来，我国政府积极履行入世承诺，不断提高农产品市场开放程度。一是削减农产品进口关税。大豆执行3%的单一关税，豆油、棕榈油、菜籽油执行9%的单一关税，乳品、酒类及部分水果等产品的税率已降到10%以下，农产品平均关税已由入世前的21.3%降到15.2%。二是实行进口配额管理。按照产业安全的要求，分别确定粮、棉、糖及羊毛等大宗农产品进口配额。其中，玉米720万吨，小麦963.6万吨，大米532万吨，棉花89.4万吨，食糖194.5万吨。同时明确，配额内关税最低降至1%，配额外关税最高至65%。三是强化动植物检疫措施和转基因农产品安全管理措施，充分保障进出口农产品质量安全。四是通过海外推介、出口示范、农业展会、贸易培训等多种途径，积极开拓国际农产品市场，大力促进优势农产品出口。农产品进出口政策的调整，促进了我国农产品贸易的快速发展。2001—2014 年，我国农产品贸易总额由 279.2 亿美元增加到 1 945 亿美元，年均增幅高达 16.1%。其中，进口总额从 118.5 亿美元增至 1 225.4 亿美元，年均增长 19.7%；出口总额从 160.7 亿美元增至 719.6 亿美元，年均增长 12.2%。食糖、食用油、大豆、棉花等产品进口量增长迅猛，分别增长了 1.9 倍、3.7 倍、4.1 倍和 12.5 倍；水产品、蔬菜、水果等优势农产品净出口增长较快，分别由 23 亿美元、22.4 亿美元、4.5 亿美元增加到 125.1 亿美元、119.8 亿美元、10.6 亿美元。

"十三五"时期，必须尽快完善农产品进出口政策，加强对进口的有效调控，促进优势农产品出口，切实提高统筹国内外两个市场两种资源的能力，推进农产品贸易、农产品供给保障能力和农业产业安全的协调发展。

第一，坚守关税和支持保护的政策空间。在新一轮多双边贸易谈判中，应立足于保障粮食安全、产业安全和农民利益，坚持现行农产品关税税率不降低、关税配额不扩大、"黄箱"支持"微量允许"空间不缩小。

第二，充分发挥边境措施的"门槛"作用。利用关税、关税配额管理以及非关税措施，尤其是强化检验检疫措施，避免大量低价农产品进口对国内农业产业发展形成严重冲击。

第三，加强贸易救济、贸易补偿和外资监管。加强对农产品进口的跟踪预警，加强产业损害调查和国外贸易壁垒调查，充分利用反倾销、反补贴和保障措施等手段，有效实施贸易救济。探索建立产业损害补偿机制，加强对国内产业的贸易补偿。尽快建立和实施外资进入农业产业的安全审定制度，加强对外资进入农业产业的监管。

第四，不断加大对优势农产品出口的支持力度。采取多种途径有效降低农产品出口的非关税壁垒，推动进出口市场多元化。把贸易促进作为多双边农业国际合作的重要内容，综合运用财政、税收、信贷、保险等手段，健全国内商会、信息等支持服务体系，提高优势农产品国际市场竞争力，支持优势农产品出口。

"十二五"时期农业和农村政策回顾与"十三五"展望[①]

2015 年是实施"十二五"规划的收官之年，也是谋划"十三五"时期农业农村发展的重要一年。回顾总结"十二五"时期农业农村发展的成就和经验，深入分析"十三五"期间农业农村发展面临的机遇与挑战，研究探讨"十三五"时期农业农村发展的目标任务、基本思路和途径措施，具有十分重要的意义。

本报告共分四个部分，第一部分简要回顾"十二五"时期农业农村发展的特点与经验，第二部分重点分析"十三五"期间农业农村发展面临的形势与问题，第三部分研究提出"十三五"时期农业农村发展的目标任务和基本思路，第四部分主要提出促进农业农村发展的基本途径和主要措施。

需要说明的是，本报告的基本观点和对策建议，是我们在学习领会党的十八届五中全会精神和 2016 年中央 1 号文件精神的基础上，吸收一些专家学者的研究成果提出来的。引用的数据和资料除特别说明外，均来自国家统计局和有关部门公开发布的报告和有关材料。

一、"十二五"时期农业农村发展的主要特点和基本经验

"十二五"时期，特别是党的十八大以来，党和政府采取了一系列强有力的强农惠农富农政策措施，集中力量解决了一些农民群众关注关切的突出问题，农业农村发展保持了稳中有进的良好态势，积累了许多弥足珍贵的发展经验，继续成为我国经济社会发展的突出亮点。

（一）主要特点

1. 农业生产水平和生产能力有了根本性的提高，粮食生产摆脱了"两丰一平一歉"的周期。"十二五"期间，我国粮食产量连续 5 年超过 11 000 亿斤[②]，连续 3 年超过 12 000 亿斤，连跨两个千亿斤台阶。5 年来，我国粮食产量提高近 1 500 亿斤。自 2004 年以来，粮食生产实现了历史性的"十二连增"，摆脱了"两丰一平一歉"的周期，这是新中国成立以来的第一次。我国水稻、小麦、玉米三大谷物自给率保持在 98% 以上，高于世界平均水平。我国棉油糖、瓜果菜、肉蛋奶、水产品等供应充足，主要农产品市场价格保持基本稳定。截至 2015 年年底，全国共建成高标准农田 4 亿亩，农田有效灌溉面积占比超过 52%、农作物耕种收综合机械化水平达到 63%、农业科技进步贡献率达 56% 以上。到"十二五"期末，

---

① 本文写于 2016 年 3 月。
② 斤为非法定计量单位，1 斤等于 0.5 千克。——编者注

农作物良种覆盖率稳定在96％以上，主要农产品加工转化率超过60％，我国农业综合生产能力和现代化水平迈上了一个新台阶。

2. 农民收入水平和增长速度实现了新的突破，基本上扭转了城乡居民收入差距扩大的趋势。2015年，我国农村居民人均可支配收入达到11 422元。"十二五"期间，农民人均纯收入年均增长10％左右。特别是自2010年以来，农民收入增速连续6年超过城镇居民收入增速，城乡居民收入差距由2009年的3.33：1缩小到2015年的2.73：1，这是改革开放以来持续时间最长的一次。作为衡量农民生活水平重要指标的恩格尔系数，从2010年的41.1％下降到2013年的37.7％，农民生活水平整体上开始走向宽裕。按照现行标准计算，"十二五"期间，农村贫困人口由1.22亿人减少到5 575万人，7 000多万贫困人口实现脱贫。

3. 农村基础设施建设和公共服务水平明显提升，农村社会保持和谐稳定。"十二五"时期，农村"水电路气房"等基础设施建设取得较大进展，农村教育、文化、卫生等事业加快发展，农村居民社会保障水平不断提高，以农村人居环境整治为重点的美丽乡村建设全面开展，农村生产生活条件明显改善，发展成果更多更好更公平地惠及广大农民群众。在大力改善农村民生的同时，积极回应群众关切，努力化解各类社会矛盾，农村群体性事件明显减少，党群干群关系明显改善，群众心情更加舒畅，农村社会保持和谐稳定。

（二）基本经验

1. 始终坚持"三农"工作是重中之重。"十二五"期间，特别是党的十八大以来，明确提出"小康不小康关键看老乡"，特别强调促进"四化同步"发展，继续强调把农村作为国家财政性投入建设基础设施和发展社会事业的重点。

2. 持续加大强农惠农富农政策力度。"十二五"期间，特别是党的十八大以来，优先保障财政对"三农"的资金投入，固定资产投资继续向农业农村倾斜，调整完善农业补贴方式，推进涉农资金整合统筹，提高政策针对性和涉农资金有效性。

3. 着力加强现代农业建设。"十二五"期间，特别是党的十八大以来，积极发展多种形式的农业适度规模经营，着力培育新型农业经营主体，大力改善农业设施装备条件，推进现代种业建设，强化农业科技支撑，加强资源永续利用、农业环境保护和农产品质量安全。

4. 深入推进新农村建设。"十二五"期间，特别是党的十八大以来，持续加大农村基础设施建设力度，着力提高农村公共服务水平，全面开展农村人居环境整治，推进美丽宜居乡村建设，提升农民文化素质和社会文明程度。

5. 全面深化农村各项改革。"十二五"期间，特别是党的十八大以来，更加注重运用市场的办法调动农民和社会各方面的积极性，推进农村土地确权登记颁证和探索实行承包地"三权分置"，探索开展农产品目标价格制度和农产品价格保险试点，推进农村集体产权制度改革和开展赋予农民对集体资产股份权能改革试点，改革创新农村金融体制和金融服务，深化水利和林业改革，推进供销合作社和农垦改革。

二、"十三五"时期农业农村发展面临的形势与挑战

"十三五"时期，是全面建成小康社会的决胜阶段。保持农业农村经济社会较快发展，

对实现第一个百年奋斗目标具有关键作用。从当前和今后一个时期看，农业农村发展的外部环境和内在动因正在发生深刻变化，既具备许多有利条件，也面临不少困难问题。

（一）有利条件

1. 加快补齐农业农村短板，为开创"三农"工作新局面汇聚推动力。农业是全面建成小康社会、实现现代化的基础，已经成为全党全社会的共同认识和行动指南，各方面关心支持"三农"的氛围更加浓厚。"十三五"时期，党和政府将始终把解决好"三农"问题作为重中之重，坚持强农惠农富农政策不减弱，推进农村全面小康建设不松劲，为开创"三农"工作新局面汇聚强大推动力。

2. 加快推进新型城镇化，为以工促农、以城带乡带来牵引力。当前和今后一个时期，我国的城镇化正处在加快发展的阶段。"十三五"时期，加快推进新型城镇化，促进工业化深入发展和信息化深度融合，为农业现代化提供物质装备和技术支撑，有利于加快推进农业现代化和提升农业现代化水平；加快推进新型城镇化，促进城乡要素平等交换和公共资源均衡配置，为新农村建设提供资金支持和物质基础，有利于提升新农村建设水平和推进美丽乡村建设。

3. 城乡居民消费结构转型升级，为农业农村发展拓展新空间。随着经济社会的发展、新型城镇化的推进和市场化改革的深入，城乡居民的消费水平、消费结构和消费方式，将呈现个性化、多样化、多层次变化的特点。"十三五"时期，城乡居民消费结构转型升级，有利于促进农村新产业和新业态发展，推进农产品供应链和物流链建设，创新农业产业组织和商业模式，发展休闲农业和乡村旅游，推动农村一二三产业融合发展，将为农业农村发展拓展新空间。

4. 新一轮科技革命和产业变革，为农业转型升级注入驱动力。"十三五"时期，新一轮科技革命和产业变革蓄势待发，新产品、新技术、新工艺不断涌现，为加快转变农业生产经营方式、资源利用方式、组织管理方式，推动农业发展由数量增长为主转到数量质量效益并重，由主要依靠物质要素投入转到依靠科技创新和提高劳动者素质，由依赖资源消耗转到可持续发展，促进农业转型升级培育新动力。

5. 农村各项改革全面展开，为农业农村现代化提供原动力。"十三五"时期，深化农村改革将聚焦农村集体产权制度、农业经营制度、农业支持保护制度、城乡发展一体化体制机制和农村社会治理制度等五大领域。农村改革的系统性、整体性、协同性进一步增强，深化农村改革的总体要求、重点领域、重大举措进一步明确。农村各项改革全面深入推进，将为农业农村现代化提供活力和源泉。

（二）困难问题

1. 在经济发展新常态背景下，增加农民收入，缩小城乡差距，确保如期实现全面小康，是必须完成的历史任务。在我国经济发展进入新常态的背景下，突出矛盾和问题是经济增长速度和财政收入增长速度减缓。根据国家"十三五"规划纲要安排，"十三五"期间我国GDP年均增速6.5%以上，比"十二五"时期下降0.5个百分点。随着经济增长速度的下降，国民经济的就业弹性和就业机会减少，农民外出务工就业困难增加，工资性收入增长动力不足；随着财政收入增长速度的下降，农民补贴收入增长的空间缩小，转移性收入增长难度较大。"十三五"期间在农民增收面临诸多困难的情况下，要增加农村贫困人口的收入困难更大。在上述背景下，要促进农民收入较快增长，缩小城乡居民收入差距，确保如期实现全面小康，任务更加艰巨。

2. 在资源环境约束趋紧背景下，转变农业发展方式，确保粮食安全和重要农产品有效供给，实现绿色发展和资源永续利用，是必须破解的现实难题。一方面，我国农业资源短缺且过度开发、农业投入品过量使用、农业面源污染等问题日益突出。我国目前人均耕地资源约为世界平均水平的38%，人均水资源不足世界平均水平的1/4；化肥、农药使用量全球第一，化肥和农药利用率只有30%左右；一些地方土壤污染和水源污染的问题也比较突出；水土资源区域分布不匹配，进一步加剧了地少水缺的矛盾。另一方面，随着经济的发展和城镇化的推进，粮食等重要农产品的需求呈刚性增长。目前我国粮食年消费量在12 800亿斤左右，预计到2020年将超过14 000亿斤。考虑到部分地区退耕还林还草、南方重金属污染治理、东北退耕还湿、北方地下水超采治理等将减少粮食种植面积，加上每年建设用地占用耕地以及结构调整减少粮食播种面积等因素，将对粮食生产带来不利的影响。"十三五"时期，要实现"保饭碗"和"保生态"并重的目标难度加大。

3. 在受国际市场影响加深背景下，统筹利用两个市场两种资源，提升我国农业竞争力，赢得参与国际市场竞争主动权，是必须应对的重大挑战。近年来，我国农产品进口规模不断扩大，国际农产品市场的影响逐步加深。预计未来5年，国际农产品市场供求关系相对宽松，国际农产品价格相对低迷，我国农产品价格"天花板"封顶效应将更加凸显，我国农产品过度进口问题有可能更加突出。一方面，国内贸易保护政策对我国农产品进口调控有限。我国农产品平均关税只有世界平均水平的1/4，关税保护手段较少，特别是关税配额管理在2020年将全面取消，依靠贸易政策调节进口规模和节奏的手段有限。另一方面，今后国内外农产品价差扩大趋势将难于逆转。目前我国"四补贴"总额已经超过1 700亿元，受世界贸易组织（WTO）谈判中特定农产品支持总量的约束，通过增加补贴降低成本、平衡国内外价格倒挂的空间十分有限。"十三五"时期，如何既利用好进口、弥补国内供给不足，又保护好国内生产、避免进口过度冲击，提升我国农业竞争力，赢得参与国际市场竞争主动权，是我们必须应对的重大挑战。

三、"十三五"时期农业农村发展的目标任务和基本思路

（一）目标任务

根据国家"十三五"规划纲要的安排和2016年中央1号文件的部署，"十三五"期间，我国农业和农村发展的目标任务可以概括为以下四个方面。

1. 现代农业建设取得明显进展。主要任务是：加快转变农业发展方式，构建现代农业产业体系、生产体系、经营体系，巩固和提升粮食综合生产能力，保障国家粮食安全和重要农产品有效供给，提高农产品供给体系的质量和效率。到2020年，农业科技进步贡献率达到60%以上，主要农作物耕种收综合机械化水平达到70%左右。

2. 农民生活达到全面小康水平。主要任务是：农村居民收入年均增幅达到7%以上，2020年农村居民人均收入比2010年翻一番，城乡居民收入差距继续缩小。我国现行标准下5 575万农村贫困人口实现脱贫，592个国定贫困县全部摘帽，解决14个集中连片地区的整

体贫困问题，稳定实现农村贫困人口不愁吃、不愁穿，义务教育、基本医疗和住房安全有保障，实现贫困地区农民人均可支配收入增长幅度高于全国平均水平，基本公共服务主要领域指标接近全国平均水平。

3. 农民素质和农村社会文明程度显著提升。 主要任务是：社会主义新农村建设水平进一步提高，农村道路、交通、水电、住房和网络等基础设施明显改善，农村教育、医疗、文化和社会保障水平明显提高，农村人居环境整治全面开展，美丽宜居乡村建设全面推进。农民思想道德和科学文化素质显著提升，农村社会文明程度进一步提高，城乡基本公共服务实现均等化。

4. 农村各项改革全面深入推进。 主要任务是：农村集体资产所有权、农户土地承包经营权和农民财产权保护制度更加完善，新型农业经营体系、农业支持保护体系、农业社会化服务体系、农业科技创新体系、农村金融体系更加健全，农村社会治理制度和农村基层组织制度更加完善，农村法律法规建设和基层法治水平进一步提升，农民民主权利得到更好保障，城乡经济社会发展一体化体制机制基本建立。

（二）基本思路

按照走产出高效、产品安全、资源节约、环境友好的农业现代化道路，推动新农村建设与新型城镇化双轮驱动、互促共进，让广大农民平等参与现代化进程、共同分享现代化成果的总体要求，"十三五"时期，推进农业农村发展要注意把握好以下四点。

1. 坚持促进"四化同步"发展。 坚持走中国特色新型工业化、信息化、城镇化、农业现代化道路，推动信息化和工业化深度融合、工业化和城镇化良性互动、城镇化和农业现代化相互协调，促进工业化、信息化、城镇化、农业现代化同步发展。要注重用新型工业化、信息化、城镇化的成果推进农业现代化，用工业化的成果装备农业，用信息化的成果引领农业，用城镇化的成果带动农业。促进工业园区建设、城镇发展与农业产业发展、农村转移就业和人口集聚相结合，促进城乡要素平等交换和公共资源均衡配置，形成以工促农、以城带乡、工农互惠、城乡一体的新型工农、城乡关系。

2. 坚持农民主体地位、增进农民福祉。 要把坚持农民主体地位、增进农民福祉作为农业农村发展的出发点和落脚点。坚持农民主体地位，就是要秉承"以人为本"的发展理念，尊重农民的首创精神，鼓励基层探索和创新。坚持增进农民福祉，就是要增加农民的经济利益，保障农民的合法权益，尊重农民的民主权利。坚持发展为了农民、发展依靠农民、发展惠及农民，实现好、维护好、发展好广大农民的根本利益。

3. 用发展新理念破解"三农"新难题。 推动农业农村发展，要坚持创新、协调、绿色、开放、共享的发展理念。要用"五大发展理念"引领农业农村发展，努力让农业强起来、农民富起来、农村美起来。要以创新发展激发农业农村发展活力，要以协调发展补上农业农村发展短板，要以绿色发展引领农业农村发展方向，要以开放发展拓展农业农村发展空间，要以共享发展促进农民增加福祉。

4. 着力推进农业供给侧结构性改革。 推进农业供给侧结构性改革，要用改革的办法推进农业结构调整，从农业生产端和农产品供给侧出发，围绕市场消费需求安排农业生产，优化农业要素资源配置，减少无效和低端农产品供给，扩大有效和中高端农产品供给，提升农产品质量安全水平，增强农产品供给结构的适应性和灵活性，形成更有效率、更有效益、更可持续的农产品供给保障体系，实现农产品由低水平供需均衡向高水平供需均衡的跃升。

四、"十三五"时期促进农业农村发展的主要政策和措施

根据党的十八届五中全会建议和国家"十三五"规划纲要安排，根据 2016 年中央 1 号文件部署和有关文件精神要求，"十三五"期间，要重点围绕以下五个方面，采取政策措施促进农业农村发展。

（一）进一步夯实现代农业基础，提高农业质量效益竞争力

1. 推进高标准农田和水利建设。 加大资金投入力度，整合统筹建设资金，创新投融资机制，优化建设布局，加快工程建设步伐，到 2020 年确保建成 8 亿亩、力争建成 10 亿亩集中连片、旱涝保收、稳产高产、生态友好的高标准农田。把农田水利作为农业基础设施建设的重点，到 2020 年农田有效灌溉面积达到 10 亿亩以上，农田灌溉水有效利用系数提高到 0.55 以上。加快重大水利工程建设，完善小型农田水利设施，推广先进适用节水灌溉技术。创新运行管护机制，深化小型农田水利工程产权制度改革，鼓励社会资本参与小型农田水利工程建设与管护。

2. 强化物质装备和技术支撑。 统筹协调各类农业科技资源，加快提升农业科技创新能力，重点突破生物育种、农机装备、智能农业、生态环保等领域关键技术。强化现代农业产业技术体系建设，提升主要农作物生产机械化和装备现代化水平，大力推进"互联网＋"现代农业，推动农业全产业链改造升级。健全适应现代农业发展要求的农业科技推广体系，对基层农技推广公益性与经营性服务机构提供精准支持，发挥农村专业技术协会的作用。加快推进现代种业发展，大力推进育繁推一体化，提升种业自主创新能力，实施现代种业建设工程和种业自主创新重大工程，加快主要农作物品种更新换代。强化企业育种创新主体地位，加快培育具有国际竞争力的现代种业企业。加大种质资源保护利用力度，加大种子打假护权力度。

3. 发展多种形式农业适度规模经营。 积极培育家庭农场、专业大户、农民合作社、农业产业化龙头企业等新型农业经营主体。支持多种类型的新型农业服务主体开展专业化、规模化、社会化服务。完善新型农业经营主体支持政策体系，发挥多种形式适度规模经营在农业机械和科技成果应用、绿色发展、市场开拓等方面的引领作用。建立健全职业农民扶持制度，相关政策向符合条件的职业农民倾斜。开展新型农业经营主体带头人培育行动，通过 5 年努力使他们都基本得到培训。

4. 优化国内生产结构和统筹利用国际市场。 面向整个国土资源，多途径开发食物资源。调整优化农业生产结构和区域布局，推动粮经饲统筹、农林牧渔结合、种养加一体、一二三产业融合发展。在确保谷物基本自给、口粮绝对安全的前提下，基本形成与市场需求相适应、与资源禀赋相匹配的现代农业生产结构和区域布局，提高农业综合效益。完善农业对外开放战略布局，统筹农产品进出口，加快形成农业对外贸易与国内农业发展相互促进的政策体系，实现补充国内市场需求、促进结构调整、保护国内产业和农民利益的有机结合。利用国际资源和市场，优化国内农业结构和布局，缓解资源环境承载压力。优化重要农产品进口布局，推进进口来源多元化，形成互利共赢的稳定经贸关系。统筹制定和实施农业对外合作

规划和政策，支持我国企业开展多种形式的跨国经营与合作，推进实施农业"走出去"战略。

（二）加强农业生态环境建设，实现资源永续利用和绿色发展

1. 加强农业资源保护和高效利用。 为从根本上解决开发强度过大、利用方式粗放的问题，加快建立农业资源有效保护、高效利用的政策和技术支撑体系。大力实施农村土地整治行动，推进耕地数量、质量、生态"三位一体"保护。全面推进建设占用耕地耕作层剥离再利用，实行建设用地总量和强度双控行动。完善耕地保护补偿机制，划定农业空间和生态空间保护红线。落实最严格的水资源管理制度，强化水资源管理"三条红线"刚性约束，实行水资源消耗总量和强度双控行动。加强地下水监测，开展超采区综合治理。

2. 加快农业环境突出问题治理。 为治理和遏制农业生态环境恶化的问题，加快形成改善农业环境的政策法规制度和技术支撑体系。加大农业面源污染防治力度，实施化肥农药零增长行动，实施种养业废弃物资源化利用、无害化处理区域示范工程。积极推广高效生态循环农业模式，探索实行耕地轮作休耕制度试点。对地下水漏斗区、重金属污染区、生态严重退化地区开展综合治理，推进荒漠化、石漠化、水土流失综合治理。

3. 加强农业生态保护和修复。 实施山水林田湖生态保护和修复工程，进行整体保护、系统修复、综合治理。到 2020 年，森林覆盖率提高到 23％以上，湿地面积不低于 8 亿亩。扩大新一轮退耕还林还草规模和退牧还草工程实施范围。实施湿地保护与恢复工程，开展退耕还湿。开展大规模国土绿化行动，完善天然林保护制度。完善海洋渔业资源总量管理制度，按规划实行退养还滩。加快推进水生态修复工程建设。建立健全生态保护补偿机制，开展跨地区跨流域生态保护补偿试点。

4. 加强食品质量安全管理。 加强产地环境保护和源头治理，实行严格的农业投入品使用管理制度。强化动植物疫情疫病监测防控和边境、口岸及主要物流通道检验检疫能力建设，严防外来有害物种入侵。创建优质农产品和安全食品品牌。加快健全从农田到餐桌的农产品质量和食品安全监管体系，建立全程可追溯、互联共享的信息平台，健全风险监测评估和检验检测体系。强化食品安全责任制，落实属地管理责任和生产经营主体责任，严惩各类食品安全违法犯罪。

（三）推动农村一二三产业融合发展，促进农民收入持续较快增长

1. 推动农产品加工业转型升级。 加强农产品加工技术创新，促进农产品初加工、精深加工及综合利用加工协调发展，提高农产品加工转化率和附加值。开发拥有自主知识产权的技术装备，支持农产品加工设备改造提升，建设农产品加工技术集成基地。培育一批农产品精深加工领军企业和国内外知名品牌。强化环保、能耗、质量、安全等标准作用，促进农产品加工企业优胜劣汰。

2. 强化农产品流通设施和市场建设。 加快农产品批发市场升级改造，完善跨区域农产品冷链物流体系。推动公益性农产品市场建设，支持农产品营销公共服务平台建设，开展降低农产品物流成本行动。促进农村电子商务加快发展，形成线上线下融合、农产品进城与农资和消费品下乡双向流通格局。加快完善县乡村物流体系，支持地方和行业健全农村电商服务体系。建立健全适应农村电商发展的农产品质量分级、采后处理、包装配送等标准体系。

3. 大力发展休闲农业和乡村旅游。强化规划引导，采取以奖代补、先建后补、财政贴息、设立产业投资基金等方式，扶持休闲农业与乡村旅游业发展，着力改善休闲旅游重点村基础服务设施。引导和支持社会资本开发农民参与度高、受益面广的休闲旅游项目。加强乡村生态环境和文化遗存保护，开展农业文化遗产普查与保护。支持有条件的地方通过盘活农村闲置房屋、集体建设用地、"四荒地"、可用林场和水面等资产资源发展休闲农业和乡村旅游。

4. 完善农业产业链与农民利益联结机制。促进农业产加销紧密衔接、农村一二三产业深度融合，创新产业组织和商业模式，推进农业产业链整合和价值链提升，培育农民增收新模式。鼓励发展股份合作，引导农户自愿以土地经营权等入股龙头企业和农民合作社，建立健全风险防范机制。通过政府与社会资本合作、贴息、设立基金等方式，带动社会资本投向农村新产业新业态。

（四）提高新农村建设水平，推进美丽宜居乡村建设

1. 加快农村基础设施建设。创新农村基础设施投融资体制机制，健全农村基础设施投入长效机制，促进城乡基础设施互联互通、共建共享。实施农村饮水安全巩固提升工程，推动城镇供水设施向周边农村延伸。加快实施农村电网改造升级工程，开展农村"低电压"综合治理。加快实现所有具备条件的乡镇和建制村通硬化路、通班车，创造条件推进城乡客运一体化。发展农村规模化沼气。加大农村危房改造力度。加强农村防灾减灾体系建设。

2. 提高农村公共服务水平。以农村和接纳农业转移人口较多的城镇为重点，加快发展农村社会事业，加快推动城镇公共服务向农村延伸。坚持公办民办并举，扩大农村普惠性学前教育资源。建立城乡统一、重在农村的义务教育经费保障机制。全面改善农村义务教育薄弱学校基本办学条件，改善农村学校寄宿条件。加强乡村教师队伍建设，推动城镇优秀教师向乡村学校流动。整合城乡居民基本医疗保险制度，适当提高政府补助标准、个人缴费和受益水平。全面实施城乡居民大病保险制度。健全城乡医疗救助制度。完善城乡居民养老保险参保缴费激励约束机制。建立健全农村留守儿童和妇女、老人关爱服务体系。建立健全农村困境儿童福利保障和未成年人社会保护制度。加强农村养老服务体系、残疾人康复和供养托养设施建设。全面加强农村公共文化服务体系建设，继续实施文化惠民项目。整合教育文化信息资源，加强农村基层综合性服务中心建设。

3. 开展农村人居环境整治和美丽宜居乡村建设。继续推进农村环境综合整治，扩大连片整治范围，实施农村生活垃圾治理5年专项行动。全面启动村庄绿化工程，开展生态乡村建设。开展农村宜居水环境建设，实施农村清洁河道行动。发挥好村级公益事业一事一议财政奖补资金作用，支持改善村内公共设施和人居环境。农村环境整治支出纳入地方财政预算，中央财政给予差异化奖补，政策性金融机构提供长期低息贷款，探索政府购买服务、专业公司一体化建设运营机制。加大传统村落、民居和历史文化名村名镇保护力度。鼓励各地因地制宜探索各具特色的美丽宜居乡村建设模式。

4. 推进农村人口转移就业创业和农民工市民化。健全农村劳动力转移就业服务体系，大力促进就地就近转移就业创业，支持农民工返乡创业。加大对农村灵活就业、新就业形态的支持。实施新生代农民工职业技能提升计划，开展农村贫困家庭子女、未升学初高中毕业生、农民工、退役军人免费接受职业培训行动。建立健全农民工工资支付保障长效机制。进

一步推进户籍制度改革，落实 1 亿左右农民工和其他常住人口在城镇定居落户的目标。全面实施居住证制度，建立健全与居住年限等条件相挂钩的基本公共服务提供机制，努力实现基本公共服务常住人口全覆盖。落实和完善农民工随迁子女在当地参加中考、高考政策。将符合条件的农民工纳入城镇社会保障和城镇住房保障实施范围。健全财政转移支付同农业转移人口市民化挂钩机制，维护进城落户农民土地承包权、宅基地使用权、集体收益分配权。

5. 加快实施脱贫攻坚工程。因人因地施策，分类扶持贫困家庭，实施精准扶贫、精准脱贫。通过产业扶持、转移就业、易地搬迁等措施解决 5 000 万左右贫困人口脱贫；对完全或部分丧失劳动能力的 2 000 多万贫困人口，全部纳入低保覆盖范围，实行社保政策兜底脱贫。把革命老区、民族地区、边疆地区、集中连片贫困地区作为脱贫攻坚重点，持续加大对集中连片特殊困难地区的投入力度，加强基础设施建设，提高公共服务水平。完善扶贫脱贫扶持政策，强化政策保障，健全社会广泛参与机制，落实脱贫工作责任制。

（五）全面深化农村改革，激发农村发展内生动力

1. 完善农产品价格形成机制和收储制度。坚持市场化改革取向与保护农民利益并重的原则，采取"分品种施策、渐进式推进"的办法，完善农产品市场调控制度。继续执行并完善稻谷、小麦最低收购价政策，深入推进新疆棉花、东北地区大豆目标价格改革试点。按照市场定价、价补分离的原则，积极稳妥推进玉米收储制度改革，建立玉米生产者补贴制度。按照政策性职能和经营性职能分离的原则，改革完善中央储备粮管理体制。深化国有粮食企业改革，发展多元化市场购销主体。科学确定粮食等重要农产品国家储备规模，完善吞吐调节机制。

2. 健全农业农村投入持续增长机制。坚持把农业农村作为国家固定资产投资的重点领域，优先保障财政对农业农村的投入。允分发挥财政政策导向功能和财政资金杠杆作用，鼓励和引导金融资本、工商资本更多地投向农业农村。完善资金使用和项目管理办法，多层级深入推进涉农资金整合统筹，实施省级涉农资金管理改革和市县涉农资金整合试点，改进资金使用绩效考核办法。用 3 年左右的时间建立健全全国农业信贷担保体系，2016 年推动省级农业信贷担保机构正式建立并开始运营。加大对农产品主产区和重点生态区的功能转移支付力度，完善主产区利益补偿机制。

3. 完善农村金融保险制度。加快构建多层次、广覆盖、可持续的农村金融服务体系，发展农村普惠金融。进一步改善存取款、支付等基本金融服务。深化农村信用社改革，强化国有商业银行和政策性银行的"三农"支出责任。扩大在农民合作社内部开展信用合作试点的范围，健全风险防范化解机制。开展农村金融综合改革试验，探索创新农村金融组织和服务。稳妥有序推进农村承包土地的经营权和农民住房财产权抵押贷款试点。积极发展林权抵押贷款。创设农产品期货品种，开展农产品期权试点。全面推进农村信用体系建设，加快建立"三农"融资担保体系。完善农业保险制度，扩大农业保险覆盖面、增加保险品种、提高风险保障水平。

4. 深化农村集体产权制度改革。到 2020 年基本完成土地等农村集体资源性资产确权登记颁证、经营性资产折股量化到本集体经济组织成员，健全非经营性资产集体统一运营管理机制。完善"三权分置"办法，明确农村土地承包关系长久不变的具体规定。加快推进房地一体的农村集体建设用地和宅基地使用权确权登记颁证，推进农村土地征收、集体经营性建

设用地入市、宅基地制度改革试点。探索将财政资金投入农业农村形成的经营性资产，通过股权量化到户，让集体组织成员长期分享资产收益。完善集体林权制度。完善草原承包经营制度。

5. 创新和完善乡村治理机制。加强乡镇服务型政府建设，探索深化经济发达镇行政管理体制改革办法。探索村党组织领导的村民自治有效实现形式，完善多元共治的农村社区治理结构，开展以村民小组或自然村为基本单元的村民自治试点。建立健全务实管用的村务监督委员会或其他形式的村务监督机构。发挥好村规民约在乡村治理中的积极作用。加强农村法制建设，完善农村产权保护、农业市场规范运行、农业支持保护、农业资源环境等方面的法律法规。加强农村法律服务和法律援助，完善农村治安防控体系。加强农村行政执法队伍建设，提高农村基层法治水平。

6. 健全城乡发展一体化体制机制。完善城乡发展一体化的规划体制，强化规划约束力和引领作用。完善农村基础设施建设投入和建管机制，更好地发挥多种方式和农民主体的作用。推进形成城乡基本公共服务均等化的体制机制，促进城乡区域标准水平统一衔接可持续。加快推进户籍管理制度改革，促进农业转移人口市民化。完善城乡劳动者平等就业制度，保障城乡劳动者平等就业的权利。

粮食直接补贴对不同经营规模
农户小麦生产率的影响[①]

——基于全国农村固定观察点农户数据的分析

一、引言

改革开放后，中国实行土地集体所有制下的家庭承包经营制度，农业经营格局实现了"包产到户、分田到户"。这一制度极大地解放了农业生产力，促进了农村经济发展。但是，这一经营制度也呈现出一些不足，其主要表现是土地经营细碎化、农业生产与市场衔接不紧密、经营的比较收益低下等（许庆等，2011）。进入 21 世纪以后，中国农产品价格迅速上涨，据估算，中国农产品价格已高出国际市场价格 30％～50％。究其原因，这主要是由于中国农业经营规模小、劳动力成本高（樊纲，2002）所致。对此，中国政府采取了一系列惠农措施。自 2004 年中国取消农业税并实行农业补贴政策以来，中国粮食产量实现了"十三连增"。2015 年，财政部和农业部对农业补贴政策进行了新一轮的改革和试点，例如，进行"种粮大户补贴"试点，调减 20％的农业生产资料综合补贴额用于支持粮食适度规模经营等（陈锡文，2016）。虽然农业补贴政策鼓励和支持农业规模化经营，但是，由于土地细碎化问题，农户扩大经营规模并非简单之事，他们不仅需要转入土地，还需要投入更多的资金和其他生产要素。而粮食直接补贴作为中国四项农业补贴中唯一的脱钩类补贴，对增加农户收入、改善农民生产资金约束等具有积极意义（张红宇，2015）。

钟甫宁等（2008）认为，粮食直接补贴政策有利于土地流转，为农户扩大经营规模提供了资金和政策支持。而农户是否扩大经营规模，并非取决于政策是否支持，而是取决于扩大经营规模前后收益的对比，即农户追求收益（利润）最大化。刘莹、黄季焜（2010）基于对农户种粮决策和行为的研究认为，按照农户对种粮决策和行为中多个目标的重视程度排序，其顺序依次是获得最大利润、减少家庭劳动力投入和规避风险。如果对于农户扩大经营规模所承担的风险没有相应的保险或补贴来化解，农户会选择维持现状。因此，粮食直接补贴政策对农户扩大粮食经营规模起到了关键作用。值得思考的是，粮食直接补贴是否对不同经营规模农户的粮食生产率起到了不同作用？是推动作用还是抑制作用？粮食直接补贴对哪种经营规模农户粮食生产率的作用更明显呢？分析粮食直接补贴对不同经营规模农户粮食生产率的影响，将为粮食直接补贴政策的进一步调整提供依据。对此，本文将以小麦为例，具体回答上述问题。

[①] 本文与高鸣合作，发表于《中国农村经济》2016 年第 8 期。

实施粮食直接补贴政策的目的是促进粮食生产，保障粮食综合生产能力，提高农民的种粮积极性和收入水平。当前，粮食直接补贴主要根据二轮承包面积发放。虽然粮食直接补贴额与种粮农户当期的粮食产量无直接关系，但是，由于农户对该项补贴的使用具有选择性，补贴额可能是其粮食生产中一个重要的资金来源，因此，估计粮食直接补贴对农户粮食生产率的影响时可能存在内生性问题。所以，分析时需要使用工具变量来正视两者间的内生性问题，而这正是本文的一个主要贡献。

二、文献综述

关于脱钩类农业补贴对粮食生产的作用，学界主要有以下两种不同的观点：

第一种观点认为，粮食直接补贴（脱钩类农业补贴）对粮食生产的作用不明显。例如，黄季焜等（2011）认为，农民没有将粮食直接补贴投入粮食生产过程中，且粮食直接补贴政策并没有扭曲市场。马彦丽、杨云（2005）认为，粮食直接补贴对农户扩大种粮面积、增加收入作用较小，而农户粮食生产投入增加的原因主要是农资价格的提高。Ahearn 等（2006）认为，无论是脱钩类农业补贴还是挂钩类农业补贴，都无法吸引更多的农民参与粮食生产。Breen 等（2005）以爱尔兰为例，认为脱钩类农业补贴并不会改变农户的生产行为，农户的生产决策在获得这类补贴前后并没有发生太大的变化。Young 和 Westcott（2000）认为，美国的脱钩类农业补贴政策对粮食生产的促进作用没有粮食保险政策的这一作用明显，并提出美国需要同时实施脱钩类农业补贴政策与粮食保险政策，以保障粮食供给并符合 WTO 对农业补贴的要求。

第二种观点认为，粮食直接补贴（脱钩类农业补贴）对粮食生产具有积极意义。例如，钟甫宁等（2008）以江苏省为例，分析了粮食直接补贴在农民收入分配中的作用，认为粮食直接补贴主要通过影响地租水平增加了土地承包者的收入，从而在一定程度上缩小了城乡收入差距。此外，Chau 和 de Gorter（2005）的研究也支持这种观点。部分学者进一步分析了粮食直接补贴（脱钩类农业补贴）对粮食生产率的影响。例如，McCloud 和 Kumbhakar（2008）基于欧洲联盟国家有关数据的研究表明，农业补贴对农业生产率具有积极意义，且农业补贴的力度越大，则农户扩大经营规模的概率也越大。Rizov 等（2013）认为，欧盟共同农业政策中挂钩类农业补贴政策的实施对粮食全要素生产率的作用不明显，甚至产生消极作用，而脱钩类农业补贴对粮食全要素生产率具有一定的促进作用。Kumbhakar 和 Lien（2010）将农业补贴作为内生变量引入评价农业生产率的模型中，并使用 1991—2006 年北欧各国数据组成的面板数据进行了实证分析，认为农业补贴对农业全要素生产率具有消极影响，但是，它对生产效率、技术效率都具有积极影响。朱满德等（2015）使用 DEA - Tobit模型分析了综合性收入补贴对中国玉米全要素生产率的影响，认为综合性收入补贴有利于玉米生产技术进步和玉米全要素生产率增长，且综合性收入补贴并没有引起市场扭曲和效率损失。

在基于不同经营规模来分析农业补贴政策的影响方面，现有研究主要有两种不同的视角：第一种视角是基于经营规模差异与生产效益差异来分析农业补贴的作用。例如，罗丹等（2013）基于对 3 400 个种粮户的调查，分析了不同经营规模下农户的种粮效益，并认为当前需要构建补贴体系以促使小规模经营向适度规模经营转变，进而促进农户实现种粮效益最大化。曹阳、胡继亮（2010）基于中国17个省份的调查数据，分析了不同经营规模下的粮食生产机械化水平，并认为规模经营对粮食生产机械化作用不明显，而农业补贴有利于缓解区域间粮食生产机械化水平的差异。汪发元（2014）比较分析了中外新型农业经营主体的发展现状和差异，并指出发达国家通过补贴来扶持粮食生产规模化。此外，Huffaker 和 Gardner（1986）也从经营规模差异的视角分析了脱钩类农业补贴的政策效应，认为该类补贴对实现规模经营具有积极意义。第二种视角是从可持续发展的角度分析农业补贴对不同经营规模农户的政策效应。例如，Tilman 等（2002）基于农业可持续发展的视角，分析了不同经营规模下农户的粮食生产要素投入，并认为环境恶化使农户面临严峻的粮食生产环境，政府需要加大补贴力度以优化粮食生产环境。Berggin 和 Myers（2013）分析了美国农业补贴政策与农户玉米生产中污染及其治理行为的关系，认为经营规模较大的农户在接受了农业补贴后有责任保护好种植环境，以确保规模经营实现经济效益和社会效益最大化。

综上可知，国内外学者较多地关注脱钩类农业补贴对粮食生产的影响，而相关研究还存在一些不足，这主要表现在：第一现有研究大多把脱钩类农业补贴作为外生变量引入模型，鲜有考虑脱钩类农业补贴与粮食生产之间的内生性问题；第二较少有研究分析粮食直接补贴对不同经营规模农户粮食生产率的影响；第三少有研究基于微观农户层面的大样本面板数据分析粮食直接补贴对粮食生产率的影响。对此，本文将做如下改进：第一，选用多个工具变量以正视农业补贴与粮食生产之间可能存在的内生性问题；第二，基于经营规模的不同，将所有样本农户分成3组，再使用两阶段最小二乘法（two - stage least squares，2SLS）分析河南省粮食直接补贴对不同经营规模农户粮食生产率的影响；第三，基于 2003—2014 年全国农村固定观察点河南省样本农户数据，实证分析粮食直接补贴对小麦生产率（包括小麦生产技术效率、小麦全要素生产率及其贡献因素）的影响。

三、方法、变量选择与数据来源

（一）方法选择

要分析粮食直接补贴对不同经营规模农户小麦生产率的影响，首先需要分析小麦生产技术效率、小麦全要素生产率及其贡献因素，然后再使用相关估计模型分析粮食直接补贴对不同经营规模农户小麦生产技术效率、小麦全要素生产率及其贡献因素的影响。对此，本文首先将使用数据包络分析（data envelope analyses，DEA）方法下的最新技术——epsilon based measure（简称"EBM"）模型测算小麦生产技术效率，然后使用 Global - Malmquist - Luenberger（简称"GML"）指数分析小麦全要素生产率及其贡献因素，最后使用 2SLS 方法估计粮食直接补贴对小麦生产率的影响。

1. EBM 模型下的小麦生产技术效率测算。 传统的 DEA 模型（例如 CCR 模型或 BCC 模型）主要从径向的角度来分析技术效率问题。但是，现实中很多问题往往不能从径向的角度去考虑，例如污染和碳排放等问题。而 EBM 模型同时考虑了径向和非径向的混合距离问题。不同农户采用的小麦生产技术不同，采用 EBM 模型可以基于径向和非径向的角度来评价农户小麦生产技术效率。其模型表达式（参见 Tone，Tsutsui，2010）为：

$$\gamma^* = \min\theta - \varepsilon_x \sum_{i=1}^{m} \frac{w_i^- s_i^-}{x_0} \tag{1}$$

$$\text{s. t.} \{\theta x_0 - X\lambda - s^- = 0; Y\lambda \geqslant y_0; \lambda \geqslant 0, s^- \geqslant 0\}$$

（1）式中，γ^* 表示小麦生产技术效率值；θ 为径向效率值；s_i^- 表示非径向的要素投入冗余量；w_i^- 表示投入要素的权重；λ 表示参考权重；ε_x 是考虑径向效率值和非径向的冗余值情况下的参数；X 是径向条件下的要素投入量；Y 表示包含非期望产出的产出水平，x_0 和 y_0 分别表示径向条件下的投入水平和产出水平；i 表示第 i 种生产要素，$m=3$，包括小麦播种面积、小麦生产中的物质费用以及投入的劳动力数量。

2. 基于 GML 指数的小麦全要素生产率测算方法。 在 DEA 方法中，主要用来计算全要素生产率的 Malmqusit 指数无法衡量非径向的冗余量，例如，在生产率评价中，不能考虑非期望产出和投入要素的冗余造成的效率损失问题。对此，Oh（2010）提出了 GML 指数，以考察全域生产可能性集合下的全要素生产率水平。而进入 21 世纪后，中国各级政府更强调粮食生产对资源和环境的影响。在评价小麦全要素生产率时，应考虑粮食生产造成的资源和环境等问题。为此，本文引入 GML 指数，以从非径向角度采用定向距离函数处理同时变化的投入要素与产出水平。其函数表达式为：

$$\begin{aligned} GML_t^{t+1} &= (ML_i^t \times ML_i^{t+1})^{\frac{1}{2}} \\ &= \left[\frac{1+D_i^{t+1}(x^t,y^t,b^t,g^t)}{1+D_i^t(x^t,y^t,b^{t+1},g^t)} \times \frac{1+D_i^{t+1}(x^{t+1},y^{t+1},b^t,g^{t+1})}{1+D_i^t(x^{t+1},y^{t+1},b^{t+1},g^{t+1})}\right]^{\frac{1}{2}} \times \\ &\quad \left[\frac{1+D_i^t(x^t,y^t,b^t,g^t)}{1+D_i^{t+1}(x^{t+1},y^{t+1},b^{t+1},g^{t+1})}\right] \\ &= TC \times EC \end{aligned} \tag{2}$$

（2）式中，GML 指数被分解为技术进步（technical change，TC）和效率变化（efficiency change，EC）。x^t 表示 t 时期的小麦生产投入，y^t 表示 t 时期的小麦产出水平，b^t 表示非径向变动的产出水平，g^t 表示 t 时期的技术水平。GML 指数大于 1，表示小麦全要素生产率比上一年度提高（即优化）；反之，则下降。而根据粮食产量增长率和 Cobb-Douglas 生产函数，可以将小麦产量增长率分解成：

$$\frac{y_{t+1}}{y_t} = \frac{e_{t+1}}{e_t} \times \left(\frac{\hat{sf_t'}}{\hat{sf_t}} \times \frac{\hat{sf_{t+1}'}}{\hat{sf_{t+1}}}\right)^{\frac{1}{2}} \times \left(\frac{\hat{sf_{t+1}}}{\hat{sf_t}} \times \frac{\hat{sf_{t+1}'}}{\hat{sf_t'}}\right)^{\frac{1}{2}} \times \frac{J_{t+1}}{J_t} \tag{3}$$

$$= EC \times TC \times IC \times JC$$

（3）式中，y_{t+1}/y_t 表示小麦产量增长率，即当期小麦产量与前一期小麦产量的比值；根据索罗增长模型，e_{t+1}/e_t 表示生产效率变化（EC）；根据拓展的索罗增长模型，J_{t+1}/J_t 表示人力资本增长率（JC），$\hat{sf_t}$ 和 $\hat{sf_{t+1}}$ 表示最优劳动生产率。根据费雪理想式和受教育年限，可求出人力资本增长率（JC）和要素投入增长率（IC）。而效率变化和技术进步是（2）式中分解出的全要素生产率的贡献因素，因此，结合（2）式和（3）式，可以分解出小麦全要素生产率的 4 个主要贡献因素。

3. 两阶段工具变量估计模型。 为了分析粮食直接补贴对小麦生产率的影响，本文将选用 2SLS 方法来验证。普通最小二乘法无法解决变量的内生性问题，所以，需要引入工具变量来解决。首先，确定自变量中存在内生性的变量；其次，寻找一个独立且外生于粮食直接补贴的变量作为工具变量。两阶段工具变量估计模型的表达式为：

$$Y_{ht} = \alpha_0 + \alpha_{1k}X_{1t} + \alpha_{hk}X_{ht} + u_0$$
$$Y_{ht} = \beta_0 + \beta_n Z_{ht} + \beta_{ik}X_{ht} + u_1$$

(4)

（4）式中，X_{1t} 是粮食直接补贴变量，X_{ht} 是自变量向量，包括户主性别、户主年龄、户主文化程度、户主是否受过农业生产技术培训、农业固定资产投资额、农户总收入和机械总动力；Z_{ht} 是工具变量；α_{hk} 是自变量的估计系数，h 表示农户，k 为自变量个数；α_0 为常数项；β_n 表示工具变量的估计系数；u 表示误差项。需要说明的是，本文估计结果的稳健性检验也基于该模型展开。

（二）变量的选择

1. 小麦生产率评价指标的选取。结合 Cobb‐Douglas 生产函数，本文依据小麦生产的投入与产出关系，在科学性和系统性原则下，选取农户当年小麦产量（单位：千克）作为产出指标，选取小麦播种面积（单位：亩）、小麦生产中的物质费用[①]（单位：元）以及小麦生产中的劳动力数量（单位：人）作为农户小麦生产中的要素投入。本文使用这些投入和产出指标，结合（1）式和（2）式分别测算小麦生产技术效率和全要素生产率。

2. 粮食直接补贴对不同经营规模农户小麦生产率的影响。本文试图从不同经营规模的角度分析粮食直接补贴对农户小麦生产率的影响。结合前人研究成果（例如许庆等，2011）和样本农户小麦播种面积的分布情况，将所有样本农户分成 3 组：0～3 亩、3～6 亩、6 亩以上[②]。在模型中引入的变量包括核心变量、控制变量和工具变量。对变量选取及其依据的具体说明如下：

（1）核心变量。本文研究中的核心自变量为粮食直接补贴，而因变量包括 6 个，分别为小麦生产技术效率、小麦全要素生产率、小麦全要素生产率的 4 个贡献因素（技术进步、效率变化、人力资本增长率和投入要素增长率）。

（2）控制变量。户主性别对粮食生产率有影响，男性在粮食生产中更注重技术效率的提升，从而男性户主农户的粮食生产率会更高（Young，Westcott，2000）。当前，对于中国农业劳动力老龄化是否影响粮食生产率的提高，虽然不同学者有不同的观点，但是，大部分学者认为户主年龄是影响农户粮食生产率的重要因素之一。根据拓展的索罗增长模型可知，人力资本是促进经济增长（产量增加）的主要因素之一，因此，在分析小麦生产率的影响因素时，不能忽视人力资本的贡献。本文选择户主文化程度来表示人力资本情况，并用户主受教育年限来衡量这一变量。相关研究表明，受过农业生产技术培训的农户能掌握先进的粮食生产技术，从而有利于提高粮食生产率（朱满德等，2015）。农业固定资产投资是农业基础设施建设的重要资金来源，而农业基础设施直接关系到粮食生产，因此，农业固定资产投资是影响粮食生产率的重要因素（Tilman et al.，2002）。农户收入水平和粮食生产率息息相关，收入的提高可以缓解农户粮食生产中的资金约束，因此，在分析粮食生产率时，需要考虑农户的收入水平（Tabor，Sawit，2001）。曹阳、胡继亮（2010）认为，粮食生产中

[①] 小麦生产中的物质费用包括种子秧苗费、农家肥费、化肥费、农膜费、农药费、畜力费、机械作业费、排灌费、燃料动力费、棚架材料费、固定资产折旧费、小农具购置修理费、管理及其他间接费、销售费用、其他费用。

[②] 在分组中，"0～3 亩"包含了 3 亩，"3～6 亩"不包含 3 亩但包含 6 亩，"6 亩以上"不包含 6 亩，下同。

的机械投入是提高粮食生产技术效率的一个重要因素，因此，本文选择农户农业机械总动力作为一个控制变量。综上，本文选取户主性别、年龄、文化程度、是否受过农业生产技术培训以及农户农业固定资产投资额、家庭总收入和农业机械总动力作为本文研究的控制变量。

（3）工具变量。本文共使用了两个工具变量：第一个工具变量为历史小麦产量，第二个工具变量是家庭中非劳动力人数。选择历史小麦产量作为工具变量的原因是：历史小麦产量与当前的粮食直接补贴额没有直接关系，但是，粮食直接补贴是根据农户的二轮承包面积发放的，即二轮承包面积越大，农户获得的粮食直接补贴越多。农户可以基于历史小麦产量对未来的小麦产量作出预期，改变其粮食生产决策和行为，从而影响其小麦产量。历史粮食产量作为工具变量已被广泛用来评估农业政策对粮食生产的影响（例如 Weber，Key，2012）。本文研究估计的是 2009—2014 年间粮食直接补贴对小麦生产率的影响，因此，选用农户2003—2008 年相应的小麦历史产量作为工具变量，即 2009 年所用的工具变量是 2003 年的小麦产量，以此类推（有关原因详见 Weber，Key，2012）。需要说明的是，在对 2012 年、2013 年、2014 年有关情况的研究中，对应使用的工具变量分别为 2006 年、2007 年和 2008年的农户小麦产量，虽然 2006 年已经开始实行粮食直接补贴政策，但是，由于年份相距较远，该工具变量的影响非常微小（例如，农户 2006 年获得的粮食直接补贴额对其 2012 年小麦产量的影响较小），即该工具变量的独立性较强。选择家庭中非劳动力人数作为第二个工具变量的原因是，农户在农业生产决策中会考虑赡养老人和抚育孩子的支出，这可能影响其小麦生产决策和行为，从而间接影响小麦生产（Chau，de Gorter，2005）。本文中，家庭中非劳动力人数主要是指家庭中小于 16 岁和大于 60 岁的家庭成员数。需要说明的是，为了对估计结果进行稳健性检验，本文在第五部分使用家庭中非劳动力人数替代历史小麦产量作为工具变量。

（三）数据来源与变量描述

本文研究所使用的数据均来自全国农村固定观察点的调查。全国农村固定观察点调查主要涉及农户及家庭成员的农业生产、消费、经营、投资等各方面内容，且每年跟踪 23 000户农户。本文选择 2009—2014 年全国农村固定观察点河南省所有样本农户（1 000 户）为研究样本。其主要原因是：第一，全国农村固定观察点从 2009 年才正式开始跟踪调查农户年度获得的粮食直接补贴额；第二，河南省是中国小麦生产的第一大省，具有代表性和现实性；第三，近年来全国农村固定观察点的数据质量相对较高①。经整理，在河南省每年跟踪调查的 1 000 户样本农户中，每年都获得粮食直接补贴且每年都种植了小麦的农户总共为758 户。其中，经营规模为 0～3 亩、3～6 亩和 6 亩以上的样本数分别为 382 户、244 户和132 户。

本文研究中涉及的核心自变量、控制变量和工具变量的具体含义和描述性统计结果见表 1。

---

① 近年来，农业部农村经济研究中心对全国农村固定观察点的调查人员进行定期培训，因此，近年来调查数据的质量较高，主要表现是：和前些年相比缺失值减少，奇异值减少，年份间数据可以较好地衔接等。

表 1 相关变量的含义与描述性统计结果

变量名称	含义和单位	均值	0~3 亩	3~6 亩	6 亩以上
核心自变量					
粮食直接补贴	农户当年获得的粮食直接补贴（元）	221.99	175.62	233.89	256.47
控制变量					
户主性别	男＝1，女＝0	0.95	0.93	0.95	0.96
户主年龄	户主当年的年龄（周岁）	55.93	56.10	56.88	54.81
户主文化程度	受教育年限（年）	6.86	6.77	6.78	7.04
户主是否受过农业生产技术培训	是＝1，否＝0	0.06	0.04	0.06	0.08
农业固定资产投资	年度生产性固定资产投资额（元）	2 146.60	2 055.64	2 221.14	2 163.03
家庭总收入	年度家庭总收入（元）	38 942.37	34 406.85	38 818.50	43 601.77
农业机械总动力	农户农业机械总动力（千瓦）	3.34	2.24	3.92	3.86
工具变量					
家庭中非劳动力人数	大于 60 岁和小于 16 岁的总人数（人）	3.85	3.85	3.95	3.75
历史小麦产量	2003—2008 年农户小麦产量（千克）	1 357.05	1 107.07	1 490.04	1 474.01

四、粮食直接补贴对不同经营规模农户小麦生产率的影响分析

（一）小麦生产技术效率与小麦全要素生产率的计算

根据前文的（1）～（3）式，可以计算出河南省样本农户的小麦生产技术效率、小麦全要素生产率（规模可变条件下），然后分解出小麦全要素生产率的贡献因素，得到结果见表2。需要说明的是，为了进一步分析小麦生产技术效率是否存在规模效应，本文还计算了规模可变和规模不变条件下的小麦生产技术效率值（在表2中分别用 C‑TE、V‑TE 表示）。

表 2 2009—2014 年河南省样本农户的小麦生产技术效率、小麦全要素生产率及其贡献因素

经营规模	年份	C‑TE	V‑TE	小麦 TFP	人力资本增长率	效率变化	技术进步	要素投入增长率
0~3 亩	2009	0.377	0.430	—	—	—	—	—
	2010	0.414	0.487	1.377	1.091	1.467	0.939	1.649
	2011	0.425	0.530	0.519	1.048	0.913	0.568	4.499
	2012	0.450	0.506	1.167	1.123	0.531	2.199	1.664
	2013	0.492	0.563	1.131	1.037	3.544	0.319	1.357
	2014	0.462	0.606	1.185	1.063	1.309	0.905	1.457
3~6 亩	2009	0.397	0.432	—	—	—	—	—
	2010	0.438	0.539	1.070	0.974	1.250	0.856	1.948
	2011	0.477	0.557	0.571	1.083	1.030	0.554	3.187
	2012	0.450	0.506	1.124	1.029	0.429	2.620	1.436
	2013	0.415	0.610	1.110	1.051	3.725	0.298	1.451
	2014	0.528	0.626	1.239	1.035	1.236	1.003	1.782

（续）

经营规模	年份	C‑TE	V‑TE	小麦TFP	人力资本增长率	效率变化	技术进步	要素投入增长率
6亩以上	2009	0.381	0.422	—	—	—	—	—
	2010	0.442	0.578	1.090	1.104	1.403	0.777	1.156
	2011	0.462	0.578	0.593	1.045	1.116	0.531	3.010
	2012	0.453	0.601	1.087	0.981	0.354	3.070	1.444
	2013	0.453	0.649	1.188	1.067	4.067	0.292	1.287
	2014	0.528	0.674	1.099	1.013	1.093	1.006	2.125

注：小麦 TFP 表示小麦全要素生产率的 GML 指数值；由于对全要素生产率的评价为动态效率评价，而本文效率评价的基期为 2009 年，因此，2009 年的相关效率值缺失。

（1）河南省小麦生产技术效率存在规模效应。表 2 中的结果显示，规模可变条件下的效率值全都大于规模不变条件下的效率值。以经营规模为 0～3 亩的农户为例，2009 年，规模可变条件下的小麦生产技术效率值为 0.430，比规模不变条件下的这一效率值高 0.053；而 2014 年两者的差距扩大，规模可变条件下的小麦生产技术效率值比规模不变条件下的这一效率值高 0.144。由此可知，河南省小麦生产存在规模效应。另外，经营规模为 6 亩以上农户的小麦生产技术效率值比其他两组样本的这一效率值都要高。以 2014 年规模可变条件下的小麦生产技术效率为例，经营规模为 6 亩以上农户的这一效率值为 0.674，高于经营规模为 3～6 亩和 0～3 亩农户的这一效率值（分别为 0.626 和 0.606）。

（2）河南省小麦全要素生产率进一步提升，生产要素投入增长对小麦产量增长的贡献最大。不同经营规模农户的 GML 指数值大于 1 的比例都高于 80%，说明河南省小麦全要素生产率得到了改进。以经营规模为 0～3 亩的农户为例，2010—2014 年间，GML 指数值大于 1 的年份出现了 4 次，占 80%。根据 GML 指数的原则可知，该指数大于 1，说明该年份全要素生产率较上一年得到了提升。这说明，2010—2014 年间，河南省小麦全要素生产率在进一步提升。另外，生产要素投入是河南省小麦产量增长最重要的贡献因素，而技术进步的这一贡献最小。

（二）粮食直接补贴对小麦生产技术效率的影响

基于不同经营规模的视角，这一节将具体分析粮食直接补贴对规模不变、规模可变条件下农户小麦生产技术效率的影响。需要说明的是，此处使用 2SLS 估计法，选用历史小麦产量为工具变量。在建立估计方程前，需要先对工具变量进行检验。本文选择弱工具变量检验法对历史小麦产量变量进行检验。经 Stata13.0 软件计算，其 Cragg‑Donald Wald F 统计量为 112.39，远远大于 5% 偏误水平下的临界值 13.91，说明不存在弱工具变量问题。本文使用 Stata13.0 软件对模型（4）式进行估计，所得到的结果见表 3。由表 3 中 Sargan 检验的 p 值可知，每个估计方程都通过了整体显著性检验。

（1）粮食直接补贴对规模可变条件下的小麦生产技术效率具有显著影响。从表 3 可以看出，无论哪一组经营规模的农户，粮食直接补贴对小麦生产技术效率都具有显著的正向

表3　粮食直接补贴对小麦生产技术效率影响的估计结果

变量	0～3 亩		3～6 亩		6 亩以上	
	规模不变	规模可变	规模不变	规模可变	规模不变	规模可变
粮食直接补贴	0.005**	0.008***	0.001	0.006**	0.002	0.001***
	(0.002)	(0.002)	(0.002)	(0.002)	(0.002)	(0.003)
户主性别	0.144	0.019	0.061**	0.067**	0.085**	0.124***
	(0.019)	(0.025)	(0.024)	(0.286)	(0.290)	(0.387)
户主年龄	−0.003	−0.001	0.007*	0.008	0.001	0.001
	(0.004)	(0.006)	(0.004)	(0.006)	(0.005)	(0.007)
户主文化程度	−0.002	−0.004	0.002	0.007	0.001	0.011
	(0.002)	(0.003)	(0.002)	(0.002)	(0.003)	(0.034)
户主是否受过农业生产技术培训	0.014	0.103*	0.004	0.008	0.044	0.037
	(0.044)	(0.058)	(0.530)	(0.062)	(0.065)	(0.086)
农业固定资产投资	0.001***	0.001***	0.001***	0.001***	0.001**	0.001
	(0.001)	(0.001)	(0.001)	(0.001)	(0.001)	(0.001)
农业机械总动力	0.001	0.006**	0.001*	0.002	0.015**	0.001
	(0.002)	(0.025)	(0.001)	(0.002)	(0.001)	(0.001)
家庭收入	0.001	0.001	0.001	0.001**	0.001	0.001
	(0.001)	(0.001)	(0.001)	(0.001)	(0.001)	(0.001)
常数项	0.332	0.575***	0.299**	0.354**	0.236**	0.269
	(0.095)	(0.123)	(0.113)	(0.132)	(0.137)	(0.184)
样本量	382	382	244	244	132	132
R^2	0.321	0.297	0.313	0.294	0.311	0.301
p 值	0.018	0.008	0.021	0.000	0.016	0.007

注：＊、＊＊和＊＊＊分别表示在 10%、5%和 1%的统计水平上显著；括号中的数字为标准误；p 值为方程的 Sargan 检验的 p 值。

影响，即农户获得粮食直接补贴能提高其小麦生产技术效率。从表 2 中河南省样本农户小麦生产技术效率的测算结果可知，2009—2014 年，不同经营规模农户的小麦生产技术效率都得到了提高，从而有助于提高小麦单产。据统计，河南省粮食直接补贴总额在 2009—2014 年间持续增长，而 2014 年河南省小麦平均单产为 410.5 千克/亩，比 2009 年增加了近 45 千克/亩[①]。

（2）粮食直接补贴对规模不变条件下小麦生产技术效率的影响不明显。粮食直接补贴仅对经营规模为 0～3 亩农户的小麦生产技术效率有显著的正向影响，而对经营规模为 3～6 亩和 6 亩以上农户的小麦生产技术效率影响不显著。可能的原因是：第一，河南省小麦生产存

————————

① 数据来源：《2015 年河南省收获小麦质量品质报告》，http：//www.cngrain.com/Publish/news/201510/595784.shtml。

在规模效应，因此，假设规模报酬不变忽略了粮食直接补贴对扩大小麦经营规模的间接作用；第二，农户获得的粮食直接补贴额较小，其平均值为221.99元，这一补贴额高于1 000元的仅10户，而经营规模相对较大的农户对资金的需求较大，因此，粮食直接补贴对经营规模较小农户的小麦生产技术效率影响不显著。

（3）粮食直接补贴对经营规模很小农户的小麦生产技术效率影响较大，而对经营规模相对较大农户的这一效率影响较小。从表3可以看出，粮食直接补贴对经营规模为0～3亩、3～6亩和6亩以上农户的小麦生产技术效率影响的估计系数分别为0.008、0.006和0.001，随着经营规模的增加，这一估计系数呈减小趋势。这可能是由于经营规模较小的农户获得的粮食直接补贴额在其粮食生产投资中的比重相对更大。并且，经营规模更大的农户，收入水平也更高。例如，经营规模为6亩以上农户的家庭年收入均值为43 601.77元，远大于经营规模为0～3亩农户的这一均值（34 406.85元）。

（三）粮食直接补贴对小麦全要素生产率及其贡献因素的影响

结合前文对经营规模的分组和2009—2014年间河南省农户小麦全要素生产率及其贡献因素的分解结果，本节将分别估计粮食直接补贴对经营规模为0～3亩、3～6亩、6亩以上农户小麦全要素生产率及其贡献因素的影响。在估计时，同样使用2SLS估计法，选用历史小麦产量为工具变量。从表4至表6中Sargan检验的p值可知，每个估计方程都通过了整体显著性检验。

表4 粮食直接补贴对经营规模为0～3亩农户小麦全要素生产率及其贡献因素的影响

	小麦 TFP	人力资本增长率	效率变化	技术进步	要素投入增长率
粮食直接补贴	0.002 (0.013)	0.002** (0.008)	0.002 (0.003)	0.010 (0.007)	0.031 (0.050)
户主性别	0.064 (0.541)	0.154** (0.085)	−0.861 (0.182)	0.355** (0.261)	0.649 (0.203)
户主年龄	−0.017 (0.012)	0.003 (0.002)	−0.053 (0.053)	0.002 (0.005)	0.098** (0.045)
户主文化程度	−0.039 (0.529)	0.127*** (0.009)	0.243 (0.226)	0.027 (0.681)	0.314 (0.198)
户主是否受过农业生产技术培训	0.415** (0.442)	0.058 (0.218)	0.179*** (0.001)	0.461 (0.681)	0.221 (0.286)
农业固定资产投资	0.002*** (0.001)	0.001 (0.001)	0.002*** (0.003)	0.001** (0.001)	0.001 (0.003)
农业机械总动力	0.033 (0.408)	−0.016** (0.075)	0.437*** (0.001)	0.017 (0.019)	0.122 (0.149)
家庭收入	0.001 (0.001)	−0.001 (0.001)	0.001** (0.001)	0.001 (0.001)	0.001 (0.001)
常数项	0.347* (0.735)	1.141** (0.452)	0.119** (0.835)	0.857 (0.234)	0.887 (0.356)

	小麦 TFP	人力资本增长率	效率变化	技术进步	要素投入增长率
样本量	326	326	326	326	326
R^2	0.291	0.222	0.301	0.311	0.297
p 值	0.010	0.003	0.001	0.005	0.012

注：*、**和***分别表示在10%、5%和1%的统计水平上显著；括号中的数字为标准误；p 值为方程的 Sargan 检验的 p 值。

表 5 粮食直接补贴对经营规模为 3～6 亩农户小麦全要素生产率及其贡献因素的影响

	小麦 TFP	人力资本增长率	效率变化	技术进步	要素投入增长率
粮食直接补贴	0.003	0.002**	0.006***	0.001	0.001
	(0.001)	(0.008)	(0.001)	(0.001)	(0.003)
户主性别	0.100	0.016	0.337	−0.053	0.047
	(0.127)	(0.085)	(0.226)	(0.153)	(0.392)
户主年龄	0.002	−0.001	0.004	0.002	0.008
	(0.002)	(0.001)	(0.004)	(0.002)	(0.007)
户主文化程度	0.012	−0.122***	−0.004	0.019	0.179***
	(0.011)	(0.007)	(0.020)	(0.013)	(0.034)
户主是否受过农业 生产技术培训	0.629**	0.191	0.248	−0.326	0.432
	(0.294)	(0.185)	(0.549)	(0.374)	(0.915)
农业固定资产投资	0.001	0.001	0.001**	0.001***	0.001
	(0.001)	(0.001)	(0.002)	(0.001)	(0.001)
农业机械总动力	0.006	0.001	0.001***	0.001	0.004*
	(0.009)	(0.001)	(0.001)	(0.001)	(0.003)
家庭收入	0.001*	−0.001	0.001***	0.001	0.001*
	(0.001)	(0.001)	(0.001)	(0.001)	(0.001)
常数项	0.919**	1.509***	0.235	1.574**	0.396
	(0.735)	(0.391)	(1.156)	(0.786)	(1.946)
样本量	244	244	244	244	244
R^2	0.291	0.222	0.301	0.311	0.297
p 值	0.029	0.018	0.021	0.035	0.031

注：*、**和***分别表示在10%、5%和1%的统计水平上显著；括号中的数字为标准误；p 值为方程的 Sargan 检验的 p 值。

表 6 粮食直接补贴对经营规模为 6 亩以上农户小麦全要素生产率及其贡献因素的影响

	小麦 TFP	人力资本增长率	效率变化	技术进步	要素投入增长率
粮食直接补贴	−0.001	0.001	0.002	0.001	0.007**
	(0.001)	(0.001)	(0.005)	(0.001)	(0.004)
户主性别	0.205	0.016	0.758	−0.553*	−0.034
	(0.141)	(0.116)	(0.546)	(0.321)	(0.447)

（续）

	小麦 TFP	人力资本增长率	效率变化	技术进步	要素投入增长率
户主年龄	0.006**	−0.001	0.019**	0.005	−0.006
	(0.003)	(0.002)	(0.010)	(0.006)	(0.008)
户主文化程度	0.007	−0.098***	0.045	−0.007	0.161***
	(0.013)	(0.011)	(0.050)	(0.029)	(0.041)
户主是否受过农业生产技术培训	0.016	0.065	0.407	0.140	0.529
	(0.285)	(0.262)	(1.106)	(0.649)	(0.905)
农业固定资产投资	−0.001	0.001	0.001	0.001**	0.001
	(0.001)	(0.001)	(0.001)	(0.001)	(0.001)
农业机械总动力	0.001	−0.011*	0.010	−0.003	0.014
	(0.004)	(0.006)	(0.018)	(0.011)	(0.015)
家庭收入	0.001	−0.001	0.001	0.001	0.001
	(0.001)	(0.001)	(0.001)	(0.001)	(0.001)
常数项	0.401	1.496**	1.357	1.141	0.273
	(0.629)	(0.749)	(2.444)	(1.436)	(2.001)
样本量	132	132	132	132	132
R^2	0.314	0.301	0.295	0.271	0.317
p 值	0.032	0.021	0.041	0.075	0.037

注：*、**和***分别表示在10%、5%和1%的统计水平上显著；括号中的数字为标准误；p 值为方程的 Sargan 检验的 p 值。

（1）粮食直接补贴对小麦全要素生产率的影响不显著。无论基于哪一组经营规模的样本农户，粮食直接补贴对小麦全要素生产率的作用都不显著。这主要是因为：第一，从投入至产出角度来看，由于粮食直接补贴的额度较小，它对农户优化小麦生产的投入产出结构作用不明显，使粮食直接补贴对小麦全要素生产率的作用不明显；第二，从小麦生产中的要素投入来看，粮食直接补贴额与小麦播种面积、小麦生产中的物质费用以及投入的劳动力数量等无关，这导致粮食直接补贴的生产效应没有充分发挥。这一结果和前人的研究结果一致。Holden and Lunduka（2010）以马拉维共和国为例，分析了脱钩类补贴对农户玉米全要素生产率的影响，得出结论认为上述影响不明显。

（2）粮食直接补贴对经营规模为0～3亩和3～6亩农户小麦生产中的人力资本增长率都有显著的正向影响。这说明，粮食直接补贴能提高经营规模为0～3亩和3～6亩农户的人力资本增长率，即粮食直接补贴对小麦生产中的人力资本增长具有积极意义。可能的原因主要是：粮食直接补贴有利于农民提高收入，可能使农民有更多接受继续教育和培训的机会。在全国农村固定观察点河南省样本农户中，2014年，接受过农业生产技术培训的农户占21.3%，超过了2009年的15.1%。

（3）粮食直接补贴对经营规模为3～6亩农户小麦生产效率变化有显著的正向影响（其估计系数为0.006），而对经营规模为0～3亩和6亩以上农户小麦生产效率变化的影响不显著。其原因可能是，经营规模为 3～6 亩的样本农户获得的粮食直接补贴额占其小麦生产总物质费用的比例较高，达 22.81%，大于经营规模为 0～3 亩和 6 亩以上农户的这一比例（分别为 17.13% 和 16.31%）。经营规模为 6 亩以上的农户对农业生产资金的需求更大，而当前的粮食直接补贴较少，即使将其全部投入小麦生产中也无法显著促进较大经营规模农户提高小麦生产效率。因此，粮食直接补贴仅对经营规模为 3～6 亩农户的小麦生产效率有明显的促进作用。

（4）粮食直接补贴对小麦生产中的技术进步影响不显著。从表 4 至表 6 中的估计结果看，无论在哪一种经营规模下，粮食直接补贴对小麦生产中的技术进步影响都不显著。这主要是由于：第一，小麦生产技术的发展相对滞后，农业科技在中国粮食生产中的贡献率仍较低。据计算，2014 年，中国农业科技贡献率为 58%，而美国农业科技贡献率达到了 95%（高鸣、宋洪远，2014）。第二，粮食直接补贴的原则、对象和目标等都没有涉及技术进步、技术创新等。

（5）粮食直接补贴对经营规模为 6 亩以上农户小麦生产中的要素投入增长率有显著的正向影响，其估计系数为 0.007。这说明，粮食直接补贴可以改善经营规模为 6 亩以上农户的要素投入状况。这可能是由于：第一，经营规模相对较大的农户对要素（例如化肥、农药等）投入的依赖性更强，经营规模越大，需要投入的农业生产要素越多，而粮食直接补贴可以缓解这些农户的农业生产资金压力。第二，经营规模为 6 亩以上的农户在农业生产资金方面受到的约束更大。2009—2014 年，全国农村固定观察点河南省样本农户中，获得生产性贷款的农户所占比例维持在 0.5%～0.6% 的水平，而所有获得生产性贷款的农户都是经营规模为 6 亩以上的农户。

五、稳健性检验

为检验前文的估计结果是否稳健，本节将工具变量变换为家庭中非劳动力人数。同样使用弱工具变量检验法对该工具变量的有效性进行检验，其 Cragg - Donald Wald F 统计量为 82.23，大于 5% 偏误水平下的临界值，表明通过了弱工具变量检验。同样用 2SLS 估计法，得到稳健性检验的具体结果（见表 7）。从 Sargan 检验的 p 值可知，表 7 中的估计方程都通过了显著性检验，说明估计方程有效。

表 7　粮食直接补贴对河南省农户小麦生产率影响估计结果的稳健性检验

分组	小麦生产技术效率		小麦 TFP	小麦全要素生产率的贡献因素			
	不变规模	可变规模	GML 指数	人力资本增长率	效率变化	技术进步	要素投入增长率
0～3 亩	0.006*	0.005**	0.003	−0.005	0.914	0.001	0.010
	(0.013)	(0.003)	(0.004)	(0.006)	(1.003)	(0.010)	(0.078)
3～6 亩	0.001***	0.047**	0.001	0.002**	0.005	0.003	0.002
	(0.001)	(0.024)	(0.001)	(0.007)	(0.003)	(0.002)	(0.004)
6 亩以上	0.006**	0.009***	0.001	−0.002	0.001	0.001	0.001**
	(0.028)	(0.003)	(0.001)	(0.001)	(0.004)	(0.003)	(0.004)

（续）

分组	小麦生产技术效率		小麦 TFP	小麦全要素生产率的贡献因素			
	不变规模	可变规模	GML 指数	人力资本增长率	效率变化	技术进步	要素投入增长率
样本量	758	758	702	702	702	702	702
R^2	0.352	0.311	0.295	0.276	0.301	0.331	0.295
p 值	0.006	0.011	0.028	0.081	0.039	0.033	0.041

注：＊、＊＊和＊＊＊分别表示在 10%、5% 和 1% 的统计水平上显著；括号中的数字为标准误；p 值为方程的 Sargan 检验的 p 值；受版面限制，控制变量的估计结果没有在表中报告。

从表 7 中的结果可知，粮食直接补贴对小麦生产技术效率的影响较为显著，说明该估计结果较为稳健；粮食直接补贴对不同经营规模农户小麦全要素生产率的影响不显著，但对经营规模为 3～6 亩农户小麦生产中的人力资本增长率和经营规模为 6 亩以上农户小麦生产中的要素投入增长率影响较为显著。结合表 4 至表 7 中的估计结果可知，前文的估计结果较为稳健。

六、简要结论

本文使用 2003—2014 年全国农村固定观察点河南省样本农户数据，选用 EBM 模型和 GML 指数测算了河南省小麦生产技术效率和小麦全要素生产率，并对小麦全要素生产率进行了分解，然后通过两阶段工具变量模型，分析了粮食直接补贴对不同经营规模农户小麦生产技术效率、小麦全要素生产率及其贡献因素的影响，最后对估计结果进行了稳健性检验。通过分析，得到以下结论：第一，2009—2014 年，河南省小麦生产存在规模效应，要素投入增长是河南省小麦全要素生产率增长的一个主要贡献因素；第二，粮食直接补贴对经营规模为 0～3 亩和 3～6 亩农户小麦生产技术效率的作用更为明显；第三，粮食直接补贴对小麦全要素生产率贡献因素的影响主要表现为：对经营规模为 0～3 亩和 3～6 亩农户小麦生产中的人力资本增长率和效率变化、经营规模为 6 亩以上农户小麦生产中的要素投入增长率都影响显著，且系数都为正，但是，粮食直接补贴对这些因素的影响不足以使其显著影响小麦全要素生产率。

关于农业供给侧结构性改革
若干问题的思考和建议[①]

  自 2015 年下半年以来，习近平总书记先后几次强调供给侧结构性改革问题。特别是在 2015 年 12 月召开的中央经济工作会议上，习近平总书记对如何推进供给侧结构性改革，从理念到行动都做出了系统阐述和全面部署，这是中央适应和引领经济发展新常态做出的重大决策。为贯彻落实习近平总书记系列重要讲话精神，2015 年 12 月召开的中央农村工作会议和 2016 年 1 月下发的中央 1 号文件，都明确提出要推进农业供给侧结构性改革。这是"十三五"时期我国农业农村工作的一项重要任务。2016 年"两会"期间，习近平总书记在参加湖南代表团审议时指出：新形势下我国农业发展的主要矛盾已经由总量不足转变为结构性矛盾，推进农业供给侧结构性改革是当前和今后一个时期我国农业政策改革和完善的主要方向。在此，我主要就为什么要推进农业供给侧结构性改革、如何推进农业供给侧结构性改革等重要问题，谈几点思考。

（一）从农业的产业功能和当前存在的突出问题看，推进农业供给侧结构性改革不仅必要而且紧迫

  从产业演进的规律和功能看，农业是国民经济的基础产业，随着社会分工分业的发展，才有了第二产业和第三产业；农业的基本功能主要是为人们提供农产品和食物供给，比如粮棉油糖、茶瓜果菜、肉禽蛋奶、水产品等，都是人们日常生活中须臾不可离开的。因此，需要以促进农业产业发展为出发点，着力推进供给侧结构性改革。

  从中国农业发展的状况和特点看，突出的矛盾和问题在供给侧，主要表现为农产品供给未能很好地适应消费需求的变化，导致供求出现结构性失衡。比如，消费者对牛奶质量、信誉保障提出了较高的要求，但生产和供给还不能很好地适应这些要求；又比如，我国大豆产需缺口很大，但玉米生产的增长却明显地超过了需求的增长。农产品供给侧出现的结构性矛盾和问题，还给我国农业资源环境带来了很大的压力，不仅影响当前的生产发展和农民增收，而且还直接影响农业的长远可持续发展。因此，需要以改善农产品供给结构为重点，着力推进农业供给侧结构性改革。

（二）推进农业供给侧结构性改革，重点是解放和发展农村生产力

  用改革的办法推进农业结构调整，矫正农业资源要素配置扭曲，提高农产品供给质量和效率，减少无效和低端农产品供给，扩大有效和中高端农产品供给，增强农产品供给结构对消费需求变化的适应性和灵活性，提高农业全要素生产率。推进农业供给侧结构性改革的根

[①] 本文发表于《中国农村经济》2016 年第 10 期。

本目的，就是要使不断提高的农产品供给能力，更好地满足人们日益增长、结构升级和多样化的消费需求。

推进农业供给侧结构性改革，要重点关注和解决好以下四个问题：第一，针对农业供给侧存在的突出问题，从生产端入手，从供给侧发力；第二，抓住农业供给侧存在的结构性矛盾，调整优化农产品供给结构，更好地适应消费需求；第三，充分发挥市场配置资源的决定性作用，更好地发挥政府的作用，紧紧围绕市场需求变化安排农业生产和供给；第四，针对农业发展中存在的体制性和机制性障碍，大力推动技术创新和制度创新，通过矫正资源要素配置扭曲解决农业供给侧的结构性矛盾和问题。

（三）推进农业供给侧结构性改革，要紧紧围绕市场需求组织农业生产经营，使农产品供给在数量上更加充足、在品质上更加符合消费需求，形成结构合理、保障有力的农产品有效供给

一是面向整个国土资源，多途径开发食物资源，调整优化产品结构、生产结构、产业结构和区域布局。推动粮经饲统筹、农牧渔结合、种养加一体、主产区和功能区协调。通过发展"一村一品""一乡一业""一县一园"，形成主导产品、支柱产业和优势产区。科学确定主要农产品自给水平，合理安排农业产业发展优先序，逐步形成与市场需求相适应、与资源禀赋相匹配的现代农业生产结构和区域布局。二是针对当前一些地方化学投入品过量、不合理使用导致农产品产地生产环境恶化的问题，采取有力措施，治地治水治环境，控肥控药控添加剂。健全农产品质量和食品安全监管追溯体系，让消费者吃上放心安全的农产品。适应城乡居民消费结构转型升级的需要，着力提升农产品质量和食品安全水平。做优做精粮食产业，优化粮食品种品质，积极推广农牧结合，大力发展肉蛋奶鱼、果菜菌茶等，为消费者提供品种多样、质量优良的农产品，调优品质、培育品牌，提高消费者对农产品供给的信任度。三是加快转变农业发展方式，推动农村一二三产业融合发展。实施"互联网＋"行动，促进物联网和农业融合发展，推进产业组织、商业模式创新，推动新产业、新业态发展。推进规模化经营、标准化生产，加强农产品流通和市场设施建设，推动农产品加工业转型升级，发展休闲农业、乡村旅游和健康养生产业。

（四）推进农业供给侧结构性改革，要优化农业资源要素配置结构，减少无效和低端农产品供给，扩大有效和中高端农产品供给，增强农产品供给结构对需求变化的适应性和灵活性

一是针对当前粮食库存较多、玉米库存量大的问题，采取有力措施，支持发展多种方式的农产品转化加工，加快消化过大的农产品库存，减少粮食陈化损失。当前要重点推进玉米种植和区域结构调整，开展粮改豆改饲以及退耕种草试点，启动实施种养结合循环农业示范工程，推进畜牧业、渔业转型升级。二是针对当前农业生产物质费用和农业生产经营成本上升较快的问题，支持专业大户、家庭农场、农民合作社、农业产业化龙头企业等新型农业经营主体发展，支持多种形式的新型农业服务主体开展专业化、规模化、社会化服务，推动生产性服务业向专业化和价值链高端延伸，推动农业科技服务由生产型向服务型拓展，通过发展规模经营和社会化服务，降低农业生产经营成本。按照技术适用、经济划算、利于推广的要求，大力发展现代种业技术、农业机械化和信息化技术、新型肥药膜技术、资源循环利用

技术、提质增效技术、降本节耗技术、农产品储运和加工技术等，推进农技农艺结合，减少化肥农药等的不合理使用，提高农业效益和竞争力。三是加强农业基础设施等影响农产品生产和供给的薄弱环节建设，健全农业投入增长长效机制，推进高标准农田和水利设施建设，强化农业物质装备和技术支撑，稳定和提高粮食等重要农产品综合生产能力，增加市场紧缺农产品的生产和供给。

（五）推进农业供给侧结构性改革，要坚持市场化改革与保护农民利益并重的原则，采取分品种施策、渐进式推进的办法，完善农产品价格形成机制和市场调控制度

一是完善粮食等重要农产品价格形成机制。继续执行稻谷、小麦最低收购价政策；深入推进新疆棉花、东北地区大豆目标价格改革试点；按照市场定价、价补分离的原则，让价格反映市场供求状况，综合考虑农民合理收益、财政承受能力、产业链条协调发展等因素，建立玉米生产者补贴制度，积极稳妥推进玉米收储制度改革。二是完善粮食等重要农产品储备制度。按照政策性职能和经营性职能分离的原则，改革完善中央储备粮管理体制；深化国有粮食企业改革，发展多元化购销主体；科学确定粮食等重要农产品国家储备规模，完善粮食等重要农产品市场吞吐调节机制。

（六）推进农业供给侧结构性改革，要统筹农产品内外需和进出口协调，加快形成农业对外贸易与国内农业发展相互促进的政策体系，实现农产品由低水平供需均衡向高水平供需均衡的跃升

针对国内资源环境约束增强、国际农业竞争压力增大的问题，要完善农业对外开放战略布局，培育我国农业发展新动力，拓展我国农业发展新空间。一是统筹利用国内外两种资源两个市场，缓解国内资源环境承载压力；二是优化重要农产品进口布局，推进农产品进口来源多元化；三是加强农产品品牌营销网络和售后服务网络建设，推动农产品贸易实现优质优价优进优出；四是深度融合全球农业产业链、价值链、供应链、物流链，打造一批跨国农业企业和境外农产品生产基地；五是坚持农业"引进来"与"走出去"并重，农业引资与引技引智并举；六是支持企业扩大农业对外投资，推动农业装备、技术、标准、品牌、服务走出去；七是推动农业多边贸易和投资谈判进程，积极参与全球农产品贸易规则和农业投资规则制定。

（七）推进农业供给侧结构性改革，要从各地实际出发，使生产和供给有利于农业资源优势的发挥，有利于农业生态环境保护，形成更有效率、更有效益、更可持续的农产品供给体系

一是各地要综合考虑资源禀赋、产业基础、区位优势和市场条件，科学制定规划，宜农则农、宜林则林、宜牧则牧、宜渔则渔，促进各类农业资源得到合理开发利用与有效保护。二是针对一些地方存在的资源过度开发、环境污染加重和生态系统退化的问题，重点实施农业环境突出问题治理规划和农业可持续发展规划，发展资源节约型和环境友好型农业，推进农业可持续发展和绿色发展。三是因地制宜，分类指导。生态治理区要围绕保护和修复生态，调整农产品生产和供给；丘陵地区要推进陡坡耕地退耕还林还草，加快把不适宜耕种的

上地退下来；地下水漏斗区要推进轮作休耕，以水定种、以水定产，扭转地下水超采透支的态势；西北黄土高原区要大力发展旱作节水农业，推广粮草轮作，发展草食畜牧业，实现生态修复与农民增收相统一。

（八）推进农业供给侧结构性改革，是当前我国农业发展的一项重要任务，也是一项政策性很强的重要工作，要充分发挥市场的作用和更好地发挥政府的作用

一是坚持农民主体地位，尊重农民意愿。推进农业供给侧结构性改革，农民是主体，要充分尊重他们的意愿和经营自主权。要让农民把舵，政府主要是营造良好的生产经营环境，决不能搞强迫命令和瞎指挥。二是坚持市场导向，尊重经济规律。要深入研究市场需求特点，全面把握市场供求形势，善于利用市场信息引导农业生产，善于通过市场流通带动农业生产，善于运用市场的办法指导和组织农业生产。三是坚持因势利导，搞好试点示范。要顺势而为，积极支持新型农业经营主体发展，充分发挥其在农业供给侧结构性改革中的引领作用。要搞好政策落实、信息服务、技术培训、试点示范，帮助农民提高调结构的本领。四是完善农村政策，深化农村改革。针对当前制约农业发展的体制性和机制性障碍，推进农村土地制度、农业经营制度、农村金融制度、集体产权制度等重要改革，完善农业投入、农业补贴、农产品价格、农产品贸易等重要政策，促进生产要素合理流动和公共资源均衡配置，为农业供给侧结构性改革创造良好的政策环境。

农村土地承包经营权退出机制研究①

　　随着工业化、城镇化的快速发展，农村劳动力大量向非农产业和城镇转移，农民和土地的关系出现新的变化。农村土地承包经营权的权能内涵不断充实，土地由保障性功能向财产性功能转变，对通过市场进行资源优化配置的要求越来越高，农地经营呈现多元主体竞相发展的新局面。顺应这一历史趋势，需要在稳定农村土地承包关系的前提下，落实集体所有权、稳定农户承包权、放活土地经营权，加快建立农村土地承包经营权退出机制。中央层面，一系列重要文件都对农村土地承包经营权退出提出了明确要求。如党的十八届五中全会通过的《中共中央关于制定国民经济和社会发展第十三个五年规划的建议》明确要求，"维护进城落户农民土地承包权、宅基地使用权、集体收益分配权，支持引导其依法自愿有偿转让上述权益"。中共中央办公厅、国务院办公厅印发的《深化农村改革综合性实施方案》提出"在有条件的地方开展农民土地承包经营权有偿退出试点"。2016 年《国务院关于实施支持农业转移人口市民化若干财政政策的通知》要求，逐步建立进城落户农民在农村的相关权益退出机制，积极引导和支持进城落户农民依法自愿有偿转让相关权益。《全国农业现代化规划（2016—2020 年）》提出，在有条件的地方稳妥推进进城落户农民土地承包权有偿退出试点。

　　农村土地承包经营权退出机制的缺乏不仅影响农业转移人口市民化的步伐，还制约了土地资源要素功能的发挥，不利于农业适度规模经营的推进。从现有研究看，关于农户土地退出意愿的研究较多。有的研究将农户的土地承包经营权退出区分为经营权退出与承包权退出，对土地退出意愿的影响因素、表现形式进行了分析，并提出应从经济社会等多维视角看待农户的土地承包经营权退出问题。有的研究运用实证分析方法，分析了影响农户承包地、宅基地退出意愿的因素及其影响方向。刘同山和牛立腾基于农户分化视角，对人口、职业和经济因素等对农户土地退出意愿及方式选择偏好的影响进行了分析。有些学者从维护和实现土地财产权完整的角度，将承包地退出视为推进农民工市民化的核心问题之一。罗必良着眼于土地福利功能向财产功能的过渡，指出"人动地不动"表达了农民对土地财产权利的诉求。实践层面，宁夏平罗、重庆梁平、四川内江等国家农村改革试验区正在开展"土地承包经营权退出"试点。从已有探索来看，各试点地区立足当地实际，创新性地提出了一系列制度设计，但也面临一些困难和挑战。这些探索对于我们认识农村土地承包经营权退出的实现形式、制约条件与可行路径，提供了有价值的实践证据，也为我们设计退出机制提供了经验支撑。

一、关于退出权的讨论

（一）退出权是一项重要权利

　　农村土地承包经营权是以成员权为基础，以户的形态行权，从土地集体所有权中分离出

---

　　①　本文与高强合作，发表于《南京农业大学学报（社会科学版）》2017 年第 4 期。

的一项用益物权。作为集体经济组织成员的农户，依法享有土地承包经营权，这是集体所有权的具体实现形式，也是农村基本经营制度的关键。因此，弄清农村土地承包经营权的权利属性与权能内涵是探讨土地退出机制的前提和基础。

农村土地承包经营权权能内涵经历了一个不断调整、逐步显化赋能的过程。在1978年实施家庭联产承包责任制后，创造了一种新的产权结构，农民的土地生产性收益获得了部分保证。2003年《中华人民共和国农村土地承包法》实施后，农户与集体之间的土地承包关系，已经不再是由承包合同规定的责任制关系，而成为由法律规定的国家赋权关系。2006年农业税全面取消，土地承包经营权的债权属性进一步弱化，物权属性增强。2007年颁布的《中华人民共和国物权法》明确把农村土地权利定义为用益物权，包括对集体土地的占有、使用和收益的权利。党的十七届三中全会通过的《中共中央关于推进农村改革发展若干重大问题的决定》特别强调，"赋予农民更加充分而有保障的土地承包经营权，现有土地承包关系要保持稳定并长久不变。"这不仅意味着给予农民土地承包经营权更加切实有力的制度保障，而且包含了通过完善权能、延长期限，使土地承包经营权的用益物权性质更加充分、更加彻底，更好地实现农民土地承包权益的政策导向。党的十八届三中全会通过的《中共中央关于全面深化改革若干重大问题的决定》，再次扩展了农民财产权的权能，明确提出了"农民对承包地占有、使用、收益、流转及承包经营权抵押、担保权能"等内容。至此，农村土地承包经营权的基本内涵和权能体系得到基本建立。

当农村土地承包经营权的权属内涵由债权转化为物权后，退出权才可以被视为一种重要的权利，讨论农村土地承包经营权退出机制才有新的意义。在2006年全面取消农业税之前，许多农民自愿交回承包地或擅自弃耕撂荒，放弃了已经享有的土地承包经营权。例如，2003年《农村土地承包法》第十八条规定，"本集体经济组织成员依法平等地行使承包土地的权利，也可以自愿放弃承包土地的权利"，第二十六条规定，"承包期内，承包方全家迁入设区的市，转为非农业户口的，应当将承包的耕地和草地交回发包方。承包方不交回的，发包方可以收回承包的耕地和草地。"可以看出，这一时期法律立足于耕地保护的视角，对承包方依法、自愿交回承包地以及特定条件下的发包方收回承包地等情况进行了规制。需要说明的是，尽管自愿交回承包地和因擅自弃耕而被集体收回，属于不同的法律适用情形，但两者都是在前物权法时代，基于初始无偿取得条件下农村土地承包经营权退出的典型形式。我们可以称之为福利性退出。

2007年《物权法》颁布后，尽管土地承包关系没有变，但农民与集体因土地承包而产生的权利义务关系发生了改变。农村土地承包经营权用益物权法律性质的确定，使农村土地产权由"弱化""残缺"的使用权逐步走向私法物权意义上的财产权。从保护农民土地权益的角度看，这是一个重大的历史进步。此后，维护农民的土地财产权，不仅要继续坚持农户的土地承包地位，还要创造条件实现承包户占有、使用、收益、流转承包地等各项权益，并且赋予其抵押担保权能。作为一项最重要的财产权利，农民退出承包地自然要权衡利弊，基于收益最大化进行相应的处置。我们可以称之为财产性退出。因此，本文所指的"退出权"可以理解为农民，尤其是进城落户农民自愿退出承包地并获得补偿的自由选择权。我们主张的农村土地承包经营权退出机制指向的也是基于权利让渡获得财产性收益的市场化退出方式。

（二）退出权实现面临约束条件

由于土地财产权是以公有为基础赋予"私有"特性的财产性权益，农村土地承包经营权退出自然面临一系列制约条件。这些制约条件既有制度层面的，也有现实层面的。从制度层面看，建立社会主义市场经济体制，要求建立与之相适应的经济制度，尤其是财产制度和市场制度。而集体经济的模糊特征与共有属性，在一定程度上排斥了成员个体对集体资产份额的分割和所有，阻碍土地财产权利的自由转让。除处分权缺失之外，制度约束突出地表现在集体产权归属不清、边界不明、成员资格不定，以及土地承包关系"长久不变"政策含义不明确等方面。

从现实层面看，我国农村千差万别，各地经济发展水平和社会保障体系完善程度各不相同，各集体经济组织的经济基础也差别较大。农村土地承包经营权退出涉及重大利益关系调整，必然对经济社会条件提出特定要求。从目前来看，现实约束主要存在集体土地管理职能相互分割、农村社会保障供给不足、缺乏补偿土地承包经营权的必要资金等问题。此外，社会各有关方面对开展承包地退出的认识不统一也成为重要影响因素。

基于以上分析，理论上农户可以以自愿交回承包地等方式退出承包经营权，但现实中却难以获得应得的补偿。由于农村土地承包经营权退出机制不完善，作为财产性收入的退出渠道尚未建立，使得市场化处置手段缺失，市场价值实现功能不完整，农户实际上等于没有选择的权利，导致退出权成为一项"空权利"。

二、承包地退出应有特定前提

农村土地承包经营权是以土地农民集体所有为基础，与集体经济组织成员身份紧密相连，并受到历史条件、公权力及意识形态等多重因素影响的特殊权利。农村土地承包经营权兼具财产属性、身份属性和管理属性。这三种属性决定了承包地退出必须恪守特定的前提条件。

（一）人地分离是历史前提

现阶段，随着工业化、城镇化深入推进，农村劳动力大量进入城镇就业，相当一部分农户举家迁入城市，在二、三产业稳定就业，并将土地流转给他人经营，承包地与承包农户发生分离，"家家包地、户户种田"的情形已经发生巨大变化。一方面，农民工数量在持续增加。根据国家统计局抽样调查结果，2015 年农民工总量为 27 747 万人，其中外出农民工16 884 万人，比上年增加 63 万人。据估计，到 2020 年，全国将有大约 1 亿农业人口进城落户①。

在退出权不能充分保障的情况下，我国城镇化中农业转移人口的"离乡不弃农、进城不退地"现象日益突出，导致稀缺土地资源的要素功能和资产功能同时受到限制。这种"离不

---

① 数据来源：2015 年农民工监测调查报告，http：//www.stats.gov.cn/tjsj/zxfb/201604/t20160428_1349713.html。

表 1　近年来中国土地流转情况的变化

单位：亿亩

年份	2010	2011	2012	2013	2014	2015
承包地面积	12.73	12.77	13.10	13.27	13.29	13.30
流转面积	1.87	2.28	2.78	3.41	4.03	4.43
流转率（%）	14.67	17.85	21.25	25.70	30.32	33.30

注：资料来源于《历年全国农村经营管理统计资料》。

开、进不去"的状态持续存在，表明探索农村土地承包经营权退出机制的历史条件已经具备，迫切需要通过扩大试点积累经验，打通城乡之间要素流动的通道，在更大范围内优化配置资源。

另一方面，土地流转速度也在加快。截至 2015 年年底，全国有 7 000 万个左右的农户流转土地，家庭承包经营耕地流转面积 4.43 亿亩，占比达 33.3%（见表 1）。适度规模经营继续发展，50 亩以上的农户达到 341 万户，经营耕地面积超过 3.5 亿亩。同时，农业生产者的结构发生了深刻变化。以家庭农场、农民合作社、农业企业为主的 270 多万个各类新型农业经营主体成为实际的农业生产经营者。

（二）农村基本经营制度是大前提

农村基本经营制度是党在农村的基本经济制度，是中国特色社会主义制度的重要组成部分，是由社会生产组织方式、社会生产交换方式、社会成果分配方式等内容综合体现的动态性制度安排。农村基本经营制度是党的农村政策的基石，必须毫不动摇地坚持。它直接决定了土地等生产资料占有、使用、处置并获得收益等一系列经济权利如何实现。农村土地承包经营权退出机制必须在现有的制度框架下探索，没有家庭承包制度，也就没有所谓的农村土地承包经营权。在中国特定的国情下，土地农民集体所有仍是根本，有偿退还集体经济组织应为主要途径，农户家庭承包仍是主要形式，农村土地承包经营权退出与私有化条件下的自由交易截然不同。从一定意义上讲，农村土地承包经营权有偿退出本身也是对农村基本经营制度的发展和完善。

（三）确权登记颁证和产权制度改革是小前提

当前，全国正在开展的农村土地承包经营权确权登记颁证工作，正在致力于解决承包地块面积不准、四至不清、空间位置不明、登记簿不健全等问题，强化对土地承包经营权的物权保护。目前，全国已经有 2 545 个县（市、区），2.9 万个乡镇，49.2 万个村开展试点，已经完成确权面积 8 亿亩，超过家庭承包耕地面积的 60%[1]。随着农地确权工作不断推进，不仅有助于查勘定界、定纷止争，还可以为实现农户对承包地的占有、使用、收益乃至退出等各项权利提供法律依据。在土地制度改革逐渐深化的同时，中央已对有关农民股份合作和农村集体资产股份权能的改革试点进行部署，并于 2016 年 12 月 26 日以党中央、国务院名义印发《关于稳步推进农村集体产权制度改革的意见》，对加强农村集体资产管理、开展集

---

① 数据来源：农业部部长韩长赋就《三权分置意见》有关情况答记者问，http://www.farmer.com.cn/uzt/san/ta/201611/t20161115_1254378_4.html。

体经营性资产产权制度改革、探索农村集体经济有效实现形式等重大改革内容作出明确部署。这些重大举措不仅有助于确权赋能、明权析产，划清集体与成员的产权边界，还为土地承包经营权退出奠定了制度基础。

三、承包地退出的实践探索

尽管我国农村土地承包经营权退出的基本前提已经具备，但在实际操作中仍然面临诸多制约因素。近年来一些试点地区从不同层面进行了探索，积累了有意义的经验启示。

（一）与生态移民相结合的宁夏平罗模式

宁夏回族自治区平罗县作为国家农村改革试验区之一，利用先行先试的有利条件，结合区域经济发展和本县的实际情况，对农民有偿退出农村土地进行了多方面探索。主要做法有：一是推进农村土地和房屋确权登记颁证，奠定土地退出基础。自 2010 年以来，平罗县先后明晰了集体土地的承包经营权、宅基地使用权和农民房屋所有权等多项权属。至 2015 年 9 月，全县农村房屋确权登记率、集体荒地承包经营权颁证率已达 100%，集体耕地承包经营权、宅基地使用权颁证率分别达到 97.2%、96.0%。目前，平罗县正在开展第二轮耕地承包经营权与集体荒地承包经营权证"两证合一"工作（但对不同类型土地进行标记：第二轮承包获得的土地为 A 类，集体荒地开垦而来的承包地为 B 类），并基本完成。

二是结合生态移民工作，实施农村土地和房屋收储。为了落实自治区"插花安置"生态移民的工作要求，结合自治区为每户移民提供 12 万元的安置资金，以及本地农村房屋闲置、耕地流转十分普遍的现实，2013 年年初，平罗县先后制定了《农民宅基地、房屋、承包地收储参考价格暂行办法》《农民集体土地和房屋产权自愿永久退出收储暂行办法》，并由县人民政府出资 500 万元设立农村土地和房屋退出收储基金，启动了农村土地和农民房屋收储以及集体经济组织收益分配权退出政策。具体做法为：

第一，参照自治区 2010 年的征地补偿标准，结合当地近 3 年土地流转平均价格，根据地理区位和土地质量等级差异，将全县 13 个乡镇划分为三类区域，并将同一区域的承包地收储价格分为三个等级。对于一、二、三等级每亩承包地的收储价格，一类区域分别为 600 元、500 元、400 元；二类区域为 550 元、450 元、400 元；三类区域为 450 元、350 元、300 元。农户第二轮承包的土地（A 类）收储价格每年递增 5%，开荒获得的集体土地（B 类）不执行收储价格上浮政策。承包地退出总补贴＝每年的补贴标准（含递增的 5%）×第二轮承包期剩余的年限。

第二，按区位确定标准面积宅基地的收储价格为 10 000 元、9 000 元和 8 000 元三个等级，标准面积为 270 平方米（约合 0.4 亩）。超出标准面积的部分，参照庭院经济用地收储，价格为 10 000 元/亩，且最高不超过宅基地价格的 40%。对未取得使用证的宅基地及其超标部分，收储价格下浮。

第三，按照建造年限和建筑结构，明确农村房屋收储价。2010 年以后建造的砖木结构，且外墙贴瓷砖的房屋，收储价格上限为每平方米 700 元；2010 年之前建造的或未取得所有权证的房屋，折价收购。具体折价比例由退出农户、村集体和政府有关部门协商确定。

第四，退出土地和房屋的农户，需同时退出集体收益分配权，村集体组织一次性给予补偿。补偿金额＝当年人均分红×第二轮承包期剩余年限。

原则上，退出农村土地必须以户为单位，同时退出承包地、宅基地、房屋和集体收益分配权，并彻底放弃集体经济组织成员身份，即永久性彻底退出。不过，近两年受收储资金的限制，平罗县也允许农户在满足生态移民最低要求的同时，实行家庭部分成员按比例退出农村土地和集体收益分配权。至 2015 年 9 月，平罗县已收购 1 718 户农民的宅基地和房屋，收购耕地总计 8 650 亩，插花安置移民 1 174 户。

三是结合老年农民的养老需求，创新农村土地和房屋退出安排。面对农村人口老龄化日益严重的现实，2014 年 6 月，平罗县制定了《老年农民自愿退出转让集体土地和房屋产权及社会保障暂行办法》，为老年农民自愿退出土地承包经营权、宅基地使用权和房屋所有权"三权"开辟制度通道。除退出补偿标准参照"插花安置"并同样要求放弃集体经济组织成员身份外，在老年农民退出农村土地和房屋时，平罗县还作了一些特殊规定，比如：第一，与子女拥有同一宅基地使用权和房屋所有权的老年农民，可以只退出农村土地承包经营权而保留宅基地使用权和房屋所有权。第二，老年农民是户主身份的，必须经家庭第二轮延包时所有共有人和村集体经济组织同意，方可退出所有农村财产权利；老年农民是共有人身份的，土地承包经营权的退出面积按照共有人人均占有面积折算。第三，老年农民退出的承包地可以一次性转让，也可以用流转获得的收益缴纳养老金，退出的宅基地可以复垦为耕地或转变为集体经营性建设用地，流转交易后置换养老社保。

四是鼓励集体组织成员内部交易，尝试农村土地的集体组织回购。考虑到土地收储作为"插花安置"工作的配套政策可持续性较差等问题，平罗县提出探索建立农村土地承包经营权、宅基地使用权、房屋所有权"三权"在集体经济组织内部自愿转让和村集体收储制度，以盘活农村土地和房屋资源。比如，头闸镇西永惠村的家庭农场主王进孝从本村农户手中购买了两处闲置宅基地作为制种梅豆的晒场。一些财务状况较好的村集体经济组织，在县委、县政府的号召下，正积极尝试回购农民的承包地和闲置宅基地。对于在政府规划保留村庄内回购的宅基地和房屋，村集体可以以等价置换的方式，用于安置村庄规划区外的农户。对村集体经济组织回购后全村整建制退出得到的土地，复垦后按照城乡建设用地增减挂钩政策，置换城镇建设用地指标，在县域范围内统筹使用。

（二）多方联动、退用结合的重庆市梁平模式

重庆市梁平县[①]是农业大县，也是国家农村改革试验区。全县家庭承包土地面积 98.12 万亩，农业人口 72 万人，其中外出务工 32.4 万人，务农农民平均年龄 58.7 岁。针对近年来出现的种地农民减少、撂荒农地增多等现象，2015 年梁平县坚持"为进而退、以退促进"的原则，制定出台了农村土地承包经营权退出试点实施办法、农村土地承包经营权退出周转金管理办法等文件，选择屏锦镇万年村、礼让镇川西村作为封闭试点，稳步开展土地承包经营权退出试验。

一是明确退地农户前置条件，严格执行退地程序。土地退出分为法定退出和自愿退出两种形式。法定退出必须是承包方全家迁入本集体经济组织以外的农村落户，在新户籍地取得

---

① 2016 年 11 月 24 日，国务院同意撤销梁平县，设立梁平区；2017 年 1 月 10 日，梁平区人民政府正式成立。——编者注

承包地，或农户整体消亡，以及法律法规规定应当收回的其他情形。自愿退出要符合有稳定职业或收入来源，在本集体经济组织以外有固定住所等条件，部分退出面积不超过家庭承包总面积的 50%。在退地程序方面，法定退出按公示、初审、复核、审核、注销、备案的程序办理。自愿退出按农户申请、民主决策、村镇审核、张榜公示、签约交割、注销权证、上报备案的程序办理。梁平县为每一个程序都设计了示范文本。

二是合理制定退地补偿价格，多方筹集退地补偿金。退地补偿价格由集体经济组织与自愿退出农户协商，经集体经济组织成员会议民主讨论确定。依据当地经济社会发展水平，考虑不同地类、不同区位差异，结合本轮承包期（2027 年止）剩余年限和当地年均土地流转价格，适当考虑"长久不变"因素，形成合理的自愿退出补偿价格，原则上不超过同期征地补偿标准。两个试点村退出补偿标准为 1.4 万元/亩。目前，梁平县采取集体经济组织自筹、金融机构担保融资、承接业主支付租金、乡镇财政借支、县级财政补助等方法多方筹集退地补偿金。

三是强化退出土地管理利用，完善退地进城农民工各项保障。退出土地通过互换、"小并大、零拼整"或"确权确股不确地"等方式使退出的承包地集中成片。村集体可以整理整治、统一经营，也可以发包、出租，还可以入股经济实体，原则上不再以家庭承包方式发包。单个业主承接退出的承包地必须进行资质审核、备案审查和面积上限控制（原则上不超过 300 亩）。同时，将退地农民纳入就业创业政策扶持范围，在金融信贷、创业服务等方面给予支持。积极引导符合条件的退地农民参加城镇企业职工养老保险，解决退地农民后顾之忧。保留集体经济组织成员资格的退地农民仍可享受集体经济组织的分红。

梁平县在探索农村土地承包经营权退出试点工作中坚持政府引导、农民自愿、市场运作，形成了发包方有退出通道、退出方有退出意愿、承接方有用地需求、政府有政策支持配套的"多方联动、退用结合"的多元化退地模式。截至 2016 年 8 月底，梁平县已有 101 户农民自愿退出承包地面积 297.47 亩，引进新型农业经营主体 6 个，促进了适度规模经营，提高了农民财产性收入。

（三）与产权制度改革相结合的"股改"退出模式

早在 1993 年，浙江省宁波市就开始探索农村集体经济股份合作制改革。2014 年，宁波市政府出台了《关于全面推进村经济合作社股份合作制改革的指导意见》，加速农村集体产权制度改革进程。2015 年年底，全市累计完成改革 2 802 个村社，占村社总数的 99.3%。调研的海曙区位于宁波市中心，原有 16 个行政村，2004 年全部完成股份合作制改造，成立了 15 个股份经济合作社（有两个村并入一个合作社），量化集体资产 10.6 亿元，股份 10.6 亿股，股东 12 343 人，股权实行"生不增、死不减"的静态固化管理模式。合作社开展集体资产股权流转的主要做法是：

一是坚持自愿有偿原则。必须由股东本人自愿申请，如果将股权退还给股份合作社，合作社应给予合理补偿。股东完全转让股权后，自动放弃村集体经济组织成员身份和相应权利。

二是明确退出条件。合作社必须制定集体资产股权交易办法或在章程中专门规定股权内部转让的条件；退出股权的股东应有稳定的就业或收入来源，有固定住所，在出让股权前办理好养老保险或者预留相应的养老保险金。

三是允许继承股权。继承股份的人可来自集体经济组织外部，继承人平等享有收益权、选举权等各项权益。目前，15 个合作社均有继承股份的案例，通过继承新增股东 2 041 个，涉及股金 1.43 亿元。

四是允许转让股权。股权可退还给合作社，也可转让给本集体经济组织成员，但不能转让给本集体经济组织以外的人员。2002—2003 年，开展股份合作的合作社成立初期，两名股东对集体经济发展缺乏信心，要求兑现股权。合作社以每股 0.8 元的价格统一敞开收购，并将收购的股权进行了内部拍卖。

五是组建股权交易平台。为了便于股权转让，合作社建立了统一的股权交易平台。股东退股前要向合作社董事会提出书面申请，合作社董事会审核确认后，股东在股权交易平台上发布转让信息。如果有人购买，转让双方按照商定的价格签订股权转让协议、办理公证，然后到合作社办理股权变更登记并备案。

2016 年，宁波市海曙区胜丰股份合作社的一名股东将 30 万股挂在交易平台拍卖，每股价格 1.5 元，后因故撤销拍卖申请。总体来看，试点地区农村股份经济合作社已经通过股权的方式，打通了农村土地承包经营权退出的通道。

总的来看，这些地方性做法尽管操作路径不同，退出方式各异，但也存在一些共同之处。其一，产权明晰是前提。如宁夏和重庆积极推进农村土地承包经营权确权登记颁证，实现了权属清晰。浙江省全面开展村经济合作社股份合作制改革，推进农村集体经济确权到人（户）、权跟人（户）走。其二，设置门槛是关键。平罗县针对老年人退出"三权"设置了一些特殊条件。梁平县、宁波市都要求土地退出对象应有稳定的就业或收入来源、固定住所。宁波市还要求退地对象在出让股权前办理好养老保险，或者预留相应的养老保险金。其三，财政支持是支撑。现阶段，多数试点地区都建立了政府财政支持下的收储机制。如宁夏平罗设立了农民土地和宅基地退出收储基金。重庆梁平县财政现已向退地补偿周转资金池注入资金 180 万元。其四，市场交易确保价值实现。如梁平县在退出土地管理利用上，注重土地退出与利用结合，让市场起决定性作用，力求供需平衡。宁波市股份合作社建立了统一的股权交易平台。

四、承包地退出制度设计

改革开放以来，我国农民获得了自己劳动力的支配权，非农就业机会增多，社会保障体系逐步健全，承包地的就业、生活保障功能呈现弱化趋势。尤其是在城镇获得稳定就业的进城农民工，已基本具备独立于集体之外的生存能力，对集体的依赖性大大降低。根据实地调查，如果补偿标准合理、相关权益保障到位，有相当部分进城落户农民愿意退出承包地。这就要求必须正视这一群体将沉睡的资产变现的动力和愿望，在现有的制度框架内，加紧探索建立农村土地承包经营权退出机制。这样制度变迁的成本较小，诱发风险的不确定性较低。

（一）承包地退出有多种形式

我国《宪法》规定，农村和城市郊区的土地，除由法律规定属于国家所有的以外，属于集体所有。农民集体依法对集体所有的土地享有直接支配和排他的权利。中共中央办公厅、国务院办公厅印发的《关于完善农村土地所有权承包权经营权分置办法的意见》指出，"农民集体是土地集体所有权的权利主体，在完善'三权分置'办法过程中，要充分维护农民集体对承包地发包、调整、监督、收回等各项权能，发挥土地集体所有的优势和作用。"按照对文件的理解，承包地退出实际上是一种土地承包权的退出[①]，其背后指向的是土地承包资格的让渡与放弃。农村土地集体所有权是土地承包权的前提。根据现行规定，作为个体的农民没有权力单独处分属于其"有限私有"的那部分土地财产权。因此，无论采取哪种退出形式，农民集体在承包地处分中拥有决定权，包括有偿收回权、使用监督权、流转知情权及同意权。按照国家、集体、个人的关系划分，承包地退出可以有以下几种形式。

一是政策性退出。这种形式属于一种国家政策主导的强制性承包地退出，主要包括国家征地、生态移民、合村并组等。这类退出形式，行政干预性强，地方政府主导色彩较浓，农民集体和农户在承包地退出中居于从属地位。相对低廉的土地补偿费用并不能弥补集体失去土地后的损失。同时，农民集体与成员的收益分配关系具有不确定性，导致农民集体与成员的收益分配关系不规范、不统一。例如，《土地管理法实施条例》第26条规定："土地补偿费归农村集体经济组织所有"，但是如何在集体经济组织内分配土地补偿费，对此法律并没有明确的规定。

二是合作性退出。这种退出形式主要是在一些经济较为发达、集体经济实力较强的地区，土地曾经承包到户，但在农民自愿的前提下，村集体通过反租倒包、统一整理、委托流转、竞争经营、股份合作等方式，收回了农户手中的土地。例如，广东省珠三角地区人均耕地较少，为发展设施农业、淡水养殖等，从20世纪80年代就实施了股份合作制[②]。这种形式的退出，农民集体居于支配地位，退地农户仅享有收益权，农户实际上不再享有对承包地的占有、使用以及流转等权利。对承包农户而言，股份合作会削弱甚至取消其对土地承包经营权的直接行使权；但从集体经济发展角度看，股份合作又便于统一行动，有利于土地等生产要素在更大范围内流转、组合。近年来，少数地区在农村土地承包经营权确权登记颁证过程中实施"确权确股不确地"即是对这类情况的一种政策应对。

三是市场性退出。从长期来看，这种退出形式应是关注的重点，当前仍处于试点探索阶段。对在承包期内，举家外出、又没有劳动力返乡务农的承包户，引导其按照市场原则有偿退出承包权。在这种形式下，农户是主力，集体是主体，政策设计只在试点阶段发挥导向作用。由于农户是土地承包的基本单位，即使个别或部分成员迁入城市，根据户内共享的原则，农户作为承包主体依然存在。因此，市场化退出应坚持以农户而非个人为土地退出的基本单元。

可以看出，国家、集体与个人在这三种退出形式中扮演着不同的角色，存在"强—中—弱"三重张力关系（见表2）。在政策性退出中，国家力量发挥主导作用。国家通过对土地实行征收或者征用，不仅打破了农民集体的产权边界，而且间接收回了农民的土地承包经营权。合作性退出和市场性退出的核心都是处理集体所有权与农户承包权之间的关系，二者都不涉及集体所有权边界。不同的是，合作性退出形式下，农民集体或者作为代理人的村集体经济组织的资源动员能力较强，而市场性退出中要充分尊重农户的自主选择权。需要指出的是，在实践中，这三类退出形式也相互融合，呈现出复合型退

[①] 通过转让、转包、互换等流转形式实现的"具体地块"的退出，不是本文关注的重点。

[②] 需要说明的是，农民以承包地入股，在平等自愿基础上组建的土地股份合作社不属于这类情况。

出的形态。例如，宁夏平罗县利用国家移民资金赎买部分进城落户农民的承包权，再分配给需要安置的移民。

表2 不同退出形式下国家、集体与个人之间的张力关系

项目	国家	集体	个人（农户）	产权变化
政策性退出	强	中	弱	集体产权边界缩小，农户产权灭失
合作性退出	弱	强	中	集体产权边界不变，农户产权变动
市场性退出	弱	中	强	集体产权边界不变，农户产权灭失

（二）承包地退出应有多种层次

一是退出部分承包地。这类情况相对比较常见，受主客观两方面因素影响，农户仅退出部分承包地。主观方面，有的农户出于规避风险的考虑，仅退出部分无力耕种的承包地；有的农户仅退出个别家庭成员名下的承包地。客观方面，由于国家项目建设、农业项目开发需要，仅收回或赎回特定区域的土地承包经营权。例如，由于种种原因，"两田制"在山东、浙江、江苏等部分地区依然存在。"两田制"制度下，口粮田按人口平分，责任田有的则按人、按劳分配，有的以村集体的名义进行招标承包，实际上等于削减了原承包户的承包地。部分退出承包地后，农民与集体基于土地的权利义务关系继续存续。退出部分承包地可以视为一种过渡状态，是一种不完全的退出，农户还保留下一轮承包土地的权利，以及剩余承包地征收后的土地补偿和安置补偿。

二是退出承包经营权。这类情况属于整户退地，数量比较少，但典型意义较强。目前，宁夏平罗、四川成都、四川内江、重庆梁平等国家农村改革试验区承担着"土地承包经营权退出"试点任务。作为确权成果应用途径之一，农业部农村经济体制与经营管理司也选择了部分县市开展确权后土地退出有关方面的试验。该类情况一般以农户退地需求为导向，筛选符合条件的农户永久退出全部承包地，村集体按照一定标准予以补偿。农户永久退出承包经营权后，依然保留宅基地使用权、集体资产收益分配权，但不再享有退出土地的任何征地补偿，也不再享有下一轮承包土地的权利。

三是退出成员权。这类情况多适用于举家迁入设区的市，转为非农业户口的情形。集体经济组织成员权是以成员资格为基础，成员与特定的农民集体之间，在集体财产和集体事务管理等方面所享有的复合性权利，集中表现为土地承包经营权、宅基地使用权和集体收益分配权。调查发现，农民有同时放弃土地承包经营权、宅基地使用权和集体收益分配权的现实需求。成员权的退出，实际上是附带财产权及社区管理权等"一揽子"权利的成员资格退出。有研究建议，"三项权利"退出的试验试点应该统筹推进，事关农民土地及其他权利的改革应有综合性、系统性顶层改革方案，由相关部门和地方政府协调推动。现实中，一些完成"村转居"并实行集中居住的城中村、城郊村，把农村土地承包经营权、宅基地使用权与集体收益分配权整合起来，转变成新型集体经济组织的股权，按照集体经济组织成员拥有的股份分配集体资产经营全部收益。如北京市丰台区、昌平区的部分农村社区。这种情况下，股权持有人可按照股权性质和相应规定，转让包括土地承包经营权份额在内的农村集体资产股权及收益分配权，一次性兑付现金。

（三）承包地退出应遵循渐进路径

鉴于我国城镇化和农业转移人口市民化是一个长期渐进的过程，构建城乡统一的社保体系也尚待时日，农村土地承包经营权退出应遵循一种渐进式路径。

一是限制在集体内部。农村土地承包经营权在集体内部转让，是一种从集体成员到集体成员的权利转移。限制在集体内部，实际上是从身份权的视角出发，着眼于承包地具有福利分配性质的考量。从现行法的层面，土地承包经营权具有专属身份性，只有本集体经济组织成员才具备原始取得的资格。在土地承包经营权的继受取得方面，现有的法律政策框架已经作出明确规定。如《农村土地承包法》第 41 条规定，"承包方有稳定的非农职业或者有稳定的收入来源的，经发包方同意，可以将全部或者部分土地承包经营权转让给其他从事农业生产经营的农户，由该农户同发包方确立新的承包关系，原承包方与发包方在该土地上的承包关系即行终止。"从目前来看，农村土地承包经营权在集体内部实现退出必要且可行。实践中，承包地在集体经济组织内部退出的情形也较为普遍，退出的承包地既可以收归集体所有，不再另行发包，也可以转让给其他集体经济组织成员。

二是扩展到农村内部。农村土地承包经营权在农村内部流转，是一种从农民到农民的权利转移。农民的概念具有身份、职业等多维性，这里仅指任一集体经济组织成员（并不限定为同一集体经济组织）。限制在农村内部，实际上是从身份权与财产权平衡的视角出发，着眼于承包地要服从用途管制的考虑。农村内部之间的承包地转让不应改变农业用途，妨碍本村其他集体经济组织成员的居住现状和改变集体经济组织的治理结构。因此，农村土地承包经营权退出扩展到农村内部应在一定的地域范围内（现阶段应该以县域为界），并且征得本集体经济组织的同意。

三是覆盖到农村外部。农村土地承包经营权在农村外部流转，是一种从公民到公民的权利转移。农村土地承包经营权退出的经济内容是地租、地价和股权的市场实现。退出范围覆盖到农村外部，实际上是从财产权的自由融通属性出发，让广大农民在统筹城乡关系中平等地参与改革发展进程、共同享受改革发展成果。从财产性来看，土地承包经营权作为一种物权，其转让应是自由的。农村土地承包经营权流转覆盖到农村外部，需要我国在统筹城乡关系上取得重大进展，特别是以破解城乡二元结构，完善农村集体经济组织制度体系取得重大突破为前提，建立"有进有出"的动态集体经济组织成员治理体系。目前，我国还没有做好充足的制度准备，实现这一目标也需要很长的一段时期。

五、结论与政策建议

现阶段，在制度与现实的双重约束下，我国农村土地承包经营权退出应重在机制探索，切实维护农民的土地承包经营权。短期内，重点是在"三权分置"的框架下，引导进城落户农民在保留承包权的前提下，通过流转经营权放弃对承包地的直接经营，稳定获得土地租金收益。着眼长远，当前需要充分利用第二轮延包期结束前十余年这一黄金窗口期，加紧部署试点试验，为将来在更广的范围内实施土地退出积累经验。在试点过程中，鉴于我国集体产权主体存在不明确性、分散性以及管理职能的相互分割性，无论农村土地承包经营权的退出范围如何确定，也不管退出方式如何，都应以尊重农民意愿为前提，以市场化退出为主攻方向，以风险防控为底线。下一步，建立农村土地承包经营权市场化退出机制，需要从城镇和农村两方面入手，系统评估现有退出试点，重点把握以下几点：

（一）构建相互衔接、动态调整的政策体系

一是加快完成农村土地承包经营权确权登记颁证，严把确权质量，拓展成果应用范围；二是深入推进农村集体产权制度改革，明确农村集体经济组织成员资格认定与退出条件，规范成员资格认定和取消、登记、变更等程序，探索探讨集体经济组织成员进入条件与资格取得办法；三是加快推进户籍制度改革，促进有能力在城镇稳定就业和生活的进城农民有序实现市民化，并在土地、住房、社保、就业、教育、卫生等方面建立保障机制。

（二）建立上下联动、有效对接的财政支持体系

一是通过政府与社会资本合作、政府购买服务、担保贴息、以奖代补、民办公助、风险补偿等措施，为土地承包经营权退出提供资金支持；二是鼓励国有和股份制金融机构拓展"退地"业务，引导中国农业发展银行、国家开发银行等政策性银行，直接设立土地承包经营权退出专项收储基金或周转基金，针对农村集体经济组织发放中长期贷款；三是完善国家农业信贷担保体系，应加大"退地"信贷产品的研究开发力度，搭建农民、集体经济组织与银行之间的信贷桥梁；四是在风险可控的前提下，发展社员制、封闭性的村社内置资金互助，为承包地收储提供资金支持。

（三）培育精准定位、务实高效的市场化中介服务机构

一是积极发展各类中介服务机构，重点在市场信息收集发布、资源资产评估、交易代理、金融保险服务、法律法规政策咨询及代理等方面提供专业化服务；二是加快农村产权流转交易市场建设，不断拓展服务功能，打造综合性、专业化为农服务平台；三是强化退出土地管理，在农村土地承包经营权信息应用平台建设的基础上，设计承包地退出业务系统，建立土地承包数据动态管理制度。

（四）及时调整和完善有关法律

一是将进城农户承包地退出机制作为《农村土地承包法》的修改内容，将退地门槛限制、退地补偿方式、土地收储管理等内容纳入调整范围；二是加紧制定《农村集体经济组织条例》，完善农村集体经济组织法人地位，明确农村集体经济组织行权范围与产权边界；三是修改《土地管理法》相关条款，为建立农民土地承包经营权退出机制提供法律保证。

补贴减少了粮食生产效率损失吗?[①]

——基于动态资产贫困理论的分析

一、引言

农业补贴是当前各国政府支持农业发展的有效政策工具之一（Hennessy，1998；钟甫宁，2008）。2004年，中国开始减免农业税并建立了农业补贴体系，到2006年，全面取消农业税并开始实行农业"四项补贴"政策，标志着"工业反哺农业，城市支持农村"发展政策的落地与加强（陈锡文，2013）。随着连续12个中央1号文件的颁布，支持与扶持农业发展的力度到达了一个高峰。据统计，全国农业补贴额由2004年的145亿元增加到2014年的1 535亿元，与此同时，中国粮食总产量由2004年的46 946.95万吨增加到2014年的60 702.61万吨。此外，中国的农业补贴政策也经历了一系列改革，例如，1978年，全国实施以提高粮食价格为基础的市场化改革，且各级政府加大了对财政的支农支出，这在一定程度上提高了农民种粮的积极性（程淑兰，1999；王德文，黄季焜，2001）；1990年，实行粮食专项储备制度，使用保护价对粮食进行收购，完善粮食的市场化进程（程国强，朱满德，2012）；2002年，国家启动了良种补贴试点；2004年开始实行农机具购置补贴、粮食直接补贴；2006年建立了农资综合补贴等（宋洪远，2012）。

农业补贴的改革与农业发展的弱质性、实时性有关，且要与世界农业贸易政策相适应。当前，关于农业补贴的争论较多。国内外学者对农业补贴的争论主要集中在农业补贴方式、农业补贴的作用等方面。一方面，有学者认为，农业补贴会扭曲农产品市场的作用，降低农产品市场的流通效率，扭曲农产品价格，尤其是农业的"黄箱补贴"政策会扭曲农产品进出口贸易市场（Rucker et al.，1995；Sumner，Wolf，1996；韩一军，柯炳生，2004）；另一方面，也有学者认为，农业补贴是政府转移支付的方式之一，不仅有利于提高农民的收入，还能促进农民种粮的积极性，确保粮食的有效供给（Just，Kropp，2013；Weber，Key，2012；王欧，杨进，2014；郭玮，2003）。至今为止，关于农业补贴的作用，国内外都没有形成统一的认识。但是，大部分相关专家学者都认为农业补贴尤其是与农产品价格无关的脱钩补贴，能有效提高农民收入。据估算，当前中国的农业补贴额占农户年收入的3%左右，且农业补贴总额呈年度递增趋势。另外，中国的粮食总产量也呈现了连续12年的增长态势。与此同时，中国粮食生产面临着新的挑战和问题，例如，中国的粮食生产效率不高，效率损失成为制约中国粮食经济增长的主要因素之一（高鸣，宋洪远，2015）。值得思考的是，中国的粮食生产效率损失是由什么因素导致的？农业补贴是导致粮食生产效率损失的因素之一吗？抑或是农业补贴对降低粮食生产效率损失有积极意义呢？在中国的农业四项补贴政策

[①] 本文与高鸣、Michael Carter合作，发表于《管理世界》2017年第9期。

中，哪一项补贴政策对粮食生产效率损失具有显著作用呢？带着这些思考，本文基于动态资产贫困理论为分析框架，使用多个工具变量和多个估计方法来实证分析农业补贴对粮食生产效率损失的影响。

当前，关于农业补贴与粮食生产效率的研究主要集中分析农业补贴政策的作用、粮食安全和粮食生产效率、农业补贴对农业生产的影响等。

首先，在农业补贴政策的影响及作用方面。Ricker-Gilbert 等（2011）使用多种估计方法，以化肥补贴为例，分析了马拉维的农业补贴及其挤出效应，认为对农村贫困地区的化肥补贴力度应与每个地区的化肥使用量的分布呈正比。Kazukauskas 等（2013）基于欧盟共同农业政策的改革背景，使用欧盟 15 个国家的 2001—2007 年数据，分析了农业补贴政策改革的影响，并认为欧盟农业补贴政策的变化影响了农户进行生产性投资和扩大生产规模的决策，进而影响粮食产量。马晓河和蓝海涛（2002）分析了中国加入 WTO 后农业遇到的机遇和挑战，并根据 WTO 准则和中国农业的实际情况，设计了农业补贴政策的实施方式并提出了完善农业补贴政策的建议。程国强和朱满德（2012）梳理了自 1949 年以来中国农业补贴制度的改革和政策选择，认为当前中国进入了工业化中期阶段，需要从国情出发，因地制宜地进行补贴。冯海发（2015）认为当前的农业补贴政策在粮食增产、农民增收等方面起到了积极作用，同时存在补贴目标不清晰、操作体系不健全、激励效果在减弱等问题，对此，建议按照"绿箱目标、项目整合、产量依据、政策配套"思路，积极推进农业补贴政策的进一步改革。此外，何忠伟和蒋和平（2003）、郭玮（2003）、方松海和王为农（2009）、黄季焜等（2011）、Bhaskar 和 beghin（2009）等也做了相关研究。

其次，在粮食安全和粮食生产效率等方面。王德文和黄季焜（2001）认为，由于农业补贴等政策的作用和农业资源禀赋条件在省份间存在差异，中国粮食生产呈现出区域化特征，各区域需要研发和创新农业生产技术，创新农业补贴方式，以保障粮食的有效供给。吕捷和林宇洁（2013）认为国际玉米进出口贸易通过影响中国玉米价格，进而通过替代效应影响其他粮食价格，并认为这会激发玉米投机行为、诱引国际游资涌入中国粮食市场。陈飞等（2010）使用 GMM 方法，分析了农业补贴政策与中国粮食产量、粮食生产能力之间的关系，并认为农业补贴对粮食增产有显著影响。高鸣和宋洪远（2014）基于 1978—2013 年的面板数据，分析了中国各省份粮食生产技术效率变化和空间效应，并认为农业补贴的实施，使得技术进步正逐步替代人力资本要素和实物要素的投入以实现粮食经济发展的有效性。此外，Srinivasan 和 Jha（2001）、Azzam（1991）、武拉平（2000）、朱晶（2003）、陶然等（2004）、高鸣和马铃（2015）、高鸣和宋洪远（2015）等分别以不同视角也在这方面进行了研究。

另外，在农业补贴对农业（粮食）生产的影响方面。Burfisher 等（2000）以美国、加拿大和墨西哥为例，使用 CGE 模型分析了风险溢价变化的情况下农业补贴对粮食产量的影响，并认为部分农户得到农业补贴后会购买农业保险、扩大生产，使粮食产量提高。Goodwin 和 Mishra（2006）通过假设农户的资产期望效用最大化，并使用美国农业部（USDA）数据库，实证分析了收入补贴对粮食生产的影响，指出美国收入类补贴政策的实施可以提高玉米、大豆和小麦的产量，同时认为收入类补贴会促使农户扩大农地规模。在此基础上，Weber 和 Key（2012）使用历史的油籽产量为工具变量，并使用 2SLS 估计法，分析了补贴对油籽产量的影响，并认为农业补贴的实施有利于保障油籽产量的有效供给。此外，有一些研究具体分析了农业补贴对农业生产率的影响。例如，McCloud 和 Kumbhakar（2008）使用欧盟国家的数据，分析了农业补贴对农业生产率的影响，研究发现，农业补贴对农业生产率具有积极意义，且农业补贴力度会改变农户的生产行为。Kumbhakar 和 Lien（2010）将农业补贴作为内生变量引入评价农业生产率和非效率模型中，并使用 1991—2006 年北欧各国的面板数据进行实证分析，认为农业补贴对农业生产率具有消极影响，但是对生产效率、技术效率都具有积极影响。此外，Just 和 Kropp（2013）、Moro 和 Sckokai（2013）、Ahearn 等（2006）、钟甫宁等（2008）、王欧和杨进（2014）等国内外学者就农业补贴对粮食生产的影响也做出了相关研究，并一致认为农业补贴对粮食供给起到了保障作用。

综上可知，国内外学者更关心农业补贴对农产品（粮食）市场的影响，在农业补贴对农业生产的影响方面也做了一些研究和探索，但现有相关研究还存在一些不足，这主要表现在：①大多基于宏观政策的视角来分析农业补贴的作用，鲜有从动态资产贫困理论的视角来分析农业补贴对粮食生产的影响；②较少有研究以效率损失为视角来分析粮食生产效率损失和影响因素，且较少衡量粮食的生产效率损失情况；③少有基于微观农户的面板数据和大样本信息来分析农业补贴对粮食生产技术效率损失的影响机制等。对此，本文将做如下改进：第一，首次基于动态的资产贫困理论，构建农业补贴对粮食生产效率损失影响的理论框架；第二，以效率损失为视角，并使用 DEA 方法下的最新技术 EBM 模型来衡量中国的粮食生产效率损失情况；第三，基于 2003—2014 年全国农村固定观察点的数据，以河南省为例，实证分析农业补贴对小麦生产效率损失的影响。

本文的章节安排如下：第一部分是引言；第二部分主要介绍动态资产贫困理论，即本文的理论框架；第三部分是研究方法设计；第四部分是农业补贴对粮食生产效率损失的实证分析和检验；第五部分是实证结果的稳健性检验；最后一部分提出简要结论和对策。

二、理论分析框架

在理论分析前需要将概念界定清晰。首先，生产效率是指在一定的投入要素下，实际产出与最优产出之间的比率。而生产效率损失是指受技术和制度等的约束，实际产出无法达到最优的产出水平，导致生产效率的损失（赵自芳，史晋川，2006）。其次，关于农业（粮食）生产效率的内涵和定义，不同学者提出了不同观点，基于要素投入的数量，有关定义可大致归纳为：第一，单一要素投入和产出水平的生产效率，例如农业劳动生产率、农业土地生产率等（胡华江，2002；高帆，2008）；第二，多要素投入和产出的生产效率（陈卫平，2006；孟令杰，2001）；第三，全要素生产率及其分解的要素，包括技术效率、技术进步、要素投入和人力资本投入等（李谷成，2009；匡远佩，2012）。本文结合 C - D 生产函数和前人对生产效率、生产效率损失的定义，选择多要素投入和产出的视角，将粮食生产效率损失定义为：粮食的单位要素总投入所带来的粮食产量与其最优产量的比率与最优生产效率的差（与最优生产前沿面的距离）。

新古典经济增长理论认为，在农户的时间偏好、生产技术和政策约束等条件被给定的前提下，农户对生产性资产的不同分配，会导致形成两条差异明显的生产曲线（设为 F_1 和 F_2）。如图 1 所示，F_1 为生产率较低的生产线，F_2 为生产率相对较高的生产线。假定，当某农户的资产为 A_1 时，受制于资产约束，其生产线为 F_1，对应的效用函数为 U_L；当其资产为

A_2 时，农户会选择更高生产率的生产线 F_2，其对应的效用函数为 U_H。Carter 和 Barrett（2006）认为，当农户的资产落在 A_1（或稍高一点）时，由于不存在非贫困均衡点，该农户陷入了资产贫困陷阱。F_1 和 F_2 的交点为 A_S，当农户的资产位于 A_S 右边时，农户会选择生产率较高的生产线 F_2 进行生产；当农户的资产位于 A_S 左边时，农户受到了资产约束，只能选择生产率较低的生产线 F_1。因此，Weber 和 Key（2012）认为，补贴是缓解农户资产约束的有效方式之一，补贴可以将左边且靠近均衡点 A_S 的农户推向均衡点右边，使得农户可以选择较高生产率水平的生产线（F_2）。

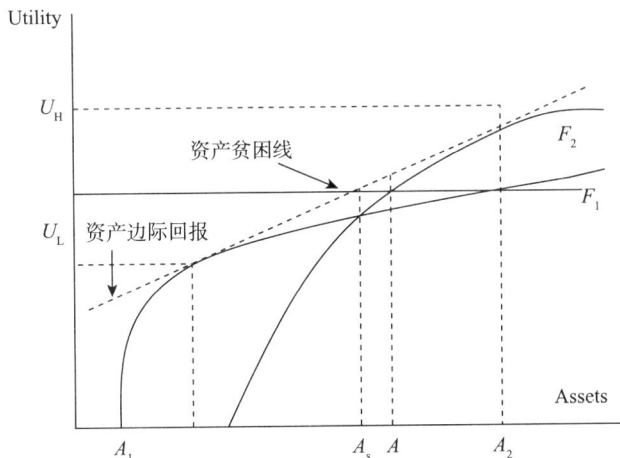

图 1　农户在资产贫困约束下的生产选择

如果均衡点长期不变，农户可以准确利用均衡信息进行融资贷款和积累资产，以缓解自身的贫困约束。但是，从长期来看，F_1 和 F_2 是动态变化的，即 A_S 均衡点在不断变化，使得农户在生产时很难有明确预期，导致生产效率损失。而在动态资产贫困（Dynamic Asset Poverty）框架中，找出均衡点，有利于政府因地制宜地进行补贴，以期使农户生产时尽量避开贫困陷阱（Binswanger et al.，1993）。如图 2 所示，若当期农户的资产为 A_1，其对应的生产线为 F_1，效用为 U_L；若当期农户的资产为 A_2，其对应的生产线为 F_2，效用为 U_H。和静态模型一样，A_2 大于 A_1，U_H 大于 U_L，F_2 为生产率较高的生产线。和静态资产贫困模型不同，在动态资产贫困模型中，若原始资产处在均衡点的左边时，该点不一定会导致农户陷入贫困陷阱，因为农户可以利用时间变化进行资产积累以期选择较高生产率的生产线，因此，动态贫困线会向均衡点左移一点。此动态资产贫困线又被称为 Micawber 阈线（Micawber Threshold）。该阈线是划分农户在动态模型中怎样选择生产线的重要依据（Zimmerman，Carter，2003；Carter，Barrett，2006）。假设该线落在 A^* 上，农户在当期只能采用生产率较低的生产线 F_1 进行生产，但是在下一期，该农户可以通过资产积累或政府补贴选择生产率较高的生产线 F_2。如图 2 的下面部分所示，下一期资产的动态变化情况是以 Micawber 阈线为划分依据的。A_1 为低水平的均衡，其对应的是较低的初始资产和较低的生产率水平；A_2 为高水平的均衡，其对应的是较高的初始资产和较高的生产率水平。当资产处在 A^* 左边时，农户的预期受到影响，最后变化到较低水平的 A_1^*，达到均衡；当资产处在 A^* 右边时，农户会提高预期和选择积累资产，最后达到高水平均衡点 A_2^*，农户会选择生

产率较高的生产线 F_2。因此，对位于 A^* 左边的农户进行补贴，能使其对下一期的生产线资产有较高预期，从而选择生产率较高的生产线 F_2。

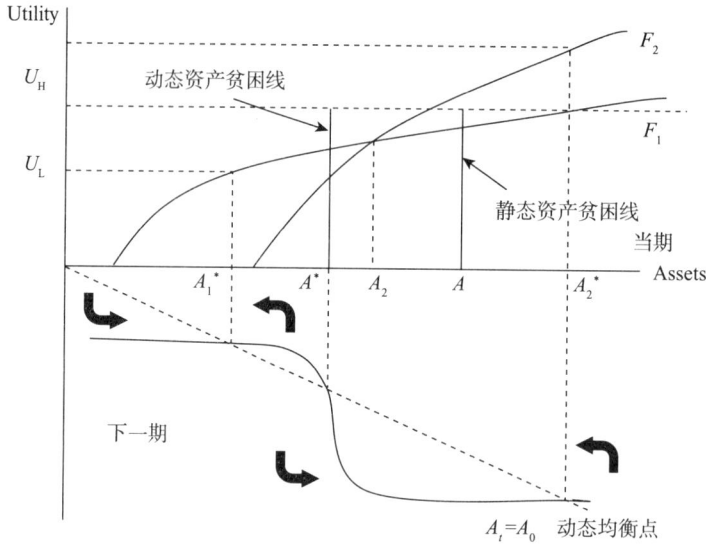

图 2　资产贫困的动态均衡与农户的选择

根据以上理论分析可知，政府补贴通过影响农户生产行为从而影响粮食生产率。为了进一步量化分析补贴对粮食生产率的影响，本文将构建补贴对粮食生产效率影响的生产函数。

假设在非完全竞争市场条件下，补贴对粮食生产率影响的生产函数为 $f_i(\cdot)$，效用函数为 $U_i(\cdot)$。生产函数和效用函数同时满足凹性、连续性和齐次性。结合新古典经济增长理论和 C-D 生产函数，可知其生产函数为：

$$f_i(L_i, K_i) = A_i L_i^a K_i^{1-a} \tag{1}$$

根据前文的理论分析可将（1）式写成：

$$f_i(L_i, K_i) = \begin{cases} f_1(L_1, K_1) = A_1 L_1^a K_1^{1-a} \\ f_2(L_2, K_2) = A_2 L_2^\beta K_2^{1-\beta} \end{cases} \tag{2}$$

在（1）式中，$f_1(\cdot)$ 为生产率较低的生产函数，$f_2(\cdot)$ 为生产率较高的生产方程。L_i 表示粮食生产所需的劳动力（包括劳动力的数量和质量），K_i 表示所需资产投入（包括资金和技术等），A_1 和 A_2 分别表示不同生产率下的技术进步。假设劳动力价格为 $\bar{w}$，粮食生产的投入品价格为 $\bar{r}$，P_i 表示粮食价格，C_i 表示农户除生产外的其他支出，由此可知：

$$\bar{w} L_i + \bar{r} K_i + C_i \leqslant f_i(L_i, K_i) \cdot P_i \tag{3}$$

在生产过程中，补贴会使农民收入增加[①]，假设补贴是关于 $\bar{T}$ 的函数，用 $S(\bar{T})$ 来表示[②]，（2）式则可以改写为：

[①]　脱钩补贴是增加农民收入的有效方式之一。而挂钩补贴主要和粮食生产挂钩，虽然不是直接增加农民收入，但是可使生产过程中的支出减少，也是变相的增加收入。

[②]　本文的补贴主要包括：粮食直接补贴、良种补贴、农机补贴、农资补贴。

$$\bar{w}L_i + \bar{r}K_i + C_i \leqslant f_i(L_i, K_i) \cdot P_i + S(\bar{T}) \tag{4}$$

农户除受限于资产约束外，同样追求利润最大化。假设农户生产粮食后获得的收入为 $\bar{Y}$，因此，本文的求解方程和约束方程为：

$$\max f_i(L_i, K_i)P_i - \bar{w}L - \bar{r}K \tag{5}$$
$$\text{s. t.} \begin{cases} \bar{w}L + \bar{r}K \leqslant \bar{Y} + S(\bar{T}) \end{cases}$$

根据（5）式构建拉格朗日方程，可知：

$$L = f(L_i, K_i)P_i - \bar{w}L - \bar{r}K - \lambda[\bar{w}L + \bar{r}K - \bar{Y} - S(\bar{T})] \tag{6}$$

将（6）式分别对 L 和 K 进行一阶求导，可得出：

$$f'_L - \bar{w} - \lambda\bar{w} = 0 \ , \ f'_K - \bar{r} - \lambda\bar{r} = 0 \ , \ \bar{w}L + \bar{r}K - \bar{Y} - S(\bar{T}) = 0 \tag{7}$$

将（7）式进行整理，可得出：

$$f'_L = (1+\lambda)\bar{w} \ , \ f'_K = (1+\lambda)\bar{r} \tag{8}$$

由（8）式可知，当 $\lambda = 0$ 时，农户不受资产约束，可选择最优的劳动力、资产和技术，达到生产效率最优，即方程的最优解为 $f'_L = \bar{w}$ 和 $f'_K = \bar{r}$。当 $\lambda \neq 0$ 时，农户受到了资产贫困约束，无法选择高生产率的生产方式，如图3所示。

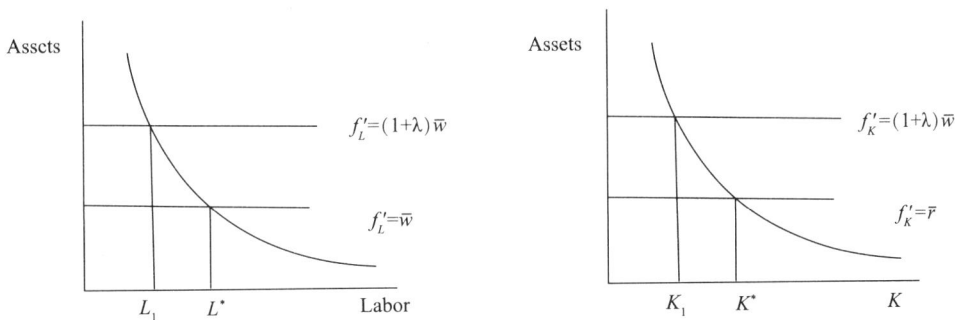

图3　资产约束下的 L 和 K 的最优解

从图3可知，当农户受到资产约束时，农户无法选择最优的生产投入，导致农户在劳动力的数量和质量供给、资金供给和技术支持都不够，导致效率损失。当补贴变量 $S(\bar{T})$ 使 λ 趋近于0时，农户不再受制于资金约束，可以选择高生产率的方式，从而减少粮食生产过程中的效率损失。

因此，本文提出假说：受资产约束的农户得到政府补贴以后，农户会选择高生产率的生产方式，从而减少粮食生产效率的损失。

三、方法设计、变量与数据来源

（一）方法设计

研究粮食生产效率损失与农业补贴的关系，需要分步来计算并分析。首先，需要衡量出各农户的粮食生产效率情况；其次，根据粮食生产效率值再计算出各农户的粮食生产效率损失值；最后，使用计量模型来估计粮食生产效率损失与农业补贴的关系。当前，研究粮食生产效率的方法虽较多，但主要集中为生产可能性边界估计法（Farrell，1957）。该方法主要是由参数下的随机前沿分析法（SFA）和非参数下的数据包络分析法（DEA）组成。相比SFA方法，DEA法在计算效率时，可以解决技术中性和技术非有效等问题。因此，本文将选择DEA法下的最新技术EBM模型来测算粮食生产效率，在此基础上计算效率损失值。另外，在估计补贴对粮食生产效率损失的影响时，需要考虑样本的选择性、变量的内生性和有效性，对此，本文研究选择了面板Heckman两步法模型（Heckman，1976）。

1. EBM（Epsilon Based Measure）**模型。**传统的DEA模型（例如CCR或者BCC模型）不能在效率评价时考虑冗余量、副产出等因素。对此，Tone于2004年提出了非径向的SBM模型以衡量效率评价中的非合意产出，并运用于各领域的效率评价中（曾福生，高鸣，2013；李谷成等，2011）。但是，由于SBM模型考虑了非径向下的冗余变量，规避了投入要素同比例变化的前提假设，使效率前沿投影值的原始比例信息损失，最终在评价效率时会出现误差。为了解决这个问题，Tone和Tsutsui（2010）提出了EBM（Epsilon Based Measure）模型，该模型同时考虑了径向和非径向的混合距离函数。该函数表达式为：

$$\gamma^* = \min\theta - \varepsilon_x \sum_{i=1}^{m} \frac{w_i^- s_i^-}{x_0} \tag{9}$$

$$\text{s. t.} \left\{\theta x_0 - X\lambda - s^- = 0; Y\lambda \geqslant y_0; \lambda \geqslant 0, s^- \geqslant 0\right\}$$

（9）式的对偶表达式为：

$$\gamma^* = \max u y_0$$

$$\text{s. t.} \left\{vx_0 = 1; -vX + uY \leqslant 0; v_i \geqslant \frac{\varepsilon_x w_i^-}{x_{i0}}; u \geqslant 0\right\} \tag{10}$$

在（9）、（10）式中，$\gamma*$表示的是测算的效率值，θ为径向效率值，s^-表示的是非径向的投入要素的冗余量，λ表示参考权重，ε_x是考虑了径向效率值和非径向的冗余值下的参数。该模型满足6个定理：第一，γ^*满足$1 \geqslant \gamma^* \geqslant 0$，且其单位不变；第二，当$\varepsilon_x = 0$时，EBM效率值将等同于投入导向下CCR模型的效率值；第三，当$\theta = 1$且$\varepsilon = 1$时，EBM效率值等同于投入导向下的SBM效率值；第四，（9）式和（10）式有一个有限的最优解，且满足$\varepsilon_x \in [0,1]$；第五，当$\varepsilon_x > 1$时，（10）式没有可行解，（9）式有无穷解；第六，对于ε_x，γ^*是非增变量。

2. 效率损失评价模型。经（9）式求出粮食生产效率值后，还需要进一步计算各农户的粮食生产效率损失值。由于DEA求出的是生产前沿面下的效率值，因此效率值最优为1，而各农户的粮食生产效率值与1的差值，为粮食生产效率损失值。该方法是当前评价效率损失值时，较为认可且常用的方法之一（赵自芳，史晋川，2006）。由此，可知：

$$E_{Loss} = 1 - \gamma^*; \text{s. t.} \left\{1 \geqslant E_{Loss} \geqslant 0; 1 \geqslant \gamma^* \geqslant 0\right\} \tag{11}$$

由（11）式可知，效率损失值也是介于0~1之间的数值，且E_{Loss}变量满足EBM模型的6个定理。

3. Heckman 样本选择（Heckman Sample Seletion）**模型。**在被调查的农户中，有些农户得到了政府补贴，但并没有种植粮食作物[①]，如果将这些农户的数据放入回归模型中，将

[①] 正如前文的理论分析可知，补贴分为脱钩补贴和挂钩补贴，我国当前两类补贴共存。农民只要有耕地，就可以获得（粮食直补类的）收入补贴。

会导致估计系数存在选择性偏差（Selection bias）。Heckman 样本选择模型是解决这一问题的有效且广泛应用的方法之一（Heckman，1976）。该模型不仅解决了最小二乘法（OLS）无法避免样本选择导致的误差，而且还使用工具变量（IV）来估计变量间的真实关系。Heckman 样本选择模型将数据分为两个阶段进行估计。

第一阶段，以"是否种植粮食（小麦）"作为估计方程的被解释变量。估计时，以所有样本的数据进行 Probit 估计，以确定种植粮食作物的主要影响因素。其估计方程为：

$$P_{it}^* = Z_{it}\gamma + u_{it}$$
$$P_{it} = 1, if(Z_{it}\gamma + u_{it} > 0) \tag{12}$$

在（12）式中，P_{it}^* 为"是否种植粮食"发生的概率，Z_{it} 为解释变量，u_{it} 为随机扰动项。根据第一阶段的估计结果以及其期望方程，可以计算出逆米尔斯比率（Inverse Mills Ratio）。

$$\lambda = \frac{\phi(z_{it}\gamma/\sigma_0)}{\Phi(z_{it}\gamma/\sigma_0)} \tag{13}$$

（13）式中，$\phi(\cdot)$ 满足标准正态分布，$\Phi(\cdot)$ 满足相应的累积分布。根据该比例，可以进行下一阶段的估计。

第二阶段，使用 OLS 方法进行估计，将 λ 以控制变量带入估计方程，以期纠正选择性偏误，该方程的表达式为：

$$Y_{it} = \beta X_{it} + \alpha\lambda + \eta_{it} \tag{14}$$

根据（12）～（14）式可以估计出粮食生产技术效率损失是否由补贴导致，具体变量的选择在后文给出。

（二）变量与数据来源

本文所用数据均来自全国农村固定观察点。1986 年，中共中央书记处批准设立的全国农村固定观察点调查系统正式运行，并由中央政策研究室和农业部共同负责。该数据库具有两个明显的优势：第一，其是以微观农户为基础的跟踪数据（面板数据）且样本量大。调查自 1986 年至今，每年跟踪调查农户 23 000 户，涉及 360 个行政村，样本分布于全国 31 个省（自治区、直辖市）；第二，其涉及内容涵盖农户的各个方面。农村固定观察点调查内容主要涉及农户及家庭成员的生产、经营、消费、投资等各个方面（宋洪远等，2005）。因此，在实证研究中使用该数据库的优势，不仅表现为样本量的充足，还为控制变量的选择提供了多样性。

需要指出的是，农业补贴政策始于 2006 年，由于全国农村固定观察点的调查问卷没有及时调整，因此，农业补贴数据的跟踪开始于 2009 年。又由于河南省作为小麦生产第一大省，是中国最为典型的粮食种植大省。所以，本文选择了以河南省"全国农村固定观察点"跟踪的 1 000 户农户为截面样本，其 2009—2014 年相关数据组成的面板数据①。因此，本文将以河南省的小麦种植为例，来分析补贴对小麦生产率损失的影响。

本文数据的处理主要分为以下几步：第一，根据户主信息以及标识码，将家庭成员信息和户主信息对接；第二，对样本信息的缺失值和异常值进行处理；第三，根据每户的标识

---

① 近年来，农业部农村经济研究中心对全国农村固定观察点的调研人员定期进行培训，因此，近年来的数据质量较高，主要表现在：（和前些年份相比）缺失值减少、奇异值减少、年份间的数据可以较好地衔接等。

码，将每年的数据进行拼接，形成本文所需的 2009—2014 年面板数据。河南省固定追踪调查样本农户为 1 000 户，在进行数据处理后，有效农户为 983 户，有效率达 98.3%。

1. 粮食生产效率的变量选取。本文结合前期研究成果和粮食生产特征（高鸣，宋洪远，2014），并遵循 DEA 方法所需的投入产出指标，最终建立了小麦生产效率的投入产出指标体系，如表 1 所示。由于 DEA 方法是将截面数据进行效率评价，因此，在评价小麦生产效率时，本文将数据拆分成 6 年的数据分别进行计算，然后，将结果整理成面板数据（李谷成等，2011）。

表 1　粮食生产效率的指标体系

指标体系	体系层	指标层		
	产出	小麦生产量（千克/户）		
	投入	小麦播种面积（亩/户）a	小麦生产过程中所投入的物质费用（元/户）b	小麦生产所投入的劳动力（人/户）

注：a 小麦播种面积主要指农户实际的播种面积，包括自家耕地和租赁（流入）的土地。b 小麦生产过程中投入的物质费用包括：种子种苗费、农家肥折价、化肥费用、农膜费用、农药费用、水电及灌溉费用、畜力费、机械作用费、固定资产折旧及修理费、小农具购置费、雇工费、其他费用。

2. 估计方程的变量选取。根据方法设计中的模型所需，本文将估计方程的变量分为三类：核心解释变量、控制变量和工具变量（见表 2）。

（1）核心解释变量。主要包括[①]：①农业四大补贴（简称"农业四补贴"）。国内的政界和学界将粮食直接补贴、农机补贴、良种补贴、农资补贴统称为农业四大补贴。为了研究这四大补贴对小麦生产效率损失的影响，本文将农业四大补贴变量定义为 2009—2014 年河南省各农户的四项补贴额之和（钟春平等，2013）。②粮食直接补贴政策（简称"粮食直补"）。粮食直补政策是四补贴中唯一的脱钩补贴政策[②]，它是将之前给予国有粮食企业的补贴资金改为直接对种粮农民给予补贴的政策。本文研究用农户年度内得到的粮食直补金额来测量该变量。③良种补贴。良种补贴是根据某品种在某地区种植时具有明显的优势，将对该品种给予一定的资金补贴。本文研究用农户在被调查年份所获得的良种补贴额来测量该变量。④农资综合补贴（简称"农资补贴"）。该补贴主要是政府对农民购买的农业生产资料（例如化肥、柴油、农药等）实行的一种补贴政策。本文研究用农户年度内得到的农资补贴总额来测量该变量。⑤农机具购置补贴（简称"农机补贴"）。该补贴主要是对用于农业生产而购置和更新大型农机具给予的部分补贴。本文研究用农户在被调查年份中所获得的农机补贴总额来测量该变量。

（2）控制变量。主要包括：①户主性别。根据全国农村固定观察点调查问卷的内容（简称"问卷"），本文定义"1＝男"，"0＝女"。②户主年龄。根据被调查当年户主的年龄（周

---

① 由于核心解释变量共有 5 个，为了避免存在严重的共线性，因此，每个核心解释变量单独为一个方程，即在每一个估计方法下构建 5 个估计方程。

② 粮食直补是根据农户承包的耕地面积进行补贴，与农民种植什么品种、生产多少无关，也与生产价格无关。这类补贴又称为脱钩补贴、收入补贴等。值得注意的是，粮食直补被定义为脱钩补贴的原因还在于：第一，虽然从经济合作与发展组织（OECD）的生产者支持等值（PSE）政策分类来看，中国的粮食直补与面积挂钩，也属于挂钩补贴，但是在补贴的实际操作中，并没有遵循挂钩补贴的原则；第二，中国共产党第十七届三中全会明确粮食直补为收入补贴和脱钩补贴类型；第三，为应对国际舆论，中国政府通报给世界贸易组织（WTO），将粮食直补归为脱钩类的收入补贴。因此，学界通常将粮食直补类的补贴定义为脱钩补贴。

岁）为标准。③户主的受教育程度。此处以户主所受到的教育年限为该变量的数据。④户主是否受过农业生产技术培训。根据问卷的内容，此处将其定义为"1＝是"，"0＝否"。⑤农业固定资产投资额。在被调查的当年，该户用于农业生产性的固定资产投资额，单位：元/户。⑥农户总收入。根据问卷内容，此处包含该户所有家庭成员在被调查当年的总收入，单位：元/户。⑦机械总动力。被调查当年，农户农业生产性机械动力数，单位：千瓦/户。

表2　各变量的含义、单位及统计分析

类别	变量名称	含义和单位	均值	标准差
投入产出变量	总产量	小麦生产总量（千克/户）	1 617.70	1 126.51
	播种面积	小麦播种面积（亩/户）	3.91	3.68
	物质总费用	小麦生产投入所需的物质费用（元/户）	1 025.46	1 572.26
	劳动力	小麦生产劳动力数量（人/户）	1.50	1.17
估计变量				
核心解释变量	农业四补贴	四补贴（粮食直补、农机补贴、良种补贴、农资补贴）之和（元/户）	359.25	416.81
	粮食直补	粮食直接补贴（元/户）	185.23	219.93
	良种补贴	良种补贴（元/户）	41.18	69.05
	农资补贴	购买生产资料综合补贴（元/户）	126.34	194.64
	农机补贴	购置和更新大型农机具补贴（元/元）	6.49	315.09
控制变量	户主性别	1＝男，0＝女	0.94	0.24
	户主年龄	户主当年年龄（周岁）	56.17	11.92
	户主文化程度	受教育年限（年）	6.66	2.86
	户主是否受过农业培训	1＝是，0＝否	0.06	0.24
	农业固定资产投资额	年度生产性固定资产投资额（元/户）	1 862.42	14 674.91
	农户总收入	农户年度总收入（元/户）	37 490.58	51 462.79
	机械总动力	农业生产性机械动力数（千瓦/户）	3.80	105.54
工具变量	非劳动力人数	大于60和小于16岁的总人数（人/户）	3.85	1.77
	历史的小麦产量	2003—2008年相应各户的小麦产量（千克/户）	1 357.05	1 029.73

注：表中均值和标准差都是以每年983户农户（含种麦户和非种麦户）的效率计算结果取均值而求得。

（3）工具变量。主要包括[1]：①非劳动力人数。该变量主要是指农户家庭成员中大于60岁和小于16岁的成员人数。农户非劳动力人数不参与农业生产，然而农户的农业生产决策者会考虑他们的生活消费等。虽然不是直接对粮食生产产生作用，但是间接影响粮食生产情况。另外，补贴额与农户的非劳动力人数无关。因此，该变量常以工具变量的方式用于解释农业政策与农业生产之间的关系（例如，Chau，de Gorter，2005）。因此，本文选用这一变量为本文主要的工具变量，来分别识别农业四补贴、粮食直补、良种补贴、农资补贴、农机

———

① 本文使用的工具变量共两个，"非劳动力人数"和"历史的小麦产量"。在正文分析中将使用"非劳动力人数"作为核心解释变量与被解释变量的工具变量。在后文的稳健性检验中，将"历史的小麦产量"代替"非劳动力人数"作为工具变量来检验估计结果的有效性。

补贴与小麦生产效率损失值的真实关系。②历史的小麦产量。为了对文章进一步分析，本文在做稳健性检验时选用该变量为（替代的）工具变量。历史的小麦产量和当前的补贴额、小麦产量是没有直接关系的，但是农户可以通过历史的小麦产量对未来的产量进行预期，然后调整其生产行为，从而使小麦产量受到间接影响。Weber 和 Key（2012）使用了油籽的历史产量作为工具变量，选用 2SLS 模型来分析美国的补贴对油籽产量的影响。随后，该工具变量的选用得到了国际学者们的认可，并多次被其他学者在研究中应用（例如，Borowiecki，2013；Glaeser et al.，2015）。因此，本文选用该变量来检验农业补贴和小麦生产效率损失的关系。由于本文所使用的数据是 2009—2014 年间小麦产量，因此，此处选用 2003—2008 年对应该农户的小麦历史产量为工具变量，即 2009 年对应的是 2003 年的小麦历史产量，以此类推。单位：千克/户。

四、实证分析

（一）粮食生产效率损失分析

以 2009—2014 年间河南省 983 户样本农户面板数据为基础，采用前文介绍的 EBM 模型，利用 Maxdea 软件，计算出各农户的小麦生产效率，然后根据（10）式计算得出各农户的小麦生产效率损失值。此处需要说明的是，在 983 户农户中，种植小麦的样本户有 758户，因此，此处的生产效率损失值是基于 758 户的样本求得。

表 3　2009—2014 年小麦生产效率值及其损失值

年份	小麦生产效率值				小麦生产效率损失值			
	最大值	最小值	均值	标准差	最大值	最小值	均值	标准差
2009	1	0.047	0.433	0.145	0.953	0	0.567	0.224
2010	1	0.063	0.537	0.170	0.937	0	0.463	0.274
2011	1	0.004	0.547	0.180	0.996	0	0.453	0.281
2012	1	0.045	0.589	0.147	0.955	0	0.411	0.159
2013	1	0.075	0.603	0.179	0.925	0	0.397	0.299
2014	1	0.095	0.610	0.160	0.905	0	0.390	0.283

根据表 3 可知：

第一，2009—2014 年，河南省小麦生产效率均值在逐年提高，即河南省小麦生产效率的损失值在逐年递减。可能的原因在于：（1）河南省小麦新品种的推广和使用。自 2000 年以来，河南省培育出的 26 个小麦新品种成为小麦增产的主力军。据统计，2000—2014 年，新品种的累积种植面积达到 2.2 亿亩，亩均产量达到 400 千克左右，是典型的高产田。除增产外，新品种的小麦质量也得到了提高，河南省推广小麦高质技术的同时将低质小麦进行加工处理，以实现小麦的高产高质[①]。（2）政策引导和扶持。一是河南省坚持耕地红线政策。

[①]　信息来源于 2015 年 5 月 13 日的新华网《26 个新品种成增产干将，助河南小麦产业保值增值》（http://www.ha.xinhuanet.com/hnxw/2015-05/13/c_1115263953.htm)。

2003 年河南省小麦播种面积为 7 206 万亩，2014 年达到 8 110 万亩，年均增长率达 1.08%，确保了小麦的增产。二是实行小麦最低收购价政策。2006 年开始，河南省开始实行小麦最低收购价政策。2006—2007 年间，河南省小麦最低收购价维持在 0.68 元/斤，从 2008 年至 2015 年，国家连续 8 年提高小麦的最低收购价，2015 年达到了 1.18 元/斤，年均增长率达 5.67%。（3）农民专业合作社的发展与农业机械化的普及。一是农民专业合作社发展迅速（潘劲，2011）。截至 2014 年年底，河南省共有农民专业合作社约为 9.21 万个，是 2008 年数量近 15 倍。且河南省农民专业合作社占全国总数的 6.7%，平均每个村约有 2 个合作社，为粮食技术推广和土地流转提供了便利。二是农业机械化的普及。河南省农业机械总动力由 1999 年的 4 764.4 万千瓦增加到 2015 年的 11 476.8 万千瓦，年均增长率为 5.65%。此外，大中型农用拖拉机也由 1999 年的 5.86 万台增加到 2015 年的 37.81 万台，年均涨幅达 12.3%。

第二，2009—2014 年，河南省的小麦生产具有最优生产前沿的农户，即有的农户的小麦生产效率值达到了 1。原因主要在于：（1）补贴力度逐年加大，提高了农民的种粮积极性。以河南省农村固定观察点的农户为例，平均每户农户获得的农业四补贴金额由 2009 年的 327.85 元增长到 2014 年 412.46 元，年均增长率达到 3.9%，其中，涨幅最大的为农资综合补贴，年均增长率达 11.41%。（2）农户户主受教育程度提高。根据河南省全国农村观察点的数据显示，河南省农村居民的平均受教育年限由 2009 年的 6.3 年增长到 2014 年的 7.14 年。此外，2014 年接受过农业技术培训的农户占样本农户的 21.3%，而 2009 年该指标仅为 15.1%。（3）农户对粮食生产性基础设施的改善。在样本农户中，2009 年对农业生产性用房的投入资金为 686.15 元/户，而 2014 年该指标增长到户均 2 186.74 元。此外，基础设施投资也由 2009 年的 78.12 元/户增长到 2014 年的 217.33 元/户。

第三，虽然小麦生产效率损失值在逐年递减，但是损失依然严重。从表 3 的结果可知，河南省小麦生产效率损失均值虽由 2009 年的 0.567 减少到 2014 年的 0.390[1]，但农户的最大效率损失值为 0.905，损失仍然较大。可能的原因在于：（1）农业科技在粮食生产中的贡献率仍较低。据计算，2014 年的中国农业科技贡献率为 0.58，而美国的农业科技贡献率达到了 0.95。和发达国家相比，农业科技贡献率较低约束了粮食生产效率值的提高。（2）耕地的零散不适于粮食的规模化经营。在跟踪调查的 1 000 户样本户中，2009 年，所经营耕地面积（包括流转的耕地面积）大于 10 亩的农户仅有 19 户，小于 5 亩的农户却有 760 户；2014 年的这一情况变化并不大，所经营耕地大于 10 亩的农户为 22 户，小于 5 亩耕地的农户有 735 户。小规模农户的粮食生产方式不适合规模化和机械化经营，从而影响了粮食生产效率值的有效提高（许庆等，2011）。（3）农户自身资源禀赋条件的约束。资金约束是农户难以提高粮食生产效率的主要原因之一，而中国的农村金融体系尚不完善，导致农户很难从金融机构获得贷款以扩大农业生产（李明贤，周孟良，2010）。2009—2014 年，河南省全国农村固定观察点的样本农户中，获得生产性贷款的农户比例维持在 0.5%～0.6% 的水平。此外，小麦生产技术、人力资本等都是约束粮食生产效率提高的因素之一。

---

[1] 如果效率值以 0.6 为及格基础线的话（曾福生、高鸣，2013），2014 年的小麦生产效率值为 0.61，刚达到基础线。所以，2014 年的效率损失均值达 0.39，可见小麦生产效率损失仍较为严重。

（二）农业四补贴对粮食生产效率损失的影响

为了检验农业四补贴变量与小麦生产效率损失的关系，本文利用 2009—2014 年河南省农村固定观察点 983 户有效样本农户的面板数据，选用面板 Heckman 样本选择模型，以每户农户中非劳动力的人数为工具变量，运用 STATA 13.0 软件对数据进行了估计，结果详见表 4。需要说明的是，在估计前，本文对变量进行了共线性检验，从检验结果看，通过了共线性检验，满足建立估计方程的前提。

表 4 农业四补贴对小麦生产效率损失的影响估计

变量	第一阶段	第二阶段
	"是否种植小麦"	"小麦生产效率的损失值"
农业四补贴	0.447***	−0.098***
	(0.077)	(0.013)
户主性别	0.024	0.021
	(0.095)	(0.016)
户主年龄	−0.004**	0.001***
	(0.001 7)	(0.000 1)
受教育年限	−0.047***	−0.002
	(0.009)	(0.001)
是否受培训	0.128	−0.049
	(0.216)	(0.039)
农业固定资产投资额	0.001	0.001***
	(0.001)	(0.000 1)
农业机械总动力	0.023***	−0.001
	(0.005)	(0.001)
农户收入	−0.083***	−0.026***
	(0.024)	(0.005)
非劳动力人数	0.058***	—
	(0.013)	
常数项	−0.799	1.532***
	(0.527)	(0.118)
逆米尔斯比率		−0.225***
		(0.059)

注：①＊、＊＊和＊＊＊分别表示 10%、5% 和 1% 的显著性水平；②括号中的数字为估计的标准误。

从表 4 结果可知，农业四补贴对第一阶段农户是否种植小麦具有显著的积极影响，而对第二阶段小麦效率损失有显著的负向影响，即，农业四补贴不仅可以提高农户的种粮意愿，还可以促进小麦生产效率的提高。从 Heckman 样本选择模型结果可知，逆米尔斯比率值为−0.225，在 1% 显著性水平下显著，说明了方程的有效性和工具变量的适用性。从前文分析的资产贫困理论来看，农业补贴直接（或间接）增加了农户的收入，缓解了预算约束，使农户可以选择较高生产率的生产线，从而使小麦生产效率损失降低。因此，该结论证明了前文的理论假设。

从第一阶段来看：

1. 农业四补贴变量对农户种植小麦具有积极影响。从表4结果可知，该变量的估计系数为0.447，在1%的统计水平上显著，说明农业补贴对小麦种植具有促进作用。这与前人的研究成果一致（王欧，杨进，2014）。可能的原因在于：其一，对于受制于资金约束的农户来说，得到补贴可以缓解其约束，有利于小麦生产过程中的扩大再生产；对于不受资金约束的农户来说，农业补贴不仅可以改善农业生产条件，还能提高农民的种粮积极性，这是由于农业补贴的替代效应在发生作用（钟春平等，2013）。其二，从收入的角度来看，农业补贴提高了农民的收入。在表2的统计分析中可知，2009—2014年间，河南省户均农业四补贴之和为359.25元/年，也就是意味着农民从政府拿到相应的补贴额，在一定程度上提高了农民的收入水平。据估计，当前中国农业四补贴总额占农民收入的3%左右（宋洪远，2012）。

2. 户主个人特征的影响。第一，户主性别的变量对种植小麦的影响不显著，这也反映了户主的性别不是农户种植粮食的决定性因素。第二，户主年龄的变量对"是否种植小麦"影响的系数为−0.004，在5%显著性水平下显著，说明了户主年龄越大，种植小麦的可能性越小。第三，受教育程度变量的估计系数为−0.047，在1%水平下显著，说明了户主的受教育程度越高，则越不愿意种植小麦，这可以由托达罗人口理论模型来解释。当户主的受教育程度提升后，由于城乡的工资（收入）差，农民会选择去城市务工以增加收入。第四，户主是否接受过农业生产技术培训对是否种植小麦的影响不显著，这说明了对农户进行农业生产技术培训，不一定会对种植产生影响。

3. 农户经济特征的影响。第一，农业生产性固定资产投资额对种植小麦的影响不显著，说明了农户选择种粮的关键因素不在生产性固定资产投资。第二，农业机械总动力变量的估计系数为0.023，在1%显著性水平下显著，充分说明了农业机械总动力对种植小麦具有积极影响，也反映了农户在选择种粮时会考虑农户的农业机械总动力水平。第三，农户收入变量对种植小麦的影响为负，其估计系数为−0.083，在1%显著性水平条件下显著，这说明了当农户的收入越高，种植粮食的意愿越低。

4. 农户家庭中非劳动力人数变量对种植小麦的影响显著。该变量是本文的第一个工具变量，其估计系数为0.058，在1%显著性水平下显著，说明家庭中非劳动力人数越多，农户种植小麦的可能性越大。其原因可能是：当家庭中的非劳动力人数较多时，家庭中的劳动力需要更多地考虑非劳动力的生计问题，从而种粮积极性越高，使粮食产量和收入得以提高。家庭非劳动力人数间接影响粮食生产，和其他变量无关，满足工具变量的基础条件。从变量的显著性和表4中的逆米尔斯比例的显著性来看，该工具变量的选择具有合理性。

从第二阶段来看：

1. 农业四补贴变量对小麦生产效率损失有负向的显著影响，其估计系数是−0.098，在1%显著性水平下显著。这充分说明，农业补贴额越高，小麦生产效率损失越小，即农业补贴能显著提高小麦生产效率。其主要原因可能是：第一，农业补贴的种类涵盖了粮食生产的各个环节，有利于减少粮食生产效率的损失，例如，良种补贴主要是对优质的品种进行补贴，这无疑对减少生产效率损失起到了关键作用。第二，中国的农业补贴力度在逐年加大，使得粮食生产连续"十二年增"。全国的农业补贴总额由2004年的145亿元增加到2014年1535亿元。而2004年至今，全国累计增产小麦3932.1万吨，其中，河南增产小麦1036.5万吨，占全国小麦增产总量的 26.1％[①]。

2. 户主个人特征的影响。第一，户主性别变量对小麦生产效率损失的影响不显著，从前文的分析可知，农户户主的性别不是粮食生产的关键性因素之一。第二，户主的年龄变量对小麦生产效率损失的影响系数为 0.001，在 1％显著性水平下显著，这说明了户主的年龄越大，小麦生产的损失越大。这可能由于年龄较大者，对技术的掌握、生产要素的使用等相对较弱，导致小麦生产效率损失较大。第三，户主的受教育程度对小麦生产效率损失的影响不显著，说明了当前农村的受教育程度的提高并不能减少小麦生产效率的损失。

3. 农户经济特征的影响。第一，农业固定资产投资额对小麦生产效率损失的影响为正，该变量的系数为 0.001，在 1％显著性水平下显著，这可能是由于农户资金的粗放型使得生产效率较低。第二，农业机械总动力变量对小麦生产效率损失的影响为负，该变量的估计系数为 −0.001，在 1％显著性水平下显著，这说明了农业机械水平的提高和普及，有利于小麦生产效率的提高。第三，农户收入变量对小麦生产效率损失的影响系数为 −0.026，在 1％显著性水平下显著，说明了在已经种植了小麦的农户中，农户收入越高，小麦生产效率损失越低，这主要是由于收入较高的农户可以选用较为先进的生产技术，租赁土地以扩大生产规模等，从而使得粮食生产效率进一步提高。

综上，基于动态资产视角下的农业四补贴对小麦生产效率损失具有影响，即农业补贴能减少小麦生产效率的损失。为了厘清农业四补贴对小麦生产效率损失的具体影响，还需要分别对四补贴进行分析。

（三）农业四补贴分别对粮食生产效率损失的影响

为了进一步细致分析农业补贴对小麦生产效率损失的影响，本文将分别分析农业四项补贴对河南省小麦生产效率损失的影响。同样使用 2009—2014 年河南省农村固定观察点 983户有效样本农户的面板数据，选用面板 Heckman 样本选择模型进行拟合，得到结果见表 5。需要说明的是，在 983 户有效样本农户中，仅有 34 户获得了农机补贴[②]，在计量估计时，属于小概率事件，很难无偏地估计出农机补贴与小麦生产效率损失的真实关系。对此，本文将不对农机补贴进行分析，但为了研究的完整性，仅呈现计量结果。

表 5　农业四项补贴对小麦生产效率损失的影响结果

变量	农业四项补贴			
	粮食直补	良种补贴	农资补贴	农机补贴
第一阶段				
补贴变量	0.132***	0.319***	0.211***	0.204
	(0.020)	(0.034)	(0.034)	(0.327)
户主性别	−0.037	0.090	0.102	0.614
	(0.093)	(0.109)	(0.148)	(0.725)

---

① 数据来源：中经网统计数据库和历年的《中国统计年鉴》。
② 这是因为只有农户购买了大型农机具后才能获得农机补贴。大型农业机械价格昂贵，且小规模农户很少需要大规模的农机，因而，购买大型农机具获得农机补贴的农户较少。

（续）

变量	农业四项补贴			
	粮食直补	良种补贴	农资补贴	农机补贴
户主年龄	−0.004**	−0.003	−0.011***	−0.511***
	(0.002)	(0.002)	(0.003)	(0.056)
受教育年限	−0.053***	−0.042***	−0.053***	−0.388
	(0.009)	(0.009)	(0.013)	(0.265)
是否受培训	0.145	0.069	−0.591	−0.329
	(0.216)	(0.239)	(0.493)	(0.366)
农业固定资产投资	0.001	0.001	0.001	0.001
	(0.001)	(0.001)	(0.001)	(0.001)
农业机械总动力	0.032***	0.021	0.005	0.017
	(0.005)	(0.005)	(0.006)	(0.032)
农户收入	−0.003	−0.088***	−0.073**	−0.415
	(0.023)	(0.028)	(0.035)	(0.759)
非劳动力人数	0.069***	0.052	0.039**	0.002
	(0.013)	(0.014)	(0.018)	(0.208)
常数项	0.192	0.611	2.403**	0.825
	(0.521)	(0.582)	(1.081)	(0.738)
第二阶段				
补贴变量	−0.017***	−0.052***	−0.089	0.065
	(0.005)	(0.011)	(0.059)	(0.088)
户主性别	0.026*	0.023	−0.032	−0.191
	(0.016)	(0.017)	(0.089)	(0.449)
户主年龄	−0.001***	−0.001	0.002	0.012
	(0.0001)	(0.001)	(0.003)	(0.017)
受教育年限	0.008	0.002	0.012	0.065
	(0.002)	(0.002)	(0.014)	(0.444)
是否受培训	−0.056	−0.061	0.094	−0.049
	(0.037)	(0.039)	(0.249)	(0.392)
固定资产投资额	−0.001**	−0.001	−0.001	−0.001
	(0.0001)	(0.001)	(0.001)	(0.001)
农业机械总动力	−0.001	−0.001	−0.001	−0.001
	(0.001)	(0.001)	(0.001)	(0.001)
农户收入	−0.046***	−0.037***	−0.023	−0.026
	(0.004)	(0.005)	(0.024)	(0.005)
常数项	1.241***	1.243***	1.131**	1.532
	(0.096)	(0.103)	(0.526)	(1.118)
逆米尔斯比率	−0.112***	−0.153**	−0877	−0.409
	(0.021)	(0.069)	(0.615)	(0.665)

注：①＊、＊＊和＊＊＊分别表示10%、5%和1%的显著性水平；②括号中的数字为估计的标准误。

根据表5的结果，可做如下具体分析。

1. 粮食直补的影响。 从第一阶段的结果可知，粮食直补变量对农户"是否种植小麦"具有积极影响，其估计系数为0.132，在1%显著性水平下显著，说明粮食直补政策对提高农户种植小麦的积极性有显著正向影响。此外，农业机械总动力变量、非劳动力人数变量都对农户"是否种植粮食"具有正向影响，系数分别是0.032和0.069，同时在1%显著性水平下显著；而户主年龄变量和受教育程度变量对农户"是否种植粮食"具有显著负向影响，系数分别是−0.004和−0.053。从第二阶段的估计结果来看，粮食直补对小麦生产效率损失的影响为负，该变量的估计系数为−0.017，在1%显著性水平下显著，说明粮食直补对提高小麦生产效率有积极作用。从全国范围来看，粮食直补直接增加了农民收入，使农民对选择较高生产率的生产方式产生了预期，从而降低了小麦生产效率的损失。此外，户主年龄变量、农业固定资产投资额变量、农户收入变量对小麦生产效率损失变量具有显著负向影响，即户主年龄越大、农业固定资产投资额越多、农户收入越多，则小麦生产效率损失越小。而户主性别对小麦生产效率损失有显著的正向影响。

2. 良种补贴的影响。 从第一阶段的结果来看，良种补贴对农户"是否种植小麦"的影响为正，其估计系数为0.319，在1%显著性水平下显著，说明良种补贴有利于提高农户种植小麦的积极性。和其他补贴相比，良种补贴的估计系数最大，也反映了良种补贴在粮食生产过程中对提高农户种粮积极性的影响最大。此外，户主的收入变量和受教育程度与"是否种植小麦"变量呈显著的负影响，影响系数分别是−0.088和−0.042。从第二阶段的结果来看，良种补贴变量与小麦生产效率损失变量呈显著的负影响，该变量的估计系数为−0.052，说明了良种补贴对降低小麦生产效率损失有积极影响。这和良种补贴的本质密不可分，良种补贴对优质的粮食种子进行补贴，优质粮食种子的利用提高了粮食生产效率。从动态资产理论的角度来看，良种补贴提高了农户的收入水平，使农户获得了购买优质种子的能力，从前文理论分析可知，良种补贴使农户会选择生产率较高的L2生产线。此外，农户收入变量与小麦生产效率损失变量呈负影响，估计系数为−0.037，说明了农户收入越多，则小麦生产效率损失越小。

3. 农资补贴的影响。 从第一阶段的结果来看，农资补贴对农户"是否种植小麦"的影响为正，估计系数为0.211，且在1%显著性水平下显著，说明农资补贴对提高农户种植小麦的积极性也有积极意义。户主的年龄、受教育程度和收入变量对农户"是否种植小麦"的影响显著为负，其估计系数分别是−0.011、−0.053和−0.073，说明户主年龄越大、受教育程度越高、收入越多，则农户不会选择种植小麦。有意思的是，从第二阶段的估计结果来看，农资补贴和其他相关变量对小麦生产效率损失的影响并不显著，这和前人的研究结果（例如黄季焜等，2011）相类似。农资补贴对农业生产投入要素（例如化肥、农药）进行补贴，从理论上来看，农业生产投入要素的供给量会随着补贴而增多，但是生产要素的增多并不意味生产率的提高（降低），因此该变量不显著。

综上可见，粮食直补、良种补贴和农资补贴对提高农民种植小麦的积极性有显著的效果，但是仅粮食直补和良种补贴对减少小麦生产效率损失具有积极影响。由此可以得出启示，加大脱钩补贴的力度，不仅遵守了WTO的黄箱补贴准则①，还可以降低粮食生产

---

① "黄箱补贴政策"是WTO农业协议规定需要承诺削减的补贴。

效率损失。

五、稳健性检验

为了分析农业补贴政策与小麦生产效率损失的真实关系，本文试图通过对样本进行分组回归、使用其他估计方法（2SLS）、替换工具变量等多个方式对回归结果进行稳健性检验。

（一）稳健性检验：分组回归

在调研中发现，农户会根据自己所拥有的耕地来考虑是否种植粮食，此外，耕地规模的大小、种植结构也和农业补贴息息相关。因此，根据样本耕地规模的数值区间，本文将2009—2014 年 983 户农户组成的面板数据分为 3 组，分别是 0～3 亩、3～6 亩、大于 6 亩。以 3 亩和 6 亩为分界点的原因主要在于河南省的户均耕地规模偏小（张丽丽等，2013）。在河南省农村固定观察点的有效样本中，面积为 0～1 亩、1～2 亩、2～3 亩、3～4 亩、4～5亩、5～6 亩、6～7 亩、7～8 亩、8～9 亩、9～10 亩、10 亩以上的农户分别占 8.44%、21.46%、19.63%、12.61%、11.09%、8.44%、4.48%、5.29%、3.66%、1.42%、3.46%。从上述样本分布情况可知，河南省农村固定观察点样本农户的小麦种植规模主要为 0～3 亩（这类农户有 487 户，占 49.54%），其次是 3～6 亩（这类农户有 316 户，占32.15%），再次是 6 亩以上（这类农户有 180 户，占 18.31%）。因此，以 3 亩和 6 亩为分界点符合河南省农村固定观察点的调查现实，并且便于文章展开对比分析。同样使用面板 Heckman 样本选择估计法进行分组回归，得到结果见表 6。如前文所述，获得农机补贴的样本量很少，不能确保得出的估计结果真实有效，因此，此处仅呈现估计结果，并不做分析。

表 6 基于耕地规模的样本分组回归估计结果

	农业四补贴	粮食直补	良种补贴	农资补贴	农机补贴
A组：耕地面积∈［0，3）亩					
Sub	−0.002***	−0.001***	−0.002**	−0.001***	0.009
	(0.000 4)	(0.000 1)	(0.001 1)	(0.000 1)	(0.008 0)
Wald	45.34***	28.38***	24.95***	33.65***	18.3*
M	−0.175**	−0.174***	−0.0137	−0.055	−0.062
	(0.071)	(0.066)	(0.049)	(0.057)	(0.055)
B组：耕地面积∈（3，6］亩					
Sub	−0.041***	−0.019***	−0.038***	−0.013	—
	(0.014)	(0.006)	(0.010)	(0.086)	
Wald	53.16***	51.79***	49.23***	1.44	—
M	0.006	0.069	−0.080	0.652	—
	(0.172)	(0.154)	(0.206)	(0.386)	

	农业四补贴	粮食直补	良种补贴	农资补贴	农机补贴
C组：耕地面积＞6亩以上					
Sub	−0.042**	−0.026***	−0.024	−0.031**	0.001
	(0.022)	(0.010)	(0.030)	(0.016)	(0.001)
Wald	18.84**	24.57***	4.66	16.45***	2.47*
M	−0.267	−0.262	−0.475	−0.117	−0.803
	(0.173)	(0.164)	(0.419)	(0.152)	(0.219)

注：①每一列代表一个估计方程，且与表1和表2中的变量一致，为了节省版面，其他控制变量的估计结果在此表中没有呈现出来，如有需要可以与作者联系。②Sub表示补贴变量，Wald表示Wald chi² 值，M表示Heckman样本选择模型下的逆米尔斯比率值。③ *、**和***分别表示在10%、5%和1%显著性水平下显著；④括号中的数字为估计的标准误。⑤需要说明的是，此处的估计是包含了和表4相同的变量，为了节省版面，此处仅报告补贴变量与小麦生产效率损失变量的估计系数和误差项（Heckman样本选择模型下的第二阶段结果），如需其他变量的相关结果，可以与作者联系索取。

从A组（0～3亩）的估计结果来看，补贴变量对小规模农户的小麦生产效率损失的影响为负，且较为显著，即农业补贴有利于降低小规模农户的小麦生产效率损失。横向比较各项补贴对小麦生产效率损失的影响可知，农资补贴在小规模农户中起到的作用最大。分别来看各补贴变量对小麦生产效率损失的影响：（1）农业四补贴。农业四补贴对小麦生产效率损失的估计系数为−0.002，在1%显著性水平下显著，反映了当前中国的农业四补贴对土地规模小于3亩的农户来说具有显著的积极意义。（2）粮食直补。粮食直补政策对小规模农户的小麦生产效率损失的估计系数为−0.001，在1%显著性水平下显著。（3）良种补贴。良种补贴对小规模农户的小麦生产效率损失的影响系数为−0.002，在5%显著性水平下显著。（4）农资补贴。农资补贴对小规模农户的小麦生产效率损失的影响系数为−0.001，在1%显著性水平下显著。

从B组（3～6亩）的估计结果来看，补贴变量对中等规模农户的小麦生产效率损失的影响为负，且影响显著，但农资补贴对中等规模农户的小麦生产效率损失的影响不显著。另外，在中等规模农户中，良种补贴发挥的作用最大。（1）农业四补贴。相比较小规模农户来说，农业四补贴对小麦生产效率损失的影响更大，其影响系数为−0.041，在1%显著性水平下显著。（2）粮食直补。粮食直补对中等规模农户的小麦生产效率损失的影响系数为−0.019，在1%显著性水平下显著。（3）良种补贴。良种补贴对中等规模农户的影响最大，该变量对小麦生产效率损失的影响系数为−0.038，在1%显著性水平下显著。这表明，在中等规模农户中，选用优质的良种不仅可以获得良种补贴，而且还可以降低小麦生产效率损失。（4）农资补贴。农资补贴对中等规模农户小麦生产效率损失的影响不显著。

从C组（大于6亩）的结果来看，补贴变量对小麦生产效率损失的影响较为显著，尤其是农资补贴的影响最大，但良种补贴的影响不显著。（1）农业四补贴。相比较其他规模农户来说，农业四补贴对大规模农户的影响最大，其估计系数为−0.042，在1%显著性水平下显著。（2）粮食直补。粮食直补对小麦生产效率损失的影响系数为−0.026，在1%显著性水平下显著。与其他规模农户相比，粮食直补的影响系数最大，也反映了粮食直补对大规模农户发挥的作用最大。（3）良种补贴。良种补贴对大规模农户的影响不显著，这可能由于良种补贴的额度较小，不足以对大规模农户的小麦生产效率损失产生影响。经计算，2014年在大规模农户的样本中，良种补贴平均额仅为61.93元/户，远远低于粮食直补的212.6元/户和农资补贴的332元/户。（4）农资补贴。农资补贴对大规模农户的小麦生产效率损失的影响最大，其估计系数为－0.031，在1％显著性水平下显著。这和大规模农户所购买的农业生产资料有关，生产规模越大，对农资的需求越高，农资补贴额也随之变大，从而影响小麦生产效率损失。

纵向来看，可以得出以下结论：（1）农业补贴对较大规模农户的小麦生产效率损失的影响最大，且显著降低了小麦生产效率损失。例如，在各组的农业四补贴变量对小麦生产效率损失的估计系数中，大规模农户的系数为－0.042，比中等规模和小规模农户的这一系数大。（2）生产规模越大，粮食直补的作用越大。从表6的结果可知，粮食直补对从A组、B组、C组样本的影响系数分别是－0.001、－0.019、－0.026。（3）良种补贴对中等规模农户的影响最大，而对大规模农户的影响不显著。（4）农资补贴对大规模农户的作用和积极影响最大。从分组估计结果可得出启示，应加大对大规模农户的补贴力度，这一结论与当前中国的补贴改革方向相一致（程国强、朱满德，2012；冯海发，2015）。

（二）稳健性检验：工具变量与估计方法的再检验

此处，本文将通过更换工具变量和估计方法来进一步对估计结果进行稳健性检验。首先，使用历史的小麦产量[①]作为工具变量，替代前文所使用的农户家庭中的非劳动力人数；其次，使用2SLS估计方法来进一步检验结果。具体结果见表7。

表7　基于工具变量和估计方法的稳健性检验

	农业四补贴		粮食直补		良种补贴		农资补贴		农机补贴	
	Heck.	2SLS	Heck.	2SLS	Heck.	2SLS	Heck.	2SLS	Heck.	2SLS
Sub	−0.055***	−0.037**	−0.013**	−0.016*	−0.012	−0.009	−0.027*	−0.012	0.017	0.003
	(0.016)	(0.015)	(0.006)	(0.009)	(0.015)	(0.015)	(0.015)	(0.174)	(0.030)	(0.015)
Wald	73.75***	28.25***	65.51***	24.62***	51.57***	19.66**	39.37***	13.37*	7.56	5.75
R^2	—	0.258	—	0.251	—	0.151	—	0.154	—	0.271
M	−0.071	—	0.074	—	0.139	—	−0.092	—	0.060	—

注：①每一列代表一个估计方程，且与表1和表2中的变量一致，但是为了节省版面，其他控制变量的估计结果没有呈现出来，如有需要可以与作者联系。②Sub表示补贴变量，Wald表示Wald chi^{2}值，R^2表示方程的拟合优度值，M表示Heckman样本选择模型下的逆米尔斯比率值。③＊、＊＊和＊＊＊分别表示10％、5％和1％显著水平下显著；④括号中的数字为估计的标准误。⑤需要说明的是，此处的估计是包含了和表4相同的变量，为了节省版面，此处仅报告补贴变量与小麦生产效率损失变量的估计系数和误差项，如需其他变量的相关结果，可以与作者联系索取。

表7的估计结果进一步论证了前文的理论假说，即从资产贫困的角度来看，农业补贴有利于农户选择生产效率较高的生产曲线，从而减少粮食生产过程中的效率损失。具体分析可知：（1）农业四补贴变量与小麦生产效率损失呈负显著影响，不同估计方法下的系数分别

---

① 关于此工具变量的选择依据和理由，在前文的变量选择部分已经阐述，此处不再复述。而具体使用的是2003—2008年间河南省相应各农户的小麦产量。

为−0.055和−0.037，且都分别通过了显著性检验。（2）作为四项补贴中唯一的脱钩类补贴，粮食直补对小麦生产效率损失的减少有着显著的积极作用，从表7的结果来看，估计结果分别是−0.013和−0.016，说明脱钩类补贴对减少小麦生产效率损失的影响较为明显。（3）良种补贴变量对小麦生产效率损失的影响不显著，而农资补贴在Heckman样本选择模型下的估计系数为−0.027，在10%显著性水平下通过检验。

综上可见，通过分组检验、替换工具变量和估计方法的再检验可知，从动态资产贫困的角度来看，农业补贴对粮食生产效率的减少有显著的积极影响。而具体来看，每一项补贴政策都发挥着不同的作用。

六、结论与启示

本文使用DEA方法下的最新技术EBM效率评价模型、Heckman样本选择模型，以2003—2014年河南省全国农村固定观察点983户农户为样本，具体分析了2009—2014年河南省小麦生产效率损失情况，并进一步分析了农业补贴对小麦生产效率损失的影响，然后，选用不同计量方法和不同工具变量对估计结果进行了稳健性检验，得出了以下结论：（1）2009—2014年间，河南省小麦生产效率逐年提高，相应地，小麦生产效率损失在逐年递减。但是，河南省小麦生产效率损失情况依然严重。（2）基于动态资产贫困视角，农业补贴对降低小麦生产效率损失有显著影响，即农业补贴会促使受限于资产贫困的农户选择高生产效率的生产方式，从而减少粮食生产效率损失。（3）粮食直补政策对减少小麦生产效率损失有显著的影响，但是，影响（从估计系数来看）相对较小；良种补贴可以减少小麦生产效率的损失，即对优质粮种进行补贴可以促进粮食品种的优胜劣汰，还能减少粮食生产效率的损失；农资补贴对提高农户小麦种植积极性有显著作用，但是对减少小麦生产效率损失的影响不明显。（4）农业补贴对经营耕地面积大于6亩的农户影响更大且更明显，尤其是粮食直补和农资补贴。而对于小规模农户来说，农业补贴对减少小麦生产效率损失有显著影响，但是影响较小。综上可见，基于动态资产贫困理论可知，农业补贴对粮食安全有着至关重要的作用，证明了农业补贴在粮食生产环节的重要性。

基于以上结论，可得出以下启示：首先，创新和研发粮食生产技术，促进粮食生产技术的转型升级，优化粮食生产的要素投入结构，降低粮食生产效率损失。其次，加大脱钩类补贴力度，并将其纳入WTO"绿箱"直接收入支付，着力提高粮食主产区的农资补贴和良种补贴强度，实现补贴与实际种植面积挂钩。另外，加大对贫困农户的补贴支持，引导农户选择粮食的前沿生产方式，提高农户的产粮积极性和农户居民收入水平。此外，调整农业补贴方式，加大对大规模农户的补贴力度，提高大规模农户的粮食生产技术，发挥大规模农户种粮的示范性。最后，通过农业补贴的方式降低农户的粮食生产成本，提高粮食生产效率和效益，提升其在市场上的竞争力。

关于我国农业市场化问题研究[①]

    农业市场化是世界现代农业发展的客观趋势，也是经济全球化背景下促进一国实现农业现代化的必然要求。纵观美、日、欧盟等当今世界农业经济发达国家，都无一例外地推行农业市场化改革，用市场手段配置农业生产及要素资源。同时，由于农业生产领域存在对生态环境的外部性、保障国家粮食安全的公益性、土地等生产要素的不可移动性，导致纯粹市场条件下的"市场失灵"不可避免，只有政府对市场进行干预，才能纠正市场的不足。基于上述主流经济学的观点，这些国家无一例外地对本国农业市场经济进行干预和保护，干预的手段和保护的程度根据各国国情各不相同。在市场和政府的共同作用下，这些国家均较好地解决了本国农业的市场化问题，为农业现代化提供了重要的体制基础和制度保障。

    中国是世界上最大的发展中国家，也是世界上人口最多的国家。新中国成立后，为尽快建立满足自身需求的国防和工业体系，中国效仿苏联，实行政府作为分配资源手段的计划经济，通过人民公社制度、统购统销政策、限制城乡人口户籍流动等一系列计划经济手段，优先发展重工业和城市，导致了农业农村发展的落后局面。农民生产积极性不高，粮食产不足需。20世纪70年代末，基层农民自发地创新农业生产经营制度，包产到户、包干到户等新型农业经营形式不断涌现，获得了各地农民的大力支持，并且逐渐得到党中央认可，最终开启了我国农业市场化改革的进程，也拉开了我国市场经济体制改革的序幕。

    改革开放以来，党中央、国务院坚持将市场化作为农业经济领域改革的方向，将市场作为农业资源配置的主要手段，通过一系列改革举措，有力地推进了农业市场化的改革进程。改革开放40年来，粮食产量由1978年的3亿吨，增加到目前的6.2亿吨，由产不足需发展到现在的总量基本平衡、丰年有余，成功解决了全国人民的温饱问题。农民人均可支配收入由1978年的134元上升到2016年的12 363元，增长了近92倍。进入21世纪以后，中国加入WTO，开启了农业与世界接轨的新时代，中国农业逐渐融入全球化进程，成为影响世界农产品贸易格局的重要力量。党的十八以来，中国经济发展进入新常态，新旧动能转换，农业市场化改革进入攻坚期。当前，中国农业正处于从传统农业向现代农业转型的关键阶段，农业发展理念加快转变，农业发展方式加速转型，中国农业发展正面临着"千年未有之大变局"，转型过程中的矛盾冲突和国际国内市场的双重挑战给中国农业市场化深入推进带来了新的难题：

    一是如何处理好政府与市场的关系。从国内市场看，按照十八届三中全会精神，要让市场在农业资源配置中起决定性作用，而目前农业上很多依靠政府支持和保护的领域如何放开，放开之后的替代支持手段如何设计与跟进；从国际市场看，世界各国均对本国农业实行不同程度的支持保护，同时又受到WTO贸易规则的挑战，如何平衡好对国内农业的支持保护与利用国际贸易规则之间的尺度，也是中国农业市场化发展必须解决的现实问题。

[①] 本文与唐忠、谭智心等合作，写于2017年10月。

二是如何处理好保障粮食安全与提高农民收入的关系。受资源禀赋因素影响，中国粮食类农产品并不具有国际竞争力，国内对粮食类农产品实行了较高程度的支持保护，从而保障了种粮农民收入，进而保障国内粮食安全。然而，高保护必然要付出高代价，在国内高保护程度逐渐接近"黄箱支持"上限和开放市场条件下高保护也接近无法奏效的情况下，农业支持保护政策的转型如何兼顾保障粮食安全和稳定提高农民收入的双重目标，需要在继续深化农业市场化改革的过程中进行制度创新。

三是如何处理好农业现代化与可持续发展的关系。进入 21 世纪，中国现代农业加快发展，农业综合生产能力不断增强，保障了农产品的有效供给。但这种以增产为导向的农业生产方式，导致农业资源过度开发、农业投入品过量使用、地下水超采以及农业污染加重等一系列问题，农业可持续发展面临重大挑战。在进一步深化农业市场化改革进程中，如何正确处理农业现代化与可持续发展的关系，将成为衡量现代农业发展和农业市场化改革成败的重要标准。

四是如何处理好国内市场与国际市场协调发展的关系。开放条件下推进农业市场化改革，必须利用好国内国际两种资源，统筹好国内国际两个市场。然而，国际市场贸易规则下，我国具有比较优势的优势农产品并不多，如何有效应对国际农产品对国内农产品市场与农业产业的冲击，如何有效利用国际农产品市场调剂国内农产品市场的余缺，都将成为我国深化农业市场化改革的重要内容。

中国是世界农业大国和人口大国，特殊的国情、农情和发展阶段决定了中国农业市场化不可能照搬其他国家的农业市场化模式。所以，在中国从传统农业向现代农业转型的关键时期，必须坚定不移地坚持农业市场化改革方向，转变思路，创新体制机制，解决好改革过程中存在的突出问题，处理好改革过程中面临的复杂关系，走有中国特色的农业市场化道路。

一、我国农业市场化的基本特征和演变过程

（一）农业市场化概念与特征

什么是农业市场化？农业市场化究竟包括哪些内容？这是农业市场化基本原理得以形成的关键所在，也是研究农业市场化问题、推进农业市场化建设不可缺少的理论前提。1992年以前，国内学术界、理论界研究农业市场化的论著较少。党的十四大确立建立社会主义市场经济体制的目标后，这方面的文章开始多起来，但由于对社会主义市场经济理论认识还不够深刻，因而对农业市场化问题的研究也较为粗浅。随着对社会主义市场经济的认识不断深化，国内学术界和理论界对农业市场化的研究也不断深入。

西方学者主要从我国国民经济体制向市场化转轨的角度理解，认为我国农业市场化与Marketization 含义相近，意思是向自由市场经济转化。我国学者则主要从农业市场经济发展的进程理解，认为农业市场化应有狭义和广义之分。狭义的农业市场化是指农产品市场化，是指农业生产要以市场为导向，根据市场需要进行生产作业及经营。广义的农业市场化除此而外，还指农用生产资料的商品化（即农民进行生产时所要使用的生产资料应到市场上去购买）以及包括农业产前、产后和相当一部分产中农事活动在内的全过程服务的商品化。

农业市场化内涵较为丰富。从农业市场化的构成要素看，包括健全的农产品市场体系、完善的农业市场运行机制、规范的农产品市场契约关系、公平的农业市场竞争环境、有效的

农产品市场调控手段、自我完善的农产品市场发展机能等多方面的内容。从农业市场化的组成部分看,狭义的农业市场化指农产品市场化,广义的农业市场化还包括农业生产要素市场化和农业经营服务市场化等。

经过近40年的改革开放,我国农业市场化建设成效显著,并呈现出以下基本特征:一是多层次、多功能的农业市场体系逐步建立。具体表现在国内统一的农产品市场体系基本建立,农业要素市场改革加快推进,农业服务市场开始形成;二是农业市场运行机制不断完善。具体表现在农产品价格形成机制在实践中不断理顺,农产品流通体制改革成效突出,农业市场主体逐渐发展壮大;三是农业国内国际市场联结不断深化。具体表现在农产品国际贸易总量及农业投资总额不断扩大,农业对外合作领域不断拓宽,农业对外服务更加深入与优化。

农业市场化是市场经济发展到成熟阶段的表现,但农业市场化并不是自由放任的市场经济。由于农业是国民经济的基础性产业,自然风险和社会风险并存,并兼具公共产品功能,所以农业市场存在外部性和市场失灵,需要政府通过"有形之手"进行宏观调控。此外,保证市场机制正常发挥作用,也需要政府维护公平公正的市场竞争环境。世界上所有市场经济发展较为完善的国家,都不同程度地利用政策工具对本国的农业经济活动进行调控和干预。

综上所述,所谓农业市场化是指市场在农业资源和要素配置中起决定性作用和更好发挥政府作用的过程,市场经济体系覆盖农业生产和农业经营服务各个领域,市场主体成为农业经济活动的主要参与主体,市场机制贯穿农业生产和农业经营服务各个环节,市场意识成为农业生产、经营、服务主体的基本意识,市场行为成为农业经济活动参与主体的自觉行为,市场准则成为农业经济活动参与者共同遵守的社会准则,使农业市场经济保持持续、健康、稳步发展,不断提高到新的发展水平。

(二)农业市场化发展历程

1. 农业市场化的改革突破阶段(1978—1992年)。这一阶段以党的十一届三中全会为起点,中国的改革率先从农村获得突破。一是改革农业生产基本经营制度。将计划经济体制下的人民公社体制转变为符合市场经济发展要求的农村家庭联产承包责任制。改革受到广大农民的普遍欢迎,农业生产力得到极大恢复。二是改革农产品流通体制。先是缩小农产品统购派购的品种范围,将市场机制引入农产品流通领域,然后从1985年开始,取消农产品统购派购制度,不再向农民下达统购派购任务。除对粮食、棉花、油料、糖料和生猪等大宗农产品实行合同定购和市场收购外,其他农产品则放开经营,实行多家经营、多渠道流通、自由购销。三是提高和放开农产品价格。大幅度提高农产品收购价格,粮食、棉花、油料、生猪等18种农产品的收购价格,平均提高幅度为24.8%。1986年,规定除国务院有关部门管理的国家定价品种收购价格、销售价格和国家指导价格、出厂价格外,其他农产品均放开价格,实行市场调节价。这实际上是进入了价格"双轨制"阶段。四是给予乡镇企业市场经济主体地位。根据农村经济发展的新情况,将社队企业更名为乡镇企业,突破了只能社队办企业、不允许经商等限制,使乡办企业、村办企业和农民合作企业、个体企业、私营企业等农村企业迅速发展起来。五是农业逐渐放开国外投资,探索实施"走出去"。在准确把握世界"和平与发展"两大主题的基础上,党中央提出"引进来"的开放战略,中国经济开始融入世界经济发展大潮。该阶段农业国际化处于利用外资的复苏和调整阶段,1979年8月,国务院颁布了《关于经济改革的十五项措施》，第一次把出国办企业、发展对外投资作为国家政策。

2. 农业市场化大力推进阶段（1992—2002年）。这一阶段以党的十四大召开为起点，确立了建立社会主义市场经济体制的改革目标。以此为契机，农业市场化进入了大力推进阶段。这一阶段的改革重点是：第一，大力发展农产品市场体系。郑州粮食批发市场、吉林玉米批发市场、哈尔滨粮食批发市场、安徽芜湖大米批发市场、山东威海花生批发市场、成都肉类批发市场等一批大型批发市场先后挂牌营业。第二，建立健全农产品市场运行机制。随着各地粮油商品交易所的陆续开业，会员制度、保证金制度、集中交易制度、竞价制度、每日结算等制度也随之建立起来。第三，继续深化粮食流通体制改革。对转换粮食企业经营机制、实行政企分开、全面落实粮食省长负责制、完善粮食储备体系、建立和完善政府调控下市场形成粮食价格的机制、积极培育粮食市场等问题进行了探索，加强了对粮食流通的宏观调控。第四，中国农业逐步融入到世界贸易自由化进程中。国家对外经济贸易政策，由过去的主要强调"引进来"转变为"引进来"与"走出去"同步进行。2001年中国加入WTO，国内农产品市场逐步放开，中国农业逐步走向世界。

3. 农业市场化全面深化阶段（2002年至今）。这一阶段以中国加入WTO为起点，改革重点是：第一，全面废除农业税。经过20世纪90年代的减轻农民负担和21世纪初的减税降费试点，到2006年全面取消农业税，中国农村从此进入了"无税时代"，农业市场化的成本大大降低。第二，建立与完善农业支持保护制度。形成了针对农业的支持保护政策体系，并在市场发展中不断完善。例如，建立了粮食直补、农资综合补贴、良种补贴、农机补贴的"四补贴"制度，之后根据市场需要将前三项补贴"三补合一"，支持耕地地力保护和粮食适度规模经营，2016年又提出了建立以绿色生态为导向的农业补贴制度思路。第三，改革和完善农产品价格支持政策。为保护种粮农民利益，对稻谷、小麦实行最低收购价，对玉米实行临时收储政策。随着农业市场化改革的逐步深入，价格支持政策逐步调整和完善，在稳定稻谷、小麦最低收购价政策的基础上，开始实施棉花、大豆目标价格补贴试点，2017年中央坚持市场定价、价补分离、主体多元的改革方向，对玉米、大豆实施生产者补贴制度，鼓励多元市场主体入市收购。第四，完善和创新农村基本经营制度。以发展现代农业为目标，探索推动农村土地所有权、承包权、经营权"三权分置"试点，加快构建现代农业经营体系，发展多种形式适度规模经营，健全农业社会化服务体系。第五，深入推进农村集体产权制度改革。以市场化改革为方向，以赋予农民更多财产权利为改革目标，深入推进农村集体产权制度改革，扩大农民对集体资产股份、承包地、宅基地、住房等的处置权，对集体所有制下的产权体系进行重构。第六，农业国际化加速，我国农业全面融入世界。2007—2016年中央1号文件都明确提出加快农业"走出去"步伐，开拓新的资源和市场，统筹利用两个市场、两种资源，支持到境外特别是周边国家开展互利共赢的农业生产和进出口合作。与此同时，美国等发达国家先后针对我国大米、小麦、玉米的市场价格支持、进口关税配额等政策，向世贸组织提起诉讼，农业国际化面临国际投资新规则、海外农业经营风险等不确定性因素的挑战。

（三）农业市场化发展结果

经过近40年的改革和发展，我国农业市场化逐步实现了购销全面放开、主体多元经营、价格市场形成、业态丰富多样、调控体系初步建立的发展结果。

1. 农产品购销全面放开。 改革开放以来，根据各类农产品的不同特点和供求状况，坚持市场化的改革取向，实行调放结合，并逐步加大"放"的分量，逐步改革和完善农产品流通体制，最终实现农产品购销全面放开。例如，1985 年放开了绝大多数农副产品购销，1992 年放开生猪、猪肉购销及价格，1999 年放开棉花收购及价格，2004 年，全面放开粮食收购及价格。

2. 农业经营主体多元发展。 随着农业市场化改革的逐步推进，国有粮食企业和供销合作社垄断经营的格局逐渐被多渠道流通打破。目前，我国农业市场经济参与主体已呈全面多元化发展态势，个体农户、家庭农场、农民合作社、各类企业、社会资本、外资等均可进入农业领域从事生产经营活动。

3. 农产品价格由市场形成。 改革开放以来，在推进农产品流通体制改革的同时，国家采取了一系列政策措施，逐步推进农产品价格形成机制改革。2015 年，放开烟叶收购价格，这是我国农产品领域最后一个实行政府定价的品种，标志着我国农产品价格全部由市场形成。

4. 农业经营业态丰富多样。 随着经济社会发展和农业市场化改革的深入推进，传统的农业供销模式和经营业态逐渐升级，出现了很多新兴经营业态。农产品批发市场体系、市场信息体系、质量标准体系、检验检测体系同步推进，形成了统一开放、竞争有序的农产品市场体系。农产品期货市场稳步发展，农产品电子商务、农业物联网、"互联网＋现代农业"等新产业新业态在农村方兴未艾。

5. 农产品市场调控体系初步建立。 随着农业市场化改革的深入推进，国家在充分发挥市场机制作用的同时，将市场调节与政府调控相结合，建立和完善了农产品市场调控制度体系。例如，对稻谷、小麦实行最低收购价政策，对油菜籽实行临时收储政策，现在又对玉米实行"市场化收购＋补贴"政策，对棉花开展目标价格补贴改革试点，对生猪建立了缓解市场价格周期性波动调控预案，对玉米、大豆实施市场定价、价补分离的政策，并通过建立重要农产品储备制度、加大财政补贴力度等综合措施，防止主要农产品价格大幅波动，有效地保护了农民利益。

（四）农业市场化的发展经验

我国农业市场化在取得显著成效的同时，也积累了宝贵经验：

1. 体制改革优先奠定了农业市场化的坚实基础。 产权是市场经济的基石。改革开放以前，在传统的计划经济体制下，我国农村实行人民公社制度，农村土地由集体统一经营，导致农业生产落后，效率低下，农民生活非常艰苦。"穷则思变"，基层农民率先突破人民公社的体制束缚，实行"包产到户"的自主性尝试，为国家在全国范围内实施农村改革提供了先行的实践基础。随后，中央实事求是地对基层农民的做法给予肯定和支持，成为 20 世纪 80年代上下互动式农村改革取得成功的重要原因。家庭联产承包责任制的推行，使得农村土地所有权和承包经营权分离，赋予了农民对承包土地上产出农产品的处分权和收益权，为农业市场经济发展奠定了坚实的产权制度基础。

2. 渐进式放开流通和价格确保了改革和稳定的协调统一。 价格是市场经济的核心。改革开放之前，我国农业一直属于为工业提供低价原料来源和基础物质产品的部门，农产品价格被强行压低，农产品流通被国家控制。农业市场化改革之后，国家从稳定大局出发，采取了逐步放开农产品流通和农产品价格的改革思路，如粮食流通体制改革，直到 2004 年才全部放开产区和销区的粮食流通和价格。渐进式改革为国家应对农业市场化改革过程中出现的挑战和问题赢得了时间和空间，使得改革政策不会对农业生产和农民生活造成太大冲击，给整个国民经济改革创造了稳定的农业基础条件。

3. 先易后难逐步拓展改革领域推动农业市场化改革全面深化。农业市场化改革涉及产品、要素、服务等多个领域，每个领域的改革都牵涉到一系列科技政策、利益关系、体制机制的调整和变革。改革开放以来，我国先从农村基本经营制度、粮食流通体制、农产品价格等农业领域最为基础、改革呼声最高、与农民利益关系最为密切的领域着手进行改革，顺应时代与民心的要求，解决了最为重要的温饱问题。粮食及主要农产品总量从短缺到平衡，改革达到了初步成果，为下一步深化改革奠定了坚实的基础。随后，农业市场化改革领域逐步拓展，从产品到要素、从国内到国际、从小农经济到现代农业、从单一购销市场到多元市场形态，农业市场化改革全面深化。

4. 重视农业市场主体建设为农业市场化提供强大的动力支撑。市场主体是市场经济改革的动力。在农业市场化改革过程中，我国十分重视对农业市场经济主体的建设与扶持，使得农村经纪人队伍、农民专业合作社、农业产业化龙头企业、农村种植养殖大户、专业技术能手、专业性生产服务组织等市场经济主体蓬勃发展，这些农业市场经济主体的存在，极大地推动了我国农业市场化的进程，为我国农业市场化改革注入了强大的动力支撑与载体支持。

5. 坚持政府引导与宏观调控确保农业市场化的改革方向。农业是关系国计民生的基础产业，其地位决定了农业市场化改革与其他行业的市场化改革不同，决不能处于放任不管、任其发展的状态。我国政府在农业市场化建设方面，十分重视运用政府宏观调控来促进农业市场化和现代化的发展，以引导农业市场化改革的正确方向。一是加强对农产品市场和价格的政策保护，二是健全和完善农业宏观管理体制，三是加强对农业生产经营主体进入市场的组织和引导，通过政府发挥"有形的手"的作用，让农业经济要素在市场中实现有效配置。

6. 尊重农民尊重市场体现农业市场化改革的基本遵循。农民和市场的关系问题关乎我国农业市场化改革的成败。农民既是改革的受益者，也是改革的参与者。我国的农业市场化改革能够在艰难曲折中不断前行，正是因为正确处理好了国家、集体与农民的关系，激发了农民参与改革的积极性和创造性。改革过程中，我国始终坚持按照自然规律和市场经济规律办事，按照农民的利益办事，因地制宜，从各地的实际出发，尊重市场经济规律和农民的意愿，破除制约农业市场化发展的体制机制障碍，形成了试点先行，总结经验，条件成熟再进行推广的一些好的做法。实践证明，尊重农民和尊重市场的有机统一成为我国农业市场化改革顺利推进的重要经验。

二、推进农业市场化的基本思路和重点任务

（一）基本思路

作为世界上最大的发展中国家，中国农业具有自身独特的地位。从农业资源禀赋上看，中国的特点是人多、地少、水缺。当前我国人口数量为 13 亿人，居世界第一；人均耕地面

积只占世界平均水平的 1/3，且耕地地块分散；人均水资源占有量仅占世界平均水平的 1/4，且时空分布不均。从工业化进程来看，目前中国正处于工业化进程的中后期，人均 GDP 接近 8 000 美元，正处于超越"中等收入陷阱"进入发达国家行列的关键阶段；此外，每年还有世界独有的约 2.45 亿人口在城乡之间"候鸟式"的大规模人口迁移活动。从农业经济发展阶段看，目前中国正处于传统农业向现代农业的转型时期，现代化农业生产和传统的小农经济将在未来很长一段时间内共存共生；农业现代化明显落后于工业化、信息化、城镇化的发展步伐。从农产品生产与贸易角度看，中国是世界农产品生产大国，生产了占世界 23% 的谷物、60% 的蔬菜、30% 的水果和肉类、40% 的禽蛋和水产品；同时，中国还是世界农产品贸易大国，中国农产品进口总额居世界第二位，出口总额居世界第六位，每年中国进口的农产品相当于在国际市场上租用了 7 亿亩土地的面积。

从中国实际、农业特点、市场规律出发，推进中国农业市场化的基本思路是：以邓小平理论、"三个代表"重要思想、科学发展观为指导，以习近平总书记"三农"思想为遵循，坚定不移地走有中国特色的农业市场化道路，发挥市场在资源配置中的决定性作用，推进农业供给侧结构性改革，妥善处理好政府与市场的关系、国内与国际的关系、稳定和放活的关系，因地制宜、分品施策，在农业产品市场、要素市场、服务市场领域全面深化推进农业市场化改革。

1. 农产品市场化改革要分品种施策。我国农产品品种丰富多样，按照农产品的需求价格弹性和需求收入弹性，可将农产品分为主粮类农产品、大宗加工原料农产品、生鲜农产品和高端消费畜产品。其中，主粮类农产品主要包括稻米、小麦、玉米、马铃薯，大宗加工原料农产品主要包括大豆、棉花、食用油、食用糖，生鲜消费农产品主要包括蔬菜、水果、猪肉、禽蛋、水产品，高端消费畜产品主要包括牛肉、羊肉、禽肉、奶。

从我国国情出发，根据对不同农产品的消费需求特征、农产品竞争力差异、未来发展潜力等因素，我国农产品市场化改革的基本原则是：以市场化改革为方向，发挥市场在价格形成中的决定性作用，保证谷物基本自给、口粮绝对安全。这也是我国农产品市场化改革的底线。

改革的目标是保障国家粮食安全，保护农民种粮收益，全面提升农产品市场竞争力。

改革的思路上，要根据不同品种的产业格局、对国计民生的影响、产品特点分类施策。①主粮类农产品。完善稻谷、小麦最低收购价政策，探索粮食最低收购价形成的新机制，合理确定最低收购价水平，切实发挥"市场托底"的作用，而不是代替市场定价。配套出台农民"种粮收益补贴"政策，与农户种植粮食面积挂钩，保护农民种粮收益，确保粮食生产不出现大的波动。改革玉米收储制度，坚持和完善"市场化收购＋生产者补贴"的政策方向。加大对马铃薯主粮化技术的研发及市场化推广等，持续提高科技贡献水平。②大宗加工原料农产品。在稳定国内有效供给和保证口粮绝对安全的基础上，坚持大豆、棉花、糖料的市场化改革方向。对于棉花、大豆、糖料等外向度较高、国际市场联系非常紧密的品种，要坚持市场形成价格机制的改革方向，坚持补贴和市场价格脱钩的方式，避免政府对市场价格的过度干预。继续完善棉花、大豆、糖料的目标价格改革试点。③生鲜消费农产品。此类农产品属于我国具有比较竞争优势的产品，市场化程度也较高。下一步市场化改革，要突出产品质量安全水平的巩固提升，加大农产品标准化生产示范区、无公害农产品示范基地、养殖小区、示范农场、出口产品基地建设力度。同时，要加大国产优质品种的研发与推广，强化优势产业布局，建立重要农产品生产保护区，形成区域化、品牌化、差异化的市场竞争格局。④高端消费畜产品。此类产品国内生产不具有竞争优势，进口数量较大，消费者对国有产品信心不足。下一步市场化改革，要注重本土市场品牌的培育与推广。通过宣传引导、政策支持、品牌培育、品质提升，鼓励和引导社会公众消费国产畜产品，提高国产畜产品市场空间和占有率；同时，推动畜牧业生产方式转变，推进清洁健康生产，以高品质打造好品牌，以好品牌开拓大市场。

2. 农业要素市场化改革要实现赋权于民。农业要素市场的充分发展是农业产品市场健康有序运行的基本条件。我国农业要素市场化改革的基本原则是：以市场化改革为方向，发挥市场在要素价格形成中的决定性作用，真正实现赋权于民。

改革的目标是推进土地、金融、劳动力等要素在城乡之间平等交换，实现城乡统筹协调发展，让农民共享改革发展成果。

改革的思路有以下几点。①土地市场。完善农村集体土地产权制度，加快推进农村集体土地所有权、农村建设用地和宅基地使用权确权登记发证工作，加快推进农村集体建设用地制度改革和农村集体资产股份权能改革。建立城乡统一公开的土地交易市场和公共信息平台，健全土地流转监管机制和土地节约集约利用考核评价机制，提高土地使用效率。②金融市场。降低农村金融机构交易成本，建立城乡资本市场一体化组织平台。强化农村合作组织建设，加大政策性银行支农力度，加强服务"三农"融资模式创新。规范农村民间金融发展，降低市场准入限制，培育多元竞争市场，规范"互联网＋金融"等新业态在农村的发展。完善农业保险体系，创新商业保险模式，建立再保险机制，全面推进农村信用体系建设。③劳动力市场。加快推进城乡公共服务均等化，建立健全统一的人力资源和劳动力市场。建立城乡统一、运行规范、平等竞争、规范有序的劳动力市场体系，形成城乡信息共享的人力资源服务平台，健全社会保障和劳动保障监察合作机制。加快户籍制度改革，加快培育农业科技人员和新型经营主体，促进人力资源城乡双向流动。

3. 农业服务市场化改革要支持与规范并举。健全与发达的农业服务业是农业市场化的重要特征。改革开放以来，面对家庭承包经营制度改革后的小农户与大市场之间的矛盾，我国一直较为重视农业社会化服务体系建设。然而，受机构、人员、资金等因素影响，我国农业公益性服务组织的支撑能力逐渐弱化。此外，经营性农业社会化服务体系建设也较为滞后，市场经营主体规模偏小、服务领域不广、服务发展无序等问题成为我国发展农业适度规模经营和实现农业现代化的重要瓶颈。农业服务市场发展滞后于农产品市场、农业要素市场发展，需要从战略层面对农业服务市场化改革进行规划与支持。

我国农业服务市场化改革的基本原则是：以市场化改革为方向，加强农业经营性社会化服务的市场主导地位，发挥农业公益性社会化服务的基础支撑作用，把好准入关，打好创新牌。

改革的目标是加快重点领域、关键环节的农业生产性服务市场化进程，培育新型农业服务主体，扶持新业态、新商业模式等创新驱动发展方式，营造农业生产性服务业发展的良好环境。

改革的思路有以下几点。①加强农业公益性服务的基础支撑能力。探索创新农业社会化服务推广新机制，推动农技推广服务功能从农业技术服务向农业公共服务拓展，强化公益性职能履行，加强对市场化服务主体的指导和服务。②加快推进农业经营性服务的市场化进程。大力发展家庭农场、种养大户、农民合作社、龙头企业、专业服务公司等新型农业经营主体，支持开展多形式、多类型的农业生产性服务。创新农业社会化服务市场化供给机制，通过政策扶持、典型引领、项目推动等措施，营造农业服务市场发展的良好环境，引导和支持市场主体积极参与农业社会化服务。③规范农业社会化服务市场行为，促进公益性和经营性服务发展融合。加快出台农业社会化服务法律法规，把好进入农业社会化服务领域的准入关，切实保护农民利益。加强经营性服务和公益性服务的发展融合，健全政府向经营性服务组织购买农业公益性服务的机制，扩大政府购买服务范围，引导市场化服务主体以多种形式参与公益性服务供给，实现二者互动、互补、互促发展。

（二）重点任务

从我国近 40 年的改革开放历程看，选择推进农业市场化的道路具有客观规律性和历史必然性。农业市场化顺应了时代潮流和世界经济发展方向，使我国由一个粮食短缺、农村落后、农民贫困的国家迅速发展成为粮食基本自给、农村面貌改善、农民稳步迈向小康的经济大国。农业的稳步发展为国民经济起到了重要的压舱石作用。改革深化阶段，要通过培育具有竞争力的市场主体，发育健康的产品市场，完善要素市场，拓展国际市场，发展中介组织，健全法制环境等措施，深入推进农业市场化，为全面建成小康社会和中华民族伟大复兴中国梦的实现提供基础支撑。

1. 培育市场主体。 农业市场主体是指在市场经济条件下，具有法律意义上的独立化人格，能够根据市场价格变动和供求关系，自主做出生产经营、社会化服务、销售管理的经营组织或个人。改革开放以来，参与商品流通领域的人数日益增多，农产品商品率逐年提升，农村集贸市场逐步完善，农村市场主体已呈现多元化并存、市场化竞争的格局。特别是党的十八大以来，我国已经初步构建起集约化、专业化、组织化和社会化相结合的新型经营体系，家庭农场、种粮大户、合作社、农业企业等新型经营主体迅速发展，已逐渐成为壮大农业产业的中坚力量。随着"一带一路"倡议的深入推进，有些农业企业已走出国门，参与国际竞争，在全球范围内进行配置资源，有些合作社、家庭农场等新型农村市场主体运用电商平台把产品销往海内外。

然而，浅层次市场外延规模的扩大，并不代表农村市场主体发育成熟。当前，我国农村市场主体发育还存在亟须解决的突出矛盾和问题：一是农村市场主体组织化水平不高，尚不能完全满足市场的有效需求。农业的总量问题得到了比较好的解决，而农业产不足需、供不应求的结构性矛盾日益突出。随着城镇化水平、城乡居民消费健康意识提升以及国内外市场深度融合，要求农村市场提供更多优质、绿色农产品。与经济发展和国内外市场对农产品需求扩充相比，我国农业市场主体组织化程度不高、专业化不强、产业化水平低，农业的规模效应和比价优势发挥不足，市场主体抵御自然风险和市场风险的保障机制尚未建立，与农产品需求大市场相差甚远。二是农业社会化服务体系尚不能满足新型市场主体的有效需求。农业社会化服务是提高农村市场主体组织化程度、解决小生产和大市场矛盾的重要手段，而社会化服务机构同新型市场主体间的衔接机制仍待完善，公益性服务组织运行机制僵化，公益性职能定位不清问题尤为突出，多数经营性组织和农户之间的利益共享、风险共担的合作机制也尚未建立。同时，政府购买社会化服务有效机制仍未理顺，难以调动农村市场主体的积极性。三是农业市场主体的整体素质有待提升。素质是人的行为过程中所具备的智能、技能、体能、思维方式、道德水准及对社会环境的适应性等因素的集中体现。推进农业市场化需要农村市场主体具有较高的文化素质、较好的技术管理素质、灵敏的市场嗅觉、高尚的道德情操及法律意识等，与协调推进农业市场化和国际化提出的要求相比，我国农村市场主体的整体素质还有较大差距。

为此，在培育农村市场主体过程中，要千方百计提高农村市场主体的组织化水平，不断提升农民合作社规范化水平，鼓励发展农民合作社联合社，强化农业产业化龙头企业联农带农激励机制。着力加强公益性服务体系建设，引导各类服务组织与农村市场主体形成稳定的利益联结机制，不断优化社会化服务发展的政策环境。加快构建高素质农民队伍，将职业农民培育纳入国家教育培训发展规划，鼓励农民采取"半农半读"等方式就近就地接受职业教育。提升新型市场主体带动农户能力，促进农村人才创业就业，建立创业就业服务平台，强化信息发布、技能培训、创业指导等服务。

2. 发育产品市场。 农产品市场是流通领域内农产品经营、交易、管理、服务等组织系统与结构形式的总和，是沟通农产品生产与销售的桥梁与纽带。按照产品类型主要包括大宗农产品市场和特色农产品市场。其中大宗农产品市场主要包括谷物市场、经济作物市场及畜禽鲜活品市场等，相对于大宗农产品市场来说，特色农产品市场一般具有明显的地域特色、优良品质和特殊功效。在国家不断加强政策扶持以及农业科技进步等因素的综合作用下，我国粮食生产呈现了播种面积、单位面积产量、总产量同步增加的良好局面，经济作物生产呈现全面发展、普遍增产的特点，畜禽鲜活品市场发展也步入快车道，特色农产品在出口创汇、产业扶贫、农民致富方面发挥了积极作用。

然而，各类农产品市场发展的数量和质量、总量与结构、成本与效益、生产与环境等方面的矛盾依然比较突出，主要表现在：国内农产品成本上涨过快引发价差扩大、竞争力不足；资源环境硬约束与生产发展矛盾日益凸显；农产品品质、品种结构与居民消费快速升级不相适应矛盾加剧；种养结合不紧、循环不畅问题突出。仍有许多体制机制障碍制约农产品市场健康发展，一是我国农产品价格形成机制目前仍存在缺陷，农产品由市场形成和决定的机制尚未完成。二是农产品市场体系不完善，多数大宗农产品没有国际定价权，全国性、统一、开放、规范、有序的农产品大市场缺乏，现有大型农产品批发市场虽具有一定的价格形成机制，由于数量少分布不均衡，对整个农产品市场价格影响有限。三是监管农产品市场的法律法规仍需完善，已出台的相关法律、法规实施细则仍然缺乏，降低了法律、法规的效力。四是特色农产品集群效应低，区域品牌化建设亟须迈出新步伐。

为此，首先要加快推进农产品价补分离制度改革，尽快形成以市场定价为基础的农产品价格形成机制和以直接补贴为主的农民利益保障机制，并逐步建立产业损害补偿机制，对受到损害的农业产业、地区和农民提供必要补偿；其次要合理布局大宗农产品市场，完善农产品期货市场建设，培育国际大粮商，提升企业全球资源配置能力；再次要加强市场法律法规建设，加强市场监管，建立市场准入制度、市场竞争规则和市场交易秩序，保证公平竞争、公平交易，促使农产品市场体系建设规范化、制度化和法治化。最后，针对特色农产品市场要运用互联网＋、电商平台等手段走品牌化的道路。

3. 完善要素市场。 农业要素市场是指在农业生产经营活动中利用的各种经济资源的统称，一般包括土地、金融、劳动力、技术和信息等。农业要素市场是现代农业市场体系中不可或缺的组成部分。农业生产要素既是进行农业生产的必要条件，又将在农业生产过程中发生价值转移，最终传导到产品市场，所以要素市场的发展对农产品市场会产生重要影响。发达国家发展现代农业的经验证明，如果没有高效有序、自由流动的要素市场，农产品市场中的供求平衡关系也会发生扭曲。

从我国农业要素市场的发展情况来看，要素市场的改革进展要落后于产品市场。随着2015年放开烟叶收购价格，我国农产品价格已经实现全部由市场形成，而与农产品生产密切相关的土地、资金、劳动力、技术等农业生产要素的市场发育、建立和完善，还需要通过改革不断深化。一是土地市场改革需要深化。土地是农业生产最为重要的生产要素，当前政府通过实行"三权分置"，鼓励农村土地进行流转，促进农地的适度规模经营。但是，我国农村土地流转市场体系尚未建立，农民的宅基地、集体经营性建设用地入市尚在探索，土地要素市场化的进程还处于摸索阶段。二是金融市场亟待突破。受农民居住分散、有效抵押物缺乏等因素影响，农村金融领域一直以来都是改革的难点所在。农业生产主体发展生产的金融需求不能得到有效满足，在很大程度上制约了现代农业的快速发展。三是劳动力市场改革需要全面展开。随着我国户籍制度改革的深入推进，城乡二元体制在很多地方已经取得了实质性进展，但是从总体来看，城乡统一的劳动力市场尚未形成，农民变"市民"还存在很多障碍。四是农业科技市场有待形成。农业技术作为提高农业生产力的核心要素，其市场发育还处于较为初级的阶段。农业科技创新和技术推广还面临着激励不足、推广"最后一公里"难以落地等问题。

因此，土地市场改革的主要任务就是要继续引入市场机制，在保障农业经营主体合法权益的基础上，建立健全农村土地流转市场，积极探索农民对农村宅基地、集体经营性建设用地财产权益的改革；农村金融市场化改革需要实现新的突破，要加快建立健全政策性农业信贷担保体系和贷款体系制度，要充分利用大数据和互联网的信息技术优势，推动致力于农村金融事业的市场力量下乡，积极探索保险和信贷相结合的金融产品创新，建立适应中国农村特点的金融市场机制；农业劳动力市场的改革要继续深化，这需要政府积极作为、有序引导，通过发展小城镇、探索积分落户制度等方式，逐步解决城乡流动人口的就业、医疗、教育以及社会保障等问题；农业科技市场的改革要从改革体制和创新机制的角度，以市场化的思维来促进农业科技市场的发育、形成和发展，使之成为我国现代农业发展的强大动力。

4. 拓展国际市场。 农业国际市场是由国际农业市场主体、客体、载体、媒体等各种要素组成的有结构、有功能的有机统一整体，是农业资源交换在空间范围上扩张的产物，表明商品交换关系突破了一国的界限。拓展国际市场是一国扩大和深化开放的需要，也是促进世界农业健康发展的内在要求，有利于各国发挥贸易比较优势，促进区域农业要素资源有序流动、高效配置，实现互利共赢。

加入世贸组织后，农业融入到全球化进程中，企业参与全球农业资源配置，中国农业取得了长足进展，但也带来了诸多问题和挑战。一是主要农产品对外依存度进入上升通道。从2004年开始，我国农产品贸易持续出现赤字，随着2011年三大谷物均呈现净进口，粮棉油糖全面呈现净进口。二是农民收入受到影响，产业安全受到威胁。由于我国农业内部比较利益格局尚未形成，市场机制还不健全，农民种植作物的选择受国家政策左右，而不是根据市场自我调节。农业国际化初期，这种运行方式受到严重冲击，特别是作为商品粮食基地的地区。在国家不保护的情况下，农业种植结构不及时改变，这些地区的农民收入会暂时减少。从当前我国农业的综合生产能力以及大宗农产品的储备量分析，国内大部分农产品供求平衡，有些产品还出现了结构性和地区性过剩。在这种情况下，国外低价农产品进入中国市场，势必会部分替代国内农产品，在缺乏有效贸易手段的情况下，产业基础会受到严重削弱，并波及农民的就业。三是农业支持保护体系与WTO规则矛盾日渐凸显。我国农业支持保护体系中很多政策都是属于WTO规则中的"黄箱"范畴，随着财政对农业支持的逐年增加，"黄箱"政策的支持已经接近上限。2016年，美国先后对我国大米、小麦、玉米市场价格支持、进口关税配额管理，两次向世界贸易组织提起诉讼，质疑我国农业补贴"爆箱"和国营贸易配额使用问题。进口关税配额和国营贸易管理为主的贸易调控机制，是我国农产品进口调控的主要手段，在国内外粮食价差较大的情况下，"挡进口"减缓了对国内产业的冲击，但也造成进口配额没有足额使用，在与国际接轨的过程中，上述农产品价格支持政策和国营贸易配额等政策的弊端将全面暴露，亟待通过改革和转型来适应国际国内统一市场的需要。

为此，一要加强对进口的有效调控。坚守关税和支持保护的政策空间。在新一轮多双边贸易谈判中，应立足于保障粮食安全、产业安全和农民利益，坚持现行农产品关税税率不降低、关税配额不扩大、"黄箱"支持"微量允许"空间不缩小。充分发挥边境措施的"门槛"作用。利用关税、关税配额管理以及非关税措施，尤其是强化检验检疫措施，避免大量低价农产品进口对国内农业产业发展形成严重冲击。二要加强对农产品进口的跟踪预警，加强产业损害调查和国外贸易壁垒调查，充分利用反倾销、反补贴和保障措施等手段，有效实施贸易救济。尽快建立和实施外资进入农业产业的安全审定制度，加强对外资进入农业产业的监管。三要不断加大对优势农产品出口的支持力度。采取多种途径有效降低农产品出口的非关税壁垒，推动进出口市场多元化。把贸易促进作为多双边农业国际合作的重要内容，综合运用财政、税收、信贷、保险等手段，健全国内商会、信息等支持服务体系，提高优势农产品国际市场竞争力，支持优势农产品出口。四要提升农业利用外资质量和水平。利用外资的资金与技术，推广产后储藏、保鲜等初加工技术与装备，全面系统梳理和完善我国农业利用外资政策和制度体系，减少政府行政审批事项，简化办事程序，改善投资环境。五要加快建设外商投资农业信息强制报告和评估机制，加强促进国内外利用外资先进经验的交流与学习，关注防范对部门产业领域带来的潜在安全风险。

5. 发展中介组织。 农业中介组织是在农业市场化和国际化进程中，以农业某个行业或具有比较优势的农产品为依托，采用市场制度安排结合方式，专门从事交易或以交易为主要功能，连接农户与市场、农户与政府的具有独立法人资格的各种组织。农业中介组织的出现有其合理性，对增进农业市场效率、促进市场繁荣起到了积极作用。我国在农业市场化的发展过程中，农业市场中介组织主要包括农民经纪人队伍、农民专业协会、农村合作经济组织等。这些中介组织在推动农业产业化经营、促进农业结构调整、促进农民增收、完善农业社会化服务体系等方面起到了重要作用。此外，按照世贸组织规则，在出现国际农产品贸易争端时，世贸组织既不受理单个农户的投诉，也不直接受理政府的投诉，因此积极建立各种专业协会，培养能有效保护农民利益的中介服务组织显得十分重要。

目前我国农业中介组织还普遍存在规模过小、组织化程度低、带动能力不强、服务功能较弱等问题。在参与国内国际市场竞争和解决国际贸易争端中的作用较弱。例如，农村经纪人队伍自身建设落后，多是以个体营销为主，分工协作、联合作业的少；农民专业协会发展不平衡、运行管理不规范，政府支持力度较小；农民合作经济组织多而不强，结构松散，带动农户的积极性方面还普遍缺乏。

为此，在发展农业市场化和国际化过程中，首先，要加强对农业中介组织的扶持，创造有利于农业中介组织建设的宏观环境。政府的作用在于提供政策供给和公共物品，为农村中介组织健康成长奠定基础。从促进地方经济持续稳定发展的角度出发，给予农业中介组织财税、金融、用地等方面的政策支持。加强宣传和培训，激发农村中介组织开展农业中介服务的积极性。其次，要鼓励机制创新，推动农村中介组织多形式、多领域发展。鼓励各种类型农业中介组织通过联合与合作，实现为农服务的专业化和组织化，必要时突破隶属关系、所有制和行政区划界限，使各行各业有机联合，形成农业社会化服务的合力。发挥好农业中介组织在农业市场经济体系中的"黏合剂"和"润滑油"的作用。再次，要加大对农业中介服务组织的协调和指导，提高中介服务整体效能的发挥，鼓励社会资金投入中介组织的发展建设。

6. 健全法制环境。以法治为基础，维护农业市场秩序，形成统一开放、竞争有序的农业市场体系是农业市场化建设的重要目标。市场经济的前提是明晰的产权和可靠的信用，而法制则是维护产权和信用的必要手段。

从我国目前农业市场化的实践来看，强化农业法制建设，营造良好的农村市场法制环境至关重要。首先，良好的农村法制环境是规范农业生产经营秩序的需要。随着农业市场化程度的不断提高，农业生产经营主体日益多元化，在农产品和农资市场产销两旺的同时，如果没有良好的法制环境，农产品质量安全和市场有序平稳都会面临严重威胁。其次，良好的法制环境是维护农民权益的有效途径。农民面对市场时往往实力弱小，对于侵害自身利益的行为缺乏有效保护手段，只有健全法制环境才能有效维护农民利益，稳定农民预期。再次，良好的法制环境是深化农业市场化改革的重要保障。市场经济必须建立在法制社会的基础上，当前我国农业市场化改革面临的任务艰巨复杂，有很多的利益关系需要调整，这就要求把法治作为深化农村改革的基本方式和重要载体，在法制轨道上推进改革，这样才能保障改革的有序稳步推进。最后，良好的法制环境也是有效对接国际市场的重要条件。在与国际市场接轨的过程中，农产品及要素市场的交换和贸易，都是建立在信用的基础上，如果国内发展农业没有良好的法制环境，将会对国内农产品及农业要素的国际贸易产生负面影响。

因此，在发展农业市场化的过程中，要加快完善农业市场法制体系，使农业市场主体在共同准则下有序竞争，有法可依。要创造良好的市场法制环境，调动农业经营主体的积极性和创造性，为农业市场化建设提供源源不断的新动能。要充分研究国际贸易规则和法制基础，及时调整国内市场，为有效应对国际市场挑战提供充足的空间和手段。要以市场为导向，完善促进农业科技创新和制度建设的法制环境，为现代农业市场体系建设提供源源不断的动力和支撑。

三、构建与完善适应农业市场化的政策体系

构建与完善适应农业市场化的政策体系，首先要符合中国农业发展的客观实际，遵循市场经济条件下农业发展中政府干预的一般规律。在借鉴发达经济体成功经验的基础上，找出制约农业现代化发展的牛鼻子，通过政府干预弱化制约因素，提高农业资源配置效率，促进农业可持续发展。在总体上要把握中国市场化改革后农业发展中的政府干预模式，关键是要

对农业发展中政府干预的主要目标、主要手段和保障措施等内容作出明确选择。

（一）主要市场经济国家农业市场化政策借鉴

1. 美国农业市场化支持政策。 长期以来，美国农业存在的严重问题是农产品供给大大超过消费需求。因此，美国农业在国内消费水平相对稳定的形势下，长期以来主要依靠国际市场。美国耕地 1/3 以上专门用于种植供出口的农作物，其中谷物产品对世界市场的依赖性更大。20 世纪 80 年代小麦、玉米和大豆的出口分别占其总产量的 65%、35% 和 40%。一旦出口大幅度下降，库存便迅速增加，粮价陡跌，随时可能触发新的农业危机。对付农业危机，调控农业产销的任务就落在联邦政府肩上。美国对农业的干预措施主要通过农业预算支出对农业实行全面干预。农业预算支出范围包括：①农业科研、教育和技术推广，②商品项目，③国际项目，④水土保持项目，⑤林业方面，⑥农村小社区发展，⑦用于食品消费方面，⑧农产品推销和检验方面，⑨农业部及所属机构的活动经费。美国州一级政府也在以下领域安排农业预算支出：①农业科研和技术推广，②水土保持，③稳定本州农业的财政性贷款，④水利设施，⑤病虫害防治，⑥修筑本州乡村公路。

联邦政府和州政府在农业预算中首先安排农业科研、教育和技术推广等经费支出，用以培养农业科技骨干、研发农业新技术。

第一，为解决农产品过剩问题，联邦政府通过价格支持和政府补贴控制农业生产盲目发展以稳定农场主的收入，1933—1980 年政府支付给农场主的直接补贴总计达 604 亿美元。主要手段有以下四个方面。①平价补贴——价格支持手段，凡与政府签订限耕和销售限额合同的农场主可以得到补贴，又称限耕补贴和限额补贴，目的是要使农场主的购买力提高到 1910—1914 年的工农业产品的比价水平，即平价标准。②休耕补贴，始于农业危机严重恶化的 1956 年，由土地银行负责发放，只有自愿对那些严重过剩的农产品所占用的土地完全实行休耕或实行土壤保护措施，而不改种其他作物的农场才有资格获得补贴。③自然灾害补贴，由农业部所属的联邦农作物保险公司具体负责，农场主需缴纳为数不多的保险费才能享受此项补贴。还有土壤保护补贴、食糖法补贴等。④农产品抵押贷款，也是一种补贴、价格支持形式。按农业法规定，凡与政府签订限耕合同的农场，在农作物收获后，如果销售条件不利，农场主可暂不出售这些农产品，而用它作抵押，从商品信贷公司取得贷款以待有利的销售价格，类似最低保证价格。

第二，限制生产和销售额是战后美国政府农业政策的核心，主要有四种形式。①分配播种面积，政府根据市场需求前景及结转库存量，每年确定和公布某些主要作物下一季的播种面积，于播种前两个月分别下达各州，各州则根据各种作物近年来的播种和生产情况，确定各农场播种面积。②实行农产品销售限额。当某系农产品库存过度膨胀时，政府将宣布销售限额。农业法规定，在实施该项措施前，要举行公民投票，只要参加限耕的农场主中有 2/3 的人投票赞成，就能生效。如果没有通过，那些自愿限制播种面积的农场主只能获得较低标准的价格支持。同意销售限额的农场主，将由政府发给销售卡，凭卡销售获得政府的价格补贴。③签订市场销售协定。在农场主和农产品加工者之间签订的一种业务合同，合同规定农产品生产和销售的数量、质量、品种以及交货的时间和最低价格。调节生产和供应，减轻农产品价格的剧烈波动。④扩大国内外销售。开辟和扩大国内外销售市场，为过剩农产品寻找出路。美国政府成立了农产品销售局、农产品交易管理局具体负责各种有关事宜，扩大国内消费的措施有：从 1939 年开始实行的免费食品券计划，从 1943 年实行的给公立学校儿童提供免费午餐计划，1954 年制定的向学校免费供应牛奶和向退伍军人供给罐头食品的混合法案等。扩大国外销售的措施有：为农场主提供世界市场信息、签订特种出口计划、促进市场扩大，对出口农产品提供卖方信贷和补贴，通过与外国政府的交涉和谈判，打开或改善农产品的销路；通过对发展中国家的"援助计划"（480 号公共法）促进出口。

2014 年美国农业法案对支持农业的政策进行了调整：取消直接补贴、反周期支付、平均收入选择补贴，保留援助贷款项目。建立价格损失保障计划、农业风险保障计划，生产者可选择参加其中一种。价格损失保障计划着重补偿农民由于价格下跌所造成的损失，效果类似于反周期支付。农业风险保障计划主要针对农民的收入损失，其实施方式和效果类似于之前的平均收入选择补贴，可视为该补贴方式的改进。具体来看，一是调整政府财政支出的分配比例。2014 年美国农业法案规定，2014—2018 财政年度，联邦政府计划每年农业开支约为 1 000 亿美元，其中近 80% 用于资助营养计划，8% 用于资助农作物保险计划，6% 用于资助资源保护项目，5% 用于资助农产品计划，余下 1% 用于资助所有其他项目，包括贸易、信贷、农村发展、研究和推广、林业、能源、园艺和其他项目。与 2008 年农业法案相比，2014 年美国农业法案取消此前每年达 50 亿美元的直接支付补贴项目，扩大农作物保险项目的覆盖范围和补贴额度，更加突出保险在防范农业生产风险中的作用。二是构建保障美国农民收入的安全网。收入补贴和农业保险共同构成保障美国农民收入的"安全网"，农业收入补贴项目主要针对农业生产经营的市场风险，农业风险保障项目主要针对农业生产经营的自然风险。2014 年农业法案取消农业直接补贴项目。恢复了 2011 年已过期的牲畜灾难援助计划，并建立了一个永久的牲畜灾难援助计划。新建补充保障选择计划（SCO）是保险项目，2015 年后生效，该项目为生产者提供 65% 的保险保费补贴。如果生产者选择了农业风险保障或浅层次收入保障计划（STAX，针对高地棉生产者提供的一种新保险产品，主要是补偿可能的"浅层次"收入损失——低于作物保险条款承包一般标准的损失），就不能再选择 SCO 项目。补充营养援助项目（SNAP）是美国国家食物援助安全网中最大的项目，目的主要在于帮助家庭获得充足食物。紧急食物援助项目（TEFAP）支持食物银行和食物救济站。三是增减促进农村发展的相关项目经费。2014 年美国农业法案继续执行美国农业部农村发展项目，主要是针对关键性基础设施建设、小企业发展、就业机会创造以及经济增长。每个财政年度为水和污水处理基础设施提供 1.5 亿美元资助。通过农村微型企业援助计划，提供 1 500 万美元支持农村企业发展壮大。增加高附加值农产品市场开发赠款，每个财政年度的拨款由 1 500 万美元增加到 6 300 万美元。四是创建非营利性基金组织。2014 年美国农业法案提出投资 2 亿美元，还与其他基金相配套，为食品和农业科学研究创建一个非营利性基金组织——食品和农业研究基金会，作为科学研究的筹资渠道，主要职能是通过公共和私营部门合作，促进农业科学研究和技术转让。主要支持研发方向包括植物和动物健康、营养和可再生能源等领域的研究。同时增加部分研究、推广及相关项目的资金。五是鼓励农业生产者及其合伙人设计资源保护项目。更加强调因地制宜，尤其将基本资源保护项目与农作物保险补贴结合在一起，为易受侵蚀的土地和湿地提供农作物保险补贴。六是继续发展可再生能源和提高能源效率，重新审定 2008 年美国农业法案建立的能源项目，并提供 8.8 亿美元的资助。同时扩展了生物炼制援助计划、生物质能源市场项目。七是发展特种作物和有机农产品。2014 年美国农业法案每年安排 725 万美元用于特种作物田块奖励项目，目的是为有机农场提供新支持，包括每年安排 1 150 万美元用于有机成本份额项目。增加病虫害防治资金和防灾减灾资金，每年安排 6 250 万美元，而且不断增加，预计 2018 财政年度将增加到 7 500 万美元。

2. 日本农业发展中的政府干预。日本政府针对农业发展不同时期的不同问题制定了不同的干预政策。一是为改善第二次世界大战前租佃条件恶劣（地租高、佃农土地利用权无保障等），1946 年日本国会通过农业土地调整法及自耕农建立法，主要包括：①转移耕地所有权至耕者之手；②改善租佃条件。方法是政府向地主购买，再出售给农民。二是以保护土地改革成果为目的，1947 年日本国会通过"农业协同组合法"，指导发展农协组织，日本农协除了满足农户分散经营的综合需求外，还兼有行政职能补充性。但二者并非命令和服从关系，政府常常要以补助金、低息贷款、开发和普及新技术、无偿提供信息等手段为交换条件，获得农协及农户对政府宏观政策的配合。三是粮食管理制度，最初目的是通过对有限的粮食进行集中统配，保证国民最低消费需求。1942 年制定的《粮食管理法》规定，稻米、小麦等主要粮食，除生产者本身消费外，全部由政府按规定价格收购，然后由政府批发给零售商，按规定的价格定量销售给消费者。并且规定私人不得买卖粮食，进口粮食由国家统一管理。此后尤其是 60 年代以后，日本粮食管理政策的主要目标转变为通过对粮食市场与价格的各种保护，来稳定和提高农户的收入水平，并保证和促进农业生产的顺利发展。1969 年实施的"自主流通米"制度以前，日本上市米的流通全部置于政府及其代理机构的控制之下，其各级各类价格也由政府直接制定。日本政府制定大米价格的主要特点是"双重米价制"，即政府规定的购入价明显高于售出价，购销倒挂部分由农业财政予以补偿。该政策直接导致大米供应严重过剩，之后政府对粮食管理制度作出适当修改：1970 年政府对收购大米的数量进行限制，1972 年取消了战时"物价统制令"对消费者米价有关的各项规定，以进一步扩大"自主流通米"的比重，管理主导权由政府转向"指定批发业者"手里。1990 年成立由政府全额出资的"财团法人"——自主流通米价格形成机构。四是对农业投入发放补贴。为鼓励农民增加农业投入，尤其是农机、生物-化学技术资本投入，实施了配套补贴制度。日本农用资金管理和农业投入补贴由农林水产省管理。五是实行多种形式的农产品价格支持政策，主要内容是根据农产品的不同情况采取不同管理调节办法。①管理价格制度，对大米、烟草直接定价，大米购销价格倒挂由财政补贴。②安定带价格制度，猪肉、牛肉、生丝、蚕茧等，政府设立事务机构对这些农产品进行吞吐业务，使市场价格稳定在一定幅度内。③保证最低价格制度，加工用马铃薯、甘薯、甘蔗、甜菜和麦类，当市场价格低于一定的最低基准价时，政府进行收购，以保证再生产正常进行。④差额补贴金制度，政府对大豆、油菜籽和加工用牛奶规定一个"基准价格"，生产者实际售价低于"基准价格"时由政府以"补贴金"补足。⑤稳定价格基金制度，指定的蔬菜、肉用小牛、鸡蛋、加工用水果等，当其市场价格低于一定水准时，由国家和生产者共同提供的基金补足差额部分。⑥以盈补亏的稳定价格制度，适用于进口农产品。六是农产品贸易保护政策，为了保护本国农业，尤其是保护国内大米生产，提高农产品尤其是粮食的自给率，对大米等对内实行管理价格制度的农产品，对外贸易由政府直接管制。七是扶植骨干农户，为了改变农户分散所有、分散经营的农业低效率的经营状况，扶植骨干农户，促进农地流动化，鼓励多种形式的大规模经营，促进农地的有效利用。

3. 美日两国政府干预农业的经验与启示。考察美日两国政府对农业发展的干预实践，虽然政府干预农业的重点和方法各不相同，但也存在一些共同之处，主要表现在：一是政府干预农业一般按照国家公布的法令进行，按照这些法令对农业实行干预，可以使生产者、经营者共同遵守，有利于消费者和广大群众进行监督。这也是市场经济作为一种法制经济所必然具有的一个共同特性；二是政府对农业的干预均以市场发挥主导作用为前提，无论是美国政府对农产品价格的支持政策还是日本政府对大米、烟草以外的农产品价格调节政策，均是以不打破农产品市场交易正常秩序为前提，对市场实现过程中出现的某些政府所不期望的后果，加以诸如生产者直接补贴之类的补救；三是政府对农业的干预均采用财政信贷政策和农产品价格支持政策，核心是财政措施，为配合财政措施的实施，往往辅之以信贷措施，同时两国为实现稳定农产品市场，保障农民收入这个目标，均采用了一定程度的农产品价格补贴，并且直接补贴生产者；四是政府对农业干预均注重发展科技，引导现代农业投入。美日两国均重视农业科学研究和农业教育的发展，为鼓励农民增加现代农业投入，采取了补贴等措施。

美日政府在干预农业发展过程中，在带来了农业的高生产率、高度产业化、廉价农产品等成果的同时，也带来了诸多问题。美国农业的问题突出表现在：一是生产过剩。二是价格低廉使农民无利可图，尤其在农用生产资料价格上涨的前提下，农场无利可图，尤其是中小农场面临倒闭的危险。三是环境污染。政府的农产品和价格支持计划，对大农场有利，而大农场是以利润为目标的，不像小农场那样保护环境。四是政府农产品价格支持计划带来了沉重的财政负担。日本政府干预农业带来的突出问题表现在：一是对农地的占有和流动限制过死，不利于农业经营规模扩大，不利于充分发挥农地生产潜力。二是粮食管理制度，对粮食市场与价格保护过重，粮食市场机制被扭曲，丧失了有效调节供需关系的功能。三是以高价格为主要特征的"超保护"不利于生产者千方百计去提高自身劳动生产率，降低成本，导致日本粮食生产成本和价格偏高。四是市场与价格保护体系本身不理想，尤其是大米市场与价格的保护程度偏高，诱使农户更加倾向于水稻生产。

（二）新时期中国农业市场化的政策体系

在遵循当前中国农业发展的客观实际，借鉴发达经济体成功经验和教训的基础上，中国农业发展的主要目标应定位在兼顾国家粮食安全和保护好农户利益及生态可持续发展上，采取财政、金融相配合的手段，逐步完善农业法规体系，规范农业发展中的政府行为，打造具有中国特色的农业市场化之路。

1. 主要目标：兼顾粮食安全、农户利益和生态保护。 党的十八大以来，以习近平同志为总书记的新一届中央领导集体着眼实现"两个一百年"奋斗目标和中华民族伟大复兴的中国梦，提出了"以我为主、立足国内、确保产能、适度进口、科技支撑"的新形势下国家粮食安全战略，强调要坚守"确保谷物基本自给、口粮绝对安全"的战略底线。这种战略选择是中国的自然资源禀赋状况决定的，符合中国农业发展的客观实际。当然，选择了确保农产品尤其是粮食的长期基本自给，并不是说可以不考虑农民收入目标和自然资源保护目标。相反，因为市场经济条件下，农业发展中的政府干预不能打破农产品市场交易机制，不能违背世界贸易组织农业框架协议相关条款对政府干预农业的有关规定，农民作为农业投资主体和利益主体，决定着农产品供给水平的高低。因此，不顾农民收入水平，就不可能确保提高粮食等重要农产品自给率的目标。同样，要做到农产品的长期基本自给，除了产出水平要确保外，还要确保农业生产资源的持续产出能力，因此，必须注重农业资源与生态保护。

2. 手段选择：财政与金融政策配合使用。 财政和金融不仅是农业发展中政府干预的重要手段，而且财政政策和金融政策本身就是重要的调控手段。作为政策，财政和金融是政府宏观调控意图的载体；作为手段，财政和金融又是农业发展中政府干预的操作工具。事实上，农业发展中政府干预其他手段的使用，最终均归结为财政收支活动。然而，对农业的支持光靠财政资金的使用是极其有限的。应把财政撬动金融服务作为农业公共政策支持农业现代化发展的最主要方式。一是贷款贴息及农业保险保费补贴。根据日本、德国政府在干预农业发展中的成功经验，在利用有限的财政资金直接发放补贴尚难满足农业发展对资金投入的要求时，应配合使用信贷政策，实行优惠利率，用贴息带贴本的方式，放大财政资金对农业支持的影响力。二是要明确财政撬动金融服务重点。支持对象上要以新型经营主体为重点，同时，也要按照公共利益导向，确定农业政策目标，既要改革已有"撒胡椒面"式的直接农业补贴方式，也要防止从一个极端走向另一个极端——即部分区域、少数主体获益，应对符合一定标准的目标群众实行"普遍惠及"；产业发展上，要以高效养殖、农产品仓储、加工、流通及新兴业态为重点。三是创新金融支持产品，开发新型经营主体信用贷款、设施设备抵押贷款等多种信贷产品，以及收益保险、农机保险、天气保险、特色高效农产品品种保险等多种保险产品，发挥好期货市场作用，探索建立农业补贴、农业信贷、农产品期货和农业保险联动机制。

3. 保障措施：完善农业法规体系，规范农业领域的政府行为。 市场经济是以法制为基础的经济，法律手段是政府干预农业的重要手段，也是政策体系发挥作用的重要保障。尽管世界上许多国家法律介入农业的背景各不相同，但各国农业立法的任务却大同小异，主要包括：稳定农业和农地经营，促进农业产业结构合理化，提高农民收入，缩小农民与其他就业者收入的差别。处于工业化过程中的国家和地区的农业法，还特别强调发展适度规模经营，促进农业现代化发展的问题，而工业化已完成的国家，其农业法则更多强调如何减少农业生产过剩和协调发展的问题。为了完善农业法规体系，各国在明确农业立法目标的同时，为了实现立法目的分别制定了相应的配套法律，规定了一整套政府以法治农的具体措施。

我国农用地功能及其保护政策研究[①]

土地是人类生存的基础，是经济社会发展最基本的生产要素。土地的类型多样，主体是农用地。在历史发展的长河中，农用地的功能不断拓展、作用不断提升。中国特色社会主义进入新时代，开启中国特色社会主义新征程。当前，我国农业农村经济发展进入新的历史阶段，农用地功能发挥也面临许多新的机遇和挑战。贯彻党的十九大精神，需牢牢把握机遇，坚持"四化同步"推进，加快实施乡村振兴战略，深化农村土地制度改革，强化农用地保护，发挥农用地功能，助力农业供给侧结构性改革，为决胜全面建成小康社会、基本实现社会主义现代化提供坚实的支撑。本课题在阐述我国农用地功能及保护意义的基础上，系统梳理我国农用地功能演变及特征，分析新时代农用地功能及保护面临的挑战，研究提出强化农用地功能及保护的思路原则及对策建议。

一、加强农用地功能及保护的重要意义

新中国成立以来，特别是改革开放近 40 年来，我国人口数量不断增加，国民经济发展取得了辉煌成就。土地作为社会发展的第一要素，是人类繁衍生息和物质财富积累的重要基础，而农用地是基础的基础。加强我国农用地功能开发及保护，意义十分重大。

1. 适应"四化同步"发展的必然要求。党的十九大提出，推动新型工业化、信息化、城镇化、农业现代化同步发展，不断壮大我国经济实力和综合国力。这是新时代全面建成小康社会的战略部署，也是解决我国经济社会发展深层次问题的根本路径。优化配置土地资源，正确处理农用地与建设用地、生态保护用地之间的关系，充分发挥不同类型农用地功能，统筹协调农用地开发与保护，做到"有地可用、互为补充，用保结合、地尽其力"，对于全面提升土地集约化利用水平、协调推进"四化同步"至关重要。

2. 实施乡村振兴战略的根本保障。党的十九大提出实施乡村振兴战略，规划了"产业兴旺、生态宜居、乡风文明、治理有效、生活富裕"的美好蓝图，这是新的历史背景下农业农村发展的必然要求。农用地的大头在乡村、受益的主体在乡村，要把农用地作为实施乡村振兴战略的主战场，切实加强功能开发与保护，既要巩固提升生产功能，又要延伸拓展生活功能，还要注重发挥生态功能，推动乡村振兴战略落地生根，给亿万农民群众带来福祉，让农村面貌发生翻天覆地的变化。

3. 推进供给侧结构性改革的迫切需要。我国经济发展进入新常态，农业发展的内外部环境也发生深刻变化，农产品供求已由总量不足转变为结构性矛盾。推进农业供给侧结构性改革，是当前和今后一个时期农业农村经济的重要任务。农用地作为农产品生产的重要"车间"，科学定位、高效配置农用地资源，全方位、多途径开发农用地功能，做到统筹兼顾、

---

① 本文与曾衍德、潘文博、张斌等合作，写于 2017 年 11 月。

合理布局，可减少无效供给、增加有效供给，全面提升农业供给体系的质量和效率。

4. 深化农村土地制度改革的重点任务。 土地制度牵一发而动全身，事关国计民生与社会稳定。把农用地管好了，农村土地关系就理顺了；把农用地用好了，农业农村经济就盘活了。要按照党的十九大提出的"深化农村土地制度改革"的总体部署，以农用地为着力点，完善承包地"三权"分置制度，深化农村集体产权改革，使农用地属性不改变、功能有拓展、价值有提升，防止出现西方国家工业化、城镇化进程中伴生的农民失地、颠沛流离等社会问题，让农民更多分享农村土地制度改革带来的收益。

二、我国农用地功能的演变及特征

（一）农用地功能的起源

我国是世界四大文明古国之一。农用地的变化有近万年的历史，在漫长的历史岁月中，农用地功能逐步由低级向高级、由传统向现代、由单一向多重演变。最初的人类农事活动，是一种最低级、最粗放的农作形式，就是刀耕农业，使用刀斧、木棒等极其简陋的工具，实行"刀耕火种"。此后进入锄耕农业，利用锄、铲、耙等翻土工具进行劳作，逐步由自然状态生产转变为人工改造自然生产，食物的获得也由狩猎觅食变为简单性的粗放耕作，自然地相应变为初级农用地，具备了提供食物来源的基本功能。此后，随着社会和技术的进步，农用地的功能不断拓展，逐步由原始农业向传统农业、现代农业演进。

（二）农用地功能的内涵

1. 农用地概念。 农用地是直接用于农业生产的土地，包括耕地、园地、牧草地、林地、畜禽饲养地、养殖水面、农田水利用地等，是人类赖以生存和发展的基础，具有自然和社会的双重属性。一方面，农用地是一个空间概念，是由土壤、地貌、水文、植被等构成的自然历史综合体，具有生态属性。另一方面，农用地包括了人类以其为基础的劳动成果，作为人类生产和生活资料的来源，具有经济属性。

2. 农用地功能。 就是农用地对人类社会发展的价值、实用性及有用性，具有多重性、层次性和相对性。多重性，指的是农用地除了具有食物保障功能外，还具有调节气候、水文等生态功能，提供耕作景观、传承农耕文化等文化功能，为农民提供收入、就业等社会保障功能，以及承载开发建设空间等储备功能。层次性，指的是农用地多重功能间具有一定的层次，其中空间负载是第一层次，是最基础、最核心的功能，将包括动物、植物在内的所有物种负载其上，成为它们的安身之所。在这个空间中，可以种粮食、盖楼房、养生态、传文化，延伸出农业生产的要素功能、人类生活的空间功能以及生态保护、文化传承等多方面的功能，从而构成第二层次。在此基础上，进一步派生出食品保障、原料供给、就业增收等功能，即第三层次。相对性，指的是对于不同的主体，农用地功能不同；即使对于同一主体，在不同历史时期和发展阶段，农用地的功能也不尽相同。

（三）农用地功能的划分

从需求主体和实现途径看，农用地功能划分主要有两种：

第一，农户层面的农用地功能。通过自下而上的市场机制来实现，主要包括 4 种类型：

生活保障功能、家庭经济贡献功能、就业保障功能、生态景观功能。其中，生活保障功能指的是满足农户实物形态的食物需求；家庭经济贡献功能指的是通过种植农作物或者流转土地获得农地的经济价值，增加家庭经济收入；就业保障功能指的是为农村劳动力提供的就业机会；生态景观功能指的是能够满足农村居民对美好生产生活环境的需求。不同发展时期、不同背景条件下农户对农用地功能的需求差异很大。在市场交换不发达的自给自足时期，基本生活保障是第一位的，必须首先确保生存所需要的食物供给。随着农户家庭收入来源的多样化，农用地的生活保障功能逐渐弱化，经济贡献和就业保障功能逐渐凸显。当农户的生存性、温饱型需求满足后，美好的生态景观逐渐成为农户对农用地的主要功能需求。

第二，国家层面的农用地功能。通过自上而下的顶层制度设计来实现，主要包括6种类型：食物保障功能，指的是国家层面必须保障粮食数量供给与农产品质量安全。城市备用空间功能，指的是为适应城市化发展的需要，将部分农用地转为建设用地。国民经济贡献功能，指的是农业不断为国家工业化提供生产要素和原始资本积累，促进国民经济健康发展。维护社会稳定功能，指的是让农民有稳定的衣食来源和最基本的生活保障，让农民安居乐业，保持社会稳定。生态环境保护功能，指的是维持农田生态系统的恢复能力、环境的自我净化能力，以及获得景观生态效益。文化保护传承功能，指的是传承悠久的农耕文明，为华夏子孙世代繁衍、生生不息提供宝贵的精神财富。

（四）农用地功能及制度的演变

1. 耕作范围逐步扩大。最早的农业生产活动是在地势平坦、靠近水源、自然条件较好的地方。史前时期，农耕文化就在渭河河谷、华北平原、黄河中下游河套地区开始萌芽。春秋战国时期，农田水利已有相当规模。秦汉隋唐鼎盛时期，农业迅速发展、农用地不断开拓。清朝时期，中原地区农用地已占全国农用地面积的一半，成为中华文明的摇篮。近代以来，随着技术的进步、人口的增加，农用地逐步向自然条件较差的低洼地和丘陵山地延展，过去难以利用的盐碱地、灌淤地、风沙地、石子田、沿海滩涂等已成为农用地家族中的新成员。

2. 作物种类逐步增多。我国幅员辽阔，地形和气候多种多样，适生的农作物种类繁多。《诗经》中已提到谷子、水稻、大豆、大麦等栽培作物。《论语》最早提出稻/麻、黍、稷、麦、菽"五谷"的称谓。西汉张骞出使西域以来，蚕豆、苜蓿等多种作物相继引入我国。北魏贾思勰《齐民要术》记载的栽培植物已有谷物、蔬菜、果蔬和林木四大类，共70多种。隋唐两宋时期，莴苣、菠菜等新作物不断引进，花卉等园林植物驯化也空前发展。明末清初，随着中外交流增多，甘薯、玉米、花生、马铃薯、番茄、辣椒等重要作物相继引入，对我国人民的生产和生活带来极大影响。近百年来，我国主要栽培作物已超过600种，其中粮食作物30多种，经济作物70多种。

3. 基础设施逐步改善。随着经济社会发展，农用地的生产条件和产出能力逐步提升。原始农业时期，借助于火力、水力和人力，主要使用木、石等工具。春秋战国时期，铁制工具广泛应用，牛耕动力得到推行，为我国精耕细作的优良传统奠定了物质基础。战国时期修成都江堰、郑国渠，秦朝开通灵渠，隋朝开通大运河，以及桔槔、翻车、筒车等灌溉农具的发明和应用，都有力推动了灌溉农业的发展。清朝在黄河两岸修成大清渠、惠农渠，并在太湖、鄱阳湖、洞庭湖、珠江三角洲大规模圩田，出现了江南的"湖广熟、天下足"。新中国成立后，加强农田基础设施建设，建设旱涝保收高标准农田，推进耕地质量保护与提升，将农业发展提升到一个新的水平。

4. 农用地制度不断变革。 农用地功能的演变和拓展，与土地制度的变革息息相关。先秦时期，土地属于国家所有，商代土地属于商王，西周时期属于周天子，土地管理推行井田制，农用地的功能主要是解决衣食问题。秦朝时期，商鞅"废井田、开阡陌"改革土地制度，使土地私有倾向合法化，从此土地可以公开买卖，生产的农产品用于交换，农用地的社会功能已初步显现。魏晋南北朝时期，土地制度进一步发展，出现了屯田制、占田制及均田制，对供养军队、限制贵族特权、保证税收来源和强化中央集权起到了很大作用。隋唐时期，沿用均田制。宋朝，采用屯田制和营田法。明清时期，对官田和民田作了明确界定，农用地功能进一步丰富和细化。新中国成立后，先是进行了大规模的土改运动，使耕者有其田；进入人民公社时期，土地归集体所有，农用地对集体层面的功能加强，对农户层面的功能有所弱化。改革开放以来，确定了以家庭承包经营为基础、统分结合的双层经营体制，极大调动了农民种地的积极性，农户层面的基本生活保障功能、家庭经济贡献功能得到了有效加强。进入新世纪，随着工业化、城市化水平的提高，农用地的生态功能、文化功能日益凸显，但对农户的基本生活保障功能、经济收入功能逐渐减弱。

三、新中国成立以来我国农用地功能保护的成效、经验及启示

新中国成立以来，我国农用地功能不断拓展，开发与保护取得巨大成就，用占世界 7% 的土地养活了占世界 20% 的人口。在长期的发展实践中，我国农用地保护与开发积累了丰富的经验，逐步形成了一些规律性的认识。

（一）我国农用地功能的发挥及其对社会的贡献

据国土资源公报显示，截至 2015 年年末，我国共有农用地 96.82 亿亩，其中耕地 20.25 亿亩，园地 2.15 亿亩，林地 37.95 亿亩，牧草地 32.91 亿亩，畜牧养殖地、设施农业用地、养殖水面等其他农用地 3.56 亿亩。这些农用地的有效有序开发和利用，充分发挥了农产品供给功能、社会稳定功能和生态保护功能，为经济社会发展和生态文明建设提供了坚实基础。

1. 解决了 13 亿多人口的吃饭问题。 随着农业生产力的发展，农用地产出能力显著增强，农业供给体系的质量和效率明显提升。2016 年，全国粮食总产量达到 12 325 亿斤，人均占有量超过 450 千克，产能稳定在 1.2 万亿斤以上；肉类、禽蛋、蔬菜、水果、水产品产量分别为 8 538 万吨、3 095 万吨、7.9 亿多吨、2.7 亿吨、6 900 多万吨，产量稳居世界第一，人均占有量均超过世界平均水平。

2. 促进了农民收入的持续增长。 经营性收入是农民收入的基础，主要在农用地上耕耘获取。近年来，我国农村居民家庭经营收入稳步增长，农村贫困发生率减少，城乡收入差距缩小。2016 年，我国农村居民人均可支配收入 12 363 元，其中经营净收入 4 741 元，占 38.3%。农村贫困发生率由 2012 年的 10.2% 下降到 2016 年的 4.5%，城镇居民与农村居民人均可支配收入的比例由 2012 年的 3.1 倍下降到 2016 年的 2.72 倍。

3. 提供了丰富的工业原材料。 农业是国民经济的基础，农业生产为工业发展提供了原

材料和发展动力。耕地上种植棉花，为纺织工业提供原料；种植花生、大豆，为油料工业提供原料；种植甘蔗、甜菜，为制糖工业提供原料。园地上种植果、茶、桑，丰富了百姓的"菜篮子"，也支撑了农业的出口创汇。林地上种植林木，木材广泛用于建筑业和家具制造，具有绿色环保、施工简易等优良特性。

4. 构筑了多层次的生态保护屏障。"十二五"期间，我国森林面积达到 31.2 亿亩，森林蓄积 151 亿立方米，森林覆盖率由 20.36% 提高到 21.66%；牧草地生态系统在防风固沙、保持水土、净化空气等方面效果明显；4 亿多亩的水田就是人工湿地，天然湿地、人工湿地在抵御洪水、调节径流、调节气候、控制土壤侵蚀等方面发挥着不可替代的作用。

伴随着城市人口、产业规模的扩大和职能的多样化，城市外延不断扩大，用地规模日趋增加，加之交通、水利、能源等重大基础设施建设快速发展，都对土地资源产生了旺盛需求，农用地为城镇化发展和重大工程建设提供了空间，缓解了用地矛盾。

（二）新中国成立以来我国农用地功能保护开发历程

新中国成立以来，伴随我国农用地制度的变革和农业生产的发展，我国农用地功能保护和开发经历了不同的发展历程，主要分为四个阶段。

1. 1949—1957 年：社会主义改造下的农业恢复发展阶段。新中国成立之初，百废待兴。这一时期，我国农产品供给严重短缺，农业生产亟须恢复，土地作为最基础的生产资料，其食品保障功能十分凸显。为发展生产，全国进行了土地改革并于 1952 年年底基本完成，满足了广大农民的土地需求，农民生产积极性大为提高，1952 年粮食产量恢复到战前水平。1953—1957 年我国实施了第一个五年计划，完成了对农业的社会主义改造，农村生产力得到进一步解放，农业生产超过历史最高水平，1957 年粮食产量达到 3 901 亿斤，比 1952 年增长 20%，5 年内全国扩大耕地面积 5 867 万亩，新增灌溉面积 21.81 万亩，相当于 1952 年全部灌溉面积的 69%。在此阶段，总体上生产关系的调整适应了生产力发展的需要，为农用地功能由生活保障功能向家庭经济功能拓展创造了前提。

2. 1958—1977 年：计划管理体制下的曲折发展阶段。这一时期，我国农用地功能仍以食物供给为主，但由于农业生产组织形式和农用地制度发生重大变革，对农用地功能的发挥带来了不利影响。1958 年，我国开启了人民公社化运动和"大跃进"运动，农业生产资料统归集体所有，集体生产方式和土地公有模式短时间内在全国推广建立起来。人民公社化运动和"大跃进"运动严重损害了农民的利益，打击了农民的生产积极性，农业生产遭到极大破坏，加之严重的自然灾害，导致我国农产品产量出现了新中国成立后的第一次急剧下降，1958—1962 年我国粮食产量由 3 953 亿斤下降到 3 088 亿斤，减幅达 28%。在此阶段，由于社会主义改造脱离实际，生产关系超过生产力发展要求，农用地制度安排的跃进变革妨碍了农用地功能的正常发挥。

3. 1978—2000 年：以保供给为主的快速发展阶段。这一时期，我国农业发展以增产丰收为主要目标，并开始兼顾家庭经济贡献功能、就业保障功能，农业农村经济实现了快速发展。为解放和发展农村生产力，废除了人民公社制度，确立了以家庭承包经营为基础、统分结合的双层经营体制，农民生产积极性和农业生产潜力被激发，粮食和其他农产品产量大幅增长，实现了从长期短缺到供求基本平衡、丰年有余的历史性转变，基本解决了全国人民的吃饭问题。1978—2000 年，我国粮食产量由 6 095 亿斤增长到 9 244 亿斤，位居世界首位；

农村居民人均家庭经营性收入由 35.8 元增长到 1 427 元；乡村就业人员由 3.06 亿人增加到 4.89 亿人。但应看到，在高速推进工业化、城镇化的同时，农用地保护也产生了一系列问题，尤其是城镇化粗放型扩张，占用大量耕地，引起了许多社会矛盾和问题。总的看，这一阶段农用地的基础功能得以实现，延伸功能得以拓展。

4. 2001 年至今：以功能多元为特征的现代农业推进阶段。 21 世纪以来，伴随传统农业的改造升级和农业现代化建设的稳步推进，农业的多功能性逐步显现，农用地功能也加速拓展。2007 年中央 1 号文件明确农业具有食品保障、原料供给、就业增收、生态保护、观光休闲、文化传承等六大功能，而农业上述功能的发挥均需以农用地为基础。这一时期，一方面，通过划定永久基本农田、建立生态保护补偿机制等措施，落实最严格的耕地保护制度，同时注重耕地质量的保护与提升；另一方面，积极拓展农用地食物保障功能之外的社会、生态、文化等其他多种功能。特别是近几年，我国粮食和农业生产连年丰收，化肥、农药使用量实现了低增长或零增长，休闲旅游、农村电商、现代食品产业、特色村镇等一批新产业、新业态快速发展。这一阶段，在国家配套政策的支持下，农用地功能内涵在丰富、外延在拓展。

（三）农用地功能保护及开发的经验启示

新中国成立 68 年以来，农用地功能保护和开发始终贯穿我国农业农村改革发展的光辉历程。党中央、国务院高度重视农用地功能保护工作，根据不同历史阶段农业生产力的发展水平及时调整完善体制机制，针对农业在整个国民经济中的地位变化及目标要求不断拓展农用地功能，在农用地功能保护及开发等方面积累了宝贵经验，也为世界各国提供了中国方案。

一是坚持与时俱进。始终坚持一切从实际出发，不断进行实践创新和理论创新，改革不符合市场化发展需要的农用地管理体制。改革开放后，实行家庭联产承包责任制，废除人民公社，突破农用地计划管理模式，发展社会主义市场经济，极大地调动了亿万农民的积极性。始终坚持农用地政策的弹性管理与动态调整，不断稳定完善家庭承包关系、实行"三权"分置，推进"三块地"改革、拓展农用地功能，将农用地资源要素作为新时代乡村振兴的基础性支撑。

二是坚持保护优先。始终坚持把农用地作为促进由传统农业向现代农业转变，由粗放经营向集约经营转变的最基本、最核心的生产要素，依靠农用地制度变革解决了制约我国农业农村长期稳定发展的突出问题。始终坚持把拓展农用地功能、提高农用地利用和保护水平作为解放和发展农村生产力的中心，严守耕地红线、划定永久基本农田、实施耕地占补平衡，将耕地保护纳入政府绩效考核。始终坚持把耕地保护和农田水利建设作为一项革命性措施，一切政策设计都以保护为前提，一切制度安排围绕有利于提高农业综合生产能力，不断提高农用地开发和利用水平。

三是坚持以民为本。始终坚持保障农民土地权益，始终把实现好、维护好、发展好广大农民根本利益作为农村一切工作的出发点和落脚点。始终坚持以民为本，依靠农民智慧和基层创造，率先在农村发起改革发展的伟大实践。充分发挥农民主体作用和首创精神，不断拓展丰富农用地功能，以土地凝聚农村改革发展强大合力。紧紧依靠亿万农民发展农业、振兴乡村。始终坚持尊重农民意愿，着力解决农民最关心、最直接、最现实的利益问题，让广大农民平等参与现代化进程、共享改革发展成果。

四是坚持分类施策。始终坚持发挥市场在资源配置中的决定性作用，突出正向激励、反向约束和增值分享，加强市场设施建设，培育市场主体，健全市场法规，维护市场秩序，激发市场主体活力，完善国家、集体、个人土地增值收益分配机制。始终坚持最严格的耕地保护政策和节约集约用地政策，突出规划编制、功能布局和质量提升，围绕不同类型的农用地属性、功能和特征，综合运用财政、税收、金融、价格等工具，对农用地功能进行管理与调节。

从世界来看，农用地作为不可再生的稀缺性资源，是一个国家经济社会发展的根本保障。无论是美国、加拿大、澳大利亚等农用地资源相对丰富的国家，还是日本、韩国等农用地资源相对紧缺的国家，伴随着工业化、城市化的快速推进，对农用地多种功能的认识不断提升，在农用地保护和开发上都进行了积极探索和实践。从总的趋势看，这些发达国家逐渐加强农用地资源保护，坚持保护优先、注重政策激励、拓展价值功能、强化法治保障，探索出管制型、激励型、直接参与型和混合型等多种农用地资源保护政策。

四、新时代我国农用地功能保护面临的困难和挑战

人多地少是我国的基本国情。农用地功能保护和开发始终是我国经济社会发展中的一项基础性、全局性、战略性问题。随着新型工业化、信息化、城镇化和农业现代化的同步推进，农用地功能的保护也面临着诸多困难和挑战。

1. 农业用地与建设用地的矛盾更加突出。一方面，我国处于全面建成小康社会的决胜阶段和城镇化、工业化快速发展的关键时期，推进城乡统筹和区域一体化发展、建设社会主义新农村不可避免地占用部分农用地。与此同时，我国土地资源短缺，人均耕地仅为世界平均水平的1/3。过去5年，城镇化率年均提高1.2个百分点，也占用了一些城郊优质耕地。未来10多年，将全面建成小康社会和基本实现现代化，农用地和建设用地的矛盾越来越突出，保护压力越来越大。另一方面，随着国家对农业支持力度的不断加大，农村新产业、新业态快速发展，为农业农村经济发展注入了新活力、增添了新动能。但是应当看到，大量工商资本进入农业，由于对经济利润的追求，在农用地利用中存在非农化、非粮化的不良倾向。

2. 生产用地与生态用地的矛盾更加突出。党的十八届五中全会把"绿色发展"作为五大发展理念之一，大力推进生态文明建设，加大自然生态和环境保护力度。在这种背景下，绿色发展将更多强调农用地的生态功能，进而影响农用地的利用结构，具有改善环境作用的草原、湿地、森林等生态用地规模将会有所扩大，直接用于农作物种植的农业生产用地相应缩减，农业生产用地与生态用地之间的矛盾逐步显现。

3. 后备资源不足与消费需求增加的矛盾更加突出。随着经济发展和居民收入水平提高，我国从温饱型社会向小康型社会加快过渡，消费结构不断升级，肉蛋奶消费量增加，绿色有机农产品需求旺盛，由单纯满足温饱向追求质量安全、营养价值和饮食文化发展，对农用地规模和产出水平提出了更高要求。据《全国土地利用总体规划纲要（2006—2020年）》，我国耕地后备资源潜力仅为2亿亩，且60%以上分布在水资源不足和生态脆弱地区，开发利用的限制因素较多。

4. 农用地保护与农民增收的矛盾更加突出。 长期以来，在农用地利用中普遍存在只顾当前、不管长远的短期行为和掠夺式开发，对耕地投入少、产出多，重用轻养、用养失调，造成农用地质量下降、污染加重、地力退化问题突出。迫切需要改变粗放的农用地利用方式，通过开展轮作休耕、退耕还林还草还湿、替代种植等，降低农用地利用强度，实现资源的永续利用。但是在农用地保护过程中，由于种植结构和方式的变化，短期内可能会降低土地的产出水平，导致农民家庭经营性收入减少，对农民增收带来压力。

5. 资源配置与市场需求不协调的矛盾更加突出。 目前，市场机制调节和政府宏观调控尚不完善，影响农用地的有效配置和功能充分发挥。一方面，市场调节不健全。在农用地转用市场和流转市场中，市场配置资源的机制与作用并未得到很好发挥，农用地转用和流转市场体系建设滞后，征地补偿、价格发现、风险规避等环节缺少市场化的工具与手段。另一方面，政府调控不到位。突出表现在地方政府的多重政策目标造成大量农用地不合理非农化，以增产为导向的农业政策设计带来农用地资源的严重透支，土地流转加速与政府引导不力叠加导致非农化现象增加，相关法律法规和政策设计有待完善。

五、新时代我国农用地功能保护和开发的思路及对策

农用地作为人们赖以生存的空间基础和重要的生产资料，具有经济价值，还具有保障粮食安全、涵养生态环境和改善民生福祉等生态价值和社会价值。需要从战略的高度、全局的视野，高起点谋划、高标准建设，有力有序推进农用地资源保护和开发。

（一）新时代我国农用地功能保护的思路和原则

总体思路： 认真贯彻党的十九大精神和习近平新时代中国特色社会主义思想，按照"五位一体"总体布局和"四个全面"战略布局，紧紧围绕"两步走"的战略部署，牢固树立新发展理念，以绿色发展为引领，以保障国家粮食安全和主要农产品有效供给为核心，坚持问题导向、创新思路方法、明确目标定位、突出工作重点，统筹"保供给、保收入、保生态、保稳定、保储备"五大目标，全面提升农用地的生产要素功能，逐步扩大农用地的生态承载功能，有效保障农用地的生活空间功能，积极拓展农用地社会保障、文化传承等功能，探索开发农用地城乡共享、生产生活生态"三生"协调的复合功能，推进以追求产量为目标的单一功能向以资源高效利用为核心的多种功能转变，为满足人民日益增长的美好生活需要和实现"两个一百年"目标奠定坚实基础。

基本原则： 重点是"四结合、一统筹"。一是坚持政府调控与市场调节相结合。明确政府和市场的地位、边界及相互关系。政府主要是培育农用地主体，加强市场监管，维护市场秩序。市场主要是引入竞争机制，促进价格形成，实现农用地产出和效益的最大化。二是坚持严格保护与适度开发相结合。科学划定用途管制分区，严格行政审批制度，调整完善农用地结构配置和空间布局。加大政策和项目支持，巩固提升现有农用地功能，适度开发后备农用地资源。三是坚持资源高效配置与利益公平分配相结合。正确处理效率与公平的关系，引入竞争机制，因地制宜挖掘农用地多种功能，在提升农用地价值和效益的同时，更加注重农用地资源综合收益的公平分享。四是坚持制度建设与机制创新相结合。运用法治思维和方式，着力健全规划、产权、监管等各方面制度，推动农用地资源依法依规、公开透明配置。

创新转用和流转机制，更好激发农用地市场活力。五是坚持国际国内两个市场两种资源相统筹。在保障国家粮食安全底线的前提下，充分利用国际农业资源和产品市场，保持部分短缺品种的适度进口，满足国内市场需求，减轻国内农用地的供给压力。同时，在国际市场配置资源、布局产业，发挥农用地的多重功能，提升我国农业国际竞争力。

（二）新时代我国农用地功能定位和目标任务

立足我国农用地资源禀赋、产业发展现状和市场消费需求，合理配置农用地资源，调整优化农用地布局，最大限度发挥农用地功能，重点是做到"五保"。

1. 保供给。发展生产保供给是农业的根本任务，也是农用地功能发挥的首要目标。一是保谷物保口粮。这是解决13亿多中国人吃饭问题的重中之重，要保证谷物播种面积稳定在14亿亩以上、口粮播种面积稳定在8亿亩以上，守住"谷物基本自给、口粮绝对安全"的底线。二是保证国内用棉需求。棉花加工出口两头在外，扣除进口原料、出口产品，重点是把国内用棉需求部分保住。确保棉花播种面积不少于5 000万亩，既保证3 000万棉农的收益问题，又保证2 000万产业工人的就业问题。三是稳定油料糖料自给水平。油料重点发展油菜、花生、大豆三大品种，油菜种植面积稳定在1亿亩，花生种植面积稳定在7 000万亩，力争大豆种植面积达到1.4亿亩，确保食用植物油自给率稳定在35%左右。糖料重点发展甘蔗，甘蔗种植面积稳定在2 100万亩以上，确保食糖自给率在70%左右。四是提高园艺产品竞争力。蔬菜种植面积稳定在3.2亿亩，果园茶园面积稳定在2亿亩，同时着力提高品质、降低成本、培育品牌，保持竞争优势。五是畜牧养殖、设施农业、水面养殖保持稳定。占用农用地面积稳定在3.6亿亩左右。六是林地、草原适度增加。林地保有量增加到46.8亿亩，确保林地资源动态平衡、适度增长。划定基本草原面积36亿亩，改良草原9亿亩，提高草原涵养水源和固碳储氮能力。

2. 保收入。坚持"绿水青山就是金山银山"的理念，把农用地作为农民经营性收入和相关产业收入的重要来源。一是稳定经营性收入。种植业对农民增收的贡献率稳定在20%以上，养殖业对农民增收的贡献率稳定在35%以上。二是适当提高转移性收入。根据国家财政状况，对利用农用地发展粮棉油糖、牧草、林业等关系国计民生的重要产业，给予生产补贴、财政奖励等支持，调动农民生产积极性，力争转移性收入占农村居民人均纯收入的比重达到10%。三是努力增加延伸产业收入。大力发展休闲观光、乡村旅游、文化体验等延伸产业，提高农业附加值，拓宽农民增收渠道，促进农村一二三产业融合发展。

3. 保生态。遵循可持续发展理念，在生态阈限范围内，合理开发和利用农用地资源，构建稳定的农用地生态系统。一是污染防治保安全。以南方酸性土水稻种植区和典型工矿企业周边农区、污水灌区、大中城市郊区、高集约化蔬菜基地、地质元素高背景区等土壤污染高风险地区为重点区域，突出预防、控制、治理等关键环节，力争受污染耕地安全利用率达到90%以上。二是保护湿地美环境。划定并严守湿地生态红线，对湿地进行分级管理，实现湿地总量控制，力争湿地面积不低于8亿亩，湿地保护率超过50%。三是退耕还林还草保水土。积极应对全球气候变化，推进25°以上陡坡地退耕还林还草，增加森林草原面积，有效解决水土流失和风沙危害问题，每年新增退耕还林还草面积1 000万亩以上。四是休养生息提地力。在东北冷凉区、北方农牧交错区、地下水漏斗区、重金属污染区、生态严重退化地区开展轮作休耕试点，探索建立可复制、可推广的组织方式、技术模式和技术体系，促进农用地休养生息和农业可持续发展。

4. 保稳定。农用地是农民最大的社会保障,要充分发挥农用地就业保障功能和社会稳定功能。一是提供生活保障。通过农用地发展生产,实现粮食、棉油糖、肉蛋奶、果菜茶等基本生活资料的自给自足,增强普通农户抵御社会风险的能力。二是提供就业保障。当社会没有充足非农就业机会的时候,农民能够将劳动投入到农用地生产,通过生产和出售农产品,保证基本的收入来源,使自身的劳动价值得以体现,增强抵御失业风险的能力。三是提供养老保障。当农民自身劳力不能通过其他行业获得收入时,能够通过农用地产出收入、地租收入、转移性收入等方式,获得基本的养老保障,弥补当前农村居民养老保险水平偏低的不足。

5. 保储备。农用地作为整个国土资源的重要组成部分,在土地利用规划、用地属性调整、用地布局优化中具有一定的调节作用。随着经济快速发展,城市化水平稳步推进,以及农用地生产效率的提高,可将部分产能较低的农用地转换为建设、生态用地,为社会发展提供重要的储备空间。

(三)新时代我国农用地功能保护措施及建议

农用地保护是一项系统工程,涵盖农业、工业、服务业等多个行业,涉及政府、企业、农民多方利益主体,需要统筹谋划、顶层设计,强化指导、稳步推进,着力构建符合我国国情的农用地保护长效机制。

1. 加强规划引导,优化功能布局。结合各地生产实际,统筹全局、因势利导,切实提高农用地利用质量和效率。一是完善规划体系。以《全国主体功能区规划》《全国土地利用总体规划纲要(2006—2020)》为基础,以资源环境承载力、建设用地总量强度"双控"和耕地保护红线、生态保护红线、城市开发边界"三线"为基本约束,构建科学合理、动态调整的农用地利用规划体系,探索建立农用地功能评价指标体系和量化分析模型,科学推进资源要素有序流动,以及农用地集聚开发、分类保护和综合整治。二是优化开发布局。在保障农产品有效供给的前提下,因地制宜拓展农用地用途,注重产业与用地空间协同,调整产业用地结构,优先供应乡村旅游、休闲农业等战略性新兴产业及农业生产性服务业等发展用地,构建与区域发展战略相适应、与人口城镇化水平相匹配、生产生活生态相协调的农用地功能布局。

2. 严守耕地红线,加大保护力度。实行最严格的耕地保护制度,为确保农产品有效供给提供基础保障。一是强化保护责任。建立耕地保护共同责任机制,明确县级政府耕地保护的主体责任,进一步完善省级政府耕地保护责任目标考核制度,严格落实耕地和基本农田保护领导干部离任审计制度。二是严格耕地管控。加大土地利用规划计划管控力度,严格永久基本农田、粮食生产功能区、重要农产品生产保护区的划定,完善耕地保护政策措施,按照数量质量生态"三位一体"保护要求,确保耕地数量不减少、质量有提高。三是缓解占地压力。盘活存量建设用地,合理安排城镇新增建设用地,严禁突破土地利用总体规划设立新城新区和各类园区,对耕地后备资源不足的地区相应减少建设占用耕地指标。加强节地考核评价,健全完善节约集约用地评价考核体系,加大对违法违规占用破坏耕地行为的执法检查力度,减轻建设占用耕地的压力。

3. 加强基础建设,提升综合产能。把提高产出能力作为农用地功能保护的重中之重。

一是加强农田基本建设。按照《全国高标准农田建设总体规划》要求，以粮食主产区和基本农田保护区为重点，实施土地整治重大工程，建设一批旱涝保收、高产稳产、生态环保的高标准农田。深入推进耕地质量保护提升行动，改良土壤、培肥地力、保水保肥、控污修复，提升地力。特别是要加大东北黑土地保护的投入力度，提升地力、永续利用。对地下水漏斗区、重金属污染区、生态严重退化地区开展综合治理，提高耕地质量。二是加快"两区"划定和建设。按照国务院部署，加快建立粮食生产功能区和重要农产品生产保护区。重点是划定粮食生产功能区 9 亿亩，重要农产品生产保护区 2.38 亿亩。优先把优质的耕地划进来，优先把永久基本农田划进来，优先把已建成的高标准农田划进来。三是复垦利用损毁土地。开展损毁土地调查评价，实施土地复垦重大工程，宜耕则耕、宜林则林、宜草则草。加大政策扶持和资金投入力度，鼓励社会资本积极参与农用地建设，逐步恢复损毁土地生产能力。此外，扩大耕地轮作休耕制度试点规模，集成推广用地养地相结合的技术模式。因地制宜推行免耕少耕、深松深翻、深施肥料、粮豆轮作等保护性耕作措施，让耕地休养生息，提高土地产出能力。

4. 健全市场体系，挖掘增值潜力。充分发挥市场配置资源的决定性作用，规范农用地转用和流转，让农民分享土地增值带来的收益。一是加大产权保护力度。以农村土地确权登记颁证和农村集体产权制度改革为契机，依法依规界定产权，建立健全归属清晰、权责明确、监管有效的农用地资源资产产权制度，完善农用地资源有偿使用制度，逐步实现各类市场主体按照市场规则和市场价格依法平等使用土地等自然资源。二是加快培育市场主体。在对承包地实行所有权、承包权、经营权"三权分置"的基础上，按照依法自愿有偿原则，引导农民以多种方式流转承包土地的经营权，通过土地经营权入股、托管等方式，发展专业大户、家庭农场、农民合作社等新型经营主体。在法律法规框架下，有意识地放宽市场化用地主体的成长限制，允许多种所有制用地企业发展壮大，形成有效的市场需求。三是加快服务体系建设。构建农村产权流转交易、价值评估、抵押担保和融资贷款"一站式"服务平台，为农用地利用和开发提供业务指导、合同管理、纠纷调处、监督执行等服务。制定和实施公平的土地资源交易规则和竞争规则，建立健全县、乡、村三级信息互通的土地流转管理和服务平台，解决信息缺乏和不对称问题。

5. 注重利益调节，提高调控效率。推动建立兼顾国家、集体、个人的土地增值收益分配机制。一是完善土地财税制度。通过税收、投资等经济激励措施，促进农用地集约利用、资源优化配置、收益公平分配。加快涉地税费制度改革，完善分税制和转移支付制度，使地方政府能有与其事权相匹配的财税权，扭转"卖地财政"的局面。二是完善农用地等财产征收征用制度。合理界定征收征用适用的公共利益范围，细化规范农用地征收征用法定权限和程序，进一步明确补偿范围、形式和标准。总结推广土地征收多元化补偿方式和保障机制，保证被征地农民生活水平不降低、长远生计有保障。三是实行跨地区补充耕地的利益调节。在生态条件允许的前提下，支持耕地后备资源丰富的国家重点扶贫地区有序推进土地整治增加耕地，补充耕地指标调剂收益由县级政府通过预算安排用于耕地保护、农业生产和农村经济社会发展。

6. 完善法律法规，依法保护开发。加强法制建设，为农用地保护和开发提供制度保障。一是健全农用地法律法规体系。加快修订完善《土地管理法》《农村土地承包法》《草原法》《土地管理法实施条例》《基本农田保护条例》等法律法规，制订土地整治、农村集体土地征收补偿安置等法规条例，明确农村土地产权各项权利的边界和内涵，明晰农民与土地之间的权利关系，加大对集体土地产权价值的法律保护。二是构建动态调整的配套政策体系。加快完成农村土地承包经营权确权登记颁证，严把确权质量，拓展成果应用范围。强化退出土地管理，在农村土地承包经营权信息应用平台建设的基础上，设计承包地退出业务系统，建立土地承包数据动态管理制度。规范土地流转程序，探索建立风险保证金制度，推广设立土地流转履约保证保险等金融产品。三是建立农用地领域争议多元化纠纷解决机制。运用现代科技手段加强事中事后监管，促进调解、仲裁、行政裁决、行政复议、行政诉讼等有机衔接、相互协调，实质性化解纠纷，保障群众合法利益诉求，为农用地保护和利用提供良好的法制环境。

农业规模经营主体的融资难题及对策建议[①]

一、农业规模经营主体发展的现状及其特征

（一）经营者性别和受教育程度

规模经营主体的经营者以青壮年男性为主，受教育程度多为中学文化。规模经营主体经营者年龄多分布在 41～50 岁之间，占比为 44.55%（见表 1）。经营者以中青年为主，既有从事农业规模经营所需要的劳动技能和身体素质，又掌握了一定的社会资源。专业大户负责人学历以初中为主，合作社和企业负责人学历以高中为主（见表 2）。

表 1　规模经营主体经营者年龄信息

单位:%

主体名称	18～30 岁	31～40 岁	41～50 岁	51～60 岁	61 岁及以上	合计
大户	9.82	20.86	42.21	22.21	4.91	100
企业	—	24.32	43.24	32.43	—	100
合作社	3.57	29.46	48.21	15.18	3.57	100
合计	4.46	24.89	44.55	23.27	2.83	100

表 2　规模经营主体经营者受教育程度

单位:%

主体名称	小学以下	小学	初中	高中及中专	大学及以上	合计
大户	6.67	17.65	44.2	22.35	9.14	100
企业	—	2.78	11.11	66.67	19.45	100
合作社	0.9	3.6	31.53	47.75	16.22	100

（二）经营行业和环节

规模经营主体以从事传统种养业为主，农业企业经营更加多样化。规模经营主体尤其是专业大户、合作社主要从事传统种养业，农业企业从事林业、农机、植保等行业的比例相对较高（表 3）。

规模经营主体以从事传统农业生产为主。规模经营主体的经营活动主要集中在生产环节，占比为 87%。专业大户、合作社主要集中在生产和销售等环节，农业企业主要集中在加工、流通、服务等环节，经营活动更加多样化（见表 4）。

[①]　本文与吴比合作，发表于《农村金融研究》2018 年第 2 期。

表 3 规模经营主体行业分布

单位：%

		专业大户	合作社	企业	加权平均
经营行业比重	种植	72.86	81.31	45.11	69.01
	养殖	29.82	24.77	20.30	26.52
	水产	0.50	4.67	2.26	1.67
	林业	1.68	10.75	12.78	5.16
	农机	0.67	9.81	11.28	4.13
	植保	0.50	4.67	9.77	2.65
	其他	0.84	4.21	32.33	5.68

表 4 规模经营主体经营活动环节

单位：%

		专业大户	合作社	企业	加权平均
经营活动环节比重	生产	94.47	90.65	66.92	87.18
	加工	3.85	8.88	39.10	9.47
	流通	9.21	22.90	29.32	14.70
	销售	61.98	76.17	84.21	66.27
	服务	1.84	25.23	30.83	10.94
	其他	0.00	0.47	0.75	0.21

（三）经营土地来源和规模

各类规模经营主体经营土地规模分布不均，土地来源以流转为主。规模经营主体的经营土地规模，专业大户在 50～500 亩之间，其中 50～100 亩左右的规模占比较大；合作社经营规模以 1 000 亩以上为主，占比为 62.50%。另外，样本中有部分合作社经营业务以提供农机等服务业为主，其经营土地规模低于 50 亩，占总样本比例为 20.54%（见表 5）。专业大户平均经营土地面积为 281.93 亩，合作社平均为 2 840.53 亩，两类规模经营主体的土地来源均以流转方式为主，占比在 80% 以上（见表 6）。

表 5 2015 年土地经营情况

单位：%

面积	专业大户	合作社
0～49 亩	6.83	20.54
50～100 亩	33.94	2.68
101～200 亩	29.28	2.68
201～500 亩	19.35	6.25
501～1 000 亩	6.10	5.36
1 000 亩以上	4.50	62.50

表6 2015年经营土地面积来源情况

单位：亩

统计指标	专业大户	合作社
平均经营总面积	281.93	2 840.53
自家承包地	32.93	420.48
亲戚朋友转包	39.34	304.76
本村其他农户租赁	73.55	1 707.33
外村农户租赁	25.96	341.89
其他渠道租赁	110.15	66.07

（四）合理经营规模和扩大意愿

在合理经营规模与扩大经营规模的意愿上，专业大户与合作社差异较大。专业大户认为合理的经营规模应在500亩以下，有51%的专业大户希望进一步扩大经营面积；合作社认为合理的经营规模应在1 000亩以上，有76.46%的合作社希望进一步扩大经营面积（见表7）。

表7 未来土地经营规模打算情况

单位：%

未来意愿	专业大户	合作社
扩大面积	51.90	76.46
减少面积	10.67	6.87
保持不变	31.04	16.67
不种	5.03	—

（五）期望得到的政府支持

各类规模经营主体普遍希望政府加大直接补贴力度。规模经营主体普遍希望得到政府的政策支持，其中希望加大直接补贴力度、解决资金问题的规模经营主体占比超过50%。数据显示，随着经营规模的进一步扩大，规模经营主体对农业保险、农产品期货等避险工具的需求也逐步增加（见图1）。

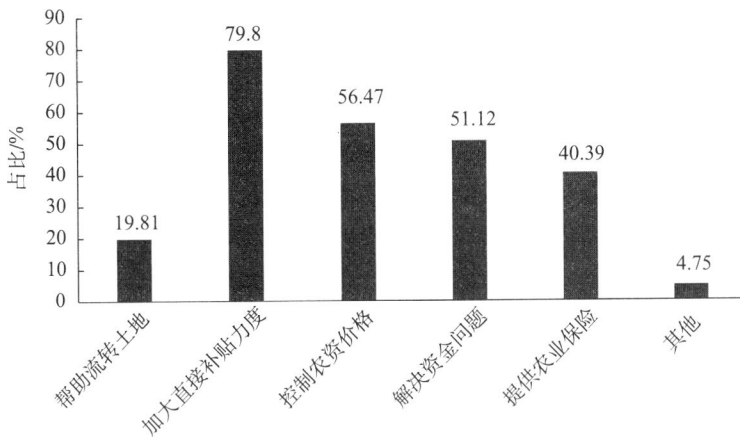

图1 规模经营主体希望得到的政府支持

（六）2013—2015年净收益等情况

2013—2015年，三类经营主体的净收益总体上呈上升趋势。2013—2015年专业大户、合作社和农业企业三类规模经营主体的净收益总体呈上升趋势，其中农业企业的净收益情况好于合作社、专业大户。除企业2013年的净收益小于负债总额外，其他各类规模经营主体2013—2015年的净收入均高于负债总额。此外，2013—2015年合作社平均获得的补贴高于其他两类主体（见表8）。

表8　成本收益情况

单位：万元

年份		收益情况					
		资产总额	负债总额	销售收入	总成本	净收益	政府补贴
大户	2013	62.93	6.96	43.14	24.73	16.62	1.58
	2014	63.96	8.24	41.84	25.34	16.55	0.22
	2015	71.7	6.81	52.32	28.02	20.92	0.17
合作社	2013	444.91	70.89	271.66	206.1	88.81	8.41
	2014	456.92	75.97	286.91	194.92	112.02	1.54
	2015	468.92	67.74	336.6	222.87	92.89	3.22
企业	2013	1 891.2	258.52	580.4	372.14	213.61	2.63
	2014	1 600.15	220.66	809.13	581.99	260.33	1.88
	2015	1 564.8	223.57	397.26	435.87	323.98	4.66

二、农业规模经营主体金融需求的状况及其特点

（一）资金缺口情况

三类规模经营主体普遍存在资金缺口。专业大户、合作社的资金缺口在50万元以内，农业企业的资金缺口更大，均值为1 100万元。有92%专业大户的资金缺口在50万元以内，缺口均值为19.59万元；合作社资金缺口在各额度区间分布相对平均，缺口均值为249.26万元（见表9）。

表9　各类经营主体资金缺口占比

单位：%

	0～50 （万元）	51～100 （万元）	101～200 （万元）	201～500 （万元）	500万元 以上	资金缺口均值 （万元）
大户	92	4.48	2.4	0.8	0.32	19.59
合作社	24.73	20.61	15.46	17.52	21.65	249.26
企业	33.35	12.51	4.17	12.5	37.5	1 102.625

资金缺口对专业大户、合作社生产经营活动的影响远比对农业企业的影响大。专业大户、合作社由于资金缺口而无法正常生产经营的比例达到20%～30%，企业的这一比例为7.14%（见图2）。

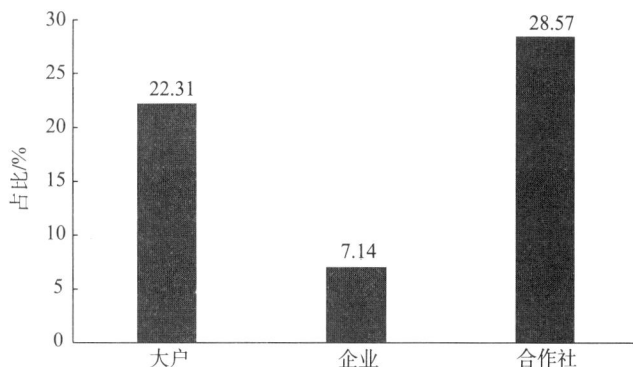

图 2　缺少资金影响农业生产经营活动

（二）贷款需求满足程度

规模经营主体贷款需求满足程度较低。专业大户、合作社对银行贷款的需求相对较高，但贷款获得批准的比例不高。有 42.6％的专业大户、51.79％的合作社向银行申请过贷款，但贷款获得批准的比例分别仅为 71.16％和 67.14％，可以看出合作社、大户向银行贷款较为困难。企业向银行贷款获批的比例为 92.86％，基本得到满足（见图 3、图 4）。

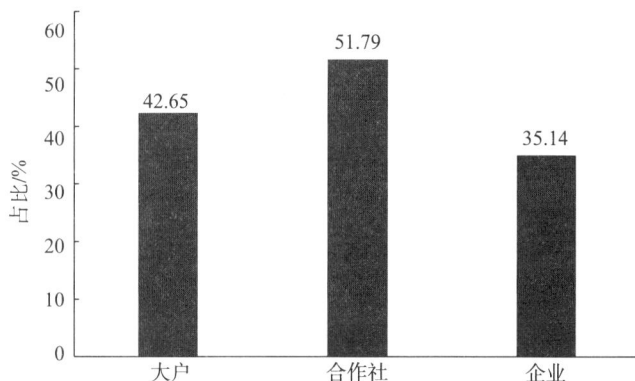

图 3　规模经营主体向银行贷款情况

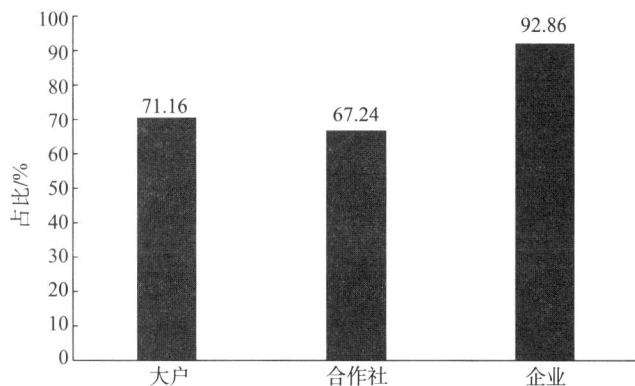

图 4　规模经营主体向银行贷款获得批准情况

（三）贷款利率、期限和额度

专业大户的贷款利率最高，合作社的贷款期限最长，农业企业的贷款额度最大。2013—2015年，专业大户得到的贷款以5万～10万元中短期小额贷款为主，合作社和农业企业以20万元以上的居多，多为一年期的贷款。专业大户贷款年利率在10%～15%之间，合作社和农业企业在5%～10%之间。由此可知，银行贷款倾向程度由高到低依次为企业、合作社、专业大户（见表10）。

表10　2013—2015年获得贷款的额度、期限和利率的均值情况

单位：%

统计指标	大户			企业			合作社		
	2013年	2014年	2015年	2013年	2014年	2015年	2013年	2014年	2015年
平均贷款额（万元）	12.61	13.64	12.52	3 566	3 798.11	256.26	101.14	206.16	149.73
平均贷款期限（月）	11.53	11.12	11.24	13.78	13.78	14.78	15.48	14.62	12.96
平均贷款利率（%）	11.36	10.37	10.33	7.33	7.26	8.65	9.58	9.49	9.4

（四）制约规模经营主体贷款的主要因素

贷款程序复杂且时间长是影响规模经营主体贷款的主要因素。在影响规模经营主体申请贷款方面，贷款程序复杂且时间长、贷款利息太高、担心申请不会批准等，是影响规模经营主体向银行申请贷款的三个主要原因。此外，担保条件太高也是阻碍其向银行申请贷款的重要因素（见表11）。

表11　缺钱没申请银行贷款的原因

单位：%

	大户	企业	合作社
担心贷款不会被批准	24.24	20.69	29.58
还不起怕失去抵押物	12.26	3.45	3.41
贷款利息太高	25.3	27.6	19.36
已有贷款没有还清	2.57	—	0
担保条件要求太高	21.66	24.15	26.16
程序复杂时间长	44.11	48.3	50.06
贷款规模小时间短	7.84	13.8	17.07
有其他途径借钱	21.19	27.6	15.94
其他	4.81	6.9	4.56

（五）对农业保险的要求

针对规模经营主体的农业保险产品亟待发展。在农业保险方面，规模经营主体整体参保比例较低，专业大户、合作社参保率分别为18.39%和10.87%，且均以自愿参保为主，保险品种主要是农作物灾害保险，对保险公司赔付金额不满意的比例较高。

（六）对改善金融服务的看法

规模经营主体对改善金融服务的看法较为一致。在如何改善金融服务方面，简化贷款手续、降低贷款利率、增加贷款额度，是农业规模经营主体对金融机构改进金融服务提出的三条主要意见。专业大户、合作社认为除了以上三点外，延长贷款期限同样重要；而合作社和企业则认为扩大抵押担保物范围也是亟待解决的问题（见表12）。

表 12　对金融机构改进的意见

单位：%

改进意见	大户	企业	合作社
增设营业网点	7.95	8.34	5.35
增加贷款额度	51.26	41.7	58.01
延长贷款期限	42.32	25.02	50.89
简化贷款手续	72.51	63.93	73.22
降低贷款利率	60.48	44.48	60.72
增加金融服务产品	5.62	5.56	9.82
扩大抵押担保物范围	19	30.57	38.37
其他	2.56	2.78	1.78

三、金融支持农业规模经营主体发展的对策和建议

（一）强化支农责任

要继续强化金融机构支持"三农"的义务和责任，进一步明确农村金融机构的性质和功能定位，努力解决农业规模经营主体存在资金缺口较大的困难和问题。

（二）提升客户贷款满意度

针对专业大户、合作社、农业企业金融服务需求的状况，金融机构要创新金融产品和服务方式，扩大贷款服务覆盖范围，提高农业规模经营主体贷款需求满足程度。

（三）提高客户贷款可得性

针对专业大户、合作社、农业企业反映的贷款额度低、期限短、利率高、程序复杂等问题，对农业规模经营主体，逐步增加贷款额度，适当降低贷款利率，延长贷款期限，简化贷款手续，切实解决贷款难问题。

（四）防范贷款潜在风险

针对专业大户、合作社、农业企业存在的涉农贷款风险相对较高的问题，支持金融机构开展适合农业规模经营主体的订单融资和应收账款融资业务，深入开展土地承包经营权、农户住房财产权、大型农机农具及农业生产设施抵押贷款业务，推进农村信用体系建设，增强农业规模经营主体还款意识，逐步降低贷款风险。

（五）扩大农业保险的应用范围

针对专业大户、合作社、农业企业反映的农业保险品种少、赔付金额低、参保比例不高等问题，积极推进农业保险扩面、增品、提标，积极支持金融机构开发满足农业规模经营主体需求的保险产品，降低农业保险费率，适当提高赔付金额，积极鼓励农业规模经营主体参加农业保险。

关于实施乡村振兴战略
推动政策措施落地的几点建议^①

党的十九大提出实施乡村振兴战略，中央农村工作会议做出了部署要求，中央 1 号文件提出了一系列政策措施。2018 年是实施乡村振兴战略的开局之年，为了把中央的部署要求和有关政策措施落到实处，特提出以下几点工作意见和政策建议。

一、加强学习贯彻宣传培训工作

只有学懂弄通，才能做实落地。中央 1 号文件提出要"制定实施培训计划，全面提升'三农'干部队伍能力和工作水平"。建议组织开展各种形式的宣传教育培训活动，引导广大基层干部和农民群众深入学习贯彻领会中央的决策部署。一是参照 2006 年举办社会主义新农村建设县（市、区）委书记县长专题培训班的做法，组织举办实施乡村振兴战略专题培训班，对县（市、区）级主要领导干部开展轮训。二是组织举办"学习贯彻党的十九大精神，实施乡村振兴战略"网上专题班，对乡村干部开展在线培训。三是通过报纸杂志等媒体、组织宣讲团或报告团等方式，对广大农村基层干部和群众进行宣讲。

二、加强规划引领编制指导工作

科学管用的规划是实施乡村振兴战略的路线图、施工图，国家要制定乡村振兴战略五年规划，各地区各部门要编制乡村振兴具体规划和实施方案，加强各类规划的统筹管理和系统衔接，形成城乡融合、区域一体、多规合一的规划体系。为确保乡村振兴的各项任务落实到位，一是要逐步建立村庄规划农房管理制度，加强村庄规划编制指导工作。二是要根据乡村布局和形态变化的趋势和特点，城乡人口结构和产业结构变化的趋势和特点，分类编制乡村振兴战略规划。三是要根据不同文化、民族、宗教、风俗、习惯等特点，制作农房样式设计图供农民选择。四是要组织引导研究设计单位和高等院校有关专业，开展乡村规划和农房设计研发工作。五是考虑到乡村振兴是一个长期的历史性任务，建议在有条件的高等院校开设乡村规划和农房设计专业。

三、安排启动实施试点示范工作

我国地域范围广、各地发展差异大，实施乡村振兴战略不可能齐步走、一刀切。各地要

---

① 本文写于 2018 年 2 月。

从实际出发，因地制宜、循序推进；突出重点，稳步推进；分类施策，分步实施。针对不同类型和特点的村庄采取不同的对策，安排启动试点示范。对一些条件比较好的城郊型村庄，应以加快推进城镇基础设施和公共服务向农村延伸为重点，开展乡村振兴试点示范；对自然历史文化资源丰富的村庄，应以保护与发展统筹兼顾为重点，开展乡村振兴试点示范；对生存条件恶劣、生态环境脆弱的村庄，应通过加大力度实施生态移民搬迁，开展乡村振兴试点示范。通过试点示范探索乡村振兴的路径和方式，为全面实施乡村振兴战略提供经验和借鉴。

四、研究制定评价考核指标体系

实施乡村振兴战略是一项长期的历史性任务，按照中央的有关部署和要求，需要对实施乡村振兴战略的进展情况进行监测评估，需要对市、县党政领导机构和领导干部推进乡村振兴战略的工作实绩进行考核评价。一是按照产业兴旺、生态宜居、乡风文明、治理有效、生活富裕、融合发展的总体要求，构建和完善乡村振兴监测指标体系，定期进行监测评估。二是围绕制度建设、人才支撑、资金投入、党的领导等方面的工作部署，研究制定工作实绩评价指标体系，作为考核评价依据。三是建立乡村振兴专家决策咨询制度，加强乡村统计工作和数据开发应用，组织智库加强乡村振兴理论研究。

五、完善农业农村用地管理政策

实现产业兴旺需要发展用地，落实工程项目需要建设用地。实施乡村振兴战略，要进一步调整和完善农业产业用地和农村建设用地政策。一是要完善农村土地承包政策，主要是在依法保护土地集体所有权和农户承包权的前提下，促进土地经营权流转，落实土地经营权抵押担保权能，通过入股和联营方式从事农业产业化经营，发展多种形式规模经营。二是落实完善农业设施用地政策，预留部分规划建设用地指标用于单独选址的农业设施和休闲旅游设施建设。三是改进耕地占补平衡管理办法，建立高标准农田建设等新增耕地指标和城乡建设用地增减挂钩节余指标跨省域调剂机制，将所得收益通过支出预算用于支持乡村振兴。四是深化农村建设用地制度改革，扩大农村土地征收、集体建设用地入市、宅基地制度改革试点，探索宅基地所有权、资格权、使用权"三权分置"，完善农村土地利用管理政策体系。五是完善农民闲置宅基地和闲置农房政策，适度放活农户宅基地和农民住房使用权。六是鼓励地方利用农村零星分散的存量建设用地和收储农村闲置的建设用地，支持地方发展农村新产业新业态，给予新增建设用地指标奖励。

六、引导城市各类人才下乡服务

乡村有没有人气，能不能留住人才，农村人口能否优化是乡村振兴的重要标志。实施乡村振兴战略，必须破解人才瓶颈制约。针对一些村庄缺人气、缺活力，村庄空心化、农户空巢化、农民老龄化不断加剧的问题，要畅通人才下乡通道，培育各种乡土人才，鼓励支持社会各类人才投身乡村振兴事业。一是要制定实施支持生产经营型、专业技术型、管理服务型人才下乡参与乡村振兴的政策。二是要制定实施鼓励党政机关和事业单位公职人员下乡回乡参与乡村振兴的办法。三是要制定实施引导工商资本参与乡村振兴的指导意见。

七、完善资金投入保障机制

实施乡村振兴战略，需要真金白银投入，必须解决钱从哪里来的问题，要创新资金筹措办法。要强化乡村振兴投入保障，加快形成财政优先保障、金融重点倾斜、社会积极参与的多元投入格局。一是要建立健全实施乡村振兴战略财政投入保障制度，加快推进行业内资金整合与行业间资金统筹相互衔接配合使用，撬动金融和社会资本更多投向乡村振兴。二是要按照推动农村金融机构回归本源的要求，抓紧出台金融服务乡村振兴的指导意见，强化各类金融机构支持乡村振兴的义务和责任，提高金融机构服务乡村振兴的能力和水平，完善金融机构支持服务乡村振兴的考核评估办法。三是要制定实施鼓励引导社会积极参与乡村振兴的政策措施，积极拓宽乡村振兴资金筹集渠道。推广一事一议和以奖代补等方式，鼓励农民对直接受益的乡村基础设施建设投工投劳。

产业兴旺让农村有活力农民有奔头^①

——基于浙江省衢州市衢江区的调查

产业兴，百业兴。实施乡村振兴战略的总要求，首位就是产业兴旺。衢州市衢江区地处浙江省西部，是典型的农业大区，先后被评为全国粮食生产先进县、全国商品粮生产基地、全国生猪调出大县、中国椪柑之乡、中国柑橘二十强县、国家级生态示范区。

一、选择好产业类型

1. 积极促进传统产业转型升级。 一方面，促进传统生猪养殖业转型。以规模养殖基地为重点，全力打造"美丽牧场"养殖产业精准扶持示范基地，推进美丽生态牧场创建。通过"农户＋企业"模式，与低收入农户开展"合作""认养"共同养殖，实现低收入农户固定分红。2017年1—9月，省、市、区三级共创建35家美丽生态牧场，其中12家已经完成创建。另一方面，促进传统柑橘种植业转型。推广"湖仁模式"，通过支持培育新型农业经营主体，依托本地农业资源，大力发展优新柑橘品种，实现柑橘产业提质增效。以湖仁村为核心带动周边村镇，2017年新建柑橘精品园和特色园项目7个，直接投资1 500万元，新建柑橘大棚面积35亩，发展优新品种210亩。

2. 积极发展特色农业。 紧盯市场有效需求，通过技能培训、政策贴息、扶贫资金支持等方式，结合废弃园地改造、低丘缓坡开发等项目建设，加大对农林产业的扶持力度，促进猪农转产转业，引导农民大力发展食用菌、中药材、茶叶、迷你番薯、蔬菜等适销对路的产业项目。后溪镇探索"财政扶贫资金＋农业龙头企业"股份合作模式，与衢江区锐轩家庭农场合作，发动周边农户，特别是生猪禁养户和柑橘冻害受灾农户种植食用菌，食用菌产业做大做强，带动农户增收。依托农业龙头企业、合作社、大户带动，引导毛竹板栗种植户、生猪禁养户等发展林下中药材复合经营3 000亩。莲花镇外黄村通过土地流转，推广迷你番薯种植，目前种植面积达2 500亩，年收益1 200多万元，人均收入近6 000元，成功实现产业转型。金扬村结合本地土壤条件优势，引进安吉白茶产业种植，已建成1 500余亩白茶种植基地，年产值1 200余万元。

3. 加快发展乡村休闲旅游业。 一是按照"十村联创，万张床位"的民宿提升发展要求，整村推进，集聚发展。重点抓好10个民宿提升村、10个美丽乡村民宿产业发展村和10家民宿特色点创建。2017年全区共新增农家乐床位4 006张，农家乐床位总量达到10 086张。农家乐接待游客量433万人次，直接营业收入2.5亿元，同比分别增长22%和25%。二是围绕打造"五养归谷"品牌，开展乡村休闲旅游大营销。力求做到月月有主题、季季有活

① 本文与孙昊、彭超、高鸣合作，发表于《农村工作通讯》2018年第7期。

动，吸引众多游客来衢江休闲度假和养老养生，使得衢江的乡村休闲游持续火爆。通过农家乐经营户，带动周边从事种菜、养鸡、农产品加工等产业的其他农户，形成相互促进的利益共同体。

二、设计好产业政策

1. **"四个一"融合发展战略。**"一城"是指以针灸康养为内核、田园城市为形态，争创针灸康养城市特色区。"一区"是指以循环经济的理念指导生产生活，争创循环经济发展示范区。"一村"是指以乡愁为特色标志，争创省级美丽乡村示范区。"一心"是指以二十国集团领导人峰会（G20）农产品标准为标杆，争创放心农业发展引领区。衢江区把放心农业作为康养之城的重要产业，积极推动休闲度假、旅游观光、养生养老、农耕体验与放心农业融合发展，将农业产业链从生产向农产品加工、仓储、流通及休闲观光服务业延伸，形成一二三产业大融合。

2. **"四大板块"发展区域布局。**四大板块是指莲花镇的传统农业、全旺镇的现代农业、富里镇的智慧农业和浮石镇的康养产业。围绕四大板块建设，衢江区有序推进重大项目建设。总投资约30亿元的富里农村综合改革试验区项目启动建设，规划打造省级乃至国家级水田垦造示范区、大型区域土地流转提升区、现代化粮食生产功能区、放心农业发展先行区、新农村建设样板区、农村综合改革试验区"六位一体"的综合项目。围绕四大板块建设，衢江区累计投入农业"两区"建设资金近10亿元，其中各级财政投入4.1亿元，建成粮食功能区115个，面积10.26万亩。创建省级现代农业园区27个（现代农业综合区3个、主导产业示范区7个、特色农业精品园17个）。

3. **"八大渠道"发展管理体系。**一是抓好顶层设计。构建以"产地环境保护、农资市场监管、农业标准生产、产品检验检测、质量安全溯源、生产经营诚信、技术服务支撑、多元营销市场"等八个渠道的放心农业发展管理体系。二是抓好标准化生产。制定涵盖产地环境、质量控制等统一的标准化生产技术模式图，使生产经营主体有章可循、有标可依。农业"两区"和全区家庭农场都进行取土采样送检，根据产地土壤环境质量，科学规划生产布局。三是抓好品质管理。为确保农产品质量安全，在全市率先推广二维码追溯管理，让消费者通过手机扫描二维码掌握农场、农药、肥料、采收以及农残检测结果等情况。

4. **"千名主体"发展人才队伍。**实现产业兴旺，需要培养造就一支"一懂两爱"的人才队伍。在这方面，衢江区主要有三个做法：一是培育新型农业经营主体。出台人才奖励措施，发展壮大新型农业经营主体，加快创业创新步伐。全区涌现出一批"农二代"和"农创客"，共建立家庭农场1 400家、农民专业合作社1 450家、农业龙头企业89家，带动农户5.1万户。二是强化招才引智。继续与浙苏沪三地农业科学院开展农业科技战略协作对接，成立浙江省农业科学院衢江区专家工作站，已有15位专家对20多户家庭农场进行新品种和新技术的指导。出台人才激励政策，先后吸引博士、海外归国人员、农业专家等高科技人才共20余人，大中专毕业生100多人投身农业，示范带动当地5 000多农户实现增效增收。三是构建新型职业农民培育体系。到2016年年末，330名新型农民获得农业职业资格证书，农业广播电视学校培养农民中专生85名，新增科技示范户2 100户，先后组织6批次165名农场主到我国台湾等地学习。

5. "多元营销"农产品销售渠道。"政府搭台，市场唱戏"，是衢江区推进农业产销对接的主要做法。一是开通免费直通车。创新开通全省首列免费家庭农场周末直通车，开展"社区-农场-餐桌"活动，打通生产者与消费者"最后一公里"，打造"开放型田园超市"。二是推进品牌经营。对全区农产品进行研究分析，明确构建以供给 G20 峰会食材的淘果园农场等 6 家家庭农场为塔尖，以按 G20 标准生产的若干家庭农场为塔身，以按八大渠道标准生产的众多家庭农场为塔基的金字塔型标准化生产体系。每个层次的农产品都有严格的生产技术标准，农场主须"按标生产、按标上市"，一旦违规将取消其家庭农场相应的授牌。三是加强电商合作。建成农村电子商务综合服务站"乡村淘"，以及百特汇、老农民商城等一批电商平台，采取电商和实体店线上线下联动的方式，同步推广衢江放心农产品品牌。

6. "要素保障"有序健康发展。实现产业兴旺，需要加大财政支农扶持力度，统筹城乡要素流动，盘活农村资源。在这方面，衢江区主要有三种做法：一是集聚整合优势政策。通过调整财政资金补助方向，重点支持放心农业、柑橘精品园、美丽牧场创建、五水共治等重点工作，每年安排 1 000 万元专项资金，用于发展放心农业，重点向农业"两区"倾斜。二是整合金融服务。探索大棚和机械等农业设施、粮食订单、项目资金、农村土地流转经营权证等抵押贷款方式，为现代农业发展提供资金保障。区农村信用联社扩大家庭农场小额保证保险贷款范围和幅度，提高农业抗风险能力。三是服务农企上市。对经营条件较好、影响力较强、上市意愿较强的涉农企业，安排专人做好跟踪服务。

三、建立好产业规范

1. 出台地方性指导意见，加强对旅游富民的支持。2014 年以来，浙江省政府相继出台了《关于加快培育旅游业成为万亿产业的实施意见》《关于进一步促进旅游投资和消费的若干意见》《关于全面推进农家乐规范提升发展的若干意见》等政策文件。2012 年，衢州市出台《关于促进旅游业大发展的意见》，明确要按照"生态、生产、生活"融合的要求，明确把旅游业培育成经济支柱产业和现代服务业龙头产业。2016 年衢州市全面启动国家全域旅游示范区创建工作，制定《衢江区国家全域旅游示范区创建工作方案》和出台《衢江区 2016 年度创建全域旅游示范区考核办法》。

2. 制定乡村旅游服务评价体系，推动乡村旅游有序发展。为把浙江省乡村 A 级景区从目前的 120 家通过 3 年时间拓展到 1 万家，省政府组织召开了全省全域旅游发展暨万村景区化工作推进会，旅游部门专门制定了《浙江省 A 级景区村庄服务与管理指南》《浙江省 A 级景区村庄服务质量等级评价细则及说明》等系列规范，就创建指标向各地（市、县）进行层层分解说明，作为市场主体进行景区建设发展的标准依据。

3. 制定行业标准体系，促进民宿经济规范化与标准化经营。2016 年颁布实施的《浙江省旅游条例》第三十一条明确赋予了民宿合法身份，破解了"民宿一直行走在法律边缘"的尴尬。在深入调研的基础上，结合民宿业发展现状，省公安厅出台了《关于确定民宿范围和条件的指导意见》，下发了《浙江省民宿（农家乐）治安消防管理暂行规定》，为民宿业的执法管理与规范发展提供了政策依据。省旅游局制订了《民宿基本要求和评价》，开发了全省民宿网络管理信息系统，已有 5 500 余家民宿录入信息系统。

四、处理好六个关系

浙江省在促进产业兴旺方面涌现出的好做法和积累的成功经验，对各地促进产业发展具有参考价值与借鉴意义。从浙江的实践看，在促进产业兴旺过程中，要注意把握处理好以下六个方面的关系。

一是处理好政府与市场的关系，防止"一哄而上"扭曲市场机制发挥作用。长期以来，一些地方政府对于经济发展工作有"主导"干预的冲动，往往缺乏间接"引导"。借鉴浙江的经验，政府应立足于科学制定战略规划，完善制订地方性法律法规与行业标准，通过建立起良好的制度环境，将产业发展的任务交给市场良性竞争机制完成。

二是处理好传统业态与新业态的关系，防止"厚此薄彼"忽视传统产业转型。实施乡村振兴战略，促进产业兴旺，发展新业态、新产业固然重要，但不应忽视传统农业产业的改造升级。应将新技术、新工艺、新装备、新品种、新主体、新模式引入到传统产业中，通过农业产业化经营和产业融合发展，带动传统种养业转型升级，使传统农户享受到融合发展的好处。

三是处理好小农户与现代农业的关系，防止"扶强除弱"造成小农户被边缘化。必须看到，农业经营主体的自身规模是由他们根据市场情况自我选择的结果，是市场经济的内生产物。应坚持从当地经济发展实际出发，因地制宜发展多种形式的农业适度规模经营。绝不能将现代农业发展，简单等同为农户土地经营规模的大小，防止片面追求土地流转集中损害小农户利益。

四是处理好农业与工商业发展之间的关系，防止"以偏概全"损害农业农村利益。从当前情况看，财政资金对农业支持严重不足，应加大财政支农力度。同时，也应看到仅靠财政投入支持农业，相比于农业发展需求是远远不够的，应以财政资金为杠杆，撬动工商业资本进入农业，拓展农业产业发展空间，壮大农村新产业、新业态，在做大做强农业产业的基础上实现农户与工商资本的合作双赢与互利共赢。

五是处理好产业兴旺与其他四条要求之间的关系，防止"挂一漏万"对其他四条要求重视不够。乡村振兴战略的五句话二十个字总要求是一个有机整体，每一句话既是目标又是任务，相互之间又存在紧密联系。产业兴旺是乡村振兴的一个重要目标任务，又是生活富裕、乡风文明、生态宜居、治理有效的重要基础前提。我们要深刻理解全面把握二十个字的内涵要求与内在相互关系，把乡村振兴战略实施好，使亿万农民受益。

六是处理好激发要素活力与体制机制改革的关系，防止"制度瓶颈"制约要素活力有效释放。产业兴旺离不开城乡要素激活，促进产业兴旺势必要将土地、人才、资本等多种资源要素注入产业发展的过程当中。但受制于一些制度性约束，很多农村地区促进产业发展仍面临着用地不便、用电紧张、人才难留、金融产品供应不足等方面的困难。应绷紧深化改革这根弦，重视基层创造，强化顶层设计，通过体制机制不断创新，化解政策性矛盾，打破制度性障碍，将城乡资源要素盘活调动起来，促进产业兴旺、实现乡村振兴。

中国农村改革 40 年回顾与思考[①]

一、农村改革 40 年的历程和成就

(一) 农村改革的五个阶段

1. 第一阶段：1978—1984 年，探索突破阶段。 从农村基本经营制度入手，实行家庭联产承包责任制，废除人民公社体制，实行政社分开，建立乡镇人民政府，发展乡镇企业，初步形成和基本确立了家庭承包经营制度，农村改革取得突破性进展。

2. 第二阶段：1984—1992 年，乡城互动阶段。 随着家庭承包经营制度的确立，开始启动城市经济体制改革，以搞活农村商品流通、促进农村劳动力转移、实现村民自治为重点，促进城乡要素流动，农村改革继续稳步推进。

3. 第三阶段：1992—2002 年，全面推进阶段。 按照建立社会主义市场经济体制的要求，稳定与完善农村基本经营制度，深化农产品流通体制改革，调整农村产业结构，推进乡镇企业体制创新，促进农村劳动力转移，农村改革得到进一步深化。

4. 第四阶段：2002—2012 年，城乡统筹阶段。 健全农村土地管理制度，深化粮棉流通体制改革，建立农业支持保护制度，扩大农业对外开放，改革农村税费制度，创新农村金融制度，健全农村民主管理制度，建立城乡发展一体化制度，农村改革进入了城乡统筹的新阶段。

5. 第五阶段：2012 年以来，全面深化阶段。 以全面建成小康社会为目标，围绕抓关键补短板，全面推进农村综合改革和其他领域各项改革，注重改革的全局性、系统性、协同性，着力深化农村体制机制创新。

(二) 农村改革的重要进展

我国历经 40 年的农村改革，目前已建立了 10 项重要制度，初步构建了农村改革的制度框架体系。第一，建立与完善农村基本经营制度。确立了以家庭承包为基础、统分结合的双层经营体制，培育了家庭经营、集体经营、合作经营、企业经营等经营主体，初步构建了集约化、组织化、专业化和社会化相结合的新型农业经营体系。第二，建立与完善乡村治理机制。建立乡镇人民政府，实行村民自治，培育农村社会组织，强化农村社会管理。第三，建立健全农村土地管理制度。建立与完善农村土地承包制度，引导和规范集体建设用地进入市场，完善农村宅基地管理制度，推进征地制度改革，探索建立了以股份合作制为主要特征的农村集体产权制度。第四，建立和完善农村市场制度。逐步放开农产品流通与价格，建设与完善农村市场体系，培育与发展多元市场主体，建立与完善农产品储备及进出口调节制度。

---

① 本文发表于《南京农业大学学报（社会科学版）》2018 年第 3 期。

第五，建立农村工作领导管理体制。确立农村工作领导体制，建立农业行政管理体制，完善工作责任体系，实行"四个责任制"，建立干部绩效考核评价体系。第六，建立与完善农业支持保护制度。完善农业投入保障制度，建立农业补贴制度，健全农产品价格保护制度，以及建立农业生态环境补偿制度。第七，创新农村财税制度。建立公共财政支持农村制度，加强农村基础设施建设，发展农村社会事业，全面取消农业税费，切实减轻农民负担。第八，创新农村金融制度。建立健全农村金融组织体系，创新农村金融产品及服务方式，扩大农村有效担保物范围，进一步发展农业保险与农村保险。第九，扩大农业对外开放。发展农产品进出口贸易，实施"引进来"和"走出去"战略，拓展农业对外交流与合作。第十，加强并完善农村法制建设。完善涉农法律法规，强化涉农执法体系建设，增强依法行政能力，加强执法监督及司法保护。

（三）农村改革的主要成就

我国经过 40 年的农村改革实践，已实现农业生产持续增长，农村经济协调发展，农民生活水平显著提高，农村基础设施明显改善，农村社会事业全面进步。回顾整个改革历程，突出表现为在四个方面成功实现了转型。首先是农业方面，增加资本与技术等生产要素的投入，采用先进的生产手段，构建农业产业体系，转变农业经营方式，完成了由传统农业改造到现代农业建设的转变。其次是农村方面，加强基础设施建设，发展社会管理事业，强化公共服务，推进生态文明建设，完成了由促进经济发展到加强社会建设的转变。再次是农民方面，健全了村民自治制度，赋予农民更多的财产权利，扩大农民政治参与，促进了农村民主的发展，完成了由增加经济利益到保障民主权利的转变。最后是城乡关系方面，实施统筹城乡发展的基本方略，改革城镇户籍管理制度，促进农村劳动力向城镇转移就业，推进城乡基本公共服务均等化，破除二元结构，推动一体化发展。

（四）农村改革的基本经验

1. 始终坚持巩固和完善农业基础地位。我国始终把解决好十几亿人口吃饭问题作为治国安邦的头等大事，坚持立足国内实现粮食基本自给、口粮绝对安全，不断加大国家对农业的支持保护力度，深入实施科教兴农战略，加快现代农业建设，实现农业全面稳定发展和农产品有效供给，为推动经济发展、促进社会和谐、维护国家安全奠定了坚实基础。

2. 始终坚持保障农民基本权益。把实现好、维护好、发展好广大农民的根本利益始终作为我国农村一切工作的出发点与落脚点。坚持以人为本，尊重农民意愿，着力解决农民最关心、最现实和最直接的利益问题，实行村民自治，赋予农民更多财产权益，推进基本公共服务均等化，更好地保障和改善民生，促进社会公平正义，提高农民综合素质，促进农民全面发展，让农民也享受到经济社会发展的成果，确保农村社会既充满活力又和谐有序。

3. 始终坚持解放和发展农村生产力。我国始终把改革创新作为农村发展的根本动力。坚持不懈地推进农村改革和制度创新，实行家庭承包经营制度，废除人民公社体制，调整不适应生产力发展要求的生产关系，从深度和广度上推进市场化改革，打破了制约生产力发展的桎梏。这个根本性改革，解放和发展了农村生产力，带来了农村经济和社会发展的历史性变化，农村已进入总体小康并向全面小康迈进的阶段。

4. 始终坚持统筹城乡经济社会发展。我国始终把着力构建新型工农、城乡关系作为加快推进现代化的重大战略，使农村改革和城市改革相互配合、协调发展。农业现代化建设与工业化、信息化和城镇化发展同步推进，建立健全以工促农、以城带乡的长效机制，把国家基础设施建设和社会事业发展重点放在农村，实现城乡区域协调发展，并使广大农民能够平等参与现代化进程，共享改革发展成果。

5. 始终坚持和改善党对农村工作的领导。我国始终把加强和改善党对农村工作的领导作为推进农村改革发展的政治保证。坚持一切从实际出发，坚持党在农村的基本政策，坚持党管农村工作、乡村社会管理、村民自治有机统一，加强农村基层组织和基层政权建设，完善党管农村工作体制机制和方式方法，推进社会治理领域制度创新，加快形成科学有效的社会治理体制，发展更加广泛、更加充分、更加健全的人民民主，形成了推进农村改革发展的合力。

二、全面深化农村改革的目标和思路

（一）深化农村改革的问题及挑战

新一轮的农村改革，既是在工农、城乡发展总体失衡尚未根本扭转的背景下进行的，又是在工业化、城镇化、信息化深入发展的进程中开展的。所以全面深化农村改革，不仅要调整农村内部的生产关系与上层建筑，而且要突破城乡二元结构，促进"四化"同步发展。

新一轮的农村改革，既要突破传统思想观念的束缚，又要破除利益固化的藩篱，这既会涉及既得利益者，又会涉及工商业者等其他主体的利益，甚至关系到整个经济社会的稳定发展，稍有不慎，就可能带来出乎意料的隐患与风险。所以全面深化农村改革，是在两难甚至多难困境中权衡与选择，必须积极稳妥地推进。

新一轮的农村改革，也是在全球化和市场化程度进一步加深的背景下进行的，我国农业国际、国内的市场竞争能力都需要全方位提升。所以全面深化农村改革，需要统筹考虑国际、国内两种影响因素，国际国内两个市场与资源都要积极利用。

（二）全面深化农村改革的目标和任务

党的十八届三中全会《中共中央关于全面深化改革若干重大问题的决定》（以下简称《决定》），围绕全面深化农村改革，赋予农民更多财产权利，健全城乡发展一体化体制机制，形成新型工农城乡关系，让广大农民平等参与现代化进程、共同分享现代化成果的目标要求，从建立农业可持续发展长效机制、完善重要农产品价格形成机制、加快构建新型农业经营体系、深化农村土地制度改革、加快农村金融制度创新、推进农业转移人口市民化，以及城乡要素平等交换和公共资源均衡配置等方面，全面部署了新形势下推动农村改革发展的主要任务。

（三）全面深化农村改革的思路和方法

要坚持社会主义市场经济改革方向，发挥市场配置资源的决定性作用与加强政府支持保护功能互补。市场能办好的事交给市场，社会能办好的事交给社会，政府要切实转变职能、简政放权，不搞大包大揽、过度干预。对农业农村发展中市场失灵的领域，政府必须切实承担起责任。

深化农村改革，不仅波及面广、政策性强，而且影响深远，有些地方甚至还极为复杂、艰巨与敏感，触及深层次社会矛盾和利益关系的调整，所以需要摸着石头过河，在摸索、选择，甚至试错中前行。需要在明确底线的前提下，鼓励基层大胆探索创新，支持地方试行，尊重农民群众的实践创新。

我国地域辽阔，各地情况迥然相异，要承认差异性，兼顾特殊性。所以要因地制宜、循序渐进地深化农村改革，允许采取过渡性、差异性的政策及制度安排，不搞"一刀切"，不追求一步到位。

三、着力推进重点领域和关键环节的农村改革

（一）深化农村土地制度改革

土地是农业的基本生产资料，是农民的重要生活保障，也是保持农村社会和谐稳定的根本。土地制度是农村的基础制度，也是决定经济社会全局的基础性制度。土地制度改革的核心是稳定土地承包关系，引导土地有序流转，保障农民的土地财产权益。深化农村土地制度改革，对于发展规模经营、推进农业现代化，增加农民收入、缩小城乡差距，健全城乡发展一体化体制机制，形成新型的工农城乡关系，具有重要而深远的影响。深化农村土地制度改革，要按照产权明晰、用途管制、严格管理、节约集约的要求，实行最严格的耕地保护制度和最严格的节约用地制度，完善土地承包经营权流转市场，建立城乡统一的建设用地市场，依法保障农民土地承包经营权和农户宅基地用益物权。

1. 完善农村土地承包制度。 积极探索现有土地承包关系保持稳定并长久不变的具体实现形式。积极推进农村土地承包经营权确权登记颁证工作的完善，积极探索农村承包地确权的具体方式和方法，拓展农地确权成果应用范围和领域。建立健全农村土地承包经营权流转市场，增强土地承包经营权流转管理和服务。探索农村土地所有权、承包权、经营权分置并行的有效实现形式，落实所有权、稳定承包权、放活经营权。赋予农民对承包地占有、使用、收益、流转及承包经营权抵押、担保的权能。积极探索承包土地经营权向金融机构抵押融资的途径和办法，建立配套的抵押资产处置机制。抓紧研究提出规范的实施办法。加紧探索农村土地承包经营权有偿退出机制，推动修订相关法律法规。

2. 探索农村集体经营性建设用地入市。 在符合规划和用途管制的条件下，允许农村集体经营性建设用地出让、租赁、入股，实行与国有土地同等入市、同权同价。建立农村集体经营性建设用地产权流转市场，完善土地二级市场；探索建立兼顾国家、集体、个人的土地增值收益分配机制，合理提高农民的个人收益。

3. 改革农村宅基地管理制度。 保障农户宅基地用益物权，研究探索赋予农户宅基地收益权和转让权的实施办法；完善农村宅基地分配政策，研究探索宅基地有偿获得与使用的途径；加快包括农村宅基地在内的农村地籍调查，开展农村集体建设用地使用权确权登记颁证工作。选择若干试点，研究提出具体试点方案，慎重稳妥地推进农民住房财产权抵押、担保、转让试点，探索农民增加财产性收入的渠道。

4. 加快推进征地制度改革。 缩小征地范围，规范征地程序，完善对被征地农民合理、规范、多元保障机制。修订有关法律法规，保障农民公平分享土地增值收益。改革对被征地农民的补偿办法，除补偿农民被征收的集体土地外，还必须对农民的住房、社保、就业培训

给予合理保障。各地还可以根据实际情况，积极探索创新，采取留地安置、补偿等多种方式，确保被征地农民长期受益。健全征地争议调处裁决机制，保障被征地农民的知情权、参与权、申诉权、监督权。

（二）构建新型农业经营体系

构建新型农业经营体系的核心是坚持家庭经营的基础性地位，培育多元化的经营主体，发展多种形式的适度规模经营。近些年来，我国城乡社会生产力发展很快，客观上要求创新农业经营体系。工业化、城镇化的快速推进，带来了农村劳动力的大规模转移就业，引发了"谁来种地""地怎么种"等新课题，对培育新型农业经营主体、发展适度规模经营提出了迫切要求；随着农业科技的进步和推广应用，农业生产机械化、农业服务社会化、农业经营信息化快速发展，又为创新农业生产经营方式和服务方式提供了基础和条件。适应上述要求和需要，一些地方也在通过培育专业大户、家庭农场、农民合作社等新型农业经营主体，积极发展多种形式规模经营，为构建新型农业经营体系提供了经验和借鉴。党的十八届三中全会《决定》明确提出，坚持家庭经营在农业中的基础性地位，推进家庭经营、集体经营、合作经营、企业经营等共同发展的农业经营方式创新。

1. 发展多种形式规模经营。从各地的探索实践看，发展农业规模经营，有承包农户之间"互换并地"的，有农户流转承包地的，有开展土地股份合作的，有社会化服务组织与农户联合的，还有工商企业租赁农户承包地等多种形式。通过给予土地流转奖励补助等措施，鼓励有条件的农户流转承包土地的经营权。完善县乡村"三级"服务和管理网络，加快健全土地经营权流转市场。探索建立工商企业流转农业用地风险保障金制度，降低和减少农户流转承包地的风险。探索土地集中型、服务带动型、空间集聚型等多种适度规模经营发展路径。

2. 培育新型农业经营主体。专业大户、家庭农场、农民合作社、农业企业等新型经营主体，以市场化为导向、以专业化为手段、以规模化为基础、以集约化为标志，是建设现代农业、推进农业现代化的骨干力量。鼓励在公开市场上将土地承包经营权向专业大户、家庭农场、农民合作社、农业企业等新型农业经营主体流转；促进农业新增补贴向专业大户、家庭农场、农民合作社等新型农业经营主体倾斜；加大对新型农业经营主体领办人教育培训力度。明确专业大户和家庭农场法人地位；引导发展农民专业合作社联合社；鼓励和引导工商资本到农村发展适合企业化经营的现代种养业；鼓励发展混合所有制农业产业化龙头企业。在国家年度建设用地指标中单列一定比例，专门用于新型农业经营主体建设配套辅助设施；鼓励地方政府和民间出资设立融资性担保公司，为新型农业经营主体提供贷款担保服务。落实和完善相关税收优惠政策，支持农民合作社发展农产品加工流通。

3. 健全农业社会化服务体系。坚持主体多元化、服务专业化、运行市场化的方向，积极推进构建经营性服务和公益性服务相结合、综合服务和专项服务相协调的新型农业社会化服务体系。强化农业公益性服务体系，培育农业经营性服务组织，加快供销合作社改革发展。采取财政扶持、税收优惠、信贷支持等措施，大力发展多元主体、多样形式、充分竞争的社会化服务。积极探索推行合作式、订单式、托管式等多种服务模式，扩大农业生产全程社会化服务试点范围。通过政府购买服务等方式，支持具有资质的经营性服务组织从事农业公益性服务。

（三）改革农村集体产权制度

推进农村集体产权制度改革是深化农村改革的重要内容，对于壮大农村集体经济、增加农民财产性收入、建立城乡要素平等交换关系、加强党在农村的执政基础，具有重要而深远的意义。农村市场经济体制的发展，不仅丰富了农村市场的交易行为，形成了更为复杂的成员身份及利益关系，也提出了建立明晰产权制度的要求。现阶段我国农村集体产权制度改革取得了一定的进展，但由于现行法律、政策等制度性约束，各地在推进改革过程中都遇到一些亟待解决的关键问题。2016年中共中央国务院下发《关于稳步推进农村集体产权制度改革的意见》提出，通过改革，逐步构建归属清晰、权能完整、流转顺畅、保护严格的中国特色社会主义农村集体产权制度，保护和发展农民作为农村集体经济组织成员的合法权益。科学确认农村集体经济组织成员身份，明晰集体所有产权关系，发展新型集体经济；管好用好集体资产，建立符合市场经济要求的集体经济运行新机制，促进集体资产保值增值；落实农民的土地承包权、宅基地使用权、集体收益分配权和对集体经济活动的民主管理权利，形成有效维护农村集体经济组织成员权利的治理体系。

1. 民主确定成员资格认定标准。按照中国现行法律，村集体所有的土地是由村集体成员共同拥有而非由村集体管理组织实体拥有。对于集体经济组织成员身份界定，应在坚持尊重历史、权利义务对等、程序公开、标准一致的基础上，统筹考虑农村土地承包关系、户籍关系、对集体积累作出的贡献以及有关法律政策规定等条件，由集体经济组织全体成员民主决定。改革试点中，要探索在群众民主协商基础上确认农村集体经济组织成员的具体程序、标准和管理办法，建立健全农村集体经济组织成员登记备案机制。同时，还应妥善处理外嫁女、义务兵、迁入户等特殊群体的成员身份界定问题，防止多数人侵犯少数人权益。

2. 规范农村集体资产股权管理办法。尽快研究出台《农村新型集体经济组织股权管理办法》，对股权结构、人员界定、增资扩股、新增资产股份量化等问题进行明确规定。通过股权管理壮大集体经济，增强集体经济的发展活力、竞争能力以及对成员的服务能力。尽快研究出台《农村新型集体经济组织收入分配管理办法》，规范改制后的集体经济组织收入分配，逐步缩小集体福利分配的范围。在将集体财产权转变为共同持有股份时，应把集体组织共同持有的股份分配给集体成员持有。对实行股份合作制进行集体产权制度改革的，应返还或减免对股份分红征收的税收，以减轻农民负担。现阶段，个人股仍然是集体资产股权设置的主要形式；而是否设置集体股，归根结底要尊重农民的选择，应通过公开程序由集体经济组织自主决定。但当一些农村完成"村转居"，集体经济组织的社会性负担逐步剥离后，应当取消集体股以达到产权的彻底清晰。

3. 完善农村集体资产法人治理结构。科学合理的法人治理结构，是实行民主决策、民主管理、民主监督的有效保障。应尽快研究制定《农村新型集体经济组织章程》，建立包含股东大会、理事会、监事会的"三会"治理结构，以及包含法人财产权、出资者所有权、出资者监督权、法人代理权的"四权"制衡机制。推进农村集体产权制度改革，依照现行法律的规定，规范利润分配行为。应当改善法人治理结构的外部体制环境，厘清村委会、村党支部与新型集体经济组织之间的关系，使农民群众真正成为集体经济的决策主体、投资主体及受益主体，成为集体经济组织名副其实的法律主体。

4. 发展多种形式集体经济。农村集体经济组织可以利用未承包到户的集体"四荒"地、果园、养殖水面等资源，集中开发或者通过公开招投标等方式发展现代农业项目。在符合规划的前提下，探索利用闲置的各类房产设施、集体建设用地等，以自主开发、合资合作等方式发展相应产业。鼓励整合利用集体积累资金、政府帮扶资金等，通过入股或者参股农业产业化龙头企业、村与村合作、村企联手共建、扶贫开发等多种形式发展集体经济。鼓励地方依托集体资产监督管理、土地经营权流转管理等平台，建立符合农村实际需要的产权流转交易市场。

（四）创新农村金融保险制度

进入21世纪以来，我国启动了以加紧建立适应"三农"特点的多层次、广覆盖、可持续的农村金融体系为基本目标的新一轮农村金融改革。经过多年的实践探索，我国农村金融服务体系的框架已经基本形成。当前的主要问题是一些改革政策措施没有落实到位，主要表现在：金融机构的责任和分工仍不明晰，政策性金融缺失问题依然存在；农村民间金融缺乏规范，新型农村金融机构发育迟缓；创新农村信贷担保抵押方式进展缓慢，满足农民贷款需求与化解金融组织风险的矛盾依然突出。深化改革的主要任务是：强化金融机构支持"三农"义务和责任，创新农村金融服务方式，加快发展新型农村金融组织，大力发展农业和农村保险。

1. 强化金融机构服务"三农"职责。强化商业金融对"三农"和县域小微企业的服务能力，扩大县域分支机构业务授权，不断提高存贷比和涉农贷款比例，将涉农信贷投放情况纳入信贷政策导向效果评估和综合考评体系。支持由社会资本发起设立服务"三农"的县域中小型银行和金融租赁公司；鼓励地方政府和民间出资设立融资性担保公司；支持符合条件的农业企业在主板、创业板发行上市；推动证券期货经营机构开发适合"三农"的个性化产品。

2. 发展新型农村合作金融组织。依托农民合作社和供销合作社，培育发展农村合作金融，不断丰富农村金融机构类型。坚持社员制、封闭性原则，在不对外吸储放贷、不支付固定回报的前提下，推动社区性农村资金互助组织发展。鼓励发展适合农村特点和需要的各种微型金融服务组织，大力发展小额信贷。鼓励地方建立风险补偿基金，有效防范金融风险。允许农村小型金融组织从金融机构融入资金，加快农村诚信体系建设。

3. 创新农村信贷担保抵押方式。建立政府扶持、多方参与、市场运作的农村信贷担保机制，扩大农村有效担保物范围。在继续鼓励农户互助担保的同时，建立专门的担保基金，催生一批专业性的农村信用担保机构，从事农业担保服务；鼓励并引导商业担保机构开展农村担保业务，采用动产抵押、权益质押、仓单质押、农民土地承包经营权、农户住房财产权、农村集体资产股权等多种担保形式；建立农户信用记录，完善信用评级制度；发展农户联户担保，降低信用风险。金融机构也要适应农村金融需求的特点，建立和完善以信用为基础的信贷经营机制，降低农村信贷门槛。

4. 加大农业和农村保险支持力度。提高中央、省级财政对主要粮食作物保险的保费补贴比例，逐步减少或取消产粮大县县级保费补贴，不断提高稻谷、小麦、玉米三大粮食品种保险的覆盖面和风险保障水平。鼓励保险机构开展特色优势农产品保险，有条件的地方提供保费补贴，中央财政通过以奖代补等方式予以支持。扩大畜产品及森林保险范围和覆盖区域。鼓励开展多种形式的互助合作保险，建立财政支持的农业保险大灾风险分散机制，探索开办涉农金融领域的贷款保证保险和信用保险。

（五）完善农产品价格形成机制

进入 21 世纪以来，我国以深化粮棉流通体制改革为重点，全面放开了农产品购销市场，实现了农产品产销的市场化。农产品市场放开后，为保护农民利益和稳定市场供应，国家逐步建立了以最低收购价、临时收储、国家和地方储备、进出口调节等多种措施构成的农产品市场调控体系。实施这些政策措施，对粮食增产和农民增收发挥了重要支持作用。但近年来，这些政策措施的实施也面临着一些新的矛盾和问题，突出表现在由于执行最低收购价和临时收储政策的主体单一，收储规模扩大，一些产品形成了事实上的国家垄断，国家采取政策性收储后，还要择机将"托市粮"卖出。这"一进一出"不仅扭曲了市场价格形成机制，而且改变了各类农产品加工、贸易企业的市场预期，许多企业不敢入市、不愿存粮。长此以往，"国家成为了商家、政策代替了市场"，明显降低了市场活力。这既加重了政府的财政负担，又影响了农民面向市场的主观能动性，还抑制了市场配置资源作用的发挥。因此，党的十八届三中全会《决定》提出，完善农产品价格形成机制，注重发挥市场形成价格作用。2014 年中央 1 号文件又明确提出，坚持市场定价原则，探索建立农产品目标价格制度。

1. 探索建立农产品目标价格制度。 探索建立农产品目标价格制度，一方面，让价格形成真正反映市场供求关系，农产品生产、流通和消费主要由市场价格信号来引导；另一方面，政府通过价外补贴等方式，最大限度地保护农民利益。实行目标价格制度，国家一般不直接入市收购，而是实行"补两头、放中间"。"补两头"，就是国家按照"生产成本＋基本收益"原则及市场供求状况，选择确定农产品目标价格并公开发布，当市场价格过高时政府对低收入消费者给予补贴，当市场价格低于目标价格时政府按差价补贴生产者。"放中间"，就是农产品价格形成完全由市场供求关系决定。

2. 开展农产品目标价格制度试点。 探索建立农产品目标价格制度，涉及选择确定品种、测算确定价格、明确补贴对象等一系列问题，产销环节多、操作难度大，要经过充分研究论证制定实施方案，选择一些地方和个别产品先行开展试点。2014 年中央 1 号文件提出，启动东北和内蒙古大豆、新疆棉花目标价格补贴试点，探索粮食、生猪等农产品目标价格保险试点。对试点地区和试点品种要加强跟踪监测，认真总结评估，在试点取得相对成熟经验的基础上再进行推广。

3. 开展试点要注意把握的几个问题。 一是要切实保护好农民的生产积极性。农民是改革试点的主体，他们对试点内容是否了解和认可，事关改革成败。由于农业生产特别是粮食生产和农产品自身的特殊性，政府仍然要承担一部分市场风险，确保农民基本收益，不让农民吃亏，这是推进改革的前提和底线。二是要制定应对市场过度波动的预案。对大豆、棉花进行目标价格补贴试点，不再实行临时收储政策，可能会在一定时期内引发市场价格较大波动，同时这两个品种的国内价格受国际市场的影响又比较大。因此，在试点过程中既要提高对市场波动的容忍度，又要关注试点地区和国际市场的产销变化。三是要综合考虑政策系统配套。既要综合考虑粮棉油糖等大宗农产品与鲜活农产品之间的差别，根据不同农产品的供求状况和消费特性选择确定调控目标和调控方式；又要注重农产品生产、加工、流通、进出口等各环节政策措施的配套衔接，逐步建立和完善农产品市场调控政策体系。

（六）构建开放型农业经济新机制

农业国际化、市场化是世界农业发展的客观趋势，也是全球经济深度融合背景下促进一国实现农业现代化的必然要求。纵观当今世界农业经济发达国家，都较好地解决了农业国际化、市场化的问题，从而为农业现代化提供了重要的体制基础和制度保障。改革开放以来，党和国家通过一系列改革举措，有效推进了农业国际化、市场化的进程。以企业为主体，扩大农业对外投资，加快农业"走出去"步伐，对于提高农业对外开放水平、全面提升我国国际地位和影响力都具有重要意义。时至今日，粮食安全、农民增收、生态保护、产业安全等方面还存在诸多需要通过农业国际化、市场化深化才能解决的突出问题。如何处理好农业国际化、农业市场化与农业现代化的关系已处于突出位置。当前，亟须结合我国农业对外开放发展实际，积极构建开放型农业经济新机制。

1. 加强开放型农业经济顶层设计和战略谋划。 从保障国家粮食安全、服务国家外交大局出发，抓紧制定实施对外农业投资战略规划，包括重点支持品种、重点投资国别和重点支持内容。积极参与国际与地区粮农事务，提升我国在国际农业合作领域的话语权。继续推进自贸区建设，促进企业对外农业投资和农产品贸易的自由化和便利化。积极通过外交途径，解决人员签证受限、入境农业生产资料通关等问题。强化驻外使领馆等机构对"走出去"项目的服务功能，做好相关信息服务和协调工作，切实维护对外农业投资企业的利益。合理引导企业更好地履行社会责任并适时发布社会责任报告，尊重当地风俗习惯和宗教信仰，积极为当地居民提供新的就业岗位，保护投资国的生态环境，提升我国企业的良好形象。

2. 积极推进农业产业安全战略。 加强贸易救济、贸易补偿和外资监管，更加积极主动地运用好 WTO 规则所允许的反补贴、反倾销及产业保障措施，推进贸易救济常态化，切实维护农业产业安全。要加强对农产品进口的跟踪预警，开展国外贸易壁垒调查及产业损害调查。要探索建立产业损害补偿机制，加强对国内产业的贸易补偿。尽快建立和实施外资进入农业产业的安全审定制度，加强对外资进入农业产业的监管，制定相应的适合农业的反垄断规定。针对经营大宗农产品且达到一定市场占比的大型企业，要对其建立库存储备制度与强制性信息报告制度，增强并监督大企业在保障市场供给稳定方面的社会责任。保持合理的储备规模，通过出口和深加工等方式去库存，缓解资源环境压力，促进农业产业可持续发展。

3. 增强企业对外农业投资竞争力。 建立国家对外农业投资补贴制度，对于国内紧缺农产品的回运、国内农业生产资料出境给予补贴。支持国内企业采取多种形式到境外直接投资农产品仓储物流设施，参股并购国际农产品加工和贸易企业。支持到境外特别是周边国家，开展互利共赢的农业生产和进出口合作。建立统一的对外农业投资信息服务平台，整合我国政府部门、科研院所等机构的对外农业投资信息。建立和完善国别农业投资目录指南，引导企业开展对外农业投资。搭建农业"走出去"企业交流平台，促进企业间投资信息共享。对国内供需缺口较大的农产品，在境外投资企业返销国内时减免进口环节税费。鼓励金融机构积极创新为农产品国际贸易和农业"走出去"服务的金融产品和服务方式。要尽快建立农产品国际贸易基金和海外农业发展基金。积极调动商业保险机构的积极性，研究建立符合我国国情的对外农业投资保险制度。

（七）建立农业可持续发展长效机制

长期以来，我国农业发展方式比较粗放，许多地方过度开发利用土地资源、超采使用地下水、过量使用化肥农药农膜、滥用饲料添加剂，加上工业和城市污染向农村扩散，导致地力下降，生态环境不断恶化，严重危及农业可持续发展和农产品质量安全，已经到了非治理不可的地步。要深入推进农业发展方式转变，大力发展资源节约型、环境友好型农业，促进资源环境生态永续利用，实现农业可持续发展。为此，必须加强制度建设、创新技术和推广模式，加大政策支持力度，建立农业可持续发展长效机制。

1. 健全管理体制和保护制度。一是改革农业生态环境保护管理体制。建立和完善严格监管污染物排放农村的环境保护管理体制，建立农业资源环境监测预警机制，加强农业环境监管和行政执法。二是健全农业资源用途管制制度。要把农业资源消耗、环境损害、生态效益纳入经济社会发展评价体系，建立体现生态文明要求的目标体系、考核办法、奖惩机制，落实最严格的耕地保护制度、节约集约用地制度、水资源管理制度、环境保护制度，强化监督考核和激励约束。三是实行农业资源生态补偿制度。建立反映市场供求和资源稀缺程度、体现生态价值和代际补偿的农业资源有偿使用制度和生态补偿制度，形成有利于保护耕地、森林、水域、湿地、草原等自然资源以及农业物种资源的激励机制。

2. 创新技术体系和服务方式。加大技术创新力度，创新技术推广模式。分区域规模化推进高效节水灌溉技术，大力推进机械化深松整地和秸秆还田等综合利用技术，加快实施土壤有机质提升补贴项目，支持开展病虫害绿色防控和病死畜禽无害化处理。加大农业面源污染防治力度，支持高效肥和低残留农药使用、规模养殖场畜禽粪便资源化利用、新型农业经营主体使用有机肥、推广高标准农膜和残膜回收技术。鼓励和支持清洁生产技术推广应用，加大测土配方施肥力度，发展节水农业、旱作农业、循环农业和标准化规模养殖。

3. 加强规划引导和政策支持。一是加强规划引导。适应农村生态文明建设的要求，抓紧划定生态保护红线，研究编制农业环境突出问题治理总体规划和农业可持续发展规划。二是开展农业资源休养生息试点。启动重金属污染耕地修复试点；开展华北地下水超采漏斗区综合治理、湿地生态效益补偿和退耕还湿试点；在东北、内蒙古重点国有林区，停止天然林商业性采伐试点。三是加大政策支持力度。继续在陡坡耕地、严重沙化耕地、重要水源地实施退耕还林还草；完善林木良种、造林、森林抚育等林业补贴政策；继续实施增殖放流和水产养殖生态环境修复补助政策；采取财政奖励补助和结构调整等综合措施，保证农业生态修复区农民总体收入水平不降低。四是开展重大工程建设。继续实施天然林保护、京津风沙源治理等林业重大工程；加大天然草原退牧还草工程实施力度，启动南方草地开发利用和草原自然保护区建设工程；实施江河湖泊综合整治、水土保持重点建设工程，开展生态清洁小流域建设。

（八）健全城乡发展一体化体制机制

党的十六大提出统筹城乡经济社会发展以来，各地和有关部门相继出台了一系列政策措施，在城乡规划、劳动就业、产业发展、基础设施、社会事业、公共服务、社会管理等方面加大统筹力度，城乡收入差距出现逐步缩小的趋势。但从促进城乡经济社会发展一体化的要求看，城乡要素交换不平等、公共资源配置不均衡、人口城镇化滞后的问题依然突出。针对上述矛盾和问题，《决定》提出，健全城乡发展一体化体制机制，推进城乡要素平等交换和公共资源均衡配置，推进农村转移人口市民化，推动城乡经济社会融合发展。

1. 推进城乡要素平等交换。当前和今后一个时期，要按照党的十八届三中全会《决定》提出的"三个保障"的基本要求，切实维护农民生产要素权益。一是保障农民工同工同酬，改革城乡不平等的就业和劳动报酬制度，使农民工享有同城镇职工同等的劳动报酬权益。二是保障农民公平分享土地增值收益，建立兼顾国家、集体、个人的土地增值收益分配机制，提高农民在土地增值收益中的分配比例。三是保障金融机构农村存款主要用于农业农村，落实县域银行业法人机构一定比例存款投放当地的政策。

2. 推进城乡资源均衡配置。要从基础设施建设、教育事业发展、就业创业服务、社会保障一体化等方面，推进城乡基本公共服务均等化。一是统筹城乡基础设施建设。加大公共财政支持农村基础设施建设力度，推动基础设施建设重点向农村倾斜，引导金融和社会资金投向农村。二是统筹城乡教育资源均衡配置。加大财政对农村教育的支持力度，加快改善农村义务教育薄弱学校基本办学条件，提高农村义务教育生均公用经费标准，支持发展农村学前教育、职业教育和技能培训，加快普及农村高中阶段教育，提高重点高校招收农村学生比例。三是统筹城乡公共就业创业服务。加大农民务工技能和农业生产技术培训的力度，扶持农民工返乡创业以及农民就地就近创业，大力开展农民外出务工的就业指导和服务。四是统筹推进城乡居民基本养老保险、基本医疗保险、最低生活保障制度建设。加快构建农村社会养老服务体系，加强农村最低生活保障规范管理，继续提高新型农村合作医疗筹资标准和保障水平，完善重大疾病保险和救治制度。

3. 推进农村转移人口市民化。要从创新人口管理、扩大基本公共服务覆盖面、健全市民化推进机制等方面，推进农业转移人口市民化，逐步把符合条件的农业转移人口转为城镇居民。一是加快推进城镇户籍管理制度改革。要根据城镇综合承载能力和发展潜力，以就业年限、居住年限、社保参保年限等为基准条件，制定具体的落户标准，健全农业转移人口落户制度，要以合法稳定就业和合法稳定住所等为前置条件实施差别化落户政策，全面放开建制镇和小城市落户限制，有序放开中等城市落户限制，合理确定大城市落户条件，严格控制特大城市人口规模。二是稳步推进城镇基本公共服务常住人口全覆盖。要按照保障基本、循序渐进的原则，积极推进城镇基本公共服务由主要对本地户籍人口提供向对常住人口提供。保障农民工随迁子女平等享有受教育权利，完善农民工就业创业服务体系，将农民工及其随迁家属纳入城镇社区卫生服务体系，把进城落户农民完全纳入城镇住房和社会保障体系，在农村参加的养老保险和医疗保险规范接入城镇社保体系。三是建立健全农业转移人口市民化推进机制。要强化各级政府责任，合理分担公共成本，充分调动社会力量，构建政府主导、多方参与、成本共担、协同推进的农业转移人口市民化机制。推进农民工融入企业、子女融入学校、家庭融入社区、群体融入社会，建设包容性城市。

发达国家保障农产品质量
安全的经验与启示①

20世纪80年代以来，由于农产品质量安全问题时有发生，因此，农产品质量管理体系建设得到世界各国的高度重视，除颁布具有针对性的法律法规外，还积极研究出台相关政策以期引导农产品质量管理的标准化建设。20世纪90年代，随着我国消费水平的提升和消费结构的升级，农产品质量安全受到全社会的高度关注。此外，从产业链角度来说，安全优质的农产品对我国农产品出口、农产品品牌建设也有着深远影响。2018年中央1号文件明确提出了"走质量兴农之路"，"加快推进农业提质增效"等要求，全国农业工作会议也将2018年确定为"农业质量年"，这是实施乡村振兴战略的重大举措之一，标志着我国进入了农业高质量发展的新阶段。

当前，国内外学者对农产品质量安全的研究较为丰富，不同学者基于不同的视角进行了探讨。关于保障农产品质量安全的研究，主要集中在农产品质量安全现状与问题、消费者的认知与行为、国际经验与总结等方面。

第一，探讨我国农产品质量安全面临的问题和挑战。如郑风田和赵阳认为农产品质量安全是我国农业发展面临的最主要问题，并认为农产品质量监督和管理是制约的主要因素之一，农产品质量的改革方向与制度框架都应基于此现实进行进一步的优化。冯忠泽和李庆江基于微观农户的实证分析，认为样本农户的农产品质量安全意识较为淡薄，没有较强的农产品可追溯意识，农业生产投入品滥用和不规范等导致农产品质量不高。通过分析个体的异质性，得知农户的年龄、收入和受教育程度对农产品质量安全认知具有不同程度的显著影响。陈彦彦和范亚东以黑龙江垦区的现代化农业为例，分析了规模化农业发展对农产品质量安全的影响，并认为现代农业技术、产业化和集约化经营模式对农产品质量安全具有显著影响。此外，周小梅和范鸿飞、石腾飞、崔丽和胡洪林、詹帅和霍红也做了相关的分析和研究。国外学者 Goldberg 早在1985年从系统理论的视角探讨了农产品质量安全问题，之后 Angelos 等对西方食品安全与安全框架进行了研究，Al - Busaidi 等从农产品供应链视角研究了农产品质量安全。

第二，从消费者的认知和行为视角进行分析探讨。如冯忠泽和李庆江基于7个省份的消费者调查，分析了消费者的消费行为对农产品质量的影响，认为消费者的个体异质性具有相互的影响作用，且政府提供的农产品质量信息更容易被接受。费威分析了我国农产品质量安全中政府、消费者和市场三者的博弈情况，并认为相关规章制度存在"悖论"现象。对此，应该以消费者的需求为主体，构建市场与消费者的信任机制，健全消费者对农产品的追溯体系，并采取必要的政策手段保障农产品质量安全。聂文静等基于南京市和武汉市的消费者情

---

① 本文与高鸣、迟亮合作，发表于《农业现代化研究》2018年第5期。

况，分析了消费者对不同质量属性的苹果的采购意愿，并认为消费者的收入水平、购买次数和安全认知对消费者偏好都具有显著的影响作用。此外，卢强和李辉、刘瑞峰和杨建辉从不同的角度分析了消费者对农产品质量安全的影响。国外学者较早地基于消费者的认知和行为来研究农产品质量安全问题，如 Stiglitz 研究了完全和不完全信息竞争市场中，具有较高获取和处理信息能力的消费者会获得高质量安全农产品；Variyam 等研究普通农产品与优质农产品之间的消费需求关系；Loader 和 Hobbs 指出消费者愿意为优质食品支付高价。后期国外学者关于此类的研究更加深入，如 Pawelczyk 和 Szczygie 认为食品品质的信任度会受到污染问题的影响。

第三，基于国际经验的视角探讨我国农产品质量安全。修文彦和任爱胜从可追溯制度的视角，对比分析了不同发达国家的农产品追溯制度的情况，结合我国状况提出了我国农产品可追溯制度存在的问题和挑战。王爱兰和蔡玉胜基于监管和法律法规的视角，分析发达国家农产品生产环境、生产与养殖卫生、风险防控等管理，总结了不同国家的监管体系和法律法规体系，并认为我国应该加强立法，建立健全农产品监管体系。樊红平等以美国为例，分析农产品质量认证体系建设，并进一步介绍了美国农产品认证体系情况，并基于美国的成功经验，提出改进我国农产品质量安全认知体系的相关建议。此外，还有张翔宇、张志英等、张晖、田新霞和赵建欣、雷勋平基于不同的国家和地区，分析和探讨了相应国家农产品质量安全的做法和经验。国外学者也做了相关研究，如 King 等认为食品安全必须是全球粮食安全的推动者，Pandit 等认为在一定条件下，随着全球良好农业规范认证被越来越多的国家认可，这会给食品质量安全带来更多的关注，Govindan 指出当今消费者面临的食品安全问题之中有一个是由跨国农产品供应链导致的。

综上可知，农产品质量安全关系到我国农业可持续发展。从前人的研究成果来看，大部分学者主要关注农产品质量安全的影响因素和完善建议等。尽管有部分学者总结分析了一些国家在保障农产品质量安全方面的经验和做法，但这些学者仅从某一个视角来探讨，鲜有学者全面分析保障农产品质量安全的国际经验和做法。为此，基于我国农产品质量安全的思考，以美国、日本和欧盟为例，结合作者近几年对这些国家和地区的实地考察和学习的认识，从多个维度总结分析了发达国家和地区保障农产品质量安全的经验和做法，理清这些国家和地区的农产品质量安全的管理体系、检测与监测体系、可追溯系统和相关补贴政策等内容，探讨和分析保障农产品质量安全的国际经验，从中寻求对我国的启示，为制定和完善农产品质量安全相关政策与法规提供参考。

一、发达国家保障农产品质量安全的做法

（一）美国的做法与经验

第一，健全的法律法规体系。美国法律体系建设起步较早，大多以国家基本法案的形式对农产品质量安全问题进行规定，同时以地方法律法规作为补充，形成了一套具有较高可操作性的农产品质量安全法律体系。该体系具有以下特点。（1）完善的法律基础。联邦法律和各州法律是美国农产品和食品安全监管的坚实基础。早在 1906 年美国就颁布了《肉类检查法》和《食品和药品法》，而目前美国共有相关法律法规 30 余部，如《食品质量保护法》等，这些法律涉及农产品生产、销售各个环节。（2）各部门分工明确。随着 1906 年《食品

和药品法》的颁布，美国农业部全权负责国内农产品安全监管工作；1930年农业部重组后，随即成立了食品和药品管理局（FDA）。发展至今已形成了以美国农业部和食品药品管理局为主，各下属管理局或服务部为辅的管理体系，共同保证农产品质量安全。（3）农产品质量安全生产补偿政策。美国农产品质量安全的补偿政策，其重点是扶持有机农产品生产与农业资源保育，美国政府不断提高有机农业的补偿力度，如《2012年农业改革、粮食与就业法》，其重点支持有机农业的发展。

第二，科学的农产品质量认证标准与认证体系。（1）认证标准内容详细。美国目前实行分级的农产品标准体系：最高级别的是美国农业部（USDA）、卫生与公共服务部（HHS）和国家环境保护局（EPA）共同制定的国家标准；其次是由民间团体制定的行业标准；最后是由农场主与贸易商制定的企业标准。在美国，与农产品有关的认证类型有十余种，可以按照强制性认证和自愿性认证进行划分。自愿性认证主要服务于消费者与农产品进口，由各国政府、行业协会或其他组织开展，其主要作用是提升农产品的市场竞争力。强制性认证服务于农产品质量安全、环境评价和员工福利提升。（2）认证体系条理清晰。美国依托联邦和州的法律，其农产品质量安全标准与认证体系条理清晰。首先，综合性法律不仅规定了对农产品生产投入品的标准（例如《联邦食品、药品和化妆品法》），而且对农产品质量安全认证进行了制度化完善；其次，通过单一性法律对某一类农产品或农业生产特定环节的认证做出规定。例如，《联邦有机食品生产法案》针对有机食品的生产标准、认证标准、标志管理工作以及各个分管部门职责进行了非常详细的规定，使得生产和流通的每一个环节都有法可依。

第三，完备的农产品质量安全监测、预警与溯源系统。（1）完善的监测体系。联邦政府依据农产品市场准入与市场管理的要求，针对不同产品种类建立国家级专业质量监测机构。同时，不同州也建立各自的农产品质量监测机构，并与国家级机构责权分明。此外，监测系统对于风险管理还具有评估、通报等功能。（2）健全的预警管理部门。根据农产品种类的不同，农产品质量安全预警系统具体由以下部门负责：美国农业部是预警系统的核心，为农产品质量安全预警的各项详细规定提供法律支持；食品和药品管理局（FDA）对各项规定进行补充完善，同时提供农产品的预警信息；卫生与公共服务部下属疾病预防控制中心（CDC）、国家环境保护局（EPA）等机构主要负责消费端的预警工作。（3）成熟的可追溯系统。美国可追溯系统应用于三个环节：农产品生产、加工和运销环节。三个环节分别采取三种不同的追溯方式，目前该系统已经形成是一个完整的链条，可以实现任意生产环节的追溯。

第四，协调高效的农产品质量监管体系。（1）健全的监管部门。美国各州有一定自主行政权力，联邦政府根据农产品质量监管的实际需求，建立了一套政府分级、部门协作的管理制度。美国农业部、国家环境保护局（EPA）、卫生与公共服务部（HHS）等机构根据农产品种类进行监督管理：各州具体开展监管工作，由各州政府以及相对应的部门负责。不同农产品监管针对性强，对于重要品种实行专人负责，分工明确。当突发事件发生时，各个部门都设置相应的派出机构，共同保证农产品安全。（2）完善的支持和协调部门。为了更好协调各级政府与各个职能部门之间在农产品质量监管方面的工作，设置总统食品安全委员会等辅助机构来配合协调、联系工作。在此基础上，美国食物安全组织管理体系还设置了国家食品安全系统工程、美国疾控中心（CDC）、农业研究服务局（ARS）、农产品推广服务局、风险评估协会、全国卫生所等部门来负责协调和支持工作。

（二）日本的做法与经验

第一，多方参与协作的农产品质量安全预警和监测体系。（1）相互连接的预警监测系统。2004年依托《食品安全应急响应基本纲要》，在全国范围建立了一套农产品质量安全监测预警机制。为完善各部门之间的信息交互，国家食品安全管理委员会设立信息联络窗口。出现农产品质量安全问题时，通过完善的信息交互制度，各个部门可以进行快速确认，并及时沟通作出决策。（2）完善的检测体系。根据农林水产消费技术服务标准，日本建立了完善的检测体系，农产品质量的监测工作、市场准入和市场监督检验工作都由农林水产省统一负责。中央与地方部门分工明确，政策制定工作由中央行政管理部门负责，具体执行由地方农业机构负责。农林水产省与第三方检测机构共同构成了日本农产品质量安全检测系统：农林水产省全面负责农产品质量安全检测工作；第三方检测机构在检测系统中也起到重要作用，其受政府或其他单位委托独立开展工作，检测结果受法律认可。

第二，专业的认证与标准体系。在认证体系方面，日本的农产品认证体系与相关法律体系、技术标准体系配套，共同构成专业的认证体系。日本的农产品认证体系遵循自愿的管理理念，通过产品认证表明生产者严格遵循安全生产要求，其产品具有品质保证，并可以借此建立品牌效应。中介机构是日本农产品认证的主要责任方，以日本有机农业标准（JAS）为例，该认证是农林水产省对农产品最高级别的认证，具体认证工作均由第三方机构完成，农林水产省主要负责审核与监督。该制度不仅提供更为便捷的认证服务，还节省了政府投入、提高了工作效率。在标准体系方面，日本的农业标准覆盖各种类型农产品，且相关管理制度和标准体系比较完善。标准制定过程充分考虑与相关法律衔接，建立完善的制度体系，并以法律形式确立下来。

第三，分权负责的管理系统。日本食品安全监督管理机构主要由食品安全委员会、厚生劳动省、农林水产省三个部门构成。食品安全委员会下设机构包括化学、生物等评估小组；厚生劳动省下设负责质量安全检测机关与农产品安全部门；农林水产省下设消费安全部、消费技术服务中心等机构。政府相关部门分权负责，产业链每一环节都有相关部门与之对应。食品安全委员会成员主要是相关领域专家学者，委员会主要工作有：公布农产品质量安全信息、监督另外两个部门的工作。农林水产省主要负责生产环节中农产品质量管理、投入品管理，流通环节中批发市场建设、进口检验检疫，消费环节中消费者信息收集等。厚生劳动省主要负责农产品加工与流通环节的管理。在食品安全监督管理三个主要机构基础上，由消费者权益保护部门和相关监督机构辅助参与，共同构成了责权分明的农产品质量管理机构。

（三）欧盟的做法与经验

第一，优质农产品生产补偿政策。优质农产品生产离不开高素质的农业从业者。为促进农产品质量提升，欧盟高度重视农业生产者的培养，不仅为其提供技能培训和生产补贴，还大力支持农业生产者使用新技术，以期全面提高年轻农业从业者的素质水平。按照从业类型不同，生产补贴主要有两类，针对种植业从业者，按照产品标准，对优质农产品生产者与符合欧盟标准的标准农产品生产提供相应生产补贴；针对饲养畜牧从业者，为其因采取高标准饲养而增加的部分成本进行补贴。

第二，统一的质量认证与监管体系。（1）认证标准体系健全。按照涉及内容重要程度不同，认证标准体系分为欧盟指令和技术标准两种，欧盟指令对人体健康、产品安全等方面的标准进行规定，技术标准对具体技术内容和相关规范进行规定。（2）统一的监管部门。欧盟是多国组织，各国都有独立的农产品安全监管机构，为了确保农产品和食品的监管，还统一成立了欧洲食品安全管理局（EFSA）来协调欧盟各个国家开展工作，以此更便于建立欧洲层级的食品安全法律法规体系。

第三，全产业链的监测系统。欧洲农产品市场准入要求十分严苛，各国都实行严格的监管。根据欧盟及各国法律，其主要措施是按照不同行政区域与产品种类实施监督，并建立国家级综合检测机构配合执法，与得到官方认可的私人检测机构共同构成了欧盟全产业链的检测系统。欧盟各国根据国情也分别建立各自的安全监测体系，严格把控市场准入与质量安全。同时，在国家支持下，政府指定和私人自愿等形式的第三方监测机构可以做到对农产品供应链的每一环节进行严格检测。以英国为例，配备了专业设备和专职技术人员的专业检测机构与实验室遍布全国，为农产品和食品质量安全检测提供全面支持。

第四，相对集中的管理系统。欧盟食品安全管理局（EFSA）是农产品质量安全管理工作的核心，其管理权力相对集中。欧盟食品安全管理局主要职责是提供科学指导建议，辅助政府在面对相关问题及可能存在的风险时做出合理决策；其次是作为信息收集、交换、分析平台，联系欧盟各国相关组织，对潜在风险进行预警，并整合、公布相关信息。下属欧盟委员会在相关法律制定、成员国之间政策协调等工作方面亦发挥重要作用。

二、发达国家保障农产品质量安全的经验

综观上述发达国家和地区农产品质量安全管理的发展历程与主要做法，其在农产品质量安全提升方面具有以下几点共性和优势。

（一）高效的管理体系

无论是美国，还是欧盟和日本，为了保障农产品质量安全，均结合本地实际，建立了较为完备和高效的农产品质量安全管理体系。

一是该体系分工明确、结构健全、组织完善。各国依据本国农产品特色和农业发展情况所制定的农产品质量安全管理体系模式虽然各不相同，但仍有共性，欧盟采取的是相对集中制的体系模式，日本和美国采取的是分权制体系模式。发达国家的管理经验表明，尽管由多个部门负责农产品质量安全管理，但无论是分权负责，还是相对集中管理，管理机构都以农业部门为核心，有一个专门机构、部门或委员会对管理过程进行协调，即使在交叉领域都有明确的职责权限设置，最终形成了高效且统一的、各机构和部门密切协作的农产品质量安全管理体系。

二是在农产品质量安全管理的监管体系上，发达国家和地区也积极采取了强有力的政策和做法。这些国家和地区在监管模式上，将强制性的国家层面的监管与民主的全民参与的社会监管有机结合。同时，发达国家依赖明确的法律法规、健全的监管机构、强大的法律执行能力和一批高素质的专业管理人员，建设多层次的监督体系，并将其纳入整个国家和社会的公共安全管理体系中，有效确保了管理机构和部门高效地开展工作，以保障农产品质量

安全。

三是建设完善的检验检测体系和认证体系。发达国家和地区根据市场监管需要和农产品国内外市场需求,建设了多层面、分区域、完善、涉及"从田间到餐桌"多环节、与国际标准接轨的检测和认证体系。该体系提供了有效技术手段来保障农产品质量安全,为消费者提供放心安全的农产品。

(二) 健全的法律法规体系

发达国家和地区均建立了健全的法律法规保障体系,且立法领域广泛,并以此为据,积极采取了一系列有针对性的措施,以保障该法规体系的有效执行。总结国外发展历程和做法,在该体系上存在三点共性:一是该法律法规体系核心明确、外延清晰、逻辑清楚。发达国家和地区的农产品质量安全法律法规体系一般是紧紧围绕着国家层级的基本法律法案,以此为核心,最终形成了国家层面和地方层面相互配合、有机协调的法律法规体系。二是该体系涉及面广,覆盖了各种农产品品类,也涉及农产品产业链的各个环节和流程。三是法律法规体系处在不断创新和完善过程中。

发达国家和地区的农产品质量安全法律法规体系多注重科学性、透明性、民主性和公众参与性,明确农产品产业链各企业主体的责任权限,以维护和保障消费者权益。同时,各国也根据本国发展目标和资源约束,本着实用的原则不断调整立法重点和方向。

(三) 完善的标准体系

为了规范化和标准化农产品质量,进一步为农产品质量安全提供基础保障,发达国家和地区纷纷在标准体系上积极采取一系列有效措施,专门制定了一套具有统一性和权威性的标准体系,并不断完善和创新,使农产品质量安全水平处于可监控的范围内,为农产品质量安全监管提供依据。

发达国家和地区在该标准体系的建设上存在五点共性:一是该标准体系涉及的农产品品类繁多,并且囊括了农产品产业链的各个环节,如农产品源头生产、资源环境污染、生产质量、流通质量、进口农产品、转基因等方面均有明确标准。二是农产品质量安全技术标准法律化,与法律、法规衔接好,系统性好,这类标准由政府机构制定,具有强制性。三是农产品质量安全标准体系与国际接轨,国际化程度高。发达国家和地区已经普遍使用国际标准化组织制定的系列标准,不断根据本国的情况进行修订和调整,既考虑本土市场实际情况,又充分结合国际化市场需求,以不断增强农产品国内外市场竞争力。四是该标准体系公开透明,社会参与程度高。标准体系在制定过程充分发挥了社会各界组织和部门的力量,积极听取、采纳和尊重多方意见。五是紧密结合本国实际来建设有针对性的标准体系,考虑了消费者市场需求、质量安全属性、生产属性等,而且不断与时俱进。

(四) 良好的可追溯和风险预警系统

农产品全程可追溯已经成为发达国家食品安全管理的基本要求,发达国家和地区积极建设农产品质量安全追溯系统,已将其作为新时期应对农产品质量安全突发事件的重要途径和手段。纵观发达国家和地区农产品质量安全追溯的经验和做法,除了政府发挥主导作用外,第三方机构、企业、消费者等社会力量也在积极参与和推动。发达国家在可追溯系统建设上经历了两个阶段：第一个阶段侧重于可追溯系统的设计、开发和实现，以高效处理农产品质量安全信息；第二阶段政府和组织借助完善的可追溯系统来实现严格的监督和管理，通过追溯发现虚假不安全的信息，并以此为据对其实施严格的惩罚，以有效监管农产品（食品）相关生产经营者的行为。

近年来，国外食品安全事件时有发生，安全风险防范、风险监测预警和应急事故处理等问题也因此越来越受到关注。国外建设了及时响应的风险预警系统，能大量收集、分析和处理农产品质量安全相关信息，能在第一时间发现风险事件，并及时预警，迅速做出反应，对农产品质量安全规制起到重大作用。

三、我国农产品质量安全的现状与问题

（一）管理体系方面

整体上，目前我国农产品质量安全管理体系不够健全，具体体现在监管、检验检测和认证三个方面。在监管体系上，目前我国采取"分段监管为主，品种监管为辅"的模式，由国家市场监督管理总局、国家药品监督管理局、商务部、农业农村部等多个机构和部门共同监管。但该监督体系缺乏自上而下的顶层设计，未明确设置主体部门，未清晰界定职责和权利，导致各部门监管缺乏有效的协调。我国农产品质量安全检测工作越来越受到重视，从事机构、组织和人员不断增加，检测能力不断提升，高效检测设施和手段不断完善，已经初成体系。

但目前该体系建设存在以下问题：缺少足够的财政投入，研发和管理经费不足；缺少完善的、与之配套的管理和责任制度；专业和对口的机构和人员仍然缺乏，专业检测能力不足。在质量安全认证体系上，我国起步较晚，虽已经建立了"三品一标"认证，但这些认证不够完善，无法覆盖所有农产品种类，且都是经营者自愿决定是否参与，缺乏国家强制性的质量安全认证。

（二）法律法规体系方面

在法律法规体系建设上，我国目前有《农产品质量安全法》《食品安全法》《产品质量法》《农业法》等法律法规，已形成质量安全保障的法律法规体系框架。但目前该体系一方面缺乏规范设计，其协调性和统一性不强；另一方面该体系缺乏系统规划，不够完善、健全；另外，创新性和适应性不够，无法解决新环境下农产品质量安全问题。

以上问题导致我国利用该体系无法明确农产品经营者的法律责任，无法有效保障消费者的权益，也无法更好为农产品质量安全标准和认证系统的实施提供法律基础。

（三）标准体系方面

随着对农产品质量安全标准的日益重视，我国已经建立了不少农产品质量安全标准，初步建成包括国家、地方、行业和企业标准的标准体系，覆盖了农林牧副渔等方面。但该体系仍存在不少问题，如不够完善和健全、层次不清晰、各类标准之间相互重复和交叉、整体水平不高等，尤其缺乏针对农产品全链条的标准体系。

体系的不完善主要是由于我国农产品生产、加工、流通的组织化和标准化过低，限制了

先进工艺、技术和标准的投入和使用，阻碍了农产品质量的提升。同时，我国标准体系的不完善也导致了监督和执行各项法规的成本增加，很难高效做到违法必究，严重阻碍了我国相关机构和组织对农产品产业链各流程的监督和管理。

（四）可追溯和风险预警系统方面

我国目前在可追溯和风险预警管理上开展了一些工作，如逐步建立配套的法律法规，相继出台了标准规范，积极开展追溯管理试点、应用相对成熟追溯技术，但在机制、制度、能力和队伍建设上仍不够健全和完善，仍处于初级发展水平和阶段。

目前我国追溯和风险预警系统典型特点是缺乏资源共享、缺乏组织合作、缺乏实施动力。没有完善的可追溯和风险预警系统，导致我国无法完全实现农产品市场透明化，再加上规模小、不集中的农产品产业链特性，更加剧了链条上农产品质量安全信息的不对称性。由于缺乏完善的全链条可追溯系统和风险预警系统，导致个别不法企业乘机以假乱真，消费者也无法掌握足够的信息来识别农产品质量，进而导致逆向选择和道德问题频发。久而久之，消费者对国内农产品质量的信任度和认可度降低，不利于我国农产品质量安全的提升。

四、发达国家保障农产品质量安全对我国的启示

（一）建立健全农产品质量安全法律法规体系

我国应该结合国情，大力推进和建设健全的农产品质量安全法律法规体系，为质量安全监管提供法律依据，为质量安全管理提供法律保障。借鉴国外立法经验和做法，我国法律法规体系建设应充分体现以人为本，强调预防为主，领域要广泛，强化综合立法，也要注重衔接、配合与弥补。

重点强调对农产品源头生产质量的控制，用法律法规体系引导、约束和规范农产品产业链条上的各个层级和流程的经营活动，努力构建健全、完善且涉及农产品全链条的法规体系。应该积极借鉴国外经验，结合实际情况和某些特定因素，不断完善和健全法律法规，不断更新配套制定和出台有关农产品质量安全风险防范、评估与预警、产地环境管理、可追溯等各领域的专门法律法规，并适时对其进行调整和修订。

（二）研究制定农产品质量安全标准与认证标准

借鉴国外经验，我国应该结合实际，积极制定配套的农产品质量安全标准和认证标准体系，让该体系成为衡量农产品质量安全的有效依据。该标准体系可以结合我国农产品特有属性，考虑源头生产环境、流通加工、消费者健康、营养品质等因素，可具体细分为国家标准、行业标准和组织标准。

结合我国农业发展现状和趋势，根据农产品质量安全监管的实际需要，积极健全农产品质量安全标准认证体系。可以实施动态管理，以时效性为重点，不断修订各类标准，及时制定急需的农产品质量安全标准。

简化审查过程，强调认证环节控制和衔接，必要时可以考虑颁布实施一些强制性的技术标准类法律法规。另外，我国应积极加快推进"三品一标"农产品认证，对农产品质量进行认证等级的划分，继续推广有机和地理标志农产品等更高品质和质量的农产品认证，重点关

注农产品源头生产环节的认证，进一步通过对农产品全程的质量标准认证来规范和保障全链条质量安全，提高消费者认可度。

（三）加强农产品质量安全监管和执法体系建设

我国应加强农产品质量安全监管和执法体系建设，明确监管对象、目标，设计有效技术监管实施手段。打造以农产品质量安全为重点的农产品产业链全过程的监管和执法体系，依据各类法律法规和标准认证来监督和管理农产品的生产、加工、流通、进出口等各个环节。为了严格保障农产品全产业链的质量安全，可以定期或不定期开展农业生产投入品、农产品生产标准、产地环境、流通环节、消费市场等监督和检查。

在监管和执法过程中，要确保农产品符合国家和地区有关法律法规、标准和认证的要求，同时加强执法机构之间的协调与合作，重视各部门之间的职责分工和纵横向协调合作机制。在明晰质量安全违法者的刑事或民事责任的基础上，借助严密的监管和执法体系，提高违反相关法律法规的"犯罪成本"，逐渐加大安全执法与监管力度。另外，还应在政府主导下，充分利用社会各界力量进行监督，积极带动企业自我监管，积极引导公众参与，提高公众参与热情和积极性，形成全社会共同监管的局面。

（四）积极推进农产品质量检验检测技术的创新应用

我国应从组织、手段、途径、能力上入手，加快建设和完善检验检测制度和标准，积极创新应用先进而有效的检验技术。重点围绕高质量安全风险农产品，依据法律法规和标准体系，开展农产品定期与不定期抽查和检验检测，并及时对外公布抽查和检验检测结果，以帮助公众及时了解农产品质量安全信息。

逐步改变完全由政府主导的检测机构负责制，通过政策和资金引导生产者、经营者和管理者不断完善自我检测机制，合理推进第三方检测机构建设，鼓励建立专门的、具备高技术水平的检验检测机构。积极推广农产品环境污染监控计划，可以将农产品源头产地生态环境列为重点检验检测和监测内容，对农田、草地、林地、养殖场等农业源头的基础设施、空气、水、土壤等进行重点集中和实时监测，并及时存储和分析监测信息，有效推动农产品源头产地环境污染级别划分，确保农产品生产地生态环境安全。

（五）丰富完善农产品质量可追溯与风险预警体系

通过完善各类农产品质量信息档案，制订一套统一和标准化的农产品可追溯信息标识和编码，在此基础上建立以政府为主导、第三方参与的可追溯系统。努力保障各类农产品在全产业链的生产、流通、加工、存储、运输、销售环节上的质量信息透明化且可追溯，并保证各环节信息的连续性。

在农产品风险预警体系建设上，为了及时发现和处理安全风险事故，有效对农产品全产业链进行实时监控预警，可借鉴欧盟食品和饲料快速预警系统（RASFF）和美国危害分析和关键控制点系统（HACCP），构建符合我国国情的风险预警体系。加大信息网络、二维码、条形码、射频识别等技术的研究和推广力度，通过完善农产品质量安全监控、信息化追溯和风险预警系统，构建集成网络数据库的信息化平台，实时高效地为政府、企业和公众提供多角度、全方位的农产品质量安全信息化服务。

五、结语

本文基于农产品质量安全的思考，以美国、日本和欧盟为例，结合作者对这些国家和地区的实地考察调研和学习研究，从农产品质量安全管理体系、法律法规体系、农产品质量标准体系和可追溯与风险预警系统等角度，研究分析了发达国家和地区保障农产品质量安全的经验和做法，并结合我国农产品质量安全的现状，提出了完善保障我国农产品质量安全的相关对策建议。

通过研究发现，美国农产品质量的衡量标准较为严格，认证体系较为健全，其管理和可追溯体系也较为完善，保障了美国的农产品质量安全；日本在农产品监测和预警管理方面较为突出，且其分权管理有利于对农产品质量的管控；欧盟主要是以农业补贴为激励手段，以集中管理为基础，全产业链监控农产品生产质量，这有利于保障农产品质量安全。因此，我国应结合农产品质量安全现状，借鉴发达国家的先进经验，进一步保障农产品质量安全。此外，还需要说明的是，本文是基于宏观视角总结分析发达国家和地区的经验，因此，微观层面以及机制机理方面的分析尚不足，这将成为今后研究的重点。

脱钩收入补贴对粮食生产率的影响[①]

——基于农户收入差异的视角分析

一、引言

　　农民收入问题是当前政界和学界关注的热点问题之一。2012 年党的十八大报告提出了到 2020 年中国农民收入要比 2010 年翻一倍的战略计划。2016 年的中央 1 号文件也提出了增加农民收入是"三农"问题的核心，提出产业融合可作为农民收入持续较快增长的手段之一等。而学界更多从创新的角度讨论了增加农民收入的途径和方式，例如，促进农村剩余劳动力的转移、财政支农、积极培育与发展农村合作社、创新农业生产技术等方面（蔡昉，2007；姜长云，2004；潘劲，2011；朱希刚，2002），但是大部分学者认为提高粮食生产率是增加农民收入的核心之一（宋洪远，2016；曾福生，2005；王雅鹏，2005）。自 2004 年中国实行农业补贴以及之后取消农业税以来，中国粮食产量呈现了"十二连增"的现象。农业补贴对中国"三农"问题的解决起到了非常重要的作用（程国强，朱满德，2012）。2015年，财政部和农业部对农业补贴进行了新一轮改革和试点，加大了收入类补贴的力度，例如增加脱钩收入补贴的补贴力度。而脱钩收入补贴对增加农户收入、改善农民生产资金约束等具有积极意义（张红宇，2015）。

　　当前，收入差异主要表现在两个方面，一个是城乡居民的收入差异，另一个是农村居民之间的收入差异。究其原因，导致收入差异的原因主要在于几个方面：第一，就业机会的不均衡。在 20 世纪末，农村产业结构的调整和升级会给相对富有的农民带来增收的机会，同时也会使得相对贫困的农民减少就业和增收的机会。随着就业机会的不断改变和不均衡，迫使农村内部农村居民的收入差异也越来越明显。进入 21 世纪以后，随着中央政府对农村农业农民问题的重视，将工作重心放在农业发展问题上，以期通过农业结构的升级和改变促进农村内部的收入差异缩小。第二，农村劳动力素质和人力资本情况的不平衡。有研究表明，接受过高等教育和受教育程度较高的农民能熟练地掌握农业生产的最新技术，也愿意选择最新的粮食生产技术和机械化，促使其经营性收入增加，而受教育程度较低的农户会陷入贫困陷阱，最终导致收入差异的扩大。第三，农民对生产要素的质量和数量的配置差异，农民的收入也会由于生产要素的分配而导致收入差异。在粮食生产过程中，由于生产要素的分配不均衡容易导致产出的不均衡，使得收入差异逐渐扩大。

　　从收入的角度来看，脱钩收入补贴具有扶贫的效果。但是，值得注意的是，当部分农户

[①]　本文与高鸣合作，发表于《农业技术经济》2018 年第 5 期。

陷入资产约束的时候，脱钩收入补贴能有效帮助一部分农户走出资产约束，从而使得农户选择生产率较高的生产方式进行生产。值得思考的是，在收入差异背景下，脱钩收入补贴对粮食生产率的影响会不会起到促进作用？或者抑制作用？对不同收入水平的种麦农户是否会产生不同的作用呢？

当前，关于脱钩收入补贴对不同收入水平下农户粮食生产的影响研究主要集中在以下两个方面。

第一，国外学者关注脱钩类收入补贴对收入差异下粮食生产的影响。Zeller 等（1998）分析了马拉维的玉米品种结构与农户收入的相关关系，认为农户收入的提高会促使农民选择高品质的玉米品种，从而提高玉米生产率，同样，玉米生产率的提高会促进农户收入的增加。Carter（1997）认为中国城乡收入差距导致了小麦生产率低下，从而影响中国国内市场的粮食供给，导致依赖整个国际市场。Immink 和 Alarcon（1993）以危地马拉共和国的高原地区为例，分析了农户收入和粮食供给的关系，并认为粮食供给依赖于当地的基础设施建设以及农户收入水平，基础设施建设越好则小麦生产率越高，农户收入越高则农户抗风险的能力越强。Schreinemachers 和 Tipraqsa（2012）分析了高等收入、中等收入和低等收入国家中的粮食生产中使用农药的情况，并认为高等收入国家要求减少农药的使用以保障环境的优化、中等收入国家的农药使用快速增长、低等收入国家的农药使用增速较快，但是低等收入国家的农药使用限制了小麦生产率的提高，不利于当地农民走出贫困约束。此外，还有 Srinibasan 和 Jha（2001）、Azzam（1991）等也做了一些相关研究，观点和前文基本相同。

第二，国内学者关注脱钩收入补贴对收入差异下粮食生产的作用。张伟等（2014）认为自然灾害是导致农村贫困的重要原因之一，各地应结合当地的资源禀赋条件，提供粮食生产专项的粮食补贴资金，此外，还需要发展当地的政策性农业保险、优化政策性农业保险的结构，以充分发挥保险和脱钩收入补贴的扶贫杠杆效用。郭佩霞（2011）基于反贫困的视角和收入差异的视角，认为我国的政策性农业保险和脱钩收入补贴需要考虑补贴范围和力度，以期通过影响农户的生产积极性、保险机构的营运、政府的激励作用等来促进当地农民收入的提高。此外，还需要建立差异化的脱钩收入补贴标准路径，构建区域性和特征性的收入补贴体系。李明桥（2013）通过实证分析后认为，对低收入的农户进行脱钩收入补贴，不仅能减少低收入农户的不均衡，还能降低低收入和高收入农户之间的收入差距，使得农村收入不平衡大幅度降低。对此，作者提出我国应该实行对低收入农户进行补贴是最优政策和路线，不仅能降低低收入农户间的不均衡，还能减少农村整体内部的收入差异。此外，还有钟甫宁等（2008）、马彦丽和杨云（2005）、韦鸿和王磊（2011）、武拉平（2000）、朱晶（2003）、陶然等（2004）、高鸣和马铃（2015）等也做过相关研究。

综上所述，前人的研究主要关注脱钩收入补贴对粮食生产的影响，但是鲜有关注其对粮食生产率的影响，也少有基于不同收入水平、收入差异的视角分析脱钩收入补贴的政策效应。基于此，本文将做如下改进：第一，选择收入差异的视角，分析脱钩收入补贴对粮食生产率的影响；第二，以小麦为研究主体，具体分析脱钩收入补贴对小麦生产率影响的政策差异；第三，使用跟踪调查的微观农户数据，选用 Oaxaca - Blinder 模型，分析脱钩收入补贴对不同收入农户的政策效应差异；第四，选用相关工具变量和工具变量方法，正视脱钩收入补贴对小麦生产率影响的内生性问题等。

二、方法设计与统计分析

(一) 方法设计

为了更为全面地分析脱钩收入补贴对小麦生产率的影响,本文结合前人的研究成果(高鸣等,2016;李谷成等,2014)将小麦生产率定义为小麦生产技术效率、小麦全要素生产率及其相关分解要素。首先,选用 EBM 模型和 GML 指数将小麦生产率进行实证测算。然后,将所有样本户分为高收入组和低收入组,再选用工具变量法下的 IV - Tobit 模型来分析脱钩收入补贴对不同收入水平下农户小麦生产率的影响。最后,选用 Oaxaca - Blinder 模型来实证分析脱钩收入补贴对高收入组和低收入组农户小麦生产率的政策差异。

1. EBM 模型下的小麦生产技术效率测算。 径向视角下评价技术效率是传统 DEA 方法的长处,而当前的技术效率评价还需要考虑非径向的问题。EBM 模型不仅能考虑径向角度,还能考虑非径向角度,属于混合径向视角的技术效率评价模型。其函数表达式为:

$$\gamma^* = \min\theta - \varepsilon_x \sum_{i=1}^{m} \frac{w_i^- s_i^-}{x_0} \tag{1}$$
$$\text{s. t. } \{\theta x_0 - X\lambda - s^- = 0; Y\lambda \geqslant y_0; \lambda \geqslant 0, s^- \geqslant 0\}$$

在 (1) 式中,γ^* 表示小麦生产技术效率值,θ 为径向效率值,s^- 表示非径向的松弛量,λ 表示相对权重,ε_x 是考虑径向效率值和非径向的松弛值后的参数,X 是径向约束下的要素投入,Y 表示非期望产出量,x_0 和 y_0 分别表示径向约束下的投入和产出水平,i 表示第 i 种生产投入要素。

2. 基于 GML 指数的小麦全要素生产率测算方法。 Oh (2010) 提出了 GML 指数,用以解决在分析全要素生产率时有可能存在的非径向要素变动导致效率评价的有偏问题。该指数模型为非径向条件下的方法,且采用定向距离函数处理同时变化的投入与产出要素。该模型的函数表达式为:

$$GML_t^{t+1} = (ML_i^t \times ML_i^{t+1})^{\frac{1}{2}}$$
$$= \left[\frac{1 + D_i^{t+1}(x^t, y^t, b^t, g^t)}{1 + D_i^t(x^t, y^t, b^{t+1}, g^t)} \times \frac{1 + D_i^{t+1}(x^{t+1}, y^{t+1}, b^t, g^{t+1})}{1 + D_i^t(x^{t+1}, y^{t+1}, b^{t+1}, g^{t+1})} \right]^{\frac{1}{2}} \times \tag{2}$$
$$\left[\frac{1 + D_i^t(x^t, y^t, b^t, g^t)}{1 + D_i^{t+1}(x^{t+1}, y^{t+1}, b^{t+1}, g^{t+1})} \right] = TC \times EC$$

(2) 式中,x^t 表示 t 时期的小麦生产要素投入,y^t 表示 t 时期的小麦产出水平,b^t 表示非径向变动的产出水平,g^t 表示 t 时期的技术水平。GML 指数值为测算出的小麦全要素生产率指数值,且 TC 为其分解的技术进步要素、EC 为分解的效率变化要素。结合 (2) 式、小麦的增长率和 Cobb - Douglas 生产函数,可以将小麦产量的增长率分解成:

$$\frac{y_{t+1}}{y_t} = \frac{e_{t+1}}{e_t} \times \left(\frac{\hat{sf_t}'}{\hat{sf_t}} \times \frac{\hat{sf_{t+1}}'}{\hat{sf_{t+1}}} \right)^{\frac{1}{2}} \times \left(\frac{\hat{sf_{t+1}}'}{\hat{sf_t}} \times \frac{\hat{sf_{t+1}}}{\hat{sf_t}'} \right)^{\frac{1}{2}} \times \frac{J_{t+1}}{J_t} \tag{3}$$
$$= EC \times TC \times IC \times JC$$

(3) 式中,y_{t+1}/y_t 表示小麦增长率,即当期小麦产量与前一期小麦产量的比值;根据索罗增长模型,e_{t+1}/e_t 表示效率变化 (EC);根据拓展的索罗模型,J_{t+1}/J_t 表示人力资本增长率 (JC),$\hat{sf_t}$ 和 $\hat{sf_{t+1}}$ 表示最优劳动生产率。根据费雪理想式,可求出人力资本增长率

（*JC*）和要素投入增长率（*IC*）。

3. IV - Tobit 模型。 由于小麦生产技术效率和小麦全要素生产率及其要素分解都属于截尾数据，需要选择相关模型对其进行分析。又由于本文将基于收入差异来分析脱钩收入补贴对小麦生产率的影响，需要对不同收入组的样本进行分别估计。此外，本研究涉及内生性问题，需要通过工具变量来解决。因此，本文将基于此思考，选择了工具变量法下的 Tobit 模型来对脱钩收入补贴进行分析，并分析其对小麦生产率及其各分解要素的影响。

因此，首先应该选择 IV - Tobit 模型来进行深入分析。IV - Tobit 模型的表达式如下：

$$Y_{it} = \beta X_{it} + \alpha Z_{it} + \eta_{it} \tag{4}$$

在（4）式中，X_{it} 主要包括脱钩收入补贴在内的主要解释变量和相关的控制变量等。Z_{it} 表示的是选取的工具变量。本文将选用农户家庭非劳动力人口数量为工具变量。

脱钩收入补贴是否会对不同收入群体间产生不同的补贴效应？因此，还需要进一步对影响因素进行分解。

4. Oaxaca - Blinder 差异分解模型。 由于本文将所有样本分解成低收入和高收入两组群体，因此，为了比较分析两组群体的差异，此处选用 Oaxaca - Blinder 分解模型分析脱钩收入补贴对小麦生产率的影响。差异分解模型主要是基于两个不同群体各自回归估计结果的基础上，将其估计系数作为指数基准分析两个群体的均值差异。

$$\bar{Y}_1 - \bar{Y}_2 = \hat{\beta}_1(\bar{X}_1 - \bar{X}_2) + \bar{X}_2(\hat{\beta}_1 - \hat{\beta}_2) \tag{5}$$

在（5）式中的第一项是可以被解释的变量特征造成的差异，第二项表示的是由估计参数导致的不可被解释的变量特征差异。由于参照组不同，两个群体的差异还可写为：

$$\bar{Y}_1 - \bar{Y}_2 = \hat{\beta}_2(\bar{X}_1 - \bar{X}_2) + \bar{X}_1(\hat{\beta}_1 - \hat{\beta}_2) \tag{6}$$

本文将采用 Neumark（1988）提出的指数基准为求解方案，并使用 Bauer 和 Sinning（2008）提出的非线性差异分解方法，对收入不同群体进行差异分解，结合 IV - Tobit 模型，可以将（6）式改写为：

$$\bar{Y}_1 - \bar{Y}_2 = [S(\hat{\beta}_1, X_{1i}) - S(\hat{\beta}_1, X_{2i})] + [S(\hat{\beta}_1, X_{2i}) - S(\hat{\beta}_2, X_{2i})] \tag{7}$$

在（7）式中，等式左边为两个收入群体的差异，右侧第一项为变量特征差异，第二项为估计参数导致的差异。其中，$S(\hat{\beta}_z, X_{zi})$ 的估计量由（4）式求出的 IV - Tobit 估计值得出。

（二）变量选取

1. 小麦生产率的评价指标选取。 本文结合 C - D 生产函数，根据小麦生产的投入与产出关系，在科学性和系统性原则下，选取农户当年的小麦产量（单位：千克）作为产出指标，选取小麦播种面积（单位：亩）、小麦生产投入的物质费用（单位：元）以及小麦生产中的劳动力数量（单位：人）作为农户小麦生产的投入要素，数据均来源于全国农村固定观察点。

2. 基于收入差异视角下脱钩收入补贴对小麦生产率影响的指标选取。 本文所使用的数据均来自全国农村固定观察点。河南省固定追踪调查样本农户为 1 000 户，在进行数据处理后，有效农户为 758 户，有效率达 75.8%。为了分析农户收入差异下的脱钩收入补贴对小麦生产率的影响，本文基于农户收入信息，使用样本均等化处理①，将所有样本分为两组：

---

① 基于收入的数据，将所有样本从大到小进行排序，然后将所有样本大体平均分为两组。

低收入组（379 户，34 406.85 元/户）和高收入组（379 户，43 477.89 元/户）。

表 1 相关变量含义、定义与统计分析

类别	变量名称	含义和单位	均值	低收入	高收入
核心变量	脱钩收入补贴	粮食直接补贴额（百元/户）	2.219 9	1.756 2	2.683 7
控制变量	户主性别	1＝男，0＝女	0.947	0.928	0.966
	户主年龄	户主当年年龄（周岁）	55.93	56.10	55.76
	户主文化程度	受教育年限（年）	6.864	6.772	6.956
	户主是否受过农业生产技术培训	1＝是，0＝否	0.06	0.04	0.08
	农业固定资产投资额	年度生产性固定资产投资额（万元/户）	0.214 7	0.205 6	0.223 8
	机械总动力	农业生产性机械动力数（百千瓦/户）	0.033 4	0.022 4	0.044 4
工具变量	非劳动力人数	大于 60 岁和小于 16 岁的总人数（人/户）	3.85	3.85	3.85

注：表 1 中的各数据均是农户耕地面积所处的区间内的变量均值。

从表 1 相关变量的统计分析中可知：

（1）核心变量。脱钩收入补贴变量选用的是粮食直接补贴额，这是因为在 WTO 通报中，粮食直接补贴政策被直接定义为脱钩收入补贴（Decoupled Income Support）。2009—2014 年，低收入组的脱钩收入补贴额为 175.62 元，远远低于所有样本的平均值 221.99 元，而高收入组的脱钩收入补贴额为 268.37 元。这反映出低收入水平的农户所获得的脱钩收入补贴额也相对少一些，高收入水平的农户获得的脱钩收入补贴额相对较高。这主要在于，第一，脱钩收入补贴额是农户收入来源的组成部分；第二，由于中国的粮食直接补贴额与农户所拥有的耕地面积挂钩，若耕种面积越大，则产量越高，其收入也会随之增长。

（2）控制变量。2009—2014 年，河南省小麦种植户的户主性别主要是男性，所有样本的平均水平达到了 0.947；高收入组的农户户主年龄为 55.76 岁，低于所有样本平均水平的55.93 岁；农户家庭收入越高，受到的教育年限越长、受过农业生产技术培训的概率越高；在农业固定资产投资额变量中，低收入组为 0.205 6 万元，低于所有样本平均水平的 0.214 7万元。有意思的是，在两组样本的农户收入变量中，收入差异较大，低收入组为 3.440 7 万元，而高收入组为 4.347 8 万元，两组的收入差异为 9 071.04 元；而农业机械总动力变量中，高收入组的机械总动力为 0.044 4 百千瓦，远远大于低收入组。

（3）工具变量。本文将使用两个工具变量来解释脱钩收入补贴变量对小麦生产率的影响，在正文中所使用的工具变量为历史的小麦产量变量，在稳健性检验中使用的工具变量是农户家庭中非劳动力人数。农户家庭中的非劳动力人数主要是指农户家庭中小于 16 岁和大于 60 岁的成员人数。该变量和脱钩收入补贴额没有直接关系，而农业生产决策者会考虑赡养和抚育家中的孩子和老人，数量越多，压力则会越大，影响户主的生产行为，从而间接影响小麦的生产（Chau，de Gorter，2005）。

三、实证分析

（一）小麦生产技术效率与小麦全要素生产率分析

此处，根据前文小麦生产率计算公式和分解公式将计算出河南省小麦生产技术效率、小麦全要素生产率及其要素分解。在计算小麦生产技术效率时，可以考虑生产技术效率是否存在规模效应，因此，此处将分别计算出小麦生产技术效率在规模不变和规模可变下的效率值情况，详见表2。

表2　小麦生产技术效率与小麦全要素生产率及要素分解的比较分析

年份	分组	C－TE	V－TE	小麦 TFP	教育回报	效率变化	技术进步	要素投入
2009	低收入	0.383	0.427	—	—	—	—	—
	高收入	0.387	0.429	—	—	—	—	—
	平均值	0.385	0.428	—	—	—	—	—
2010	低收入	0.430	0.530	1.367	1.074	1.574	0.851	1.624
	高收入	0.431	0.539	1.018	1.038	1.172	0.862	1.543
	平均值	0.431	0.535	1.193	1.056	1.373	0.857	1.584
2011	低收入	0.450	0.557	0.518	1.031	1.011	0.567	4.157
	高收入	0.459	0.553	0.507	1.087	1.029	0.535	2.973
	平均值	0.455	0.555	0.513	1.059	1.020	0.551	3.565
2012	低收入	0.434	0.525	1.069	1.038	1.786	2.585	1.377
	高收入	0.467	0.551	0.971	1.049	0.160	2.674	1.653
	平均值	0.451	0.538	1.02	1.044	0.973	2.630	1.515
2013	低收入	0.449	0.600	1.024	1.082	3.751	0.295	1.328
	高收入	0.457	0.614	1.058	1.022	3.807	0.311	1.402
	平均值	0.453	0.607	1.041	1.052	3.779	0.303	1.365
2014	低收入	0.498	0.625	1.23	1.013	1.278	0.971	1.799
	高收入	0.514	0.644	1.096	1.060	1.147	0.971	1.776
	平均值	0.506	0.635	1.163	1.037	1.213	0.971	1.788

注：C－TE表示的是规模不变下的小麦生产技术效率值、V－TE表示的是规模可变下的小麦生产技术效率值；小麦TFP表示的是小麦全要素生产率的GML指数值；由于全要素生产率的评价为动态效率评价，而本文的效率评价是基于2009年的数据，因此，2009年的效率计算缺失。

从表2的结果可知：

（1）从小麦生产技术效率值的总体来看，河南省小麦生产技术效率逐年提高。从均值来看，2009年规模可变下的小麦生产技术效率值为0.428，2014年增长到了0.635；从分组来看，高收入组的小麦生产技术效率值高于低收入组的小麦生产技术效率值。以2014年为例，高收入组的小麦生产技术效率值为0.644（规模可变）和0.514（规模不变），远远高于低收入组的0.625（规模可变）和0.498（规模不变）；从规模报酬的视角来看，规模可变下的小麦生产技术效率值高于规模不变下的小麦生产技术效率值。以2013年为例，规模可变下的小麦生产技术效率值的均值为 0.607，高于规模不变下的小麦生产技术效率值 0.453，此外，该年高收入组的小麦生产技术效率值也远远大于低收入组的小麦生产技术效率值。

（2）从小麦全要素生产率来看，小麦全要素生产率 GML 指数值大于 1 的比例占绝大多数[1]，即河南省小麦全要素生产率呈优化趋势。从小麦全要素生产率的 GML 指数平均值来看，2010—2014 年，仅 2011 年的小麦全要素生产率 GML 指数为 0.513，其余年份的 GML 指数值大于 1。从分组来看，高收入组的小麦全要素生产率 GML 指数值整体小于低收入组的小麦全要素生产率 GML 指数值，以 2014 年为例，高收入组的小麦全要素生产率 GML 指数值为 1.096，小于低收入组的 1.23。有意思的是，2013 年高收入组的小麦全要素生产率的 GML 指数值为 1.058，大于低收入组的 1.024。

（3）从小麦全要素生产率要素分解的结果来看，效率变化和要素投入是推动小麦全要素生产率增长的主要因素。以 2013 年为例，小麦全要素生产率增长的要素中，教育回报的贡献度为 1.052、效率变化的贡献度为 3.779、技术进步的贡献度为 0.303，而要素投入的贡献度为 1.365。从收入差异的分组来看，高收入组的技术进步因素贡献更大，而低收入组的要素投入贡献度大。以 2010 年为例，高收入组的技术进步的贡献度为 0.862，大于低收入组的 0.851；而低收入的要素投入贡献度为 1.624，大于高收入组的 1.543。

（二）脱钩收入补贴对小麦生产技术效率的影响分析

为了分析脱钩收入补贴对小麦生产技术效率的影响，本文利用 2009—2014 年河南省农村固定观察点 758 户有效样本农户的面板数据，选用 IV‑Tobit，以每户家庭非农业劳动力人口数量作为工具变量，运用 STATA 12.0 软件对数据进行了估计，为了分析收入差异下的脱钩收入补贴的作用，此处将分为低收入组和高收入组分别进行估计，结果详见表 3。需要说明的是，在估计前，本文对变量进行了共线性检验，从检验结果看，通过了共线性检验，满足建立估计方程的前提。

表 3　脱钩收入补贴对小麦生产技术效率的影响

变量	低收入组		高收入组	
	规模不变	规模可变	规模不变	规模可变
脱钩收入补贴	0.078 3**	0.052 0***	0.011 5	0.024 6
	(0.030 5)	(0.016 8)	(0.052 4)	(0.033 0)
户主性别	0.137*	0.030 4	0.176**	0.091 1***
	(0.071 8)	(0.027 7)	(0.075 1)	(0.028 1)
户主年龄	0.001 66*	0.000 490	0.001 77*	0.000 808
	(0.000 997)	(0.000 524)	(0.001 04)	(0.000 655)
受教育年限	0.002 52	−0.000 982	0.004 17	0.000 453
	(0.004 72)	(0.002 59)	(0.003 68)	(0.002 31)
是否接受过农业生产技术培训	1.007	−0.082 7	0.121	0.084 3
	(118.0)	(0.061 2)	(0.123)	(0.062 4)

---

[1]　当 GML 指数值大于 1 时，说明该年份的小麦全要素生产率较上一年度更为优化和提高，反之恶化。

变量	低收入组		高收入组	
	规模不变	规模可变	规模不变	规模可变
农业固定资产投资	−0.010 8	−0.009 39	−0.037 6	−0.007 87
	(0.015 8)	(0.006 58)	(0.024 2)	(0.007 04)
农业机械总动力	−0.070 1	0.003 23	0.045 6	0.032 4
	(0.184)	(0.002 68)	(0.347)	(0.224)
常数项	−2.175	0.494***	−0.250	0.145
	(236.0)	(0.135)	(0.271)	(0.135)

注：①＊、＊＊和＊＊＊分别表示 10％、5％和 1％的显著性水平；②括号中的数字为估计的标准误。

从表 3 的结果可知：

（1）脱钩收入补贴对低收入组农户的小麦生产技术效率影响较为显著。从表 3 的结果可知，脱钩收入补贴对低收入组农户且规模不变下的小麦生产技术效率的影响系数为 0.078 3，在 5％显著性水平条件下显著。而对于规模可变下农户的小麦生产技术效率的影响系数为 0.052 0，在 1％的显著性水平条件下显著。两个变量的显著性充分说明了脱钩收入补贴对低收入组的小麦生产具有明显的促进作用。正如前文的理论分析可知，当农户受到生产的资金约束时，农户无法选择生产技术效率高的方式进行生产，导致了效率的损失。而脱钩收入补贴直接提高了农户的收入水平，农户可以使用脱钩收入补贴资金缓解其生产资金约束，从而促使农户选择了较高生产技术效率的生产方式，最终有利于小麦生产技术效率的整体提高。

（2）脱钩收入补贴对高收入组农户的小麦生产技术效率影响不显著。从表 3 的结果可知，脱钩收入补贴对高收入组中的不变规模小麦生产技术效率的影响系数为 0.011 5，但是并没有通过显著性检验。此外，脱钩收入补贴对高收入组中的可变规模小麦生产技术效率的影响系数为 0.024 6，也没有通过显著性检验。这说明脱钩收入补贴对高收入农户的小麦生产技术效率不具有显著的积极意义，即使两个系数符号都为正，但是并没有通过检验。这主要是在于：其一，相对来说，高收入农户不受到小麦生产的资金约束，从表 1 中的统计结果可知，河南省样本农户的平均收入为 3.894 2 万元/户，而低收入组仅为 3.440 7 万元/户，高收入组为 4.347 8 万元/户。也就是说高收入组农户的收入明显高于全部样本和低收入组的农户，因此，脱钩收入补贴对高收入组来说并不会明显提高其收入水平。其二，高收入组的小麦生产技术效率远远高于低收入组的小麦生产技术效率（前文分析中可知）。这意味着通过脱钩收入补贴提高小麦生产技术效率的边际成本会更大，小额的脱钩收入补贴无法明显提高高收入组农户的小麦生产技术效率。

（3）相比高收入组和低收入组的估计结果可知，高收入组的估计系数低于低收入组。在估计结果中，低收入组不变规模和可变规模的估计系数分别为 0.078 3 和 0.052，远远大于高收入组的 0.011 5 和 0.024 6，且高收入组并没有通过显著性检验。这说明了脱钩收入补贴对低收入的农户来说，具有更大的促进作用。这主要是由于脱钩收入补贴属于收入类综合性补贴政策，对提高农户的收入、缓解农户的生产资金约束具有现实意义。

（三）脱钩收入补贴对小麦全要素生产率及分解要素的影响

进一步分析脱钩收入补贴对小麦全要素生产率及其分解要素的影响，同样，将所有样本分为高收入组和低收入组，选用 IV - Tobit 模型，以每户 2003—2008 年农户家庭非农业劳动力人数为工具变量，运用 STATA 12.0 软件对数据进行了估计，结果详见表 4 和表 5。需要说明的是，此处的估计变量均和前文一样。表 4 反映的是在低收入组中脱钩收入补贴对小麦全要素及其分解要素的影响，表 5 反映的是在高收入组中脱钩收入补贴对小麦全要素生产率的影响。由于涉及不同的分组，所以结合表 4 和表 5 能分析出脱钩收入补贴在不同收入群体中的补贴效应差异。

表 4　脱钩收入补贴对小麦全要素生产率及分解要素的影响：低收入组

变量	小麦 TFP	小麦全要素生产率的分解要素			
		教育回报率	效率变化	技术进步	要素投入
脱钩收入补贴	0.223	−0.125	−0.013 3	−0.040 9	−1.807
	(0.172)	(0.112)	(0.045 8)	(0.109)	(1.492)
户主性别	−1.008	0.316***	0.073 5 *	−0.099 8	0.185
	(259.8)	(0.106)	(0.041 3)	(0.112)	(1.537)
户主年龄	0.000	0.002 43	−0.000 318	0.001 39	0.026 7
	(0.002 88)	(0.002 32)	(0.000 954)	(0.002 24)	(0.030 7)
受教育年限	−0.005 51	−0.048 2***	0.003 14	0.008 87	0.344**
	(0.013 4)	(0.010 1)	(0.004 23)	(0.009 87)	(0.135)
是否受农业生产技术培训	−0.847	0.361*	0.008 97	−0.005 85	0.803
	(374.3)	(0.216)	(0.102)	(0.271)	(3.698)
农业固定资产投资	−0.0174	0.000759	−0.0151***	0.106***	−0.127
	(0.015 5)	(0.018 3)	(0.005 47)	(0.018 5)	(0.256)
农业机械总动力	143.3	6.628	0.128	0.201	−5.562
	(119.0)	(30.57)	(0.870)	(1.142)	(15.59)
常数项	10.39***	0.702	0.547**	1.053 *	−0.061 9
	(2.085)	(0.474)	(0.221)	(0.578)	(7.896)

注：①＊、＊＊和＊＊＊分别表示 10%、5%和 1%的显著性水平；②括号中的数字为估计的标准误。

从表 4 的估计结果可知，在低收入组的农户样本中，脱钩收入补贴无法促进小麦全要素生产率及其分解的要素。第一，脱钩收入补贴对低收入组小麦全要素生产率的影响系数为 0.223，但是没有通过显著性检验。即，脱钩收入补贴无法促进低收入组的小麦全要素生产率。第二，脱钩收入补贴对低收入组教育回报率的估计系数为−0.125，没有通过显著性检验，说明脱钩收入补贴无法促进低收入组中小麦生产的教育投入。第三，脱钩收入补贴对低收入组效率变化的影响系数为−0.013 3，但是也没有通过显著性检验，说明脱钩收入补贴也无法显著促进低收入农户对小麦生产效率的改进。第四，脱钩收入补贴对低收入组技术进步的估计系数为−0.040 9，没有通过显著性检验，也说明脱钩收入补贴无法促进低收入农户改进小麦生产的技术。第五，脱钩收入补贴也无法显著促进低收入农户对小麦生产的要素投入。总的来看，脱钩收入补贴对低收入农户的小麦全要素生产率影响不显著，导致这样的原因可能在于补贴额度的分散和额度较低，不能对小麦的全要素生产率起到改进的作用。

表 5 脱钩收入补贴对小麦全要素生产率及分解要素的影响：高收入组

变量	小麦 TFP	小麦全要素生产率			
		教育回报率	效率变化	技术进步	要素投入
脱钩收入补贴	0.010 0	0.003 87	0.176	−0.024 4	−0.010 3
	(0.060 0)	(0.046 0)	(0.177)	(0.021 4)	(0.040 2)
户主性别	0.107	0.050 2	0.009 85	−0.197	−0.085 3
	(0.076 2)	(0.058 4)	(0.224)	(6.056)	(0.059 4)
户主年龄	0.000	0.000 442	−0.002 08	−0.000 101	0.000 805
	(0.001 72)	(0.001 32)	(0.005 07)	(0.000 618)	(0.001 13)
受教育年限	−0.000 535	−0.123***	0.011 8	−0.002 27	0.029 5***
	(0.007 80)	(0.005 97)	(0.023 0)	(0.002 82)	(0.007 78)
是否受农业生产技术培训	−0.151	0.158	0.159	−0.048 5	−0.073 8
	(0.178)	(0.136)	(0.524)	(0.098 1)	(0.300)
农业固定资产投资	0.002 25	−0.005 30	−0.102**	0.019 0	−0.001 37
	(0.014 2)	(0.010 9)	(0.041 8)	(0.024 9)	(0.010 3)
农业机械总动力	−35.98	16.58	−217.0	17.71	31.44
	(74.13)	(56.78)	(218.9)	(25.63)	(53.08)
常数项	1.117***	1.495***	0.921	0.710	0.532
	(0.385)	(0.295)	(1.135)	(6.060)	(0.609)

注：①＊、＊＊和＊＊＊分别表示 10％、5％和 1％的显著性水平；②括号中的数字为估计的标准误。

从表 5 的估计结果可知，高收入组农户样本中脱钩收入补贴对小麦全要素生产率的影响不显著。分别来看，第一，脱钩收入补贴对高收入组小麦全要素生产率的影响估计系数为0.01，没有通过显著性检验，说明脱钩收入补贴同样也无法对高收入组的小麦全要素生产率产生显著的积极影响。第二，脱钩收入补贴对高收入组教育回报率的影响不显著，其估计系数为 0.003 87，说明在高收入小麦生产教育回报率也无法通过脱钩收入补贴发生作用。第三，脱钩收入补贴对高收入组小麦生产效率变化的估计系数为 0.176，但是并不显著，说明脱钩收入补贴的增加不能导致小麦生产效率相对减少或降低。第四，脱钩收入补贴对高收入组小麦生产的技术进步的估计系数为−0.024 4，但是没有通过显著性检验，这说明脱钩收入补贴不能显著影响小麦生产中的技术进步。第五，脱钩收入补贴对高收入组小麦生产要素投入的估计系数为−0.010 3，同样也没有通过显著性检验，这也进一步说明脱钩收入补贴的实施，农户可能会减少对小麦生产的要素投入，但作用不明显。但是总的来说，脱钩收入补贴也同样无法显著影响小麦全要素生产率及其分解的相关要素。

结合表 4 和表 5 可知，脱钩收入补贴无法对低收入组和高收入组的小麦全要素生产率及其分解的要素产生显著的影响。

四、Oaxaca - Blinder 反事实分解下的脱钩收入补贴效应差异

（一）脱钩收入补贴对小麦生产技术效率影响的差异分解

为了分析收入差异下的脱钩收入补贴对小麦生产技术效率的影响，此处将进一步进行差

异分解分析。本文将选用 Oaxaca - Blinder 分解模型，结合 IV - Tobit 估计结果进行分解。由于该分解模型有多种分解方法，本文将选择二重分解法，即，分解出可解释项和不可被解释项。具体的分解结果见表 6。

表 6　脱钩收入补贴对小麦生产技术效率影响的差异分解

变量	规模可变 可解释项	占比（％）	规模可变 不可解释项	占比（％）	规模不变 可解释项	占比（％）	规模不变 不可解释项	占比（％）
粮食直接补贴	0.000 389 (0.000 386)	−29.92	0.014 0** (0.006 33)	717.95	0.000 308 (0.000 304)	−67.69	0.012 0*** (0.004 62)	−223.46
户主性别	0.000 148 (0.000 267)	−11.38	−0.015 1 (0.022 9)	−774.36	0.000 136 (0.000 244)	−29.89	0.011 0 (0.019 6)	−204.84
户主年龄	0.000 181 (0.000 202)	−13.92	−0.002 98 (0.030 3)	−152.82	0.000 131 (0.000 153)	−28.79	−0.002 63 (0.025 7)	48.98
受教育年限	0.000 (0.000)	−1.24	−0.002 15 (0.017 0)	−110.26	0.000 (0.000 5)	−6.59	0.004 93 (0.014 4)	−91.81
是否受农业生产技术培训	0.000 (0.000)	−0.78	−0.208 (0.128)	−10666.67	0.000 (0.000)	0.12	−0.045 6 (0.075 3)	849.16
农业固定资产投资	−0.000 207 (0.000 490)	15.92	0.002 64* (0.001 51)	135.38	−0.000 217 (0.000 513)	47.69	0.001 89 (0.001 46)	1 402.23
农业机械总动力	0.000 (0.000)	−6.75	−0.003 39* (0.001 86)	−173.85	0.000 (0.000 108)	21.80	−0.003 94** (0.001 70)	73.37
总差异	−0.001 30 (0.000 946)	100	0.001 95 (0.005 93)	100	−0.000 455 (0.000 804)	100	−0.005 37 (0.005 01)	100
常数项			0.236* (0.137)				0.038 0 (0.085 0)	

注：①＊、＊＊和＊＊＊分别表示 10％、5％和 1％的显著性水平；②括号中的数字为估计的标准误。

从表 6 的分解结果可知：

（1）规模可变下的小麦生产技术效率的差异分解。在可解释项的结果中，高收入组和低收入组的整体总差异不显著，而脱钩收入补贴在可解释项的占比为−29.92，并没有通过显著性检验，农户收入水平是解释高收入组和低收入组小麦生产率差异的主要因素。而不可解释项的脱钩收入补贴变量的估计系数为 0.014，占总差异解释的 717.95，说明了无可观测的因素导致了脱钩收入补贴对小麦生产技术效率的差异。此外，农户收入水平的差异也是导致不可解释部分高收入组和低收入组的小麦生产技术效率差异的显著因素。

（2）规模不变下的小麦生产技术效率的差异分解。在规模不变下的小麦生产技术效率的分解结果中，可解释项的总差异为−0.000 455。而脱钩收入补贴在高收入组和低收入组的差异可解释项分解系数为 0.000 308，且占比总差异的值为−67.69。这说明在高收入和低收入的两组农户中，脱钩收入补贴对小麦生产技术效率影响的差异在减小。而不可解释项中，高收入和低收入两组的脱钩收入补贴对小麦生产率分解差异系数为 0.012，在 1％显著性水平条件下显著。这也说明在高收入组和低收入组之间的脱钩收入补贴对小麦生产技术效率的差异主要是由不可解释的相关因素导致。而在规模不变下的相关显著因素主要是由高收入组和低收入组的收入差异和农业机械总动力的差异导致的。

（二）脱钩收入补贴对小麦全要生产率及分解要素的差异分解

为了分析收入差异下的脱钩收入补贴对小麦全要素生产率及分解要素的影响差异，本文将选用 Oaxaca - Blinder 分解模型，结合 IV - tobit 估计结果进行分解。同样，此处将选择二重分解法，即，分解出可解释项和不可被解释项。具体的分解结果见表7。

表7　脱钩收入补贴对小麦全要素生产率及分解要素影响的差异分解

		可被解释项			不可被解释项		
		脱钩收入补贴	占比（%）	总差异	脱钩收入补贴	占比（%）	总差异
Oaxaca Blinder 分解	小麦 TFP	0.000 505 (0.001 24)	45.083	0.001 2 (0.009 6)	−0.015 5 (0.043 9)	9.337	−0.116 (0.082 7)
	教育回报	−0.000 2 (0.003)	1.471	−0.013 6 (0.010 1)	−0.001 95 (0.015 4)	13.830	−0.014 1 (0.017 1)
	效率变化	−0.001 2 (0.003)	5.357	−0.022 4 (0.093 8)	0.168 (0.171)	39.810	0.422 (0.341)
	技术进步	0.000 5 (0.001 2)	13.441	−0.003 72 (0.004 91)	−0.004 3 (0.034 9)	24.022	−0.017 9 (0.031 4)
	要素投入	−0.001 13 (0.000 79)	6.532	−0.017 3 (0.010 7)	0.082 1 (0.071 0)	49.758	0.165 (0.201)

注：①＊、＊＊和＊＊＊分别表示10%、5%和1%的显著性水平；②括号中的数字为估计的标准误。为了节省版面，此处仅报告核心变量的差异分解情况。

从表7的分解结果中可知：

（1）对小麦全要素生产率的差异分解。在高收入和低收入的两组农户中，脱钩收入补贴对小麦全要素生产率的 Oaxaca - Blinder 分解估计系数为0.000 5，此外，两组的总差异系数为0.001 2，脱钩收入补贴的差异占总差异的45.083%。在不可解释项中，脱钩收入补贴对小麦全要素生产率的差异分解系数为−0.015 5，总差异的系数为−0.116，脱钩收入补贴的差异占不可解释项总差异的9.337%。

（2）对小麦全要素生产率分解要素的差异分解。第一，脱钩收入补贴对小麦生产教育回报的可解释项差异系数为−0.000 2，占比总差异的1.471%，在不可解释项中的系数为−0.001 95，占总差异的13.83%。第二，脱钩收入补贴对小麦生产效率变化的可解释项差异系数为−0.001 2，占比总差异的5.357%，在不可解释项中的系数为0.168，占总差异的39.81%。第三，脱钩收入补贴对小麦生产技术进步的可解释项差异系数为0.000 5，占比总差异的13.441%，在不可解释项中的系数为−0.004 3，占总差异的24.022%。第四，脱钩收入补贴对小麦生产要素投入的可解释项差异系数为−0.001 13，占比总差异的6.532%，在不可解释项中的系数为0.082 1，占总差异的49.758%。整体上来说，脱钩收入补贴对小麦全要素生产率及其分解要素的 Oaxaca - Blinder 差异并不明显。

五、本文小结

本文以农户的收入差异为视角，使用全国农村固定观察点 2003—2014 年数据，选用 EBM 模型和 GML 指数模型具体分析了高收入和低收入农户的小麦生产技术效率差异、小麦全要素生产率和分解要素的差异，随后选用 IV - Tobit 模型，分析了脱钩收入补贴对小麦生产技术效率、小麦全要素生产率及要素分解的影响，最后选用 Oaxaca - Blinder 反事实差异分解模型分析了脱钩收入补贴对高收入和低收入农户小麦生产率的影响差异。经实证分析后得出：（1）2009—2014 年，河南省小麦生产技术效率和小麦全要素生产率在逐年提高，但是，高收入组的小麦生产技术效率值高于低收入组的小麦生产技术效率值，而低收入组的小麦全要素生产率 GML 指数值高于高收入组的小麦全要素生产率 GML 指数值。（2）高收入农户的技术进步对小麦全要素生产率的增长贡献更大，而低收入农户的小麦生产要素投入贡献大。（3）脱钩收入补贴能促进小麦生产技术效率的提高，相比而言，脱钩收入补贴对低收入农户的效用更大，可以缓解低收入农户的生产约束。（4）脱钩收入补贴能提高农民的种粮积极性，但是对促进小麦全要素生产率的作用不明显。（5）在高收入和低收入的两组农户中，脱钩收入补贴对小麦生产技术效率影响的差异在减小。但是脱钩收入补贴对小麦生产全要素生产率的差异并不显著。

对此，本文提出：（1）创新和研发小麦生产技术，优化小麦品种结构，提高小麦生产投入的资源要素利用率水平，进一步提高粮食生产技术效率和全要素生产率。（2）加大脱钩收入补贴力度，缓解农民生产资金约束，增加粮食生产基础设施建设投资。（3）加大对贫困农户的补贴支持，引导农户选择生产率较高的生产方式，提高农户的产粮积极性。（4）进一步提高农民收入水平，在缩小城乡收入差距的同时减小农村居民的收入差异。（5）通过脱钩收入补贴的方式降低农户的粮食生产成本，提高种粮效益，提升其在市场上的竞争力。

推进农业高质量发展①

当前我国经济已由高速增长阶段转向高质量发展阶段，农业和农村经济发展也到了这个阶段。从发展环境看，近些年，我国农业综合生产能力稳步提升，农产品供给保障能力明显改善，有基础、有条件向更加注重满足质的需求转变；从发展方式看，原有的依靠拼资源拼消耗、高投入高成本的老路已经走不通了，迫切要求农业向追求绿色生态可持续发展转变；从发展要求看，随着城乡居民收入和生活水平的提高，老百姓更加关注质量安全、生态安全，不仅要求农业提供优质安全的农产品，还要求农村提供良好宜居的生态环境。正是基于上述分析和判断，2017 年 12 月召开的中央农村工作会议，习近平总书记在讲话中明确指出：必须深入推进农业供给侧结构性改革，走质量兴农之路；2018 年的中央 1 号文件又明确提出要求：实施质量兴农战略，推动农业由增产导向转向提质导向。

贯彻落实习近平总书记讲话精神和中央 1 号文件精神，推进农业高质量发展，不仅要求农产品质量好、农业产业素质高、国际竞争力强，还要求农业经营效益高、农民收入多、农村生态环境美。落实农业高质量发展的要求，要牢固树立新发展理念，以推进农业供给侧结构性改革为主线，以优化农业产能和增加农民收入为目标，坚持质量第一、效益优先，坚持绿色引领、市场导向，走质量兴农之路，实施质量兴农战略，加快推进农业转型升级，加快推进农业农村现代化。

一、坚持质量第一，推进质量兴农、品牌强农

当前，我国农业发展质量不高主要表现在三个方面。一是农产品品种丰富，但多而不优。目前，我国农产品品种齐全、花色繁多，时不分四季、供应不断，地不分南北、想买就有，但同质化严重，分等分级少，个性化产品缺。二是农业品牌众多，但杂而不亮。在市场经济条件下，品牌就是信誉、就是信用、就是市场，但目前我国农产品大品牌不多，有市场影响力的品牌更少。三是我国农业体量大，但产业大而不强。目前，我国粮肉蛋果菜茶鱼等农产品产量都居世界首位，很多农产品人均占有量也居世界前列，农牧渔种养加各产业门类齐全，产品产量和产业产值都很庞大，但国际竞争力与农业大国地位还不相称，粮棉油糖、肉类、奶粉等进口不断增加，农产品贸易逆差持续扩大。

上述问题表明，提高农业发展质量是当务之急。要坚持质量第一，坚持抓产业必须抓质量，抓质量必须树品牌，坚定不移推进质量兴农、品牌强农，提高农业绿色化、优质化、特色化、品牌化水平。当前和今后一个时期，要重点抓好以下四个方面的工作。

1. 大力推进农业标准化。要生产出质量好的农产品，首先要抓好标准化生产。一是加快标准制定和修订。当前，要抓紧制定和修订农药残留标准、兽药残留标准以及其他行业标

---

① 本文发表于《中国发展观察》2018 年第 23 期。

准。二是加强标准宣传推介。大力宣传农（兽）药、饲料添加剂、抗生素使用规范，严格落实间隔期、休药期规定，研究制定相应的生产技术规范，从源头上减少非法添加、滥用乱用现象。三是推进规模经营主体按标准生产。把是否按标准生产作为政策支持规模经营主体发展的重要条件，在规模经营主体生产经营过程中，推行良好农业生产规范，推广生产记录台账制度。

2. 切实加强执法监管。 我国农业生产经营主体多、产业链条长、地域范围广，必须进一步加强农产品质量安全监管。一是加快推动法律法规制（修）订。推进农产品质量安全法、生猪屠宰和农作物病虫害防治条例等制（修）订，为强化执法监管提供法律依据。二是严格投入品使用监管。落实新修订的农药管理条例，推进农药追溯体系建设。严格抗生素准入管理，逐步退出促生长用抗生素。三是加快农产品质量安全追溯体系建设。加大国家追溯平台推广应用，将农产品质量安全追溯与农业项目安排、农产品品牌评定等挂起钩来，率先将绿色、有机、品牌农产品纳入追溯管理。建立农业生产信用档案，将新型经营主体全部纳入监管名录，并实行"黑名单"制度，用"二维码"追溯防止品牌假冒，保证优质优价，保护消费者权益。四是发挥社会监督作用。建立举报奖励制度，畅通投诉渠道，加强行业监督自律。

3. 实施品牌提升行动。 当前和今后一个时期，要围绕品牌创建、品牌认证、品牌保护、品牌营销等方面加大工作力度。一是大力开展农业品牌提升行动。打造一批农产品区域公用品牌和农产品品牌，将品牌建设与园区建设、绿色食品等农产品相结合，加大品牌创建支持力度。二是强化品牌质量管控。建立品牌目录制度，实行动态管理，确保农产品品牌"含金量"。三是建立健全激励保护机制。严厉打击假冒行为，为品牌健康成长营造良好环境。四是通过举办农业交易博览会、"双新双创"博览会等方式，搞好品牌营销活动，鼓励媒体宣传推介优质农产品品牌。

4. 集成运用现代要素。 我国农业质量不高、大而不强，最根本的原因还是产业素质不高，实现农业转型升级必须强化现代科技装备支撑。一是大力推广运用农业新技术。适应产业转型升级和提质增效的要求，遴选示范一些前瞻性、引领性技术，组装集成和转化应用一批特色高效品种或技术，推进农业智能装备示范运用。二是实施现代种业提升工程。全面深化种业权益改革，鼓励和支持科研人员以多种方式参与企业研发，推进科研成果转化，建立以企业为主体的商业化育种创新体系，全面提升农作物、畜禽、水产良种质量。三是提高设施农业发展水平。目前，我国设施农业面积已超过 5 000 万亩，对保障鲜活农产品供给功不可没。今后，要继续推动设施装备升级、技术集成创新、优良品种推广，着力解决土地板结、化肥农药使用量大等突出问题，促进优质高效农业发展。

二、坚持效益优先，提升农业竞争力、促进农民增收

当前，我国农业效益不高、农民增收动力不足的问题仍然突出。一是与二、三产业比，农业比较效益不高。2017 年我国农业劳动力占全国劳动力的比重仍高达 25％以上，我国农业产值占国内生产总值的比重已降到 8％以下，农业劳动生产率远低于二、三产业，"种地一亩不如打工两周"。二是农业产业链条短，农产品附加值不高。尽管我国农产品加工业发展已取得积极进展，但精深加工不足，产业链条仍然偏短，价值链单一，农民卖的大多还是

"原字号""初字号"农产品。三是农业多种功能挖掘不够，生态文化等价值拓展不充分。随着城乡居民收入和生活水平的提高，人们到农村吃喝玩住、赏花摘果、体验农事已经成为一种时尚。与此相比，我国农业生产考虑更多的仍然是产品多少、"够不够"的问题，对生产活动和环境中蕴含的经济、生态、社会、文化价值挖掘不够。

导致农业效益低、农民增收动力不足的原因是多方面的。一是生产经营规模较小。我国有2亿多农业经营户，户均耕地半公顷左右，农机装备使用不经济，规模效益不高。二是生产成本刚性上涨。劳动力、物化成本等不断上涨，融资成本居高不下。目前，我国玉米、大豆生产成本几乎是美国的2倍，竞争力不高的问题十分突出。三是经营主体能力不强。新型经营主体缺乏管理营销人才，农产品销售不畅，卖不出好价钱，有产量没效益。受国外农产品竞争的影响，主要农产品价格遭遇"天花板"，长期处于低迷状态。

当前和今后一个时期，应重点做好以下四个方面的工作。

1. 降低农业生产成本。 节本就是增效，要在"机器换人"、降低人工成本上做文章。一是加快推进农业机械化。抓紧研究制定出台农机装备产业转型升级的文件，推出一些有含金量的政策措施。加快实施粮棉油糖等大宗农作物生产全程机械化推进行动，推进农机社会化服务体系建设，开展率先基本实现全程机械化示范县创建行动，开展果菜茶、养殖业和农产品初加工等关键机械化技术试点示范，提高主要农作物耕种收综合机械化水平。二是大力发展集约农业。推进节水节肥节药绿色新品种选育和更新换代，积极发展节水农业，集成推广水肥一体化、喷灌滴灌、测土配方施肥、精量播种等技术。

2. 发展农业适度规模经营。 一是针对目前我国一家一户小规模经营效益难以提高的问题，积极发展多种形式的农业适度规模经营。一方面，要鼓励家庭农场、种养大户等新型经营主体，通过土地流转、土地互换、土地入股等方式，扩大土地经营规模，提高农业规模效益。另一方面，要健全完善社会化服务体系，积极发展多元化、多层次的农业生产性服务业，支持农业生产服务组织开展土地托管、联耕联种、代耕代种、统防统治等直接面向小农户的农业生产托管，扩大服务规模。二是针对我国人多地少国情决定的农业不能追求过大规模的实际，把帮助小农户与现代农业衔接作为一项重要政策。要把对新型经营主体的政策扶持与其带动小农户的数量挂钩，鼓励各地将政府补贴量化到小农户、折股到合作社，支持合作社通过统一服务带动小农户应用先进品种技术，通过代储代销等方式带动小农户抱团闯市场，引导推动龙头企业与合作社、小农户建立紧密利益联结关系，通过保底分红、股份合作、利润返还等，带动农民分享农业产业链增值收益。

3. 促进农村一二三产业融合发展。 要围绕构建现代农业产业体系，把农产品加工业作为促进农村一二三产业融合发展的重要抓手。一是实施农产品加工业提升行动。推动科企对接、银企对接，支持合作社等新型经营主体发展保鲜、储藏、分级、包装等初加工设施，推动初加工、精深加工、综合利用加工和主食加工协调发展，支持主产区农产品就地加工转化增值，提升农产品加工转化水平。二是加强规划引导和政策支持。针对加工产能与主产区、加工与上下游脱节等突出问题，推动农产品加工业向主产区、产业园区聚集发展，实施农村一二三产业融合发展项目，建设一批农产品精深加工示范基地，创建农产品加工示范园区，打造一批产业融合发展先导区。

4. 开发拓展农业多种功能。 要采取多种方式把生态文化价值转化为经济效益。一是实施休闲农业和乡村旅游精品工程。大力发展休闲农业，积极推进农业、林业与旅游、文化、康养、体育等深度融合。推介一批美丽休闲乡村，鼓励各地因地制宜开展农业嘉年华、休闲农业特色村镇等形式多样的推介活动。二是实施农耕文化保护传承工程。开展中国重要农业文化遗产发掘保护工作，传承农业文化价值。三是实施乡村就业创业促进行动。推动落实金融服务、财政税收、用地用电等双创支持政策，打通人才向农村流动的障碍制约，引导各类返乡下乡人员到农村创业创新，鼓励发展分享农场、共享农庄、创意农业、特色文化产业。

三、坚持绿色导向，提升农业可持续发展水平

习近平总书记指出，推进农业绿色发展是农业发展观的一场深刻革命。2017 年 9 月，中共中央办公厅、国务院办公厅联合印发了《关于创新体制机制推进农业绿色发展的意见》。2018 年中央 1 号文件又明确提出，良好生态环境是农村最大优势和宝贵财富，要推动乡村自然资源、资本资产加快增值。认真贯彻落实习近平总书记重要指示和中央文件精神，当前和今后一个时期，要重点抓好以下四项工作。

1. 持续推进农业投入品减量使用。当前，农业投入品过量使用、利用率不高，仍是农业面源污染的重要来源，也是影响农业可持续发展的重要因素。今后要在化肥农药使用量"零增长"目标提前实现的基础上，进一步提高使用效率、减少使用总量。一是继续实施果菜茶有机肥替代化肥行动。继续扩大试点范围，开展果菜茶生产大县大市整建制推进试点。二是加快推进绿色防控。开展果菜茶病虫全程绿色防控试点，逐步提高主要农作物病虫绿色防控覆盖率。三是通过政府购买服务等方式，支持新型经营主体、社会化服务组织、国有农场开展化肥统配统施、病虫统防统治等服务。

2. 加快推进农业废弃物资源化利用。推进农业废弃物资源化利用，是农业发展新阶段的一项新课题和新任务。一是抓好畜禽粪污资源化利用。聚焦生猪、奶牛、肉牛大县，加大支持力度，扶持生产大县整建制推进试点，提高粪污资源化利用设施装备水平，探索有效治理机制，基本解决规模养殖场粪污资源化利用问题。二是推动落实扶持政策。推动落实沼气发电上网政策，研究制定有机肥补贴政策，推进沼渣沼液有机肥利用，大力发展循环农业。以东北、华北玉米秸秆较多的地区为重点，开展秸秆综合利用试点，推广秸秆农业综合利用十大模式。以西北、西南地区为重点开展农膜回收，建设地膜治理示范县。落实地膜生产新标准，加快推进加厚地膜推广应用。

3. 加强动物疫病净化防控。一是抓好重大动物疫病和人畜共患病防控。启动实施动物疫病净化工程，逐步推动全国规模养殖场率先净化。强化动物疫病区域化管理，有序推动东北 3 省及内蒙古无疫区建设，鼓励具备条件的省份建设无疫区和无疫小区。探索建立动物移动监管制度，降低动物疫病传播风险。二是强化屠宰行业管理。加大生猪屠宰资格审核清理力度，组织开展屠宰专项整治行动，严厉打击屠宰环节违法违规行为。持续推进病死畜禽无害化处理体系建设，提升集中处理水平。三是推进执业兽医队伍建设。加强官方兽医培训，引导和扶持兽医社会化服务组织发展。

4. 切实加强农业资源养护。统筹山水林田湖草系统治理，切实把农业资源过高的利用强度减缓下来。一是大力实施耕地质量保护与提升行动。将东北优质的黑土耕地划为永久基本农田，优先将黑土地划为粮食生产功能区和重要农产品生产保护区；积极推动黑土地保护立法，探索建立保护奖补政策；以黑土区为重点，集成推广深松深耕技术，提高深耕深松耕

地比重。二是强化土壤污染管控和修复。开展耕地土壤环境质量类别划分试点，分区域分品种进行受污染耕地安全利用示范，划定食用农产品禁止生产区，实施湖南重金属污染耕地修复治理试点。三是扩大轮作休耕制度试点规模，初步形成技术模式、耕作制度、核实制度、补贴制度。四是加大草原生态保护力度。组织实施新一轮草原资源清查，落实和完善草原生态奖补政策，实施好退牧还草、退耕还草等工程，提高全国草原综合植被盖度。五是大力开展水生生物保护行动。长江流域水生生物保护区要实行全面禁捕，实施长江江豚拯救行动计划，加快制定加强长江水生生物保护的文件，修复水域生态环境。实施海洋渔业资源总量管理制度，加快捕捞渔民减船转产转业。

四、坚持市场导向，着力调整优化农业结构

调整优化农业结构，是推进农业供给侧结构性改革、推进农业高质量发展的主要任务。产量结构性过剩是当前农业面临的突出矛盾，供需脱节、资源错配问题仍很突出。要以满足市场需求为导向，以提高农业供给体系的质量效益为主攻方向，深入推进结构调整，优化生产力布局，不断提升产品质量和产业水平，使农业供需关系在更高水平上实现新的平衡。当前和今后一个时期，要重点抓好以下五个方面的工作。

1. 坚定不移推进种养结构调整。 树立大农业观、大食物观，在保障粮食等重要农产品有效供给的前提下，减少低端无效农产品生产，增加销路好、品质高、市场缺的优质农产品生产。一是推进种植业结构调整。现在水稻库存积压严重，要进一步调减。一方面要通过调整降低收购价格引导生产发展，另一方面要重点压减黑龙江等寒地井灌稻和湖南重金属污染区籼稻生产。近两年玉米调减效果明显，收储制度改革成效显现，市场价格有所回升。要在巩固已有成果的基础上，继续推动"镰刀弯"地区玉米调减，为优势玉米产区留出发展空间。继续扩大粮豆轮作试点，增加大豆、杂粮杂豆、优质饲草料等品种生产。二是推进畜牧业结构调整。继续推进生猪规模化标准化养殖，优化生产布局，引导产能向粮食主产区、环境容量大的地区转移。加强市场引导调控，防止生猪生产、价格发生大的波动。启动现代化牧场示范创建，实施奶业振兴行动，提升奶业品牌影响力，引导扩大乳品消费。三是推进渔业结构调整。渔业养殖技术要从重产量转到重质量上来，降低水库、湖泊网箱密度，开展循环水养殖和零用药养殖技术示范，推广稻渔综合种养，加快完成禁养区、限养区、养殖区划定。规范有序发展远洋渔业，建设现代化海洋牧场。

2. 加快推进产业向园区集聚。 要以"三区三园"为重点优化产业布局，确定不同区域农业发展方向和重点。一是加快划定建设粮食生产功能区、重要农产品生产保护区和特色农产品优势区。加强粮食生产功能区和重要农产品生产保护区高标准农田建设，健全利益补偿机制，加大财政转移支付力度，集中打造谷物和大豆、棉花、油菜籽、糖料蔗、天然橡胶等产业。加强特色农产品优势区建设，开展农产品特优区创建试点，落实特优区建设规划纲要，强化品牌引领，深入挖掘特色产业生产潜力，打造一批特色优势产业。二是加强国家现代农业产业园、科技园和农村创业创新示范园建设。继续开展创建国家现代农业产业园行动，推动建立国家、省、市、县建设体系，推进产业发展、城乡融合，打造产业升级新引擎；推动创建具有区域特色的农村双创示范园区（基地）；充分发挥国家农业科技园（区）平台作用。

3. 加强农产品市场体系建设。产品产得好还要卖得好，要把抓市场、抓营销作为推动农业高质量发展的重要任务。一是加快国家级农产品专业市场建设。要把国家级大市场建设与特优区建设结合起来，坚持更高标准、更具特色，在做好已经认定的国家级大市场建设的基础上，继续认定一批专业市场。建立健全市场退出机制，确保市场真正发挥作用。二是加强市场流通条件建设。重点支持合作社等新型经营主体建设田头预冷、分拣包装、初加工、物流、冷链、仓储等设施设备，加快拍卖、电子结算等新型交易方式推广应用。三是积极发展农产品电商。实施农产品电子商务出村工程，鼓励大型电商集团进入农村，支持农民合作社开网店，帮助农民上网销售土特产品。四是健全农业市场信息发布制度。定期发布农产品价格指数、大宗农产品供需平衡状况信息，召开重点农产品市场信息发布会，引导农民发展生产。

4. 推进信息化与农业融合发展。推进"互联网＋现代农业"发展，运用现代信息手段改造提升传统农业。一是构建农业农村数据资源体系。建好用好重要农产品市场信息平台、新型农业经营主体信息直报平台，加快推进政务信息资源整合共享，推动全球农业数据调查分析系统建设，加强数据采集、整合、传输、共享，强化农业大数据应用。二是全面实施信息进村入户工程。扩大整省推进信息进村入户工程示范试点，加快益农信息社建设，强化村级信息员选聘培养，完善建设运营机制。三是实施智慧农业工程。推动建设天空地数字农业管理系统，推进农业物联网试验示范，建立技术标准和监测体系，强化产品研发和推广应用。四是开展农民手机应用技能培训。继续举办培训周活动，完善全国培训平台，整合线上线下培训资源，帮助广大农民获得信息服务。

5. 加强农业对外开放合作。围绕产品、企业、产能走出去，深化农业对外开放合作。一是推动优势农产品走出去。实施特色优势农产品出口促进行动，支持茶叶、水果、蔬菜、水产品等出口，探索建设一批特色优质农产品出口示范基地，鼓励企业申请国际认证认可、参与国际知名展会。二是推动农业企业走出去。重点支持一批实力强、信誉好的农业龙头企业，着力培育跨国农业企业集团。三是推动农业产能走出去。集成创设一批政策措施，加强境外农业合作示范区和农业对外开放合作试验区建设，支持农机、种子、农药、化肥等企业开展优势产能国际合作。

农村工作体制机制改革及经验启示^①

2018 年是改革开放 40 周年，改革从农村发端并取得突破。农村工作领导体制和政策决策机制创新，是农村社会制度变革的重要组成部分，是推进农村改革的体制机制保障。全面分析我国农村工作领导体制和政策决策机制演变的历程和实践、系统总结我国农村工作领导体制和政策决策机制创新的做法和经验，对深化党和国家机构改革、完善农村工作机构职能体系，处理好顶层设计和基层探索的关系、充分发挥市场决定性作用和更好地发挥政府作用，推进农村治理体系和治理能力现代化、推进农业农村现代化具有重要意义。

一、健全农村工作领导体制

经过 40 年的探索和实践，我国逐步形成了党委统一领导，党政齐抓共管，农村工作综合部门组织协调，有关部门各负其责的农村工作领导体制和工作机制。

农村工作领导体制的演变过程。改革开放以来，农村工作领导体制的变迁大体经历了三个阶段：1978—1993 年，先后设立国家农业委员会和中共中央农村政策研究室，作为农村工作综合部门，负责组织协调农村工作。1993—2018 年，成立中央农村工作领导小组，下设办公室，作为农村工作综合部门，负责组织协调农村工作。2018 年 3 月后，为加强和改善党对农村工作的领导，中央决定组建农业农村部，中央农村工作领导小组办公室设在农业农村部，负责组织协调农村工作。

中央农村工作领导小组及其办公室。中央农村工作领导小组是中央领导农村工作的议事协调机构，成员由中央和国家机关有关单位组成。自 1993 年 3 月成立以来，根据经济社会发展的需要和机构改革的要求先后做出了一些调整和变化。1998 年，由中央财经领导小组办公室、国家发展计划委员会、科学技术部、财政部、水利部、农业部、中国人民银行、全国供销合作总社、国家林业局等 9 个单位组成。2003 年，除国家发展计划委员会调整更名为国家发展和改革委员会之外，其他成员单位没有变化。2006 年，在原有成员单位的基础上，增加中共中央组织部、中央宣传部、中央机构编制委员会办公室、中央农村工作领导小组办公室、教育部、民政部、劳动和社会保障部、国土资源部、交通部、卫生部等 10 个单位。2007 年，在原有成员单位的基础上，增加建设部为成员单位。2008 年，除劳动和社会保障部调整更名为人力资源和社会保障部、交通部调整更名为交通运输部、建设部调整更名为住房和城乡建设部之外，其他成员单位没有变化。2010 年，在已有成员单位的基础上，增加商务部为成员单位。2013 年，除卫生部与国家人口和计划生育委员会调整合并更名为国家卫生和计划生育委员会之外，其他成员单位没有变化。2018 年 3 月后，除农业部调整更名为农业农村部、国土资源部调整更名为自然资源部、国家卫生和计划生育委员会调整更

---

① 本文发表于《农村工作通讯》2019 年第 1 期。

名为国家卫生健康委员会、国家林业局调整更名为国家林业和草原局、中央农村工作领导小组办公室设在农业农村部之外，其他成员单位没有变化。目前，中央农村工作领导小组成员由 20 个单位组成。

中央农村工作领导小组办公室设在农业农村部，主要职责是统筹研究和组织实施"三农"工作战略、规划和政策。组织开展农村重大问题调查研究；研究起草"三农"工作重要文件；组织协调国家有关部门之间的涉农工作事宜；承担完成中央交办的"三农"工作重要任务等。

二、完善农村政策决策机制

经过多年的探索和实践，我国基本确立了在党中央、国务院领导下，分管领导主持，综合部门牵头，有关部门参加的农村政策决策体制和分工机制。

中央农村工作会议文件起草。中央农村政策的制定，在中央分管农业农村工作负责同志主持下开展工作，由中央农办主任具体负责。文件起草组，通常情况下，设 3 个小组。

一是领导小组，由中央农办、国务院办公厅、中共中央政策研究室、国务院研究室、国家有关部委等单位的分管领导组成。

二是调研小组，由中央农村工作领导小组部分成员单位分管司局负责人、其他有关单位分管司局负责人和长期从事"三农"问题研究的有关专家学者组成。

三是工作小组，由调研小组的部分成员、中央农村工作领导小组部分成员单位分管司局和其他有关单位分管司局的有关人员组成。

中央农村政策措施落实分工。根据有关部门职能，落实有关政策措施部门分工，明确牵头单位和参与单位，牵头部门对分工任务负总责，其他部门根据各自职能分工配合，建立工作机制，抓好落实工作。

对各部门承担的分工任务，属于制度建设的，抓紧研究提出设计方案；属于项目实施的，抓紧制定实施工作方案；属于原则性要求的，研究提出推进工作意见和措施。

国务院负责督促检查各项任务的落实情况，各牵头部门在当年 10 月底前将牵头负责分工任务的落实情况报送国务院办公厅。国务院办公厅负责与有关部门的协调与沟通，在当年 11 月底前将各项分工任务的落实情况汇总报送国务院。

三、农村政策制定形成过程

党的十六大以来，我国"三农"重要政策法律文献的形成过程表明，从主题确定到调查研究，从文本起草到审议通过，已经形成了一套比较完整的制度规范和工作程序。

确定主题。2010 年新年伊始，新华社受权发布了《中共中央、国务院关于加大统筹城乡发展力度进一步夯实农业农村发展基础的若干意见》。这是 21 世纪以来党中央、国务院下发的第 7 个 1 号文件，与前 6 个 1 号文件，既一脉相承，又突出创新。从 2004 年到 2009 年，党中央、国务院连续发出 6 个指导"三农"工作的 1 号文件，粮食连续 6 年实现增产，农民收入连续 6 年较快增长，农村体制机制创新取得新的突破，农村民生改善与农村社会和谐稳定。但是，农业和农村发展还面临着不少矛盾和问题：一方面，长期制约农业和农村发展的因素尚未根本消除，农业基础不牢，农业设施装备落后，农业劳动生产率低，城乡经济社会发展失衡，收入差距仍在拉大；另一方面，新的矛盾和问题不断显现，全球经济复苏进程缓慢曲折，农产品价格影响因素日益复杂，极端天气事件明显增多，农业和农村经济发展的不确定性显著增强。面对国际金融危机的严重冲击以及"三农"工作出现的新形势，既要继续贯彻落实前6个1号文件的强农惠农政策措施，又要及早谋划2010年的中央1号文件及需要出台的政策措施。在这种背景下，加大统筹城乡发展力度，进一步夯实农业农村发展基础，越来越成为大家的共识，并将其确定为2010年中央1号文件的主题。

调查研究。早在2009年1月23日，中央政治局举行第11次集体学习时，时任中共中央总书记胡锦涛就再次明确强调：必须坚持把解决好农业、农村、农民问题作为全党工作重中之重，坚定不移走中国特色农业现代化道路，加快推进社会主义新农村建设，更加扎实地做好"三农"工作。5月22日举行的中央政治局集体学习，胡锦涛总书记又专门强调：要适应统筹城乡发展新形势的要求，抓住社会保障制度建设的薄弱环节，开展新型农村养老保险试点，制订实施适合农民工收入低、流动性强特点的养老保险办法。胡锦涛总书记高度重视"三农"形势的发展变化，分别到江西、北京、黑龙江、云南、新疆、山东、河北等地考察，深入基层农户、农业产业化龙头企业、农业院校、少数民族地区进行调研，讨论研究解决"三农"问题。时任中共中央政治局常委、国务院总理温家宝也多次强调：要站在战略和全局的高度，下更大决心、花更大气力、采取更有力的措施，着重解决好"三农"问题。2009年9—10月，时任国务院副总理回良玉分别在杭州、哈尔滨、北京召开三次座谈会，与全国有关省份党委和政府分管负责同志、中央国家机关有关部门负责人、部分全国人大代表和政协委员、长期从事农村工作的老同志、专家学者和大型涉农企业负责人交流讨论，进一步听取大家的意见和建议。2009年8月到9月初，中央农村工作领导小组办公室分别召集近20个省份党委农村工作综合部门的负责人，在湖北和江苏一起开展调查研究，边调查边座谈。

文件起草。2009年7月，中央就提出要求，及早筹备年底的中央农村工作会议，考虑起草2010年的中央1号文件。2009年10月13日，党的十七届四中全会一结束，中央就批准成立文件起草组。中共中央政治局委员、国务院副总理、中央农村工作领导小组组长回良玉主持起草工作。来自中央和国家机关23个部门的50多人集中办公，开始了近3个月的文件起草工作。文件起草组人员认真学习领会胡锦涛总书记、温家宝总理关于"三农"工作的重要指示精神，分析研判"三农"形势，初步拟定文件主题，讨论研究写作大纲。胡锦涛总书记、温家宝总理在听取文件起草组汇报后，对2010年中央1号文件的主题、框架和内容给予明确指示。文件起草组在深入学习领会胡锦涛总书记、温家宝总理指示精神的基础上，对文件内容进行了讨论、修改、再讨论、再修改，经过反复推敲、仔细打磨之后，文件起草组提交了文件送审稿。

审议通过。2009年10月26日，中央农村工作领导小组召开会议，对文件送审稿进行了审议，根据审议意见，文件起草组再次进行了修改。12月9日，国务院常务会议对修改后的送审稿进行审议，提出了修改意见，根据审议意见，文件起草组连夜对送审稿进行了再次修改。12月10日，中央政治局常委会议对送审稿进行审议，提出了修改意见，胡锦涛总书记明确要求，必须确保粮食生产不滑坡，农民收入不徘徊，农村发展好势头不逆转。12月27—28日，中央召开农村工作会议，讨论《中共中央、国务院关于加大统筹城乡发展力度进一步夯实农业农村发展基础的若干意见（讨论稿）》。12 月 29 日，根据会议代表提出的意见，文件起草组作了第 4 次修改，并将修改后的文件送审稿再次上报，经党中央、国务院审定同意后，于 12 月 31 日晚付印，2010 年元旦发出。据文件起草组负责人介绍，2010 年中央 1 号文件紧紧围绕统筹城乡发展和夯实农业基础这个主题，提出了 5 个方面 27 条政策措施，对当前农业和农村发展中的重大问题作出了鲜明的回答，对在新的历史起点上推进农村改革发展工作做出了全面部署。

四、改革的基本经验及启示

坚持适应发展阶段要求完善机构职能。从农村工作领导体制及其机构职能演变的过程看，每次农村工作领导机构的设置和职能的调整，都反映了当时经济社会发展阶段的需要和机构改革总体部署的要求。既加强和改善了党对农村工作的领导，又体现了中国的国情和特色要求，对我们深化党和国家机构改革、完善农村工作机构职能体系提供了经验和启示。

坚持公开透明原则和民主科学精神。从农村工作文件起草和农村政策制定过程看，文件起草工作由不同机构、不同层次、不同方面的人员参与，具有广泛的代表性；农村政策制定过程包括主题确定、调查研究、文件起草、审议通过等主要环节，形成了一套比较完整的制度规范和工作程序。文件起草和政策制定过程体现的公开透明原则、科学民主精神值得发扬光大，对我们科学制定农村政策、完善落实有关措施提供了经验和启示。

正确处理顶层设计和基层探索的关系。文件组成员和有关方面通过开展调查研究，发现当时农业农村发展中存在的突出问题，分析问题形成的主要原因，发现基层好的做法和经验，总结基层的探索和实践，形成农村工作政策法规文件。在文件制定和政策形成过程中，中央的顶层设计是以基层的探索实践为基础的，基层的探索实践又为中央的顶层设计提供了来源，整个过程体现了顶层设计与基层探索相互作用、相互促进的关系，为我们科学制定和完善落实农村政策提供了经验和启示。全面深化农村改革，既要做好顶层设计，加强规划指导，更要充分发挥亿万农民的主体作用和首创精神，尊重农民的选择和创造。

正确处理市场作用和政府作用的关系。改革开放 40 年来，在党的领导下，出台了 4 个指导农村工作的中央全会决定，实施了 20 个指导农村工作的中央 1 号文件，主题是坚持不懈地推进农业农村市场化改革，主要内容包括创新完善农村基本经营制度、放开市场盘活农村资源要素、培育农业农村市场经济主体、完善调控促进农村经济发展，政府在改革过程中发挥了积极的作用。全面深化农村改革，要发挥政府在规划引导、政策支持、市场监管、法治保障等方面的积极作用，更要充分发挥市场在资源配置中的决定性作用。这既是 40 年农村工作领导体制决策机制改革的基本经验，也是今后我们必须遵循的一项基本原则。

新型农业经营主体基本特征、
融资需求和政策含义[①]

新型农业经营主体的发展和壮大有着深刻的经济社会发展背景。一方面，土地细碎化的小农经营导致了我国难以开展规模化、集约化经营。自改革开放以来，中国农村各地实行家庭联产承包责任制，将土地分配给各家各户。在相当长的一段时间里，家庭联产承包责任制解决了人们的生产积极性问题。但随着经济社会的不断发展，改革开放的不断深入，尤其是我国加入 WTO 以后，这种分散性经营模式的弱点就开始显现。例如，农产品与市场融合程度不深、品种质量欠佳、科技含量不高等。另一方面，工业化和城镇化导致了农村劳动力流失严重，农业发展受阻。此外，我国大部分贫困人口生活在农村地区。农业的天然弱质性和传统小农经营方式，导致农村地区的脱贫举步维艰。为解决这些问题，提高农村经济的市场竞争力，党的十八大报告提出，培育和壮大新型农业生产经营主体，加快转变农业生产经营方式。党的十九大报告提出，统筹推进乡村振兴战略，坚持农业农村优先发展，按照"产业兴旺、生态宜居、乡风文明、治理有效、生活富裕"总要求，加快推进农业农村现代化。实现"产业兴旺"的重要途径之一，就是培育发展多种形式的新型农业经营主体。随着政府政策的不断激励和市场作用的不断发展，新型农业经营主体的发展态势良好，开始显现一定程度的辐射和带动作用。但是在其发展过程中也面临着一些困难和问题，突出表现在对新型农业经营主体的发展规划、政策扶持、融资服务等不足的问题上。我国现代化农业生产正逐渐从劳动密集型转向资本密集型、技术密集型，但相应配套的金融服务却依旧发展缓慢，资金支持与需求不匹配，在一定程度上阻碍了新型农业经营主体的发展。

一、观点综述和数据说明

（一）观点综述

学术界对新型农业经营主体的关注更聚焦于理论方面的研究。在新型农业经营主体的组织形式方面，陈晓华、宋洪远等认为，新型农业经营主体主要有以下 5 种形式：专业大户、家庭农场、农民合作社、农业产业化龙头企业、农业社会化服务组织。赵晓峰等（2018）认为根据中央文件的提法，新型农业的服务主体不属于新型农业经营主体。陈锡文等学者普遍认为新型农业经营主体分为种养大户、家庭农场、农民专业合作社、农业产业化龙头企业 4 种形式（为简化起见，下文将农民专业合作社、农业产业化龙头企业分别简称为"合作社""龙头企业"）。

在新型农业经营主体的融资贷款方面，朱文胜和王德群指出了新型农业经营主体融资中

---

① 本文与石宝峰、吴比合作，发表于《农村经济》2020 年第 10 期。

主要存在的问题：资格认定与规范运作问题、需求多样与供给单一问题。杨大蓉研究发现，与传统农户相比，新型农业经营主体对金融服务的需求更大，金融需求层次也更丰富。江维国等认为融资难问题制约着新型农业经营主体的健康发展，而互联网金融丰富了融资模式的多样性，如 P2P 信贷融资、小额贷款、供应链融资、众筹等，从而有效弥补传统金融对农业发展支持的不足。钟真研究发现，各类新型农业经营主体均存在规模偏小、发育不足、人才缺乏、融资困难、运行不规范、带动力不强等共性问题。高鸣等通过农村固定观察点的调查发现，融资难和人才缺乏是新型农业经营主体最为突出的问题。

综上所述，现有关于新型农业经营主体的研究主要集中在作用地位、模式创新、经营问题与困境、政策支持、土地经营权流转、融资贷款等方面。然而，通过梳理文献，发现关于新型农业经营主体的研究大多偏向于整体特征分析，较少系统梳理各个类型新型农业经营主体的特征。另外，鲜有从新型农业经营主体经营视角，尤其是从融资需求方面对其进行梳理和系统分析的。基于上述现实背景和理论背景，本文从经营特征与融资需求两个维度，探析不同类型新型农业经营主体面临的经营问题，以缓解当前新型农业经营主体的经营困境，推进新型农业经营主体的发展，加快农业现代化的步伐。

（二）数据来源

本文使用的数据来源于农业农村部农村经济研究中心课题组 2018 年的调查数据。通过对缺失值和极端数据进行处理，共获取新型农业经营主体有效样本 1 621 个，其中 1 005 个种养大户、104 个家庭农场、392 个合作社和 120 个龙头企业（如表 1）。种养大户获取样本数据最多，占比 62%；其次是合作社，占比 24.18%；家庭农场和龙头企业样本数据相对较少，分别占比 6.42% 和 7.4%。由于黑龙江、河南和浙江是中国重要的粮食生产基地，是发展现代农业的重要改革试验区，因此本文选取黑龙江、河南和浙江 3 省，确保样本具有一定的代表性。其中，黑龙江省的样本占总样本 57.87%，数量最多；河南省的样本占总样本 22.39%，居于中位；浙江省的样本占总样本的 19.74%，数量较少。各地区占比规模最大的主体类型也各不相同，黑龙江省占比最大的新型农业经营主体类型是种养大户（占比 78.11%）；河南省占比最大的新型农业经营主体类型是龙头企业（占比 77.50%）；而浙江省最主要的新型农业经营主体类型则是家庭农场（占比 23.08%）。

表 1　新型农业经营主体的样本分布

主体类型	黑龙江	河南	浙江	总体
家庭农场	27.88%	49.04%	23.08%	6.42%
龙头企业	12.50%	77.50%	10%	7.40%
种养大户	78.11%	0.10%	21.79%	62.00%
合作社	27.81%	55.61%	16.58%	24.18%
总体	57.87%	22.39%	19.74%	—

二、新型农业经营主体基本特征分析

（一）经营者基本特征

在进行农业生产行为决策的时候，一般是由经营者来进行决策的，因此新型农业经营主体的经营者的基本特征对其农业生产具有非常重要的影响力。不同年龄阶段的经营者具有不同的生产和生活经验，这会影响他们的思维方式和行事手段。同时，不同程度的文化背景会影响经营者接受知识的能力、信息获取和分析的能力以及学习的能力。而过往不同的从业经历会影响经营者的知识结构体系和经验判断能力。样本数据显示，新型农业经营主体负责人的部分特征表现出显著的不同。

在本次接受调查的新型农业经营主体样本中，负责人的性别与年龄分布如表（2-a）所示，男性负责人的数量远远高于女性负责人（总体中有88.83％的男性负责人和10.61％的女性负责人）。在家庭农场中，这一差距最为明显，负责人中有93.27％的男性与5.77％的女性；而龙头企业中，这一差距小于总体水平，即有85.00％是男性负责人，14.17％是女性负责人。平均年龄这一指标不存在显著差异，除家庭农场负责人为46岁以外，其余类型的新型农业经营主体负责人均为47岁。按照世界卫生组织标准，青年人为44岁以下，中年人为45～59岁，老年人为60岁以上，可以看出新型农业经营主体负责人大都为中年人。

表2　新型农业经营主体的基本特征

(2-a) 新型农业经营主体负责人的性别与年龄分布			
主体类型	男性	女性	平均年龄（岁）
家庭农场	93.27％	5.77％	46
龙头企业	85％	14.17％	47
种养大户	87.26％	12.04％	47
合作社	92.86％	7.14％	47
总体	88.83％	10.61％	47

(2-b) 新型农业经营主体负责人的受教育程度				
主体类型	小学以下	小学	初中	高中或中专	大学及以上
家庭农场	4.81％	12.50％	51.92％	25.00％	5.77％
龙头企业	0.00％	3.33％	23.33％	45.83％	26.67％
种养大户	6.67％	24.88％	38.91％	20.90％	8.36％
合作社	1.79％	7.65％	36.73％	40.05％	12.76％
总体	4.87％	18.32％	38.06％	27.64％	10.61％

(2-c) 新型农业经营主体负责人的从业经历				
主体类型	农村劳动	外出打工	办厂经商	担任村干部	参加培训
家庭农场	75.00％	36.54％	41.35％	15.38％	72.12％
龙头企业	40.00％	35.00％	73.33％	13.33％	83.33％
种养大户	86.56％	34.63％	9.15％	17.61％	56.12％
合作社	71.17％	40.05％	46.17％	29.34％	84.18％
总体	78.66％	36.09％	24.92％	19.99％	65.95％

负责人的受教育程度分布如表（2-b）所示，可知样本总体负责人受教育程度的众数为初中，位于中等级别，初中及以上受教育程度的负责人数量占到绝对优势。家庭农场

和种养大户这一指标的众数与总体相同，分别有 51.92％和 38.91％的负责人受教育程度为初中；而龙头企业和合作社负责人的教育程度高于总体水平，分别有 45.83％和 40.05％的负责人受教育程度处于高中或中专的水平；在大学及以上这一等级中，龙头企业的负责人数量最多，表明龙头企业负责人的平均受教育水平高于其他类型的新型农业经营主体。

表（2-c）是新型农业经营主体负责人的从业经历情况。总体来看，从事过农村劳动的负责人占到绝对多数，为 78.66％；而担任过村干部的负责人占比最低，为 19.99％。将各新型农业经营主体分开来看，家庭农场和种养大户的负责人有从事农村劳动经历的占比最大，分别为 75.00％和 86.56％；相比之下，龙头企业和合作社的负责人有参加培训经历的比例更高，各自占比 83.33％和 84.18％。值得一提的是，龙头企业负责人拥有农村劳动、外出打工以及担任村干部的经历占比较低，而办厂经商和参加培训的经历占比较高。综上所述，农村劳动和参加培训是新型农业经营主体负责人的主要从业经历。

（二）经营主体组织特征

由于历史、政策、环境和发展规划等各方面因素的影响，各类新型农业经营主体的发展可能存在着一定的历史发展趋势。观察样本数据中各类新型农业经营主体的注册时间，可以得出从 1948—2018 年各主体的发展态势，如图 1 所示。其中，家庭农场中填写注册时间的样本有 79 个（占比为 75.96％），龙头企业中填写注册时间的有 109 个样本（占比为 90.83％），合作社中填写注册时间的有 334 个样本（占比为 85.20％），但是，在种养大户中，仅有 15 个样本填写了注册时间。从整体上看，各类新型农业经营主体的注册量从 2007 年至 2013 年呈现上升趋势，又在 2013 年至 2017 年不断下降，近两年又呈现出一个上升趋势；进行了工商注册或在农业部门登记了的主体数在 2013 年达到了峰值，尤其是合作社表现最为明显，其次为龙头企业和家庭农场；长期以来，种养大户几乎不在农业部门或工商管理部门进行注册登记。

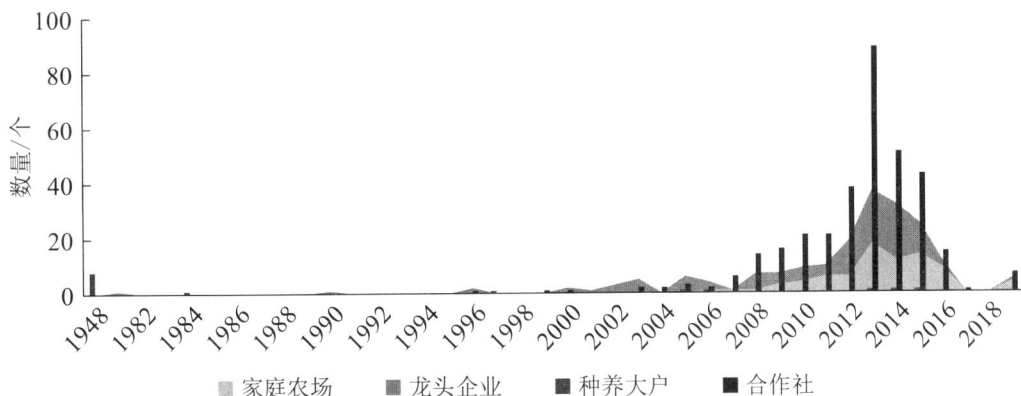

图 1　样本新型农业经营主体注册时间分布

（三）经营类型与产业分布特征

伴随着新型农业经营主体的不断发展，在经营类型、产业分布上也逐渐呈现多元化。根据样本统计结果显示，如表3所示，总体样本的经营环节具有明显的趋同性，即不论是对总体样本和各类主体样本类型而言，主要经营环节均集中在生产和销售环节。在生产环节中，家庭农场、龙头企业、种养大户和合作社的样本占比分别为75.00％、61.67％、78.01％和81.38％，其中种养大户和合作社占比均高于样本总体水平。在销售环节中，家庭农场、龙头企业、种养大户和合作社的样本占比分别为50.96％、72.50％、80.30％和72.96％，仅种养大户的占比高于样本总体水平。在其余各环节中，龙头企业的样本占比要显著高于其他新型农业经营主体，即加工环节占比31.67％，流通环节占比40.83％，服务环节占比为30.00％，表明龙头企业样本的经营类型构成更加多样化。

将调查样本按主要从事的产业或行业进行划分后，可以清楚地看出各类新型农业经营主体各自的产业分布情况（见表4）。无论是样本总体还是各类新型农业经营主体，种植业都是其从事的主要产业。具体地，样本总体中有1 496个从事种植业，占比高达92.29％；其中，家庭农场和种养大户中选择种植业的分别占各自样本的95.19％和98.61％，均高于总体样本水平；而合作社和龙头企业参与种植业的比例低于总体水平，分别为86.22％和56.67％。除种植业以外，家庭农场和合作社的主体分布于养殖业的样本数较多，占比分别达到17.31％和18.62％，说明养殖业是家庭农场和合作社除种植业外可选择的次优产业；在种养大户的样本中，农机是除种植业外占比最高的行业，占比达到8.36％；而龙头企业的样本中，除种植业外有34个样本选择了其他，占到该类主体的28.33％，根据样本数据的不完全统计，龙头企业从事的其他行业主要有种子销售、食品加工、农副产品生产及旅游业等具体行业。

表3　新型农业经营主体参与的经营环节（总体样本）

主体类型		生产	加工	流通	销售	服务	其他
家庭农场	数量（个）	78	7	12	53	4	0
	占比（％）	75.00	6.73	11.54	50.96	3.85	0.00
龙头企业	数量（个）	74	38	49	87	36	5
	占比（％）	61.67	31.67	40.83	72.50	30.00	4.17
种养大户	数量（个）	784	7	14	807	8	1
	占比（％）	78.01	0.70	1.39	80.30	0.80	0.10
合作社	数量（个）	319	52	99	286	78	5
	占比（％）	81.38	13.27	25.26	72.96	19.90	1.28
总体	数量（个）	1 255	104	174	1233	126	11
	占比（％）	77.42	6.42	10.73	76.06	7.77	0.68

表4　新型农业经营主体总体样本的产业分布

主体类型		种植	养殖	水产	林业	农机	植保	其他
家庭农场	数量（个）	99	18	3	3	3	5	0
	占比（％）	95.19	17.31	2.88	2.88	2.88	4.81	0.00
龙头企业	数量（个）	68	21	5	20	12	13	34
	占比（％）	56.67	17.50	4.17	16.67	10.00	10.83	28.33

（续）

主体类型		种植	养殖	水产	林业	农机	植保	其他
种养大户	数量（个）	991	52	1	9	84	74	4
	占比（%）	98.61	5.17	0.10	0.90	8.36	7.36	0.40
合作社	数量（个）	338	73	14	29	50	31	18
	占比（%）	86.22	18.62	3.57	7.40	12.76	7.91	4.59
总体	数量（个）	1 496	164	23	61	149	123	56
	占比（%）	92.29	10.12	1.42	3.76	9.19	7.59	3.45

三、新型农业经营主体的融资需求

（一）新型农业经营主体资金需求情况

1. 新型农业经营主体资金需求意愿强烈。 新型农业经营主体普遍具有较高的融资需求。如表5所示，平均有76.22%的新型农业经营主体存在资金需求，并且认为"由于缺少资金影响了生产经营活动"。按照不同主体类别来看，种养大户、合作社、龙头企业和家庭农场该比例分别为71.01%、76.68%、79%和83.17%，由此可知不同类型的新型农业经营主体对资金的需求比例（此处用D表示）存在差异，具体表现为D种养大户＜D合作社＜D龙头企业＜D家庭农场，资金需求的差异明显与新型农业经营主体自身性质有关。

值得注意的是，家庭农场比其他主体具有更加强烈的资金需求。相对于其他经营主体，传统农户更易向种养大户和家庭农场经营模式转变。两者不同的是，种养大户虽然规模较大，但其生产经营方式仍然延续传统农业生产经营特征；而家庭农场不仅要求适度规模，还要求专业化、商品化经营。由于家庭农场生产经营日益规范，既要是注册登记的市场经营主体，又要是组织结构严密的法人化组织，从启动资金、设备装配、生产经营到商品化销售等，每个环节均需要资金支撑，因此家庭农场对资金的需求较为迫切。

表5 新型农业经营主体资金需求及占比

主体类型	有资金需求		无资金需求		空白值	
	数量（个）	占比（%）	数量（个）	占比（%）	数量（个）	占比（%）
种养大户	708	71.01	289	28.99	8	0.80
家庭农场	84	83.17	17	16.83	3	2.88
合作社	296	76.68	88	22.80	8	2.04
龙头企业	79	79.00	21	21.00	20	16.67
平均	1 167	76.22	415	27.11	39	2.49

注：表中"有资金需求"及"无资金需求"的占比，是剔除了空白值后的净占比。

2. 新型农业经营主体资金需求规模差异较大。 相对于传统农民，新型农业经营主体有扩大生产规模的意愿与需要，因此普遍具有较高的融资需求，但不同类型的新型农业经营主体的融资需求规模差异较大。如图2所示，种养大户（图2a）融资需求额度分布较为集中，呈现"两头小中间大"的分布状态，83.90％的主体融资需求额度较为均匀地分布在1万～30万元范围内，其中30.91％的种养大户融资需求分布在1万～5万元范围内，5万～10万元为26.21％，10万～30万元为26.78％。家庭农场（图2b）的融资需求额度呈"L"型分布，有70.37％主体的需求额度分布在30万元以内，10万～30万元最多，占35.80％，鲜有家庭农场的融资需求额度达到500万元以上。合作社（图2c）融资需求额度特征分布较为明显，需求额度在10万～50万元的主体占比最多，为39.37％。龙头企业（图2d）融资需求额度分布呈"B"型，主要分布在50万元以内、50万～100万元、100万～300万元以及1 000万～3 000万元中，占比分别为24.29％、18.57％、18.57％以及15.71％。从整体来看，家庭农场、种养大户的资金需求规模相似，以5万～30万元为主；合作社需求稍大，大部分在50万元以内，龙头企业资金需求最大，大多数分布在300万元以内。

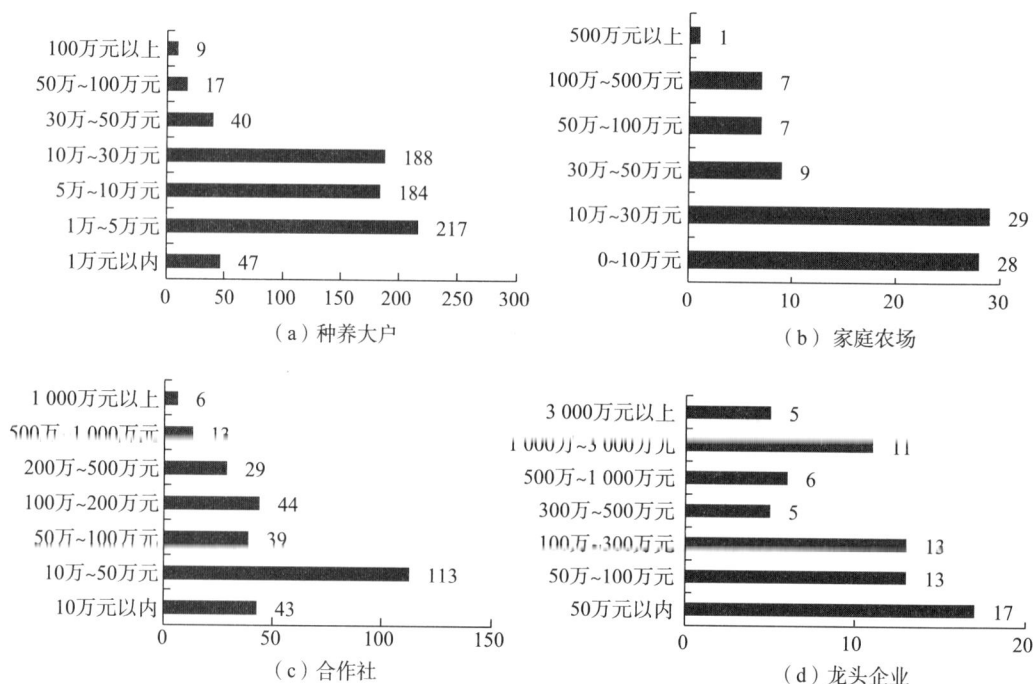

图2　不同类型新型农业经营主体融资需求规模差异

（二）新型农业经营主体信贷可得性和享受政策担保情况

1. 新型农业经营主体的申请贷款比例。

龙头企业融资意识与能力强于合作社、家庭农场和种养大户。向银行或农村信用社等正规金融机构申请贷款的种养大户、家庭农场和合作社比例不足一半，均小于龙头企业的56.84％。根据样本数据显示，有申请贷款经历的新型农业经营主体的比例平均为46.16％，没有申请贷款经历的占53.84％（见图3）。就不同新型农业经营主体而言，种养大户和家庭农场该比例较为一致，有申请贷款经历的主体分别占40.60％和40.00％；合作社拥有申请贷款的比例要多于前两者，达到47.18％。龙头企业有申请贷款经历的比例为56.84％，要多于没有申请贷款经历比例的43.16％。

各类主体平均	46.16%	53.84%
农业企业	56.84%	43.16%
合作社	47.18%	52.82%
家庭农场	40.00%	60.00%
种养大户	40.60%	59.40%

■ 申请过　□ 没申请过

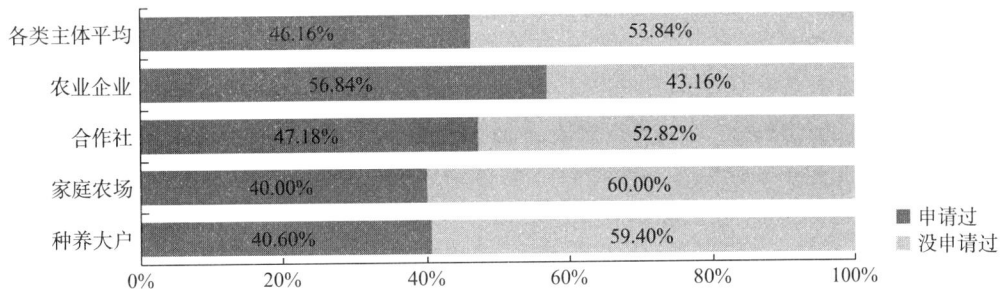

图 3　新型农业经营主体向银行及农村信用社等金融机构申请贷款比例

在有融资需求的主体中，家庭农场和种养大户向银行或农村信用社等金融机构申请贷款的比例相对较低。如表 6 所示，龙头企业在生产经营活动中有资金需求时，有近 70% 的比例会向银行或农村信用社等正规金融机构申请贷款；合作社和种养大户次之，比例分别为59.46% 和 55.51%；家庭农场该比例最低，仅为 47.62%。综合来看，在存在资金需求时，龙头企业向正规金融机构申请贷款比例相对其他主体最高，说明其具有较高的融资主动性和能力。

表 6　有融资需求的新型农业经营主体申请贷款比例

主体类型	有申贷经历主体数（个）	有融资需求主体数（个）	比重（%）
种养大户	393	708	55.51
家庭农场	40	84	47.62
合作社	176	296	59.46
龙头企业	54	79	68.35
平均	—	—	57.73

注：获批率＝贷款获得批准的主体数量/有贷款申请行为的主体数量；足额发放率＝足额发放贷款的主体数量/贷款获得批准的主体数量。

2. 新型农业经营主体的贷款可得性。新型农业经营主体的申贷可得性包括贷款申请获批率和贷款满足度，即在新型农业经营主体向银行或农信社申请贷款的条件下，能够通过银行或农信社等金融机构审批并且发放贷款的情况，以及在贷款获批发放的前提下，申请的额度得到满足的程度。由表 7 可知，新型农业经营主体平均尚有将近 1/5 的贷款不能获得批准，获批率有待提高。在已经获得贷款批准的基础上，仍然有 21.74% 的新型农业经营主体无法得到足额的贷款资金。其中，种养大户的贷款获批率最高，但贷款足额发放率最低，他们虽然通过银行等金融机构审批的门槛相对较低，但一般情况下较难拿到理想的贷款额度。合作社以及龙头企业均具有相对较严格的贷款审批门槛，贷款获批率相对较低，尤其是合作社获批率最低，但二者具有相对较高的贷款资金足额发放率。贷前审批严格、放贷额度较低等是传统农村金融的显著缺陷，若传统农村金融服务及产品无法及时针对新型农业经营主体的需求做出响应，则将难以推进和实现普惠金融的战略目标。

表 7　新型农业经营主体贷款获批和足额发放情况

主体类型	获批主体数量（个）	获批率（%）	足额发放户数（户）	足额发放率（%）
种养大户	305	81.33	207	67.87
家庭农场	30	76.92	25	83.33
合作社	115	68.45	93	80.87
农业企业	42	77.78	34	80.95
平均	—	76.12	—	78.26

3. 政府信贷担保支持情况。农业信贷担保体系是财政支农方式的创新，是全国"三农"政策体系的重要组成部分，是具有"财政与金融""政府与市场"属性特征的政策性金融工具，既顺应了我国传统小农经济向现代农业经营方式转变的历史趋势，又放大了财政支农政策效应，有利于推进农业供给侧结构性改革，培育和壮大新型农业经营主体的发展，促进农村经济发展，助推乡村振兴战略实施。然而从数据显示的结果来看，新型农业经营主体难以获得政府的信贷担保支持。如图 4 所示，新型农业经营主体未能享受到政府信贷担保支持的比例平均为 96.2%。每 100 个农业企业中，仅有不足 10 家能够享受到政府的信贷担保支持。而种养大户、家庭农场、合作社更是鲜有享受过政府的信贷担保支持，三者平均比例高达 97.99%。

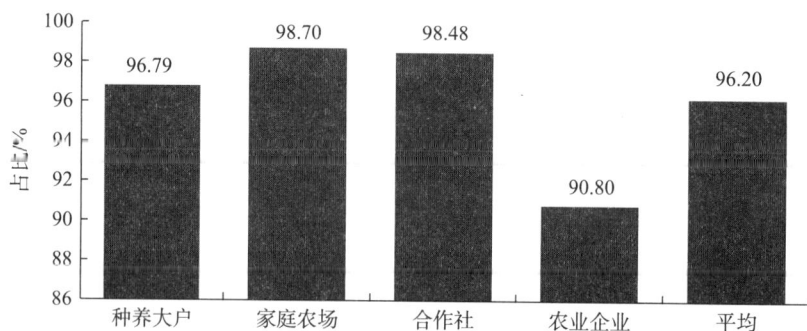

图 4　未享受过政府信贷担保支持的主体占比情况

四、主要结论与政策启示

（一）主要结论

在新型农业经营主体的基本特征方面，主要结论有：（1）新型农业经营主体负责人具有比较鲜明的基本特征，具体表现为：男性负责人的数量远远高于女性负责人；初中以上受教育程度的负责人数量占到绝对优势，龙头企业负责人的平均受教育水平高于其他新型农业经营主体；农村劳动和参加培训是新型农业经营主体负责人的主要从业经历。（2）各类新型农业经营主体的发展存在一定的历史趋势，各类新型农业经营主体的注册量从 2007 年至 2013 年呈现上升趋势，又在 2013 年至 2017 年不断下降，近两年又呈现出一个上升趋势；长期以来，种养大户几乎不在农业部门或工商管理部门进行注册登记。（3）参与经营环节具有明显的趋同性，总体样本显示新型农业经营主体以生产和销售为主要参与的经营环节。（4）新型农业经营主体产业类型较为单一，无论是样本总体还是各种类型的新型农业经营主体，种植业都是其从事的主要产业。

在新型农业经营主体的融资需求方面，得出如下结论：（1）新型农业经营主体融资需求意愿强烈，但向正规金融机构贷款的积极性不高、动力不足，有资金需求但并未向银行或农信社等金融机构申请过贷款的主体数量远超过了该主体的1/2。（2）不同类型的新型农业经营主体资金需求规模差异较大，超过75%的新型农业经营主体表示资金不足的问题已经对其生产经营活动产生不利影响，尤其是家庭农场和种养大户在有融资需求的新型农业经营主体中具有更加强烈的资金需求。（3）新型农业经营主体申贷获批率低，贷款额度满足率不高。在向银行或金融机构申请贷款的新型农业经营主体中，尚有超过1/5的贷款申请主体不能获得贷款批准；在已经获得贷款批准的基础上，仍然有数量较多的新型农业经营主体无法享受到贷款资金足额发放，仍有超1/3的主体无法得到期望的申请贷款额度。（4）新型农业经营主体获得政府信贷担保支持率较低，基本上未能享受到政府的信贷担保支持，经统计有96.92%的新型农业经营主体从未享受过政府的信贷担保支持。

（二）政策启示

综合上述分析，有以下三点政策启示：

1. 提高新型农业经营主体负责人培养质量，加强农村人才队伍建设。 在农业现代化发展进程中，新型农业经营主体对人才的需求十分强烈，应加强人才队伍建设。首先，加强内部从业人员培训，促使传统农户向高素质农民转变。以现代农业人才支撑计划为抓手，深入实施新型农村人才培养工程，可优先对返乡农民工、家庭农场主、示范户户主等农村能人进行创业、生产、经营、融资等方面的培训。其次，加强外部人才的引进，壮大农业经营队伍。一方面，地方政府可制定优惠政策，吸引大学生返乡创业，鼓励大中专毕业生、专业技术人员等扎根农村、投身农业；另一方面，积极与农业类高校合作，聘请相关人才下乡指导，促进产学研有机结合。最后，完善新型职业农民资质认定工作。鼓励有资质的主体参与并组织多种形式农业技术培训，针对不同类型农民，制定中长期培养规划，培养出大批高质量农村适用性的专业型人才。

2. 提高农村金融和保险发展水平，加强新型农业经营主体金融支持。 长期以来，农村金融和保险发展滞后是一个未能解决的重要问题。在农村金融不断深化改革的过程中，需要进一步完善农村金融体系。首先，一方面鼓励和培育农村中小金融体系，纠正发展新型农村金融组织方面的结构性错位，将农村金融的发展方向拉回到培育农村"内生"金融组织上，鼓励发展真正的农村合作金融；另一方面，加强农村金融机构的指标考核，强化县域商业银行的支农责任，扭转农村资金外流的不利局面。其次，开发与农村金融市场相匹配的农村信贷担保方式，因地制宜支持各类新型农业经营主体，提高金融支持的效率和可行性；针对新型农业经营主体的信贷需求特点，切实加强金融产品的创新和提高金融服务的质量。最后，地方政府应大力推广和支持规模化新型农业经营主体参加农业保险，加大财政对新型农业经营主体的保费补贴力度。

3. 加大政府支持力度，为新型农业经营主体发展营造良好环境。 政府应进一步完善对培育和壮大新型农业经营主体的支持政策，加大对新型农业经营主体的扶持力度。首先，支持并鼓励新型农业经营主体参与或开展社会化服务，对有条件领办技术指导、农机租赁、统防统治、风险预防等方面运营和技术培训的新型农业经营主体予以一定扶持、补贴和奖励。其次，进一步增加对新型农业经营主体的直接补贴。一方面，根据农业产业发展规划的战略部署，在现有补贴种类的基础上新增倾斜性或引导性补贴；另一方面，针对各类新型农业经营主体的规模大小，因地制宜对其进行分类补贴，从而增加财政补贴的用资效用。最后，在优先建立土地流转农业项目的同时，注重项目资金的安排。尽可能帮助有发展壮大意愿的新型农业经营主体建立相对低风险且安全可靠的产业链条，尽可能发展和打造特色农业产业示范园区、农业综合开发产业园、标准化农田示范园等优质涉农项目。

关于山东省发展农业新六产的思考与建议[①]

随着现代农业建设的不断推进，我国农业发展方式粗放、比较效益低、产业竞争力不强等问题日益凸显。2015 年中央 1 号文件首次提出"推进农村一二三产业融合发展"，标志着党对"三农"工作认识的不断深化和创新。之后，《关于推进农村一二三产业融合发展的指导意见》《全国农产品加工业与农村一二三产业融合发展规划（2016—2020 年）》《关于支持创建农村一二三产业融合发展先导区的意见》等多个文件陆续印发，基于各地资源禀赋和产业特色的三产融合相继开展。山东省作为三产融合试点省份之一，在 2016 年政府工作报告中首次提出用"第六产业"来指导三产融合实践，2017 年进一步提出了农业"新六产"的发展理念，这是山东省结合多年来农业产业化发展经验，探索加快农业转型升级、推进农村产业融合、实现农村产业兴旺的重大举措。

2018 年 8 月，山东省政府发展研究中心将《发展农业"新六产"研究》作为重大咨询课题委托农业农村部农村经济研究中心开展研究，旨在通过深入研究农业"新六产"发展的理论实践基础，总结探索发展路径，分析优势和瓶颈，提出进一步推进农业"新六产"发展的目标任务和政策措施。课题立项后，课题组及时召开工作会议，确定研究方案和总体框架，明确课题组成员的任务分工，积极开展课题研究工作。本课题组由农业农村部农村经济研究中心、中国农业科学院农业经济与发展研究所、中国农业大学中国县域经济研究中心等单位的 10 余位"三农"领域的研究人员组成。在课题研究期间，课题组成员先后赴山东枣庄、泰安、青岛、潍坊、威海开展实地调研，并在青岛农业大学召开农业"新六产"研讨会，与相关领域专家进行交流。研究报告初稿完成后，课题组进行了多次讨论，结合课题中期汇报及结题答辩的专家意见，对研究报告进行了反复修改和完善。

（一）发展农业"新六产"的理论依据和实践意义

从发展背景上看，首先，农业"新六产"是农业产业化发展到一定阶段的产物。随着农业市场化国际化的深入推进，传统农业向现代农业转型，农业产业化的内涵和外延均发生了变化，农业产业链发生了纵向和横向延伸，农业价值链发生了一产二产三产的融合，农业供应链发生了上下游之间的互通，原有的产业化模式已经不适应农业发展的需要，亟须构建以"三链重构"为核心的农业"新六产"发展模式。其次，农业"新六产"是拓展农业多功能发展的新要求。伴随经济快速发展，人民收入水平的显著提高，对现代农业的要求不再止步于满足温饱、提供高端高品质的农产品，而是能够提供生态休闲、旅游观光、健康养生、文化创意的多功能产品。我国农业产业化发展为新时代农业实现转型升级提供了良好的基础，亟待从农业"新六产"的角度进行提炼升级。最后，农业"新六产"是扭转城乡发展不均衡态势的重要途径。当前，我国正处于城镇化快速推进期，城乡公共投入不平衡、城乡就业不

[①] 本文与曹慧等合作，写于 2019 年 5 月。

平衡、城乡医疗教育发展不平衡、城乡居民收入不平衡等问题日益严峻，根本原因就在于资源配置和发展成果分享的不均衡，要在更大程度上实现乡村价值，实现城乡均衡等值发展与共同富裕。农业产业化发展到现在的阶段，要实现上述功能，只能通过发展农业"新六产"来进行提档升级。

从理论基础上看，农业"新六产"作为农业产业化的升级版，是第六产业理论的全新拓展，是弥补产业分工产生的市场隔离与交易成本过高的必然结果，也是实现农业多功能性的必然途径。农业"新六产"的基本内涵包括产业链的延伸、价值链的相乘、供应链的相通三个方面：产业链的延伸指以农业生产为基础，以农民增收为目标，通过第一产业接二连三、向后延伸，第二产业接一连三、双向延伸，第三产业接二连一、向前延伸；价值链的相乘指一二三产业实现跨界融合，各个产业产生的价值实现叠加效应和乘数效应，催生形成更多的新技术、新产业、新业态、新模式；供应链的相通指以农业为基础，上下游产业实现互联互通，形成网状结构，有效提升供应链和整个产业的生产效率和经营效率。农业"新六产"的主要特征，是以"四新"促进"四化"实现"四提"，表现为通过新技术、新产业、新业态、新模式，促进农业智慧化、智慧农业化、跨界融合化和品牌高端化，从而实现传统产业提质效、新型产业提规模、跨界融合提潜能、品牌高端提价值。具体来说，农业"新六产"是要激发农业内生动力和发展活力，构建现代农业产业体系、生产体系和经营体系，推进新旧动能转换，发展新产业、新业态、新模式，不断提高农业现代化水平，充分体现产业链相加、价值链相乘、供应链相通，突出发展规模、主体建设、要素融合、质效提升等内容，形成全环节提升、全链条增值、全产业融合的发展格局。

从实践意义上看，发展农业"新六产"是在我国城乡融合发展增速、工业反哺农业力度加大、乡村振兴战略全面实施、三产融合跨界趋势增强的背景下做出的创新之举，具有重要的实践意义。首先，发展农业"新六产"是实现产业兴旺的重要途径。促进农业高质量发展、实现农村一二三产业融合发展、培育发展新产业新业态是实现乡村振兴战略中产业兴旺的必然要求，其中关键是要实现产业体系的重塑。而农业"新六产"通过实现产业链相加、价值链相乘、供应链相通"三链重构"，有效地实现了农业产业体系的跨界融合。其次，发展农业"新六产"是农业产业化的升级版。从发展的内在逻辑看，农业"新六产"发展模式是农业产业化发展到一定阶段的产物，是山东省在党的十八大以来对农业产业化的继承与创新。农业"新六产"更是对农业产业化的超越与发展，其经营主体更为多元、发展模式更为立体、产业业态更为多样，但发展任务也更加艰巨，发展重点是产业融合。再次，农业"新六产"是农村产业融合发展的转型版。农业"新六产"将二、三产业的工商资本引入到农村，促进农业由单一品种的农产品生产向地区性多元化综合农业方向发展，通过引导建立农民合作组织、家庭农场等新型农业经营组织来指导农民的日常经营活动，在开展农林牧渔多元化经营的基础上提高农民收入。最后，农业"新六产"是对农业产业体系的创新。现代农业产业体系是一个产业高度分工与产业高度融合的有机产业体系。农业"新六产"发展探索了多种融合型经营方式，充分发挥了农业在原料供给、就业增收、生态保护、观光休闲、文化教育等多方面的经济、社会、文化功能，为建立现代农业产业体系奠定了基础。

（二）农业"新六产"发展的国内外经验借鉴

国际方面，日本和韩国通过乡村产业融合而培育的新业态称为六次产业，这也是山东农业"新六产"发展的理论渊源所在。日韩六次产业的发展经验主要有以下几点：一是加强对六次产业发展的扶持力度。日韩在发展六次产业的过程中，充分发挥了政府政策和资金的支持作用，取得了显著效果。二是健全相关法律法规制度。日本对于六次产业的各个方面均有相应的政策与法律制度做充分保障；韩国为促进农业六次产业化的发展，在原有三农法律的基础上做了很大程度的修改和补充，形成了一套完备的法律体系。三是发挥合作组织和龙头企业的带动作用。日本的农协，韩国的农业合作组织均在六次产业化过程中发挥了关键作用，有效改善了个别农户与企业在价格谈判等方面的弱势地位，增强了农户的谈判话语权。四是推行"农工商＋政产学研"合作模式。为推进农业六次产业化，日韩均推行了"农工商＋政产学研"的合作模式。农业六次产业以农产品为中心，借助农业、加工业、商业、政府、企业、大学、研究所等主体形成网络状结构，虽然各自承担着不同的功能，但有效形成了相互依赖、相互生存的运行机制。五是发挥科技和教育对六次产业的助推作用。无论是日本，还是韩国，科技对其六次产业发展都具有重要的助推作用。韩国中央政府、地方政府和民间组织等对农产品加工、储藏、包装、物流等各方面提供了有效的技术支持。

国内方面，江苏与山东同为农业大省，也是我国农业产业化发展较快和较为成熟的地区之一。浙江作为沿海省份，以增强市场活力为导向，积极推进制度创新，实现了从农业大省到工业大省的华丽转身。这些省份都为山东省发展农业"新六产"、推动乡村振兴提供了宝贵的经验借鉴。江苏省发展现代农业的经验与启示在于：一是农业政策制定立足当地农业资源与产品结构，寻求差异化，争取扬长避短；二是充分利用分工与专业化优势，把握市场，强调内生式增长；三是让农民分享产业化收益，妥善处理好龙头企业与农民合作社的关系，龙头企业与家庭农场、专业大户的关系，龙头企业与生产基地的关系。浙江省促进乡村振兴的经验与启示在于：一是激发先试先行、敢试敢闯的首创精神；二是实施科学发展、生态优先的发展战略，打造"绿色浙江"；三是坚持招引外资与转型升级双轮驱动，培育浙江新经济；四是传承创新引领经济发展的核心理念，哺育实体经济；五是适时发挥"有形的手"的行政调控功能，引导创新创业。

（三）山东发展农业"新六产"的探索与实践

山东省是农业产业化的发源地，农业产业化经营长期处于全国前列。从发展的内在逻辑看，农业"新六产"发展模式，是山东省在新时代对农业产业化的继承与创新，更是对农业产业化的超越与发展。可以说，农业产业化实践为农业"新六产"奠定了基础。农业"新六产"是农业产业化的升级版，是农村一二三产业跨界融合的集中体现。山东省委、省政府高度重视推进农业"新六产"发展，出台了多个政策文件予以支持，山东各地也积极响应形成势能。在政府大力支持下，山东农业发展进入转型升级的关键阶段，以农业为基础、一二三产业紧密相连、综合效益乘数增长等特征明显的农业"新六产"发展迅速，已成为新形势下加快转变农业发展方式、增加农民收入、带动农业产业转型升级的新动能、新增长点。

近年来，山东各地积极探索发展农业"新六产"，逐渐形成了终端型、体验型、智慧型、循环型等新型业态，形成全环节提升、全链条增值、全产业融合的农村发展新格局。终端型是立足于农产品开发的生产与加工、流通增值，在农产品产加销一体化的基础上，采取"直营直销""中央厨房""农超对接""农校对接""农社对接""众筹预售"等模式，构建农产品从田头到餐桌、从初级产品到终端产品无缝对接的产业体系。体验型是立足于农业的多功能性，通过农业生产、农产品加工与休闲观光（垂钓）、农耕体验、文化传承、健康养老、节庆采摘、科普教育的跨界融合，以农（渔）家乐、"开心农（渔）场"、田园综合体、乡村旅游等新业态发展，地方特色农产品挖掘，传统农耕文化传承，创意元素引入等为主要手段的农业发展形式。循环型主要立足于农业及农产品加工副产物、废弃物的资源化利用，采用新理念、新技术、新模式，积极发展循环农业、种养一体化，推进标准化、清洁化、绿色化生产，实现产业生态化，促进经济效益、生态效益和社会效益有机统一。智慧型主要是指集物联网、移动互联网、大数据、云计算和人工智能等现代信息技术为一体，依托部署在农业生产现场的各种传感节点，实现智能感知、智能预警、智能决策、智能分析、专家在线指导，为农业生产提供精准化种养、可视化管理、智能化决策。

（四）山东发展农业"新六产"面临的机遇和挑战

参照现代农业发展三大阶段的基本指数，对照山东省农业发展的相关数据，可以判断山东省正处于现代农业基本实现到全面实现的过渡阶段。在接近全面实现现代农业的新阶段，山东农业发展呈现出发展目标多元、经营主体多元、发展模式多元、发展手段多元等一系列新的发展特征和趋势，山东农业已经走在全国前列，正进入由大到强、全面求强的重要发展阶段，农业"新六产"发展面临着重大的历史机遇。不仅有良好的政策环境，也正值农业农村政策红利释放的有利时机。扎实的农业基础和较高的农业产业化水平也为山东农业"新六产"发展做了良好铺垫。此外，广阔的乡村市场空间和良好的外部市场环境是山东农业"新六产"发展的基石，也是保持高质量发展的沃土。山东全省各地已经在推进农业"新六产"发展方面进行了积极探索，形成了相对成熟的路径模式和特色鲜明的发展思路。持续提升的信息技术和科技创新能力也为山东农业"新六产"开辟出农村经济新动能的快速通道。

但同时也必须清楚地看到，影响山东经济运行和农业发展的不确定因素和潜在风险仍然较多，一些矛盾和问题复杂交织，农业"新六产"发展尚处探索提升阶段，还存在一些亟待破解的难题。首先，国际市场环境瞬息万变。2018年以来的中美经贸摩擦加剧了经济问题政治化倾向，外部环境不确定性明显增加。其次，国内经济环境复杂多变。尽管经济结构朝着积极方向变化，但与高质量发展要求相比，当前的动力结构、产业结构、需求结构和要素投入结构还存在一定差距。最后，山东经济本身也存在一些发展缺陷。例如，资源环境对农业发展的制约加剧，农业内部产业失衡和设施投资不足，农业产业链和多功能性拓展不足，经济结构调整升级步伐较慢等。

（五）促进山东农业"新六产"发展的思路与对策

推进山东农业"新六产"发展，需立足国情和山东省情，总结借鉴农业产业化经营经验，牢固树立绿色发展理念，不断深化农业市场化改革，走出一条以农业为基础促进乡村产业融合发展，以农村为基地促进城乡要素融合发展，以农民为主体促进产业组织融合发展，优化乡村产业结构，发挥产业集聚效应的农业农村现代化发展之路。一是要立足国情和山东省情，以选择和发展主导产业为抓手，夯实农业"新六产"发展的基础支撑；二是要总结农业产业化发展的好经验好做法，以农业产业化为核心，探索"新六产"发展的山东模式；三是要深化农业市场化改革，充分发挥市场机制在农业"新六产"发展中对资源配置的决定性作用；四是要推动农业乡村绿色发展，因地制宜探寻生态环境可持续的乡村产业发展之路；

五是要以农业作为融合发展的出发点，促进农业与工业、农业与服务业、农工商三者相互融合、协调发展；六是要以农村为基地，激发农业产业发展承载主体的活力，汇聚资源激发要素潜能，形成一二三产业融合发展的强大动力；七是要以农民为主体，促进产业组织融合发展，激发农民的内生动力，引导他们积极参与创新创业，更多分享产业兴旺带来的收益；八是要优化乡村产业结构，借鉴产业集聚发展的经验，在少数有条件创设的地区，依托产业园区、产业基地，将相互关联的农业产业链上不同环节的相关企业集中设置，实现企业集中、产业集群、要素集聚，面向多数地区，起到以点带面的示范、辐射、带动作用。

贫困地区脱贫攻坚与乡村振兴
有机衔接研究报告[①]

脱贫攻坚是党的十九大明确的决胜全面建成小康社会的三大攻坚战之一，是促进全体人民共享改革发展成果、实现共同富裕的重大举措。实施乡村振兴战略是党的十九大作出的重大决策部署，是决胜全面建成小康社会、全面建设社会主义现代化国家的重大历史任务，是新时代"三农"工作的总抓手。当前正处于两大战略的历史交汇期，《乡村振兴战略规划（2018—2022 年）》提出要推动脱贫攻坚与乡村振兴有机结合、相互促进，2018 年和 2019 年的中央 1 号文件都明确要求做好脱贫攻坚与乡村振兴衔接。按照中央农办、农业农村部领导的部署，农业农村部农村经济研究中心与中国农业科学院农业经济与发展研究所开展了贫困地区脱贫攻坚与乡村振兴有机衔接专题研究，先后对黑龙江省富裕县、依安县、湖南省龙山县、湖北省来凤县进行了实地调查，与云南省迪庆藏族自治州、贵州黔东南苗族侗族自治州及剑河县、湖南湘西土家族苗族自治州及龙山县、湖北恩施土家族苗族自治州及来凤县、四川凉山彝族自治州、云南迪庆藏族自治州、黑龙江富裕县和龙江县、河北怀安县的负责同志及部分领导和专家学者进行了座谈，组织力量开展研究，形成了如下综合调研报告。

一、做好贫困地区脱贫攻坚与乡村振兴有机衔接的重要意义

（一）贫困地区脱贫攻坚与乡村振兴有机衔接是巩固脱贫攻坚成效的迫切需要

脱贫攻坚是乡村振兴的前提和基础，实施乡村振兴战略可以为脱贫攻坚提供新的动力和保障。当前正处于脱贫攻坚与实施乡村振兴战略交汇的历史时期。到 2018 年年底，全国 832 个国家级贫困县已有 433 个摘帽，其他许多贫困县也将陆续摘帽，这些地区到 2020 年之前，既要巩固脱贫攻坚成效，又要稳步推进乡村振兴，2020 年贫困地区全面完成脱贫攻坚目标任务后，都要全面实施乡村振兴战略。中央已经明确将实施乡村振兴战略作为新时代"三农"工作的总抓手，出台了《乡村振兴战略规划（2018—2022 年）》，贫困地区在实践中如何将脱贫攻坚的经验用于乡村振兴，如何利用乡村振兴战略的政策措施巩固脱贫攻坚成果，还面临一些困难和问题，还没有形成清晰的思路和做法，迫切需要中央对脱贫攻坚与乡村振兴在政策支持、工作机制、组织保障等方面，如何做好有机衔接进行顶层设计，提供制度和政策指导。

（二）贫困地区脱贫攻坚与乡村振兴有机衔接是贫困地区长远发展的客观要求

脱贫攻坚是实施乡村振兴战略的优先任务，只有实现现行标准下贫困人口如期脱贫，才

---

① 本文与习银生、陈洁、张斌等合作，写于 2019 年 5 月。

能为实施乡村振兴战略，实现全面建成小康社会打下坚实基础。贫困地区实现脱贫后，还要持续发展，还要与全国其他地区一起，按照产业兴旺、生态宜居、乡风文明、治理有效、生活富裕的总要求，加快推进农业农村现代化，走中国特色社会主义乡村振兴道路，实现农业强、农村美、农民富的长期目标。在发展阶段和发展战略转换过程中，如何搞好顶层设计，调整完善相关政策措施，适应贫困地区长期发展和实现乡村振兴总目标的要求，做好贫困地区脱贫攻坚与乡村振兴有机衔接，是贫困地区长远发展的客观要求。

（三）贫困地区脱贫攻坚与乡村振兴有机衔接是促进区域协调发展的必然选择

打赢脱贫攻坚战与实施乡村振兴战略，都是为了改善民生，实现共同富裕，都是为了全面建成小康社会，实现第一个百年奋斗目标。党的十九大做出了我国社会主要矛盾已经转化为人民日益增长的美好生活需要和不平衡不充分的发展之间的矛盾的重大论断。当前，贫困地区农村居民人均可支配收入仅相当于全国农村居民收入平均水平的71%，深度贫困地区农村居民人均可支配收入只相当于全国农村居民收入平均水平的66%，贫困地区依然是我国经济社会发展的短板，经济发展、基础设施和公共服务、农民收入与生活、社会面貌等各方面都明显落后于全国其他地区。2020年贫困县整体脱贫摘帽后，贫困地区发展基础依然薄弱，总体发展水平仍然滞后，仍是我国经济社会发展不平衡不充分表现最集中的区域。促进区域协调发展，实现共同富裕，是实施乡村振兴战略的重要任务。贫困地区既是实施乡村振兴战略的薄弱地区，也是需要重点推进的区域，实现贫困地区脱贫攻坚与乡村振兴的有机衔接，是促进区域协调发展的必然选择。

二、做好贫困地区脱贫攻坚与乡村振兴有机衔接的任务和要求

（一）2020年后贫困地区依然面临着长期持续减贫的任务

贫困地区脱贫摘帽后，区域性贫困仍未消除，贫困地区生态脆弱问题依然突出，贫困人口返贫风险较大。在新的减贫形势下，贫困地区还要继续巩固脱贫攻坚成果，完善稳定脱贫长效机制，增强脱贫人口自我发展能力和贫困地区内生发展动力，确保彻底消除绝对贫困，逐步缓解相对贫困。

一是需要统筹应对因健康、年龄等因素导致的慢性贫困和因经营、市场、自然灾害等因素导致的暂时性贫困问题。一方面，贫困地区摘帽后，仍有少部分缺劳动力、缺资源的绝对贫困人口，其中绝大部分是因病、因残的兜底贫困人口，基本没有劳动能力。据统计，我国农村贫困人口中患大病的有240万人，患长期慢性病的有900多万人，2020年后这部分人群仍需国家财政支持，防止返贫。另一方面，贫困地区往往处于生态环境较为恶劣的地区，自然灾害频发，因灾致贫返贫的概率较大，加上经营能力较低，抵御市场风险能力较弱，包括已脱贫人口在内的部分边缘贫困人口可能因不可测事件发生而返贫致贫。在逐步化解各类慢性贫困的同时，有效防止各种暂时性贫困将是未来减贫工作的重点任务。如果不能有效防范各类风险，疾病、教育、住房、婚姻等一次性大额支出也可能导致暂时性贫困变为慢性贫困。

二是需要统筹应对不断扩大的相对收入贫困和日益凸显的教育、健康等多维贫困问题。据国家统计局数据，全国底层20%收入组农户与其他收入组农户的收入差距近年来一直在

拉大，如低收入组农户与中下收入组农户的人均可支配收入的比例，从 2013 年的 1∶2.1 扩大到 2016 年的 1∶2.6，这将使 2020 年后提高低收入人群的收入和缩小低收入人群与社会其他群体之间的收入差距成为公共政策和扶贫政策的重点和难点。在农村内部收入差距不断扩大的同时，业已存在的农村居民之间、城乡居民之间在教育、健康、社保等公共服务、基础设施和生活条件之间的差异也将更加凸显。我国贫困地区人口的人力资本总体质量较低，全国大部分的文盲集中于此，高中及以上文化程度占比仅为 11.5%；贫困地区的医疗水平也较低，贫困人口的营养健康状况堪忧，在 2013 年全国建档立卡贫困户数据库中，因病致贫的比例超过 40%。贫困地区在教育、医疗等公共服务供给方面的不足，将导致人力资本投资不足、自我发展能力减弱，进一步造成严重的贫困代际传递现象。

三是需要统筹应对儿童、老年人、残疾人等特殊贫困群体的个体贫困和整体经济社会发展水平相对较低的区域性贫困问题。随着贫困地区农村劳动力大量外流，农村老龄化、空心化问题不断凸显，留在农村的基本都是妇女、老人和儿童，即"386199"部队，其中贫困儿童的营养、教育问题近年来越发突出，农村老年人口的养老将是个潜在的大问题。另外，在脱贫攻坚政策的大力支持下，贫困地区的发展水平较之前已经有了非常明显的改善，但从全国来看，大部分贫困地区依然是全国经济社会发展水平较低的欠发达地区。特别是连片特困地区、老区、边境地区、少数民族地区以及深度贫困地区等特殊贫困区域，地理位置偏僻、自然条件较差、生态脆弱、经济资源和资本不丰富，存在民族宗教等复杂因素，2020 年消除绝对贫困后，这些区域依旧存在发展滞后、与其他地区经济社会发展差距大等问题。

（二）2020 年后贫困地区持续减贫与乡村振兴如何衔接

面对 2020 年后贫困地区减贫与乡村振兴的形势任务，需要明晰贫困地区减贫与乡村振兴工作的职责关系与职能划分，特别是要明确扶贫部门的职能调整方向，为贫困地区持续减贫与乡村振兴有机衔接提供制度保障。

一是在发展主体识别和目标定位上，需要理顺持续减贫与乡村振兴工作部门的职能关系。从持续减贫的目标要求来看，贫困地区的低收入群体是扶贫部门帮扶的主要对象，而乡村振兴则是全局性工作，不仅要考虑低收入群体的发展问题，还要考虑区域整体的经济、社会、环境、治理等多方面各类群体的发展问题。2015 年脱贫攻坚之前，扶贫部门的扶贫对象主要是有劳动能力的低收入人口，建档立卡之后部分无劳动能力的低保、五保人口也被纳入了扶贫部门的贫困人口范畴。2020 年现行标准下贫困人口全部脱贫、贫困县全部摘帽后，贫困地区贫困人口与非贫困人口之间的差异、贫困村与非贫困村之间的差异将逐渐缩小，调整贫困线和完善贫困人口动态调整机制的问题日益凸显。扶贫部门需要重点做好贫困线的调整和贫困人口的动态识别工作，更加关注儿童、老年人等特殊贫困群体，如何将城市贫困纳入未来的减贫体系也是扶贫部门面临的一项重大调整。与此同时，乡村振兴也需要与新型城镇化统筹推进，促进农业转移人口更好地融入城市。

二是在持续减贫和发展方式上，需要理顺扶贫工作部门和乡村振兴工作部门的职责分工。大多数国家将减贫机构设置为社会福利部、社会工作部、民政部等社会福利管理部门，以收入支持和社会救助作为减贫的主要政策工具。我国的扶贫机构是一个跨部门的组织机构，国务院扶贫开发领导小组涵盖了规划、预算、基础设施、农业、教育、卫生等多个部门，目前的具体成员部门超过 47 个，具有很强的统筹协调功能，以开发扶贫为主，可以有效应对不同维度的贫困状况。2020 年之后，随着城乡融合发展的快速推进，城乡一体化的公共服务供给体系将不断完善，当前一些仅针对贫困户的教育、医疗等社会保障和公共服务政策将逐渐普惠化，实施"五个一批"工程的扶贫方式将发生重大调整，其中产业扶贫、生态扶贫等扶贫方式与乡村振兴要求具有很大的重合性，相关部门的职能分工需要提前谋划。在落实相关普惠政策的基础上，扶贫部门要逐步调整完善针对贫困人口的特殊性扶持政策，将扶贫工作纳入政府常规性职责中去，更有效地调动贫困人口的内生发展动力，让贫困人口共享乡村振兴的发展成果，更加突出社会扶贫的作用和地位，为企业、社会组织扶贫做好服务工作。

三是在监督和考核方式上，需要理顺扶贫工作部门和乡村振兴工作部门的互动关系。党的十九大提出实施乡村振兴战略以来，乡村振兴成为统筹农业农村工作的总抓手。在 2020 年全面脱贫之前，贫困地区乡村振兴的主要任务是保质保量如期完成脱贫攻坚任务，需要以扶贫工作统筹推进其他各项工作任务，脱贫攻坚期间的监督考核工作主要由扶贫工作部门牵头，其他相关职能部门共同参与。2020 年以后，随着扶贫工作逐步调整为政府部门的常规性职能，乡村振兴中其他工作任务的紧迫性、重要性将日益突显，因此，需要调整完善实施乡村振兴战略的监督和考核体系，进一步加强农业农村等部门在监督考核评价方面的职能。

三、贫困地区做好脱贫攻坚与乡村振兴有机衔接的探索和实践

当前仍处于脱贫攻坚期，但贫困地区按照中央部署，一方面全力推进脱贫攻坚，另一方面积极推动实施乡村振兴战略，在脱贫攻坚与乡村振兴有机衔接方面，开展了一些初步的探索和实践。

（一）研究启动规划战略政策衔接

贫困地区在全力打好脱贫攻坚战的同时，注重从规划、决策部署和政策方面做好与乡村振兴的有机衔接。一是规划战略的衔接。部分贫困地区开始启动乡村振兴规划的编制工作。黑龙江齐齐哈尔市于 2018 年以市委、市政府名义印发了《贯彻落实乡村振兴战略的实施意见》。富裕县成立了乡村振兴规划编制专门班子，由发改局牵头，农业局等相关部门配合，2018 年年底形成了《富裕县乡村振兴战略实施方案（2018—2022 年）》征求意见稿，已开展了两轮意见征求，着手准备启动乡村两级乡村振兴规划编制工作。2018 年贵州黔东南苗族侗族自治州委、州政府印发了《关于推进乡村振兴战略的实施方案》。龙山县把脱贫攻坚规划作为乡村振兴规划的基础性规划，已经编制完成的乡村旅游规划、村庄建设规划、产业发展规划等，都是脱贫攻坚和乡村振兴的专项规划。二是政策措施的衔接。怀安县 2018 年安排财政资金 7 172 万元，实施 71 个非贫困村"双基"提升工程，非贫困村生产条件和人居环境得到改善。龙山县逐步推进贫困户与非贫困户医疗报销比例均等化，逐步消除两个群体之间的攀比矛盾。其他许多贫困地区也在努力增加对乡村振兴的政策支持，加大投入用于农村人居环境治理和公共基础设施等建设。

（二）探索产业扶贫与产业振兴衔接

贫困地区在做好产业扶贫的同时，以产业兴旺为目标，着力培育乡村产业体系，推动当

地农村产业发展。一是积极培育主导产业。富裕县将粮食精深加工和养殖业作为立县的主导产业，引进世界500强企业益海嘉里，一期规划投资85亿元，年加工玉米180万吨、小麦60万吨、大豆20万吨，预计年产值超过100亿元，税收5.2亿元。引导推动牧原公司百万头生猪养殖、大北农公司生猪一体化、光明万头生态牛场等项目建设，带动全域规模养殖转型升级。剑河县聚焦食用菌"一县一业"，通过食用菌工厂化种植、大球盖菇大田种植、林下仿野生食用菌栽种、"农文旅工"一体化食用菌产业模式，带动农民就业增收。二是因地制宜发展特色产业。来凤县重点打造"三茶一果"特色产业，2018年特色产业基地47.3万亩。龙山县重点发展百合、柑橘、烤烟等传统优势特色产业，百合种植规模、产量及销量居全国第一位。黔东南苗族侗族自治州将食用菌、蔬菜、茶叶、花卉、三穗鸭、香猪、稻渔综合种养、蓝莓、中药材、油茶、烤烟、林下经济等作为重点特色产业。湘西土家族苗族自治州大力发展"两茶两果、一烟一药、一黄一黑"八大农业特色产业。怀安县积极培育蔬菜、菊花、马铃薯、基础母肉牛等特色种养业。剑河县发展食用菌、钩藤、小香鸡、生猪等产业。依安县发展杂粮种植、定制菜园和山羊、獭兔、野猪养殖等特色产业。迪庆藏族自治州重点发展酿酒葡萄、中药材、特色畜禽、食用菌、青稞、蔬菜、木本油料等七大优势特色产业。这些特色产业既为脱贫攻坚发挥了积极作用，也为产业兴旺奠定了坚实基础。三是推动农村一二三产业融合发展。黔东南凯里市大力发展乡村休闲观光农业，探索出了云谷田园模式。麻江县建成了蓝梦谷、药谷花海等各业态融合发展模式。湘西组建"湘西馆""湘西为村"等农产品电子商务公共销售平台，2018年全州农村电商销售收入36亿元。四是发展壮大集体经济。2018年，湘西州通过盘活现有资产、开发集体资源以及发展物业经济、服务经济、特色经济、乡村旅游经济等方式，全面消除了集体经济"空壳村"。其中，经营性收入5万元以上的村达到1 211个。来凤县整合资金2 550万元，支持发展壮大村集体经济，集体经济"空壳村"全部消除，46个重点贫困村集体经济均达5万元以上。五是积极培育新型经营主体。黔东南州通过龙头企业＋合作社＋基地的模式，推动产业快速发展。来凤县已发展农民专业合作社791家，其中46个贫困村共建有农村合作社203家，带动贫困户15 300户。龙山县发展19家州级以上龙头企业、468个种养合作社或大户与8.9万名贫困人口建立利益联结共享机制。六是加强农业人才培养与科技服务。2018年，来凤县完成培育高素质农民713人，特聘6名农业技术特派员，开展农村实用技术培训4 585人次，搭建了马铃薯晚疫病监测预警平台。

（三）做好生态扶贫与生态振兴衔接

贫困地区在推进生态扶贫的同时，以生态宜居为目标，全面改善农村生态环境，建设美丽乡村。一是落实生态补偿机制。湘西完成退耕还林420.2万亩，划定省级以上生态公益林、天然林保护面积1 100万亩，落实生态补偿资金9.98亿元，全州近100万群众受益。来凤县兑现集体所有公益林补偿60万亩506.12万元，贫困人口受益10 794户43 176人；兑现退耕还林5.68万亩710.68万元，贫困人口受益9 125户323.75万元。二是积极开展农村人居环境治理。富裕县2018年在4个乡镇13个村进行生活垃圾处理试点，开展农村厕所改造整村试点，已完成260户，在44个贫困村建设村内公共浴室，开展村级小型污水处理站建设试点。龙山县推广农村垃圾分类减量处理，每个乡镇均修建了可回收垃圾收购站和垃圾焚烧炉，建立了专人保洁制度，2018年已完成1.1万个农村厕所的改造。湘西州推进

《美丽乡村示范创建三年行动计划》，完成 100 个精品村、300 个示范村创建任务，建成农村户厕 9.47 万座、农村集中式污水处理设施 15 套、单户型污水处理设施 1 200 套。怀安县 2018 年新建改建农村公厕 20 座，改建农村户厕 13 226 座。三是开展农业面源污染防治。黔东南州集中精力整改畜禽废弃物无害化处理和库区网箱养殖问题，已划定禁养区 1 738 个，禁养区面积 2 679.79 平方千米。全面取缔清水江干流网箱养殖，实施大水面生态养殖。四是开展农业清洁生产。黔东南州抓好秸秆禁焚和综合利用，强化化肥、农药、农膜、农用包装物和实验室废弃物的管理和治理。湘西州秸秆还田推广面积 135.06 万亩，全面禁止天然水域投肥养殖，清除违规网箱养鱼 1.5 万口，推广可降解膜 150 吨，开展病虫害专业化统防统治 40 万亩。五是发展生态旅游产业。龙山县发展县域内休闲旅游产业，推进里耶古城、惹巴拉、乌龙山大峡谷、太平山等景区建设，里耶-乌龙山风景名胜区获评国家级风景名胜区，湖南乌龙山国家地质公园开园。富裕县发挥大湿地、大草原等自然资源优势，发展湿地生态游、休闲度假游，带动农民就业增收。

（四）推动文化扶贫与文化振兴衔接

贫困地区在做好文化扶贫的同时，以乡风文明为目标，积极推动乡村文化发展。一是完善群众文化活动设施与服务。湘西州建成了 1 291 个基层综合性文化服务中心。富裕县实现了村级文化活动广场全覆盖，配备了音箱、健身器材等文体设施。采取政府购买服务方式，选好草根文艺人，每人每年补助 2 000～3 000 元，带领群众开展文化活动。对各种文化协会进行集聚办公，每个协会补助 1 万元。二是推进移风易俗。来凤县和龙山县对"无事酒"、婚丧陋习和天价彩礼等不良社会风气进行治理。富裕县创办"农民讲堂"等教育平台，开展"村里好人""美丽家庭"评选，修订完善村规民约，开展红白理事会试点，开展文明村镇创建。三是挖掘乡村文化旅游资源。湘西州实施传统村落保护与整治项目 310 个，改造特色民居 1 万户，新获批 90 个中国传统村落。举办湖南省秋季乡村旅游节、湘西土家族舍巴节、苗族赶秋节、"四月八"跳花节、吉首鼓文化节等乡村文化旅游节庆活动。来凤县博物馆以土家族文化为主要展示内容，塑造旅游城市新形象。龙山县利用里耶镇里耶古城和秦简等特色文化，发展土家族古宅民宿旅游。黔东南州加快推进 100 个传统村落基础设施、文化传承、环境整治等项目建设，打造了一批传统村落旅游示范村寨和特色乡村旅游精品线路。挖掘工艺美术品、名贵饰品、服饰、文化艺术品、风味特产等特色风物，培育和建设了一批特色风物市场。

（五）重视教育智力扶贫与人才振兴衔接

贫困地区在搞好教育健康智力扶贫的同时，着眼人才振兴，注重加强各类人才的引进和培养，为乡村振兴提供人力支撑。一是培养引进党政人才。富裕县出台引进机关事业党委各类人才的办法，注重吸引家在富裕、两地分居、有工作经验的有为青年、有志之士回家乡发展。二是培养致富带头人。怀安县加强农村党组织书记培训，组织外出观摩考察，培育乡村产业致富带头人。黔东南州鼓励扶持大学生、退伍军人、返乡农民工等到村领办创办经营主体，激发农村内生动力与活力。恩施州以"尖刀班"组织模式，集结优质人才进行优化配置，带领农民脱贫攻坚和乡村振兴。龙山县注重引进培育有"领头雁"性质的企业，带动当地产业人才的发展。富裕县实施"四培养"工程，把党员培养成致富能手，把致富能手培养成党员，把致富带头人培养成村干部，把村干部培养成致富带头人，鼓励乡土人才带领村民共同致富，并逐村建立项目库，列出资源优势、发展规划、合作方式和预期效益，广泛联系企业家与产业项目对接，引导其投资兴业。三是培养高素质农民。黔东南州围绕乡村旅游、餐饮、种养殖等方面专业知识，对村"两委"、致富能人、种养大户等进行培训，培养一批能创业、能发展、能带动的高素质农民。

（六）抓好组织扶贫与组织振兴衔接

贫困地区在强化脱贫攻坚组织保障的同时，以治理有效为目标，构建完善乡村治理体系，提升乡村治理水平。一是加强基层党组织建设。湘西州推进基层党支部阵地建设规范化、支部建设标准化、管理服务精细化、组织生活正常化、工作制度体系化建设，向贫困村、集体经济薄弱村等村党组织派出第一书记1 640名，179个软弱涣散农村（社区）党组织全面实现晋位升级，村级组织运转经费提高到村均每年15万元，村党组织书记年均报酬提高到2.4万元。龙山县在保障村支书年报酬4万元的前提下，公开选聘一批45岁以下、有一定文化、会电脑的村级秘书和辅警，为乡村振兴提供支撑。怀安县着力把讲政治、有能力、敢担当的优秀人才推选进村"两委"班子。富裕县制定了《加强村党组织书记队伍建设实施方案》，通过村内挖潜、机关选派、离岗返聘、跨村兼职、社会招聘等方式选优配强村党组织书记，通过实行村党组织书记工资待遇"基础工资＋绩效工资＋创收奖励"制度、推进村书记和村主任"一肩挑"、建立村书记报酬动态增长机制、发放离职村书记生活补贴、推进村书记养老保险体系建设、落实政治待遇、选拔优秀村书记进入乡镇班子等政策，解决村书记干有激情、退有保障的问题。二是加强农村基层治理。来凤县推行村医村教进班子、农民办事不出村、法律顾问进乡村"三位一体"基层治理方式和律师进村、律师进信访大厅、律师进疑难信访案件"律师三进"基层治理新举措，党委领导、政府负责、社会协同、公众参与、法治保障的"一统三治"基层治理体系初具雏形。湘西州推进网格化服务管理，建立城乡—州级—县市区级—乡镇（街道）—村（社区）5级网格平台，推进农村社会治安防控体系建设，通过网格化平台办理各类事项8.2万余件。三是创新乡村治理方式。湘西州全面推行"湘西e路通"信息化服务平台，以党务村务公开窗等方式，对办事流程、财务数据等进行阳光公开，建立村权监督微信群1 856个，推进党内监督与群众监督深度融合。

四、贫困地区脱贫攻坚与乡村振兴有机衔接面临的矛盾和问题

当前正处于脱贫攻坚与实施乡村振兴战略的历史交汇期，在脱贫攻坚与乡村振兴有机衔接工作中，还面临着一些突出的矛盾和问题。

（一）财政资金整合衔接问题

资金投入是贫困地区脱贫攻坚和乡村振兴的基本保障。但当前资金投入及整合仍存在一些突出问题。一是资金投入缺口大。贫困地区基础设施与公共服务仍然比较落后，无论是脱贫攻坚还是乡村振兴，都需要大量的资金投入。贫困地区财力普遍不足，县级财政负担重，需要中央财政转移支付才能维持运转，一些扶贫项目及公共基础设施项目需要县级配套资金投入，要补齐脱贫攻坚和乡村振兴的短板还存在较大的资金缺口。湘西州反映，民族地区地

广人稀，生活垃圾、污水处理困难多，资金需求量大，目前的投入远不能满足需要。剑河县反映，山区贫困村工程性缺水和季节性缺水问题突出，工程建设难度大，运行成本高，要全面解决问题还需大量投入。龙山县反映，深度贫困地区基本集中了所有财力推进脱贫攻坚，在没有专项资金支持的情况下，乡村振兴难以快速推进。二是财政资金整合不足。国家支持贫困县统筹整合使用财政涉农资金，资金整合范围逐步扩大，整合力度不断加大，也取得了很好的效果。贫困地区普遍反映，财政资金使用限制仍然较多，统筹整合难度大。怀安县反映，目前涉农资金使用渠道限制过严，有些项目无经费保障，不利于脱贫攻坚和乡村振兴有机衔接。龙山县反映，以县级为单位实行财政资金整合难度大，一些山区贫困村镇由于资金不足无法同步搬迁，每隔几年都要在防汛期后为保证道路通达而重新修路，造成资金使用浪费。扶贫整合资金在投入对象和方向上有明确要求和规定，一些乡村振兴项目在现行管理体制下不能使用扶贫整合资金。依安县 2018 年涉农财政资金总额为 24 013 万元，其中专项扶贫资金 9 800 万元，占 40.8%，可由县级整合使用，被称为"切块的钱"。其余涉农资金共计 14 213 万元，占 59.2%，需专款专用，县里没有统筹整合使用权限，被称为"戴帽的钱"。三是出现"悬崖效应"问题。许多地方反映，整合财政资金大多只能投向贫困村、贫困户，不能用于非贫困村基础设施建设，造成贫困村与非贫困村、贫困户与非贫困户之间出现了"悬崖效应"，引发了一些矛盾。一方面，村庄之间发展不平衡，非贫困村基础设施建设明显滞后于贫困村。如 2018 年，依安县 54 个贫困村平均每村享受财政涉农资金 277.3 万元，102 个非贫困村每村仅有 95 万元，前者为后者的约 3 倍。富裕县有非贫困村 44 个，占全县行政村近一半，也面临着脱贫任务，村级基础设施也需要改造，但因资金限制，非贫困村基础设施比贫困村滞后较多，当地又无法依靠自身财力补齐非贫困村基础设施的短板。一些农户反映："现在的路比以前的土路是好多了，但是硬化路都坏了，坑坑洼洼的，比贫困村的路差多了"。2018 年全县贫困村都新建了公共浴室，但非贫困村都没有，不少农户对此意见较大。光伏扶贫产业也仅在贫困村有，非贫困村都没有。另一方面，对非贫困户投入力度滞后于贫困户容易引发新的矛盾。脱贫攻坚中财政涉农整合资金绝大部分都不能用于非贫困户。富裕县反映，对非贫困户的扶持仅有危房改造、饮水安全等少数普惠政策，一些非贫困户特别是边缘户对此有意见，尤其是在医保报销、教育减免贷补等方面差距大，容易引起矛盾。其他贫困地区的情况也基本类似。有的农户说，"我们两家（和周围的贫困户比）条件就差了那么一点点，凭什么他们家的孩子上学可以有补助，我们家的孩子就不能有"。地方政府也在想办法加大对边缘贫困人口的扶持力度，但财力不足，能投入的资金有限。凉山州反映，当地有插花式的 50 万临贫户仍住着土坯房，没有厕所，居住环境差，但享受的扶贫政策很少。贫困户住房享受国家易地搬迁政策，老百姓自筹 1 万元就有一套房子，非贫困户享受不了这样的住房政策。

（二）产业发展衔接问题

贫困地区在产业扶贫与产业振兴衔接上还存在一些问题，不利于乡村产业持续发展。一是产业规划衔接不畅。尽管各地开始启动乡村振兴规划编制，但与脱贫攻坚规划衔接仍有较大难度，特别是村庄发展规划如何编制落实难度大。如富裕县反映，曾于 2011 年编制了县域空间布局规划，有 71 个行政村编制了村庄规划，但由于是按照城市规划方法编制的，不接地气，未考虑资金、拆迁等因素，都只停留在纸面上。如何根据村情编制简单实用、易于村民广泛参与的村庄发展规划，面临很大挑战。二是三产融合发展水平较低。贫困地区经济基础薄弱，乡村产业发展多处于初级阶段，产业链条短，质量与品牌建设滞后，新型经营主体发育不足，带动农民增收能力较弱。现有产业扶贫项目大多存在着产业同质化、产销衔接差、加工能力弱、物流系统建设明显滞后、新型经营主体缺乏等问题，市场风险较大。如剑河县反映，当地贫困乡村区位偏远，交通不便，农业自然条件差，耕地少，市场发育滞后，缺乏龙头企业带动，农产品生产成本高、附加值低，产业扶贫带动贫困户增收效果不明显。迪庆州反映，一些乡镇产业发展缺乏规划，我这里养几只鸡，你那里养一头猪，规模小，同质化严重。恩施州反映，当地农业产业发展最薄弱的环节是农产品就地商品化处理不足，特别是缺乏冷链物流仓储等设施，快递物流不能到村，产销难以衔接，农民的鲜活农产品既无法快速顺畅销售，也无法获得较好的增值收益，还要面临较大的市场风险。三是产业项目短期化倾向明显。贫困地区普遍反映产业扶贫比较薄弱，周期长、见效慢、风险大，存在一定的畏难情绪。现有产业扶贫项目大多重视短平快，对长期受益、稳定增收、全面振兴考虑欠缺，且多依赖企业等外部主体，农户参与度不高，有些仍需要财政连续支持才能维持。有的为了完成脱贫任务，给农户买已养了 12 个月的香猪，农户养 6 个月就可以出栏。四是产业发展资源环境约束趋紧。贫困地区经济尚未发展起来，却面临着与其他地区同样的资源环境约束。如富裕县每年秸秆可收集量约 120 万吨，畜禽粪污产生量 139 万吨，在产业发展中面临着棘手的秸秆焚烧和粪污处理问题，所需资金大，治理成本高，且技术要求高，操作难度大，难以通过市场机制实现产业化治理。此外，一些工业污染源正逐渐向农村转移渗透，贫困地区土壤污染防治面临的挑战加大。五是易地搬迁的后续产业扶持不足。目前，易地扶贫搬迁中反映的突出问题是搬迁后的产业发展问题，搬迁后农民房子有了，但如何就业，怎么增收，以及如何融入当地社区，困难很大。

（三）督查考核衔接问题

实行严格的督查考核，是确保打赢脱贫攻坚战的必要措施。推进实施乡村振兴战略，同样需要建立完善监督考核制度。当前贫困地区在脱贫攻坚监督考核中存在的一些突出问题，需要在实施乡村振兴战略中加以完善。一是监督考核过多。贫困地区普遍反映，脱贫攻坚需要应对各种各样的监督考核，包括各级部门的督查、联合督查、交叉评估、第三方评估、审计、财政监督检查和项目稽查、巡视等。例如，富裕县 2017 年迎接国家、省、市各类督查、检查、考核、巡视、评估等共计 19 次，每次少则 3～5 天，多则 1 个月，最长的达 2 个月之久，总人次累计 207 人次，总天数累计 197 天。2018 年共接待 14 次，累计接待 242 人次，102 天。其中，督查 7 次 19 人次 40 天，巡视验收 4 次 116 人次 54 天，观摩学习 3 次 107 人次 8 天。依安县 2018 年接受检查共 30 次。其中督查 14 次，巡视验收 4 次，观摩学习调研 2 次，其他检查和指导 10 次。累计接待 197 人次，其中单次接待最多 36 人。累计接待 103 天，其中单次接待最多 30 天。单月检查次数最多达 5 次。接待经费支出约 14.22 万元，其中 1.9 万元用于督察，10.98 万元用于巡视验收，0.1 万元用于观摩学习，其他 1.24 万元，单次接待经费最多花费 5.85 万元。二是形式主义严重。贫困地区普遍反映，监督考核的指标过多过细，需要填写的表格过多，基层干部把大量的时间用在填写各种表格、应付考核评估上。有的地方干部认为，有些形式主义是因为"太重视"而产生出来的，监督考核的工作做得"太扎实"逼出来的。由于监督考核过于频繁，形式化的东西过多，时间要求紧、任务急，由此带来了一些负面影响。第一是干扰正常的脱贫工作。过度的监督考核极大地分散了基层干部的精力，抬高了扶贫工作的成本，降低了扶贫工作的效率。基层政府和干部疲于应付，把过多的时间和精力用于应付迎接督查考核，影响了正常精准脱贫工作的开展和为群众办实事的效果。地方干部普遍反映，迎接考核工作的难度远远超过扶贫工作本身。有的基层干部说，"目前基层一年需要拿出一半以上的时间迎接检查，真正用于抓工作落实的时间和精力十分有限"。第二是容错机制不完善。过度考核，使基层干部产生了不被信任的感觉，尤其是容错机制不完善，使脱贫攻坚中干部容易受处分。有的地方反映，干的活越多，越容易受处分，很多检查考核是用新规定套旧事，这样就会发现有很多人有违规行为。例如齐齐哈尔市 9 个分管脱贫攻坚的县级副职都受过处分，很容易挫伤基层干部谋事干事的积极性。

（四）干部人才队伍衔接问题

打赢脱贫攻坚战，离不开干部人才队伍建设。在脱贫攻坚与乡村振兴的交汇期，干部人才队伍的衔接主要存在以下问题。一是驻村工作队伍的持续稳定问题。向贫困村派驻第一书记和驻村工作队，是精准脱贫工作的重要举措，也发挥了重要的作用。既促进了贫困地区的产业发展和基础设施改善，又提升了贫困人口和贫困村的发展能力；既广泛宣传了党的扶贫政策，又有效增进了干群关系，切实提高了党在群众中的威望。大量党政干部长期驻村帮扶是脱贫攻坚时期的一项特殊政策，短期内的确可以发挥巨大作用，但如果长期实行驻村工作制度，也容易带来一系列问题。首先，基层干部超负荷工作比较普遍。驻村干部普遍反映工作强度和精神压力都很大，容易导致身心疲惫。很多贫困地区干部都是 "5＋2" "白＋黑"地工作。其次，影响原单位工作正常开展。如富裕县每个村至少选派 4 人驻村，加上中央、省、市、企业等派驻的扶贫干部，最多的村有 8 个扶贫干部。长期选派大量驻村工作人员，会造成原单位人手不足。市、县、乡三级干部均反映，"要求派驻的人员数量太多，很多都是业务骨干，对原单位正常工作开展造成了严重影响，有些单位一把手直接把办公室搬到了村里"。最后，容易弱化贫困村和贫困户的内生发展动力。个别贫困村的干部和群众出现了等靠要思想，什么事情都找驻村干部，村组织的战斗力也在一定程度上会受到影响。有的驻村工作队和村委会各干各的，无法整合到一起，甚至产生矛盾。二是贫困地区产业发展和基层治理人才短缺问题严重。贫困地区经济社会发展相对滞后，工资水平和人文环境对人才的吸引力都不足，在与其他地区特别是东部发达地区的人才竞争中处于劣势，导致人才流失严重，农村以留守人口居多，年轻人少，"空心村"现象较多，乡村产业发展和村干部选拔的人才严重短缺。如富裕县农村人口由 2015 年的 16.7 万人减少到 2018 年的 16 万人，农村劳动力总量由 11.7 万人减少到 11.1 万人。当地领导认为，在乡村振兴中最短缺的是人才，最大的问题也是人才，目前只能用二流的人才做着最重要的事情。该县新引进的企业益海嘉里建成投产后，需招募 3 000 名左右大学毕业生等专业人才，但对方一听说企业在东北，大多都不愿意来，报名者寥寥无几。恩施州认为，人才是乡村振兴中的难中之难，关键中的关键。2005 年至今，当地农业技术推广队伍就没有新入职人员，专业管理人才缺乏，只能十几个村配备一名产业指导员。选村干部也很难，选村支书 "只能矮子里面选将军"。龙江县反映，当前空心村问题严重，该县有 62 万人，实际常住人口不到 2/3，已有的人才留不住、走出去的人才不回来、想引的人才引不来。龙山县反映，农村青壮年大多外出打工，留守的大多是老人，文化程度低，带动农村产业发展的专业合作社缺乏或没有能人参与，深度贫困地区的人才支撑难以满足乡村振兴需求。

（五）工作机制衔接问题

五级书记一起抓的工作机制为脱贫攻坚提供了坚强的政治保证，得到了广大基层干部的一致拥护，是脱贫攻坚取得巨大成就的一条基本经验。中央明确要求，乡村振兴也要实行领导责任制，坚持五级书记抓乡村振兴。调研中，市、县、乡、村各级干部都一致表示，非常支持将五级书记抓脱贫攻坚的工作机制应用到乡村振兴战略实施的工作中。当前脱贫攻坚工作机制中还存在一些问题，需要在乡村振兴中加以完善。一是县级党政一把手正常调整机制被冻结。有的地方反映，贫困地区在脱贫攻坚期基本停止了县级党政一把手的正常调整，这虽然是为了脱贫攻坚期内压实责任、激发干劲，保持工作连续性和稳定性，但县级党政一把手不能调动和调整，基层其他各级干部的正常调整都会受到很大影响，不利于调动各级干部的积极性。二是贫困地区农村基层党支部书记的待遇明显偏低。村民富不富，关键看支部；村子强不强，关键看支书，村级工作的关键在村书记。当前，农村劳动力和人才资源流失严重，而村干部的工资待遇偏低，很多贫困村存在干部难选、好干部难找的问题。村干部在身份上和普通农民一样，不能购买城市居民的养老保险，离岗后没有退休工资，缺乏生活保障，进一步抑制了村干部的工作积极性。

五、做好贫困地区脱贫攻坚与乡村振兴有机衔接的政策建议

（一）明确贫困地区持续减贫与乡村振兴工作的职责

2020年全面脱贫后，贫困地区将进入以乡村全面振兴为目标的新阶段，但依然面临防止返贫和减缓相对贫困的任务。为适应新形势、新要求，扶贫部门需要重点聚集兜底贫困人口和边缘贫困人口，有步骤地退出一些容易引起非贫困户与贫困户之间不平衡的扶持政策，进一步完善以就业帮扶和社会帮扶为重点的扶持政策，构建适应新形势、新要求的监督考核体系。一是做好贫困人口的监测和动态调整。扶贫部门应与统计部门加强协调，强化贫困人口的监测和动态调整职责，逐步将农村边缘贫困人口纳入监测范围，及时应对可能的返贫情况，确保贫困人口切实享受国家政策的帮扶。二是完善扶贫政策顶层设计。完善中央扶贫资金分配方案，鼓励和支持地方政府在贫困线调整和扶贫方式完善等方面进行探索，在总结实践经验的基础上，进一步完善国家层面的扶贫政策设计，包括完善社会力量参与扶贫的政策体系等。三是将持续减贫工作纳入乡村振兴考核体系。乡村振兴工作的相关部门需要全面统筹推进，坚持共同富裕，逐步实现城乡公共服务一体化，应建立完善乡村振兴考核指标体系，明确各部门在实施乡村振兴战略中的职责，将持续减贫工作纳入乡村振兴考核体系，统筹推进贫困地区持续减贫和乡村振兴。

（二）做好脱贫攻坚与乡村振兴资金衔接

一是中央对贫困地区的资金投入和扶持政策保持稳定。贫困县摘帽后，扶贫资金要继续用于支持贫困地区的乡村振兴，确保资金规模不减、投入力度不减。逐步将脱贫攻坚专项资金纳入乡村振兴专项资金，扶贫资金统筹整合政策改为乡村振兴资金统筹整合政策，实现贫困地区乡村振兴资金持续投入与管理的制度化、规范化。进一步加大中央对贫困地区的财政

转移支付力度，确保财政投入与乡村振兴目标任务相匹配，继续降低比例直至取消贫困地区项目县级资金配套要求。生态补偿等项目资金优先向贫困地区倾斜。二是进一步加强财政资金统筹整合。进一步探索中央、省级政府各部门财政资金统筹整合使用的机制，从源头上扩大统筹整合资金使用范围，加大统筹整合力度，提高普惠程度，切实改善贫困地区基础设施与公共服务。贫困县脱贫摘帽后，给予贫困县更大的自主权，在做好脱贫攻坚巩固提升工作的基础上，逐步将扶贫资金由到村到户到人的精准帮扶转向普惠性政策和项目，用于支持乡村振兴，允许将非贫困村的基础设施和公共服务、非贫困户扶持政策等方面支出纳入财政涉农统筹整合资金支出范围。在教育、医疗、养老、就业培训等社会保障和补助政策方面，分门别类地研究制定相应的调整完善办法，更加突出资金使用的普惠性。三是拓宽贫困地区投融资渠道。对贫困地区拓宽投融资渠道给予政策倾斜。强化金融机构在贫困地区乡村振兴中的责任，加大对深度贫困县的低息或贴息中长期贷款支持。鼓励支持社会资本合法合规参与发起设立乡村振兴基金。支持乡村金融服务站和小额信贷转型支持乡村振兴，扶贫再贷款改造成乡村振兴再贷款，设立风险补偿金。支持贫困地区加大土地制度改革试点力度，稳妥推进撤屯并村，构建城乡统一的建设用地市场，允许贫困地区通过土地增减挂钩和占补平衡等方式为乡村振兴筹集发展资金。四是加强对贫困地区低收入群体的兜底保障。进一步加大农村教育、文化、医疗卫生、社会保障等方面的投入，提高社会保障标准，推进城乡社会保障一体化，特别是要落实困难群体的普惠政策，提高重病、重残人口的医疗保障政策标准。加强扶贫标准与低保标准的衔接，推进两线合一，健全社会救助与福利保障体系，整合民政、医疗、慈善、保险等政策资源，全面构建社会安全保障网，充分发挥其在防贫减贫中的兜底保障作用。

（三）加大对贫困地区产业发展扶持力度

一是研究制定 2020 年后贫困地区乡村振兴专项规划。因地制宜发展产业，明确县域主导产业，发展特色产业，注重规划的前瞻性和实用性。科学编制村庄发展规划，以人口集聚为引导，注重发挥农民主体作用，打造美丽乡村，防止盲目大拆大建。二是扶持贫困地区培育发展新产业新业态。扶持贫困地区农产品加工业发展，在土地、金融、税收等方面制定优惠政策，鼓励贫困地区引进先进农产品加工等企业。加强对贫困地区农业多功能性、传统村落、优秀传统文化的挖掘、保护和开发，鼓励贫困地区适度开发生态旅游资源，发展观光旅游业、休闲农业和其他新业态。整合县、乡、村三级电商服务平台，组建农产品电子商务公共销售平台，实现农村电商服务站覆盖所有乡村。三是支持贫困地区新型农业经营主体发展。扶持贫困地区培育规范的农民专业合作社，提高农民组织化程度。完善利益联结机制，提高龙头企业与合作社的辐射带动能力。加大高素质农民培训力度，加强农村人才队伍建设。培养一批专业人才，扶持一批乡村工匠。四是扶持贫困地区提高农产品产后商品化处理能力。加强贫困地区农产品质量和品牌建设，提高农业综合效益。加大对贫困地区农产品初加工和冷链物流等商品化处理设施建设的扶持力度，完善市场体系，降低物流成本，促进农产品产销衔接。五是加大对贫困地区绿色环保产业的扶持力度。在秸秆禁烧和资源化利用、畜禽粪污处理、土壤污染防治与修复、休耕轮作等方面，给予贫困地区更大的资金和技术支持。疏堵结合，促进贫困地区乡村绿色环保产业持续发展。六是切实做好易地扶贫搬迁的后续帮扶工作。把异地扶贫搬迁的后续扶持纳入贫困地区乡村振兴工作的重要内容，做好村庄规划，完善基础设施建设，重点扶持培育搬迁后的产业发展，确保有能力的搬迁移民能就业，收入有保障。

（四）完善乡村振兴监督考核机制

一是到 2020 年对贫困地区只考核脱贫攻坚。为促进贫困县集中精力脱贫攻坚，激励已摘帽地区巩固脱贫攻坚成效，2020 年前，暂不对贫困地区进行乡村振兴考核。二是建立完善乡村振兴考核评价体系。抓紧制定出台乡村振兴考核的指导意见，指导各地制定具体的考核实施办法，实行逐级考核制度，允许地方设定符合当地实际的考核指标，从目标设定、推进落实到实际效果进行全过程考核，形成简便实用、规范化、制度化的考核评价体系。三是加大各类监督检查整合力度。适当整合各部门的督查考核，完善联合督查制度，尽量减少不必要的督查。要打破体制壁垒，对于不同主体的监督、考核结果要互认共享，压缩各类交叉检查，杜绝形式主义和官僚主义。四是健全容错纠错机制。落实习近平总书记关于"三个区分开来"的要求，切实完善容错纠错机制，允许干部有一定的犯错空间，鼓励基层政府勇于探索和试验。

（五）完善乡村振兴干部队伍管理机制

一是脱贫摘帽后不能随意撤回驻村工作队。脱贫摘帽后，驻村工作队不能一下子全部撤回，对于一些已巩固脱贫攻坚效果，实现稳定脱贫的地区，可视情况在 2020 年前有计划、分步骤地逐步退出，其他地区 2020 年前保留工作队。二是实施乡村振兴战略不宜长期派驻工作队。脱贫攻坚时期派驻工作队是特殊时期的非常规措施，运行成本高，牵扯面较广，乡村振兴是长期性发展战略，实现这一长期目标不宜采取长期大面积派驻村工作队的做法。三是部分贫困地区可继续实行定点帮扶机制。对于基层组织软弱涣散、经济发展落后、集体经济薄弱的贫困村以及深度贫困地区，脱贫摘帽后依然需要长期帮扶，可以继续派驻第一书记，实行定点联系帮扶。四是脱贫摘帽后驻村工作机制可灵活多样。贫困县脱贫摘帽后，为不影响原单位的正常工作，驻村干部队伍的人员数量可以减一点，时间要求可以松一点，驻村方式可以灵活多样。驻村的县直机关一把手和副职可以逐步改为联络员制，对口帮扶单位仍派驻 1 人驻村帮扶，待乡村自身发展能力较强后考虑撤回。对驻村干部的考核要注重实效，避免走形式，考核内容要更多体现在干事情上，而不只是强调在驻村时间上，保障发挥帮扶实效。应明确驻村干部的主要职责是帮扶而不是主体，更不能包办村内事务，要把提升乡村的自我发展能力和内生动力作为对驻村干部的重要考核内容。五是坚持并完善跨省帮扶机制。在乡村振兴中，继续实行跨省帮扶机制，加大东西协作支持力度。六是采取向贫困地区倾斜的人才政策。进一步加大转移支付力度，提高贫困地区县级可用财力和工薪人员工资标准，支持贫困地区在户口、工资待遇、养老保险等方面采取更为灵活的人才引进政策。打破地域、行业、身份等限制，建立乡村建设项目库，支持企业家和农民工下乡返乡投资兴业，鼓励城市离退休干部和专业技术人才下乡，多方面吸引人才参与乡村振兴。

（六）完善乡村振兴领导体制和工作机制

一是坚持五级书记抓乡村振兴的领导体制。五级书记抓乡村振兴的领导体制是实施乡村振兴战略的重大决策，要全面贯彻实施乡村振兴战略领导责任制，压实党政一把手在实施乡村振兴战略中的责任。二是完善贫困地区县级党政一把手调整机制。随着各贫困县逐渐脱贫摘帽，对于贫困县各级干部的调整方案需要提前谋划，对于在脱贫攻坚中成绩突出的党政干部应提拔重用，对于即将退休的优秀党政干部应提高退休待遇。三是提高贫困地区农村基层党支部书记工资待遇。应紧紧抓住村支书这一关键，积极推进村支书、村主任"一肩挑"，提高村支书的待遇保障水平，保障村干部的工资收入不低于外出打工的平均工资水平，研究将村支书纳入公职人员管理体系的可能性，充分激发和调动村干部的积极性，让村支书干事创业更有底气、更有尊严，真正成为百姓的带头人、当家人。四是着力解决长期在村服务的书记退休待遇问题，将其纳入城镇养老保险体系，保障村书记离岗退休后没有后顾之忧。

农村全面建成小康社会进展评估分析报告^①

党的十九大报告提出,"从现在到二〇二〇年,是全面建成小康社会决胜期"^②。小康不小康,关键看老乡。从全面小康社会建设的总体进程看,农业仍是"四化同步"的短腿,农村仍是全面建成小康社会的短板。从全面小康社会建设的地区差异看,东西部发展差距较大,中西部地区特别是贫困地区发展相对滞后。按照中央农办、农业农村部的部署,农业农村部农村经济研究中心于 2019 年 7 月组织开展了农村全面建成小康社会问题研究,调研组先后赴浙江省德清县、河北省怀安县进行实地调查,通过与当地县、乡、村三级干部座谈,走访农民、合作社、企业等,初步了解了当前农村全面建成小康社会的进展情况,分析了农村地区全面建成小康社会面临的形势任务和短板弱项,提出了补齐短板、增强弱项,推进农村全面建成小康社会的对策建议。

自古以来,小康社会就是中华民族不懈追求的理想社会状态。据载,"小康"一词最早见于《诗经·大雅·民劳》:"民亦劳止,汔可小康。"意思是:老百姓太辛劳了,该稍微休息了。成书于西汉时期的《礼记·礼运》将"小康"描述成和大同社会相近的一种社会状态。到了近代,人们对"小康"的认识更进一步,将"小康"视为通往"大同"的中间环节。

新中国成立后,中国共产党带领全国人民探索国家建设道路,大力发展经济建设,逐步形成了"四个现代化"思想。1964 年第三届全国人大提出 20 世纪末实现工业、农业、科技和国防四个现代化的战略目标,1975 年第四届全国人大重申了这一目标。1979 年 12 月 6日,邓小平同志在会见日本首相大平正芳时提出"小康之家",以此来诠释我国要实现的四个现代化是不同于西方的现代化,并指出我国 20 世纪的目标是实现小康。党的十二大将该目标确定为从 1981 年到 2000 年工农业年总产值翻两番,人民物质文化生活达到小康水平。1987 年党的十三大制定了"三步走"的发展战略:"第一步,实现国民生产总值比一九八〇年翻一番,解决人民的温饱问题。这个任务已经基本实现。第二步,到本世纪末,使国民生产总值再增长一倍,人民生活达到小康水平。第三步,到下个世纪中叶,人均国民生产总值达到中等发达国家水平,人民生活比较富裕,基本实现现代化。"^③ 也就是在党的十三大中,实现小康被正式列为"三步走"战略的第二步目标。

到 2000 年,我国国内生产总值(GDP)达到 100 280.1 亿元,按不变价格计算,比1980 年增长了 5.55 倍,实现了"三步走"发展战略的前两步;全国居民人均可支配收入3 721.3 元,按可比价计算比 1980 年增长了 2.80 倍^④。经过党和全国人民的共同努力,我

① 本文与谭智心、何安华、习银生、张斌等合作,写于 2019 年 7 月。

② 习近平:《决胜全面建成小康社会 夺取新时代中国特色社会主义伟大胜利》(党的十九大报告单行本),北京:人民出版社,2017 年 10 月。

③ 资料来源:中华人民共和国中央人民政府网站:http://www.gov.cn/test/2007-08/29/content_730445.htm。

④ 数据来自《中国统计年鉴》(2018 年)。

国经济社会得到很大发展，人民生活总体上达到了小康水平，但当时的小康"还是低水平的、不全面的、发展很不平衡的小康"。在此背景下，2002 年党的十六大首次提出"全面建设小康社会"，要集中力量，全面建设惠及十几亿人口的更高水平的小康社会，实现中国特色社会主义经济、政治、文化全面发展。从此，"全面建设小康社会"成为我国到 2020 年要实现的宏伟蓝图。2007 年党的十七大对全面建设小康社会提出了更高的要求，提出"实现人均国内生产总值到二〇二〇年比二〇〇〇年翻两番"。

2012 年，根据我国经济社会发展的实际进程，党的十八大提出到 2020 年全面建成小康社会的新要求和新愿景："实现国内生产总值和城乡居民人均收入比二〇一〇年翻一番"[①]，要求落实经济建设、政治建设、文化建设、社会建设、生态文明建设"五位一体"总体布局。"全面建设小康社会"调整为"全面建成小康社会"，一字之改标志着全面小康社会建设进入冲刺阶段。2017 年党的十九大号召"决胜全面建成小康社会，夺取新时代中国特色社会主义伟大胜利"，习近平总书记指出"从现在到二〇二〇年，是全面建成小康社会决胜期"，我国将开启全面建设社会主义现代化国家新征程。

一、农村全面建成小康社会的进展和成效

新中国成立以来，中国共产党在带领人民开展现代化建设的进程中逐步提出、发展和完善了建设小康社会的目标任务。2012 年，党的十八大提出到 2020 年全面建成小康社会的新要求。十八大之后，为全面落实经济建设、政治建设、文化建设、社会建设、生态文明建设"五位一体"总体布局，党和国家出台一系列政策措施，群心勠力，尽锐出战，促进现代化建设各方面工作协调发展，在努力实现全面建成小康社会目标的进程中不断取得新的进展，成效显著。

2018 年，我国 GDP 达到 900 309 亿元，按不变价计算，是 2010 年的 1.78 倍；全国居民人均可支配收入 28 228 元，按可比价计算，是 2010 年的 1.86 倍。在剩余的 2 年时间里，全国 GDP 和居民人均可支配收入的年均实际增速（扣除价格因素后）只需分别达到 6.11% 和 3.75%，即可实现"两个翻一番"的目标[②]。从目前的经济发展态势和居民收入增长情况看，到 2020 年全面建成小康社会的目标是完全能够实现的。全面建成小康社会最艰巨、最繁重的任务在农村。经过多年的不懈努力，我国农业农村各方面快速发展，取得了历史性成就，为确保农村全面建成小康社会的目标如期实现奠定了坚实基础。

（一）脱贫攻坚成效显著，农村全面建成小康社会的底线任务有望如期完成

农村贫困人口全部脱贫，是全面建成小康社会的基本标志，也是底线任务。中央从实现全面建成小康社会奋斗目标出发，明确到 2020 年我国现行标准下农村人口实现脱贫，贫困县全部摘帽，完成区域性整体贫困的任务。党的十八大以来，中央把脱贫攻坚纳入"五位一

---

① 胡锦涛：《坚定不移沿着中国特色社会主义道路前进 为全面建成小康社会而奋斗》（党的十八大报告单行本），北京：人民出版社，2012 年 11 月。

② 数据来自国家统计局发布的《2018 年国民经济和社会发展统计公报》，http://www.stats.gov.cn/tjsj/zxfb/201902/t20190228_1651265.html。

体"总体布局和"四个全面"战略布局,全面打响脱贫攻坚战,采取超常规举措,以前所未有的力度推进脱贫攻坚。党的十九大明确把精准脱贫作为决胜全面建成小康社会必须打好的三大攻坚战之一,作出了新的部署,脱贫攻坚取得了决定性进展。一是农村贫困人口大幅减少,贫困发生率显著降低。截至 2018 年年末,全国农村贫困人口减少到 1 660 万人,2012年以来累计减少 8 239 万人,平均每年减贫 1 300 多万人;贫困发生率从 2012 年的 10.2%下降至 1.7%,累计下降 8.5 个百分点。课题组调研的河北省怀安县,截至 2018 年年底,贫困发生率已降到 5.03%,全县 158 个贫困村中已退出 72 个,2019 年将实现全部脱贫。二是贫困县贫困村脱贫摘帽加快。2016 年全国有 28 个贫困县摘帽,2017 年摘帽 125 个县,2018 年摘帽 283 个县,截至 2018 年,已有超过一半的贫困县完成摘帽,其余 396 个贫困县也将在 2020 年前脱贫摘帽。全国 12.8 万个贫困村,截至 2017 年年底脱贫 6 万个,到 2018年年底贫困村退出达 80%[①]。三是贫困地区农村居民收入增幅高于全国农村平均水平。党的十八大以来,贫困地区农村居民收入年均名义增长 12.1%,实际增长 10.0%,增速比全国农村平均水平高 2.3 个百分点。2018 年,贫困地区农村居民人均可支配收入相当于全国农村平均水平的 71.0%,比 2012 年提高 8.9 个百分点,与全国农村平均水平的差距进一步缩小。

(二)农村经济持续发展,是农村全面建成小康社会的坚实基础

2004 年以来,连续 16 个中央 1 号文件都以"农"为主题,出台一系列支农强农惠农政策和持续推进农村改革,极大地促进了农业发展、农村繁荣和农民增收。一是农业综合生产能力显著增强。粮棉油糖、畜产品、水产品等产量快速增长,保障并丰富了国民的物质生活。特别是粮食生产保持在较高水平,2018 年全国粮食总产量 13 158 亿斤,已连续 4 年超过 13 000 亿斤,有效支撑了"饭碗牢牢端在自己手上"。二是农村发展活力不断增强。随着经济发展,农业产值和农业劳动力比重均呈下降趋势。2018 年,我国第一产业的产值比重下降到 7.2%,第一产业劳动力比重下降到 26.1%。但农村创业创新活力却在增强,截至2018 年年底,各类返乡下乡创新创业人员累计达 780 万人,农村新产业、新业态不断涌现,为农业农村发展增添了新活力和持久动力。三是农村居民人均可支配收入持续增加。2010—2018 年,农民人均收入从 6 272.4 元增加到 14 617 元,按可比价计算,2018 年是 2010 年的1.92 倍,年均增速 8.5%,虽然近年来农民收入增速有所放缓,但预计 2019 年可实现提前翻一番的目标。工资性收入成为农民的最主要来源,2018 年农村居民人均工资性收入占人均可支配收入的比重为 41.0%,超过经营净收入 4.3 个百分点。农村经济持续发展和农民收入快速增长有力地推进了农村全面建成小康社会进程。从地方实践看,课题组调研的浙江省德清县立足各村实际,按照"控制总量、用优增量、盘活存量、释放流量、实现减量"的要求,发挥"多规合一"优势,盘活农村要素,坚持深化改革、产业发展、主体培育多管齐下,加快推动美丽资源向美丽经济转变,做到了"村村都有产业""人人都能创业",有效激活了农业农村发展活力。2018 年,浙江德清县人均 GDP 达到 12.3 万元(17 878 美元),城镇、农村居民人均可支配收入分别为 54 990 元和 32 617 元,均明显高于全国平均水平。河北怀安县作为国家级贫困县,通过积极培育特色种养业、探索电商扶贫和乡村旅游、推进扶

---

① 数据来自历年国家统计局公布的《全国农村贫困监测调查报告》。

贫车间建设、发展光伏扶贫等手段加快构建现代产业体系，有效破解了农民增收致富难题。

（三）农村社会建设成效显著，是农村全面建成小康社会的有力支撑

党和政府非常重视农村社会建设，投入力度不断加大，农村民生显著改善。一是农村基础设施建设不断增强，农民生活更加方便快捷。乡村饮水状况大幅改善，截至 2018 年年底，农村居民有管道供水入农户的户比重为 79.7%，65.3% 的户所在自然村实现了饮用水集中净化处理。2018 年年底，99.6% 的乡镇、99.5% 的建制村通了硬化路，99.1% 的乡镇、96.5% 的建制村通了客车[①]；农村地区有 99.9% 的农户所在自然村通公路，99.7% 的农户所在自然村通电话，98.1% 的农户所在自然村能接收有线电视信号，95.7% 的农户所在自然村已通宽带[②]，农村道路和网络建设成效明显。二是农村公共服务全面提升，医疗、养老、教育等社会保障体系不断完善。医疗是农民最关心的民生问题，随着医药卫生体制改革不断深化，城乡居民医疗保险制度整合稳步推进，基本医疗保障能力显著提高，2018 年参加基本医疗保险 134 459 万人，其中城乡居民基本医疗保险 89 736 万人，新型农村合作医疗保险（简称为新农合）13 038 万人，参保率稳定在 95% 以上，基本实现全民医保[③]。新农合的人均补助标准逐年提高，到 2018 年达到 490 元/人，政策范围内门诊和住院费用报销比例分别稳定在 50% 和 75% 左右，有效降低了农民的医疗负担。农村最低生活保障能力明显增强，低保标准稳步提高，2018 年农村低保对象 1 903 万户、3 520 万人，年平均标准 4 833 元/人，约占农村居民人均可支配收入的 33.1%。农村"养老难"问题正在逐步解决，以居家养老为基础、社区服务为依托、机构养老为补充的多层次养老服务体系逐渐构建。2018 年全国城乡居民基本养老保险基础养老金最低标准提高至每人每月 88 元。农村义务教育阶段"两免一补"政策全面推广，减轻了农民家庭的教育负担。截至 2019 年 3 月，全国 92.7% 的县实现义务教育基本均衡发展，让更多农村孩子享受到更好更公平的教育。课题组调研的浙江德清县高度重视民生社会事业，全县户籍法定人员基本养老、基本医疗保险参保率分别达 95.9% 和 99.2%，老年人意外伤害保险参保率达 100%，建成 5 家区域性综合型居家养老服务中心，幸福邻里中心实现县域全覆盖，城乡居民最低生活保障标准提高到每人每月 810 元，通过统一城乡社会保障标准，增强了人民的幸福感和获得感。

（四）农村民主法治建设加快，是农村全面建成小康社会的制度保障

一是村民自治得到普及。1979 年广西实施村委会选举后，全国许多地方陆续出现了村委会之类的村民自治组织。1982 年《中华人民共和国宪法》确认了村委会作为基层群众自治组织的法律地位。从 1983 年开始，在民政部门的推动下，中国广大农村开始了村委会的选举工作。1987 年《中华人民共和国村民委员会组织法（试行）》（以下简称《村民委员会组织法》）颁布，1998 年正式颁布实施《村民委员会组织法》，村民委员会主任、副主任和

---

① 数据来自国家统计局《农村经济持续发展 乡村振兴迈出大步——新中国成立 70 周年经济社会发展成就系列报告之十三》，http://www.stats.gov.cn/tjsj/zxfb/201908/t20190807_1689636.html。

② 数据来自国家统计局《沧桑巨变七十载 民族复兴铸辉煌——新中国成立 70 周年经济社会发展成就系列报告之一》，http://www.stats.gov.cn/ztjc/zthd/bwcxljsm/70znxc/201907/t20190701_1673373.html。

③ 数据来自国家医疗保障局《2018 年全国基本医疗保障事业发展统计公报》，http://www.nhsa.gov.cn/art/2019/6/30/art_47_1476.html。

委员由村民直接选举产生。进入 21 世纪后，新农村建设为村民自治的活跃提供了契机，村民自治的重心下沉到村民小组或者自然村。二是乡村治理体系逐步完善。2017 年，党的十九大提出加强农村基层基础工作，健全自治、法治、德治相结合的乡村治理体系，农村自治的内容更加丰富。实际上，21 世纪的多个中央 1 号文件都提出了要探索不同情况下村民自治的有效实现形式。随着广大农村的村委会选举改革，村民还创设了各种民主参与的制度，来加强对村干部的监督，如设立村民理事会、村民议事会、村民监事会之类的组织，要求村政务公开、财务公开等。村民自治的主体已从最开始的村民委员会、村民小组扩大到农民合作社、协会、农村公共服务组织、公益性社会志愿组织、新乡贤等主体，村治主体多元化推进了乡村治理民主协商，提高了农民的村庄归属感、认同感，有利于农村社会稳定。一些经济发达地区已经开始探索新型的乡村治理模式。浙江德清县三林村与浙江大学合作成立"三林数字乡村研究院"，利用数字化手段夯实乡村治理，例如开展"互联网＋党建"活动，将大数据与 VR 技术应用在党建管理与党课学习，加强党在基层的思想教育工作；通过互联网开展"三务公开"与"村务监督"，构建基于互联网"社群"理念的乡村治理结构和村民自治机制，从而提升乡村治理决策的科学性、精准性和高效性。

（五）农村文化事业日渐繁荣，是农村全面建成小康社会的文化底蕴

党的十八大以来，我国先后实施了文化信息共享、农家书屋和农村电影放映等下乡工程，农村文化建设不断加强，农村文化事业取得了长足发展，为丰富农民群众文化生活提供了有力支撑。第三次全国农业普查结果显示，我国 96.8％的乡镇有图书馆、文化站，11.9％的乡镇有剧场、影剧院，41.3％的村有农民业余文化组织。截至 2018 年年底，全国共有农家书屋 58.7 万个，向广大农村配送图书超过 11 亿册。2018 年农村居民人均文化娱乐消费支出 280 元，约占城镇居民人均文化娱乐消费支出的 22.0％。第三次农普调查数据显示，初中文化程度的农村居民占 42.5％，高中或中专文化程度的农村居民占 11.0％，大专及以上文化程度的农村居民占 3.9％，农村居民文化素质明显提升。在农村精神文明建设中，一些地方已探索出较为成熟的做法。例如，浙江德清县紧紧围绕"文化礼堂、精神家园"的目标定位，按照"产村人文"融合发展思路，普遍建设村文化礼堂，把文化礼堂作为"身有所栖"的文化场、"心有所寄"的乡愁地、"共建共享"的活动馆，推动"文化走亲""文化进城"，打造属于农民自己的精神家园。河北怀安县通过推进"文化强县"建设，让农民群众的精神文化生活更加丰富，县财政出资建立孝善养老基金，以户为单位按季发放，子女分 100 元、200 元两个档次缴纳赡养金，政府按 10％比例进行补助，借此解决老人生活经费来源问题，弘扬"孝德之风"。

（六）农村生态文明建设不断加强，是农村全面建成小康社会的重要前提

农村生态文明建设是改善人居环境的重点内容，其最终目的是使农民群众居住环境更加整洁、生活条件更加优越。近年来生态文明理念在国民中日益普及，"绿水青山就是金山银山"的生态文明观逐渐深入人心，生态文明建设在党的十八大被纳入"五位一体"总体布局，环境保护和生态文明建设进入了新的历史发展时期。一是农业绿色生产得到大力发展，化肥、农药使用量零增长行动自 2015 年起有序推进，2018 年全国农用化肥施用量（折纯量）比 2015 年下降 6.1％，农药使用量下降 15.7％，农业资源环境约束得到缓解。二是农

村人居环境明显改善。第三次农普结果显示，90.8％的乡镇生活垃圾集中处理或部分集中处理，73.9％的村生活垃圾集中处理或部分集中处理，17.4％的村生活污水集中处理或部分集中处理。2018年，农村居民使用卫生厕所的农户比重达到56.0％，农村"厕所革命"成效显著。浙江德清县禹越镇把良好的村庄生态环境作为全面小康的基本条件，坚持以景区标准统筹推进美丽乡村的建设、管理和提升，切实做好城乡生活垃圾分类全覆盖，做好"一张蓝图绘到底"的村庄整体规划，开展"一把扫帚扫到底"的全域环境整治，建立"一把尺子管到底"的长效管理机制，在全镇绘就了一幅天蓝、地净、水绿、村美的江南画卷。

（七）城乡统筹发展持续推进，是农村全面建成小康社会的直接体现

2002年党的十六大提出统筹城乡发展思想后，我国实施了一系列围绕统筹城乡经济社会发展为主题的"三农"政策，在减轻农民负担、增加农民收入、改善民生等方面取得了较好的成效，农民的钱袋子更加殷实。2010年至2018年，农村居民人均可支配收入在各年的实际增速都要快于城镇居民人均可支配收入，到2018年城乡居民人均可支配收入倍差为2.69，比2010年下降了0.3，城乡收入差距在持续缩小，收入分配格局明显改善。2010年至2018年，城镇居民家庭和农村居民家庭的恩格尔系数分别从35.7％下降到27.7％、41.1％下降到30.1％，前者的下降速度略低于后者。在社会保障等公共服务供给方面，江浙等经济发达地区早已探索出城乡一体的实践道路，例如，浙江德清县深入推进户籍制度改革，附着在户籍背后的医保、低保、养老、住房保障等33项城乡差异政策实现全面并轨，城乡统一的社保服务基本实现。

二、农村全面建成小康社会的短板和弱项

习近平总书记指出："全面小康社会要求经济更加发展、民主更加健全、科教更加进步、文化更加繁荣、社会更加和谐、人民生活更加殷实。要在坚持以经济建设为中心的同时，全面推进经济建设、政治建设、文化建设、社会建设、生态文明建设，促进现代化建设各个环节、各个方面协调发展，不能长的很长、短的很短。"[①] 五位一体，相互联系，相互促进，缺一不可。经过多年努力，我们在五大建设领域都有了前所未有的长足发展，但按照经济富裕、政治民主、文化繁荣、社会公平、生态良好的全面小康社会要求，仍然有许多急需补齐的短板。在农村基础设施和公共服务供给、农村生态建设、文化建设、基层组织建设等方面还存在一些短板和弱项，面临不少硬任务，在农民增收、粮食安全、农业质量效益提升、城乡资源要素均衡配置等方面还面临一些风险和隐患，需要积极应对。特别是相比于城市，我国贫困地区尤其是深度贫困地区全面小康水平的成色较浅、质量较低，是全面建成小康社会的突出短板，亟待加强。

（一）深度贫困地区脱贫难度大，全面小康底线任务依然较重

贫困地区是全面建成小康社会的薄弱地区，也是需要重点推进的区域。党的十九大明确将脱贫攻坚作为决胜全面建成小康社会的三大攻坚战之一。习近平总书记反复强调"全面建

---

① 人民网：http://fj.people.com.cn/n2/2016/0611/c350390-28485392.html。

成小康社会，最艰巨最繁重的任务在农村、特别是在贫困地区"①，"绝不能让一个少数民族、一个地区掉队，要让13亿中国人民共享全面小康的成果"②。农村贫困人口脱贫是全面建成小康社会的基本标志。经过30多年的改革发展，我国绝大部分地区已经从传统的落后农业社会进入了全面进步的现代社会。但地区发展不均衡，贫困地区发展滞后，农民收入水平仍较低，贫困地区依然是我国经济社会发展的短板，经济发展、基础设施和公共服务、农民收入与生活、社会面貌等各方面都明显落后于全国其他地区。尤其是深度贫困地区，受自然、历史以及经济等条件制约，整体上仍处于较低的发展水平，如期摘帽面临的问题和挑战仍较多，全面建成小康社会的底线任务艰巨。一是自然条件恶劣，生态脆弱。脆弱的自然生态条件是造成深度贫困地区农业经济不发达的基本原因，深度贫困地区多数地理位置偏远、山大沟深、自然灾害频繁，长期以来产业发展和扶贫脱贫障碍重重。二是扶贫产业发展动力不足。由于在产业结构、市场体系、科技水平以及经营主体等方面都存在或多或少的发展制约，因此导致整体产业发展动力不足，影响扶贫效果。三是贫困人口受教育水平低，思想观念保守。深度贫困地区地处偏远、信息滞后、教育资源缺乏，造成人口受教育水平低、信息获取渠道少。如四川凉山彝族自治州11个贫困县办学条件指标达标率不足5%。四是边疆地区安全稳定和脱贫致富任务重。少数民族地区和边疆地区在深度贫困地区中占有较大比例，这两类地区由于诸多历史问题和现实因素，尤其是受当前国际环境变化的影响，民族分裂主义、极端民族主义和恐怖主义，严重影响着这两类地区的经济发展和社会稳定。

（二）农村民生领域短板突出，影响全面小康均衡发展

缩小城乡差距是全面建成小康社会的重大任务。习近平总书记曾指出："全面建成小康社会突出的短板主要在民生领域，发展不全面的问题很大程度上也表现在不同社会群体民生保障方面。"城乡差距大，最直观的体现就是基础设施和公共服务。

第一，农村基础设施供给依然不足。在饮用水安全方面，还有极少部分农民没有喝上安全水，很多地区的农村水源地保护存在划定难、监管难问题，安全隐患较大。在电力供应方面，农村地区已经实现基本通电，但是部分欠发达地区存在电网薄弱、电压质量不高等问题，难以满足当地居民经济社会发展的实际需要。在公路通畅方面，乡村道路建设质量较差，危险桥涵多、安全防护少，"油返砂""畅返不畅"现象时有发生，贫困地区通达、通畅任务仍然艰巨，剩余不通硬化路的村镇大多处于山大沟深困难地区，投资大、建设难度大，仍有不少乡村没有通客运，部分地区通了客运也难以可持续运营。在住房安全方面，通过农村危房改造，已基本达到安全住房标准，但建设标准低、使用面积小，距小康社会还存在一定差距，出现家里农具没有地方放、过年孩子回老家没有地方住的现象，部分乡镇危房改造后新旧连体问题突出，存在安全隐患。在网络普及方面，城乡差距仍然较大，2017年农村互联网普及率为34%，仅为城镇的一半。在物流体系方面，农村缺超市情况突出，农贸市场和批发市场缺少专业的储存场所、销售场所简陋的情况也不鲜见。在人居环境方面，全国74%农村的生活垃圾已经进行集中处理或部分集中处理，但是开展集中回收后，所有垃圾向县城处理中心集中，部分地区出现了垃圾处理中心处理能力不足问题；全国农村污水集中处

① 人民网：http://cpc.people.com.cn/xuexi/n1/2017/1103/c385474 - 29626301.html。
② 人民网：http://opinion.people.com.cn/n1/2019/0411/c1003 - 31025427.html。

理或部分集中处理的村庄占比仅为 17.4%，处理设施存在严重不足，新一轮改厕工作尚处于起步阶段，目前农村卫生厕所普及率不到 50%。

第二，农村公共服务水平还较低。相比于基础设施，农村教育、医疗、社会保障等公共服务供给不足问题更为突出。在教育方面，城乡义务教育质量差异明显。一方面是一些农村落后地区的教育质量堪忧，农村的中小学生纷纷流向城镇地区；另一方面是农村教师学历层次、职称层次普遍偏低，待遇较低，城乡之间教师合理流动困难，不合理流动现象严重。此外，农村学前儿童接受正规学前教育比例较低，部分偏远地区农村孩子存在上学难的问题。在医疗卫生方面，农村地区的医疗水平和服务能力偏低，不能满足当地群众的看病需求。河北怀安调研发现，绝大多数大病患者首诊选择在省市医院，县级医院由于服务水平和能力的问题只能提供大病患者的中、后期服务，服务水平和质量不高。此外，农村医疗卫生的"网底"功能脆弱，我国部分村庄的卫生室简陋，医疗设备条件差，名存实亡，不能为农民提供基本的医疗服务，还有一些村医就在家中行医，这边医药针剂、那边锅碗瓢盆的现象普遍存在，医疗安全得不到保障；一些乡镇卫生院的人才流失严重，村医老龄化问题突出；新农村合作医疗筹资难，特别是欠发达地区，报销额度小，健康保障水平低。在社会保障方面，一方面是各地区之间的社会保障水平差异大，从最低生活保障标准来看，东部最高、中部次之、西部最低，但总体处于低水平运作状态，和城镇低保存在较大差距；另一方面是社会保障制度有待加强，最低生活保障制度、新型农村合作医疗、医疗救助和新型农村社会养老保险等制度建立相对较晚，制度尚不完善，农村社会保障的新老衔接、城乡衔接和地区衔接还缺乏制度保障。

（三）生态环境保护力度不强，影响小康社会可持续发展

良好的生态环境是农村的最大优势和宝贵财富，但过去由于生产力水平低，为了多产粮食不得不毁林开荒、填湖造地，很多地区的生态环境遭到严重破坏。习近平总书记深刻地指出："生态文明建设就是突出短板。在 30 多年的持续快速发展中，我国农产品、工业品、服务产品的生产能力迅速扩大，但提供优质生态产品的能力却在减弱，一些地方生态环境还在恶化。"守住生态保护红线，推动乡村自然资本加快增值，是全面建成小康社会，甚至实现农村发展"弯道超车"的有效路径。但生态环境保护是打基础、惠长远的长期系统工程，需要以高度的红线意识和持久的发展耐心，才能守住生态保育的初心，抵抗资源消耗型产业带来的利益诱惑。在当前很多地方仍然存在着生态环境保护建设缓慢的现象，影响小康社会的成色与可持续性。一是农业农村发展中的环保投入资金短缺。例如我国当前农业面源污染排放仍然巨大，占据污染总量的"半壁江山"，但其治理投入却是"九牛一毛"。2008—2016年，中央财政累计投入农村环保专项资金（节能减排资金）仅 375 亿元。与工业企业相比，农村从财政渠道得到的污染治理和环境管理能力建设资金非常有限。在政策支持、资金投入、能力建设等方面，农业面源污染治理都远远滞后于工业和城镇的环境保护。二是农业资源利用率提升慢。国家统计局数据显示，近 10 年来我国农业用水量一直占供水总量的 62%左右，但真正被农作物吸收的不到 30%，大水漫灌、超量灌溉等仍比较普遍，农田高效节水灌溉面积占有效灌溉面积比重偏低，仅为 50.6%。近年来，我国化肥、农药利用率有所提升，但仍然偏低，与欧美发达国家相比还有很大的差距，欧美主要国家粮食作物氮肥利用率大体为 50%～65%，比我国高 15～30 个百分点，欧美发达国家小麦、玉米等粮食作物的

农药利用率为 50%～60%，比我国高 15～25 个百分点。三是农村环境保护体制机制不健全，环保为经济发展让路的现象还较为普遍。在当前全面小康社会建设、脱贫攻坚等工作推进中，只提出了"坚持保护生态，实现绿色发展"等原则性要求，没有明确实施要求，没有考核量化指标，加上农村环保监管体系不健全，导致在一定程度上出现"越落后，改革越慢；改革越慢，就越落后"的情况，全国生态环境保护建设由于经济发达程度不同而差异显著。调研发现，在浙江德清等发达地区，已率先走出了"绿水青山变金山银山"的发展模式，以更严格的标准统筹推进美丽乡村的建设和管理，生态保护和经济效益实现"双赢"；但在欠发达地区，特别是贫困地区仍存在"重产业、轻环保"的路径依赖，畜牧业大干快上，大型养殖场纷纷落户，相关粪污处理设备建设却跟不上，都处于"正在建设中"。

（四）农村精神文化生活匮乏，影响全面小康社会精气神

全面建成小康社会，精神文明建设不能缺位，物质文明需要和精神文明协调发展，全面小康社会需要先进文化支撑。由于农村文化建设经费投入不足、地方政府重视程度不够、文化建设思路不清、手段不明等多方面的原因，整体上我国农村文化建设还比较滞后，与农民群众的精神文化需求还不相适应。一方面，部分地区农村基层文体设施严重短缺。很多乡镇没有大型的文体活动场所，乡镇文化站没有独立办公场所和必须设备设施，文化馆、图书馆设备陈旧老化，村庄文化活动室缺少必备的音响、摄影摄像等设备，特别是西部老少边穷地区，农村文化建设呈现"投入少、活动少、渠道窄、形式旧"的基本特征。另一方面，很多地区的文化大院、文化广场、文化剧院等文化空间场所成为摆设，没有真正利用起来。这主要是由于只关注硬件设施的提升，忽视了文化活动队伍建设、内容创建、形式内容，文化活动空间的打造没有跟上，农村基层文化组织十分松散，影响力不足，普通农民的参与度不高。目前农村基层文化组织多以自娱自乐为主，绝大部分农村群众的文化生活主要是看电视和打牌消遣，精神文化生活十分匮乏。此外，传统文化挖掘利用不够，扭秧歌、舞龙舞狮、赛龙舟、猜灯谜等传统文化活动不断减少，一些民间艺术存在失传风险，乡村艺术家越来越少。

乡风文明建设滞后除了表现在设施、活动等外显方面外，也表现在思想、管理等内部软件方面。一是农村陈旧落后的思想观念有待进一步转变。一些农民的思想观念落后，缺乏健康的精神追求，缺乏创业精神，特别是部分青年农民缺乏艰苦创业、勤劳致富、遵纪守法的思想与精神。有的地方陈规陋习根深蒂固，不良风气滋生蔓延，赌博歪风普遍存在，造成好吃懒做等坏习气，容易引发家庭矛盾，影响社会安定，同时也影响文明乡风的形成。二是一些农村基层干部对乡风文明建设重视不够，没有将其放到应有的位置，把主要精力都放在抓经济发展上，认为只要经济发展上去，乡风自然就会文明，有的认为乡风文明建设是"软指标"，工作没有深入去抓，流于形式，因而成效不够显著。

（五）农村基层组织建设滞后，全面小康社会的组织保障仍需加强

基层组织是党联系群众的纽带和桥梁，是人民群众认识党、了解党的窗口，是团结带领广大党员干部和人民群众完成各项任务的可靠保证。加强基层组织建设，既有助于提高党的执政能力和巩固党的执政地位，更有助于缓解社会矛盾，构建社会主义和谐社会，增强群众的获得感、幸福感、安全感。党的十八大报告提出，要加强基层服务型党组织建设，加强党

员队伍教育管理，充分发挥基层党组织推动发展、服务群众、凝聚人心、促进和谐的作用。在城镇化发展背景下，原有相对封闭、单一、同质性的乡土社会结构被打破，取而代之的是更加开放的现代乡土社会，农村基层治理环境正面临着快速的变化，迫切需要基层组织干部提高管理能力和水平，创新基层组织管理方式，但部分地区的基层组织建设却没有跟上快速变化的形势，基层党组织的核心地位和堡垒作用难以发挥。一是村集体没有财政保障。发展壮大农村集体经济是加强农村基层组织建设的重要载体，基层组织没有经济积累，其凝聚力、号召力、战斗力和服务能力就相对薄弱。但是由于受地理、区位和资源条件限制，很多村集体基本没有收入，基本办公经费都要上级拨付。如河北怀安县在光伏扶贫项目的支持下，贫困村有一定的村级集体收入，而非贫困村则基本没有农村集体经济收入，农村基层组织力量普遍较为薄弱。二是村"两委"干部队伍严重弱化。农村基层干部、村"两委"干部作为组织者，在推动基层治理中起着决定性作用。但很多地区的村干部收入较低，普遍在1 000～3 000元/月，远低于外出打工收入，缺乏对村干部和致富带头人的激励机制，影响了村干部队伍的稳定性，农村"两委"班子目前普遍存在年龄老化、知识结构不合理等问题。部分村庄选举存在家族势力干预问题，难以实现公平公正选举干部。三是部分党员干部服务意识薄弱。一方面是群众工作不够耐心细致，不愿意深入了解民众需求、不能有效解决民众反映的突出问题，还经常责怪农民素质低、不讲道理；另一方面是村级事务公开透明程度不够，民众参与度低、知晓率低，普遍感觉缺乏集体归属感。一些干部工作缺乏担当精神，创新性开展工作的能力不足。

（六）农村居民收入增速趋缓，持续提升小康成色难度大

农民收入在全面小康建设中处于举足轻重的地位。"十三五"规划明确提出，到2020年国内生产总值和城乡居民人均收入比2010年翻一番。随着我国全面建设小康社会事业的稳步推进，农村居民收入水平持续增长，总体上可以实现翻番目标，但是局部地区部分农村居民的收入水平还很低，农民未来持续增收难度还较大。一是农民收入增速趋缓。近年来农村居民人均可支配收入增速持续放缓，实际增速由2014年的9.2%下降到2018年的6.6%。农村居民收入增速放缓的背后，是我国农村居民收入结构及其影响因素的变化所致。2015年以来，我国农村居民工资性收入比重开始超过经营性收入，2018年达到41.02%，但是受宏观经济下行压力影响，近年来农民工流动趋缓、工资增长势头不断放缓，农民工资性收入增长压力较大；经营性收入目前虽然还是农民收入的一项主要来源，但比重持续下降，2018年下降到36.66%，在国际农产品价格下行、国内农业生产成本提高的"天花板效应"和"地板效应"的双重挤压下，依靠传统农业实现持续增产增收的难度较大；农民财产性收入比重微乎其微，短期内快速增长的可能性较低；随着政府部门在"三农"领域持续加大投入力度，农民转移性收入比重由2013年的17.48%增长到了2018年19.98%，但是继续增长的难度依然很大。二是城乡居民收入绝对差距仍在扩大。实现共同富裕是社会主义的本质要求，缩小城乡收入差距是全面小康社会的内在要求。虽然近年来城乡居民相对收入差距持续缩小，但是城乡居民收入绝对差距依然在持续扩大。2018年我国农村居民人均收入水平为14 617元，仅为城镇居民的1/2.69。三是农村居民内部之间的收入差距持续扩大。农村居民收入中最高收入20%人群与最低收入20%人群的人均可支配收入比由2013年的7.41：1扩大到了2018年的9.48：1。根据国家统计局数据，2017年农村收入最低20%人群的人均

收入水平为 3 302 元，仅比国家确定的实际收入贫困线标准高出了 300 多元，还不到全国人均收入水平的 1/4。课题组调研的浙江德清县农村居民人均可支配收入已达到 32 617 元，而河北怀安县仅为 14 617 元，不到前者的一半，加快提高中西部地区特别是贫困地区农村居民收入水平是全面建成小康社会的一项突出任务。

（七）粮食安全风险隐患犹存，全面小康社会基础仍需夯实

"民以食为天"，粮食安全不仅关系到人民温饱问题，也是实现经济发展、社会稳定、国家安全的重要基础，是全面建成小康社会的基础性任务。如果粮食安全出了问题，将严重影响我国全面建成小康社会的底色和质量。在全面建成小康社会的进程中，我国粮食安全保障水平得到有效提升，实现了基本自给，但仍处于紧平衡状态，人多地少的基本国情决定了保障国家粮食安全时刻需要警钟长鸣，任何时候都不能轻言粮食已经过关。近年来，种粮效益持续偏低，农民种粮积极性下降，暴露出粮食安全基础仍不稳固，粮食安全隐患依然存在。一方面，粮食生产成本持续上升。2012—2017 年，国内三种粮食（稻谷、小麦、玉米）每亩生产成本由 770.23 元增加到 866.01 元，上升 12.4%；大豆每亩生产成本由 578.2 元增加到 668.8 元，上升 15.7%。另一方面，随着粮食市场化改革的推进，玉米取消了临时收储，价格随行就市，稻谷、小麦最低收购价逐步下调，近年来农民种粮收益持续下降。2014—2017 年，全国稻谷平均每亩现金收益由 801 元下降到 718 元，降幅 10.4%；小麦由 602 元下降到 532 元，降幅 11.6%；玉米由 729 元下降到 426 元，降幅 41.6%；大豆由 354 元下降到 237 元，降幅 33%。粮食生产成本上升，收益持续偏低，严重影响了农民种粮和主产区抓粮的积极性，不仅经济发达地区粮食面积大幅减少，中西部不少地方土地抛荒现象也明显增加。如课题组调研的某贫困村共有耕地 1 700 多亩，其中抛荒 500 多亩。据国家统计局数据，近年来粮食特别是谷物播种面积和产量均有所下降。2016—2018 年，全国粮食播种面积减少了 3 288 万亩，下降 1.8%。其中谷物播种面积 2015 年以来连续 3 年减少，累计减少 5 310 万亩，降幅 3.4%。谷物产量连续 3 年下降，2018 年全国谷物产量 61 004 万吨，比 2015 年下降 1.3%。同时，近年来我国粮食去库存进度快于预期，特别是临储玉米库存大幅下降，谷物总体已呈现产不足需格局，在农民种粮和地方抓粮积极性下降的情况下，粮食生产滑坡的隐患凸显，粮食安全面临的风险正在加大。

（八）农村资源要素流失严重，小康社会提质增速元气不足

当前已到决胜全面建成小康社会的关键时刻，补齐农村短板、建设全面提质增速，任务繁重，需要大量的人才、资金、土地等资源要素做支撑。然而，随着我国进入快速城镇化轨道，各种资源要素纷纷涌向城市，且长期处于从农村到城市单向流动状态，城乡分割的二元经济结构没有从根本上得到解决，城乡资源要素配置依然不均衡，农村资源要素流失现象十分严重。一是人才流失严重。截至 2018 年年底，我国常住人口的城镇化率达到 59.58%，户籍人口城镇化率仅为 43.37%，相差 16.21 个百分点。根据国家统计局发布的 2018 年农民工监测调查报告，农民工总量为 2.88 亿人，其中"80 后"新生代农民工占全国农民工总量的 51.5%，大专及以上学历农民工占比继续提高，进城农民工城镇归属感较为稳定，有 38% 认为自己是所居住城镇的"本地人"。越来越多的年轻、有文化的农民工稳定地向城市流动，很多常住村民平均年龄均在 65 岁以上，"空心村""老龄化"问题严重，农村人口承

载力和吸引力渐弱。例如河北省怀安县，全县空置率超过 50％的行政村占比达到 15％，其中西沙城北庄堡村 60 岁以上人口占比接近 50％，20 岁到 50 岁期间的人口中外出占比超过 80％，常住人口年龄结构分布与户籍人口分布严重脱节。二是耕地持续流失。随着农村二、三产业的快速发展和农村城镇化进程的加快，耕地占补平衡的矛盾日益突出，耕地占用情况很难完全得到遏制，占补平衡时，存在占多补少、占优补劣，基本农田上山下滩的现象。据测算，耕地质量等级较高的 1～3 等面积不足 1/3。同时，农村建设用地难保障，长期以来，建设用地指标仍然优先用于城市发展，农村地区发展产业用地紧缺。此外，农村土地出让收益也多是"取之于乡，用之于城"，直接用在农村建设的比重较低。三是农村资金投入不足。一方面，农村发展资金不足，农村居民贷款难。资金短缺始终是农村发展的瓶颈。近几年，各级政府加大了对农业领域的资金投入，但仍存在财政支农总量不足的问题，2018 年国家财政用于农业支出占财政总支出的比重仅为 9.4％。同时，由于农民可抵押担保物少、生产风险大的问题，农民贷款难度大，手续繁杂且周期短、金额小，农民的融资渠道多以自筹、民间借贷为主，很少能从银行拿到贷款，个人投资能力有限。此外，由于"用地难""用工难""融资难"以及诸多制度门槛的问题，农村对于工商资本下乡的吸引力不足，外资投入量少。另一方面，农村资金大量外流。根据《中国统计年鉴》和《中国金融年鉴》的数据计算，1994 年至 2003 年间，仅通过农村信用社和中国邮政储蓄银行从农村流出的资金就超过 8 000 亿元；2007 年中国农业银行、中国农业发展银行、农村信用社、中国邮政储蓄银行四类机构在县域吸收的储蓄存款总额在 12 万亿元以上，当年全部涉农贷款大约 5 万亿元，农村资金外流在 7 万亿元左右；近年来，随着农村外出打工人口数量持续上升，农村资金外流规模预计会更大。

三、决胜农村全面建成小康社会的对策和建议

党的十九大报告提出，"从现在到二〇二〇年，是全面建成小康社会决胜期。"[1] 从我国全面建成小康社会的整体进程看，农业还是"四化同步"的短腿，农村还是全面建成小康社会的短板。在决战决胜阶段，只有补齐短板、增强弱项、发扬长处、防范风险、全面推进，才能让农村全面小康如期实现。

（一）坚持五项基本原则

农村全面建成小康社会是一项全局性、系统性的工程，必须从农村实际出发，因地制宜，稳扎稳打，在决战决胜阶段必须遵循以下基本原则：

一是坚持党的领导，保障优先发展。农村全面建成小康社会，必须毫不动摇地坚持和加强党对农业农村工作的领导，健全党管农村工作领导体制机制，加强党在社区、乡镇及农村地区的基层组织，确保党在农村工作中始终总揽全局、协调各方，为实现农村全面小康提供坚强有力的政治保障。

二是坚持以人为本，实现共享发展。践行共享发展理念，顺应农村居民对美好生活的向

---

① 习近平：《决胜全面建成小康社会 夺取新时代中国特色社会主义伟大胜利》（党的十九大报告单行本），北京：人民出版社，2017 年 10 月。

往，把广大农民群众的利益和诉求作为所有工作的出发点和落脚点，实现农村居民和城市居民共同富裕，城市支持乡村、工业支持农业，做到农村不同群体、不同阶层、不同地区的所有个体都能享受改革发展带来的收益和成果。

三是坚持因地制宜，确保全面推进。我国农村的地理、民俗、经济、社会发展水平千差万别，所处的发展阶段也不一样，要实现全面建成小康社会的总体目标，需要因地制宜、补短板、强弱项，集中解决突出问题，切不可一刀切。同时，全面小康要科学制定适合当地农村经济、政治、文化、社会、生态等各方面发展的目标任务，一项都不能少，全面推进。

四是坚持农民主体，激发动力活力。农村全面建成小康社会，要最终落脚到农民的幸福感、获得感、满足感。农民是农村全面建成小康社会的建设者和受益者，要尊重农民意愿，建立政府、村集体、村民等各方共谋、共建、共管、共评、共享机制，激发农民群众的积极性、主动性、创造性，为全面建成小康社会提供强大动力支撑。

五是坚持和谐共生，践行绿色发展。坚持绿色发展是农村全面建成小康社会的必由之路。加快转变农业发展方式，坚持走低投入、高产出、低消耗、能循环、可持续的发展道路，强调农业经济系统、自然系统、社会系统实现和谐可持续发展，以绿色增长带动农村的绿色福利和绿色财富。

（二）正确处理四大关系

农村全面小康是中国全面小康的重要组成部分。全面建成小康社会，重点在农村，难点在农民，焦点在农业。在农村全面建成小康社会，要从建设中国特色社会主义现代化国家的战略全局出发，正确处理好以下四大关系。

一是确定好目标任务与手段措施的关系。小康社会是邓小平同志在 20 世纪 70 年代末 80 年代初，在规划中国经济社会发展蓝图时提出的战略构想。随着中国特色社会主义建设事业的深入，内涵和意义不断地得到丰富和发展。党的十八大根据我国经济社会发展实际和新的阶段性特征，在党的十六大、十七大确立的全面建设小康社会目标的基础上，提出了一些更具明确政策导向、更加针对发展难题、更好顺应人民意愿的新要求，以确保到 2020 年全面建成小康社会。党的十九大提出协调推进"四个全面"战略布局，明确了新时代党和国家各项工作的战略目标和战略举措，其中的全面建成小康社会，既是我们党确定的第一个百年奋斗目标，也是实现中华民族伟大复兴的关键一步。实现全面建成小康社会的目标，需要综合运用经济、行政、法律、思想引导等多种手段。这些手段的使用，需要结合各地实际情况，综合施策。这就需要各地认清自身发展所处的历史阶段和已有基础，合理选择达成目标的手段，科学制定分项目标，最终实现战略总目标。

二是处理好政府作用与市场作用的关系。政府与市场的关系是经济社会发展中不可回避的重要问题。中国改革开放以来最重要的一条成功经验，就是在坚持社会主义制度下发展市场经济，不断理顺政府和市场的关系，使市场在资源配置中起决定性作用，更好地发挥政府作用。由于农业领域存在较强的外部性，存在较多市场失灵领域，在农村全面小康的道路上，更要正确处理好政府与市场的关系，让政府职能与市场经济体制的要求相适应。要坚持不懈地推进农业农村市场化改革，创新完善农村基本经营制度、放开市场盘活农村资源要素、培育农业农村市场经济主体，同时要完善政府宏观调控，发挥政府在规划引导、政策支持、市场监管、法治保障等方面的积极作用，促进农业农村经济持续健康快速发展。

三是把握好顶层设计与基层探索的关系。习近平同志指出，改革开放在认识和实践上的每一次突破和发展，无不来自人民群众的实践和智慧。由于我国区域差距较大、发展不平衡，在农村全面建成小康社会的道路上，更要因地制宜，鼓励地方、基层、群众解放思想、积极探索，鼓励不同区域进行差别化试点。同时，随着农村改革在经济、政治、文化、社会、生态等各领域不断深化，利益分化进程加快，改革的统筹性需求不断加强，必须加强顶层设计、规划引领，并与基层探索深化融合，这样农村全面建成小康社会才能实现上下结合、稳步推进。

四是协调好城市发展与乡村发展的关系。处理城市和乡村的关系是我国在工业化、城市化、农业现代化进程中面临的重大问题。改革开放以来，我国历史上形成的城乡二元结构逐渐被打破，城乡融合发展成为主要趋势。在这一过程中，相对发达的城市和相对落后的农村，如何打破相互分割的壁垒，逐步实现生产要素合理流动和优化组合，促使生产力在城市和乡村之间合理分布，促进城乡经济和社会生活紧密结合与协调发展，逐步缩小城乡各方面差距，使农村居民和城市居民一样具有幸福感、满足感和获得感，是农村全面建成小康社会的重要内容。习近平总书记指出："小康不小康，关键看老乡。"城乡差距过大绝不是全面小康社会的基本特征，在全面建成小康社会的道路上，要充分发挥城市和乡村的优势，营造城乡居民各自安居乐业、和谐美好的幸福局面。

（三）加快补齐四项短板

农村全面建成小康社会，涉及经济、政治、文化、社会、生态等多个方面，任何一个方面缺乏都会影响全面小康社会的成色和质量。因此，农村全面建成小康社会，当务之急就是要加快补齐以下短板。

一是确保完成脱贫攻坚任务，补齐贫困地区发展短板。坚决打好精准脱贫攻坚战是决胜全面建成小康社会的底线任务。农村全面建成小康社会最大的短板和弱项就是农村贫困地区的发展及其贫困人口的脱贫。当前，我国脱贫攻坚战已经进入"最艰难阶段"，确保2020年现行标准下农村贫困人口实现脱贫，确保贫困县摘帽，让贫困人口和贫困地区同全国人民一道进入全面小康社会，任务还很艰巨。所以，深化精准扶贫、集中力量打赢脱贫攻坚战，补齐贫困地区发展短板，是农村全面建成小康社会的当务之急。

二是加大农村人居环境整治力度，补齐生态环境短板。改善农村人居环境，建设美丽宜居乡村，是农村全面建成小康社会的重要内容，事关广大农民根本福祉，事关农村社会文明和谐。当前，我国东部地区、中西部城市近郊区等有基础、有条件的地区，人居环境质量全面提升，但是一些地处偏远、经济欠发达地区仍然存在农村生活垃圾处理体系不健全、农村户用厕所不卫生、农村粪污无法处理或无法资源化利用、农村生活污水乱排乱放等问题，严重降低了农村小康社会的质量。在全面建成小康社会的决胜期，必须强化各项举措，以农村垃圾、污水治理和村容村貌提升为主攻方向，加快补齐农村人居环境突出短板，为如期实现全面建成小康社会目标打下坚实基础。

三是加大农村公共设施投入，补齐农村基础设施短板。与城市相比，农村基础设施一直都是发展短板，严重制约了农村全面小康社会的建设进程。与全面实现农业农村现代化相比，我国农村基础设施供给与现代农业发展需求还很不匹配，必须把基础设施建设重点放在农村，持续加大投入力度，加快补齐农村基础设施短板，促进城乡基础设施互联互通，推动农村基础设施提档升级。

四是着力健全农村社会保障体系，补齐民生领域短板。健全农村社会保障体系是农村全面建成小康社会的重要内容。要努力增加农村社会保障资金投入，切实保障农村困难群众基本生活。建立健全政府、社会、集体和农户共同负担的农村社保资金多元筹集机制。提高保障水平，促进新型农村合作医疗可持续发展，扩大新型农村社会养老保险制度，不断提高社会救助标准。

（四）着力防范五大风险

防范化解农业农村重大风险是决胜农村全面建成小康社会的战略保障。在决战决胜阶段，必须强化忧患意识和底线思维，高度重视防范农业农村重大风险，为乡村全面振兴打下坚实的基础。

一是防范粮食安全风险，确保饭碗牢牢端在自己手上。粮食安全始终是关系我国经济发展、社会稳定和国家自立的全局性重大战略问题。党的十九大报告提出，"确保国家粮食安全，把中国人的饭碗牢牢端在自己手中"。当前，我国粮食虽实现了年年丰收，但仍然面临着供求矛盾突出、增产边际成本增加、作物种植结构不合理、环境因素制约加剧等一系列挑战。对于我国这样一个拥有 14 亿人口的大国来说，未来粮食供求的结构性矛盾仍将存在。全面建成小康社会，必须树立科学的粮食安全观，稳定粮食面积和产量，增强高效协同的粮食安全保障能力，牢牢守住粮食安全的底线，防范化解潜在与可能的粮食安全风险。

二是防范食品安全风险，坚守农产品质量底线。民以食为天，防范食品安全风险，既关系我国 14 亿人的身体健康和生命安全，也是全面建成小康社会的必要要求。防范食品安全风险，要从农产品质量源头抓起。规范农业生产经营，引导生产经营者以健康与安全为准绳，规范农业生产主体的生产经营行为。加大有关农产品和食品安全法律法规及相关标准的宣传培训，增强公民自觉遵守法律法规、保护环境的责任。建立健全农产品及食品的可追溯体系，强化各环节责任，建立配套的奖惩机制。

三是防范逆城镇化风险，保障农民工基本权益。从长期看，人口不断向城镇聚集是历史趋势。改革开放以来，我国工业化、城镇化的快速推进，使农民整体收入实现了由农业收入为主向非农工资性收入为主的历史性变革。工资性收入的快速增长也为农民过上小康生活提供了重要的物质基础。然而，受宏观经济、结构变革等因素影响，我国农民工未来的增收形势并不乐观，农民工在城镇就业、住房、医疗、教育等公共服务与社会保障方面还不完善，如果不妥善处理好进城农民工的上述问题，一旦发生大规模农民工的失业与返乡潮，将对整个中国经济和社会造成巨大冲击。

四是防范农村文化流失风险，坚守农村道德底线。中国农村正发生着千年未有之大变革。随着工业化、城镇化的快速推进，农村大量年轻劳动力进入城市，农村"老龄化""空心化"成为常态。受此冲击，我国农村社会也发生着巨大变化，例如农村传统文化面临着无人传承的境地，留守农民的精神文化生活得不到有效满足，全社会对乡村文化价值的认识正发生着重大转变，导致了乡村文化的"空心化"、虚无感，缺少与现代文化的对接能力，农民的思想精神与道德伦理也在发生着重大转变。在农村全面建成小康社会的道路上，一定要牢牢守住农村文化道德底线，加强农村文化建设，提高农民精神文明风貌和思想道德素质。

五是防范乡村生态环境恶化风险，坚持绿色发展。坚决打好污染防治攻坚战是决胜全面建成小康社会的迫切需要。长期以来，我国以资源环境为代价支撑了农业的粗放式发展，从而造成了资源破坏、环境污染、水土流失、土地沙漠化等一系列问题。据有关数据统计，中国化肥年施用量占世界总量的 30%，农药单位面积使用量比发达国家高出一倍，但化肥、农药的利用率仅有 30% 和 40%，农膜造成的"白色污染"已成为中国乡村环境的一大灾难，农业用水的有效利用率也仅为 40% 左右，远低于欧洲发达国家 70%～80% 的水平。长此以往，逐渐恶化的乡村生态环境难以支撑农业的高质量发展，必须抢抓机遇，应对挑战，全面实施农业可持续发展战略，努力实现农业强、农民富、农村美。

（五）切实推进五大任务

决胜农村全面小康，在补齐农业农村发展短板、防范农业重大风险的前提下，还要从农民持续增收、农业供给侧结构性改革、强化市场化引领、注重农村文化建设、完善农村基层治理等方面切实推进五大任务。

一是建立健全农民增收长效机制。拓宽农民增收渠道，实现收入多元化。积极推进农业现代化进程，延伸农业产业链条，创立特色农产品品牌，推动农业一二三产业融合发展，建立特色农业产业园，提高农民经营性收入水平。积极开展就业创业培训，提升农民职业技能，完善提升农民工就业、医疗、社保等各项公共服务水平，增加农民工资性收入水平。加快推进农村集体产权制度改革，盘活农村资源要素，增加农民财产性收入。完善和发展农村金融市场，丰富农村居民金融交易性产品，优化农村金融服务功能，增强农民投资选择，实现收入来源的多元化、多样化。

二是深入推进农业供给侧结构性改革。落实"巩固、增强、提升、畅通"八字方针，加快降成本、去库存、补短板。以市场为导向，积极推动种养加一体化、农林牧渔相结合、粮经饲相统筹，优化产业结构、产品结构，保证供给质量。发挥政府作用，积极培育适度规模经营主体，发挥好技术培训、信息服务、监督引导等方面作用，增强农村微观主体活力，促进农村一二三产业融合，疏通城乡要素双向流动机制。

三是强化市场引领激发乡村活力。农村全面建成小康社会，要以农村改革为牵引，激活要素、激活主体、激活市场，创新持续发展机制，确保全面小康与乡村全面振兴有效衔接。要按期完成农村集体产权制度改革任务，2019 年年底完成农村集体资产清产核资。扎实做好农村承包地确权登记颁证工作，善始善终做好收尾工作。稳慎推进农村宅基地改革，重点围绕宅基地"三权分置"，拓展改革试点，丰富试点内容，探索适度放活宅基地和农民房屋使用权的有效途径。加大培育农业各类新型经营主体力度，培育一批规模适度、生产集约、管理先进、效益明显的家庭农场，促进合作社规范提升，促进新型农业经营主体与小农户协同发展。

四是扎实推进农村文化小康建设。农村文化小康建设是农村全面小康的必然要求。要坚持协调发展，统筹城乡资源配置，加快农村公共文化服务体系建设。要坚持创新发展，创造性地提升农村文化传承弘扬能力，打造农村文化品牌。要赋予农村传统文化新的内容，促成其完成现代化转化，提升农村居民的道德文化水平，造就一批品德优良、勤劳能干、勇于创新的人才队伍。要推进体制机制改革，完善农村文化管理机制，形成政府主导、多方参与、多元投入、协力发展的良好局面。

五是完善农村基层社会治理。随着我国农村基层社会结构发生历史性变化，必须创新和完善适应时代特征的农村基层社会治理方式。深化基层党组织的领导核心作用，加强党对"三农"工作的全面领导，把农业农村优先发展落到实处，确保农村全面建成小康社会的政治方向。加强村民自治组织建设，积极培育和发展农村基层社会组织，打造共建共治共享的社会治理格局。提高农民法治意识，向农民进行法治宣传教育，让法治思维深入人心。加强农村公共服务供给，强化农村基层公共服务功能，完善基层社会治理机制。

农户土地经营规模的基本特征、影响因素和政策含义[①]

一、引言

自 1982 年全国实行家庭联产承包责任制以来，农民的生产积极性大幅提高，农业发展取得了令人瞩目的成就。随着我国经济社会的发展，工业化和城镇化步伐的加快，农村劳动力大量向非农产业转移，传统小农经营的土地细碎化难以集中经营等弊端逐渐显现出来。发展农户土地规模经营、创新农业经营体系，是实现农业现代化、提高农业国际竞争力的必然选择。一方面，党和政府一直把致力于鼓励农户进行土地流转、发展农业适度规模经营、构建新型农业经营体系作为重要的农业政策措施，另一方面，在工业化、信息化、城镇化发展的背景下，农业部门的劳动力和资本等生产要素逐渐向非农部门转移，劳动力已成为农业生产中相对稀缺的生产要素。促进农村劳动力转移是发展农户土地规模经营的前提条件，深入分析影响农户土地规模经营发展的微观因素和宏观因素，提出有针对性的对策措施和政策建议，具有重要的现实意义。

众多研究者对于农户土地规模经营的内涵理解有所不同，但都从不同方面论证了农业规模经营对于发展现代农业、创新农业经营体系、提高我国农业竞争力的必要性。大多研究者认为农业规模经营的核心是扩大土地经营规模（彭群，1999；Helfand，Levine，2004；Mosheim，2009）。土地经营规模的扩大要以经济和社会发展为前提，建立和完善农村土地制度，在农村剩余劳动力能够顺利转移、坚持家庭承包经营的基础上，通过农户合作扩大土地经营规模才能真正有效适应生产力的需要。目前，在农地规模化的过程中还存在土地流转不规范、目标要求不明确、现实操作步骤难等问题，因此土地的适度规模一定要根据不同地区的不同条件采取恰当的途径，把农地规模控制在农地经济可持续性的底线之上，才能真正缓解农业的一系列问题（何秀荣，2016）。

土地经营规模与农业生产效率和生产成本之间的关系也是众多学者讨论最多的话题之一。许庆（2011）、Carletto 等（2013）、倪国华和蔡昉（2015）、Wang 等（2016）、陈杰和苏群（2017）多位学者的研究表明：农地规模化经营会提高劳动生产率，降低单位土地面积生产成本，同时也会降低农产品的单位面积产量。一方面由于农村劳动力大量外流，导致农业投入的劳动力逐渐减少，另一方面土地规模化促进农业机械化的发展和应用，技术和资本投入逐渐替代劳动投入，各生产要素配置失衡也影响到农业生产效率。随着人们对农地规模经营的认识和理解不断加深，通过采用不同的测量指标和测度方法，也有一部分学者提出了不同的观点，认为农地规模与农地生产效率之间的反向关系会逐渐弱化。范红忠和周起良

---

① 本文与姜斯栋、吴比合作，写于 2019 年 11 月。

（2014）通过建立土地面积与土地生产率的经济计量模型，发现在控制气候、土地质量等因素的前提下，两者呈现正向相关的关系，大多数情况下土地生产率随着农户土地经营规模的增加而增加。张忠明和钱文荣（2010）通过聚类分析和 DEA 实证分析发现，农户土地经营面积与粮食生产效率呈倒"U"型曲线关系，当土地经营规模很小时，农户家庭规模报酬递增，粮食生产率随着土地规模的扩大而提高，当土地规模扩大到一定程度后则会呈现负向变化趋势。

综上所述，国内外学者的研究主要集中在农业规模化经营的必要性、土地流转的限制、土地规模与生产效率的关系等方面，但普遍存在缺乏大样本量数据或样本量不足等问题。本文利用农业农村部农村固定观察点 1995—2017 年的 23 000 个农户调查数据，剖析农户土地经营规模变化的基本特征和制约因素，丰富农业规模化经营的相关研究，为适度规模经营政策提供理论和现实参考。

二、农户土地经营规模变化的基本特征

农业农村部农村固定观察点调查体系有 370 个样本村，23 000 个样本户，覆盖全国 31 个省（自治区、直辖市）。在 30 多年间，每年会有少量农户退出调查样本，同时又会补充一些新农户加入调查样本，总样本户数一直保持在 2 万户以上，其中 1995 年到 2017 年始终没有变化的样本大约有 7 357 户。为了解和把握农户土地经营规模变化的情况和特点，我们对观察点 2 万多个全样本户，以及 1995 年以来没有变动的 7 357 个样本户，分别做了统计分析。通过对比分析，尽管在某些方面或变化程度上有差异，但两组样本表现出的基本趋势是一致的。

（一）农户中种植户比重持续下降

从上述两个样本组来看，都呈现出种植户比重持续下降的趋势。在 7 357 户样本中，从 1995 年种植户占样本户的 96%，下降到近年只占到 70% 左右。2017 年种植户数比 1995 年减少了近三成（29.2%）。在总体样本中，2017 年的种植户数比 1995 年减少了 29.2%（见表 1）。两组样本出现的上述差异，可能是因为每年新替换的样本户一般会以种植户居多所致。

表 1　农户土地经营情况的历史变化

年份	样本户数（户）	其中种植户数（户）	种植户/总户数（%）	耕地总面积（亩）	户均耕地面积（亩）
1995	7 357	7 073	96.14	67 505.8	9.54
1996	7 357	7 085	96.3	68 443.8	9.66
1997	7 357	7 022	95.45	67 072.8	9.55
1998	7 357	6 950	94.47	66 554.5	9.58
1999	7 357	6 935	94.26	71 110.9	10.25
2000	7 357	6 856	93.19	64 842.6	9.46
2001	7 357	6 800	92.43	63 619.2	9.36

年份	样本户数（户）	其中种植户数（户）	种植户/总户数（%）	耕地总面积（亩）	户均耕地面积（亩）
2002	7 357	6 755	91.82	65 185.6	9.65
2003	7 357	6 640	90.25	62 374.7	9.39
2004	7 357	6 596	89.66	60 560.7	9.18
2005	7 357	6 551	89.04	61 388.8	9.37
2006	7 357	6 377	86.68	61 428.7	9.63
2007	7 357	6 195	84.21	61 659.1	9.95
2008	7 357	6 123	83.23	59 515.5	9.72
2009	7 357	6 075	82.57	60 086.5	9.89
2010	7 357	6 012	81.72	58 590.3	9.75
2011	7 357	5 872	79.82	58 052.1	9.89
2012	7 357	5 768	78.4	56 366.8	9.77
2013	7 357	5 551	75.45	54 483.2	9.82
2014	7 357	5 403	73.44	54 052.5	10
2015	7 357	5 311	72.19	54 255.9	10.22
2016	7 357	5 162	70.16	54 864.6	10.63
2017	7 357	5 008	68.07	61 406.1	12.26

注：①这里的"样本户"是指 1995 年以后没有更换过的所有样本；②"种植户"是指总样本中经营耕地面积大于 0 的户；③"户均耕地面积"是指按照"种植户"平均的耕地面积。

为了验证这个统计结果，我们又分析了农业收入为 0 的样本户的情况。2003 年，在 7 357 户样本中，农业收入为 0 的户的比例为 8.5%，其中种植业收入为 0 的户占 9.2%；2017 年，在 7 357 户样本中，农业收入为 0 的户占 31.2%，种植业收入为 0 的户占 33.1%。这个结果与上述种植户减少的结果基本吻合（见表 2）。

表 2 　农业 0 收入户情况的历史变化

年份	样本量（户）	农业收入为 0 户（户）	占比（%）	种植业收入为 0 户（户）	占比（%）	样本量（户）	农业收入为 0 户（户）	占比（%）	种植业收入为 0 户（户）	占比（%）
2003	20 329	2 708	13.32	2 980	14.66	7 357	625	8.50	678	9.22
2004	19 944	2 736	13.72	2 972	14.90	7 357	639	8.69	691	9.39
2005	21 043	2 973	14.13	3 264	15.51	7 357	696	9.46	747	10.15
2006	20 411	3 068	15.03	3 290	16.12	7 357	810	11.01	871	11.84
2007	21 288	3 668	17.23	3 940	18.51	7357	913	12.41	989	13.44
2008	20 668	3907	18.90	4 179	20.22	7 357	997	13.55	1 075	14.61
2009	21 168	4 334	20.47	4 645	21.94	7 357	1 148	15.60	1 267	17.22
2010	20438	4 402	21.54	4738	23.18	7 357	1 210	16.45	1 299	17.66

年份	样本量（户）	农业收入为0户（户）	占比（%）	种植业收入为0户（户）	占比（%）	样本量（户）	农业收入为0户（户）	占比（%）	种植业收入为0户（户）	占比（%）
2011	19 926	4 484	22.50	4 794	24.06	7 357	1 326	18.02	1 407	19.12
2012	20 010	4 659	23.28	4 917	24.57	7 357	1 440	19.57	1 518	20.63
2013	20 426	5 230	25.60	5 593	27.38	7357	1 611	21.90	1 708	23.22
2014	20 640	6 045	29.29	6 445	31.23	7 357	1 831	24.89	1 931	26.25
2015	21 158	6 454	30.50	6 792	32.10	7 357	1 940	26.37	2 067	28.10
2016	21 055	6 781	32.21	7 120	33.82	7 357	2 164	29.41	2 298	31.24
2017	20 007	6 515	32.56	6 877	34.37	7 357	2 293	31.17	2 436	33.11

说明：左半表为全体样本，右半表为1995—2017年没有变动的样本。

（二）农户经营的土地总面积持续减少

1995—2014年，7 357个样本户的经营耕地面积是稳步下降的。从6.7万亩减少到5.4万亩，下降了19.9%；2014年以后没有再继续减少（见表1）。种植面积减少的主要原因有：一是种植面积的实质性减少，比如由于政府征地等土地非农使用，以及退耕还林等政策性因素的影响。二是种植业用地本身并没有实质性减少，而是农户在退出种植业时将其承包的土地流转出去了。其中一部分土地在农户间流转，通过观察点数据可以观察到这一现象；另一部分土地流转给了公司、合作社等规模化经营主体，对这一现象，观察点农户的调查数据观察不到。

（三）农户平均土地经营面积略有增加

虽然农户的土地经营总面积有所减少，但由于种植户比重下降的速度更快，因此户均土地经营面积并没有下降，反而是缓慢提高的。7 357个样本户的统计结果显示，种植户的户均土地经营面积从1995年的9.5亩提高到2016年的10.6亩，21年间增加了1亩多（见表1）。

综合上述情况来看，在1995年以来的20多年间，种植业户数量和农户经营土地面积均有减少，其中种植业户数量减少近三成，但由于土地面积减少的幅度小于种植业户数减少的幅度，因此种植业户的平均土地经营规模仍有小幅增加。如果考虑到农户流转出的部分土地是流转给了公司、合作社等规模化经营主体，农业经营主体经营土地平均规模的提高要比这个数字显示的还要大一些。

（四）农户土地经营"碎片化"的情况有所好转

1995—2016年，农户经营耕地块数从户均7块下降到户均5.2块，每块地的平均亩数从1.2亩提高到2.1亩，"碎片化"的情况有了一定程度的改善（见表3）。究其原因，主要有两个方面：一方面是一些地方利用农村土地二轮承包和近几年确权颁证的机会，通过地块调整开展土地整治，有组织地进行了农户间的地块互换，促进了土地集中连片经营。据农业部农村经济体制与经营管理司统计，截至 2017 年，全国通过互换方式流转的耕地达 3 000 万亩，占到全部土地流转面积的 5%～6%。另一方面是一些农户通过自愿流转，打破原有的地块限制，实现了土地集中规模经营，特别是在政府推动下完成的较大面积土地流转的案例中，这种情况更为常见。

表 3　户均耕地块数变化情况

年份	总耕地亩数	总耕地块数	种植户数	户均亩数	户均块数	块均亩数
1995	157 739	130 567	18 618	8.5	7.0	1.2
1996	158 328	126 926	18 652	8.5	6.8	1.2
1997	154 614	123 771	18 447	8.4	6.7	1.3
1998	156 405	123 255	18 427	8.5	6.7	1.3
1999	161 005	122 877	18 337	8.8	6.7	1.3
2000	153 428	121 682	18 290	8.4	6.6	1.3
2001	155 162	117 063	17 856	8.7	6.5	1.3
2002	156 586	119 052	18 110	8.6	6.6	1.3
2003	141 366	99 796	17 248	8.2	6.0	1.4
2004	146 400	98 834	16 940	8.6	6.1	1.4
2005	153 983	100 697	17 753	8.7	6.0	1.5
2006	150 362	95 901	17 012	8.8	6.0	1.5
2007	153 804	92 685	17 018	9.0	5.7	1.6
2008	147 541	86 015	16 258	9.1	5.6	1.6
2009	150 127	86 189	16 470	9.1	5.5	1.7
2010	139 548	82 064	15 609	8.9	5.5	1.6
2011	140 474	79 280	15 158	9.3	5.4	1.7
2012	144 358	72 435	15 056	9.6	5.1	1.9
2013	142 242	71 822	14 869	9.6	5.1	1.9
2014	145 624	69 138	14 444	10.1	5.1	2.0
2015	149 676	69 350	14 487	10.3	5.2	2.0
2016	150 602	67 431	14 143	10.6	5.2	2.1
2017	162 515	62 365	13 378	12.1	5.1	2.4

（五）不同规模农户经营的土地面积差异较大

从按土地经营规模分组的农户结构变化看，主要表现为"两头增大，中间变小"。调查数据如表 4 显示，5 亩以下最小规模组的农户数和 30 亩以上三个组的农户数占总农户数的比例持续增大，处在中间位置的 5～30 亩三个组的农户数占总农户数的比例有不同程度的下降。1995—2017 年，5 亩以下组别的农户数占比从 45.2% 提高到 50.2%；5～30 亩三个组的农户数占比从 50.9% 下降到 42.4%；30 亩以上三个组的农户数占比从 3.8% 提高到

7.4%，其中 100 亩及以上最大规模组的农户数虽然占比很小，但增长趋势最为明显，从 0.1%提高到 1.5%。由此可见，土地经营规模较大的农户数逐年增加，土地经营规模最小的农户数不减反增。

表 4　不同经营规模种植户的历史变化

单位:%

年份	0.1~4.9 亩	5~9.9 亩	10~19.9 亩	20~29.9 亩	30~49.9 亩	50~99.9 亩	100 亩及以上	合计	种植户数
1995	45.2	30.8	15.7	4.4	2.3	1.4	0.1	100	18 618
1996	47.1	29.6	14.8	4.6	2.5	1.3	0.2	100	18 652
1997	46.9	29.3	15.7	4.2	2.5	1.2	0.2	100	18 447
1998	47.9	28.5	15.3	4.2	2.6	1.3	0.2	100	18 427
1999	46.9	28.4	15.8	4.5	2.5	1.6	0.3	100	18 337
2000	48.9	27.7	15.6	4.0	2.1	1.4	0.3	100	18 290
2001	48.8	27.4	15.1	4.0	2.7	1.7	0.2	100	17 856
2002	49.7	26.3	15.4	3.9	2.7	1.6	0.3	100	18 110
2003	50.5	27.2	14.3	3.6	2.9	1.3	0.3	100	17 248
2004	49.9	26.5	14.6	4.1	3.1	1.4	0.4	100	16 940
2005	49.2	26.9	15.2	3.9	3.0	1.4	0.4	100	17 753
2006	49.2	26.5	15.4	4.2	2.8	1.4	0.4	100	17 012
2007	49.5	26.1	15.1	4.1	3.1	1.6	0.5	100	17 018
2008	49.4	25.7	15.4	4.3	3.1	1.7	0.4	100	16 258
2009	49.2	26.0	15.4	4.3	3.1	1.7	0.4	100	16 470
2010	49.8	25.4	15.5	4.3	3.2	1.5	0.4	100	15 609
2011	49.4	25.5	15.2	4.3	3.2	2.0	0.5	100	15 158
2012	48.8	24.7	16.1	4.4	3.3	2.1	0.6	100	15 056
2013	49.0	24.5	15.8	4.5	3.4	2.2	0.5	100	14 869
2014	48.6	24.3	16.0	4.4	3.3	2.7	0.7	100	14 444
2015	50.0	23.6	15.5	4.0	3.4	2.7	0.9	100	14 487
2016	51.3	23.2	14.5	4.2	3.1	2.8	1.0	100	14 143
2017	50.2	23.7	14.8	3.9	3.2	2.7	1.5	100	13 378

　　从表 5 可以看出：1995—2016 年，5 亩以下组农户经营土地面积所占比重从 15%下降到 11.7%；50 亩以上组农户经营土地面积所占比重从 12.7%提高到 35.4%。进一步分析，农户间经营的土地规模占比分化较大，占农户总数一半的最小规模农户只耕种大约一成的耕地，而仅占农户总数 3.8%的大规模农户则经营着三成以上的耕地。由此可见，当前农村土地经营的实际集中程度要比土地流转率数据表现出来的土地规模经营程度更高一些。

表5　5亩以下组和50亩以上组的经营面积情况

年份	5亩以下组（0.1～4.9亩）耕地面积（亩）	50亩以上组耕地面积（亩）	5亩以下耕地面积/总耕地面积（%）	50亩以上耕地面积/总耕地面积（%）
1995	23 632.6	20 031.6	15.0	12.7
1996	24 299.8	22 216.8	15.3	14.0
1997	23 805.6	19 495.2	15.4	12.6
1998	24 156.6	22 228.2	15.4	14.2
1999	23 600.8	26 564.6	14.7	16.5
2000	24 135.3	24 808.8	15.7	16.2
2001	23 269.3	26 772.4	15.0	17.3
2002	23 926.1	27 831.5	15.3	17.8
2003	23 179.8	20 081.9	16.4	14.2
2004	22 484.1	24 663.6	15.4	16.8
2005	23 172.9	25 664.5	15.0	16.7
2006	21 761.6	27 845.4	14.5	18.5
2007	21 960.0	30 563.3	14.3	19.9
2008	20 747.0	28 884.2	14.1	19.6
2009	20 843.2	30 664.5	13.9	20.4
2010	19 729.6	25 861.3	14.1	18.5
2011	18 842.0	30 945.2	13.4	22.0
2012	18 383.7	33 411.5	12.7	23.1
2013	17 968.2	33 089.0	12.6	23.3
2014	17 266.2	40 474.6	11.9	27.8
2015	17 558.7	46 758.9	11.7	31.2
2016	17 551.3	53 335.1	11.7	35.4
2017	16 163.9	70 174.8	9.9	43.2

通过表1至表5的调查数据可以看出，大约30%的农户已经离开了种植业，剩下的七成农户中有一半是户均5亩以下的超小规模农户，他们总共只经营着10%左右的耕地，对耕地经营影响较小；剩下的另外35%的农户经营的耕地占到总量的近90%。2016年总体样本户的总耕地面积150 602亩，如果按照总户数21 055户平均，户均7.15亩；实际上种植户只有14 143户，户均经营10.6亩。在这1.4万个农户中，有一半（7 252户）是超小规模农户，总共只经营着17 551亩耕地，另外一半（6 891户）平均每户经营的耕地则达到19.3亩。

（六）不同地区农户经营的土地规模差异较大

从表6可以看出，2017年总体样本户中5亩以下的户占总户数的50.2%，其中东北地区 5 亩以下的户只占总户数的 18.2％；总体样本中 50 亩以上的户仅占总户数的 4.2％，其中东北地区 50 亩以上的户占到总户数的 20.1％。总体样本中，东北地区 50 亩以上的农户数量占全部 50 亩以上农户数量的 82.7％，东北地区种植户数量只占全部种植户的 17.4％。

表 6　2017 年分地区耕地规模分组情况（户）

分组	合计	东部	中部	西部	东北
合计户数	13 378	3 688	3 161	4 197	2 332
0.1～4.9 亩	6 721	2 263	1 776	2 258	424
5～9.9 亩	3 168	949	816	1 068	335
10～19.9 亩	1 977	383	401	646	547
20～29.9 亩	522	55	77	131	259
30～49.9 亩	423	27	41	57	298
50～99.9 亩	363	6	25	29	303
100 亩及以上	204	5	25	8	166
5 亩以下占比（％）	50.2	61.4	56.2	53.8	18.2
50 亩及以上占比（％）	4.2	0.3	1.6	0.9	20.1

按照东部、中部、西部、东北四大地区的分类来看，农户经营的土地规模结构区域差异较大。调查结果显示，2017 年，全国全部调查样本户的平均经营土地面积 12.1 亩，东部地区户均 5.9 亩，中部地区户均 7.6 亩，西部地区户均 7.5 亩，东北地区户均 36.6 亩。这个统计结果进一步显示，东北地区的户均土地经营规模与全国平均水平相比存在着较大的差异。进一步分析表明，东部、中部、西部地区大约有二成的土地由 50 亩以上的规模户经营，而东北地区 50 亩以上的规模户则经营着六成以上的耕地。由于历史形成的人均土地资源相对丰富，东北地区的土地经营规模化水平大大高于全国平均水平。

三、农户土地规模经营的微观制约因素：大规模与小规模效率之辩

在考察了农户土地经营规模的现状及其特征后，本部分重点对农户土地规模经营的效率进行比较分析。土地利用效率和经营收益是经营者在决定经营规模时考虑的核心问题，从这个意义讲经营效率是制约经营规模大小的最重要的因素。

（一）衡量农业生产效率的三个指标

对于"多大种植规模效率高"的问题存在着不同的认识。有的人推崇美国模式，认为规模越大效率越高。也有学者推崇中国传统的小农经营模式，认为小规模农业的精耕细作方式效率更高。在这里人们所使用的生产效率指标是不同的。认为美国的农业生产率高，通常指的是美国的农业劳动生产率高；认为中国的小规模农业效率高，通常是指中国农业的土地生

产率高。从指标含义上看，这是两个不同的生产率指标：

$$劳动生产率（单位劳动的产出）＝ 产出/劳动投入 \qquad (1)$$
$$土地生产率（单位土地的产出）＝ 产出/土地投入 \qquad (2)$$

美国劳动生产率比中国高，中国土地生产率比美国高，这是由两国的资源禀赋决定的。美国地多人少，劳动力比土地珍贵，提高劳动生产率比提高土地生产率的边际效益更高，因此更为注重发展大型机械，提高劳动生产率。中国人多地少，土地资源比劳动力资源更为稀缺，因此中国形成了精耕细作的传统和方式（表7）。

随着农村劳动力向城市转移，农民家庭收入对农业收入的依赖程度越来越低，中国农业"精耕细作"的程度有所下降，单位土地投入的化学品，以及单位土地的设施投资高于美国，因此单位土地产出要比美国高。有的学者因此认为中国的"精耕细作"方式要比美国的"广种薄收"模式更优越，这并不符合实际。劳动生产率、土地生产率都是从单一生产要素角度测量农业生产率的，用一个地区的劳动生产率与另一个地区的土地生产率相比较，是难以得出正确结论的，因此需要采用统一可比的生产率指标。这个指标就是单位成本产出，即投入产出率，这是包括各种要素投入的综合生产率。

$$综合生产率 ＝ 产出/（劳动投入＋土地投入＋资本投入） \qquad (3)$$

表7 2007年4个国家的部分农业资源与产出数据

国家	耕地面积 （亩）	农业从业人口 （人）	人均耕地 （亩）	农业产值 （亿美元）	人均产值 （万美元）	亩均产值 （美元）
中国	18 亿	2.58 亿	7	3 864	0.15	214.7
美国	29.7 亿	206 万	1 563	1 847	8.98	62.2
日本	7 049 万	260 万	27	157	0.6	222.4
以色列	590 万	10 万	59	17.8	1.8	302.2

说明：该表中的数据转引自《从美国、以色列农业看中国农业未来》（2016年9月），该文注明这些数据来源于联合国粮食及农业组织（FAO）2007年统计数据。另一篇介绍美国农业的文章《走进美国农业：不一样的美国农民地位》中介绍，美国从事农业的家庭人口大约300万人，其中以农业为主业的大约占一半。

从中美之间农产品贸易的情况看，美国农业的综合生产率明显高于中国，因此美国的农产品在中美贸易中具有明显的价格优势。美国的单位农业产出的成本低，主要表现为劳动生产率高。中国的土地生产率虽然高于美国，但单位农业产出的成本也高于美国。两者相比，美国采用"广种薄收"的方式比中国采用"精耕细作"方式的效率要高。由此可见，"精耕细作"的小农方式是适应中国现阶段国情的农业基本经营方式。

（二）基于观察点数据的生产率比较分析

从农村固定观察点调查的指标看，可以为不同规模农户的经营效率比较提供较为详细的统计数据。以种植业为例，该调查系统中有粮食作物、经济作物、园林作物等详细的投入和产出指标，能够对不同规模农户的包括多种要素的综合生产效率进行比较分析。表8是依据农村固定观察点数据，对不同经营规模粮食种植户综合生产效率——"投入产出比"的统计分析结果。

表 8 不同规模种粮农户生产率比较

	0.1～4.9亩	5～9.9亩	10～19.9亩	20～29.9亩	30～49.9亩	50～99.9亩	总数或均值
户数	1 490	1 165	949	274	237	218	4 333
劳动力							
亩均投工量（天）	12.61	7.88	5.23	4.63	3.41	1.97	5.96
投工日均产量（千克）	38.70	66.36	108.78	117.53	160.74	249.67	123.63
投工日均纯收入（元）	48.67	76.22	119.95	113.45	126.25	174.88	109.90
土 地							
亩均粮食产量（千克）	487.88	522.68	569.36	544.34	548.68	490.71	527.28
亩均总收入（元）	970.41	951.80	975.72	817.49	731.37	551.64	833.07
亩均总费用（元）	356.83	351.48	347.88	292.03	300.42	207.92	309.43
亩均土地租赁费用（元）	0.73	2.11	6.93	7.72	43.09	51.63	18.70
扣除地租的总费用（元）	356.10	349.37	340.95	284.31	257.33	156.29	290.73
亩均纯收入（元）	613.58	600.31	627.84	525.46	430.95	343.72	523.64
投入产出比							
投入产出比（%）	172.0	170.8	180.5	180.0	143.4	165.3	—

1. 亩均投工量。 表 8 所示，随着土地经营规模的扩大，每亩投工量是递减的。经营规模越大，每亩投工量越小，也就是说，规模越大越节省劳动投入。投工日均产量和投工日均纯收入随规模增大而递增，主要是由于规模增大带来了劳动生产率的提高。

2. 亩均产量。 表 8 显示，中间规模组（10～50 亩的三组）亩均产量相对较高，两头的组（10 亩以下两组和 50～100 亩以下组）产量略低，呈现为正态分布，组际差别不大。出现这种分布态势的原因，主要是相对小规模农户的农业收入普遍占家庭收入的比例较低，从事农业的劳动力一般是辅助劳动力，对农业生产的重视程度低于中间规模农户。50 亩以上组亩产量不如中小规模组高，主要原因有两点：一方面是随着经营规模的扩大，自身的投资能力有限，导致每亩平均投入不足；另一方面是由于使用雇工影响劳动质量，导致土地生产率低于中小规模农户。

3. 亩均纯收入。 从表 8 可见，各组的亩均纯收入与种植规模在一定程度上也呈现为正态分布，10～19.9 亩组的亩均纯收入最高，小规模农户（主要是 0.1～4.99 亩组）的纯收入低于 10～19.9 亩组，20 亩以上的几组呈现出经营规模越大亩均纯收入越低的现象。

统计结果表明，随着土地经营规模的提高，规模经营主体并没有相应地增加固定资本投入，反而降低了亩均资本投入。由于总费用中随经营规模变动最大的项目是地租费用，因此包含地租在内的总费用也是下降的。在小规模组中，土地租金占总费用的比重非常小，在 30 亩以上的几组中，土地租金占总费用的比例随着经营规模的提高越来越大。如果扣除地租因素，总费用随经营规模扩大下降的速度更大。一个值得注意的现象是，经营规模较大的农户在高额地租的压力下，不是通过增加单位面积投入以获取较高的亩均收入，而是宁可牺牲总产量和总收入来减少亩均投入以节省成本。

4. 投入产出比。 本文将投入产出比定义为纯收入与总费用之比，作为衡量综合生产效率的关键指标。表 8 显示，各经营规模组的"投入产出比"也呈现正态分布。峰值是 10～30 亩的两组投入产出比最高（约 180％左右），更小规模的 10 亩以下两组投入产出比略低（约 170％左右），较大规模的 30～100 亩两组投入产出比更低一些（约 150％左右）。由此可以得出结论，中等规模的效率最高，小规模的略低一些，较大规模的更低。小规模的综合生产效率低于中等规模，是因为小规模农户的生产经营兼顾了养老属性，对农业生产投资需求最小，主要是在打工之余兼顾经营农业。较大规模的经营者因为投资能力不足，导致资本投入或劳动投入不充分，从而降低了生产效率。

四、农户土地规模经营的宏观制约因素：农业劳动力及其就业状况

本部分主要讨论农业劳动力就业状况与农户土地规模经营相互影响的关系。在这方面也存在一些争论，最典型的说法是中国已经陷入了农业劳动力危机，出现了"谁来种地"的问题。有学者举出一两个空心村的例子来证明农业劳动力已经枯竭，土地已经荒芜，必须将土地流转给公司等主体进行规模经营。事实真的如此吗？这可以在对农业劳动力供给和就业情况分析的基础上做出判断。

（一）农业劳动力供给总量并不短缺

如表 9 所示，2017 年农村固定观察点样本总户数为 20 007 户，样本户中家庭人口总数为 79 739 人，除去 16 岁以下和 16 岁以上在校上学的以及填报缺失的，剩余人口为 53 890人。我们将这些人定义为"可能就业者"。为了更好地观察 65 岁以上老年人的实际就业情况，这里没有按照通常的劳动力定义扣除 65 岁以上的人口。

在观察点调查样本中，2017 年实际总就业（农业与非农就业）人数为 45 075 人，占"可能就业者"人数的 83.6％。在实际总就业人数中，16～45 岁的占 46.3％，46～60 岁的占 34.0％，61～69 岁的占 15.4％，70～75 岁的占 3.3％，76 岁及以上的占 1.0％。由此可以看出，61 岁及以上的占实际总就业劳动力的近 20％。进一步来看，实际就业者中 61～69岁、70～75 岁的以务农为主，两组群体的务农比例分别高达 81.7％和 89.53％。综合来看，农村实际就业的劳动力中，16～45 岁的以参与非农就业为主，46～75 岁的是目前我国农业劳动力的主力，而且供给数量并不短缺。

表 9　2017 年农村务农劳动力就业情况

变量	人数	16～45 岁	46～60 岁	61～69 岁	70～75 岁	76 岁及以上
参与务农者合计（人）	26 062	7 695	10 970	5 685	1 334	378
实际就业者合计（人）	45 075	20 888	15 322	6 958	1 490	417
可能就业者合计（人）	53 890	24 010	17 602	8 914	2 278	1 086
实际就业者/可能就业者（％）	83.64	87.00	87.05	78.06	65.41	38.40
务农者/实际就业者（％）	57.82	36.84	71.60	81.70	89.53	90.65
务农者/可能就业者（％）	48.36	32.05	62.32	63.78	58.56	34.81
各年龄组务农者/务农者（％）	100	29.53	42.09	21.81	5.12	1.45

随着农村劳动力向城市和非农产业转移，农村中农业劳动力占全部劳动力的比例大幅度

下降。观察点样本数据显示，2003—2017 年，农业就业人数占 16 岁以上全部人口的比例，从 63.1% 下降到 41.4%。2017 年，样本户中农业就业人数有 26 062 人，占实际总就业人数的 57.8%。种植户有 13 378 户，平均每户农业劳动力 1.95 人。26 062 人经营着 162 515 亩耕地，平均每个劳动力负担 6.2 亩。总体上看，中国农村人多地少的现状并没有发生根本性改变，农业劳动力的供给是相对充裕的，并不存在所谓的"谁来种地"的问题。

（二）农业劳动力就业时间还有潜力

表 10 显示，农业劳动力每年的休闲天数远大于非农就业者。这其中既有农业劳动力老龄化，不能持续参加劳动的因素；也存在着农活不足，出现农业劳动力被动休闲的情况。观察点样本数据显示，2003—2017 年，16～60 岁的两组农业劳动力占实际就业劳动力的比例，从 90.2% 下降到 71.6%；61 岁以上的三组农业劳动力占实际就业劳动力的比例，从 9.8% 提高到 28.4%。2017 年，在参与务农的 26 062 人中，61 岁及以上的有 7 397 人。61 岁及以上的三组农业劳动力占总农业劳动力的 28.4%，农业劳动力呈现出老龄化的趋势。

表 10　2017 年各类就业者就业天数及休闲天数

主体类型	务农天数	非农就业天数	合计（天）	休闲天数
纯务农者	143	0	143	222
务农为主者	164	69	233	132
非农就业为主者	43	226	269	95
纯非农就业者	0	281	281	84

注："务农为主者"：务农天数大于或等于非农就业天数的劳动力；"非农就业为主者"：务农天数小于非农就业天数的劳动力。

随着农村劳动力价值（用农村雇短工的工资衡量）的提高，农民的就业行为发生了很大变化。随着化肥、种子等投入品的利用和农业机械化程度的提高，农业劳动的边际投入大大降低。农民不会再像解决温饱之前那样，只要能增加少许产量，就会尽可能多地投入劳动。在投入必要的劳动，保证他们认为"满意的"产量之后，增加"休闲"的时间，可以显著提高自身效用。农户作为单独的生产决策单元是理性的，通过计算以多少劳动和资金投入，换得多少产量和收益。如果多增加农业劳动投入但收入增加太少，就宁可休闲。随着农民就业行为和就业方式的转变，传统的"精耕细作"变成了"简约化"耕作方式。从这个角度看，如果说农业劳动力供给总量不足，也只是农业劳动力的就业不充分，并不存在大规模的农业劳动力短缺。尽管可能存在着区域性的劳动力供需不平衡的情况，但从全国层面看并没有出现普遍性的短缺问题。

（三）农业耕作方式与劳动力就业模式

从农业耕作方式变化的角度，可以对农业劳动力就业模式的转变做出解释。随着近些年来我国农业机械化程度的提升，粮食等大田作物对农业劳动力体力劳动的要求也随之降低。目前，我国的农业劳动投入大致可以分为两种类型：一类是在耕种收等环节原来需要青壮年劳动力才能完成的任务已经被农业机械替代；另一类是在植保等少数环节只需要农村半劳动力和辅助劳动力就能完成任务。随着农业耕作方式的变化，我国农村劳动力的就业模式也发生了变化：农村劳动力向城市和非农产业转移就业的以青壮年劳动力为主；半劳动力和辅助劳动力多数留在农村从事农业生产经营活动。尽管我国农业劳动力已经出现老龄化的趋势，但是由于农作物种植业对体力劳动的要求逐步下降，从而使农业劳动力的"务农寿命"得到了延长。

（四）"养老型农业"与"职业型农业"

目前我国农村农业劳动力就业方式和农业经营形式，也出现了两种新的类型或模式：养老型和职业型。根据前文表4的统计结果，我国农户土地经营规模在20多年间逐渐发生分化，主要表现为两头组别占比增大，中间组别有所变小。经营大规模耕地的农户与经营小规模耕地的农户在全部样本户中的占比提高，大体对应着职业型农业和养老型农业的比例增加。

为什么土地经营规模最小组别的农户比重不减反增呢？结合我国农业劳动力老龄化的趋势，可以把这一现象称之为"养老型农业"。养老型农业主要包含两层意思：一方面，农民享受的养老保险水平较低，不足以保障正常生活；农二代大量外出打工，有些家庭对老人赡养也存在问题。另一方面，也有不少老人不愿给儿女增加负担，因此需要参加农业生产以弥补生活保障不足；有些老人不愿意退出农业劳动，这已经成为他们的生活方式。

进一步的统计分析表明，尽管小规模农户的占比在提高，但所经营的土地面积占比在下降，所以小规模农户占比的提高并不会给农业规模经营的扩大带来太大的影响。与超小规模农户占比提高同时发生的是规模化、职业化的农业发展较快。所谓"职业型农业"，就是指农业的"适度规模经营"，这既是我国未来农业现代化的发展方向，也是职业化农民就业的主要领域。

（五）非农产业发展与吸纳农业劳动力

目前我国农村仍有这么多的劳动力从事农业生产经营活动，说明我国工业化的发展和城镇化的推进并没有将农村的剩余劳动力充分吸纳。土地规模经营的发展，农户经营规模的扩大，并不单纯取决于农业生产率的提高，也不单纯决定于农业现代化水平的提升。从宏观角度看还有许多因素制约着农业规模化的发展，其中最重要的制约因素就是非农产业发展吸收农业劳动力的能力。

从当前的情况看，我国的工业化滞后于城镇化，户籍城镇化滞后于人口城镇化，还有1.7亿外出农民工没有实现户籍城镇化，已经"转移"的农业劳动力还没有真正从农村迁入城市。发展农户土地规模经营，必须与农村人口的迁移相适应。农业产业"释放"劳动力的程度，取决于技术进步、制度创新等重要因素。比如近些年在一些地方出现的通过土地托管发展农业适度规模经营的做法，正是以农业社会化服务为主的制度创新和以农业机械化为主的技术进步共同作用的结果。

发展农户土地规模经营，在一定程度上可以提高劳动生产率，但并不能保证提高土地生产率。规模经营主体追求收益最大化不等于实现产量最大化，有时可能会为了获得较高的收益而牺牲单位面积产量。提升农户土地规模经营水平符合微观经营主体的经济利益，但不一定符合保障国家粮食安全和重要农产品有效供给的宏观目标要求。

五、主要观点和政策建议

如何发展农户土地规模经营，既是推进农业现代化需要把握的重要问题，又是农业现代化实现程度的重要体现。本文从描述现阶段我国农户土地经营规模的基本特征入手，在深入分析其主要制约因素的基础上，研究提出促进农户土地规模经营健康发展的政策建议。

（一）逐步提高农户土地经营规模是推进农业现代化的基本要求

对于目前中国平均每个种植户 10 亩左右的耕地面积，提高农业劳动生产率大有潜力。只要把握好节奏和力度，提高农业经营规模一般是能够提高农业生产率的。目前我国经济仍处于中高速增长的发展阶段，有充分的理由要不断提高农业经营规模。第一，随着工业化和城市化深入发展，需要农业劳动力向非农产业转移、农村人口继续向城市转移，会有更多农户退出农业、专注于非农产业就业。第二，如果达不到一定的规模，农民家庭不能因为专注于农业而达到满意的收入水平，因此也就不能培养出我们所期望的"职业农民"。培养一批职业农民作为农业现代化的中坚力量，既是实现农业农村现代化的重要支撑，也是取得稳产高产实现粮食安全的保障。

（二）在促进农户土地规模经营过程中要注意把握好节奏和力度

农业规模经营的发展，并非规模越大效率越高。一定的农村劳动力状况（过剩、充分还是短缺）和农业经营者一定的投资能力决定了一个时期的耕作方式（比如使用人力与机械的比例），这个耕作方式在很大程度上决定了农业经营的"适度规模"。超过这个"适度规模"，尽管一般情况下都会提高劳动生产率，但却可能会因经营者投资能力不足而减少耕作环节的投入，或因雇工劳动效率低等因素降低土地生产率，造成减产减收。

从宏观角度看，城市化发展速度决定了城市可以吸收多少农业劳动力和农村人口，这也就决定了农业劳动力的充裕或短缺。土地流转如果推进过快，就会造成农村劳动力大量闲散，或者造成失业农民在城市集中，总之都会成为引发社会问题的隐患。以我们现在的种植户平均 10 亩耕地左右的经营规模，要使全体种植户的平均经营规模达到"适度规模"，现有平均面积需要提高 5~10 倍，这也意味着农业劳动力需要减少 80％以上，这也不是三五年就能够实现的。

（三）充分发挥市场对土地规模经营的引导作用，政府不要干预过度

随着城市化的进程及城乡收入水平的提高，对农产品需求变化、农村劳动力状况变化、农业耕作方式变化、土地经营规模都会不断提出更高的要求。这表现在会不断有农户退出种植业，同时不断有土地向部分经营者流转。市场推动的这种变化一般来说是渐进的，也是良性的。提高经营规模化水平，既要促进企业、农民合作组织、家庭农场等新型经营主体的发展，又要鼓励适度规模经营的普通农户的发展。对规模化的财政补助，应当重点支持以"适度规模"为目标的农户。对特大规模的经营主体给予大量补贴，会鼓励那些想借"农业规模化"名义抢占土地的投机者。

政府在推动经营规模化过程中，既要鼓励支持，又要把握节奏，不易过度用力，要避免

强制农户流转土地。既不能过度用力致使地租水平抬高，也不能由政府以行政命令控制租金水平。正确的方法是政府减少对土地流转的干预，由农户依法自愿有偿流转、企业等规模化经营者量力而行决定。要充分发挥市场机制的作用，由供求关系调解地租水平。

（四）促进土地规模经营的发展要通过一系列制度创新来实现

第一，土地碎片化的状况虽然有改善，但仍需继续努力防止。政府可以找机会促进农户间地块的调整，比如利用确权颁证的机会，或者利用政府资助土地整治项目的机会。第二，创造良好的法律环境，保障土地流转等协议的正常执行，保护农民土地合法权益。第三，切实提高农民和农民工的社会保险覆盖率，提高保障水平。农村中超小规模农户占比还在提高，对应的是"养老型农业"，这类农户比例的减少需要养老保险的水平提高到足以养老的水平，需要农民全家进城的比例提高。第四，财政资金要继续支持农田水利设施的建设与维护，以及教育卫生文化等公共服务。依靠集体经济收入为公共服务提供资金，目前只有少数农村有这个能力，农村公共服务的资金来源大头还要靠财政提供。第五，促进农业融资、农业保险等事业的发展，为农民解决经营中的一些实际困难。

让农村发展成为中心议题①

在决胜全面建成小康社会、开启全面现代化建设新征程的重要节点，认真总结脱贫攻坚、乡村振兴与全面小康建设的进展和经验，对接持续推进减贫、深入实施乡村振兴战略、加快农业农村现代化具有重要意义。本文在调查研究的基础上，廓清了全面小康与脱贫攻坚和乡村振兴之间的相互关系，剖析了全面建成小康社会"三农"领域的短板和弱项，提出要聚焦重点地区和突出问题决战决胜脱贫攻坚，并就建立乡村振兴的制度框架和政策体系以及做好脱贫攻坚与乡村振兴有机衔接等工作提出了对策建议。

一、全面小康与脱贫攻坚和乡村振兴之间的相互关系

2002 年党的十六大提出"全面建设小康社会"，党的十七大和十八大在目标要求上逐步深化，从经济、政治、文化"三位一体"统筹建设拓展到经济、政治、文化、社会、生态文明"五位一体"全面推进，党的十九大明确到 2020 年全面建成小康社会，这是"两个一百年"奋斗目标的第一个一百年奋斗目标。2015 年 11 月中央扶贫开发工作会议提出实施脱贫攻坚，《中共中央国务院关于打赢脱贫攻坚战的决定》提出，到 2020 年实现"两不愁，三保障，两看齐，三确保"。2017 年党的十九大提出实施乡村振兴战略，2018 年中央 1 号文件和《乡村振兴战略规划（2018—2022 年）》对实施乡村振兴战略做出了部署和安排，要按照产业兴旺、生态宜居、乡风文明、治理有效、生活富裕的总要求，加快推进农业农村现代化，促进城乡融合发展。

全面建成小康社会与脱贫攻坚、乡村振兴三个发展议程不同，但彼此又相互关联。从党的十九大到 2020 年是决战决胜脱贫攻坚、启动实施乡村振兴战略的历史交汇期。从全面建成小康社会的目标要求看，既要全面打赢脱贫攻坚战，又要实现乡村振兴开好头起好步，还要做好脱贫攻坚与乡村振兴有机衔接和战略转型。

无论是实现全面建成小康社会的目标要求，还是做好脱贫攻坚与乡村振兴有机衔接工作，从当前的情况看，都还有一些问题和矛盾需要研究解决。要全面建成小康社会，主要是补上"三农"领域的短板和弱项；要决胜脱贫攻坚，主要是聚焦重点地区扶贫过程中的突出问题；要实现乡村振兴开好头起好步，主要是建立制度框架和政策体系；要顺利实现脱贫攻坚与乡村振兴战略的转型，主要是做好两大战略的有机衔接。本文就聚焦上述矛盾和问题，展开研究和逻辑分析。

---

① 本文写于 2019 年 12 月。

二、全面建成小康社会"三农"领域的短板和弱项

小康不小康，关键看老乡。从农村全面建成小康社会的进程看，我国农业农村各方面快速发展。2012—2018 年，现行标准下的农村贫困人口累计减少 8 239 万人，贫困发生率由 10.2% 下降到 1.7%[①]；2015—2018 年，全国粮食总产量连续 4 年超过 13 000 亿斤，有力支撑了"饭碗牢牢端在自己手上"；2018 年农村居民人均可支配收入达到 14 617 元[②]，按不变价格计算，是 2010 年的 1.92 倍，年均实际增速 8.5%，高于城镇居民增速。总体上来看，我国农村基础设施建设不断强化，公共服务全面提升，人居环境明显改善，乡村治理体系逐步健全，农民群众的物质财富更加富足，精神文化活动日益丰富，城乡统筹发展持续推进，为如期全面建成小康社会奠定了坚实的基础。

从农村全面建成小康社会的目标要求看，还存在着一些短板和弱项。一是深度贫困地区尤其是少数民族地区和边疆地区脱贫难度大；二是农村基础设施供给依然不足，公共服务水平还比较低；三是生态环境保护和治理的资金投入短缺，体制机制不健全；四是部分地区农村基层文化设施严重短缺，一些地区的文化大院、文化广场等文化场所利用率不高；五是一些地区村集体财政保障不足，部分村"两委"干部队伍力量薄弱；六是农民收入增速趋缓，城乡居民和农村居民之间收入差距不断扩大；七是粮食生产成本上升、比较效益下降，粮食安全仍然存在隐患；八是农村人才、土地等资源要素流失严重，农村发展资金投入严重不足。

决胜农村全面建成小康社会，必须坚持"党的领导、以人为本、因地制宜、农民主体、和谐共生"五大基本原则，正确处理"目标任务与手段措施、政府作用与市场作用、顶层设计与基层探索、城市发展与乡村发展"四大关系，着力防范"粮食安全、食品安全、逆城镇化、农村文化流失、乡村生态环境恶化"五大风险，切实完成"建立健全农民增收长效机制、推进农业供给侧结构性改革、强化市场引领激发乡村活力、推进农村文化小康建设、完善农村基层社会治理"五大任务。

三、聚焦重点地区和突出问题决战决胜脱贫攻坚

深度贫困地区是脱贫攻坚的难中之难、坚中之坚，主要分布在我国西南和西北地区，覆盖 24 个州（市）209 个县，自然环境条件差、基础设施落后、经济发展水平低、社会发展滞后，脱贫难度较大。截至 2019 年 4 月初，"三区三州"仍有 172 万建档立卡贫困人口，占全国贫困人口的 12.5%，贫困发生率 8.2%[③]，远高于全国平均水平。近些年来，国家高度重视深度贫困地区脱贫攻坚工作，从政策制定到具体实施，从路径探索到经验分享，从衣食住行到文化教育，从传统产业到特色产业，都对深度贫困地区倾心倾力，取得了显著成效。

---

① 国家统计局：《扶贫开发持续强力推进 脱贫攻坚取得历史性重大成就——新中国成立 70 周年经济社会发展成就系列报告之十五》，2019 年 8 月 12 日。http://www.stats.gov.cn/ztjc/zthd/sjtjr/d10j/70cj/201909/t20190906_1696324.html.

② 数据来自《中国统计年鉴》（2019 年）。

③ 习近平：《在解决"两不愁三保障"突出问题座谈会上的讲话》，《求是》，2019 年第 16 期。

要确保到 2020 年全面完成脱贫攻坚任务，从当前的情况看，深度贫困地区依然存在农业基础设施落后、农村公共服务薄弱、产业发展动力不足、边疆地区安全稳定和脱贫致富任务重等突出问题，亟须进一步加大支持力度，加快解决深度贫困地区脱贫问题。

经国家评估检查验收，2016—2018 年，全国已有 433 个贫困县、10.24 万个贫困村摘帽脱贫。调查结果表明，脱贫人口对目前的生活状况表现出很高的满意度。从当前的情况看，贫困地区脱贫摘帽后仍面临着长期持续减贫的任务，既要统筹应对因健康、年龄等因素导致的慢性贫困和因经营、市场、自然灾害等因素导致的暂时性贫困问题，又要统筹应对不断扩大的相对收入贫困和日益凸显的教育、卫生等多维贫困问题，还要统筹应对儿童、妇女、老年人、残疾人等特殊贫困群体的个体贫困和整体经济社会发展水平相对较低的区域性贫困问题。

巩固脱贫攻坚成果防止返贫，亟须建立稳定脱贫长效机制。一是完善贫困识别和动态监测调整机制，逐步将非贫困户中的低保户、残疾户、重灾户、大病重病户等"贫困边缘户"纳入监测范围；二是构建开发性社会保障体系，建立健全防止返贫保障机制，筑牢民生安全保障网；三是构建绿色保护和开发机制，让绿水青山变成金山银山，提升贫困地区发展能力；四是优化驻村干部管理机制，把提升乡村的自我发展能力和内生动力作为对驻村干部的重要考核内容，提升基层党组织治理能力；五是完善财政资金管理办法，拓宽贫困地区融资渠道，赋予县级政府更多资金支配权。

四、建立乡村振兴的制度框架和政策体系

实现"两个一百年"奋斗目标，破解不平衡不充分发展难题，顺应亿万农民对美好生活的向往，党的十九大做出实施乡村振兴战略的重大决策。自提出实施乡村振兴战略以来，中央先后召开两次农村工作会议和一次工作推进会议，先后印发两个中央 1 号文件和《乡村振兴战略规划（2018—2022 年）》，习近平总书记先后在三个重要场合发表了二次重要讲话，部署实施乡村振兴战略。为贯彻落实中央决策部署，31 个省（自治区、直辖市）党委和政府印发了有关政策文件，制定了省级层面的乡村振兴规划，从理念到行动、从政策到措施、从项目到资金，基本完成了乡村振兴的顶层设计。

按照实施乡村振兴战略的目标任务和总体要求，到 2020 年，乡村振兴要取得重要进展，制度框架和政策体系基本形成。

从构建制度框架的要求看，一是巩固和完善农村基本经营制度，坚持家庭经营基础性地位，实行承包地"三权分置"，培育各类新型农业经营主体，促进小农户和现代农业发展有机衔接；二是深化农村土地制度改革，完善征地制度，切实做好承包地、集体经营性建设用地、宅基地"三块地"改革，激活农村土地要素；三是推进农村集体产权制度改革，明确农村集体经济组织基本性质，完善农村集体产权权能，探索农村集体经济有效实现形式；四是完善农业支持保护制度，统筹利用"两个市场、两种资源"，构建完善农业支持保护体系；五是建立实施乡村振兴战略领导责任制，实行中央统筹省负总责市（县）抓落实的工作机制，建立市（县）党政领导班子和领导干部推进乡村振兴战略实绩考核制度，将考核结果作为选拔任用领导干部的重要依据。

从完善政策体系的要求看，一方面是建立落实"四个优先"的政策导向。一是优先考虑

"三农"干部配备,把优秀干部充实到"三农"战线,把精锐力量充实到基层一线,注重选拔熟悉"三农"工作的干部充实地方各级党政班子;二是优先满足"三农"发展要素配置,坚决破除妨碍城乡要素自由流动、平等交换的体制机制壁垒,改变农村要素单向流出格局,推动资源要素向农村流动;三是优先保障"三农"资金投入,坚持把农业农村作为财政优先保障领域和金融优先服务领域,公共财政更大力度向"三农"倾斜,县域新增贷款主要用于支持乡村振兴。地方政府债券资金要安排一定比例用于支持农村人居环境整治、村庄基础设施建设等重点领域;四是优先安排农村公共服务,推进城乡基本公共服务标准统一制度并轨,实现从形式上的普惠向实质上的公平转变。

另一方面是建立健全城乡融合发展的体制机制。一是建立健全有利于城乡要素合理配置的体制机制,在乡村形成人才、土地、资金、产业、信息汇聚的良性循环;二是建立健全有利于城乡基本公共服务普惠共享的体制机制,健全全民覆盖、普惠共享、城乡一体的基本公共服务体系,推进城乡基本公共服务标准统一、制度并轨;三是建立健全有利于城乡基础设施一体化发展的体制机制,加快推动乡村基础设施提档升级,实现城乡基础设施统一规划、统一建设、统一管护;四是建立健全有利于乡村经济多元化发展的体制机制,完善农企利益紧密联结机制,推进乡村经济多元化和农业全产业链发展;五是建立健全有利于农民收入持续增长的体制机制,拓宽农民增收渠道,持续缩小城乡居民生活水平差距。

五、做好脱贫攻坚与乡村振兴有机衔接工作

当前我国农村正处在决战决胜脱贫攻坚与实施乡村振兴战略的历史交汇期,各地正按照中央的部署和要求,一方面全力推进脱贫攻坚,另一方面积极推动实施乡村振兴战略,在推进脱贫攻坚与乡村振兴衔接方面,开展了一些初步的探索和实践。调研发现,富裕县、怀安县等贫困县均已开始研究启动规划战略政策衔接;来凤县、麻江县等贫困县着力培育乡村产业体系,探索产业扶贫与产业振兴衔接;湘西土家族苗族自治州、黔东南苗族侗族自治州等贫困地区全面改善农村生态环境,做好生态扶贫与生态振兴衔接;富裕县、龙山县等贫困县强化乡村文化建设,推动文化扶贫与文化振兴衔接;恩施土家族苗族自治州、黔东南苗族侗族自治州等贫困地区着眼各类人才的引进和培养,推进教育智力扶贫与人才振兴衔接;湘西土家族苗族自治州、富裕县等贫困地区构建完善乡村治理体系,抓好组织扶贫与组织振兴衔接。

调研结果显示,在脱贫攻坚与乡村振兴衔接工作中,还面临着一些突出的矛盾和问题。在资金使用衔接方面,目前贫困地区资金投入缺口大,财政资金整合不够,一些地区出现了贫困村与非贫困村、贫困户与非贫困户之间的"悬崖效应";在产业发展衔接方面,普遍存在产业规划衔接不畅、三产融合发展水平低、产业项目短期化倾向明显、产业发展资源环境约束趋紧、易地扶贫搬迁后续产业扶持不足等问题;在督查考核衔接方面,目前督查考核过多过繁,形式主义较为严重,容错机制不够完善;在人才队伍衔接方面,驻村工作队伍保持稳定、产业发展人才不足、基层治理人才短缺等问题较为突出;在工作机制衔接方面,县级党政一把手难以正常调整,农村基层干部待遇明显偏低,激励机制有待完善。

做好脱贫攻坚与乡村振兴有机衔接,既是贫困地区巩固脱贫成果的迫切需要,也是农村地区长远发展的客观要求,更是促进区域协调发展的必然选择。一是明确贫困地区持续减贫

与乡村振兴的工作职责衔接，将持续减贫工作纳入乡村振兴考核体系，扶贫部门重点聚焦兜底贫困人口和边缘贫困人口的持续减贫问题；二是做好脱贫攻坚与乡村振兴的项目资金衔接，保持中央对贫困地区的资金投入和扶持政策稳定，进一步加强财政资金统筹整合使用，拓宽脱贫地区投融资渠道；三是加大对贫困地区产业发展扶持力度，研究制定2020年后贫困地区乡村振兴专项规划，支持贫困地区新型经营主体发展，培育新产业新业态，切实做好易地扶贫搬迁的后续帮扶工作；四是完善乡村振兴监督考核机制，建立完善考核评价体系，加大各类监督检查整合力度，健全容错纠错机制；五是完善乡村振兴干部队伍管理机制，坚持并完善跨省帮扶机制，研究制定驻村工作队有序撤回和完善第一书记帮扶机制的实施办法；六是完善乡村振兴领导体制和工作机制，坚持五级书记抓乡村振兴的领导体制，完善党政一把手调整机制，提高基层干部待遇水平，激发各级干部抓好乡村振兴战略实施的积极性、主动性。

农村新冠肺炎疫情防控和经济社会发展情况快速调查报告[①]

　　根据农业农村部领导的指示要求，为了解农村疫情防控及疫情对农业农村的影响等情况，农业农村部农村经济研究中心、全国农村固定观察点办公室于 2020 年 2 月 11 日至 4 月 3 日，在全国 375 个观察点样本村连续开展了 6 次快速调查。

　　前 4 次调查主要是围绕"农村新冠肺炎疫情防控及其对农业农村生产生活的影响"，调查内容包括：一是农村新冠肺炎疫情防控情况，二是主要农产品供应和消费情况，三是农业生产经营情况，四是农民工返乡及回城情况。后两次调查主要是围绕"农村新冠肺炎疫情防控和农村复产复工情况"，调查内容包括：一是农村新冠肺炎疫情防控情况，二是农业生产经营恢复情况，三是非农产业生产经营恢复情况，四是农民收入和消费情况，五是农村脱贫攻坚进展情况，六是农民工返岗就业情况。

　　现将这次调查汇总分析结果，从以下五个方面报告如下。

一、少量村庄有人感染新冠肺炎，农村疫情防控卓有成效

　　1. 有 3% 的村有人感染新冠肺炎，总确诊人数中湖北省占六成以上。 2 月 15 日首次调查时，有 11 个观察点村有人感染新冠肺炎，其中湖北省有 5 个村；至 3 月 31 日第六次调查时，没有新的村庄发生感染新冠肺炎的情况。共有累计确诊病例 22 人，其中湖北省 14 人。累计治愈 21 人，死亡 1 人。

　　2. 全部调查村均建立了疫情防控工作机制，多方参与合力应对疫情。 全部调查村均建立了疫情防控工作机制。其中，有 29.6% 的村是村"两委"自发建立的，有 2.9% 的村是经村民代表大会决议建立的，还有 67.5% 的村是在上级政府的要求下建立的。从建立时间来看，有 16.5% 的村是在 1 月 23 日也就是武汉封城之前建立的，有 74% 的村是在武汉封城后一周内建立的，还有 9.5% 的村是在武汉封城一周后建立的。

　　农村社区发挥了熟人社会的优势，多方参与合力应对疫情。从调查来看，有 75.1% 的村至少有四类人员共同参与本村的疫情防控工作。其中，100% 的村表示村干部均参与了疫情防控工作，有 84.7% 的村表示村民小组长参与了疫情防控工作，有 83.2% 的村表示村医生参与了村内疫情防控工作，有 78% 的村表示还有其他党员参与了疫情防控工作，有 60.4% 的村表示有除上述人员外的村民志愿者参与了疫情防控工作。

　　3. 多措并举防控疫情，防控措施随疫情得到控制逐步放宽。 从调查来看，各地在疫情防控工作中，普遍采取对流动人口逐一筛查、宣传疫情防控知识、封村封路、限制村内自由

---

　　① 本文与马永良、张恒春合作，写于 2020 年 4 月。

活动、限制村民自由出入村、限制非本村人员进入等措施。从第一次调查来看，100%的村通过固定广播喇叭、流动小喇叭、发放纸质宣传材料、手机转发等多种方式对疫情防控知识进行了普及宣传。100%的村对外出返乡人员和流动人员逐一追踪筛查；100%的村对来自湖北的返乡人员和流动人员逐一追踪筛查；有96.8%的村对外出入道路实行封闭等交通管制措施；有91.1%的村限制村民自由出入村；有89.8%的村限制村民在村内自由活动。

随着疫情逐步得到控制，部分村庄逐步放宽防控措施。截至3月31日，已有10.2%的村取消了疫情防控工作机制，90%以上的村取消了封村封路；80%以上的村取消了对村民在村内自由活动的限制；80%以上的村取消了村民自由出入村的限制；70%以上的村取消了对非本村人员进入的限制。

4. 村均防疫支出在5万元以上，最大资金来源渠道是村集体自筹。截至3月31日，村均用于疫情防控工作的经费支出为5.2万元。其中，村集体自筹占46.7%，上级部门拨款或物资占32.5%，社会捐赠占15.2%，其他占5.7%。从防疫用品和资金的来源渠道看，有91.9%的村庄得到了上级部门的拨款或物资，其中，81.8%的村得到了上级部门拨付的防疫用品，有28.6%的村得到了上级部门的防疫拨款；有63%的村表示自筹部分资金购买；有51.2%的村得到了个人或组织的社会捐赠；还有38.2%的村是防控工作人员自备的。

5. 农村防护用品短缺问题较为普遍，3月底已大幅缓解。农村防疫所需的防护用品总体呈短缺态势，且较为普遍。从防疫工作人员来看，3月6日调查显示，有79.8%的村表示防疫工作人员所需防疫用品不能完全满足。其中，有58.6%的村表示缺乏防护服，其中有43.6%的村表示严重缺乏；有59.4%的村表示缺乏护目镜，其中有41.2%的村表示严重缺乏；有47%的村表示防疫工作人员缺乏口罩；有28.8%的村表示防疫工作缺乏体温计；还有23.4%的村表示防疫工作缺乏消毒液。从农户来看，2月15日调查显示，有84.5%的村表示农户防疫用品供需有缺口，其中，有78.5%的村缺乏口罩；有56.3%的村缺乏消毒液；有44.0%缺乏体温计。农户防护用品短缺问题一直持续到2月底，未见明显缓解。

3月，随着国内口罩等产能的提升，农村防疫用品短缺问题才逐步得到好转。截至3月31日，从农户来看，缺乏口罩的村有20.8%；缺乏消毒液的村有11.6%；缺乏体温计的村有12.1%。

二、疫情对农业和非农产业生产经营都有较大影响

1. 疫情对不同阶段的农业生产经营活动都有影响，其中处于春耕阶段村的生产经营活动受影响较大。2月22日，有63.1%的村表示疫情对本村农业生产经营活动有影响，处于春耕阶段的村庄中，有80.4%的村表示有影响，影响范围最广；其次是处于大规模备耕阶段的，有69.7%的村表示有影响；再次是处于田间管理阶段的，有67.2%的村表示有影响；尚未开始大规模备耕的村庄，也有57.0%的村表示有影响。随着疫情影响逐步控制，3月底，有九成以上的村表示农业生产经营活动基本恢复正常，其中，处于春耕阶段的村中，有89.3%的村表示农业生产经营活动恢复正常；处于其他农耕阶段的村中，有九成以上农业生产经营活动恢复正常。

2. 早稻种植受到一定影响，玉米播种面积保持稳定。疫情防控期间，农村地区交通不畅，农资运输受阻，一些地区早稻播种育秧受到影响，部分调查村表示将减少早稻种植面

积。随着疫情影响减缓，早稻种植面积逐步恢复。截至 3 月底，有近七成的村表示早稻种植面积稳定或增加，比 3 月初高出 21.3 个百分点。由于玉米生产错过疫情管控高峰期，玉米播种基本不受疫情影响，面积保持稳定。

3. 大部分地区的农作物未发生灾情，与 2019 年同期相比，小麦、玉米和冬油菜病虫害明显减轻。 疫情期间，在种植主要农作物的村中，大部分村都没有发生旱情、病害和虫害。截至 3 月 31 日，五成调查村的冬油菜，六成左右调查村的小麦、早稻和玉米没有发生灾情。16.5％和 8.9％调查村的小麦旱情和病害减轻，有 8.4％和 7.7％的冬油菜病害和虫害减轻，有 9.7％调查村的玉米旱情减轻。

4. 生猪养殖受疫情影响较小，存栏量和出栏量逐步恢复。 3 月初，有 26.1％的村表示生猪养殖受到疫情影响，存栏量约为非洲猪瘟疫情发生前正常年份的四成。截至 3 月底，生猪存栏量和出栏量恢复到非洲猪瘟之前年份同期正常水平的六成左右。

5. 大部分有畜牧养殖的村没有发生牲畜疫病，非洲猪瘟等疫病明显减轻。 疫情期间，在有养殖的村中，大部分村都没有发生禽流感、口蹄疫和布鲁氏菌病等疫病。截至 3 月 31 日，未发生这三种疫病村的比例分别为 71.8％、73.9％和 79％。与 2019 年相比，非洲猪瘟、口蹄疫、禽流感等疫病明显减轻，未发生这三种疫病村的比例分别为 35.5％、12.7％和 10.9％。

6. 疫情对不同经营主体都有影响，疫情不同时期对不同类型农业经营主体的影响有差别。 疫情发生以来，农户面临的主要问题是农产品销售难。截至 2 月下旬，在有务农农户的村中，有 43.3％的村表示农户生产经营面临困难，有 21.8％的村表示农产品销售难；随着疫情影响减缓，农户受影响程度逐步降低，截至 3 月底，有 89.6％的村表示村内家庭农场生产经营已基本恢复正常，仍有 7.8％的村表示农产品销售难。

2 月下旬，新型农业经营主体主要面临农资购买难、农产品销售难和雇工难，其中在有新型农业经营主体的村中，有五成以上的村表示村内新型农业经营主体生产经营面临困难，有五成以上的村表示农资购买难、农产品销售难或者雇工难。3 月下旬以后，新型农业经营主体面临的主要问题是雇工难、产品销售难和资金周转困难，截至 3 月底，仍有一成左右的村表示村内新型农业经营主体生产经营面临困难，其中，有 20％以上的村面临农资购买难、农产品销售难或者雇工难。

7. 农业不同行业都不同程度地受到疫情影响，其中禽类养殖受影响最大。 截至 2 月下旬，在有禽类养殖的村庄中，有 51.6％的村表示影响较大，有 23.8％的村表示饲料购买难，有 20.5％的村表示农产品销售难；在种植粮食的村庄中，有 42.9％的村表示影响较大，有 15.1％的村表示不能及时劳作；在种植蔬菜或水果的村庄中，分别有 39.1％、35.7％的村表示影响较大，分别有 18.9％、16.2％的村表示农产品销售难；在有牲畜养殖的村庄中，有 40.7％的村表示影响较大，有 23.2％的村表示饲料购买难。

截至 3 月底，八成以上的村各农业行业生产经营基本恢复正常。有 86.2％的村表示禽类生产基本恢复正常，仍有 9.5％的村表示农产品销售难；有 87.6％的村表示牲畜生产基本恢复正常，仍有 7.1％的村表示饲料、仔畜购买难；有 89％的村表示水果生产基本恢复正常，仍有 10.3％的村表示农产品销售难；有 93.6％的村表示蔬菜生产基本恢复正常，仍有 4.5％的村表示农产品销售难；有 93.3％的村表示粮食生产基本恢复正常，仍有 3.7％的村表示劳作受限制。

8. 农产品销售都受到不同程度影响，不同农产品受到的影响有差异。截至 3 月 6 日，在有相关农产品销售的村中，反映家禽、水果和土特产卖难问题的较多，分别达 36.7%、28.9% 和 25.3%；从农产品销售价格看，反映家禽、禽蛋和水果价格下跌的较多，分别达 28.8%、20.5% 和 19.8%；从农产品销量上看，反映家禽、生猪和水果销量减少的村较多，分别达 42.4%、38.1% 和 35.6%。截至 3 月 31 日，在有相关农产品销售的村中，反映家禽、水果和禽蛋卖难的村较多，分别有 11.1%、10.9% 和 9.2% 的村反映价格下跌，平均下降 8% 左右；从农产品销售价格看，反映禽蛋、家禽和水果价格下跌的村较多，分别达 23%、16.3% 和 12.2%；从农产品销量上看，反映生猪、禽蛋和家禽销量减少的村较多，分别达 23.2%、21.6% 和 19.4%。

9. 3 月下旬，农贸市场市场已经恢复开放。截至 3 月 20 日，调查农村居民常去销售的农贸市场中，已有 84.5% 的农贸市场恢复开放，其中，3.9% 的农贸市场春节前已关闭、现在未开放，11% 的农贸市场在春节后关闭，仍未开放。截至 3 月 31 日，已有 92.8% 的农贸市场开放，仅有 7% 的农贸市场仍未开放。

10. 农资供应基本能够满足，农业社会化服务受影响较大。疫情对农资供应影响较小。2 月中旬，70% 左右的村表示种子、化肥、农药、农膜、柴油等主要农资比较容易买到，且价格比较稳定；截至 3 月底，九成以上有农资需求的村农资供应能够满足。农业社会化服务受影响较大，平均有三成左右的村表示买不到生产托管服务、农机耕种服务和统防统治等服务。

11. 非农产业受影响较大，村旅馆民宿和餐馆受影响严重。截至 3 月初，所有调查村中，有五成以上的村表示非农经营受到影响。分行业看，受影响最大的是乡村住宿、餐饮业和休闲农业。在有旅馆和民宿的村庄中，有 97.1% 的村表示旅馆和民宿经营面临困难，其中，有 82.5% 表示已关门停业；在有餐馆的村庄中，有 95.5% 的村表示餐馆经营面临困难，有 78.4% 的村庄表示已关门停业；在有休闲农业的村庄中，有 81.6% 的村表示经营面临困难，有 59.8% 的村庄表示已关门停业。截至 3 月底，全部调查村中，有八成以上的村二、三产业基本恢复经营，但仍有近三成村的旅馆民宿暂未开业，有 15.3% 的村的餐馆表示已关门停业，有 14.9% 的村的休闲农业表示已关门停业。

12. 3 月下旬，外贸企业九成以上已复工，四成以上员工基本到岗。截至 3 月 20 日，样本村所在地（市）有九成以上外贸企业恢复生产，其中，有 8.9% 的外贸企业恢复到 2019 年 10%～30% 水平，12.1% 的外贸企业恢复了 30%～50%，18.9% 的外贸企业恢复了 50%～70%，17.8% 的外贸企业恢复到 70%～90%，37.2% 的外贸企业基本恢复。九成以上外贸企业有员工到岗，其中约四成的外贸企业员工到岗率基本恢复正常。截至 3 月 31 日，五成外贸企业员工到岗率基本恢复正常。

三、扶贫工作逐步恢复，疫情对脱贫攻坚的影响逐步减弱

1. 疫情对 2020 年的脱贫攻坚会有干扰，但不会产生太大影响。调查结果显示，截至 3 月 31 日，在有建档立卡贫困户的村中，有 16.8% 的村干部预计此次疫情会对贫困户脱贫造成影响，比第一次调查（截至 2 月 15 日，下同）下降 13.4 个百分点；有 6.1% 的村干部预计疫情可能会导致部分脱贫户返贫，比第一次调查下降 17.1 个百分点。还有 8.3% 的村干

部预计疫情会造成一些非贫困户陷入贫困，比第二次调查（截至 2 月 22 日，下同）下降 13.1 个百分点。

2. 在有建档立卡贫困户的村中，村干部认为疫情对劳动力外出就业、春耕生产和农产品流通销售方面有影响从而导致返贫的比重均逐步降低。 在劳动力外出就业方面，近六成的村干部认为疫情会导致外出就业机会减少而造成返贫。调查结果显示，截至 3 月 31 日，在有建档立卡贫困户的村中，有 58.7％的村干部认为疫情会导致外出就业机会减少而造成返贫，比第一次调查下降 11.7 个百分点；有 67.3％的村干部认为疫情会导致外出就业时间减少而造成返贫，与第一次调查相比比重基本持平。

在春耕生产方面，一成的村干部认为疫情耽误农时会导致返贫。调查结果显示，截至 3 月 31 日，在有建档立卡贫困户的村中，有 11.4％的村干部认为疫情耽误农时会导致返贫，比第二次调查下降 14.7 个百分点；有 6.7％的村干部认为疫情导致农业投入下降进而会导致返贫，比第二次调查下降 0.7 个百分点；有 3.8％的村干部认为疫情使得农用物资运不进来会导致返贫。

在农产品流通销售方面，村干部认为疫情使得农产品运不出去和销售价格下降从而导致返贫的比重均为一成。调查结果显示，截至 3 月 31 日，在有建档立卡贫困户的村中，有 11.4％的村干部认为疫情使得农产品运不出去会导致返贫，比第一次调查时下降 30 个百分点；有 11.1％的村干部认为疫情使得农产品销售价格下降会导致返贫，比第一次调查下降 21.4 个百分点。

3. 扶贫工作队正常驻村工作的比重上升，扶贫项目受影响村的比重下降。 调查结果显示，截至 3 月 31 日，在有驻村扶贫工作队的村中，有 3.1％的村表示驻村扶贫工作队不能够正常驻村工作，有 96.9％的村表示驻村扶贫工作队能够正常驻村工作，比第一次调查时增加了 3.8 个百分点。在有扶贫帮扶项目的村中，有 11.1％的村表示已开展的扶贫帮扶项目受到疫情影响，比第一次调查时下降了 14 个百分点。

四、返乡农民工返岗就业受较大影响，目前仍在陆续恢复

1. 返乡农民工就业推迟一个月以上的估计有 3 000 万人。 从我国历年春运的安排来看，农历腊月十五开始，农历正月二十五结束。一般春运结束时，返乡农民工回城返岗率达到 90％左右。从调查结果来看，2 月 15 日，返乡外出农民工节后返岗的比例比 2019 年同期下降近 75％；3 月 20 日（农历二月二十七），返乡外出农民工节后返岗的比例比 2019 年同期下降 24.5％，据此推算，返乡农民工延迟就业一个月以上的就达 3 000 万人。

2. 返乡农民工外出返岗比例达到 2019 年同期八成以上，跨省就业恢复相对较慢。 截至 3 月 31 日，样本村中返乡农民工节后返岗的比例比 2019 年同期减少 19.1％，比第一次调查时恢复了 50 个百分点以上。其中，在县内就业的农民工恢复最快，与 2019 年同期相比减少 6.9％，比第一次调查时恢复了 67.6 个百分点；在省内就业的减少 14.4％，比第一次调查时恢复了 61 个百分点；跨省就业的农民工恢复得最慢，与 2019 年同期相比减少了 27％，比第一次调查时恢复了 45.4 个百分点。

从跨省就业的农民工来看，截至 3 月 31 日，到广东省就业的比 2019 年同期减少 30.9％；到福建省就业的比 2019 年同期减少 31.6％；到上海市就业的比 2019 年同期减少

28.1%；到浙江就业的比 2019 年同期减少 22.4%；到江苏就业的比 2019 年同期减少 17.5%；到北京就业的比 2019 年同期减少 46.1%；到天津就业的比 2019 年同期减少 37.1%；到成渝经济圈就业的比 2019 年同期减少 6.7%，到山东省就业的比 2019 年同期减少 30.5%；到湖北就业的比 2019 年同期减少 79.4%。

3. 东部地区返乡农民工返岗就业恢复较快。 分地区看，东部地区外出农民工就业恢复速度较快，已恢复至 2019 年同期的 88%，东北地区恢复至 2019 年同期的 79.9%，西部地区恢复至 2019 年同期的 81.1%，中部地区恢复至 2019 年同期的 71.3%，剔除湖北省后，中部地区恢复至 2019 年同期的 77.6%。

4. 返乡农民工总体年外出就业时间降幅可能超过 10%。 总的来看，就业时间受疫情影响最大的就是返乡过节的外出农民工。假定返乡农民工全年平均务工时间与外出农民工相同，均为 10 个月；返乡农民工在春运期间从返乡到外出都是匀速变化，且往年春运期间都是 100% 转移（从农历腊月十五到腊月三十全部返乡，从正月初一到正月二十五全部返岗）；农民工到达目的地后可立即返岗就业，不需要隔离。基于以上三个假定条件，以及现有的 2 月底返岗比例达到 50% 等已知信息，如果外出农民工能够在 4 月底前全部返岗，则 2020 年返乡农民工总体的就业时间将比 2019 年减少 10.9%。

5. 疫情对农民工就业的负面影响还在发酵。 截至 3 月 31 日，在返乡后尚未外出的农民工中，之前在外从事家庭经营的占 11.9%，之前在外受雇有稳定工作的占 49.7%，之前在外以打零工为主的占 38.3%，签订有劳动合同的占 36.9%，已接到复工通知的占 54.9%。所有调查村中，有 11.8% 的村表示是因疫情防控措施要求不能外出，有 45.3% 的村表示是没有接到复工通知，有 62.5% 的村表示是因担心外出感染新冠肺炎，待疫情缓解或消除后外出，分别比前一次调查时减少 8.4、10.0 和 1.9 个百分点。

疫情对农民工就业的负面影响还在发酵，反映因农民工未找到工作或企业破产裁员等原因尚未外出的村比重提高。有 40.7% 的村表示是因还没找到工作，有 11.5% 的村表示是因用人单位裁员，有 2.9% 的村表示是因用人单位破产，分别比前一次调查时提高 5.1、2.0 和 2.1 个百分点。

五、农民一季度增收形势十分严峻

1. 村干部预计一季度农户种植业家庭经营纯收入同比下降 6.5%，主要原因是部分生鲜农产品卖不出去。 截至 3 月 31 日，根据村干部判断，有 55.2% 的村预计一季度农户种植业家庭经营纯收入与 2019 年同期相比保持稳定，有 2.5% 的村预计有所增长，有 42.3% 的村预计收入下降，其中，10.2% 的村预计种植业家庭经营纯收入减少 5% 以内，有 13% 的村预计种植业家庭经营纯收入减少 5%～10%，有 12.4% 的村预计种植业家庭经营纯收入减少 10%～30%，3.9% 的村预计种植业家庭经营纯收入减少 30%～50%，有 2.8% 的村预计种植业家庭经营纯收入减少 50% 以上。加权平均计算，预计调查村一季度农户种植业家庭经营纯收入同比下降 6.5%。

主要原因是部分生鲜农产品卖不出去。截至 3 月 31 日，在有蔬菜种植的村中，有 6.5% 的村表示农产品销售难；在有水果种植的村中，有 10.9% 的村表示农产品销售难，有 1.9% 的村表示劳作受限制。从销售量来看，3 月 6 日的调查显示，反映水果销量下降的村占调查村的 38.1％，销量增长的村仅占 3.1％；反映蔬菜销量下降的村占调查村的 28.7％，销量增长的村仅占 8.3％。截至 3 月 31 日，情况有所好转，但反映蔬菜销量下降的村比销量增长的村仍多出 1 倍以上。

2. 村干部预计一季度农户养殖业家庭经营纯收入同比下降 3.1％，主要原因是部分畜禽产品卖难问题突出。截至 3 月 31 日，根据村干部的判断，有 32.7％的村预计一季度农户养殖业家庭经营纯收入与 2019 年同期相比保持稳定，有 12.8％的村预计有所增长，有 54.5％的村预计收入下降，其中，有 12.6％的村预计养殖业家庭经营纯收入减少 5％以内，有 15.2％的村预计养殖业家庭经营纯收入减少 5％～10％，有 15.6％的村预计养殖业家庭经营纯收入减少 10％～30％，有 5.9％的村预计养殖业家庭经营纯收入减少 30％～50％，还有 5.2％的村预计养殖业家庭经营纯收入减少 50％以上。加权平均计算，预计调查村一季度农户养殖业家庭经营纯收入同比下降 3.1％。

主要原因是部分畜禽产品卖难问题突出。2 月中旬的调查结果显示，在有养殖业的村中，有 50％左右的村表示养殖主体面临经营困难；截至 3 月 31 日，仍有 10％以上的村表示畜禽养殖仍受较大影响。在有禽类养殖的村中，有 9.5％的村表示农产品销售难，有 6％的村表示饲料、仔畜购买难。在有牲畜养殖的村中，有 7.1％的村表示饲料、仔畜购买难，有 4.6％的村表示农产品销售难。从销售数量看，截至 3 月 31 日，有 20％左右的村反映禽蛋、家禽和生猪销量下滑，比反映销售增加的村数量多 2 倍以上。从销售价格看，半数左右的村表示生猪价格高于 2019 年同期；反映禽蛋价格下跌的村数量多于上涨的村，反映家禽价格下跌的村比重已从 2 月中旬的 40％左右减少到目前的 16.3％，反映家禽价格上涨的村比重已从 2 月中旬的 9％增加到目前的 25.5％。

3. 村干部预计一季度农户非农产业家庭经营纯收入同比下降 19.9％，主要原因是乡村餐饮业、住宿业和休闲农业受疫情影响严重。截至 3 月 31 日，根据村干部判断，有 20.5％的村预计一季度农户非农产业家庭经营纯收入与 2019 年同期相比保持稳定，有 1％的村预计有所增长，有 78.4％的村预计收入下降，其中，有 12.1％的村预计非农产业家庭经营纯收入减少 5％以内，有 14.6％的村预计非农产业家庭经营纯收入减少 5％～10％，有 19.8％的村预计非农产业家庭经营纯收入减少 10％～30％，有 13.9％的村预计非农产业家庭经营纯收入减少 30％～50％，还有 18％的村预计非农产业家庭经营纯收入减少 50％以上。加权平均计算，预计调查村一季度农户非农产业家庭经营纯收入同比下降 19.9％。

乡村餐饮业、住宿业和休闲农业受疫情影响最为严重。3 月 6 日调查结果显示，几乎 100％的村乡村餐饮业、住宿业面临困难，其中八成左右的村餐饮业、住宿业处于关门停业状态；有 80％以上的村休闲农业面临困难，其中近六成的村休闲农业已关门停业。截至 3 月 31 日，非农产业迅速复工复产，但仍有 16.6％的村表示非农产业生产经营受到较大影响。分行业看，乡村餐饮业、住宿业和休闲农业恢复得最慢。在有旅馆和民宿的村中，有 41.5％的村表示旅馆和民宿经营面临困难，其中，有 28％的村表示已关门停业，有 6.8％的村表示营业（时间）受限制；在有餐馆的村中，有 32.1％的村表示餐馆经营面临困难，其中有 15.3％的村表示已关门停业，有 6.8％的村表示营业（时间）受限制；在有休闲农业的村中，有 27.7％的村表示经营面临困难，其中有 14.9％的村表示已关门停业，有 6.9％的村表示营业（时间）受限制；在有传统手工艺的村中，有 14.8％的村表示传统手工艺经营困难，其中 3.3％的村表示已关门停业；在有农产品加工业的村中，有 10.1％的村表示农产品加工业经营困难，其中有3%的村表示营业（时间）受限制；在有电商的村中，有5.4%的村表示电商经营困难，其中1.2%的村表示已关门停业。

4. 村干部预计一季度农户工资性收入同比下降18.3%，主要原因是就业人数和就业时间双减少。截至3月31日，根据村干部判断，有24.9%的村预计一季度农户工资性收入与2019年同期相比保持稳定，有2.4%的村预计有所增长，72.7%的村预计收入下降，其中，10.1%的村预计工资性收入减少5%以内，13.1%的村预计工资性收入减少5%～10%，21.4%的村预计工资性收入减少10%～30%，11.3%的村预计工资性收入减少30%～50%，16.9%的村预计工资性收入减少50%以上。加权平均计算，预计调查村一季度农户工资性收入同比下降18.3%。

主要原因是就业人数和就业时间双减少。截至3月31日，返乡农民工节后返岗的比例比2019年同期减少19.1%；从就业时间看，有60%以上的村表示疫情导致农民工就业时间缩短；有30%左右的村表示疫情导致农民工外出就业工资水平下降。

新冠肺炎疫情对农民收入的影响及其对策建议①

　　本文利用农村固定观察点开展的当前农村疫情防控和经济社会发展情况的村庄调查数据，结合国家统计局农村住户调查数据，对 2020 年一季度的农民收入形势和上半年的变化趋势进行了分析。结果表明，一季度农民人均可支配收入出现大幅度下降，上半年农民人均可支配收入预计也会出现下降。农民工就业时间减少导致工资性收入下降是农民人均可支配收入下降的最重要原因。对一季度农民人均可支配收入下降幅度的估计结果与国家统计局公布的实际结果差距较大的原因是，本文对一季度工资性收入估计的方法是采用"权责发生制"的方法，国家统计局的计算方法是采用"收付实现制"的方法，国家统计局统计的一季度农户工资性收入和转移性收入有一部分是上年的打工收入。新冠疫情对农民收入的影响会有滞后效应，国家统计局一季度统计的农民收入还没有充分体现疫情对农民收入的影响，对 2020 年后三个季度甚至 2021 年一季度的影响将会陆续体现出来。应采取切实可行的措施，千方百计缓解和对冲疫情对农民收入的影响，确保坚决打赢脱贫攻坚战和全面建成小康社会目标的实现。

一、受疫情影响一季度的农民人均可支配收入出现大幅下降

　　1. 一季度农户种植业家庭经营纯收入同比下降 6.5%，主要原因是部分生鲜农产品卖不出去。截至 3 月 31 日，有 55.2% 的村预计一季度农户种植业家庭经营纯收入与 2019 年同期相比保持稳定，有 2.5% 的村预计有所增长，有 42.3% 的村预计收入下降。在预计收入下降的村中，有 10.2% 的村预计种植业家庭经营纯收入减少 5% 以内，有 13% 的村预计种植业家庭经营纯收入减少 5%～10%，有 12.4% 的村预计种植业家庭经营纯收入减少 10%～30%，3.9% 的村预计种植业家庭经营纯收入减少 30%～50%，有 2.8% 的村预计种植业家庭经营纯收入减少 50% 以上。加权平均计算，预计调查村一季度农户种植业家庭经营纯收入同比下降 6.5%。

　　主要原因是部分生鲜农产品卖不出去。截至 3 月 31 日，在有蔬菜种植的村中，有 6.5% 的村表示农产品销售难；在有水果种植的村中，有 10.9% 的村表示农产品销售难，有 1.9% 的村表示劳作受限制。从销售量来看，3 月 6 日的调查结果显示，反映水果销量下降的村占调查村的 38.1%，销量增长的村仅占 3.1%；反映蔬菜销量下降的村占调查村的 28.7%，销量增长的村仅占 8.3%。截至 3 月 31 日，情况有所好转，但反映蔬菜销量下降的村比销量增长的村仍多出 1 倍以上。

---

　　① 本文与马永良合作，写于 2020 年 4 月。

2. 一季度农户养殖业家庭经营纯收入同比下降 3.1%，主要原因是部分畜禽产品卖难问题突出。 截至 3 月 31 日，有 32.7% 的村预计一季度农户养殖业家庭经营纯收入与 2019 年同期相比保持稳定，有 12.8% 的村预计有所增长，有 54.5% 的村预计收入下降。在预计收入下降的村中，有 12.6% 的村预计养殖业家庭经营纯收入减少 5% 以内，有 15.2% 的村预计养殖业家庭经营纯收入减少 5%～10%，有 15.6% 的村预计养殖业家庭经营纯收入减少 10%～30%，有 5.9% 的村预计养殖业家庭经营纯收入减少 30%～50%，还有 5.2% 的村预计养殖业家庭经营纯收入减少 50% 以上。加权平均计算，预计调查村一季度农户养殖业家庭经营纯收入同比下降 3.1%。

主要原因是部分畜禽产品卖难问题突出。2 月中旬的调查结果显示，在有养殖业的村中，有 50% 左右的村表示养殖主体面临经营困难；截至 3 月 31 日，仍有 10% 以上的村表示畜禽养殖仍受较大影响。在有禽类养殖的村中，有 9.5% 的村表示农产品销售难，有 6% 的村表示饲料、仔畜购买难。在有牲畜养殖的村中，有 7.1% 的村表示饲料、仔畜购买难，有 4.6% 的村表示农产品销售难。从销售数量看，截至 3 月 31 日，有 20% 左右的村反映禽蛋、家禽和生猪销量下滑，比反映销售量增加的村数量多 2 倍以上。从销售价格看，半数左右的村表示生猪价格高于 2019 年同期；反映禽蛋价格下跌的村数量多于上涨的村，反映家禽价格下跌的村比重已从 2 月中旬的 40% 左右减少到 3 月末 16.3%，反映家禽价格上涨的村比重已从 2 月中旬的 9% 增加到 25.5%。

3. 一季度农户非农产业家庭经营纯收入同比下降 19.9%，主要原因是乡村餐饮业、住宿业和休闲农业受疫情影响严重。 截至 3 月 31 日，有 20.5% 的村预计一季度农户非农产业家庭经营纯收入与 2019 年同期相比保持稳定，有 1% 的村预计有所增长，有 78.4% 的村预计收入下降。在预计收入下降的村中，有 12.1% 的村预计非农产业家庭经营纯收入减少 5% 以内，有 14.6% 的村预计非农产业家庭经营纯收入减少 5%～10%，有 19.8% 的村预计非农产业家庭经营纯收入减少 10%～30%，有 13.9% 的村预计非农产业家庭经营纯收入减少 30%～50%，还有 18% 的村预计非农产业家庭经营纯收入减少 50% 以上。加权平均计算，预计调查村一季度农户非农产业家庭经营纯收入同比下降 19.9%。

乡村餐饮业、住宿业和休闲农业受疫情影响最为严重。3 月 6 日调查结果显示，几乎 100% 的村乡村餐饮业、住宿业面临困难，其中八成左右的村餐饮业、住宿业处于关门停业状态；有 80% 以上的村休闲农业面临困难，其中近六成的村休闲农业已关门停业。截至 3 月 31 日，非农产业迅速复工复产，但仍有 16.6% 的村表示非农产业生产经营受到较大影响。分行业看，乡村餐饮业、住宿业和休闲农业恢复得最慢。在有旅馆和民宿的村中，有 41.5% 的村表示旅馆和民宿经营面临困难，其中，有 28% 的村表示已关门停业，有 6.8% 的村表示营业（时间）受限制；在有餐馆的村中，有 32.1% 的村表示餐馆经营面临困难，其中有 15.3% 的村表示已关门停业，有 6.8% 的村表示营业（时间）受限制；在有休闲农业的村中，有 27.7% 的村表示经营面临困难，其中有 14.9% 的村表示已关门停业，有 6.9% 的村表示营业（时间）受限制；在有传统手工艺的村中，有 14.8% 的村表示传统手工艺经营困难，其中 3.3% 的村表示已关门停业；在有农产品加工业的村中，有 10.1% 的村表示农产品加工业经营困难，其中有 3% 的村表示营业（时间）受限制；在有电商的村中，有 5.4% 的村表示电商经营困难，其中有 1.2% 的村表示已关门停业。

4. 一季度农户工资性收入同比大幅下降，主要原因是就业人数和就业时间双减少。 截至 3 月 31 日，有 24.9％的村预计一季度农户工资性收入与 2019 年同期相比保持稳定，有 2.4％的村预计有所增长，72.7％的村预计收入下降。在预计收入下降的村中，有 10.1％的村预计工资性收入减少 5％以内，有 13.1％的村预计工资性收入减少 5％～10％，有 21.4％的村预计工资性收入减少 10％～30％，有 11.3％的村预计工资性收入减少 30％～50％，有 16.9％的村预计工资性收入减少 50％以上。加权平均计算，预计调查村一季度农户工资性收入同比下降 18.3％。

假定农民人均可支配收入中工资性收入的下降幅度与农民工一季度就业时间减少的幅度相同，同时假定工资水平不变，一季度农户工资性收入同比下降 30％。2020 年一季度，就业时间受疫情影响最大的就是返乡过节的外出农民工。一方面，与本地农民工相比，2020 年返乡过节后外出就业的农民工跨区就业受到健康证明、复工通知等诸多手续的限制；另一方面，与未返乡外出农民工相比，主要的农民工输入大省都有外来人员隔离 14 天的政策要求，返乡过节的农民工返回目的地后无法立即就业，因此返乡过节外出农民工就业时间受损最大。从我国历年春运的安排来看，从农历腊月十五到农历正月二十五，持续时间约为 40 天。一般春运结束时，绝大多数节前返乡农民工都能返城返岗，从广东部分地市往年农民工节后返岗的情况看，返乡农民工返岗率能达到九成以上。据农村固定观察点调查，截至 2 月 15 日，返乡农民工返岗回城的比例只有 2019 年同期的 25.7％；截至 3 月 31 日，返乡农民工返岗回城的比例是 2019 年同期的 80.9％。假定返乡农民工在春运期间从返乡到外出都是 100％转移（返乡农民工从农历腊月十五到腊月三十全部返乡，从正月初一到正月二十五全部返岗）且每个阶段内是匀速变化的；农民工到达目的地后可立即返岗就业，不需要隔离。基于以上两个假定条件，以及现有的返岗比例等已知信息，可以测算出 2020 年一季度返乡农民工总体（含 3 月 31 日前尚未外出的返乡农民工）外出时间比 2019 年同期减少 30％。

5. 预计一季度农民人均可支配收入大幅下降。由于国家统计局未公布 2020 年一季度可支配家庭经营净收入的构成，这里以农村固定观察点农户 2019 年可支配家庭经营净收入的结构来代替。在假定一季度财产性收入不变，工资性收入和农户转移性收入中外出从业人员寄回和带回收入增速均为村干部预计的农户工资性收入下降 18.3％的幅度，得出 2020 年一季度农民人均可支配收入名义增长速度的估计 1（见表 1）。预计 2020 年一季度农民人均可支配收入减少 637.9 元，其中工资性收入下降 367.7 元。与国家统计局公布的 2019 年一季度我国农民人均可支配收入 4 600 元相比，降幅达 13.9％，工资性收入下降的贡献率达到 60％。

假定工资性收入和农户转移性收入中外出从业人员寄回和带回收入增速与农民工一季度就业时间同比减少 30％的幅度相同，其他假定与估计 1 的假定相同，得出 2020 年一季度农民人均可支配收入名义增长速度的估计 2。预计 2020 年一季度农民人均可支配收入减少 924.7 元，其中工资性收入下降 602.7 元。与国家统计局公布的 2019 年一季度我国农民人均可支配收入 4 600 元相比，降幅达 20.1％，工资性收入下降的贡献率达到 65.2％。

表 1　对 2020 年一季度农民人均可支配收入增长的估计

指标	2019 年一季度实际收入（元）	2020 年一季度名义增长速度估计（％）		2020 年一季度实际增速（％）
		估计 1	估计 2	国家统计局调查
农村居民人均可支配收入	4 600	−13.9	−20.1	0.9

指标	2019 年一季度实际收入（元）	2020 年一季度名义增长速度估计（％）		2020 年一季度实际增速（％）
		估计 1	估计 2	国家统计局调查
工资性收入	2 009	−18.3	−30.0	—
经营净收入	1 535	−12.3	−12.3	—
财产净收入	130	0.0	0.0	—
转移净收入	925	−8.8	−14.4	—

6. 对一季度农民人均可支配收入增长的估计结果与国家统计局的调查结果存在较大差异的解释。据国家统计局 4 月发布的数据，2020 年一季度，农村居民人均可支配收入 4 641 元，比 2019 年同期增长 0.9％，若扣除价格因素，实际下降 4.7％。国家统计局未公布农村居民人均可支配收入中，不同来源收入的具体变化情况。

比较国家统计局和本文估计的两个数据，本文估计的一季度名义上的农村居民人均可支配收入的增速，比国家统计局的低很多，主要是由于计算方法的不同。本文对一季度工资性收入估计的方法是采用"权责发生制"的方法，即假定农民工就业投工后立刻获得工资性收入。国家统计局的计算方法是采用"收付实现制"的方法，即农户实际获得的工资性收入，国家统计局统计一季度农户工资性收入有很大部分是上年的打工收入。新冠疫情对农民收入的影响会有滞后效应，国家统计局一季度统计农民收入还没有充分体现疫情对农民收入的影响，对 2020 年后三个季度甚至 2021 年一季度的影响将会陆续体现出来。

二、新冠疫情对上半年农民人均可支配收入影响的估计

上述农村固定观察点的调查结果显示，2020 年上半年新冠疫情对农村居民人均可支配收入的影响是全方位的。一是疫情对农户的家庭经营产生影响，包括对农业和非农业家庭经营的影响，进而影响农户家庭经营的净收入；二是新冠疫情对农民工打工的影响，包括对农民工本地打工和外出打工的影响，本地打工直接影响农民的工资性收入，外出打工直接影响带回和寄回的转移性收入。为了估计疫情对 2020 年上半年农村居民人均可支配收入的影响，需要在分析一季度农户家庭经营和农民工就业恢复情况的基础上，结合其他相关数据对二季度的农户家庭经营和农民工就业等情况做出判断。

从疫情对农户家庭经营的影响看，截至 3 月 31 日，有 91.6％的村表示农业生产经营活动基本恢复正常。在处于春耕阶段的村中，有 89.3％的村表示农业生产经营活动恢复正常；在处于大规模备耕阶段的村中，有 90.2％的村表示农业生产经营活动恢复正常；在处于田间管理阶段的村中，有 96％的村表示农业生产经营活动恢复正常；在尚未开始大规模备耕的村中，有 100％的村表示农业生产经营活动恢复正常。

从不同农业行业的生产恢复情况看，绝大部分村的种植业生产已经基本恢复正常。截至 3 月 31 日，在有粮食种植的村中，有 93.3％的村表示粮食生产基本恢复正常；在有蔬菜种植的村中，有 93.6％的村表示蔬菜生产基本恢复正常；在有水果种植的村中，有 89％的村表示水果生产基本恢复正常。在有禽类养殖的村中，有 86.2％的村表示禽类生产基本恢复

正常。在有牲畜养殖的村中，有 87.6% 的村表示牲畜生产基本恢复正常。大部分有畜牧养殖的村没有发生牲畜疫情，非洲猪瘟等疫情明显减轻。从养殖业疫病情况看，截至 3 月 31 日，在有养殖的村中，大部分村都没有发生禽流感、口蹄疫和布鲁氏菌病等疫病，未发生这三种疫病村的比例分别为 71.8%、73.9% 和 79%。与 2019 年同期相比，非洲猪瘟、口蹄疫、禽流感等疫情明显减轻，未发生这三种疫病村的比例分别为 35.5%、12.7% 和 10.9%。

根据以上情况，可以做出以下假定和判断：（1）二季度农户种植业生产恢复到 2019 年上半年 6.2% 的增长速度。（2）养殖业生产出现反弹，增长速度恢复到 2017 年 2.1% 的水平。（3）第二产业恢复到 2019 年同期的增长速度，第三产业的净收入恢复到全国服务业生产指数第一季度下降幅度的一半，即下降 4.6%。（4）一季度家庭经营净收入减少 12.4%。基于以上假定，以 2019 年上半年农村固定观察点农户可支配家庭经营净收入的结构为权重，计算得出的二季度农户家庭经营净收入的增速为 4.5%，上半年家庭经营经营净收入下降 6.5%。

从疫情对农民工打工的影响看，农村固定观察点的调查结果显示，截至 3 月 31 日，返乡农民工节后外出的比例比 2019 年同期减少 19.1%。随着国内疫情得到有效控制，目前国内所有省份的疫情防控等级均已降至二级及以下，各地采取的防控措施大幅放宽，对就业的约束也逐步取消。因此，一季度未就业农民工在二季度能否就业的最关键因素还是取决于经济的恢复速度。从一季度来看，农民工就业较多的制造业、建筑业、批发零售业、交通运输业和餐饮住宿业的 GDP 同比降幅均在 10% 以上，其中，住宿和餐饮业 GDP 的同比降幅达到 30% 以上。在国外疫情未得到有效控制，国内疫情点状发生的态势下，二季度餐饮住宿、批发零售和交通运输等服务行业难以恢复正常状态，之前在这些行业就业的农民工仍面临就业难或就业不充分的问题。假定这三个行业二季度 GDP 增速恢复一半，根据 2019 年各行业单位 GDP 吸纳农民工就业的情况推算，预计二季度这三个行业可能有 800 万农民工难以实现就业。

基于以上情况可以做出以下假定和判断：（1）假定二季度农民工就业时间与上述三个行业农民工就业的减少数量相同，即减少 2.8%，其他行业的就业水平与上年同期相同；（2）上年一季度和二季度农民工打工就业时间的比例为 1:1.15。基于这两个假定推算，上半年农民工的打工时间减少 15.3%。

假定上半年农村居民工资性收入和转移性收入中外出从业人员带回和寄回收入的变化与农民工打工的时间相同，工资水平保持不变，那么上半年农村居民人均可支配收入中工资性收入将减少 15.3%，转移净收入将减少 7.5%；假定上半年外出务工月均收入下降 7.9%，即下降幅度为国家统计局公布的 2020 年一季度的下降幅度，在其他假定不变的情况下，上半年农村居民人均可支配收入中工资性收入将减少 22%，转移净收入将减少 10.8%（表 2）。

表 2　对 2020 年上半年农民人均可支配收入名义增长的估计（1）

指标	2019 年上半年实际情况		按权责发生制预计的 2020 年上半年名义增长率（%）	
	绝对量（元）	比上年名义增长（%）	假定 1	假定 2
农村居民人均可支配收入	7 778	8.9	−10.3	−14.1
工资性收入	3 560	9.1	−15.3	−22.0

指标	2019 年上半年实际情况		按权责发生制预计的 2020 年上半年名义增长率（%）	
	绝对量（元）	比上年名义增长（%）	假定 1	假定 2
经营净收入	2 343	6.2	−6.5	−6.5
财产净收入	217	9.6	9.6	9.6
转移净收入	1 659	12.4	−7.5	−10.8

说明：假定 1 为农民工的月均收入不变；假定 2 为农民工的月均收入下降 7.9%，即国家统计局公布的 2020 年一季度外出务工月均收入的下降幅度。

这样，在上半年农民工工资水平不变的情况下，上半年农村居民人均可支配收入将下降 10.3%；在假定工资水平下降 7.9% 的情况下，上半年农村居民人均可支配收入将下降 14.1%。

表 3　对 2020 年上半年农民人均可支配收入名义增长的估计（2）

指标	2019 年二季度实际情况（元）	2020 年二季度增速		按收付实现制预计的 2020 年上半年名义收入			
				绝对量（元）		增长速度（%）	
		假定 1	假定 2	假定 1	假定 2	假定 1	假定 2
农村居民人均可支配收入	3 178	−0.3	−5	7 810	7 660.1	0.4	−1.5
工资性收入	1 551	−2.8	−10.7	—	—	—	—
经营净收入	808	4.5	4.5	—	—	—	—
财产净收入	87	9.6	9.6	—	—	—	—
转移净收入	734	−1.4	−5.2	—	—	—	—

表 2 按"权责发生制"的方法估计上半年农民人均可支配收入的变化情况，即假定农民工就业投工后立刻获得工资性收入。下面按"收付实现制"的方法估计 2020 年上半年农民收入变化情况，即首先预测二季度农民人均可支配收入，加上国家统计局公布的一季度实际收入，再计算上半年农民收入的同比变化。

假定二季度农民人均可支配收入中工资性收入的变化幅度与农民工就业时间的变化幅度是一样的，在农民工工资水平不变和下降 7.9% 的两组假设条件下，估计出的上半年的农民人均可支配收入的名义增长速度分别为 0.4% 和 −1.5%（表 3）。

三、对策建议

从当前情况来看，2020 年农民人均可支配收入增速下降已难以避免，为确保完成 2020 年农民人均可支配收入比 2010 年翻一番的硬任务，即实现 2020 年农民人均可支配收入比上年实际增长 1.4% 以上的目标，建议从以下方面入手促进农民增收。

1. 多措并举稳定农民工就业。 从一季度农民可支配收入的影响结构看，工资性收入下降对一季度农民可支配收入下滑的贡献率达 70%，因此稳定农民工就业是当前的头等大事。从具体影响看，目前在住宿餐饮娱乐、批发零售行业就业的农民工受影响较大，再就是在外贸订单减少的预期下，制造业农民工的就业处境可能进一步恶化。目前国家已经出台了援企稳岗、减税降费等多种措施，努力稳就业。在落实好已有政策的基础上，建议一方面，尽快放松对农民工就业较多的服务性行业的限制，并采取发放消费券、预约消费和提高信贷消费额度等方式提振消费，推动住宿餐饮业、批发零售业等尽快恢复；另一方面要本着鼓励用工单位不裁员、少裁员的导向设计制度和政策，实现政策红利与稳就业目标的捆绑。最后，考虑到就业受影响的农民工以年轻人为主，他们求知欲望强、对新生事物接受快，可以利用这段时间推行农民工的职业技能提升行动，推出 3～6 个月的培训计划，以免费或提供补贴的方式鼓励有需求的农民工参加培训，推进农民工在人才短缺行业就业，缓解就业市场可能面临的压力。

2. 加大财政对农户的转移支付力度。 此次疫情对农村产业和农民群体的影响几乎是全方位的，虽然目前国内防控形势总体稳定，但在国外疫情加速蔓延的情况下，国内难以独善其身，因此短时间内农民和农业受到的影响是难以消除的。在这种情况下，唯有提高财政对农民的转移支付力度，才能在短时间内对冲农民收入受到的影响，稳定农户的收入预期，确保农户消费水平不下降。一是对农民直接发放农民直接收入补贴。利用农村脱贫攻坚积累的农户收入等相关信息，把农户分为贫困户、低收入户和一般农户，分别给予每人 800 元、500 元和 300 元的补贴。二是加大对农民的农业生产性补贴力度，确保耕地地力保护等各项补贴及时足额发放。三是加大国家对农业政策性保险的支持力度，扩大覆盖面。

3. 加大农业农村基础设施投资。 加大农业农村基础设施投资，一方面是落实党中央、国务院关于加大基础设施领域补短板力度的要求，推动城乡基础设施均衡发展的需要；另一方面是落实乡村振兴战略要求，实现产业兴旺、生态宜居的重要基础条件。在当前内需受创、外需不稳的形势下，要采取更为积极的财政政策，加大农业农村基础设施和公共服务设施的投资。优先投资高标准农田建设、乡村道路建设、危房改造等农业农村急需、吸纳本地农村劳动力就业较多的投资项目，努力提高农民工工资在项目中的分配比例。这样，一方面通过改善农业农村生产生活条件，以增加农民的生产经营性收入；另一方面有利于农民工参与建设，以增加农民工的工资性收入。

新冠肺炎疫情对农民工外出就业的
影响及其对策建议[①]

2020 年以来，受新冠肺炎疫情影响，我国劳动力就业受到较大冲击，一度处于暂停状态。为应对疫情对就业的影响，2 月中央政治局会议就提出要以更大力度实施好就业优先政策，4 月中央政治局会议再次强调要加大"六稳"和"六保"工作，排在首位的分别是稳就业和保居民就业，这体现出党中央对就业问题的高度重视。从"六稳"到"六保"的变化，也折射出当前劳动力就业面临的巨大压力，尤其是农民工外出就业。据国家统计局调查，2020 年 2 月末我国外出务工的农村劳动力总量为 1.2 亿人，比上年同期减少 5 000 万人。就业关系到收入，近年来农民工资性收入占人均可支配收入的比重已超过 40%，疫情对农民工就业的冲击必然会给农民增收带来不利影响。2020 年是全面打赢脱贫攻坚战收官之年，也是全面建成小康社会目标实现之年，在疫情防控工作进入常态化的背景下，我们要更加关注农民就业增收问题，深入分析疫情对农民工就业的影响，千方百计把疫情对农民工就业的影响降到最低，确保打赢脱贫攻坚战和全面建成小康社会目标的如期实现。

一、新冠肺炎疫情对农民工外出就业的影响

1. 从数量上看，一季度未就业的农民工数量达到 3 000 万人以上。 2019 年，我国外出农民工的数量规模为 1.7 亿人，据农村固定观察点 2 月的调查数据显示，2020 年外出农民工返乡过节的比例约为 75%。据此推算，2020 年返乡过节的农民工约为 1.3 亿人，留在城市未返乡的农民工约为 0.4 亿人。

农村固定观察点的调查结果显示，截至 3 月 31 日，返乡农民工节后外出的比例比上年同期减少 19.1%，根据前面的数据推算，一季度未外出就业的返乡农民工数量约为 2 500 万人。

截至 3 月 31 日，返乡农民工在本县内外出就业的比例比上年同期减少 6.9%。考虑到此次疫情防控主要是以县为单位制定并实施政策，因此在本乡镇内就业的本地农民工与到县内其他乡镇就业的外出农民工受到的影响应该相近。以在县内就业的外出农民工返岗比例推算本地农民工未就业的数量，则 1.2 亿本地农民工中，未实现就业的约为 800 万人。

综合来看，在不考虑未返乡外出农民工的前提下，我国一季度未就业的农民工数量可能达到 3 000 万人以上。

2. 从时间上看，返乡过节的外出农民工一季度就业时间同比减少 30%。 2020 年一季度，就业时间受疫情影响最大的是返乡过节的外出农民工。一方面，与本地农民工相比，2020 年返乡过节后外出就业的农民工跨区就业受到健康证明、复工通知等诸多手续的限制；

---

① 本文与张恒春合作，写于 2020 年 4 月。

另一方面，与未返乡的外出农民工相比，主要的农民工输入大省都有外来人员隔离 14 天的政策要求，返乡过节的农民工返回目的地后无法立即就业，因此返乡过节的外出农民工就业时间受损最大。从我国历年春运的安排来看，从农历腊月十五到农历正月二十五，持续时间约为 40 天。一般春运结束时，绝大多数节前返乡的农民工都能返城返岗，从广东部分地区往年农民工节后返岗的情况看，返乡农民工返岗率能达到九成以上。据农村固定观察点的调查结果，截至 2 月 15 日，返乡农民工返岗回城的比例只有 2019 年同期的 25.7%；截至 3 月 31 日，返乡农民工返岗回城的比例是 2019 年同期的 80.9%。假定返乡农民工在春运期间从返乡到外出都是 100% 转移（返乡农民工从农历腊月十五到腊月三十全部返乡，从正月初一到正月二十五全部返岗）且每个阶段内是匀速变化的；农民工到达目的地后可立即返岗就业，不需要隔离。基于以上两个假定条件，以及现有的返岗比例等已知信息，可以测算出返乡过节的农民工（含 3 月 31 日前尚未外出的返乡农民工）2020 年一季度外出从业时间比上年同期减少 30%。

3. 分行业看，在餐饮住宿、交通运输和批发零售等行业就业的外出农民工受影响较大。 新冠肺炎因其强传染性，对在聚集性、接触式服务的行业就业的农民工带来巨大影响。首当其冲的是在餐饮业就业的农民工，根据中国烹饪协会（2020）发布的疫情影响报告，2020 年春节期间有 78% 的餐饮企业营业收入损失达到 100%，9% 的企业营业损失达 90%～100%，仅此一项给餐饮企业带来的营业损失就超过 5 000 亿元。一季度的统计数据显示，餐饮和住宿业的 GDP 同比下降 35.3%，是所有行业中降幅最高的。其次是在交通运输业就业的农民工，交通运输部的数据显示，2020 年 2 月国内铁路、公路、水路、民航的客运量下降了 79.9%，出租汽车（包括网约车）接单量、运输量下降了 85%；3 月，中心城市公共交通客运量仅恢复至上年同期的 32.9%。再次是在批发零售业就业的农民工，国家统计局的数据显示，1—2 月，除餐饮以外的商品零售额同比下降 17.6%，3 月降幅有所收窄，但仍超过 10%，1—3 月除餐饮以外的商品零售额同比减少 1.3 万亿元。尽管当前国内疫情发展已得以控制，但疫情在国外的快速蔓延必然给国内的生产生活带来较大压力。因此在这三个行业就业的外出农民工短期内可能会陷入工作难找、就业时间压缩、工资收入下滑的境地。预计受此影响的外出农民工比例在 25% 左右。

4. 分地区看，中部地区和跨省就业的外出农民工就业恢复较慢。 疫情对不同地区和不同就业地域的外出农民工影响有所差异。分地区看，据农村固定观察点的调查结果，截至 3 月 31 日，东部地区返乡农民工外出就业恢复速度更快，已有 88% 的返乡农民工外出就业，西部地区有 81.1%，东北地区有 79.9%，中部地区有 71.3%，剔除湖北省后，中部地区恢复的比例为 77.6%，与其他地区农民工就业恢复的差距已显著收窄，但恢复速度始终是最慢的（见表 1）。

表 1 不同地区返乡农民工外出就业恢复情况

单位：%

时间	东部地区	中部地区	西部地区	东北地区	中部地区（不含湖北）
截至 2 月 14 日	29.0	14.0	24.6	40.4	17.3
截至 2 月 29 日	68.5	34.8	53.5	55.6	43.8
截至 3 月 31 日	88.0	71.3	81.1	79.9	77.6

资料来源：农村固定观察点。

在疫情防控期间，国家、省、市、县等各级政府部门均成立了疫情防控指挥部，统筹所在地的疫情防控工作，考虑到不同地区疫情防控的形势不同，各地对农民工就业采取的措施也就很难具有一致性、协同性。因此农民工外出就业的地域差别越大，所需要办理的手续、面临的障碍就越多，就业恢复也就越难。据农村固定观察点的调查结果，截至3月31日，仍有半数以上的村表示农民工跨省就业需要提供至少两项手续，比例远高于在省内就业和县内就业的返乡农民工。截至3月31日，县内就业的外出农民工已恢复至往年同期的九成以上，跨省就业的返乡农民工仅恢复了七成（见表2）。

表2　在不同地域就业的返乡农民工外出就业恢复情况

单位:%

时间	县内就业	县外省内	跨省就业
截至 2 月 14 日	25.5	24.6	27.6
截至 2 月 29 日	79.7	62.3	45.6
截至 3 月 31 日	93.1	85.6	73.0

资料来源：农村固定观察点。

5. 疫情对灵活就业农民工的影响相对较大。 为应对疫情对就业的冲击，党中央、国务院和地方各级政府分别出台了一系列援企稳岗措施，防止大规模裁员的发生。从政策设计来看，更多的是关注有稳定就业岗位的人员，而对于灵活就业人员尤其是打零工为主的农民工缺乏有力的政策支持。据农村固定观察点的调查结果，目前我国外出农民工中，以打零工为主的占到近30%。而截至3月31日，返乡过节后未外出的农民工中，之前在外以打零工为主的占比为38.3%，比外出农民工中打零工为主的比例高出10个百分点，这就意味着疫情对打零工为主的农民工的影响要显著高于其他农民工。

6. 疫情对农民工就业的次生影响逐步显现。 疫情发生之初，恰逢我国春节，全社会为防止疫情扩散采取了严格的防控措施，城乡就业市场基本处于暂停状态。随着疫情逐步得到控制，全社会就业逐步恢复，疫情对就业的直接影响不断削弱。据农村固定观察点的调查结果，截至3月31日，反映农民工因疫情防控措施要求不能外出和因担心外出感染新冠肺炎而推迟外出的比例比3月初调查时均有较大幅度下降，这表明疫情对农民工就业的直接影响正在大幅消退；但反映农民工因未找到工作、企业破产、单位裁员等原因未外出的比例比之前调查时均有不同程度的提高，这就意味着疫情对经济的不利影响还在发酵，因企业破产、裁员等原因导致的农民工就业难的次生影响逐步显现，二季度农民工就业形势可能更为严峻。

二、对上半年农民工就业形势的判断

1. 上半年在餐饮住宿、批发零售和交通运输等服务行业就业的农民工数量可能减少800万人。 随着国内疫情得到有效控制，目前国内所有省份的疫情防控等级均已降至二级及以下，各地采取的防控措施大幅放宽，对就业的约束也逐步取消。因此，一季度未就业农民工在二季度能否就业的最关键因素还是取决于经济的恢复速度。从一季度来看，农民工就业较多的制造业、建筑业、批发零售业、交通运输业和餐饮住宿业的GDP同比降幅均在10%以上，其中住宿和餐饮业 GDP 的同比降幅达到 30% 以上。在国外疫情未得到有效控制、国内疫情点状发生的态势下，二季度餐饮住宿、批发零售和交通运输等服务行业难以恢复正常状态，之前在这些行业就业的农民工仍面临就业难或就业不充分的问题。假定这三个行业二季度 GDP 增速恢复一半，根据 2019 年各行业单位 GDP 吸纳农民工就业的情况推算，预计二季度这三个行业可能有 800 万农民工难以实现就业。

国外疫情蔓延导致的需求下降，对我国外贸企业农民工就业的影响必须引起高度重视。2020 年 1—2 月，我国出口额下降 17.2%，3 月出口降幅收窄至 3.5%，有学者根据中国全球价值链课题组的测算，估计 2020 年一季度我国因出口下降而损失的就业岗位约为 1 000 万个。虽然数据有高估的可能，但我国部分行业特别是纺织行业确实出现了大量出口订单推迟或取消的现象。据中国棉纺织行业协会对 100 多家重点企业的调查，反映订单不足的企业占比达到 63.6%。虽然 3 月我国出口降幅大幅收窄，但这并不意味着国外需求处于快速恢复阶段，并且有多家研究机构表示此次疫情导致的世界经济衰退或将超过 2008 年的国际金融危机。目前最为乐观的估计是欧美可能在二季度有效控制住疫情，再对比我国在疫情得到有效控制的 3 月，社会消费品零售总额仍下降 10% 以上可以看出，即使疫情得到控制，短期内需求也难以快速恢复。因此二季度我国外贸出口行业仍要承受较大的下行压力，由此带来的就业岗位损失必然绝大多数为农民工所承担。

2. 上半年农民工就业时间的损失可能接近 20%。 从农民工就业时间的减少幅度看，根据农村固定观察点的调查，截至 3 月 31 日，返乡农民工节后外出率恢复到上年同期的 81%，其中县内就业的恢复至 93%。以县内就业的外出农民工代替本地农民工的就业恢复情况，假定未来几个月农民工就业恢复保持匀速状态，且农民工的年均就业时间为 10 个月，再根据此前几个调查时点返乡农民工的外出情况，我们可以对上半年农民工就业时间的损失进行测算。假如 5 月底前农民工能全部返岗，则上半年农民工总体就业时间的损失可能达到 17%，其中外出农民工的就业时间损失约为 19%，本地农民工就业时间损失约为 14%；如果要到 6 月底才能全部返岗，则农民工总体就业时间的损失可能达到 19%。在不考虑农民工月均收入水平变化的情况下，这就意味着农民工上半年的总收入降幅可能接近 20%（见表 3）。

表 3　上半年农民工就业时间同比降幅测算

单位：%

时间	外出农民工就业时间降幅	本地农民工就业时间降幅	农民工总体就业时间降幅
4 月底前全部返岗	17	13	15
5 月底前全部返岗	19	14	17
6 月底前全部返岗	21	15	19

三、保持农民工外出就业稳定的对策建议

1. 加强农民工外出就业服务，强化农民工权益保障。 一是千方百计帮助外出农民工"找工作"，加强求职招聘对接服务。通过公共招聘网、人才信息网、各地人力资源市场网站、微信公众号、App 等平台，推广线上招聘、网络招聘、远程面试。二是强化外出农民

工职业技能培训，提高就业能力，适应新产业、新业态发展的要求。三是扩大城市住房保障对外来农民工的覆盖面，切实减轻房租负担。四是强化农民工医疗救助服务，扩大工伤保险和失业保险参与率。五是切实解决拖欠、克扣农民工工资问题，因疫情无法工作的，严禁企业无故解聘或不予支付工资。

2. 落实援企稳岗措施，扩大农民工就业。 一是建立企业用工奖励机制。对在疫情防控期间，多招收使用农民工的企业给予奖励。二是鼓励企业稳定职工队伍。适当降低失业保险缴费费率，对不裁员、少裁员的参保企业，按其上年度实际缴纳失业保险费的一定比例予以返还。三是加大创业担保贷款支持力度。对外出创业农民工或兴办小微企业的，可申请创业担保贷款，适当延长贷款期限，并给予贴息。四是对农民工创办的中小企业承租国有资产类经营用房的适当降低房租，对租用其他经营用房的，鼓励业主为租户减免租金。

3. 加大减税降费力度，切实减轻企业负担。 一是加大税收优惠力度。对因疫情影响办理纳税申报困难的中小企业，可依法申请延期申报。对确有特殊困难不能按期缴纳税款的，由企业申请依法办理延期缴纳。对受疫情影响企业停产或遭受重大损失，缴纳房产税、城镇土地使用税确有困难的，可申请临时减免。二是特许放宽社保政策。适当延长社会保险缴费期，对受疫情影响的参保单位，未能按时办理参保登记、缴纳社会保险费等业务的，允许其在疫情结束后补办，不收取滞纳金。

4. 加大金融支持力度，提供差异化金融服务。 一是强化信贷支持。对受疫情影响较大、吸收农民工就业较多的行业或企业，银行业金融机构应采取展期、无还本续贷等方式提供金融支持，建立启动快速审批通道，简化业务流程，应贷尽贷快贷，不抽贷、断贷、压贷。二是降低企业融资成本。对农民工创业兴办的小微企业，实行浮动利率，降低资金交易成本。三是加强保险服务。对受疫情影响遭受损失的企业，保险机构要全天候开通服务热线和理赔绿色通道，优先办理、线上理赔，适当扩展责任范围，简化索赔受理要求，采取预付赔款等方式，确保应赔尽赔。

5. 做好稳外资稳外贸工作，保产业链供应链稳定。 一是压缩外商投资准入负面清单。进一步扩大外商在华投资范围，使外商投资可以进入更多领域。二是确保外资企业可以同等享受国内近期出台的减税降费等优惠政策。三是强化外贸服务，优化业务流程，进一步降低进出口环节的物流成本。四是加大对各行业龙头企业的支持，推动龙头企业率先满员复工，打通上下游产业链，推动全产业链持续复苏。

关于巩固脱贫攻坚成果建立解决
相对贫困长效机制研究[①]

党的十九届四中全会决定明确指出，要打赢脱贫攻坚战，建立解决相对贫困长效机制。2020 年中央 1 号文件明确要求，要全面完成脱贫任务，研究接续推进减贫工作。本报告在系统总结我国治理贫困实践及其经验的基础上，研究提出了巩固脱贫攻坚成果防止返贫、建立解决相对贫困长效机制的意见和建议。

一、我国治理贫困的实践及其经验

改革开放以来，我国治理贫困主要经历了三个阶段。一是改革开放初期，通过改革促进增长带动减贫。实行家庭联产承包经营责任制、提高农产品价格、允许农村剩余劳动力转移就业，促进农村经济较快增长，农民收入大幅提高，农村贫困人口大幅减少。按当时的农村贫困标准[②]衡量，我国农村贫困人口从 1978 年年末的 2.5 亿人减少到 1985 年年末的 1.25 亿人，同期农村贫困发生率从 30.7％下降到 14.8％。二是 20 世纪 90 年代以来，通过实施战略规划推进减贫。成立国务院扶贫开发领导小组，组织实施"八七扶贫攻坚计划"和两个为期 10 年的"中国农村扶贫开发纲要"，我国农村贫困程度进一步减轻，贫困人口继续大幅减少。按现行农村贫困标准衡量，2012 年年末我国农村贫困人口 9 899 万人，比 1985 年年末减少 5.6 亿多人，农村贫困发生率 10.2％，比 1985 年年末下降 68.1 个百分点。三是党的十八大以来，实施精准扶贫精准脱贫方略。我国扶贫开发进入脱贫攻坚新阶段，出台一系列含金量极高的政策和超常规举措，脱贫攻坚成效显著。按现行农村贫困标准衡量，2013—2019 年我国农村减贫人数每年保持在 1 000 万人以上，到 2019 年年末农村贫困人口减少到 551 万人，农村贫困发生率下降到 0.6％。

经过 40 多年的改革与发展，特别是党的十八大以来，脱贫攻坚取得重大成就。一是农村贫困人口大幅减少。按现行农村贫困标准衡量，到 2019 年年末我国农村贫困人口减少到 551 万人，农村贫困发生率下降到 0.6％，中华民族千百年来的绝对贫困问题得到历史性解决。二是区域性整体减贫成效明显。2012—2019 年，东部地区农村贫困人口从 1 367 万人减少到 47 万人，已基本率先脱贫；中部地区农村贫困人口从 3 446 万人减少到 181 万人，下降幅度为 94.7％；西部地区农村贫困人口从 5 086 万人减少到 323 万人，下降幅度为 93.6％。三是贫困地区农民收入快速增长，消费水平大幅提高。2019 年贫困地区农村居民人均可支配收入 11 567 元，是 2012 年的 2.21 倍，年均名义增长 12.0％，扣除价格因素，

---

① 本文与何安华、张斌合作，写于 2020 年 4 月。

② 指按 1984 年价格确定的每人每年 200 元的贫困标准。

年均实际增长 9.7%。贫困地区农民收入实际增速比全国农村平均增速高 2.2 个百分点。2018 年贫困地区农村居民人均消费支出 8 956 元，与 2012 年相比，年均名义增长 11.4%，扣除价格因素，年均实际增长 9.3%。贫困地区农民人均消费支出是全国农村平均水平的 73.9%，比 2012 年提高了 3.4 个百分点。四是贫困地区基础设施条件明显改善，公共服务水平全面提升。截至 2018 年年末，贫困地区通电的自然村接近全覆盖，通电话、通有线电视信号、通宽带的自然村比重分别达到 99.2%、88.1%、81.9%，村内主干道路面经过硬化处理的自然村比重为 82.6%，通客运班车的自然村比重为 54.7%。贫困地区 87.1% 的农户所在自然村上幼儿园便利，89.8% 的农户所在自然村上小学便利，有文化活动室的行政村比重为 90.7%，拥有合法行医证医生或卫生员的行政村比重为 92.4%，93.2% 的农户所在自然村有卫生站，78.9% 的农户所在自然村垃圾能集中处理。五是我国减贫为全球减贫事业做出了巨大贡献。按照世界银行每人每天 1.9 美元的国际贫困线标准，我国对全球减贫的贡献率超过 70%，是世界上减贫人口最多的国家。世界银行 2018 年发布的《中国系统性国别诊断》报告称"中国在快速经济增长和减少贫困方面取得了'史无前例的成就'"。联合国秘书长古特雷斯在致"2017 减贫与发展高层论坛"贺信中盛赞中国减贫方略，称"中国的经验可以为其他发展中国家提供有益借鉴"。

改革开放以来，我国探索形成了中国特色减贫道路，积累了宝贵经验。一是发挥政治制度优势。坚持党对扶贫开发工作领导的政治优势，发挥社会主义集中力量办大事的制度优势，五级书记抓扶贫，实行中央统筹、省负总责、市县抓落实的管理体制机制，强化组织保障。二是激发主体内生动力。坚持扶贫与扶志、扶智相结合，加强技能培训，提升整体素质，摆脱思想贫困，增强贫困人口自我发展活力和动力，依靠自己辛勤劳动实现脱贫致富。三是促进发展成果共享。坚持以人民为中心，丰富和完善发展战略，推动区域和城乡协调发展，为贫困地区和贫困人口发展创造有利条件，共享发展成果。四是动员社会各方参与。坚持动员多方力量参与扶贫开发，凝聚多元主体，整合多方资源，协同多种机制，构建政府、社会、市场协同推进的贫困治理模式。五是开展国际减贫合作。坚持改革开放，借鉴国际减贫的成功经验和方法，不断改进我国的减贫工作，积极履行减贫国际责任，携手消除贫困。

二、巩固脱贫攻坚成果防止返贫

党的十八大以来，党和政府实施了一系列扶贫政策措施，脱贫攻坚有序推进。从当前的情况看，要全面完成脱贫任务，还面临着一些问题和挑战。巩固脱贫成果防止返贫，要在保持现有政策总体稳定的基础上，研究接续推进减贫工作。

（一）脱贫攻坚的目标要求与政策措施

党的十八大以来，召开中央扶贫开发工作会议，印发《关于打赢脱贫攻坚战的决定》，出台《"十三五"脱贫攻坚规划》，实施《关于打赢脱贫攻坚战三年行动的指导意见》，明确了脱贫攻坚的目标要求和政策措施。

从目标要求看，到 2020 年，稳定实现农村贫困人口不愁吃、不愁穿，义务教育、基本医疗和住房安全有保障。实现贫困地区农民人均可支配收入增长幅度高于全国平均水平，基本公共服务主要领域指标接近全国平均水平。确保我国现行标准下农村贫困人口实现脱贫，贫困县全部摘帽，解决区域性整体贫困。

从政策措施看，坚持因人因地施策、因贫困原因施策、因贫困类型施策；解决好扶持谁、谁来扶、怎么扶、如何退的问题；通过发展生产脱贫一批、易地搬迁脱贫一批、生态补偿脱贫一批、发展教育脱贫一批、社会保障兜底一批；做到扶持对象精准、项目安排精准、资金使用精准、措施到户精准、因村派人精准、脱贫成效精准。

（二）巩固脱贫攻坚成果面临的问题和挑战

从脱贫攻坚的目标要求和政策措施的实施情况看，全面完成脱贫任务、巩固脱贫攻坚成果还面临如下问题和挑战。

一是道路交通建设和饮水安全问题。从道路交通看，农村贫困地区的道路建设质量还有待提高，到 2018 年年末有 17.4％的自然村的主干道路面没有经过硬化处理；农村贫困地区的交通网络覆盖面还有待扩大，到 2018 年年末有 45.3％的自然村没有通客运班车。在深度贫困地区，个别乡村的路面硬化建设投资不足，运行维护有难度，通客运班车任务重、安全管理有困难。从饮水安全看，部分贫困地区农村水源地保护划定难、监管难，存在安全隐患，少数农村贫困人口还没能喝上安全水，到 2018 年年末贫困地区农村饮水有困难的农户占 6.4％，饮水安全无保障的农户比重可能更高。

二是农村教育和医疗卫生问题。从农村教育看，贫困人口人力资本总体质量偏低，全国大部分文盲集中在贫困地区，高中及以上文化程度占比仅为 11.5％。贫困地区农村义务教育控辍保学有一定难度，优质教师资源短缺影响了贫困学生的高中、大学升学率，加上家庭教育支出负担过重、初高中生毕业后就业择业困难，贫困学生仍存在厌学逃学弃学现象。对贫困地区的学前教育、高中教育和特殊教育重视不够。从医疗卫生看，因病致贫返贫是农民陷入贫困的重要原因，农村贫困地区的基本医疗保险、大病保险、医疗救助处于低水平、广覆盖阶段，一些慢性病还没有纳入医疗保险范围，贫困人口的营养健康保障也有待加强。部分村庄的卫生室简陋，医疗设备条件差，医疗卫生的"网底"功能尚需强化。

三是农村就业和产业发展问题。从就业扶贫看，本地就业机会少，一些农村贫困地区产业吸纳劳动力就业的能力不足，公益性岗位只能覆盖一小部分贫困劳动力。外出就业面临障碍，老龄化、低学历、缺技能、患慢性病、语言障碍等多重制约使部分贫困劳动力陷入不愿不能出、外出无人雇的困境。技能培训是就业扶贫良策，但部分贫困地区还存在培训组织难、针对性不强、培训后的就业衔接差等问题，有的贫困劳动力即使能就业但稳定性弱。从产业扶贫看，部分贫困地区的乡村产业发展不足，起步晚，同质化严重，产业链条短，产销脱节，抵御自然风险和市场风险的能力不强。个别产业扶贫项目存在短期化倾向，与项目实施地的资源禀赋契合度不高，产品市场前景不广，产业可持续性不强。产业扶贫专项资金仍有"垒大户"、经营主体不想用不敢用的问题，扶持的新型经营主体和贫困小农户尚未建立起紧密型利益联结机制。

四是扶贫项目和资金管理问题。从项目管理看，扶贫资金投入的指向性和精准性有待提高，部分乡村发展和建设项目在现行管理体制下不能使用扶贫整合资金，项目无经费保障，不利于脱贫攻坚和乡村振兴有机衔接；整合的财政资金大多只能投向贫困村、贫困户，不能用于非贫困村、非贫困户，造成政策"悬崖效应"。从资金使用看，扶贫资金在总量上需要增加，在投入结构上需要优化。一些扶贫项目对地方财政或贫困人口设有资金配套要求，但资金配套部分超出了他们的承受能力，导致这些地区和贫困人口申请不上或不敢申请扶贫项目。即使扶贫项目申请下来，因缺少配套资金，项目实际得到的资金往往比规划少，使得工程因缩小规模、降低等级而达不到预期效果。部分贫困地区开始出现扶贫投资在短期内不会显著影响农户收入增长或收入增长作用不明显的现象。

（三）巩固脱贫攻坚成果的对策与措施

1. 健全农村贫困动态监测机制。脱贫任务还没有全面完成，脱贫成果还需要继续巩固，开展农村贫困动态监测是实施针对性帮扶政策的前提。要以农户家庭义务教育和基本医疗保障情况为重点内容，以深度贫困地区中贫困人口多、贫困发生率高、脱贫难度大的县和行政村为重点区域，以不稳定脱贫户、边缘户和返贫人口、新发生贫困人口为重点群体，将非贫困县、非贫困村的贫困人口纳入监测对象，完善动态监测指标体系，建立以区县为平台、乡镇为主体、村组为单元的网格化工作机制，应进则进、应退则退，及时筛查和监测贫困状况，为后续实施针对性专项帮扶政策提供科学依据。

2. 完善产业扶贫支持政策。产业扶贫是稳定脱贫的根本之策，只有产业发展起来了，才能实现持续增收，彻底拔除穷根。要准确把握产业扶贫思路，立足资源禀赋，面向市场需求，搞清楚当地有条件发展哪些特色产业，产业不在多、贵在精，还要尊重贫困户的意愿。要将扶贫产业纳入贫困地区乡村产业振兴整体规划，严格落实各项优惠政策，逐年增加产业扶贫资金投入，增量资金优先支持带贫益贫作用明显的产业，重点投向保险、科技服务、仓储加工、物流配送、产销衔接等关键环节的短板弱项。继续采用以奖代补方式支持贫困地区新型农业经营主体发展，从产业扶贫资源中划出一定比例用作竞争型扶贫资源，专用于支持经营主体和贫困户构建紧密型利益联结机制。要进一步加大易地扶贫搬迁农村集中安置区后续产业扶持力度，支持农产品加工和流通，推进一二三产业融合发展，促进搬迁群众就业，完善后续产业带贫益贫机制。

3. 加大就业扶贫支持力度。实施就业帮扶，让贫困群众有事可做，形成持续的收入来源，走上致富道路。要重点支持贫困地区的劳动密集型产业，在财税、金融、土地、水电等方面为扶贫车间提供优惠政策，根据其吸纳贫困地区农村劳动力就业的情况给予奖补。推动贫困地区农村劳动力有组织外出务工就业，为劳务输出组织提供工作经费保障。继续加大对贫困地区劳动力就业技能、农村实用技能、经商创业技能的培训力度，开展"菜单式"培训，做好培训后的就业创业对接服务工作。大力开发各类公益性岗位，鼓励特困家庭劳动力以工作换取救助，发挥公益性岗位就业兜底功能。

4. 加强贫困地区基础设施建设和农村饮水安全。基础设施建设是发展的基本条件和"硬件"，要把着力改善农村贫困地区发展基础条件摆在优先位置。继续加大农村贫困地区基础设施建设投入力度，进一步优化投入方向，重点向农村道路提质扩面和客车运营保障倾斜。按照"农村四好公路"要求，实现贫困地区行政村全部通硬化路，全面推进具备条件的自然村主干道路面硬化处理，对保证客运班车安全持续运营给予适当补助。要全面完成农村饮水安全巩固提升工程任务，在人口相对集中的贫困地区推进规模化供水工程建设，强化农村饮用水水源保护，做好水质监测，将农村饮水安全工程维修养护纳入水利发展资金支持范围。增强省、市、县安排农村贫困地区基础设施建设投入的自主权，将相关资金纳入村庄基础设施建设工程统筹安排，重点补齐农田水利、道路、饮水、垃圾污水处理、厕所革命等生产生活设施短板。

5. 加强贫困地区教育卫生和特殊群体社会保障。提升教育、医疗等公共服务保障水平是增强贫困人口自我发展能力、增强脱贫稳定性和阻断贫困代际传递的有效手段。要落实贫困地区中小学教师待遇政策，通过待遇提高、职称评聘倾斜、住房保障等激励优秀教师向贫困地区流动。持续推进农村义务教育控辍保学专项行动，逐步将农村贫困地区学前教育、高中教育、特殊教育纳入公共财政保障范围。推广普及儿童早期教育，大力发展公办幼儿园和补助民办普惠性幼儿园。在农村贫困地区，将学生营养干预工程实施范围扩大到学前教育，将义务教育扩大到高中教育阶段。进一步提高贫困地区乡村卫生站覆盖率，壮大乡村医生队伍。提高农村基本医疗保险报销比例，降低报销门槛，扩大大病和慢性病救助范围，推广"城乡居民基本医疗保险＋大病保险＋医疗救助"，降低贫困家庭医疗负担。强化疾病预防、医疗保健工作，完善三级医院对口帮扶机制。完善贫困地区农村妇女、儿童等处境不利群体和老年人、残疾人等弱势群体的关爱服务体系，设立专项资金提高保障水平。

6. 加强扶贫项目和资金管理监督。只有提升扶贫项目瞄准度和提高扶贫资金使用效率，才能确保利用有限的扶贫资源持续办好减贫大事。贫困县摘帽后，扶贫资金要继续用于支持贫困地区的乡村振兴，确保资金规模不减、投入力度不减，逐步将脱贫攻坚专项资金纳入乡村振兴专项资金，扶贫资金统筹整合政策改为乡村振兴资金统筹整合政策。要允许将非贫困村的基础设施和公共服务、非贫困户扶持政策等方面的支出纳入财政涉农统筹整合资金支出范围内。继续增加中央对贫困地区的财政投入，降低比例直至取消贫困地区项目县级资金配套要求。要进一步提高资金使用效率，探寻和支持贫困地区农民收入增长的新着力点。

三、建立解决相对贫困问题长效机制

脱贫攻坚任务完成后，我国贫困状况将发生重大变化，扶贫工作重心将转向解决相对贫困问题，扶贫工作方式将由集中作战调整为常态推进。要根据我国经济社会发展的不同阶段，以及造成贫困的主要原因，研究建立解决相对贫困长效机制，推动减贫战略和政策体系平稳转型。

（一）相对贫困的性质及其特征

贫困不仅指物质上的匮乏，而且包括低水平的教育和健康，还包括风险和面临风险时的脆弱性以及无法表达自身需求和影响的能力。家庭或个人的衣、食、住、行等基本生存需求无法得到满足的绝对贫困，是一种生存型贫困。相对贫困属于发展型贫困，是指家庭或个人的基本生存需要可以得到满足，但缺乏彻底摆脱贫困的知识、技能、机会和自我发展能力。总体来说，绝对贫困主要解决生存问题，相对贫困主要解决发展问题。因此，在贫困标准确定方面，发展中国家通常采用绝对贫困线，发达国家一般采用相对贫困线。

关于相对贫困标准的确定问题，目前国际上有两种常用的方法。一是中位收入比例法，即以一个国家或地区社会家庭收入中位数的比例为标准，该方法下的贫困线每年都会随着中位数的变动而调整，如英国贫困线为全国家庭收入中位数的60%，澳大利亚贫困线为家庭收入中位数的50%，与此同时，英国和澳大利亚还根据人口总量、儿童数量等家庭类型确定不同的贫困标准。二是采用相对较高的固定收入法，该方法下的贫困标准高于家庭或个人的生存需求，能较好地满足发展的需求，一般根据物价水平进行更新调整，如目前世界银行分别确定了人均每天收入 3.2 美元和 5.5 美元（以 2011 年购买力平价计算）两条相对贫困线；美国则根据家庭人口规模确定不同的贫困标准，2019 年四口之家的贫困线为年收入25 750 美元，即人均年收入 6 437.5 美元。

自 1986 年我国制定扶贫标准以来，国家先后确定了三个贫困线。第一次是以 1985 年农民人均收入 206 元为贫困线标准，第二次是以 2008 年农民人均收入 1 196 元为贫困线标准，第三次是以 2010 年农民人均收入 2 300 元为贫困线标准。随着我国经济社会的发展，扶贫开发进入新的阶段，需要尽快研究确定相对贫困线标准，抓紧研究建立解决相对贫困长效机制。

参考借鉴国际经验，根据我国经济社会发展阶段特征，分析相对贫困形成的主要原因，全国层面适宜采用中等收入比例法确定相对贫困线标准，各地区可以在全国相对贫困线标准的基础上，根据地区发展实际和贫困状况进行调整。研究结果表明，由于我国城乡居民收入差距较大，无论是采用何种相对贫困线标准，农村地区依然是我国相对贫困人口的主要分布区域。根据 2018 年的测算结果，如采用世界银行每人每天 3.2 美元标准，则我国相对贫困线为 4 055 元，全国相对贫困人口为 8 889 万人，贫困发生率为 6.37%，其中农村相对贫困人口为 6 546 万人，贫困发生率为 11.61%，城镇相对贫困人口为 2 343 万人，贫困发生率为 2.82%；如采用家庭收入中位数 40% 的标准，则我国相对贫困线为 9 735 元，全国相对贫困人口为 27 070 万人，贫困发生率为 19.4%，其中农村相对贫困人口为 21 320 万人，贫困发生率为 37.8%，城镇相对贫困人口为 5 750 万人，贫困发生率为 4.5%。同样由于我国区域发展差异较大，不论采用何种相对贫困线标准，我国中西部地区都仍然是相对贫困人口的主要集中地区。

综合上述分析，相对贫困具有动态性和长期性，即相对贫困标准会随着经济发展、居民收入水平以及社会环境的变化而变化，与绝对贫困相比，相对贫困更多展现不同社会成员之间的不平等分配关系，只能逐渐缩小，难以完全消除。由于我国当前发展的区域不平衡问题突出，我国相对贫困还具有量大面广的特征，相对贫困人口主要集中在农村地区，城镇也有少量相对贫困人口，西部地区相对贫困人口发生率较高，中部地区相对贫困人口规模较大。

（二）解决相对贫困面临的问题和挑战

从相对贫困人口的基本特征和我国农业农村经济发展的形势来看，解决相对贫困问题亟须克服如下问题和挑战。

一是特殊贫困人口群体固化。从贫困群体看，妇女、儿童等处境不利群体，老年人、残疾人等弱势群体，特别是因病因残的无劳动能力人群，是相对贫困的主要群体，将长期依靠社会保障兜底解决，这批人群将成为相对贫困人口中的固化群体。据统计，我国农村贫困人口中患大病的有 240 万人，患长期慢性病的有 900 多万人。从致贫原因看，贫困人口应对自然风险（灾害、疫病等）、市场风险（经济危机、市场波动等）的能力较弱，再加上疾病、教育、住房、婚姻等一次性大额支出，如不能有效应对相关风险，其中的部分人口将可能由暂时性贫困变为长期性贫困。

二是贫困人口脱贫动力不足。一方面是思想观念或思想意识的制约，随着国家扶贫力度的持续加大，我国贫困人口的生活状况得到了极大改善，其中少部分贫困人口可能会满足于现状，失去奋斗进取精神，欧洲高福利制度下的福利懒汉现象需要警惕。另一方面是素质或能力的制约，总体上贫困人口的自身发展能力不强，缺乏适应现代市场经济发展的理念和谋生技能，如果在发展过程中持续受挫，容易逐渐失去发展的动力和信心。在脱贫攻坚中，一些贫困村的基层组织能力还比较弱，如果后续失去扶贫工作队的支持，农户将面临较大的返贫或新发生贫困的风险。

三是农村就业增收形势严峻。发展始终是解决我国相对贫困问题的基础和关键，但随着我国经济增速持续放缓，农民外出就业机会减少，农业农村转型发展难度增大。从就业创业环境看，农村公共产品和服务供给不足，相关体制机制不够健全，减弱了年轻人返乡创业就业的热情；乡村产业发展滞后，新技术、新产品、新业态开发不足，土地、资金、人才、技术等关键要素支持不到位；大棚房整治、生猪限养禁养等政策实施中出现的"一刀切"问题，也在一定程度上影响了人们返乡下乡就业创业的积极性。从收入增长趋势看，近年来农民收入增速持续放缓，实际增速由 2014 年的 9.2% 下降到 2019 年的 6.4%。其中，农民工流动趋缓、工资增长势头减弱，农民工资性收入增长压力增加；传统农业受生产成本提升的"地板效应"和国际农产品价格下行的"天花板效应"挤压，经营性收入持续增长难度加大；农民财产性收入所占比重较低，短期内难以实现快速增长。

四是居民收入差距持续扩大。国内外发展经验表明，只有包容性增长才能促进减贫，我国当前收入差距的持续扩大将不利于解决相对贫困问题。从农村内部收入差距看，近年来农民收入差距进一步扩大。我国农村居民最高收入组（收入最高的 20% 人口）与最低收入组（收入最低的 20% 人口）的人均可支配收入比由 2013 年的 7.41 上升到 2018 年的 9.29。从城乡居民收入差距看，近年来我国城乡居民相对收入差距虽有所缩小，但绝对收入差距持续扩大。我国城乡居民人均可支配收入比虽由 2013 年的 2.81 缩小到 2018 年的 2.69，但收入绝对差距却由 2013 年的 17 037 元扩大到 2018 年的 24 634 元。从区域收入差距看，近年来区域差距略有缩小，但总体差距依然较大。2013—2018 年，东部地区与西部地区的居民收入比由 1.70 缩小到 1.65，上海市（最高）与甘肃省（最低）的居民收入比由 3.85 缩小到 3.67，总体来看，区域绝对差距仍然较大。

（三）建立解决相对贫困长效机制的思路和措施

为建立解决相对贫困长效机制，应对相关挑战和问题，需要进一步明确基本思路，优化扶贫政策措施。

1. 基本思路。 顺应我国扶贫开发历史方位变化，建立解决相对贫困长效机制，需从我国国情和社会主要矛盾出发，紧紧围绕农业农村发展大局统筹谋划，注意把握以下几点。

一是相对贫困本质上是发展贫困，消除它既要促进经济增长与发展，又要加快社会和人类发展与进步，更好地满足贫困人口对美好生活的向往和需求。

二是坚持综合施策、多措并举，既要为贫困人口提供机会，又要增强贫困人口发展能力，还要强化贫困人口安全保障。

三是以加快推进农业农村现代化为总目标，把解决相对贫困问题作为跨越中等收入陷阱的一项重要举措，全面提升农村贫困人口的幸福感、获得感、安全感。

四是把解决相对贫困问题纳入实施乡村振兴战略统筹安排，统筹协调产业振兴、人才振兴、文化振兴、生态振兴和组织振兴，有效推进脱贫攻坚与乡村振兴战略有机衔接。

2. 主要措施。

一是建立农村相对贫困动态监测机制。建立完善的农村相对贫困动态监测机制，有助于对潜在贫困人口或有返贫风险的贫困人口，早发现、早介入、早救助和早帮扶，有助于及时掌握贫困人口准确情况，以便采取有针对性的扶持政策，实现精准扶贫、精准脱贫。要进一步优化和完善现有农村贫困动态监测机制，加强部门协调，扩大监测范围，强化对突发性、临时性可能致贫和返贫人员的监测分析。

二是完善乡村产业发展与农村就业促进政策。推进乡村产业发展是解决农村相对贫困问题的主要途径，须在推进乡村产业振兴的框架下解决相对贫困地区的产业发展和农民增收问题。要尽快把相对贫困地区产业发展规划纳入乡村振兴规划统筹安排，加强相对贫困地区产业培育，着力推进特色产业发展，强化一二三产业融合发展，加大综合开发力度，实现绿色发展。要持续加大对相对贫困地区返乡下乡人员创业创新支持力度，在产销对接、物流配送体系建设、设施用地等方面给予优先支持。要健全产业发展和农民增收利益联结机制，将乡村产业发展扶持政策与相对贫困群体就业帮扶政策挂起钩来，优先吸纳有劳动能力的相对贫困群体就业。

三是加强农村基础设施和公共服务体系建设。持续缩小城乡发展和收入差距，是增强相对贫困地区内生发展动力的重要举措。要聚焦相对贫困地区的基础设施和公共服务短板，在财政、金融政策和建设用地供给等方面给予倾斜支持，不断改善水、电、路、气、房、网等生产生活条件，提高农村教育、文化、卫生和社会事业发展水平。要围绕建设美丽宜居村庄，重点推进农村垃圾污水治理和村容村貌改善，全面提升相对贫困地区农村人居环境质量。要创新城乡公共服务共享方式，通过委托培训、对口帮扶、组建集团等方式推进相对贫困地区共享发达地区的教育医疗等公共服务资源，建立城市教师和医生等特殊人才到边远贫困地区和农村服务的激励机制，引导公共服务人才逆向流动。

四是为农村贫困人口提供发展机会。创造更多发展机会，让贫困人口共享发展成果，对于解决相对贫困至关重要。聚焦农业农村经济持续稳定健康发展，要加大对贫困地区的投资开发力度，推动劳动力密集型产业向相对贫困地区转移，优化扶贫车间政策支持体系，营造农村创业创新良好营商环境。聚焦农村产权制度改革，要优先推进贫困地区资源变资产、资金变股金、农民变股东等各项改革，全面提升贫困人口的物质资产、自然资产和金融资产。聚焦重点群体和特殊区域的发展不平衡问题，要加强对妇女、儿童、老年人、残疾人等弱势群体的社会保障扶持力度，加大对革命老区、少数民族地区、边疆地区、西部山区的经济发展支持力度。

五是增强农村贫困人口发展能力。教育是贫困地区经济发展和社会进步的奠基石，提高相对贫困人口的素质和能力是实现持续减贫的治本之策。要加大教育扶贫工程实施力度，加大对农村儿童和母婴的营养干预力度，加快农村学前教育普及和质量提高，有效阻断贫困代际传递。要创新技能培训方式，推进新时代农民讲习所建设，加大劳务输出对接力度，提高贫困家庭劳动力的就业能力和产业发展能力。要创新农村公共事物管理方式，提升贫困人口在村庄发展和建设项目中的影响力和发言权，在参与中提高组织管理能力。要积极推进乡风文明建设，大力营造勤劳致富的良好氛围，广泛宣传主动脱贫、奋力脱贫、成功脱贫的典型代表，彻底消除等靠要思想，培育自强不息、勤劳实干的内生动力。

六是强化农村贫困人口安全保障体系。减少自然灾害、疾病、伤残和个人不幸带来的脆弱性，是鼓励投资、促进消费和提升贫困人口福利水平的重要保障。要重点加大农村居民医疗救助补助力度，提高报销比例，切实减轻农民的疾病负担，彻底阻断因病致贫、因病返贫。要稳步提高农村贫困人口最低生活保障水平和农村老龄人口补助标准，加大高危人群生活质量保障力度。要创新农业农村金融保险服务方式，设立返贫风险基金，增强农民应对自然灾害和市场风险的能力，拓宽贫困人口获得金融支持的渠道。

七是落实农业农村优先发展和城乡融合发展政策措施。破解城乡发展不平衡不协调的矛盾，必须打破城乡二元制度藩篱，重塑城乡关系，让广大农民平等参与现代化进程。要扭转"重城轻乡"的思维定式，让城乡要素平等交换、公共资源均衡配置。要坚持农业农村优先发展，落实"四个优先"要求。在干部配备上优先考虑，在要素配置上优先满足，在资金投入上优先保障，在公共服务上优先安排。要强化乡村规划引领，加快推动公共服务向农村延伸、财政投入向农村倾斜，全面发展农村社会事业。

八是动员社会力量参与扶贫和加强国际减贫合作。解决相对贫困，社会各方共同参与是关键，需持续加强和优化政府、市场、社会"三位一体"的大帮扶格局，创新减贫帮扶机制，更加广泛、更为有效地动员社会各方整体参与、整合帮扶资源，形成合力。要进一步完善东西部结对协作方式，推进产业帮扶、人才支持、市场对接、劳务协作和资金支持，扩大对口帮扶范围，提升精准性、自觉性。要进一步加大社会帮扶力量，优化社会帮扶方式，构建更加有效的运行管理机制，广泛动员社会力量扶危济困，不断消除精神、能力、文化等隐形贫困。要进一步加强国际减贫合作，推进更大范围、更高水平、更深层次的交流合作，构建以合作共赢为核心的新型国际减贫交流合作关系。

中国扶贫脱贫的伟大实践和历史成就[①]

减少和消除贫困是人类发展的共同目标，也是一个世界性难题[②]。新中国成立 70 年来，特别是改革开放以后，中国共产党和中国政府带领全国人民克服了无数困难，成功地打好了一场消除绝对贫困的攻坚战，基本消除了农村绝对贫困和区域性整体贫困，为中国和全球人类减贫事业做出了巨大贡献，探索形成了中国特色扶贫开发道路，为世界减贫事业贡献了中国智慧和中国方案，也更加坚定了中国的道路自信、理论自信、制度自信和文化自信。截至 2019 年年底，按现行农村贫困标准[③]，中国的农村贫困人口已减少到 551 万人，农村贫困发生率下降到 0.6%，中华民族千百年来的绝对贫困问题得到了历史性解决。在此背景下，系统回顾中国改革开放以来扶贫脱贫的伟大实践，总结脱贫攻坚取得的历史成就，凝练中国特色扶贫开发道路的基本经验，对于巩固脱贫攻坚成果、全面建成小康社会和向世界讲好中国减贫故事，具有非常重要的现实意义。

一、中国扶贫脱贫的伟大实践

新中国成立后，特别是 20 世纪 70 年代末实行改革开放政策以后，党和政府始终把消除贫困、改善民生、实现共同富裕作为根本目标，始终坚持以人民为中心的发展理念，根据国民经济社会发展的不同阶段和造成贫困的主要原因，确定不同的减贫战略，制定相应的政策体系，有力地推进了扶贫开发进程。党的十八大以来提出的精准扶贫精准脱贫方略更是将中国扶贫开发推到一个全新的阶段。概括而言，1978 年以来的扶贫脱贫实践大致可分为如下三个阶段。

（一）1978—1985 年：通过改革促进增长带动减贫

1978 年，按当时人均年纯收入 100 元的贫困标准衡量，中国的农村贫困人口有 2.5 亿人，占全国人口总数的 25.97%，约占世界贫困人口总数的 1/4[④]。1978 年中国的改革从农村拉开序幕，最主要的政策措施是以提升农村生产力为目的，实行家庭联产承包责任制、提高农产品价格、允许农村剩余劳动力转移就业，从而促进农村经济较快增长，农民收入大幅提高，农村贫困人口大幅减少。改革初期的农村减贫可以理解为制度减贫[⑤]，通过农村土地制度、市场制度、就业制度等改革，激活农村经济社会发展活力。

---

① 本文与何安华合作，写于 2020 年 4 月。

② 李培林，魏后凯：《中国扶贫开发报告（2016）》，北京：社会科学文献出版社，第 4 页，2016 年。

③ 指按 2010 年价格确定的每人每年 2 300 元的贫困标准。

④ 李忠杰：《新中国 70 年贫困治理的历程和经验》，《社会治理》，2019 年第 7 期。

⑤ 黄承伟：《新中国扶贫 70 年：战略演变、伟大成就与基本经验》，《南京农业大学学报（社会科学版）》，2019 年第 6 期。

专栏 1　改革开放以来中国的 3 条农村贫困标准线

1978 年以来，中国共采用过 3 条不同生活水平的贫困标准线，分别是"1984 年标准""2008 年标准"和"2010 年标准"。

"1984 年标准"，按 1984 年价格确定每人每年 200 元的贫困标准，是较低水平的生存标准。1977 年前，中国农村居民的人均热量摄取量大都小于 2 100 大卡[①]，低水平的生存标准时保证每人每天 2 100 大卡热量的食物支出，食物支出比重约占 85%。按此估算，1978 年的贫困线为 100 元，贫困人口为 2.5 亿人。

"2008 年标准"，实际上是从 2000 年开始使用，被称为低收入标准。2008 年以前国家设定了绝对贫困标准和低收入标准，1985 年以 206 元作为绝对贫困标准，随着物价消费等因素进行动态调整。2000 年国家制定了 865 元的低收入标准，2007 年年底这一标准又调整为 1 067 元，2008 年国家把绝对贫困标准和低收入标准合二为一。2009 年国家扶贫标准调整为 1 196 元，2010 年又调整为 1 274 元。

"2010 年标准"，即现行农村贫困标准，是 2011 年提出的按 2010 年不变价农民年人均纯收入 2 300 元的标准，按 2014 年和 2015 年价格分别是 2 800 元和 2 855 元，2016 年和 2017 年均为 2 952 元，这是结合"两不愁，三保障"测定的基本稳定温饱标准。

首先是建立以家庭联产承包责任制为基础的经营体制。农民获得了对承包土地的使用权、经营权、收益权，极大地解放了农村生产力。到 1984 年，全国农村家庭承包为主要形式的联产承包责任制已占农户的 90%以上[②]。农民拥有了承包土地的使用权、经营权和收益权，其生产积极性被充分调动，这极大地解放了农村生产力。1978—1985 年，全国农用化肥施用量翻了一番，农业机械总动力增加了 78%，粮食单位面积产量提高了 40%，农业劳动生产率提高了 40.3%[③]。到了 1985 年，粮食总产量为 37 911 万吨，比 1978 年提高了 24.4%；农村社会总产值为 6 340 亿元，比 1978 年增加了 4 300 多亿元[④]，增长 211.2%。

其次是采取提高农产品价格、放宽统购以外农产品流通管制等措施，改善农产品市场交易环境，解决农民收入性贫困。1985 年 1 月 1 日，中共中央、国务院下发了《关于进一步活跃农村经济的十项政策》，开始实行农产品统购统销制度改革，此后逐步推行合同定购和市场收购，农产品市场化交易程度不断提升。在这一时期，粮食、棉花、油料、糖料、畜产品、水产品、林产品等农副产品的收购价格都有不同程度提升。据统计，1978—1985 年，农产品综合收购价格指数提高了 66.8%[⑤]，农民从提价中实际得到的好处为 1 257.4 亿元，占农民新增收入的 15.5%[⑥]。农产品价格涨幅大于农资价格涨幅，农民从农产品提价中获得

---

①　卡为非法定计量单位，1 卡等于 4.184 焦耳。——编者注

②　郭德宏：《中共党史重大事件述评》，北京：中共中央党校出版社，第 137 页，1998 年。

③　李培林、魏后凯：《中国扶贫开发报告（2016）》，北京：社会科学文献出版社，第 8 页，2016 年版。

④　国家统计局农村社会经济统计司：《中国农村统计年鉴》(1985、1986)。

⑤　李培林、魏后凯：《中国扶贫开发报告（2016）》，北京：社会科学文献出版社，第 9 页，2016 年。

⑥　谢国力：《1979 年以来农产品价格变化趋势评述》，《农村经济文稿》，1988 年第 1 期。

了更多收益。

再次是通过就业制度改革解放农村剩余劳动力。随着限制劳动力自由流动的人民公社制度的解体，农村4 150万劳动力在这个时期转向乡镇企业和城镇就业，成为农民收入最强劲的增长点。在这一时期，国家鼓励乡镇企业发展，异军突起的乡镇企业不仅为农村劳动力向非农产业转移提供了空间，还推动了农村经济增长。同时，农村劳动力输出的制度约束有所松动，农民可以通过自筹资金、自理口粮的方式进入城镇务工经商以增加工资性收入。

最后是给予"老、少、边、穷"地区倾斜支持。为了应对改革过程中出现的极端贫困区域分布的变化，1980年，中央财政设立了"支援经济不发达地区发展资金"，专门支持老革命根据地、少数民族地区、边远地区和贫困地区发展。1982年12月10日，国务院决定对以甘肃省定西为代表的中部干旱地区、河西地区和宁夏西海固地区（"三西"地区）实施"三西"农业建设计划，每年专项拨款2亿元，建设周期为10年。"三西"建设开启了中国区域性扶贫的先河。1984年9月29日，中共中央发布《关于帮助贫困地区尽快改变面貌的通知》，明确提出要集中力量改变连片贫困地区的问题，对这些地区实施减免农业税、免交企业所得税、县人民政府可自定减免企业所得税的幅度和时间、农林牧副土特产品自由购销等优惠政策。

专栏2 "三西"地区的扶贫开发

"三西"地区是指甘肃河西、定西和宁夏西海固干旱地区，素以干旱、缺水、贫穷、落后、"苦瘠甲于天下"而著称，是西北黄土高原腹地最大的集中连片贫困地区。1982年7月，国务院负责人到甘肃河西、定西地区视察工作。12月10日，中央财经领导小组召开会议，专题研究"三西"地区农业建设发展问题，决定从1983年开始，在拨付支援经济不发达地区发展资金援助"三西"地区建设的同时，用10年时间每年增加专项资金2亿元用于支持该地区的农村基础设施建设和农业产业发展等。

"三西"地区制定了"兴河西之利，济中部之贫"的发展战略，确定了"有水路走水路，水路不通走旱路，水旱路都不通另找出路"和"大力种草、种树，兴牧促农，因地制宜，农林牧副全面发展"的扶贫开发思路，提出"3年停止生态破坏、5年解决群众温饱、10年20年改变面貌"的奋斗目标。所谓"有水走水路，无水走旱路，水旱不通另找出路"，即有条件的地区通过兴建水利工程解决生产生活用水问题（河西地区），干旱地区以梯田建设发展旱作农业（定西地区），"水旱不通"地区则开展劳动力转移或移民搬迁（"三西"各地）。同时，政府鼓励和大力支持调整农业产业结构，放开生产自主权，建设城乡市场，鼓励发展非农产业。

1992年，中央作出了"三西"地区农业建设延长10年的决定。到了2002年，"三西"地区农业建设又延长6年。为了进一步巩固"三西"地区扶贫成果，全面推进"三西"地区小康社会建设，国务院决定第三次延长"三西"农业专项建设补助资金使用期限，从2009年起延续至2015年，并将资金总量从每年2亿元增加到3亿元。"三西"地区农业建设改变了以往单纯救济式的扶贫方式，走出了一条开发式扶贫之路，开创了中国区域性扶贫开发的先河。

在上述因素的共同作用下，1978—1985 年，按当时的农村贫困标准[①]衡量，中国农村贫困人口从 1978 年年末的 2.5 亿人减少到 1985 年年末的 1.25 亿人，下降了 50％，平均每年减少 1 786 万人，同期农村贫困发生率从 30.7％下降到 14.8％。若按现行农村贫困标准衡量，中国农村贫困人口从 1978 年年末的 7.7 亿人减少到 1985 年年末的 6.6 亿人，同期农村贫困发生率由 97.5％下降到 78.3％。值得注意的是，在这一时期，尽管中国扶贫开发工作成效明显，并已呈现良好态势，但仍以救济式扶贫为主。

（二）1986—2012 年：通过实施战略规划推进减贫

20 世纪 80 年代中期，中国农村的贫困状况是区域贫困和群体性贫困并重，贫困人口集中在"老、少、边、穷"地区，农村区域发展不平衡问题突显[②]。对此，中国的扶贫理念逐渐从救济式扶贫转向开发式扶贫，确立了区域性扶贫和开发式扶贫的基本方针。1986 年 5 月 16 日，中国成立了国务院贫困地区经济开发领导小组（1993 年更名为国务院扶贫开发领导小组），为农村扶贫开发提供了组织和制度保障，这标志着中国的扶贫开发进入一个新的历史时期。1986 年 3 月 25 日，在第六届全国人民代表大会第四次会议审议通过的《中共中央关于制定国民经济和社会发展第七个五年计划的建议》中，明确了贫困地区的发展目标，提出对"老、少、边、穷"地区继续实行资金扶持政策、继续减轻税收负担和组织发达地区及城市开展对口支援工作。也是在 1986 年，中国实施了以县为单位的扶贫瞄准机制，对 18 个集中连片贫困地区实施重点扶贫开发。1986—1993 年，中国共确立了 331 个国家级贫困县（国定贫困县），由中央政府通过财政扶贫资金、以工代赈和贴息贷款三种方式给予扶持。同时，各省份根据中央政府要求按照一定的收入标准来确定省级贫困县，到 1988 年全国又确立了 370 个省级贫困县。

20 世纪 90 年代中后期，中国的贫困呈现出明显的地缘性特征[③]。为进一步解决农村贫困问题，缩小地区差距，1994 年 3 月，国务院颁布了《国家八七扶贫攻坚计划》，按照"四进七出"原则，首次对过去确定的 331 个国家级贫困县进行调整，调整后的国家级贫困县增加到 592 个，分布在 27 个省（自治区、直辖市），覆盖全国 72％以上的农村贫困人口。此后的农村扶贫开发政策措施主要就是围绕重点扶持贫困县而制定的，扶贫资金也主要瞄准国定贫困县，且这种状况持续到 21 世纪才扭转。随着《国家八七扶贫攻坚计划》的实施，按当时的农村贫困标准，中国农村贫困人口从 1993 年的 8 000 万人下降到 2000 年的 3 209 万人，同期农村贫困发生率从 8.8％下降到 3.5％，基本解决了全国农村贫困人口的温饱问题。

专栏 3　改革开放以来中国的贫困县调整变迁

1986—2012 年，中国对贫困县（国家级贫困县或国家扶贫开发工作重点县）名单进行了多次调整。1986 年国务院贫困地区经济开发领导小组（1993 年更名为"国务院扶贫开发领导小组"）成立后，以县农民年人均纯收入为基本依据，将农民年人均纯收入 150 元

[①]　指按 1984 年价格确定的每人每年 200 元的贫困标准。

[②]　黄承伟：《新中国扶贫 70 年：战略演变、伟大成就与基本经验》，《南京农业大学学报（社会科学版）》，2019 年第 6 期。

[③]　宁甜甜，吴宁：《新中国 70 年扶贫的基本历程、成就与经验》，《云梦学刊》，2019 年第 6 期。

以下的县列为贫困县，最初设立了 258 个国家级贫困县。随着 1987 年和 1988 年革命老区县、牧区县和"三西"（甘肃的河西地区、定西地区和宁夏的西海固地区）县的加入，国家级贫困县数量由 1986 年的 258 个上升为 328 个。到 1993 年，中国共确立了 331 个国家级贫困县。

1994 年国家开始实施《国家八七扶贫攻坚计划（1994—2000 年）》，东部的广东、福建、浙江、江苏、山东、辽宁 6 个省原来的国家级贫困县扶贫工作由上述各省自行负责，同时按照"进四退七"（以县为单位，凡是 1992 年年人均纯收入低于 400 元的县全部纳入国家级贫困县，1992 年年人均纯收入高于 700 元的原国家级贫困县一律退出国家扶持范围）原则，重新确定国家级贫困县，经过调整后国家级贫困县数量上升为 592 个。

2001 年国家出台《中国农村扶贫开发纲要（2001—2010 年）》，对国家重点扶持的贫困县进行第二次调整，国家级贫困县改称为国家扶贫开发工作重点县，将东部 33 个重点县指标全部调到中西部，东部不再确定国家级重点县。同时，西藏自治区作为特殊扶持区域，整体享受重点县待遇，不占重点县指标。全国共有 592 个重点县，作为扶贫开发的重点区域。

2011 年颁布实施《中国农村扶贫开发纲要（2011—2020 年）》，对国家重点扶持的县进行第三次调整。新纲要规定，"原定重点县支持政策不变。各省（自治区、直辖市）要制定办法，采取措施，根据实际情况进行调整，实现重点县数量逐步减少。重点县减少的省份，国家的支持力度不减。"此次调整的最大特点是权力下放到省，即允许各省根据实际情况，按"高出低进，出一进一，严格程序，总量不变"的原则进行调整，但不得将连片特困地区内重点县指标调到片区外使用。这次调整，原重点县共调出 38 个，原非重点县调进 38 个，全国重点县总数仍为 592 个。14 个连片特困地区内的重点县数量，由调整前的 431 个增至 440 个，共增加 9 个；连片特困地区以外的重点县数量，由调整前的 161 个减至 152 个，共减少 9 个。

然而，区域性扶贫模式的最大弊端是缺乏直接瞄准贫困人口的机制[1]。21 世纪初，贫困人口的区域分布出现了新的变化，贫困人口向更小的地理范围内聚集，由区域分布转向点状分布，原定的 592 个国家级贫困县的贫困人口数量和比例下降非常快。2000 年全国 3 000 万绝对贫困人口只有 60% 左右分布在国定贫困县中，有 40% 左右分布在非贫困县[2]。生活在非贫困县的贫困人口享受不到扶贫政策，这又会引发新的农村区域发展不平衡问题。为解决此问题，2001 年中国颁布了《中国农村扶贫开发纲要（2001—2010 年）》，继续将扶贫开发的重点区域确定为中西部少数民族地区、革命老区、边疆地区和特困地区，但扶贫瞄准方法向村级瞄准调整，开始推动"整村推进"扶贫工作方法。同时，非国定贫困县开始享受到扶贫资金的"阳光"，允许部分资金用于非重点县的扶贫工作，但其比重不超过 30%。

---

[1] 李小云，于乐荣，唐丽霞：《新中国成立后 70 年的反贫困历程及减贫机制》，《中国农村经济》，2019 年第 10 期。
[2] 张磊：《中国扶贫开发政策演变（1949—2005 年）》，北京：中国财政经济出版社，2007 年版，第 139 页。

专栏4　贫困村的确定标准

由于缺少全国可比的村级数据，贫困村的确定是由地方政府（特别是县级政府）负责的。要在一个县内确定哪些村是贫困村，首先需要对所有村进行排队。根据亚洲开发银行扶贫项目专家组建议的方法，县级扶贫部门采用了加权贫困指数（WPI）对行政村进行排序。加权贫困指数主要是由反映贫困农户和社区基本生活状况的8个指标进行加权得到的。包括生活贫困指标（每年人均粮食产量、人均现金收入和毛坯房屋的比重），基础设施贫困指标（获得可饮用水有困难的家庭比重、能获得稳定电力供给的自然村比重、一年四季与县城通路的自然村比重），人类资源贫困指标（长期有健康问题的妇女比例、学龄儿童失学率）等。除了前两个指标是连续的，其余皆为分类指标，相对容易获取。

在确定了指标之后，各个指标的数值和权重是通过参与式的方法获得和确定的。由于全国贫困地区的差异较大，国务院扶贫办允许地方扶贫部门对推荐的指标进行必要的调整以便反映当地实际情况。在同一个县内用于计算加权贫困指数的指标和权重是相同的，但不同的县就可能不同。因此，贫困村的排序在县内是可比的，跨县以后就不完全具有可比性，结果可能导致不同地区的贫困村在贫困程度方面存在较大差异，并且使得按照可比指标计算的准确率大幅度下降。

实际上，由于利用参与式的方式确定贫困村需要花费大量的时间、精力并需要参与式评估专家的支持，地方政府在确定贫困村时并没有完全按国务院扶贫办和亚行专家组的推荐程序。一些地方采用了更简单易行的方法。例如有的地方由省扶贫办确定贫困村的比例，再由每个贫困乡利用乡村干部投票的方式选出贫困村。

2011年12月1日，中国颁布《中国农村扶贫开发纲要（2011—2020年）》，提出到2020年消除农村绝对贫困的目标。全国划分出11个片区，加上已实施特殊政策的西藏、四省藏区（指除西藏自治区之外的青海、四川、云南、甘肃四省藏族与其他民族共同聚居的民族自治地方）和新疆南疆三地州（指新疆维吾尔自治区的克孜勒苏柯尔克孜自治州和喀什地区及和田地区），共14个片区680个县，当时592个国家级贫困县中有431个在片区内，覆盖了中国绝大部分的贫困地区和深度贫困群体。通过组织实施《国家八七扶贫攻坚计划》和21世纪两个《中国农村扶贫开发纲要》，中国的农村贫困人口继续大幅度减少。到2012年年底，按现行农村贫困标准，农村贫困人口减少到9 899万人，农村贫困发生率下降到10.2%。

（三）2013年至今：实施精准扶贫精准脱贫方略

党的十八大以来，以习近平同志为核心的党中央把贫困人口脱贫作为全面建成小康社会的底线任务和标志性指标，做出一系列重大部署，扶贫开发进入脱贫攻坚新阶段。2013年11月，习近平总书记到湖南湘西十八洞村调研时，作出了"实事求是、因地制宜、分类指导、精准扶贫"的重要指示，强调"扶贫要实事求是，因地制宜。要精准扶贫，切忌喊口号，也不要定好高骛远的目标。"此后"精准扶贫"迅速成为全国扶贫开发工作的指导思想。国务院、各部委和连片特困区各省份针对具体的扶贫对象、产业等又密集出台"精准扶贫"相关政策文件，以至 2013 年出现了一个"区域扶贫"政策高峰期，2013 年后又出现了一个"精准扶贫"政策高峰期，相应地，农村区域发展也从"区域扶贫"向"精准扶贫"转变。

2015 年 11 月，中共中央、国务院作出《关于打赢脱贫攻坚战的决定》，对"十三五"期间的扶贫工作做出全面部署。从目标要求看，可以概括为"两不愁、三保障、两看齐、三确保"。到 2020 年，稳定实现农村贫困人口不愁吃、不愁穿，义务教育、基本医疗和住房安全有保障。实现贫困地区农民人均可支配收入增长幅度高于全国平均水平，基本公共服务主要领域指标接近全国平均水平。确保中国现行标准下农村贫困人口实现脱贫，贫困县全部摘帽，解决区域性整体贫困。从政策措施看，可以概括为"坚持三个施策、解决好四个问题、实施五个一批工程、做到六个精准"。坚持因人因地施策、因贫困原因施策、因贫困类型施策；解决好扶持谁、谁来扶、怎么扶、如何退的问题；通过发展生产脱贫一批、易地搬迁脱贫一批、生态补偿脱贫一批、发展教育脱贫一批、社会保障兜底一批；做到扶持对象精准、项目安排精准、资金使用精准、措施到户精准、因村派人精准、脱贫成效精准。

为了贯彻落实党中央的决策部署，2016 年 11 月，国务院组织编制印发了《"十三五"脱贫攻坚规划》。2017 年 10 月，党的十九大把打好精准脱贫攻坚战作为决胜全面建成小康社会的三大攻坚战之一作出重要部署。2018 年 6 月，根据党的十九大精神和《关于打赢脱贫攻坚战的决定》贯彻落实中出现的新情况、新问题，中共中央、国务院印发《关于打赢脱贫攻坚战三年行动的指导意见》，进一步完善顶层设计、强化政策措施、加强统筹协调，推动脱贫攻坚工作更加有效开展。

专栏 5　从全面建设小康社会到全面建成小康社会

2002 年党的十六大首次提出"全面建设小康社会"，要集中力量，全面建设惠及十几亿人口的更高水平的小康社会，实现中国特色社会主义经济、政治、文化全面发展。

2007 年党的十七大对全面建设小康社会提出了更高的要求，提出"实现人均国内生产总值到二〇二〇年比二〇〇〇年翻两番"。

2012 年，党的十八大提出到 2020 年全面建成小康社会的新要求和新愿景："到二〇二〇年国内生产总值和城乡居民人均收入在二〇一〇年的基础上翻一番，全面建成小康社会"。"全面建设小康社会"调整为"全面建成小康社会"，一字之改标志着全面小康社会建设进入冲刺阶段。

2017 年党的十九大号召"决胜全面建成小康社会，夺取新时代中国特色社会主义伟大胜利"，习近平总书记指出"从现在到二〇二〇年，是全面建成小康社会决胜期"。

随着精准扶贫、精准脱贫方略的实施，中国出台了一系列含金量极高的政策和超常规举措，各地精准扶贫模式不断创新，诸如金融扶贫、教育扶贫、产业扶贫、易地扶贫、健康扶贫等新模式纷纷涌现，减贫成效显著。按现行农村贫困标准，2013—2019 年中国农村减贫人数每年保持在 1 000 万人以上，到 2019 年年末农村贫困人口减少到 551 万人，农村贫困

发生率下降到 0.6%，农村扶贫开发创造了中国减贫史上的最好成绩，长期困扰中国的农村绝对贫困问题得到历史性解决。

二、中国扶贫开发的巨大成就

改革开放以后，特别是党的十八大以来，中国全面打响了脱贫攻坚战，农村贫困人口大幅减少，区域性整体减贫成效明显，贫困群众生活水平大幅提高，贫困地区面貌明显改善，脱贫攻坚取得历史性成就，显著提高了全面建成小康社会的成色。

（一）农村贫困人口大幅减少

1978 年以来，中国农村贫困人口大规模减少。按现行农村贫困标准，1978—2019 年，中国农村贫困人口从 7.7 亿人减少到 551 万人，累计减少 76 488 万人；农村贫困发生率从97.5% 下降到 0.6%，共下降 96.9 个百分点（见表 1）。

表 1　历年全国农村贫困状况

年份	1978 年标准		2008 年标准		2010 年标准		
	贫困人口（万人）	贫困发生率（%）	贫困人口（万人）	贫困发生率（%）	当年价贫困标准[元/（年·人）]	贫困人口（万人）	贫困发生率（%）
1978	25 000	30.7			366	77 039	97.5
1980	22 000	26.8			403	76 542	96.2
1985	12 500	14.8			482	66 101	78.3
1990	8 500	9.4			807	65 849	73.5
1995	6 540	7.1			1 511	55 463	60.5
2000	3 209	3.5	9 422	10.2	1 528	46 224	49.8
2005	2 365	2.5	6 432	6.8	1 742	28 662	30.2
2010			2 688	2.8	2 300	16 567	17.2
2011					2 536	12 238	12.7
2012					2 625	9 899	10.2
2013					2 736	8 249	8.5
2014					2 800	7 017	7.2
2015					2 855	5 575	5.7
2016					2 952	4 335	4.5
2017					2 952	3 046	3.1
2018						1 660	1.7
2019						551	0.6

资料来源：1978—2018 年数据来自国家统计局住户调查办公室：《2019 中国农村贫困监测报告》，中国统计出版社，第 296 页，2019 年；《改革开放 40 年》编写组：《改革开放 40 年》，北京：中国统计出版社，第 88 页，2018 年；2019 年数据来自国家统计局网站公开数据。

特别是党的十八大以来，中国实行精准扶贫、精准脱贫方略，全面打响脱贫攻坚战，2013—2019 年中国农村减贫人数分别为 1 650 万人、1 232 万人、1 442 万人、1 240 万人、1 289 万人、1 386 万人、1 109 万人，7 年间共减贫 9 348 万人，年均减贫 1 335 万人，累计减贫幅度达到 94.4%。按照世界银行 2011 年每天 1.9 美元购买力平价的贫困标准，中国农村贫困人口从 1981 年的 75 893 万人减少到 2014 年的 148 万人，减少了 74 406 万人，同期农村贫困发生率从 95.59% 降低到 2.39%，降低 93.2 个百分点[①]。可以说，1978 年以来的减贫成效是数千年历史上从未有过的巨大成就，即使在人类发展史上也是非常罕见的，这标志着中华民族千百年来的绝对贫困问题基本得到了历史性解决。

（二）区域性整体减贫成效明显

受自然、历史等诸多因素影响，中国贫困具有区域性特征，中西部地区整体性贫困相对突出。20 世纪 80 年代，中国实施以瞄准贫困县为抓手的区域减贫战略，随后将贫困瞄准对象调整为贫困村和贫困户，党的十八大以后，更是提出"六个精准"。经过多年的努力，中国区域性整体减贫取得明显成效。

分东中西部地区看，东部地区已基本率先脱贫，中西部地区农村贫困人口明显减少（见表 2）。2012—2018 年，东部地区农村贫困人口从 1 367 万人减少到 147 万人，减少 1 220 万人，累计减少 89.2%，同期农村贫困发生率从 3.9% 下降到 0.4%，下降 3.5 个百分点。2019 年东部地区农村贫困人口已减少至 47 万人，比 2018 年减少 100 万人。中部地区农村贫困人口从 3 446 万人减少到 597 万人，减少 2 849 万人，累计减少 82.7%，同期农村贫困发生率从 10.5% 下降到 1.8%，下降 8.7 个百分点。2019 年中部地区农村贫困人口已减少至 181 万人，比 2018 年减少 416 万人。西部地区农村贫困人口从 5 086 万人减少到 916 万人，减少 4 170 万人，累计减少 82.0%，同期农村贫困发生率从 17.6% 下降到 3.2%，下降 14.4 个百分点。2019 年西部地区农村贫困人口已减少至 323 万人，比 2018 年减少 593 万人。

表 2　分地区农村贫困变化情况

区域	贫困人口（万人）				贫困发生率（%）		
	2012 年	2018 年	累计减少	减少幅度（%）	2012 年	2018 年	累计下降
东部地区	1 367	147	1 220	89.2	3.9	0.4	3.5
中部地区	3 446	597	2 849	82.7	10.5	1.8	8.7
西部地区	5 086	916	4 170	82.0	17.6	3.2	14.4

资料来源：国家统计局：《扶贫开发持续强力推进 脱贫攻坚取得历史性重大成就——新中国成立 70 周年经济社会发展成就系列报告之十五》。

分贫困地区看，贫困地区、集中连片特困地区、扶贫开发重点县地区、民族 8 省（自治区）的减贫成效显著。2012—2018 年，各主要贫困地区的累计减贫幅度都在 80% 以上，贫困发生率下降幅度在 20 个百分点上下（见表 3）。

[①]　吴国宝：《改革开放 40 年中国农村扶贫开发的成就及经验》，《南京农业大学学报（社会科学版）》，2018 年第 6 期。

表3　贫困区域减贫变化情况

区域	贫困人口（万人）				贫困发生率（%）		
	2012年	2018年	累计减少	减少幅度（%）	2012年	2018年	累计下降
贫困地区	6 039	1 115	4 924	81.5	23.2	4.2	19.0
集中连片特困地区	5 067	935	4 132	81.5	24.4	4.5	19.9
扶贫开发重点县地区	5 105	915	4 190	82.1	24.4	4.3	20.1
民族8省（自治区）	3 121	602	2 519	80.7	21.1	4.0	17.1

资料来源：国家统计局：《扶贫开发持续强力推进 脱贫攻坚取得历史性重大成就——新中国成立70周年经济社会发展成就系列报告之十五》。

分省份看，在22个纳入贫困监测范围的省（自治区、直辖市）中，2012—2018年，各省份减贫人数总计达到4 924万人，减贫幅度81.5%，其中内蒙古的减贫幅度最大，达到90.3%，最低的新疆也达到68.8%。从农村贫困发生率看，22个省份合计下降19个百分点，除海南外，其余21个省份的农村贫困发生率下降幅度均超过10个百分点（见表4）。2019年各省份贫困发生率普遍下降至2.2%及以下。其中，贫困发生率在1%～2.2%的省份有7个，包括广西、贵州、云南、西藏、甘肃、青海、新疆；贫困发生率在0.5%～1%的省份有7个，包括山西、吉林、河南、湖南、四川、陕西、宁夏[①]。

表4　贫困地区分省份农村贫困变化情况

省份	贫困人口（万人）				贫困发生率（%）		
	2012年	2018年	累计减少	减少幅度（%）	2012年	2018年	累计下降
全国	6 039	1 115	4 924	81.5	23.2	4.2	19.0
河北	354	56	298	84.2	23.8	4.0	19.8
山西	157	28	129	82.2	27.3	5.0	22.3
内蒙古	134	13	121	90.3	19.7	1.9	17.8
吉林	16	4	12	75.0	14.6	4.1	10.5
黑龙江	104	22	82	78.8	20.4	4.1	16.3
安徽	333	57	276	82.9	18.7	2.9	15.8
江西	255	38	217	85.1	22.0	3.1	18.9
河南	444	96	348	78.4	15.9	3.2	12.7
湖北	286	48	238	83.2	23.5	4.0	19.5
湖南	501	82	419	83.6	24.8	4.1	20.7
广西	249	46	203	81.5	24.4	4.4	20.0
海南	10	3	7	70.0	12.2	3.7	8.5
重庆	103	11	92	89.3	12.3	1.3	11.0

①　国家统计局：《方晓丹：2019年全国农村贫困人口减少1 109万人》，2020年1月23日。

省份	贫困人口（万人）				贫困发生率（%）		
	2012 年	2018 年	累计减少	减少幅度（%）	2012 年	2018 年	累计下降
四川	399	56	343	86.0	22.5	3.3	19.2
贵州	756	155	601	79.5	27.2	5.4	21.8
云南	744	166	578	77.7	26.7	6.4	20.3
西藏	85	13	72	84.7	35.2	5.1	30.1
陕西	312	56	256	82.1	22.1	4.2	17.9
甘肃	540	106	434	80.4	32.8	6.5	26.3
青海	82	10	72	87.8	21.6	2.6	19.0
宁夏	36	7	29	80.6	17.4	3.4	14.0
新疆	138	43	95	68.8	24.5	5.8	18.7

资料来源：《2019 中国农村贫困监测报告》。贫困地区，包括集中连片特困地区和片区外的国家扶贫开发工作重点县，共 832 个县。2017 年开始将新疆阿克苏地区 1 市 6 县纳入贫困监测范围。

2019 年年底，西藏宣布 74 个贫困县（区）全部摘帽，62.8 万贫困人口全部脱贫。2020 年上半年受新冠肺炎疫情影响，我国脱贫攻坚难度加大，但党中央把脱贫攻坚作为 2020 年必须完成的硬任务去部署安排，2 月以来，陕西、河南、河北、海南、贵州、内蒙古、青海、安徽等相继宣布现有贫困县全部脱贫摘帽，截至 2020 年 4 月 29 日，中西部 22 个省份中已有 15 个省份的贫困县实现了全部脱贫摘帽，未摘帽贫困县从 832 个减少到 52 个，未出列贫困村从 12.8 万个减少到 2 707 个。2020 年党中央对未摘帽的 52 个贫困县和 1 113 个贫困人口多、脱贫难度大的贫困村实施挂牌督战，确保如期完成剩余脱贫攻坚任务。

（三）贫困地区农民收入和消费水平大幅提高

从收入情况看，改革开放以来，中国农村居民收入消费进入快速增长期，特别是 2004 年以来，农村居民收入保持了较长时期的快速增长。2012 年全国农村居民人均收入和消费水平分别比 1978 年实际增长了 11.5 倍和 9.3 倍。2019 年贫困地区农村居民人均可支配收入 11 567 元，是 2012 年的 2.21 倍，年均名义增长 12.0%，扣除价格因素，年均实际增长 9.7%。贫困地区农民收入实际增速比全国农村平均增速高 2.2 个百分点。分收入结构看，2019 年贫困地区农村居民人均工资性收入 4 082 元、转移净收入 3 163 元、财产净收入 159 元、经营净收入 4 163 元，分别比 2018 年增长 12.5%、16.3%、16.5%、7.1%，其中工资、转移、财产三项收入增速均快于全国农村居民该项收入增速，分别比全国农村高 2.7 个百分点、3.4 个百分点、6.2 个百分点[①]。从收入比较看，2013—2018 年，贫困地区农村居民人均可支配收入占全国农村平均的比重从 64.5% 持续提高到 71.0%，说明贫困地区农民收入和全国农村平均水平的相对差距在逐渐缩小。

从消费情况看，2018 年贫困地区农村居民人均消费支出 8 956 元（表 5），与 2012 年相

---

① 国家统计局：《方晓丹：2019 年全国农村贫困人口减少 1 109 万人》，2020 年 1 月 23 日。

比，年均名义增长 11.4%，扣除价格因素，年均实际增长 9.3%。2018 年贫困地区农村居民人均消费支出是全国农村平均水平的 73.9%，比 2012 年提高了 3.4 个百分点[①]。这说明贫困地区农村居民的消费水平在不断提升，与全国农村居民平均水平的差距在进一步缩小。

表 5　2013—2018 年贫困地区农村常住居民收入消费情况

年份	农村居民人均可支配收入（元）			农村居民人均消费支出（元）		
	贫困地区（A）	全国（B）	A/B（%）	贫困地区（A）	全国（B）	A/B（%）
2013	6 079	9 430	64.5	5 404	7 485	72.2
2014	6 852	10 489	65.3	6 007	8 383	71.7
2015	7 653	11 422	67.0	6 656	9 223	72.2
2016	8 452	12 363	68.4	7 331	10 130	72.4
2017	9 377	13 432	69.8	7 998	10 955	73.0
2018	10 371	14 617	71.0	8 956	12 124	73.9

资料来源：《2019 中国农村贫困监测报告》《中国统计年鉴（2019）》。

（四）贫困地区农民生活质量显著改善

物质生活条件、地区基础设施建设和基本公共服务等是贫困户能否稳定脱贫的重要影响因素，也是地区贫困的重要表征。随着扶贫开发工作的持续推进，贫困地区农民生活质量已有显著改善。

贫困地区农村居民的生活条件不断改善。从住房条件看，2014 年全国农村贫困人口人均住房面积为 27.4 平方米，相当于全国农民平均的 64.5%[②]，到 2017 年，贫困地区农村居民户均住房面积 139.5 平方米[③]，若按户均 4 人计算，人均住房面积为 34.9 平方米。贫困地区农户住房中竹草土坯房的比重在 2012 年已下降到 7.8%，到 2018 年进一步下降到 1.9%，多数贫困农户已住上钢筋混凝土房或砖混材料房。从饮水条件看，贫困地区农户饮水困难基本得到解决，到 2018 年，贫困地区饮水无困难的农户比重达到 93.6%，比 2012 年提高了 12.6 个百分点；使用管道供水、净化处理自来水的农户比重分别为 79.8% 和 56.4%，分别比 2012 年提高了 23.4 个百分点和 23.3 个百分点。从家庭独用厕所条件看，近年来"厕所革命"的大力推进明显提高了贫困农户的独用厕所拥有状况，2018 年贫困地区 95.9% 的农户家庭有独用厕所。从取火条件看，贫困地区农户使用炊用柴草的比重从 2012 年的 61.1%下降到 2018 年的 39.2%，6 年间共下降 21.9 个百分点（表 6）。

表 6　2012—2018 年贫困地区农户生产生活条件改善情况（农户比重）

年份	居住竹草土坯房（%）	使用管道供水（%）	使用经过净化处理自来水（%）	饮水无困难（%）	独用厕所（%）	炊用柴草（%）
2012	7.8	56.4	33.1		91.0	61.1

---

①　国家统计局《扶贫开发持续强力推进 脱贫攻坚取得历史性重大成就——新中国成立 70 周年经济社会发展成就系列报告之十五》。

②　李培林、魏后凯：《中国扶贫开发报告（2016）》，北京：社会科学文献出版社，第 52 页，2016 年。

③　白增博：《新中国 70 年扶贫开发基本历程、经验启示与取向选择》，《改革》，2019 年第 12 期。

年份	居住竹草土坯房（%）	使用管道供水（%）	使用经过净化处理自来水（%）	饮水无困难（%）	独用厕所（%）	炊用柴草（%）
2013	7.0	53.6	30.6	81.0	92.7	58.6
2014	6.6	55.9	33.1	82.3	93.1	57.8
2015	5.7	61.5	36.4	85.3	93.6	54.9
2016	4.5	67.4	40.8	87.9	94.2	51.4
2017	4.1	70.1	43.7	89.2	94.5	49.7
2018	1.9	79.8	56.4	93.6	95.9	39.2
改善情况	5.9	23.4	23.3	12.6	4.9	21.9

资料来源：《2019 中国农村贫困监测报告》《2015 中国农村贫困监测报告》。

从农户家庭耐用消费品的拥有情况看，贫困地区居民家庭耐用消费品从无到有，再到升级换代。2018 年贫困地区农户每百户拥有汽车、洗衣机、电冰箱、移动电话、计算机等现代耐用消费品分别为 19.9 辆、86.9 台、87.1 台、257.8 部和 17.1 台，特别是汽车和计算机拥有量，分别比 2012 年增长了 637％和 216.7％（表 7）。2018 年，平均每个贫困农户拥有移动电话 2.6 部，贫困农户对外信息交流的接入设施设备条件明显改善，这对缩小贫困户和非贫困户之间的信息鸿沟奠定了基础。

表 7　2012—2018 年贫困地区农户耐用消费品拥有量改善情况

年份	汽车（辆/百户）	洗衣机（台/百户）	电冰箱（台/百户）	移动电话（部/百户）	计算机（台/百户）
2012	2.7	52.3	47.5	158.3	5.4
2013	5.5	65.8	52.6	172.9	7.9
2014	6.7	71.1	60.9	191.8	11.1
2015	8.3	75.6	67.9	208.9	13.2
2016	11.1	80.7	75.3	225.1	15.1
2017	13.1	83.5	78.9	234.6	16.8
2018	19.9	86.9	87.1	257.8	17.1
改善情况	17.2	34.6	39.6	99.5	11.7
增加幅度（%）	637.0	66.2	83.4	62.9	216.7

资料来源：《2019 中国农村贫困监测报告》《2015 中国农村贫困监测报告》。

贫困地区农村的基础设施条件不断改善。从交通条件看，通公路的自然村比重在 2018 年年末已实现全覆盖；自然村进村主干道路经过硬化处理的比重从 2013 年年末的 88.9％提高到 2018 年年末的 98.3％，6 年间提高 9.4 个百分点。能便利乘坐公共汽车的自然村比重在 2018 年年末为 71.6％，比 2012 年提高 15.5 个百分点（见表 8）。通客运班车的自然村比重为 54.7％，比 2013 年提高 15.9 个百分点[①]。从通信条件看，据《中国农村贫困监测报

----

① 国家统计局：《扶贫开发持续强力推进　脱贫攻坚取得历史性重大成就——新中国成立 70 周年经济社会发展成就系列报告之十五》。

告》资料，通电话、通有线电视信号、通宽带的自然村比重分别达到 99.9％、98.3％、94.4％，比 2012 年分别提高 6.6 个、29.3 个、56.1 个百分点①。可以看到，贫困地区农村的交通条件和通信条件均有不同程度的改善。

表 8　2012—2018 年贫困地区自然村基础设施变化情况（农户比重）

年份	通公路（％）	通电话（％）	通有线电视信号（％）	通宽带（％）	能便利乘坐公共汽车（％）	进村主干道路硬化（％）
2012	/	93.3	69.0	38.3		
2013	97.8	98.3	79.6	41.5	56.1	88.9
2014	99.1	99.2	88.7	48.0	58.5	90.8
2015	99.7	99.7	92.2	71.8	60.9	94.1
2016	99.8	99.9	94.2	79.8	63.9	96.0
2017	99.9	99.8	96.9	87.4	67.5	97.6
2018	100.0	99.9	98.3	94.4	71.6	98.3
改善情况	2.2	6.6	29.3	56.1	15.5	9.4

资料来源：《2019 中国农村贫困监测报告》《2015 中国农村贫困监测报告》。

贫困地区公共服务水平不断提高。从入园上学便利条件看，截至 2018 年年末，贫困地区 87.1％的农户所在自然村上幼儿园便利，89.8％的农户所在自然村上小学便利，分别比 2013 年提高 15.7 个和 10.0 个百分点。从就医便利条件看，截至 2018 年年末，贫困地区 93.2％的农户所在自然村有卫生室；拥有合法行医证医生或卫生员的行政村比重为 92.4％，比 2012 年提高 9.0 个百分点②。从垃圾处理条件看，截至 2018 年年末，78.9％的农户所在自然村垃圾能集中处理，比 2013 年提高 49.0 个百分点（表 9）。贫困地区农村的入学、看病、村庄环境治理等基本公共服务覆盖面越来越广。

表 9　2013—2018 年贫困地区自然村公共服务变化情况（农户比重）

年份	上幼儿园便利（％）	上小学便利（％）	有卫生室（％）	垃圾能集中处理（％）
2013	71.4	79.8	84.4	29.9
2014	74.5	81.2	86.8	35.2
2015	76.1	81.7	90.4	43.3
2016	79.7	84.9	91.4	50.9
2017	84.7	88.0	92.2	61.4
2018	87.1	89.8	93.2	78.9
改善情况	15.7	10.0	8.8	49.0

资料来源：《2019 中国农村贫困监测报告》。

---

① 《2019 中国农村贫困监测报告》和《2015 中国农村贫困监测报告》公布的数据比国家统计局《扶贫开发持续强力推进 脱贫攻坚取得历史性重大成就——新中国成立 70 周年经济社会发展成就系列报告之十五》的相关数据要高。
② 国家统计局：《扶贫开发持续强力推进 脱贫攻坚取得历史性重大成就——新中国成立 70 周年经济社会发展成就系列报告之十五》。

（五）中国减贫为全球减贫事业做出了巨大贡献

中国的扶贫实践不仅让中国人民摆脱绝对贫困，还对世界减贫产生了深远影响。

一是中国贫困人口大幅减少直接推动全球贫困人口总量显著下降。按照世界银行每人每天 1.9 美元的国际贫困标准及世界银行发布的数据，中国贫困人口从 1981 年年末的 8.78 亿人减少到 2013 年年末的 2 511 万人，累计减少 8.53 亿人，减贫人口占全球减贫总规模超七成；中国贫困发生率从 1981 年年末的 88.3％下降至 2013 年年末的 1.9％，累计下降了 86.4 个百分点，年均下降 2.7 个百分点，同期全球贫困发生率从 42.3％下降到 10.9％，累计下降 31.4 个百分点，年均下降 1.0 个百分点，中国减贫速度明显快于全球，贫困发生率也大大低于全球平均水平。正如联合国粮食及农业组织（FAO）经济与社会发展署负责人乔莫·桑德拉姆所言，"联合国千年发展目标如果没有中国的努力很难取得今天的成绩"[①]。

二是中国政府积极开展国际减贫合作。例如设立"南南合作援助基金"、向发展中国家提供"6 个 100"的项目支持、"一带一路"倡议等举措，对发展中国家提供了巨大帮助，为发展中国家摆脱贫困贡献了中国力量。

三是中国减贫经验为世界减贫提供了中国案例。这从相关论坛或国外友人的发言可见一斑，例如联合国开发计划署 2015 年发布的《联合国千年发展目标报告》说，"中国的减贫为实现联合国千年发展目标作出了贡献，为其他国家提供了学习经验。"联合国秘书长古特雷斯在致"2017 减贫与发展高层论坛"贺信中盛赞中国减贫方略，称"中国的经验可以为其他发展中国家提供有益借鉴"。世界银行 2018 年发布的《中国系统性国别诊断》报告称"中国在经济快速增长和减少贫困方面取得了'史无前例的成就'"。

三、中国扶贫开发的基本经验

改革开放以来，中国扶贫开发工作取得如此辉煌成就，最根本的原因是发挥了党的领导的政治优势和社会主义的制度优势，探索形成了中国特色减贫道路。中国扶贫开发实践积累下的宝贵经验为全球减贫事业提供了有益借鉴。

（一）坚持发挥政治制度优势

扶贫开发工作取得如此辉煌成就，加强党的领导是根本。中国建立了"中央统筹、省负总责、市县抓落实"的扶贫体制机制，强化各级党委总揽全局、协调各方作用，要求省、市、县、乡、村五级书记抓扶贫，要求中央和国家机关有关部门根据职能承担脱贫攻坚任务，为扶贫开发提供了坚强政治保证。实施脱贫攻坚行动以来，中央强化了组织领导措施，要求中西部 22 个省份党政主要负责同志向中央签署脱贫攻坚责任书、立下军令状。要求保持贫困地区党政正职稳定，贫困县党政正职在脱贫攻坚期内要保持稳定，已经摘帽的县也要稳定。集中连片特困地区党政正职，在本省份脱贫攻坚任务完成前不得调离，集中精力抓好所辖贫困县脱贫攻坚相关工作。省（自治区、直辖市）党政领导班子成员脱贫攻坚工作分工要保持稳定，分管负责同志要熟悉"三农"和扶贫工作，具有丰富的经验，层层压实工作责

①　张晓东：《中国减贫模式具有世界意义》，《人民日报》，2015 年 10 月 28 日。

任。开展抓党建促脱贫攻坚，着力配强乡村两级领导班子，夯实农村基层党组织，特别是向贫困村选派驻村工作队和"第一书记"的制度，极大地增强了贫困村的领导干部力量，有力地推动了贫困村的脱贫进程。总体而言，坚持党对扶贫开发工作领导的政治优势，发挥社会主义集中力量办大事的制度优势，五级书记抓扶贫，实行中央统筹、省负总责、市县抓落实的管理体制机制，强化组织保障。

（二）坚持激发主体内生动力

对贫困地区加强基础设施建设，提升公共服务水平，健全社会保障体系，培育特色优势产业，加大生态保护和修复力度，全方位改善发展环境，增强活力和动力。对贫困人口，加强劳动技能培训，提升整体素质，摆脱思想贫困、意识贫困、能力贫困，依靠自己辛勤劳动实现脱贫致富。对于丧失劳动能力的贫困人口，国家逐步建立农村最低生活保障制度、养老保险制度、医疗保障制度、农村特困群体保障制度和临时救济救灾制度，加大对残疾人的扶持力度，为贫困人口编织起社会安全网。总体而言，坚持扶贫与扶志、扶智相结合，加强技能培训，提升整体素质，摆脱思想贫困，增强贫困人口自我发展活力和动力，依靠自己辛勤劳动实现脱贫致富。

（三）坚持促进发展成果共享

改革开放以来，中国成功战胜各种风险和挑战，国民经济保持平稳较快发展，不仅创造了大量就业机会，使千百万农民通过转移就业增加了收入、解决了温饱问题，还为各级财政增加扶贫投入提供了有力保障。国家在制定国民经济和社会发展中长期规划时，把扶贫开发作为重要内容，放在突出位置，带动贫困地区、贫困人口参与发展过程。党和政府不断丰富和完善区域发展总体战略，推动区域协调发展，为贫困地区发展创造有利条件。西部大开发安排的生态建设、产业发展、基础设施、社会事业项目优先在贫困地区布局。实施振兴东北地区等老工业基地、促进中部地区崛起等战略，把促进农业农村发展、带动贫困人口脱贫致富放在重要位置，为贫困人口发展创造条件。总体来说，坚持以人民为中心，丰富和完善发展战略，推动区域和城乡协调发展，为贫困地区和贫困人口发展创造了有利条件，让贫困地区和贫困人口能够共享发展成果。

（四）坚持动员社会各方参与

扶贫开发各方参与是合力。中国坚持发挥政府和社会两方面力量作用，组织开展东西部扶贫协作、党政机关和国有企事业单位定点扶贫，支持军队参与驻地扶贫，动员民营企业、社会组织和公民个人参与扶贫，形成扶贫开发的强大合力。一是东西部扶贫协作。1996年，中央确定北京、上海等13个东部省份与西部10个省份开展扶贫协作。此后，中央又陆续部署对口支援西藏、新疆、四省藏区、革命老区等工作，逐步形成了多层次、多形式、全方位的扶贫协作和对口支援格局。脱贫攻坚以来，东西部扶贫协作进一步拓展范围，明确了产业合作、劳务协作、人才支援、资金支持、社会动员五个方面的任务。二是机关定点扶贫。20世纪80年代中期，中央决定组织中央和国家机关、国有企业和部属大专院校开展定点扶贫，这是中央单位践行扶贫初心使命的重要举措。1994年实施八七扶贫攻坚计划时，有120个单位帮扶330个国定贫困县。目前，参与定点扶贫的单位增加到320个，实现了对592个贫困县的全覆盖。三是民主党派参与。民主党派和中华全国工商业联合会利用社会联系广泛、知识智力密集等优势，开展了智力支边、光彩事业、同心工程等多种形式的扶贫工作，帮助贫困地区发展教育、卫生、文化、科技等事业，提升产业发展水平。四是广泛社会动员。2014年，国家确定10月17日为扶贫日，号召民间组织、民营企业和公民个人参与扶贫济困事业。脱贫攻坚期内，设立全国脱贫攻坚奖，每年进行评选表彰和宣传；设立全国脱贫攻坚模范，每年进行表彰。总体而言，坚持动员多方力量参与扶贫开发，凝聚多元主体，整合多方资源，协同多种机制，构建政府、社会、市场协同推进的贫困治理模式。

（五）坚持开展国际减贫合作

消除贫困是各国人民的共同愿望，需要世界各国的共同努力。面对贫困，中国在致力于消除自身贫困的同时，积极开展南南合作，力所能及地向其他发展中国家提供不附加任何政治条件的援助，支持和帮助广大发展中国家特别是最不发达国家消除贫困，为全球减贫事业贡献中国智慧和中国力量。从1995年开始，以国务院扶贫办与世界银行合作为标志，中国开始了与国际社会在扶贫领域的大规模合作，目前已有近50个国际机构参与了中国的扶贫事业，国务院扶贫办外资中心共引进外资达8亿多美元，使1 000多万个贫困农户受益。在获得国际减贫帮助的同时，中国也积极向国际社会分享扶贫开发的经验和做法，向他们传授中国扶贫经验，例如打造了"减贫与发展高层论坛""中国—东盟社会发展与减贫论坛""中非减贫与发展会议"等品牌性活动，为来自120多个国家（地区）的3 200多名减贫工作者进行了专题培训；在坦桑尼亚、老挝、柬埔寨、缅甸等国家开展了减贫试点项目合作；为发展中国家官员举办减贫与发展方面的培训，邀请广大发展中国家的减贫工作者来华参观访问，共享中国减贫经验。总体而言，坚持改革开放，借鉴国际减贫的成功经验和方法，不断改进中国的减贫工作，积极履行减贫国际责任，携手消除贫困。

深化拓展乡村振兴齐鲁样板
青岛模式的思考和建议^①

　　本报告基于山东省青岛市两年来乡村振兴进展情况的调查研究认为，打造乡村振兴齐鲁样板、探索齐鲁样板青岛模式，既有基础、又有条件；青岛市的探索和实践，既取得了明显成效、又积累了宝贵经验；在此基础上，提出了深化拓展乡村振兴齐鲁样板青岛模式的思路和建议。

一、打造乡村振兴齐鲁样板的背景和要求

（一）习近平总书记的期望和要求

　　2018年3月8日，习近平总书记在参加十三届全国人大一次会议山东代表团审议时指出：农业强不强、农村美不美、农民富不富，决定着全面小康社会的成色和社会主义现代化的质量。要深刻认识实施乡村振兴战略的重要性和必要性，扎扎实实把乡村振兴战略实施好。希望山东的同志再接再厉，打造乡村振兴齐鲁样板、深化拓展莱西经验，在全面建成小康社会进程中、在社会主义现代化建设新征程中走在前列，全面开创新时代现代化强省建设新局面。

　　习近平总书记强调指出：要坚持乡村全面振兴，重点推进乡村"五个振兴"。

　　一要推动乡村产业振兴。紧紧围绕发展现代农业，围绕农村一二三产业融合发展，构建乡村产业体系，实现产业兴旺，把产业发展落到促进农民增收上来，全力以赴消除农村贫困，推动乡村生活富裕。要发展现代农业，确保国家粮食安全，调整优化农业结构，加快构建现代农业产业体系、生产体系、经营体系，推进农业由增产导向转向提质导向，提高农业创新力、竞争力、全要素生产率，提高农业质量、效益、整体素质。

　　二要推动乡村人才振兴。把人力资本开发放在首要位置，强化乡村振兴人才支撑，加快培育新型农业经营主体，让愿意留在乡村、建设家乡的人留得安心，让愿意上山下乡、回报乡村的人更有信心，激励各类人才在农村广阔天地大施所能、大展才华、大显身手，打造一支强大的乡村振兴人才队伍，在乡村形成人才、土地、资金、产业汇聚的良性循环。

　　三要推动乡村文化振兴。加强农村思想道德建设和公共文化建设，以社会主义核心价值观为引领，深入挖掘优秀传统农耕文化蕴含的思想观念、人文精神、道德规范，培育挖掘乡土文化人才，弘扬主旋律和社会正气，培育文明乡风、良好家风、淳朴民风，改善农民精神风貌，提高乡村社会文明程度，焕发乡村文明新气象。

　　四要推动乡村生态振兴。坚持绿色发展，加强农村突出环境问题综合治理，扎实实施农

---

　　① 本文与李竣合作，写于2020年5月。

村人居环境整治三年行动计划，推进农村"厕所革命"，完善农村生活设施，打造农民安居乐业的美丽家园，让良好生态成为乡村振兴支撑点。

五要推动乡村组织振兴。打造千千万万个坚强的农村基层党组织，培养千千万万名优秀的农村基层党组织书记，深化村民自治实践，发展农民合作经济组织，建立健全党委领导、政府负责、社会协同、公众参与、法治保障的现代乡村社会治理体制，确保乡村社会充满活力、安定有序。

（二）山东省委省政府的行动和部署

为贯彻落实习近平总书记重要讲话精神和指示要求，山东省委、省政府对如何打造乡村振兴齐鲁样板做出了部署和安排。

中共山东省委书记刘家义提出，打造乡村振兴齐鲁样板，要坚持高标准谋划、高质量推进、高层次发展。一是注重强化规划引领。2018年5月，山东省结合发展实际，制定《乡村振兴战略规划（2018—2022年）》和"五个振兴"专项工作方案，为实施乡村振兴战略提供规划与思路，确保打造乡村振兴齐鲁样板落到实处。二是注重做到高点定标。围绕打造乡村振兴齐鲁样板，山东省对标发达国家、国内先进地区的成功经验和模式，制定了符合山东实际的推进乡村振兴的目标任务和指标体系。三是注重突出各地特色。山东省坚持严格功能区定位，坚定不移地走绿色发展之路；因地制宜推进产业振兴，实行宜粮则粮、宜经则经、宜林则林、宜牧则牧、宜渔则渔；注重多样化发展，保持乡村固有的历史、文化、风俗、风貌等，使乡村振兴各具特色。四是注重健康有序推进。山东省坚持从实际出发，坚决杜绝"面子工程""形象工程"，坚决反对"造盆景"供人参观，坚持稳扎稳打，一步一个脚印推进乡村振兴。五是注重改革开放开路。山东省系统梳理"三农"改革任务，紧盯主要领域和关键环节，持续深化农村综合性改革，推动农业高水平对外开放，为农业农村发展和乡村振兴不断注入源头活水。

刘家义书记强调，要聚焦乡村振兴齐鲁样板，着力破解7个重点难点问题。

一是破解制度创新不够问题。针对山东省部分农村地区管理方式落后、改革政策落实不到位等问题，强化制度供给，进一步盘活农村资源、激发农村活力。认真落实承包地"三权分置"制度，加快建设农村产权流转交易市场；加快农村集体产权制度改革，分类推进农村集体资源性、经营性和非经营性资产改革，积极探索农村集体经济有效实现形式。

二是破解乡村振兴资金制约问题。通过政策和市场化手段，推动农村金融机构回归本源，更好满足乡村振兴多样化金融需求；加快涉农资金整合，把分散在31个省直部门的涉农资金下放到县，实行目标、任务、资金、权责"四到县"；加大财政投入力度，2018年山东省财政筹集1 000亿元资金支持乡村振兴，发挥财政资金的引导和杠杆作用，撬动金融和社会资本更多地投向乡村振兴。

三是破解乡村资源分散问题。针对山东省部分农村土地、林地资源分散导致农业效益低下的问题，按照政府引导方向、群众参与生产、企业投资管理的模式，有效盘活乡村闲置资源，打造田园综合体，激发乡村发展活力。加强村庄整治、农村空闲宅基地整理，采取入股、联营等方式，积极发展乡村休闲旅游养老等产业，确保乡村资源整合，促进打造乡村振兴齐鲁样板。

四是破解农村基础设施薄弱问题。针对农民反映最强烈的突出问题，开展农村人居环境整治三年行动计划，推进农村道路、厕所、供暖、供电、学校、住房、饮水"七改"工程。不断提高清洁能源综合利用率，推进农村"煤改气、煤改电"，确保 2020 年全省 70% 以上的村庄实现清洁供暖；推行垃圾分类、无害化资源化处理以及"四好"农村公路建设，推动"村村通"向"户户通"延伸。

五是破解内生动力不足问题。为调动农民参与乡村振兴的积极性，要积极引导基层干部做好群众工作，最大限度激发农民群众参与乡村振兴的热情和激情。特别是在谋划和推进现代农业和乡村振兴建设项目时，要广泛征求农民意见，让农民成为乡村经济发展的主要获益者，使乡村振兴获得源源不断的动力。

六是破解陈规陋习问题。针对农村乡风文明建设中面临的矛盾和问题，要培育文明乡风、良好家风、淳朴民风。深入挖掘齐鲁优秀传统文化，大力弘扬沂蒙精神，形成良性文化生态；深化乡村文明行动，重点实施人居环境、四德建设、新农村新生活、移风易俗、平安村庄、文化惠民"六大提升工程"，不断提高乡村文明程度。

七是破解人才资源短缺问题。为促进城乡人才流动，支持各类人才留在农村，一方面要大力培育乡村本土人才，实施乡村人才振兴行动计划和新型职业农民培育工程，依托农科大讲堂、"庄户学院"，让先进党支部书记、致富能手现身说法；另一方面要引导城市人才下乡返乡，如实施返乡人员创业三年行动计划，引导大学生、进城务工人员、退伍军人等各类人才投身乡村建设，鼓励引导工商资本通过项目带动人才回流乡村，激励各类人才在乡村创新创业、各展其长。

二、探索齐鲁样板青岛模式的条件和优势

为贯彻落实习近平总书记"打造乡村振兴齐鲁样板、深化拓展莱西经验"的指示要求，山东省委、省政府提出青岛市打造面向世界开放发展的桥头堡，探索东部沿海地区乡村振兴的齐鲁样板。青岛市作为山东省的经济中心，是国家沿海重要中心城市，经济优势和开放优势比较明显，农业和农村现代化建设水平也比较高，具有打造齐鲁样板率先实现突破的基础条件和独特优势。

（一）青岛市具备打造齐鲁样板的基础条件

1. 健全"五级书记抓乡村振兴"机制，奠定乡村振兴组织基础。一是强化组织领导。青岛市在山东省内率先成立了中共青岛市委农业农村委员会，强化党对"三农"工作总揽全局、协调各方的领导作用。建立工作专班推进机制，健全完善基层联系点制度，推动政策措施落实落地。二是强化协同督导。自 2019 年 8 月以来，青岛市委、市政府主要领导每月一调度、每季度听取专题汇报，分管领导每月主持召开乡村振兴暨农村人居环境整治现场观摩推进会。年底全市"四大"班子、"两代表一委员"、企业家等各界代表对乡村振兴推进情况进行质询，质询结果列入年度工作考核。三是强化考核引导。青岛市将乡村振兴列入对区（市）、市直部门的经济社会综合考核和专项考核，明确提出承担省考核任务跌出前 3 名的单位主要负责人要在全市会议上作检查。

2. 打好乡村产业转型升级攻坚战，夯实乡村振兴经济基础。一是农业招商引资实现新突破。青岛市坚持以大项目引领产业融合发展，推动乡村产业提质增效。随着投资大项目的

开工建设，农业生产力布局将进一步优化升级。二是土地规模化经营实现新突破。在全市开展整镇整村土地流转试点，大力推广"耕、种、防、收"土地托管服务模式。在全国率先出台实施《农村土地承包经营权抵押贷款管理办法（试行）》，建成以区（市）为核心、镇为基础、上下贯通、功能完善的产权交易体系。三是农村产业融合发展实现新突破。全域实施农业产业化联合体、田园综合体、现代农业产业园、齐鲁样板示范区等示范创建，实行省、市、县三级联创机制。建立了乡村振兴齐鲁样板示范区重点培育清单，实行打造一批、认定一批、扶持一批。四是品牌农业建设实现新突破。健全农业生产、加工、流通等全程标准体系，构建"青岛农品"培育、保护、发展和评价体系。建设农产品质量安全追溯监管平台，形成了严谨的生产、监管、检测、流通有机追溯链条。五是农业开放发展实现新突破。坚持"走出去"与"引进来"相结合，全市农产品出口遍及 140 多个国家和地区。面向全球整合种业资源，创建青岛国际种都。

3. 打好基层党组织振兴攻坚战，建立乡村振兴治理基础。一是合村并居稳步推进。青岛市建立了市委分管领导任召集人的全市合村并居联席会议，印发实施《全市合村并居村庄规划编制工作实施方案》和《全市合村并居规划编制导则（试行）》。二是基层党组织战斗力不断增强。出台了加强村党组织书记队伍建设的 20 条意见，激励广大干部到村担任村党组织书记。健全完善区（市）党委组织部备案管理等制度，选优配强村党组织书记。三是农村改革深入推进。全市基本完成集体产权制度改革任务，加快农村资产资源流动，推进农村土地经营权抵押贷款和农村集体资产产权交易。四是村级集体经济发展壮大。青岛市梳理了121 条支持政策，选择 160 个村开展中央财政资金扶持发展壮大村级集体经济试点。

4. 打好乡村生态宜居攻坚战，夯实乡村振兴环境基础。一是美丽乡村建设取得新进展。印发了《青岛市美丽村居建设实施方案》，启动了市域乡村风貌规划编制工作。全市已完成2017 年、2018 年省级示范村评估验收，集中力量打造了 11 个美丽乡村示范片区。二是农村人居环境整治取得新进展。青岛市开展了"百镇千村万巷"环境整治百日攻坚行动和秋冬战役，加快推进国家卫生镇街、省级卫生村创建。聚力攻坚农村厕所革命和污水治理，推进路网提档升级。三是农业绿色发展取得新进展。实施农作物病虫害统防统治、推广绿色防控技术和水肥一体化技术。平度、莱西、胶州三市入选全国畜禽粪污资源化利用整县推进项目试点。

5. 打好乡村人才集聚攻坚战，筑牢乡村振兴人才基础。一是培养使用乡土人才。制定全市乡村人才振兴行动计划，实施乡村人才引育十大重点工程，实施乡镇专业技术人才直评直聘政策，全面落实乡村人才振兴激励措施 20 条。二是引进使用各种人才。成功举办"2019 年招才引智名校行""百所高校千名博士青岛行"等活动。青岛大学、中国石油大学、青岛广播电视大学、青岛市新型职业农民教育中心等 4 家培训基地，已申报省级服务乡村振兴继续教育基地。

6. 打好乡村文化兴盛攻坚战，夯实乡村振兴文化基础。一是推进新时代文明实践中心建设。青岛市成立全国首家新时代文明实践培训学院。胶州、平度、城阳入选全国全省新时代文明实践中心建设试点县。二是深耕农村文化主流阵地。组织开展送戏、送法、送文艺进乡村活动，广泛开展"五王大赛""微演艺六进""欢乐青岛广场周周演""农村文化艺术节"等深受乡村群众喜爱的群众文化活动。三是开展农村精神文明示范创建。青岛市深入推进农村文明家庭、最美家庭等示范创建，开展星级文明户等评选，不断扩大榜样模范群体，凝聚道德力量、传播主流价值。

（二）青岛市具有率先实现突破的独特优势

青岛市是国家计划单列城市和山东省副省级城市，辖区陆地面积 11 282 平方千米，海域面积 12 240 平方千米，常住人口超过千万。与其他城市相比，青岛市在打造乡村振兴齐鲁样板率先实现突破上，具有如下 7 个方面的显著优势。

1. 自然优势。青岛市是海滨丘陵城市，岸线曲折，岬湾相间。有大沽河、北胶莱河以及沿海诸河三大水系，胶州湾、鳌山湾、灵山湾三大湾群，782 千米大陆海岸线、49 个海湾和 120 个海岛。青岛市大陆岸线占山东省岸线的 1/4，为其发展海洋农业产业提供了广阔的空间。"春迟、夏凉、秋爽、冬长"是青岛市沿海地区季风气候特点，为农业发展提供了有利条件。青岛市先后荣获联合国和国家人居环境范例奖、中国人居环境奖，是"中欧低碳生态城市合作项目"试点城市。

2. 区位优势。青岛市位于胶东半岛，环渤海湾商业带，是国家特大城市、山东省经济中心、国家沿海重要中心城市、滨海度假旅游城市、国际性港口城市、东北亚国际航运枢纽，"一带一路"新亚欧大陆桥经济走廊主要节点城市和海上合作战略支点。青岛市是山东社会发展和经济发展的龙头，是山东半岛蓝色经济区的核心城市，是带动山东发展的核心引擎。青岛市还毗邻日韩两国，有利于开展相互间的国际贸易、文化交流等活动。

3. 经济优势。青岛市是国务院批准设立的国家级财富管理金融综合改革试验区，承担着先行先试、探索中国特色财富管理发展道路的目标使命。近年来，青岛市大力推进新旧动能转型，打好转型发展"组合拳"，做好"存量变革"和"增量崛起"两篇大文章，在保持增速平稳的基础上，向高质量发展新阶段更进一步，创新驱动能力进一步增强。青岛市还是重要的国际化都市，与世界 79 个国家和地区缔结经济合作伙伴关系，与全球 215 个国家和地区建立了贸易往来，累计实现外贸进出口 8 881 亿美元。

4. 文化优势。青岛市具有打造乡村振兴齐鲁样板的独特文化优势。优美绵长的海岸线形塑了青岛海洋文化，青岛原属东夷海岱文化区域，被称为"东方瑞士"。作为中国最早的 14 个沿海开放城市之一，青岛市是吸引国际投资最多的城市之一，每年吸引数十万计的外国游客。青岛市的建筑、雕塑、人文古迹、文化艺术节等都展示了其艺术城市形象。齐鲁文化为青岛市融入了山东人忠厚、认真、直率、诚实、热情的优秀品格。

5. 交通优势。青岛市具有便捷的交通条件。青岛流亭国际机场已达到 4E 标准，拥有国内航线 160 多条（包括香港、澳门和台湾地区航线 3 条），国际航线 29 条。胶东机场于 2019 年下半年实现转场运行，可满足年旅客吞吐量 5 500 万人次。青岛市域现有铁路 11 条，总里程 576 公里；济青高铁潍莱铁路建成后，总里程将达到 666 公里。2018 年年底，青岛港生产性泊位共 122 个，其中万吨级以上泊位 85 个。青岛已全面形成一小时城市经济圈，各区（市）实现高速公路直达，所有乡镇实现半小时上高速。

6. 智力优势。青岛市有中国海洋大学、中国石油大学、青岛大学、山东科技大学等一系列国内外知名大专院校，高校资源及科研机构在山东省位居前列。青岛市是全国唯一国家创新型城市和技术创新工程"双试点"城市，聚集了全国 1/5 的海洋科研机构、1/3 的涉海高端研发平台，拥有第一个国家技术创新中心和国内唯一的国家海洋技术转移中心，全职在青涉海院士 18 人。

7. 品牌优势。青岛市享有中国"品牌之都"的美誉。海尔、海信、青岛啤酒、双星、中车四方等一批蜚声中外的企业总部设在青岛市。海尔、青岛啤酒分列 2018 中国 500 最具价值品牌排行榜第 3 位、第 22 位。青岛市农业也以基础牢、特色强、品牌响、质量好著称于世。2019 年，青岛市有"三品一标"农产品 1 042 个，著名农产品品牌 186 个，国家农产品地理标志 52 个，成功创建"国家农产品质量安全城市"。

三、齐鲁样板青岛模式的探索实践和基本经验

（一）青岛市推进乡村"五个振兴"的探索实践

为贯彻落实习近平总书记重要指示和山东省委、省政府部署要求，青岛市委、市政府印发《青岛市乡村振兴攻势作战方案（2019—2022 年)》，制定《青岛市乡村振兴战略规划 (2018—2022 年)》和《青岛市实施乡村振兴战略加快推进农业农村现代化行动计划 (2018—2022 年)》，明确乡村振兴近期、中期、远期三个阶段的目标任务，发起乡村振兴攻势、突破平度莱西等十五大攻势，统筹推进乡村"五个振兴"，走出了乡村振兴的青岛道路，探索了齐鲁样板的青岛模式，为打造乡村振兴齐鲁样板提供了青岛经验。

1. 在产业振兴方面，青岛市全面推动农业高质量发展。从提升产品质量入手，狠抓标准化生产，加强执法监管，推进品牌兴农；从增加农业效益入手，降低生产经营成本，发展适度规模经营，开发农业多种功能；从推进绿色发展入手，推进农业投入品减量化使用，推进农业废弃物资源化利用，切实加强农业资源养护；从坚持市场导向入手，坚定不移推进农业结构调整，加快推进产业向园区集中，加强农产品市场体系建设。青岛市大力促进乡村产业融合发展。依托特色农产品，发展特色优势产业，实施休闲农业和乡村旅游精品工程，大力发展乡村休闲旅游产业；通过搭建多层级电商服务网络，创新电商发展模式，拓宽电商销售渠道，大力推进农村电商和农产品电商发展；以高新技术引领开拓现代食品产业市场，打造外向型现代农产品加工产业链，加快发展农产品加工业和现代食品产业；建立多元化投融资机制，立足区位资源和发展基础，打造特色专业村、田园综合体、产业示范园区，培育一批宜居宜业的文旅小镇、区域品牌小镇等特色村镇。

2. 在人才振兴方面，青岛市在探索聚集本土人才过程中，构建了从发现到保护的人才建设链条。从高素质农民培训、专业技能人才培训、管理服务人才培训等方面，加强专业人才培育。创新人才的聘用与留任政策，选好用好乡土人才；创新人才评定与奖励政策，鼓励激励乡土人才。通过吸引城市各类人才下乡、鼓励"市民化"能人返乡回乡和支持工商资本投资兴乡，汇聚社会各界人才投身乡村建设。通过强化农业专业人才服务乡村的职责、建立城市人才定期服务乡村机制和利用城市人才带动乡村人才培育，利用城市人才促进乡村振兴。通过搭建乡村引才聚才服务平台、完善乡村人才待遇保障机制和落实乡村人才激励奖励措施，稳固城市人才扎根农业农村。

3. 在文化振兴方面，青岛市为建设文明乡风，推进移风易俗采取了多种举措。通过建立健全督导机制、制约机制、激励机制和红白理事会制度，完善乡村文化基础设施和公共服务，强化制度保障，推动文明乡风建设。通过列出正负面清单，规范群众行为，加强典型示范，发挥党员干部带头作用，强化文明乡风的价值认同，推动村风民风向善向好。通过统筹兼顾满足群众合理需求和因地制宜合理配置资源，坚持民意保障，夯实文明乡风建设的群众基础。重塑乡村核心价值观，为人居环境注入文化之魂。青岛市深挖乡村传统文化历史源

头，寻找乡民精神家园、积极传承创新，保护和发展乡村传统文化、完善文化基础设施，健全文化公共服务和打造文化景观、坚持与时俱进，赋予乡村文化新的时代内涵，聚力助推乡村文化振兴。

4. 在生态振兴方面，青岛市多管齐下推进农村人居环境整治。通过加强源头管理，提倡垃圾分类、免费收集垃圾、闭环运行，就地处置，实现垃圾减量化、循环利用，变废为宝，实现垃圾资源化，创新农村垃圾处理新模式。通过科学谋划，实现污水处理全域化、充分利用市场机制，确保项目建设高效益，构建城乡污水处理体系。通过"三抓三促"、探索多元改厕模式、创新打造"厕污智能管理系统"和建立健全后续长效管护机制，全面推进农村厕所革命。通过硬化街道和村内设施，实现村里美；通过优化生态环境，实现村外美；高标准完成旧屋改造，满足居民需求，全方位改善村容村貌。青岛市以绿色为底加强农村生态环境治理。通过编制村庄规划、发挥示范标杆作用、突出田园风格和构建绿色发展格局，加强顶层设计和规划统筹。通过加强农业面源污染防治、推广绿色高效种植、推动现代农业转型升级，大力推动农业绿色发展。通过实施生态提升工程，复兴改造老村、护绿与植绿并重，推进村庄建设、构建"有山皆绿"的生态环境，提升林品质；构建"有水皆清"的水体生态环境，做足"水"文章；坚持保护与开发并重，挖掘"矿"潜力等举措，加强农村生态保护和修复。通过突出特色，挖掘绿水青山禀赋、坚持典型引领，打造示范工程、推动观光游向休闲度假游转型升级，发展生态旅游循环经济。通过加大投资力度、完善公共基础设施、抓牢环境综合整治，构建"有村皆净"的生态环境、健全管理机制，严格执法监督，夯实乡村生态振兴基础。

5. 在组织振兴方面，青岛市构建多元共治格局，引领基层善治。通过强化农村基层党组织的引领作用，把支部建在产业上、主要精力放在发展上，加强党建引领。通过凝聚精英参与治理和多元主体参与治理，实现多元共治。通过依托"两张网"收集信息、设立信息平台处置信息和利用"大数据"研判信息，保障治理有效的技术支撑。青岛市以党建引领"三治"融合，促进有效治理。通过创新组织设置形式、强化支部班子建设和发挥党员示范作用，强化基层党组织建设。通过综合运用、协同发力，发挥"三治"协同作用，释放乘数效应。通过治理领域的全面深化和治理经验理论的探究深化，推进"三治"融合全域化。

（二）探索齐鲁样板青岛模式积累的经验

青岛市在打造乡村振兴齐鲁样板，重点推进乡村"五个振兴"的过程中，积累了宝贵的经验，值得总结和借鉴。

1. 坚持发挥农民主体作用。农民是乡村振兴的主体，也是乡村振兴的中坚力量。青岛市在实施乡村振兴战略过程中，充分尊重广大农民的意愿，维护保障农民群众的根本利益，建立了广泛的群众基础，增强了凝聚力和向心力，激发了广大农民的积极性、主动性、创造性，激活了农民参与乡村振兴的内生动力，推动乡村振兴不断取得新成效。

2. 坚持因地制宜循序渐进。青岛市有7个主城区和3个县级市，不同的区（市）和乡村有不同的自然条件、经济基础和社会结构。青岛市在实施乡村振兴战略过程中，根据主城区和县级市乡村的差异性和发展走势分化的特征，遵循乡村建设规律，做好顶层设计、科学制定规划，因地制宜、分类施策，尽力而为、量力而行，突出重点、典型引路，走出了一条具有青岛特色的乡村振兴之路。

3. 坚持农业农村优先发展。 坚持农业农村优先发展，是实施乡村振兴战略的总方针。青岛市把实施乡村振兴战略作为市委、市政府的共同意志、共同行动，认真贯彻落实"四个优先"要求，在资金投入、要素配置、公共服务、干部配备方面采取有力措施，层层落实责任，努力补上农业农村发展短板，加快推进农业农村现代化。

4. 坚持促进城乡融合发展。 建立健全城乡融合发展体制机制和政策体系，是实施乡村振兴战略的制度保障。青岛市在实施乡村振兴战略过程中，创新体制机制，推进城乡要素平等交换，推动人才下乡、资金下乡、技术下乡，推动农村人口有序流动、产业有序集聚，形成城乡互动、良性循环的发展机制。完善政策体系，推进城乡公共资源均衡配置，推动城乡教育、文化、医疗、社保等基本公共服务均等化，推动城乡基本公共服务标准统一、制度并轨，实现从形式上的普惠向实质上的公平转变。

5. 坚持推进乡村全面振兴。 坚持乡村全面振兴，是实施乡村振兴战略的原则和要求。青岛市在实施乡村振兴战略过程中，准确把握乡村振兴的科学内涵，努力挖掘乡村的多种功能和价值，推进乡村产业振兴、人才振兴、文化振兴、生态振兴、组织振兴，推进农村经济建设、政治建设、文化建设、社会建设、生态文明建设、党的建设，推进农业全面升级、农村全面进步、农民全面发展。

四、深化拓展齐鲁样板青岛模式的思路和建议

（一）深化拓展齐鲁样板青岛模式的基本思路

深化拓展齐鲁样板青岛模式，要以习近平关于"三农"工作重要论述为指导思想，以走中国特色社会主义乡村振兴道路为行动指南，加强党对"三农"工作的领导，把实施乡村振兴战略作为新时代做好"三农"工作的总抓手，坚持农业农村优先发展，按照产业兴旺、生态宜居、乡风文明、治理有效、生活富裕的总要求，建立健全城乡融合发展体制机制和政策体系，加快推进乡村治理体系和治理能力现代化，加快推进农业农村现代化，让农业成为有奔头的产业，让农民成为有吸引力的职业，让农村成为安居乐业的美丽家园。

在实施乡村振兴战略过程中，要注意处理好以下四个关系。

一是短期目标和长期目标的关系。实施乡村振兴战略是一项长期的历史任务。到2020年，乡村振兴取得重要进展，制度框架和政策体系基本形成；到2035年，乡村振兴取得决定性进展，农业农村现代化基本实现；到2050年，乡村全面振兴，农业强、农村美、农民富全面实现。从近期来看，青岛市要围绕建立和形成乡村振兴的制度框架和政策体系，加快推进农村各项改革，调整完善农村各项政策，扎实推进乡村"五个振兴"，努力实现乡村振兴开好局、起好步。从中长期来看，青岛市要围绕推进乡村治理体系和治理能力现代化、农业农村现代化和实现乡村全面振兴，遵循乡村发展规律，分阶段分步骤科学合理规划，着眼长远谋定而后动，注重质量、从容建设，找准突破口、排出优先序、久久为功、扎实推进，积小胜为大成。

二是顶层设计和基层探索的关系。党的十九大以来，习近平总书记就实施乡村振兴战略提出了一系列新理念、新思想、新举措，中央先后召开了农村工作会议和工作推进会议，先后印发了中央1号文件和乡村振兴战略五年规划，出台了一系列支持乡村振兴的政策措施，已经明确了乡村振兴的顶层设计。青岛市要抓好做实落地，制定符合青岛实际的实施方案。

编制村庄规划不能简单照搬城镇规划，更不能搞一个模子套到底。要各具特色，丰富多彩。允许区（市）采取一些过渡性、差异化的政策和措施，鼓励乡村先行先试、大胆探索创新。要及时总结推广基层探索经验，大力推进实施乡村振兴战略。

三是市场作用和政府作用的关系。实施乡村振兴战略，既要充分发挥市场的作用，也要更好发挥政府的作用。青岛市要从农业农村发展深层次矛盾出发，聚焦农民和土地的关系、农民和集体的关系、农民和市民的关系，以市场需求为导向，深化农村综合性改革和农业供给侧结构性改革，激发各类市场主体参与乡村振兴的动力和活力。青岛市要发挥好政府在规划引导、政策支持、市场监管、法治保障等方面的积极作用，加快转变政府职能，深化"放管服"改革，科学制定乡村振兴规划，出台实施乡村振兴政策，优化乡村营商环境，保障各类主体权益。政府和市场要形成合力，共同推动乡村全面振兴。

四是增强群众获得感和适应发展阶段的关系。实施乡村振兴战略的出发点和落脚点，就是要让亿万农民有更多的获得感、幸福感、安全感。青岛市要围绕农民群众最关心、最直接、最现实的利益问题，加快补齐农村基础设施和公共服务短板。要根据本市经济社会发展的基础和条件，科学评估各级财政收支状况、集体经济实力和群众承受能力，合理确定投资规模、筹资渠道、负债水平，合理设定阶段性目标任务和工作重点，形成实施乡村振兴战略的长效机制。

（二）深化拓展齐鲁样板青岛模式的对策建议

今后一个时期，青岛市要把握新形势、新任务、新要求，立足市情农情，乘势而上，切实增强责任感、使命感、紧迫感，举全市之力，以更大的决心、更明确的目标、更有力的举措，进一步解放思想、大胆探索创新、推进高质量发展，谱写新时代乡村全面振兴新篇章。

1. 加强党的领导。

一是加强组织领导。青岛市党委要坚持把实施乡村振兴战略摆上重要议事日程，做好上下衔接、区市协调、督促检查工作。区（市）党委要制定具体管用的工作措施，贯彻落实党中央以及上级党委关于乡村振兴工作的部署和要求；区（市）委书记要当好乡村振兴"一线总指挥"，加强统筹谋划，狠抓工作落实。乡镇党委要加强对干部群众的组织、宣传、教育工作，贯彻执行乡村振兴工作的决策部署和政策措施；农村基层党组织要发挥好战斗堡垒作用，切实增强乡村振兴的战斗力、凝聚力、向心力。

二是健全体制机制。青岛市要健全党委统一领导、政府负责、党委农村工作部门统筹协调的农村工作领导体制机制。建立实施乡村振兴战略领导责任制，党政一把手是第一责任人。各部门要按照职责分工，加强工作指导，强化要素投入、制度供给和政策支持，形成乡村振兴工作合力。加强党委农村工作部门机构设置和人员配置工作，发挥决策参谋、统筹协调、政策指导、推动落实、督导检查等职能作用。

三是强化考核监督。青岛市要建立和完善市、区（市）党政领导班子和领导干部推进乡村振兴工作的实绩考核制度，将考核结果作为选拔任用领导干部的重要依据。加强乡村振兴统计监测工作，开展乡村振兴规划执行评估，确保乡村振兴战略有效实施。

2. 强化人才支撑。

一是加强"三农"工作队伍建设。青岛市要把懂农业、爱农村、爱农民作为基本要求，加强农村工作干部队伍培养、配备、管理、使用。各级党委和政府主要领导干部要懂"三农"工作、会抓"三农"工作，分管领导要真正成为"三农"工作的行家里手。要把到农村一线工作锻炼、干事创业作为培养干部的重要途径，注重提拔使用实绩优秀的农村工作干部，形成人才向农村基层一线流动的用人导向。要制定实施培训计划，拓宽区（市）"三农"工作部门和乡镇干部来源渠道。

二是培养造就乡土人才。要实施新型职业农民培育工程，支持农民专业合作社、专业技术协会、龙头企业等主体承担培训，大力开展职业农民职称评定试点。建立区（市）域专业人才统筹使用制度和农村人才定向委托培养制度，大力提高乡村教师、医生队伍素质和服务能力。加强农业科技队伍和技术人才队伍建设，扶持培养一批农业职业经理人、经纪人、乡村工匠、文化能人、非遗传承人等乡土人才。

三是吸引城市人才下乡。要建立有效激励机制，以乡情乡愁为纽带，吸引支持企业家、党政干部、专家学者、医生教师、规划师、建筑师、会计师、律师、技师等人才，通过下乡担任志愿者、投资兴业、包村包项目、行医办学、捐资捐物、法律咨询等方式服务乡村振兴。制定实施鼓励引导工商资本参与乡村振兴的指导意见，落实扶持政策，保护好农民利益。发挥工会、共青团、妇女联合会、科学技术协会、残疾人联合会等群团组织的优势和力量，发挥各民主党派、工商联、无党派人士等积极作用，支持农村产业发展、生态环境保护、乡风文明建设、农村弱势群体关爱等。

四是创新人才培育引进使用机制。要制定实施鼓励城市专业人才参与乡村振兴的政策措施。建立自主培养与人才引进相结合，学历教育、技能培训、实践锻炼等多种方式并举的人力资源开发机制。建立城乡、区域、校地之间人才培养合作与交流机制。建立城市医生、教师、科技、文化人员等定期服务乡村机制。

3．强化制度创新。

一是完善农村土地承包制度。青岛市要认真贯彻落实《中共中央　国务院关于保持农村土地承包关系稳定并长久不变的意见》，坚持土地集体所有、家庭承包经营，保护农户依法承包集体土地的基本权利，保持农户承包地稳定。建立健全土地承包权依法自愿有偿转让机制。落实农村土地所有权、承包权、经营权"三权"分置政策，健全农村土地承包相关法律政策。开展农村承包土地经营权依法向金融机构融资担保试点，支持农民以土地入股方式从事农业产业化经营。

二是创新农业经营体制。坚持家庭经营基础性地位，赋予双层经营体制新内涵。实施家庭农场培育计划，开展农民合作社规范提升行动。建立健全支持家庭农场、农民合作社发展的政策体系和管理制度。落实扶持小农户和现代农业发展有机衔接的政策，完善"农户＋合作社""农户＋公司"利益联结机制。加快培育各类社会化服务组织，为一家一户提供全程社会化服务。深化农村供销合作社综合改革，深化集体林权制度和林区林场改革，推进农垦垦区集团化和农场企业化改革。

三是深化农村土地制度改革。要全面推开农村土地征收制度改革和农村集体经营性建设用地入市改革，加快推进房地一体的农村集体建设用地和宅基地使用权确权登记颁证。完善农民闲置宅基地和闲置农房政策，探索宅基地所有权、资格权、使用权"三权分置"，落实宅基地集体所有权，保障宅基地农户资格权和农民房屋财产权，适度放活宅基地和农民房屋使用权。开展闲置宅基地复垦试点，允许区（市）政府通过村土地利用规划，调整优化村庄用地布局，有效利用农村零星分散的存量建设用地。对利用收储农村闲置建设用地发展农村新产业新业态的，给予新增建设用地指标奖励。完善农业设施用地政策，满足现代农业发展合理需求。

四是推进农村集体产权制度改革。要加快推进集体经营性资产股份合作制改革，完善农村集体产权权能。健全农村产权流转交易市场，推动农村各类产权流转交易公开规范运行。积极探索集体资产股权质押贷款办法。推动资源变资产、资金变股金、农民变股东，探索农村集体经济有效实现形式和运行机制。拓宽农村集体经济发展路径，加快农村集体资产监督管理平台建设，建立健全集体资产各项管理制度。制定实施适合农村集体经济组织特点的税收优惠政策。

五是完善农业支持保护制度。要深化农产品价格形成机制改革，落实稻谷和小麦最低收购价政策，落实玉米和大豆生产者补贴政策，落实对农民直接补贴制度。深化农产品收储制度改革，加快培育多元市场购销主体，健全粮食主产区利益补偿机制，完善农产品进出口调节制度。健全农业信贷担保费率补助和以奖代补机制，推进稻谷、小麦、玉米完全成本保险和收入保险试点，扩大农业大灾保险试点和"保险＋期货"试点，探索"订单农业＋保险＋期货（权）"试点，对地方优势特色农产品保险实施以奖代补试点。

4. 强化政策支持。

一是落实农业农村优先发展政策导向。青岛市要把落实"四个优先"的要求与乡村振兴实绩考核联系起来，层层落实责任。优先配备"三农"干部，选拔熟悉"三农"工作的干部充实区（市）和乡镇党政班子，把优秀干部和精锐力量充实到基层一线。优先配置要素资源，破除妨碍城乡要素自由流动、平等交换的体制机制，推动人才、土地、资金、技术、信息等要素下乡。优先保障资金投入，把农业农村作为财政优先保障领域和金融优先服务领域，公共财政资金使用更大力度向"三农"倾斜，县域新增贷款主要用于支持乡村振兴。优先安排农村公共服务，推进城乡基本公共服务标准统一、制度并轨，实现从形式上的普惠向实质上的公平转变。

二是建立健全城乡融合发展体制机制。健全农业转移人口市民化和城市人才下乡激励机制，健全财政投入保障、农村金融服务、工商资本下乡、科技下乡机制。健全农村教育、医疗卫生、公共文化、社会保险、社会救助、社会管理服务机制，建立城乡基础设施规划、建设、管护一体化机制。建立促进乡村经济多元化发展的体制机制，建立新产业新业态培育、生态产品价值实现、乡村文化保护利用、城乡产业协同发展、城乡统筹规划制度。建立促进农民收入持续增长的体制机制。

5. 强化投入保障。

一是确保财政投入持续增长。建立健全实施乡村振兴战略财政投入保障制度，明确和强化各级政府"三农"投入责任，确保财政投入与乡村振兴目标任务相适应。优化财政供给结构，推进行业内资金整合与行业间资金统筹相互衔接配合，增加地方自主统筹空间，加快建立涉农资金统筹整合长效机制。切实发挥全国农业信贷担保体系作用，通过财政担保费率补助和以奖代补等，加大对新型农业经营主体支持力度。发挥国家融资担保基金作用，强化担保融资增信功能，引导更多金融资源支持乡村振兴。支持地方政府发行一般债券用于支持乡村振兴的公益性项目。稳步推进地方政府专项债券管理改革，鼓励地方政府试点发行项目融资和收益自平衡的专项债券，支持符合条件、有一定收益的乡村公益性项目建设。

二是拓宽资金筹集渠道。调整完善土地出让收入使用范围，进一步提高农业农村投入比例，重点用于农村人居环境整治、村庄基础设施建设和高标准农田建设。改进耕地占补平衡管理办法，建立高标准农田建设等新增耕地指标和城乡建设用地增减挂钩节余指标跨省域调剂机制，将所得收益通过支出预算全部用于支持现代农业建设和实施乡村振兴战略。

三是提高金融服务水平。推动农村商业银行、农村合作银行、农村信用社回归本源，建立区（市）域银行业金融机构服务"三农"的激励约束机制，落实涉农贷款增速总体高于各项贷款平均增速的政策。保持农村信用社县域法人地位和数量总体稳定，完善村镇银行准入条件，对机构法人和业务在区（市）域的金融机构，适度扩大支农支小再贷款额度。落实农户、小微企业小额贷款税收优惠政策。推动温室大棚、养殖圈舍、大型农机、土地经营权依法合规抵押融资。加快构建线上线下相结合、"银保担"风险共担的普惠金融服务体系，推出更多普惠金融产品。支持符合条件的涉农企业发行上市、新三板挂牌和融资、并购重组。支持重点领域特色农产品期货期权品种上市。

四是引导社会资本投向农村。深化政府"放管服"改革，优化乡村营商环境，加大农村基础设施和公用事业领域开放力度，吸引社会资本参与乡村振兴。规范有序盘活农业农村基础设施存量资产，回收资金主要用于乡村振兴建设项目。鼓励利用外资开展现代农业、产业融合、生态修复、人居环境整治和农村基础设施等建设。推广一事一议、以奖代补等方式，鼓励农民对直接受益的乡村基础设施建设投工投劳，让农民更多参与建设管护。

6. 加强规划实施。

一是强化乡村振兴规划实施。要准确聚焦阶段任务，加强制度设计和政策创新，细化实化工作重点和政策措施，强化乡村振兴工程和项目落地实施，补齐农业发展短腿和乡村建设短板。要科学把握节奏力度，合理设定阶段性目标任务和工作重点，统筹谋划、分步实施，形成有序推进的工作机制。要梯次推进乡村振兴，科学把握区（市）乡村差异，发掘和总结典型经验，针对不同区（市）和乡村的实际情况，选择不同的路径和方式，发挥先行区、引领区的示范带动作用。

二是强化乡村建设规划编制。青岛市要把加强规划管理作为乡村振兴的基础性工作，实现规划编制管理全覆盖。要以区（市）为单位抓紧编制或修编村庄布局规划，区（市）党委和政府要统筹推进乡村规划编制工作。按照先规划后建设的原则，通盘考虑土地利用、产业发展、居民点建设、人居环境整治、生态保护和历史文化传承，注重保持乡土风貌，编制多规合一的实用性村庄规划。

政策性金融支持稻虾共作的模式设计及风险管理[①]

进入 21 世纪以来，党中央、国务院作出一系列重大决策部署推动农业低碳循环发展，种植业作为农业中举足轻重的一部分，促进其低碳转型也迫在眉睫。在种植业中，粮食是最重要的组成部分，其中稻谷是仅次于玉米的第二大品种，并且是需要保证供给绝对安全的口粮，备受重视。但是，种植业中水稻和化肥等所产生的 CO_2 量占农业 CO_2 排放总量的 45%，研究表明，间歇灌溉的稻田所释放的强效温室气体 N_2O 是连续灌溉农田的 45 倍，水稻农场对气候变暖的短期影响可能相当于 1 200 个一般规模的燃煤电厂（年耗煤量为 36 亿吨），而 N_2O 在大气中的停留时间比甲烷长几十年，由此可见，推动稻谷低碳发展是种植业低碳发展的重中之重。同时，稻谷种植也面临着和其他粮食同样的困境，比较收益较低，这也是威胁粮食安全的因素之一。

实际上，稻田综合种养在我国具有悠久的历史，具体而言，是在保障水稻稳产的前提下，利用稻田湿地资源开展适当的水产养殖，形成季节性的农牧渔种养结合栽培模式。稻渔综合种养具有"不与人争粮，不与粮争地""一水两用、一田双收"的优势，既能有效促进粮食生产、农渔民增收，又可以发挥巨大的生态效益。因此，稻渔综合种养、稻虾共作等模式也被形象地称为农民的"米袋子""菜篮子"和"钱夹子"，不仅是低碳循环农业的重要表现形式，更是助力乡村振兴的有力抓手。但是，目前在诸多因素的限制下，稻虾共作模式发展急需获得有效的金融支持。

课题组通过对"中国小龙虾之乡"湖北省潜江市的深入调研，全面分析稻虾共作的发展现状、综合效益及其资金需求，并对政策性金融支持稻虾共作的主要模式、面临的潜在风险及其防范对策展开讨论。

一、稻虾共作的发展现状及其资金需求

（一）稻虾共作的发展现状

1. 稻虾共作的基本含义。"稻虾共作"模式是基于可持续发展思想、循环经济理念和生态工程学方法，以"3R"即减量化（Reduce）、再利用（Reuse）、再循环（Recycle）为原则，将水稻种植与小龙虾养殖结合在一起的稻田综合种养生产模式，具有低碳、高效、可循环的特点。该模式通过将传统"资源-产品-废弃物"的单程式经济升级为"资源-产品-废弃物-再生资源"的循环经济，最大限度地提高资源利用效率，降低污染排放和资源利用损耗，将农业生产经济活动纳入农业生态系统循环之中，实现生态良性循环与农业可持续发展的协

[①] 本文与何可合作，发表于《农村金融研究》2020 年第 10 期。

同发展。在实践中，小龙虾以养虾环沟水草和稻田杂草为食，其粪便可肥田；水稻收割后，秸秆还田转变为小龙虾优质饵料，该模式将稻田单一的农业种植模式提升为立体生态的种、养结合模式，可以充分利用稻田的浅水环境和冬闲期，既肥田又能降低水稻的病虫害，实现"一水两用，一田双收，粮渔共赢"。

2. 湖北稻虾共作的发展现状。 湖北省是较早开展稻虾综合种养的省份，2001 年在全国率先探索出"稻虾连作"综合种养模式。经过近 20 年的发展，已由单一的"小龙虾野生寄养"生产模式，逐步研发推广到"稻虾连作""稻虾共作"等多种稻田综合种养生态高效新模式。据统计，2017 年全省小龙虾稻田综合种养面积和池塘养殖面积分别达到 416.82 万亩和 127.12 万亩，小龙虾年产量达 63 万吨，养殖年产值达到 254.27 亿元。随着稻虾产业多元化发展，单位面积产量和效益获得了大幅度提高。以省内主要稻虾共作产业区、全国小龙虾标准化示范市潜江市为例，截至 2018 年，全市拥有稻虾共作田 75 万亩，其中 15 万亩集中连片，全产业链产值逾 310 亿元。稻虾产业链带动全市 10 万人就业，2 万人脱贫。目前，稻虾共作已成为以湖北为代表的长江中下游地区农村经济发展、产业精准扶贫、农民增收致富的重要途径。

（二）稻虾共作的效益评价

1. 稻虾共作的经济效益评价。 稻虾共作生产模式一改过去传统农业"种地不赚钱"的问题，借助"一水两用""一田双收"产业融合手段，一年内可实现"一稻两虾"甚至"一稻三虾"的经济收益。以湖北省潜江市为例，稻虾共作通过科学改造稻田等方式，实现减肥、减药 50% 以上，亩产纯收益较传统水稻种植提升 5 倍以上，具有良好的经济效益（夏国钧，2016）。具体而言，稻虾共作的经济效益主要体现在以下三个方面：

（1）降低生产性成本。稻虾共作生产模式充分利用水稻和小龙虾的生长习性、空间落差，有效突破了以往种植业与养殖业之间的空间局限，从而提高了稻田资源的利用率，增加了经济效益（孙学标，2019）。首先，稻田中的很多害虫、虫卵、微生物等是小龙虾的重要饵料来源，减少了小龙虾饲养成本；其次，小龙虾产生的排泄物、饵料残渣又为水稻生长提供了良好的生物肥，化肥使用量平均下降 30%；最后，由于小龙虾对药物有较高的敏感性（张胜金戈等，2018），农药使用量平均下降 70% 以上，从而减少农药费用支出。

（2）增加经济收益。据估算，实行稻虾共作生产模式后，水稻单产并没有显著下降，仍能达到每亩 600 千克的水平；由于化肥、农药的不施用或少施用，其套种的优质水稻成为虾稻的代名词，稻米品牌溢价增加，每千克市场价格可达 5 元，是一般粳稻的 2 倍。就小龙虾销售收入而言，每亩年平均毛收入为 4 000~5 500 元，最高可达 6 000 元以上。综合来看，虾稻共作每亩年均纯收益在 5 000 元以上，比单种水稻、单养小龙虾和稻虾连作的经济效益高，能实现纯收益翻番的目标。

（3）规模效益成效显著。本研究针对湖北省潜江市的实地调研显示，不同种养规模专业大户的经济收益状况存在较大差异。小规模稻虾种养专业大户（稻虾共作面积＜40 亩）年平均毛收入为 90 700 元，年平均净收入为 12 230 元，总净收益率为 0.157；中规模稻虾种养专业大户（稻虾共作面积 40~50 亩）年平均毛收入为 284 950 元，年平均净收入为 88 700 元，总净收益率为 0.452；大规模稻虾种养专业大户（稻虾共作面积＞50 亩）年平均毛收入高达 327 100 元，年平均净收入为 166 500 元，总净收益率高达 1.036。可以看出，在合理的种养规模范围内，种养成本随着规模的扩大呈下降趋势。

2. 稻虾共作的生态效益评价。 长期以来，我国水稻生产高度依赖化肥、农药等农用化学品的投入，在提高产量的同时，也引致了较为严重的农业面源污染，既对饮水安全、农产品质量与食品安全造成了威胁，又在一定程度上致使耕地退化，造成整个农村和农业内部生态环境的恶化。而稻虾共作生产模式通过采用"杀虫灯杀虫/小龙虾食虫-返田作小龙虾饵料-小龙虾粪便作水稻肥料-秸秆留梗作产卵褪壳场所"的循环链条，有助于减少环境危害因素，形成良性的生态体系。具体而言，稻虾共作的生态效益主要体现在以下三个方面：

（1）减少农业源面源污染。由于生长需要，小龙虾会以水稻基部的幼虫（螟虫、稻飞虱、稻蓟马）为食，从而有助于降低螟虫类越冬基数（夏国钧，2016），稻田中常年有水，可以消灭落水昆虫；加之使用频振式杀虫灯，有效降低了传统农药的施用量。同时，已有研究表明，小龙虾四处觅食，可除掉田中杂草，未养小龙虾稻田的杂草量是养小龙虾稻田的13～15倍（奚业文和周洵，2016），从而降低除草剂施用量。此外，小龙虾生长过程中产生的代谢废物及未消耗的饵料可以用作稻田培肥，为水稻提供了生长所需的基肥，有效降低化肥施用量。

（2）推进生产废弃物综合利用。一方面，稻田腐殖质、有机碎屑等可成为小龙虾的饵料，在稻田兼有灭虫、保肥、造肥的作用。小龙虾和混养水生动物排泄的粪便、过剩的饵料可转化为有机肥料培肥水稻，同时也能为稻田除草、灭虫等维护稻田良好的生态系统（孙学标，2019）。此外，小龙虾生长、繁育都需要好水、好草的环境，而水稻秸秆留高茬、水稻秸秆恰好可以为小龙虾繁育提供栖息场所，有效减少秸秆焚烧、丢弃等非资源化利用行为。

（3）改善土壤环境。小龙虾天生好动、为避暑、躲避敌害、繁殖而打洞的习性，使得其可更好地促进水中溶解氧，增加水中的含氧量，保证有活水循环；同时还能疏松土壤，极大提高土壤中的含氧量，充分改善了水稻根系的生长环境，促使根系发育更加完善（张胜金戈等，2018）。而且稻田本身土壤活性有机碳的含量随着稻田中养虾年限的长短而产生较大的变化，在水稻培育过程中，一氧化碳的含量比常规水稻单作田含量要高，而水溶性有机碳含量比常规水稻单作田要低（佀国涵，2017）。

3. 稻虾共作的社会效益评价。 稻虾共作生产模式以"虾稻共作、水农共融"为基本思路，以"打好生态牌、做活水文章"为基本定位，能够实现"粮食增产、土地增收、农民增利、企业增收、生态增优"的社会综合效益。具体而言，稻虾共作的社会效益主要体现在以下两个方面：

（1）产业扶贫初见成效。目前，以稻虾共作为代表的稻田综合种养产业，通过创新扶贫体制机制，在带动农户脱贫增收方面发挥了重要作用。以湖北省潜江市为例，小龙虾是该地重要的经济养殖品种，在坚持稻虾与虾稻双轮驱动的发展模式下，稻虾产业已成为全市精准扶贫的标杆。每年出口额高达3亿美元（约20亿元人民币），带动了潜江市运输业、加工业、餐饮服务业等相关产业发展，全产业链带动了逾10万人就业。为扶持贫困户从事稻虾产业，增强自身"造血"功能，潜江市委、市政府于2017年组织了全市51个贫困村500多户村民参加22场小龙虾精准扶贫技术培训，以华山和莱克两个龙头企业开展送虾苗、包地返租、免费技术传授等形式助力扶贫政策（罗恺君等，2017），"华山-赵脑"发展模式使得赵脑村人均收入达1.68万元，极大地提高了村民收入水平和幸福指数（李霞，2018），赵脑村贫困发生率大大下降。

（2）塑造现代农业特色品牌形象。潜江市龙虾养殖基地坚持标准化生产，通过了农业农村部无公害产地认定和产品认证，是全国小龙虾标准化养殖示范地区，形成了"潜江龙虾"的金字招牌（李伟，2017）。市域内拥有国家级农业产业化重点龙头企业"华山""莱克"，其小龙虾在欧美多次"苛刻"的检测中，无一例超标，荣获全球 ERC 认证，可直接进入欧美超市。"油焖大虾"是潜江的招牌名菜，于 2011 年被中国烹饪协会授予"中国名菜"称号。潜江龙虾产业在养殖规模、加工能力、出口创汇方面均连续多年居全国前列，享有"世界龙虾看中国，中国龙虾看湖北，湖北龙虾看潜江"的美誉。

（三）稻虾共作的资金需求分析

尽管稻虾种养专业大户、家庭农场凭借较大的经营规模、较强的生产能力和较高的综合效益，成为稻虾共作生产模式的主力军，但其在实际生产经营过程中依然面临着较大的融资压力。基于湖北省潜江市的调研数据，稻虾种养专业大户、家庭农场的资金需求主要表现在以下六个方面：

1. 土地租金。 随着土地流转在全国大范围推进，潜江市大多数耕地都已进行不同形式的土地流转，再将土地返租，租金为 1.0 元/平方米，如果按照一亩耕地为 667 平方米计算，每亩地租金为 667 元/年。

2. 稻田改造费用。 如果土地是从农民合作社或者企业返租的，由于稻田土方工程（挖沟、筑埂）等已由合作社或企业统一改造升级，这部分的费用无需专业大户、家庭农场承担。如果是自家耕地或从其他农户流转的耕地，则需要进行土方工程建设，费用约为 300 元/亩；还有进水排水设施、防逃设施、捕捞设施等费用约 70 元/亩。

3. 虾苗购买费用。 按照《潜江龙虾"虾稻共作"技术规程》（中国渔业协会 HYG 02/516—2013）的要求，虾苗每亩投放密度为 1.0 厘米的幼虾 1.5 万～3.0 万尾，一般而言是每亩 30～100 斤不等，部分捕捞以后再捕苗。如果按每亩稻田投 50 斤虾苗，每斤虾苗 15 元，每亩苗种费用 750 元。第二年即可自行繁育虾苗，部分补种。

4. 饲料费用。 动物性饲料费用为每吨 4 500～6 000 元。小龙虾生长期内每周投喂一次动物性饲料，用量为 0.5～1.0 千克/亩；每天傍晚还应投喂 1 次人工饲料，投喂量为稻田存虾重量的 1%～4%。按每亩 200 斤即 0.1 吨动物性饲料计算，约 450～600 元；再加上人工饲料 200 斤，按市场价格 2.5 元/斤计算，每亩费用 500 元，即饲料费用每亩约 1 000 元。虽然小龙虾饲料部分可在当地农民合作社赊账，等收成以后再还，但仍需要流动资金予以支持。

5. 药品费用。 包括消毒、杀虫、调水等，每亩费用约 200～600 元。

6. 杂费开支。 包括水电费用、人工费用等。

图 1 报告了不考虑改造稻田费用前提下，调研地湖北省潜江市稻虾共作种养专业大户、家庭农场的成本收益情况。从图 1 不难发现，小规模专业大户、家庭农场（稻虾共作面积＜40 亩）苗种成本占比最大，约 81%；中规模（稻虾共作面积在 40～50 亩）苗种成本与饲料成本占比相当，分别为 32% 与 27%；大规模（稻虾共作面积＞50 亩）饲料成本占 26%，而苗种成本仅占 20%，医疗防疫成本占比上升明显。由此可见，不论规模大小，稻虾共作专业大户、家庭农场的饲料成本、苗种成本占比均较高。

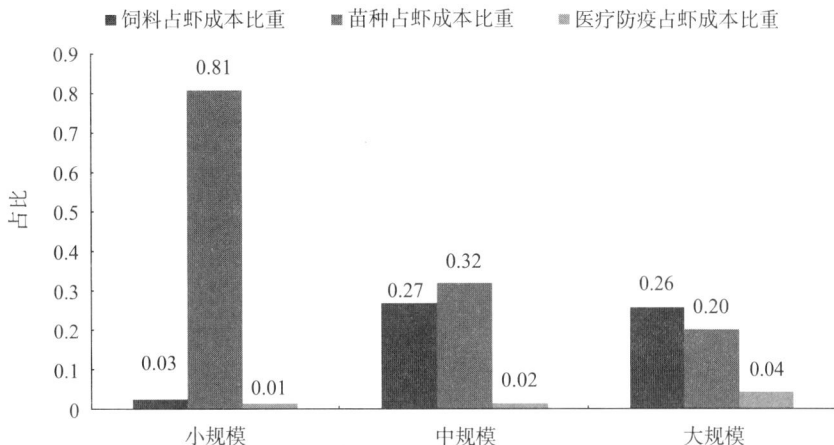

图1　养虾主要成本占比

二、政策性金融支持稻虾共作的对象和模式

（一）政策性金融支持稻虾共作的对象选择

1. 支持对象选择。图2报告了不同规模稻虾共作种养专业大户、家庭农场的成本收益概况。从图2不难发现，就平均单位总成本而言，小规模种养专业大户、家庭农场（稻虾共作面积＜40亩）的成本为5 226元，中规模（稻虾共作面积在40～50亩）为4 551元，大规模（稻虾共作面积＞50亩）为2 779元，说明随着规模扩大，平均单位总成本下降明显。就平均单位总收益而言，不同规模的收益差距不大，在6 000元上下波动。就平均单位总纯收益而言，小规模的总纯收益为820元，中规模的总纯收益为2 137元，大规模的总纯收益为2 853元，说明随着规模扩大，平均单位总纯收益增加明显，而且这种增加是来自土地规模扩大带来的单位总成本下降，而非单位总收益增加。然而，稻虾共作不同于一般的农业生产，为防止水稻插秧、晒田、收割对小龙虾生长的不利影响，需要开挖围沟，从而在一定程度上减少了稻田面积。因此，为了保障粮食供给，稻虾共作面积不宜过大。《潜江龙虾"虾稻共作"技术规程》（中国渔业协会 HYG 02/516—2013）亦指出，以33 350平方米（50亩）

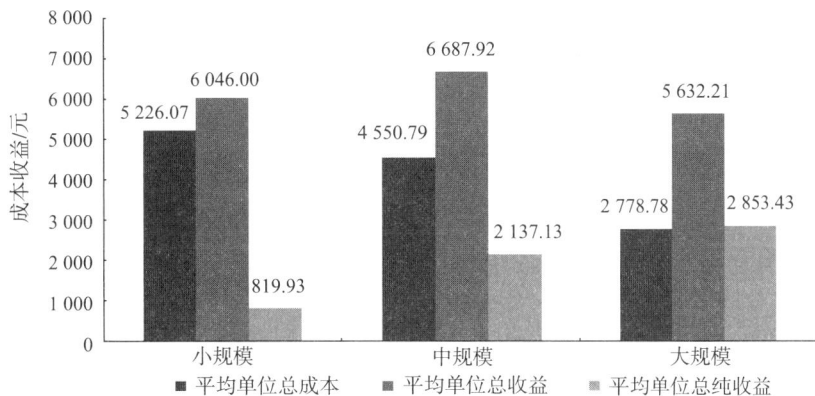

图2　分规模单位面积成本收益

为一个单元为宜。因此，政策性金融的信贷资金支持应该针对中规模稻虾共作种养专业大户、家庭农场，即稻虾共作面积在50亩左右的专业大户、家庭农场。

2. 支持环节选择。 一旦专业大户、家庭农场采用稻虾共作模式，首先需要对常规稻田进行如下改造：①挖沟。沿稻田田埂外缘向稻田内7~8米处，开挖堤脚距沟2米、宽3~4米、深1~1.5米的环形沟，稻田面积达到50亩以上的，还要在田中间开挖"一"字形或"十"字形宽1~2米、深0.8米、坡比1：1.5的田间沟。②筑埂。利用开挖环形沟挖出的泥土加固、加高、加宽高于田面0.6~0.8米，顶部宽2~3米的田埂。③防逃设施。稻田排水口和田埂上应设防逃网。④进排水设施。进、排水口分别位于稻田两端，进水渠道建在稻田一端的田埂上。

调查显示，专业大户、家庭农场的基础设施建设、饲料投资成本和苗种购买成本占据了稻虾种养成本的绝大部分。对于就加入种养合作社且属于包地返租的专业大户、家庭农场而言，除看管用房等成本外，其他的土方工程（挖沟、筑埂）等基础设施建设费用均由土地租赁方承担，包地返祖的农户其基础设施成本压力远小于未流转土地的留守户。除基建成本外，虾饲料成本也不可忽略，无论是对小规模、中规模还是大规模稻虾种养专业大户、家庭农场而言，饲料成本都大约占养虾成本的1/4左右，且被访问专业大户、家庭农场大部分都认为在小龙虾的生产销售过程中，最大的一笔支出都是饲料购买费用。尤其是对于刚从事稻虾共作的专业大户、家庭农场而言，由于难以进行自我繁育，全部苗种都需要购买。因此，在小龙虾生产环节方面，政策性金融可在基础设施建设、饲料及苗种购买上予以支持。

3. 支持期限选择。 小龙虾生长适宜水温为18~31℃，最适水温为22~31℃，气候依赖性较强，同时，其生长活跃期较长，为每年的3—11月，每年12月至次年2月则是冬眠期。每年2月中下旬开始进入小龙虾养殖期；3月，小龙虾开始出洞活动；3月底4月初，是小龙虾产卵和选择性补充虾苗的季节；4—5月是小龙虾生长的高峰期；5—6月一般是大量捕捞成品虾的季节；7—8月初由于气温偏高，一般是小龙虾的静养期，不易捕捞，但此时整个市场上虾的价格较高，8—10月小龙虾逐渐恢复活力，正是其交配抱卵的高峰期；11月南方地区基本可以进行最后一次成虾捕捞和种虾投放。目前，市场对小龙虾的需求旺盛，为了迎合市场避开成虾上市高峰期，潜江市成虾第一茬捕捞时间从4月中旬开始，到6月上旬结束；第二茬捕捞时间从8月上旬开始，到9月底结束。换言之，稻虾种养专业大户、家庭农场资金回笼期一般从4月中旬开始至6月中旬结束。

结合被调查专业大户、家庭农场上一年小龙虾生产销售费用情况，小龙虾的销售收入一般来源于两大部分：一是虾苗售卖，二是成虾售卖，而成虾所售收入大概占整个小龙虾收入的90%左右。产生收益的月份一般是从3月底开始售卖虾苗，4—6月售卖成虾，收入最多的月份为4—5月，占整个小龙虾收入的70%左右。因此，可针对稻虾共作种养专业大户、家庭农场的资金需求程度分时段进行信贷支持：对资金极度缺乏的种养专业大户、家庭农场而言，可提供2—11月为期10个月的信贷资金；对资金较为缺乏的种养专业大场可提供2—6月为期5个月的信贷资金。

（二）政策性金融支持稻虾共作的模式设计

1. 金融转贷模式。

（1）"农发行＋商业银行＋专业大户（家庭农场）"模式。"农发行＋商业银行＋专业大户（家庭农场）"模式，是指商业银行作为联系中国农业发展银行与稻虾种养专业大户、家庭农场的桥梁，利用名单制或其他准入方式确定贷款人员，更有针对性地向稻虾种养专业大户、家庭农场提供金融服务；中国农业发展银行则向商业银行发放贷款用于支持这部分专业大户、家庭农场发展稻虾共作事业。

事实上，商业银行已针对稻虾共作开发了多种金融产品。例如，江陵农业银行利用规模化龙虾养殖特色资源，创新开发的针对农场虾稻养殖户的专项特色信贷产品"虾农贷"；潜江邮政储蓄银行已经开展为建档立卡贫困户发放"虾稻扶贫贷"，开辟绿色通道，实现3天放款的业务；2018年7月，中国邮政储蓄银行湖北省分行与潜江市人民政府签署政银战略合作协议，举行虾稻精准扶贫"百社千户"工程启动仪式，截至目前，该行已发放小龙虾养殖行业贷款534户，贷款金额4 775万元。即使商业银行已针对稻虾共作开发多种金融产品，但中国农业发展银行依然可与商业银行签订合作协议、政策性金融扶贫实验示范区合作协议等，为商业银行注入更多资金活力，共同针对稻虾共作全产业链创新虾稻系列金融产品，在额度、利率、期限、还款方式和抵押担保方式各方面不断优化，形成囊括信用、担保、联保、政银合作等各个担保方式的产品序列。

（2）"农发行＋农村信用社＋专业大户（家庭农场）"模式。农村信用社主要为农业、农民和农村经济提供金融服务，被认为是"农村金融的主力军"和"最好的联系农民的金融纽带"。农村信用社通过吸收股金、资金集聚转化获得资本，能够合理配置农村社会各类经济资源，为农村经济社会的全面发展进步提供有效的金融支持和服务，尤其是对贫困落后或不发达地区的金融支持作用更大。

"农发行＋农村信用社＋专业大户（家庭农场）"模式，是指农村信用社作为联系中国农业发展银行与稻虾种养专业大户、家庭农场的桥梁，农村信用社以专业大户、家庭农场的信誉为基础，在核定的额度和期限内向专业大户、家庭农场发放的无需抵押、担保的贷款，以充分发挥农村信用社在农村金融领域的影响力和公信力，支持稻虾共作产业链相关事业的发展。其流程为，先由农村信用社核定稻虾共作种养专业大户、家庭农场的借款资质，确定其资金用途和所需贷款数额，中国农业发展银行再将稻虾共作项目的信贷资金发放至农村信用社，由农村信用社将资金贷款给稻虾共作种养专业大户、家庭农场。

2. "农发行＋政府＋担保机构＋专业大户（家庭农场）"模式。在支持"三农"发展和实现乡村振兴战略过程中，积极探索具有农业政策性金融特色的资金信贷运行模式，按照"主导在政府、服务在部门、落实在协会、主体在农户（企业）、支持靠农发行"的思路，依靠政府职能，形成中国农业发展银行、担保公司、农业实体（农户、企业）、保险公司互动合作支持稻虾共作低碳循环农业的贷款运行机制（赵玉林，2008；马九杰，2016），实现支农资金投资方式、支农工作机制、金融支持"三农"瓶颈等三大突破。

"农发行＋政府＋担保机构＋专业大户（家庭农场）"的资金信贷模式，是指中国农业发展银行、政府部门、担保机构充分发挥各自优势，密切分工协作，政府扶持或直接出资设立担保公司，对符合条件的农业信贷项目予以担保，中国农业发展银行再发放贷款。例如，由潜江市政府出资牵头，诸如"华山""莱克"等产业化龙头企业、农民专业合作社组织参股的多元化筹资方式，组建农业政策性担保机构。农业政策性担保机构将业务重点聚焦农业领域，明确限定农业担保的对象、用途类别，切实防止偏农离农。通过政府搭建信用平台，市场运作将稻虾共作种养专业大户、家庭农场资金需求与广阔的金融市场供给联系起来，实现金融市场供需对接。同时，中国农业发展银行将资金发放给政府等相关机构，机构对符合贷款资质又有担保机构担保的稻虾共作养殖专业大户、家庭农场优先予以信贷支持，对重点项目开通绿色通道，解决稻虾共作种养专业大户、家庭农场缺乏有效担保抵押的难题，实现政策性金融支持低碳循环农业发展的目标。

三、政策性金融支持稻虾共作的潜在风险及防范对策

（一）政策性金融支持稻虾共作的潜在风险分析

1. 自然风险。自然风险是农业生产难以避免的主要风险之一，在政策性金融支持稻虾共作模式的探索实践中也不例外。一方面，气候变化加剧带来的稻田生产环境变化可能为稻虾共作带来更多不确定性挑战。政策性金融可能减小稻虾共作主体的实践成本、减小农业生产与市场对接的风险，但无法应对气候因素对稻虾生产的影响，如果缺乏相应的气候变化风险应对机制，政策性金融对稻虾共作的支持效果将大幅缩减。另一方面，小龙虾养殖病害问题是影响稻虾共作经济效益和生态效益的重要因素之一。以小龙虾白斑综合症病毒病（WSSV）为例，该病害发生率高、传染率高，发生率呈上升趋势，且目前尚没有有效的治疗方法，给专业大户、家庭农场等主体带来了较大损失，也严重制约了稻虾共作产业的健康发展。据此，如果缺乏稻虾共作病害绿色防控体系，由自然病害风险造成的生产损失将直接制约政策性金融支持作用的发挥。

2. 经济风险。随着单一水稻种植经济效益的逐年降低和小龙虾经济效益的提升，稻虾共作模式近年来发展迅猛，但产业的高效益也使市场需求提升速度不及产业扩张速度。经济学理论表明，当稻虾共作生产规模超过最优临界规模后，其收益会逐渐降低，甚至出现"谷贱伤农"现象。而在小龙虾市场一片大好的现实环境中，受高利润所趋，稻虾共作主体往往希望进一步扩大规模以获取更多收益。加之扩大经营规模有利于获取更多政策性金融支持，使更多稻虾共作主体具有扩大规模的倾向。由此，在5月下旬6月上旬小龙虾集中上市的时期，其市场价格总会由于供给量急剧升高而回落。这种集中上市带来的价格波动一直以来是稻虾共作主体面临的主要市场经济风险，使政策性金融支持稻虾共作在经济收益层面可能存在一定的不确定性。

3. 社会风险。农业的复杂性和多样性使农业政策性金融服务也具有多样性和非单一性特征，政策性金融支持稻虾共作生产模式的服务类别多样，兼顾融资贷款、风险担保、投资补贴等多项服务，运行模式也在不断走向丰富和多样。支持领域亦具有多样化特征，从稻虾共作产前的低碳化生产资料，到产中的低碳循环种养技术，再到产后废弃物的资源化利用；从单一的种植业生产投入，到产业链延伸扩展，再到种养结合，形成立体循环。这些多样性都使政策性金融在支持稻虾共作循环模式发展过程中不可避免地产生极高的监管与保障成本。另一方面，现阶段稻虾共作实践中存在部分参与主体为提高稻虾产量，盲目增加投入品用量，对农田生态造成了一定破坏。这些为了追求经济效益而放弃生态效益的不规范行为不符合政策性金融支持低碳循环农业发展的初衷。

4. 技术风险。据统计，2018年，湖北省稻虾共作面积占水田面积近一半，但仅有约1/3的养殖户实现了增收，其余约2/3的养殖户均处于保本或亏损状态（竺平等，2019）。这在很大程度上源于稻虾共作技术推广不到位，带来诸多技术风险。一方面，由于参与主体掌握

小龙虾自然繁殖的技术水平存在差异，导致稻虾出苗有早有晚，养成的商品虾规格偏小；加之质量不稳定，苗种捕捞、运输、放养后的成活率较低。另一方面，由于农村土地监管体系尚不完善，一部分参与稻虾共作的主体在承包地上无序开挖沟渠养虾，未科学考虑地形特征、田块大小或水土环境，使稻虾共作难以做到因地制宜。这些稻虾共作生产经营过程中的不规范行为，均可能对稻虾产品质量产生严重影响，导致市场竞争力下降，稻虾养殖经济效益降低。

（二）政策性金融支持稻虾共作的风险防范对策

1. 自然风险应对：构建稻虾共作支持保障体系。政策性金融在低碳稻虾共作模式中的推动作用有赖于支持保护体系的建立和完善。应建立政府主导、稻虾共作主体参与、市场化运作、可持续的生态保护补偿机制，设立支持稻虾共作的专项资金，建立稻虾共作自然风险应对措施清单，依据措施清单对稻虾共作经营主体进行补贴，对自然风险应对的具体环节进行成本核算，确保补贴标准能涵盖稻虾共作各环节所增加的环境保护成本，通过明确的补贴类别划分让低碳循环农业实践落实到地，减小稻虾共作生产经营主体面对自然风险时承担的损失。

同时，应制定农业政策长期规划，做好顶层设计，通过开展稻虾共作支持保障计划，明晰气候变化应对、病害绿色防控等具体措施及其补贴标准。加强对生态保护补偿投入与成效的监测，健全调查体系和长效监测机制，对未达到规范最低标准的要减扣或退还补贴。此外，应按照高质量发展的要求，探索多元化的市场补偿模式，实现生态保护者和受益者良性互动，让生态保护者得到实实在在的利益。

2. 经济风险应对：强化政策性金融支持项目筛选。对于政策性金融机构而言，客户的优劣直接决定了贷款风险的大小，因而，强化稻虾共作支持项目筛选、把好客户准入关是防范项目经济风险的关键。各地应坚持"严格标准、严格筛选、严格准入，看准一个，支持一个"的原则，确保从源头上降低风险，严防稻虾共作主体"带病"进入。从长远看，要逐步建立和培育优质客户群，即通过甄选和帮扶，培植一批稻虾共作经验丰富、经营规模适度、金融信誉良好、对当地产业发展具有带动作用的专业大户、家庭农场等主体，使之成为政策性金融支持的主要对象，构建良性的金融支持稻虾共作生态经济圈。

另一方面，应强调项目筛选中对"第一还款来源"的关注。银行贷款的偿还主要来源于贷款主体自身的经营收益，贷款的安全性也就取决于贷款主体的生产经营状况，而抵押担保等第二还款来源只是一个必要的补充和完善。尤其对于农业参与主体而言，其风险承担能力本身偏弱，当第一还款来源出现问题时，银行通过追偿第二还款来源贷款收回率往往不高，真正靠担保抵押收回的不良贷款数额很少。因此，经济风险防控要紧紧抓住第一还款来源，把管理重心放在稻虾共作项目自身的运营上，着重分析论证项目的可行性以及稻虾共作主体的偿债能力。在项目筛选时，如果参与主体的第一还款来源不能达到标准，即使其第二还款来源总体优质，也不应将其作为合适的支持项目，以防参与主体为获得更多政策性金融支持而盲目扩大经营规模的情况发生。

此外，在项目筛选的基础上，农业发展银行等政策性金融供给主体可通过与地方中小银行等商业金融机构合作，由农业发展银行向合作银行提供低成本的信贷资金，再由合作银行转贷给各类新型农业经营主体。或者由农业信贷机构与农业保险机构合作构成银担保模式，甚至由政府财政、农业部门、农业信贷机构与保险机构共同构成"政银担"或"政银保"合作模式，建立有效的风险分担补偿机制。

3. 社会风险应对：完善金融监督与保障体系。面对政策性金融支持稻虾共作的高昂监督成本，一方面需要政策性金融机构自身建立健全政策性金融项目监管保障体系，另一方面需要借助政府的力量实现外部监管和立法保障。

从政策性金融机构来看，要提高对资本管理和流动性管理两方面的重视程度。一方面可以通过成立资产负债管理委员会，制定资本管理办法，建立农发行内部的资本约束机制。控制风险资产的非理性扩张，即多发展风险权重相对较小的资产业务，重点关注不良贷款的控制，在控制增量风险的同时努力盘活存量风险。另一方面与稻虾共作项目筛选相结合，做好流动性管理，合理优化和控制稻虾共作项目贷款期限，因地制宜、因项目而决策，提高项目资产质量，争取与地方政府补贴、产业发展支持资金等联系，丰富筹资方向，降低对项目主体资金筹集与资金运用的监管难度。更重要的是，政策性金融机构如农发行在贷款受理、贷款审查和信息披露中都要以环境友好和低碳绿色为主要准则。在稻虾共作绿色信贷受理调查环节开展查询国家产业、行业政策、对照鼓励、限制、淘汰相关规定，对涉及环境重大影响的建设项目，均要求提供有关部门审批的环境评估报告，将客户环境和社会风险作为审查的重要内容，信息披露环节则要求农发行定期发布社会责任报告，以向外界传递绿色环保社会责任履行情况。

从政府视角来看，一方面，法律在当今社会中发挥着重要的作用，政策性金融作为一种特殊的政府经济行为，一种执行特殊政策的经营机构，更应受到法律的保护、制约和规范。在农业领域，美国、日本、加拿大等农业发达国家在成立农业政策性金融机构之前都先进行了单独农业政策性金融立法，同时在发展过程中又不断对农业政策性立法进行调整和补充，以适应形势的变化。我国应借鉴他国经验，从实际国情出发，尽快制定适合本国的农业政策性金融法规，以使农业政策性金融的发展走向正规化和法制化轨道。另一方面，政府要调整控制自身与中国农业发展银行等政策性金融机构的关系及业务范畴，明确完善农业政策性信贷与农业政策性保险的确立及运行模式。国家机构可对政策性金融政策制定、业务决策、业务实施等各环节实行分层分级管理，各级政府相互联系但负责内容间不存在交叉，减少中间环节，提升政策性金融支持种养结合农业发展的实现效率。

4. 技术风险应对：以"供应链金融"实现技术帮扶。稻虾共作主体中的专业大户、家庭农场仍难以独立解决生产经营中的技术风险，而"供应链金融"可以为其提供风险分担机制。在生产资料供给、产中技术指导或产品销售环节，专业大户、家庭农场与龙头企业合作，形成"农业龙头企业＋专业大户"或"农业龙头企业＋家庭农场"的合作模式。在这些合作模式中，以联合体形式进行贷款，获得贷款后分配到各主体的各生产环节使用，获得利润后再以联合体形式对贷款进行偿还，一方面由于联合体经济实力雄厚、综合经营能力更强，使其更易于获得贷款，另一方面联合体的达成将有利于产业链的延伸和农业综合服务的完善与细化，将有效提高联合体中各主体技术标准化和生产规范化，实现联合体总体利益的提升。同时，依托"供应链金融"实现产业链的延长，对于处于市场弱势地位的专业大户、家庭农场而言，在更容易获得政策性金融支持以解决项目融资问题的同时，更可以在项目实施中获得稻虾共作相关生产资料、设备、技术等，实现以"农业龙头企业＋专业大户"或"农业龙头企业＋家庭农场"为主体的政策性金融支持稻虾共作发展体系。此外，对于地方政府而言，应加强对基层农技推广组织的建设，解决稻虾共作农技推广"最后一公里"的问题。

山东新泰农业产业融合发展的
经验与启示①

近年来，新泰市深入贯彻中央、山东省和泰安市乡村振兴战略部署，牢牢抓住产业振兴这一根基，以集约化、品牌化、融合化、系统化为方向，建园区、强主体，扩规模、育特色，促融合、提质效，聚力发展互促互融的"新六产"，推动农业更高质量、更有效率、更可持续发展。

一、农业产业融合发展的做法及成效

1. 集约化引领。 精心编制全市农业产业规划，确定"生活＋"北部休闲观光、"生产＋"中西部设施蔬菜、"生态＋"东南部绿色生态"三生三线"发展框架，做强规模、做优供给。一是壮大园区龙头。实施现代农业三年提质增效行动，推进以柴汶河乡村振兴示范带为轴心、莲花山旅游度假区等10个特色产业优势区为拓展、100个现代农业产业园、1 000个农民专业合作社、1万个新型经营小农户共同发展的"一带十区百园千社万户"工程，实现园区集中、产业连片。设立2 000万元园区发展基金，建成惠美"百合和园"等现代农业产业园124家，园区连片经营面积达到16.2万亩。二是夯实产业根基。坚持特色发展、错位发展，推进"无中生有、有中生优""一镇一业、一村一品"，打造名优特新农业经济板块。成立乡村振兴联盟，建立林果、蔬菜、特色种植等6个发展协会，新发展有机茶、泰皇菊、百合、丹参等名优农产品10万余亩，建成一批特色小镇和345个农业特色专业村，获评中国特色小镇1个、山东省特色小镇2个、山东省服务业特色小镇2个，楼德镇被评为全国一村一品示范镇，龙廷镇掌平洼村被评为全国一村一品示范村。三是引入工商资本。加大农业招商引资力度，大力实施企业联姻、集团注资、外资嫁接、民资撬动"四个一批"工程，依托工商资本的资金、技术、理念和企业化、市场化管理优势，带动发展高效优质农业。通过引资本、上项目，全市规模以上农业龙头企业达到212家，建成现代农业综合体60余家，发展家庭农场2 093家，农民专业合作社2 030家，各类农业企业和农业园区安置5.2万人就业，带动23.5万农户增收。

2. 品牌化发展。 坚持质量兴农、品牌强农，大力发展绿色农业。一是严格标准。充分应用现代信息成果，推广农业物联网技术，推行农产品基地准出和追溯制度，在乡镇街道建立农残检测室，在农业龙头企业和基地安装视频监管设备。全市无公害、绿色、有机"三品"认证达到384个，农业标准化生产面积达到65万亩、占耕地的60％。二是培优品牌。实施名茶、名果、名菜、名粮、名药"五名"工程，着力发展新泰芹菜、楼德煎饼、龙廷杏

———————————
① 本文与袁为海合作，发表于《农村工作通讯》2020年第12期。

梅等特色农产品，打响"新泰心农·放心吃"品牌。全市培育国家地理标志农产品和地理标志证明商标 15 个、国家生态原产地保护认证产品 7 个、山东著名商标 6 个。新泰市被评为省级农产品质量安全县、全省出口农产品质量安全示范区。

3. 融合化提升。树立"大农业"观念，推动农业"优一接二连三"，延长产业链、提升价值链。一是纵向抓延伸。坚持农林牧循环、产加销一体，抓内部循环，以种带养、以养促种、种养结合，发展林禽、林虫、林药等林下经济 22.3 万亩，建成生物有机肥、秸秆发电等循环利用项目，全市畜禽粪便、秸秆综合利用率分别达到 90%、89.9%。抓精深加工，大力发展农、林、牧产品深加工，形成了一批农产品加工优势产业集群。全市农业加工企业达到 111 家，其中畜禽产业形成"饲料-种禽-养殖-屠宰加工-熟食加工-羽绒副产品加工-生物制药"完整产业链条，饲料年加工能力达到 220 万吨。建成专业性农产品市场 221 处、涉农中介机构 1 000 余家，2/3 的现代农业园区、1/3 的农民专业合作社与联华、银座等知名超市开展合作，鲜活农产品直采比例达到 30%。二是横向抓联合。"农业＋光伏"连天接地，规划实施总投资 200 亿元的采煤沉陷区农光互补示范基地项目，年可实现发电收入 5 亿元，建成各类农业设施大棚 9 620 个，年产优质蔬菜 5 万吨，安排 1.5 万人就业，沉陷区变"包袱"为"财富"。"农业＋电商"牵市进户，在省内首创"线上平台＋综合服务实体"的"买卖提"农村电商模式，建成电商平台 36 家，发展骨干电商企业 107 家，设立农村电商服务站 776 家，引导农民开设网店 3 752 家。"杞农云商"电商平台年销售樱桃、油杏等特色产品 500 余万斤，带动农民增收 3 000 余万元。"农业＋旅游"上山下乡，深挖农业生态涵养、休闲观光等功能，发展休闲农业和观光农业。每年组织百合节、樱桃节、香椿节等节庆活动，培育了掌平洼村、陈角峪村等乡村旅游"十朵金花"，2 家现代农业园区晋升为 3A 级景区。

4. 系统化支撑。围绕破解产业振兴的瓶颈制约，出台政策，搭建平台，创新办法。一是引进专业人才。制定含金量十足的"人才十条"，设立 1 亿元招才引智基金、2 000 万元人才工作专项资金，为乡村振兴吸纳高端人才。目前已兑现人才奖励资金 2 000 余万元，先后引进"两院"院士 11 人、长江学者 3 人、泰山产业领军人才 5 人，选聘科技副职 99 名，推动了人才"上山下乡"新热潮。二是搭建双创平台。引进设立李天来院士、印遇龙院士等 6 家院士工作站，与山东农业大学合建乡村振兴研究院，依托中国农业科学院、山东省农业科学院等科研院所建设技术研究中心，在惠美农牧等现代农业园区设立乡村振兴试验站，在天信农牧成立现代农业循环发展研究中心，为农业发展、农民增收插上腾飞的"翅膀"。三是创新用地路径。积极探索"国土＋"助力乡村振兴之路，利用城乡建设用地增减挂钩、土地市场化配置、耕地占补平衡等政策，推动土地资源变资产、资本、资金。引导社会资本参与土地整治，先后整治土地 20 万亩，新增耕地 4 万亩，挖潜建设用地指标 1.7 万亩。四是拓展资金来源。组建新泰市富美乡村振兴发展集团，注册资金 1 亿元，采取财政出资、银行融资、企业投资联合的方式，集中资金打造乡村振兴重点项目；积极争取、统筹上级乡村振兴重大专项资金，集中投向乡村振兴重点片区，每年向上争取涉农资金 5 亿多元；设立 1 亿元乡村振兴产业引导基金，为乡村振兴提供真金白银的助力。

二、深化农业产业融合发展的对策建议

立足国情和山东省情，以选择和发展主导产业为抓手，夯实农业"新六产"发展的基础

支撑。山东农业"新六产"发展的一个重要前提在于加速非农经济的转型升级。未来山东省仍需坚持大力促进第二、三产业发展，坚持统筹城乡发展的工业化、城镇化的道路，在非农经济领域寻找发力点与突破点，从而为带动农业农村发展奠定经济基础。

总结农业产业化发展的好经验、好做法，以农业产业化为核心探索"新六产"发展的山东模式。将乡镇企业发展的宝贵经验进一步集成发扬，积极鼓励村集体经济发展，以村"两委"为基层平台引导社会资本与各类人才进入农业农村，发挥农村基层组织在农业产业中的主体作用。

深化农业市场化改革，充分发挥市场机制在农业"新六产"发展中对资源配置的决定性作用。要通过优化产业布局、制定发展战略、减免税收等方式，创造宽松的营商环境，招商引资吸引省内外与国内外的企业、资本与技术，参与到山东省农业农村领域发展建设过程中。要构建新型政商关系，依法保护企业与企业家合法权益，发挥好民营经济与企业家在农业农村发展过程中的主体作用，激发他们创业创新的内生动力与示范带动效应。

以农业为基础，促进产业融合发展。通过财政扶持、政策优惠等手段，加快推进互联网信息技术在企业管理、物流运输、流通销售、生产性服务中的广泛应用，大力推进数字化管理、自动化制造等技术对农产品加工行业的升级改造；促进智慧农业发展，以智能化生产技术提高农业劳动生产效率，降低农业生产成本，提高农业生产的集约化、规模化与标准化程度。

培育和弘扬脱贫攻坚伟大精神①

精神激励行动，精神铸就伟业。源于伟大脱贫攻坚实践的脱贫攻坚精神，是新时代中国精神的鲜活展现。培育和弘扬脱贫攻坚伟大精神，既有助于传承优秀的中华传统文化精神，更有助于丰富新时代中国精神的深刻内涵，进一步坚定文化自信，汇聚实现中华民族伟大复兴中国梦的磅礴力量。

一、精神及其与物质的关系

"精神"是一种抽象的存在，由"精"和"神"组合而成，其中"神"与"形"相对，是人脑高度组织起来的产物。广义"精神"主要是指意识，狭义"精神"是指意识中的精华，人类的各种心理、思维、观念、学说等意识现象都是精神的具体体现。"精神"概念在西方哲学史上占有非常重要的地位，柏拉图、笛卡尔、黑格尔、费尔巴哈等哲学家都曾回答过"什么是精神"。随着哲学家对"精神"内涵的继承、批判和发展，精神的含义从感觉上升到理念，有了主观精神和客观精神、个人精神和社会精神之分。马克思、恩格斯、列宁等虽未详细阐释"精神"的概念、本质和内涵，但"精神"一词经常出现在他们的著作中，意指认知、情感、意志的统一。

物质是世界的本原，物质决定精神。正如马克思和恩格斯所说，"每一历史时代主要的经济生产方式和交换方式以及必然由此产生的社会结构，是该时代政治的和精神的历史所赖以确立的基础。"马克思主义哲学提出人类"全面生产"理论，不仅包括社会物质生活资料的生产，还包括精神生活资料的生产。这意味着，精神以"精神产品"为载体，而精神产品与物质产品一样是能够被生产出来的。马克思和恩格斯在《神圣家族》中第一次提出了"精神生产"的概念，他们认为，物质生产决定精神生产，是精神生产的前提和基础，决定着精神生产的性质状况和变化。

精神生产会反作用于物质生产，推动和促进物质生产力的发展。精神与物质一样都具有生产力，马克思曾说："理论一经掌握群众，也会变成物质力量。"恩格斯在《毕若元帅论战斗中的精神因素》中说："战斗有精神和肉体两个方面。我认为前者最为重要。"孙中山也强调过"革命精神"的重要性，认为"精神虽为物质之对，然实相辅为用。"进一步而言，精神作用发于物质，见之于精神生产，为物质文明提供智力支持，为政治文明提供思想基础，为精神文明提供道德支撑。

人无精神不立，国无精神不强。中华文明是人类历史上唯一一个绵延5 000多年至今未曾中断的灿烂文明，源远流长的历史创造了中华民族优秀的传统文化和伟大的民族精神。勤劳勇敢是中华民族中形成最早、普及最广、传播最久、最受欢迎的传统美德之一，是中华民

---

① 本文与张斌、何安华合作，写于2020年7月。

族屹立于世界民族之林的精神根基。在艰苦的自然条件和严酷的社会斗争中，我国劳动人民以其勤劳和勇敢创造了无数奇迹，都江堰、长城、京杭大运河、京张铁路等大型项目工程，都是我国劳动人民勤劳勇敢的历史见证。自强不息是中华民族传统文化的精髓，也是中华民族精神的精髓。近代以来，中华民族不甘沉沦，坚决与屈辱命运抗争，不畏艰难险阻，探求救国救民真理，洋务运动、戊戌维新运动、辛亥革命等都是近代国人自强不息的历史佐证。扶贫济困是中华民族优秀传统文化的重要组成部分，是传承千年的传统美德之一。"老吾老，以及人之老；幼吾幼，以及人之幼""有力者疾以助人，有财者勉以分人，有道者劝以教人"等传统思想，以及经历千年朝代更迭建立的无偿救济、开仓放粮、免除赋税、安置流民等历代赈灾举措，充分展现了中华民族"一方有难，八方支援"的团结互助精神，形成了扶贫济困、乐善好施、助人为乐等优良传统。

中国共产党成立后，中华民族的传统美德、传统精神与革命精神有机融合，先后形成的长征精神、抗战精神、大庆精神、焦裕禄精神、抗洪精神、抗震救灾精神等，都丰富和发展着中华民族精神。党的历代中央领导集体都非常重视精神的力量。毛泽东提出了"革命精神"概念，指出"人是要有一点精神的"。邓小平说："中国人民有自己的民族自尊心和自豪感，以热爱祖国、贡献全部力量建设社会主义祖国为最大光荣，以损害社会主义祖国利益、尊严和荣誉为最大耻辱。"江泽民在党的十六大报告中界定了民族精神的内涵，指出中华民族形成了"以爱国主义为核心的团结统一、爱好和平、勤劳勇敢、自强不息的伟大民族精神"。胡锦涛在党的十六届六中全会通过的《中共中央关于构建社会主义和谐社会若干重大问题的决定》中明确提出："以爱国主义为核心的民族精神和以改革创新为核心的时代精神，社会主义荣辱观，构成社会主义核心价值体系的基本内容。"2012年党的十八大报告再次重申要"大力弘扬民族精神和时代精神"。至此，"中国精神"概念虽未使用，但已呼之欲出。1978年拉开序幕的波澜壮阔改革塑造出以改革创新为核心的时代精神，为民族精神赋予了时代特征和时代元素。

党的十八大以来，以习近平同志为核心的党中央高度重视精神文明建设，充分发挥精神对物质的反作用。2013年3月17日，在第十二届全国人民代表大会第一次会议的讲话中，习近平明确使用了"中国精神"概念，并指出："实现中国梦必须弘扬中国精神，这就是以爱国主义为核心的民族精神，以改革创新为核心的时代精神。这种精神是凝心聚力的兴国之魂、强国之魂。"2014年3月27日，在联合国教科文组织总部的演讲中，习近平说："实现中国梦，是物质文明和精神文明均衡发展、相互促进的结果。没有文明的继承和发展，没有文化的弘扬和繁荣，就没有中国梦的实现。"2014年10月15日，习近平在文艺工作座谈会上的讲话中指出："中华文化既坚守本根又不断与时俱进，使中华民族保持了坚定的民族自信和强大的修复能力，培育了共同的情感和价值、共同的理想和精神。"2016年7月1日，他在庆祝中国共产党成立九十五周年大会上要求"弘扬社会主义核心价值观，弘扬以爱国主义为核心的民族精神和以改革创新为核心的时代精神，不断增强全党全国各族人民的精神力量。"2017年10月18日，在党的十九大报告中，习近平进一步指出："社会主义核心价值观是当代中国精神的集中体现，凝结着全体人民共同的价值追求。"2018年12月18日，在庆祝改革开放40周年大会的讲话中，习近平指出："改革开放铸就的伟大改革开放精神，极大丰富了民族精神内涵，成为当代中国人民最鲜明的精神标识！"习近平的系列重要讲话把中国精神与社会主义核心价值体系和社会主义核心价值观相联系，把民族精神和时代精神提炼和升华到"中国精神"。当下中国精神已然成为构筑中国道路的精神支撑和调动中国力量的内在源泉。

二、脱贫攻坚伟大精神的实践基础

物质决定意识,伟大实践产生伟大精神。脱贫攻坚伟大精神源于我们伟大的脱贫攻坚实践和创造。党的十八大以来,以习近平同志为核心的党中央高度重视扶贫脱贫工作,把消除贫困摆到治国理政的高度,从全面建成小康社会要求出发,把扶贫脱贫工作纳入"五位一体"总体布局和"四个全面"战略布局。特别是 2015 年党中央、国务院作出打赢脱贫攻坚战决策部署以来,我们万众一心,众志成城,汇集全党全国全社会各界力量,坚持不懈苦干实干,不断攻坚克难,为确保所有贫困地区和贫困人口一道迈入全面小康社会,开展了轰轰烈烈的伟大脱贫攻坚实践。脱贫攻坚伟大实践,力度之大、规模之广、影响之深前所未有,既显著改善了贫困地区和贫困群众的生产生活条件,也培养锻炼了一大批务实能干的优秀干部,还弘扬了中华民族扶危济困的传统美德,展现了中国特色社会主义制度的优越性,谱写了人类反贫困历史的新篇章。

习近平总书记高度重视脱贫攻坚问题。在 2015 减贫与发展高层论坛上,他深情地说到"回顾中国几十年来减贫事业的历程,我有着深刻的切身体会。""40 多年来,我先后在中国县、市、省、中央工作,扶贫始终是我工作的一个重要内容,我花的精力最多。""他们(贫困地区乡亲们)的生活存在困难,我感到揪心。他们生活每好一点,我都感到高兴"[①]。2015 年以来,习近平总书记专门就打赢脱贫攻坚战先后召开了 7 个专题会议。2015 年在延安召开革命老区脱贫致富座谈会、在贵阳召开部分省份扶贫攻坚与"十三五"时期经济社会发展座谈会,2016 年在银川召开东西部扶贫协作座谈会,2017 年在太原召开深度贫困地区脱贫攻坚座谈会,2018 年在成都召开打好精准脱贫攻坚战座谈会,2019 年在重庆召开解决"两不愁三保障"突出问题座谈会,2020 年 3 月在北京主持召开决战决胜脱贫攻坚座谈会[②]。每次座谈会前,总书记都先到贫困地区调研,实地了解情况,听取基层干部群众意见,根据了解到的情况,召集相关省份负责同志进行工作部署。

为全面打赢脱贫攻坚战,党中央作出一系列重大决策部署和政策安排,各级政府狠抓落实,社会各界和贫困主体勠力同心、攻坚克难。2015 年 12 月中共中央、国务院印发《关于坚决打赢脱贫攻坚战的决定》后[③],为推进工作落实,2016 年 10 月印发《"十三五"扶贫开发纲要》[④],2018 年 6 月出台《脱贫攻坚三年行动指导意见》[⑤],持续加大财政金融扶贫投入

---

① 新华网:《习近平主席在 2015 减贫与发展高层论坛上的主旨演讲》(全文),2015 年 10 月 16 日,http://www.xinhuanet.com//politics/2015 - 10/16/c_1116851045.htm。

② 新华网:《习近平在决战决胜脱贫攻坚座谈会上的讲话》,2020 年 3 月 6 日,http://www.chinanews.com/gn/2020/03 - 06/9116635.shtml。

③ 中央政府门户网站:《中共中央 国务院关于打赢脱贫攻坚战的决定》,2015 - 12 - 07,http://www.gov.cn/zhengce/2015 - 12/07/content_5020963.htm。

④ 中央政府门户网站:《国务院关于印发"十三五"脱贫攻坚规划的通知》,2016 年 11 月 23 日,http://www.gov.cn/zhengce/content/2016 - 12/02/content_5142197.htm。

⑤ 中央政府门户网站:《中共中央 国务院关于打赢脱贫攻坚战三年行动的指导意见》,2018 - 08 - 19,http://www.gov.cn/zhengce/2018 - 08/19/content_5314959.htm。

力度，建立省、市、县、乡、村五级书记抓脱贫攻坚的领导责任制，中西部 22 个省份党政一把手向中央签署脱贫攻坚责任书，健全东西部扶贫协作机制、各部门各单位定点扶贫机制和社会力量参与机制，这样密集而有力的政策部署前所未有。2015 年到 2019 年期间，全国共派出 25.5 万个驻村工作队、累计选派 290 多万名县级以上党政机关和国有企事业单位干部到贫困村和软弱涣散村担任第一书记或驻村干部，助力贫困地区打赢脱贫攻坚战，这样的帮扶力度和人力物力投入更是前所未有①。在由中华全国工商业联合会推动的"万企帮万村"精准扶贫行动带动下，有 7.64 万家民营企业结对帮扶 4.88 万个建档立卡贫困村，1 000 多万贫困人口受益。据不完全统计，2015 年以来在民政部正式立项开展脱贫攻坚的全国性社会组织有 686 家、省级社会组织有 7 000 多家，全国上下普遍形成了"有钱出钱""有力出力""没钱没力出个好主意"的脱贫攻坚大氛围②。脱贫攻坚英雄辈出，脱贫故事精彩纷呈，脱贫成就前所未有。在脱贫攻坚的伟大实践中，全国涌现出了一大批生动感人的扶贫脱贫先进典型，在帮助和带动群众脱贫致富方面发挥了重要作用，作出了突出贡献，赢得了广泛赞誉。他们在扎根脱贫攻坚一线践行着初心使命，他们用真抓实干谱写着对党忠诚为民服务的时代赞歌，充分体现了广大扶贫干部、爱心人士不屈不挠的奋斗精神和忘我工作、无私奉献的大爱之美，彰显了全社会关心支持并积极投身脱贫攻坚事业的时代风貌和中国力量。

党和政府高度重视脱贫攻坚精神的培育。从 2014 年开始，国务院决定将每年的 10 月 17 日设立为"扶贫日"，弘扬中华民族扶贫济困传统美德和友善互助核心价值观，表彰社会扶贫的先进集体和先进个人，引导社会各界关注贫困问题，关爱贫困人口，关心扶贫工作，动员各界力量广泛参与，培养社会良好风尚。2016 年，党中央、国务院专门建立国家扶贫荣誉制度，设立全国脱贫攻坚奖，旨在树立脱贫攻坚先进典型，弘扬社会主义核心价值观，引领社会风尚，动员各方面力量积极参与脱贫攻坚，为打赢脱贫攻坚战、全面建成小康社会，营造浓厚氛围，凝聚精神动力。

全国脱贫攻坚奖分设奋进奖、贡献奖、奉献奖、创新奖四个奖项，每年每个奖项 10 人左右，具体由国务院扶贫开发领导小组组织评选和表彰。其中，奋进奖从脱贫主体中产生，表彰光荣脱贫和带领群众脱贫的先进典型，评选条件是自力更生、艰苦奋斗，光荣脱贫、勤劳致富，积极作为、勇于担当，带领群众摆脱贫困，事迹催人奋进；贡献奖从扶贫工作主体中产生，表彰各级党政机关、国有企事业单位、军队和武警部队、民主党派和工商联、人民团体中的扶贫先进典型，评选条件是履职尽责，深入脱贫攻坚一线，倾心用力真扶贫扶真贫，扶贫扶志扶智，出色完成扶贫任务；奉献奖从社会帮扶主体中产生，表彰各类社会组织、非公有制企业和公民个人中的扶贫先进典型，评选条件是扶贫济困、甘于奉献，以高度的社会责任感关心关爱贫困群众，帮扶效果显著，受到社会广泛好评；创新奖从扶贫脱贫主体中产生，表彰在实施精准扶贫精准脱贫方略中理论与实践创新的先进典型，评选条件是勤于钻研、勇于探索，创新扶贫措施或方式方法，理论或实践创新在全国产生重要影响，具有较高的推广价值。经中央批准，从 2018 年开始，全国脱贫攻坚奖每个奖项的表彰名额由原

① 新华网：《习近平在决战决胜脱贫攻坚座谈会上的讲话》，2020 年 3 月 6 日，http：// www. chinanews. com/gn/2020/03－06/9116635. shtml。

② 中国青年报：《686 家全国性社会组织已开展 1 536 个扶贫项目 惠及 581 万建档立卡贫困人口》，2019－06－28，https：// baijiahao. baidu. com/s？id＝16375667767783992709&wfr＝spider&for＝pc。

来的每年 10 名增加到 25 名左右，并增设"组织创新奖"，表彰名额为每年 40 个左右，从各级帮扶组织中产生，表彰在脱贫攻坚中表现突出的县（区、市）、乡（镇），也可以是中央和国家机关、省直机关、各市（地、州）所属处级机构、企事业单位等。在 2016 年到 2019 年期间，全国已累计评选出全国脱贫攻坚奖先进个人 280 人，组织创新奖获得单位 79 家。

由人力资源和社会保障部、国务院扶贫办联合表彰全国脱贫攻坚模范。2016 年追授李保国、姜仕坤同志，2017 年追授王新法、授予刘桂珍同志，2018 年授予武汉鼎、追授蓝标河同志，2019 年追授黄文秀、张小娟同志"全国脱贫攻坚模范"荣誉称号。全国脱贫攻坚奖和全国脱贫攻坚模范获得者的先进个人和集体事迹介绍材料，每年都专门结集成册公开发表，目前相关先进事迹既可以在互联网上搜到，也可以通过《脱贫攻坚先锋》系列图书了解。2016 年习近平总书记对首次全国脱贫攻坚奖表彰活动做出了重要指示，强调设立全国脱贫攻坚奖，表彰对扶贫开发作出杰出贡献的组织和个人，树立脱贫攻坚先进典型，对动员全党全社会共同努力、打赢脱贫攻坚战具有重要意义；要广泛宣传学习先进典型，激励全党全社会进一步行动起来，激励贫困地区广大干部群众进一步行动起来，形成扶贫脱贫工作强大合力，万众一心，埋头苦干，切实把精准扶贫、精准脱贫落到实处，不断夺取脱贫攻坚战新胜利①。2016 年，习近平总书记还对李保国同志的先进事迹作出重要批示，指出："李保国同志 35 年如一日，坚持全心全意为人民服务的宗旨，长期奋战在扶贫攻坚和科技创新第一线，把毕生精力投入到山区生态建设和科技富民事业之中，用自己的模范行动彰显了共产党员的优秀品格，事迹感人至深。李保国同志堪称新时期共产党人的楷模，知识分子的优秀代表，太行山上的新愚公。广大党员、干部和教育、科技工作者要学习李保国同志心系群众、扎实苦干、奋发作为、无私奉献的高尚精神，自觉为人民服务、为人民造福，努力做出无愧于时代的业绩。"②2019 年，习近平总书记对黄文秀同志先进事迹作出重要批示，"黄文秀同志研究生毕业后，放弃大城市的工作机会，毅然回到家乡，在脱贫攻坚第一线倾情投入、奉献自我，用美好青春诠释了共产党人的初心使命，谱写了新时代的青春之歌。广大党员干部和青年同志要以黄文秀同志为榜样，不忘初心、牢记使命，勇于担当、甘于奉献，在新时代的长征路上做出新的更大贡献"③。

社会各界积极弘扬和深入挖掘脱贫攻坚精神。2017 年以来，由国务院扶贫办、中央电视台联合制作的"全国脱贫攻坚奖特别节目"已连续录制 3 年，分别以《最深的牵挂》《庄严的承诺》《攻坚的力量》为主题，以全国脱贫攻坚奖获得者的扶贫故事为主线，深刻展现脱贫攻坚杰出人物的先进事迹，并对脱贫攻坚伟大精神进行深入挖掘。2019 年的特别节目，将脱贫攻坚精神概括为"自强奋进，用劳动创造幸福；不忘初心，用忠诚守望幸福；砥砺并肩，用爱心点亮幸福；智慧攻坚，用创新开拓幸福；群策群力，用担当书写幸福"④。《人民

① 新华社：《习近平对全国脱贫攻坚奖表彰活动作重要指示 李克强作批示》，2016 年 10 月 16 日，http：//www.xinhuanet.com/politics/2016 - 10/16/c_1119726757.htm。

② 新华社：《习近平对李保国同志先进事迹作出重要批示》，2016 年 6 月 12 日，http：//www.xinhuanet.com/politics/2016 - 06/12/c_1119027652.htm。

③ 新华社：《习近平对黄文秀同志先进事迹作出重要指示》，2019 - 07 - 01，http：//www.xinhuanet.com//politics/2019 - 07/01/c_1124693453.htm。

④ 央视网：《攻坚的力量——2019 年全国脱贫攻坚奖特别节目》，2019 年 10 月 17 日，http：//news.cctv.com/special/2019tpgjj/。

日报》《光明日报》《农民日报》等各类报刊媒体也对脱贫攻坚的先进典型事迹、深刻精神进行了弘扬和挖掘。如《人民日报》将脱贫攻坚精神概括为"攻坚克难的拼搏精神，舍己为公的奉献精神，万众一心的奋斗精神"；《光明日报》将脱贫攻坚精神概括为"敢教日月换新天的担当精神，衣带渐宽终不悔的奋斗精神，不破楼兰终不还的攻坚精神，俯首甘为孺子牛的奉献精神"；还有媒体将脱贫攻坚精神概括为"信念坚定、对党忠诚的政治品格，不忘初心、勇于担当的攻坚精神，扶贫济困、守望相助的大爱精神，持之以恒、迎难而上的奋斗精神"[①]。

全国各地也纷纷组织脱贫攻坚先进表彰大会，对省、市、县级先进组织和个人进行表彰，大力弘扬脱贫攻坚精神。如贵州省印发了《中共贵州省委关于表彰全省脱贫攻坚优秀共产党员、优秀基层党组织书记、优秀村第一书记和先进党组织的决定》，授予万庆华等500名同志"全省脱贫攻坚优秀共产党员"称号，授予冷朝刚等300名同志"全省脱贫攻坚优秀基层党组织书记"称号，授予胡万祥等300名同志"全省脱贫攻坚优秀村第一书记"称号，授予播州区平正仡佬族乡团结村党总支等500个党组织"全省脱贫攻坚先进党组织"称号，强调要学习他们"不忘初心、对党忠诚的政治本色，牢记使命、一心为民的人民情怀，知重负重、攻坚克难的担当作为，苦干实干、真抓实干的务实作风，清正廉洁、严于律己的优良品质"[②]。广西百色市设立了脱贫攻坚优秀乡（镇）、优秀贫困村、先进帮扶单位、先进扶贫民营企业（团体）、优秀第一书记、驻村工作队员、优秀扶贫村干、优秀帮扶干部、优秀致富带头人、先进扶贫爱心人士等荣誉称号，积极宣传先进典型人物事迹，特别是对全国脱贫攻坚模范黄文秀同志的"求实、为民、创新、奉献、担当"精神进行了广泛宣传报道[③]。黑龙江省哈尔滨市巴彦县通过组织开展"十佳励志少年"评选、扶贫表彰、编辑出版《脱贫攻坚在巴彦》丛书等活动，用文字讲述扶贫初心，用初心弘扬扶贫精神，用精神凝聚扶贫力量，将巴彦县的扶贫精神概括为"担当作为、攻坚克难；执着务实、尽责争先；众志成城、大爱奉献；自尊自励、理解感恩"[④]。

三、脱贫攻坚伟大精神的要义与内涵

（一）脱贫攻坚伟大精神的概括提炼

自2015年开展脱贫攻坚以来，全国上下对脱贫攻坚先进集体和个人进行了广泛宣传报道，从不同主体、不同视角对脱贫攻坚精神进行了一些初步的概括提炼，形成了大力弘扬脱贫攻坚伟大精神的共识，对于脱贫攻坚伟大精神的内涵表述各不相同，尚未达成一致共识。

① 《脱贫攻坚需要一股精神》，《人民日报》，2020-1-3，https://baijiahao.baidu.com/s? id=1654666629225695473&wfr=spider&for=pc；

光明网：《高扬"四种精神"决胜脱贫攻坚战》，2020-3-19，http://economy.gmw.cn/2020-03/19/content_33663824.htm；

中国科技网：《蓝标河、武汉鼎被授予"全国脱贫攻坚模范"荣誉称号》，2018-12-20，http://stdaily.com/cxzg80/guonei/2018-12/20/content_741387.shtml。

② 《贵州省脱贫攻坚"七一"表彰大会在贵阳隆重举行　孙志刚讲话　谌贻琴宣读省委表彰决定　共同为获表彰代表颁奖》，《贵州日报》-01版，2019年7月2日。

③ 《学习黄文秀同志求实、为民、创新、奉献、担当精神》，《广西日报》，2019年11月12日。

④ 《弘扬扶贫精神凝聚扶贫力量》，《黑龙江日报》，2019年10月25日。

虽然新时代的脱贫攻坚实践只有短短几年时间，但这是在改革开放40多年扶贫开发伟大事业基础上的攻坚克难，这是在新中国成立70多年民族复兴伟大实践基础上的崭新篇章，有着深厚的历史积淀和丰富的文化传承。在脱贫攻坚伟大精神的基因中，既蕴含着共同富裕的社会主义价值追求，为人民服务的党的初心使命，也包含着伟大的爱国主义精神、党的革命精神、改革开放精神，是以爱国主义和改革创新精神为核心的中国精神在新时代的生动阐释。

为进一步概括提炼脱贫攻坚伟大精神，依托全国农村固定观察点调查系统，我们对全国31个省（自治区、直辖市）300多个村的脱贫攻坚标语口号进行了调查了解。调查结果表明，各村的标语口号非常多，其中使用较多、比较有特点的标语口号，可以概括为五个方面。一是宣传脱贫攻坚政策的标语口号，包括"坚决打赢脱贫攻坚战""撸起袖子加油干，打赢脱贫攻坚战""扶贫开发，利国利民；一户一册，目标明确""扶贫攻坚，党心所向，民心所依""两不愁，三保障""建档立卡，精准扶贫""小康不小康，关键看老乡"。二是鼓励扶贫干部的标语口号，包括"放下架子，沉下身子，找准路子，干出样子""扶贫方式千千万，就看我们怎么办，闲暇不妨乡村转，东家油米西家蛋""干群一条心，脱贫一定行"。三是鼓励贫困户的标语口号，包括"脱贫不能等靠要，自身发展最重要""人穷志不穷，脱贫靠自身""脱贫先立志，致富靠自己"。四是宣传产业扶贫的标语口号，包括"脱贫致富快，全靠产业带""精准扶贫到户，发展产业脱贫""村村有特色产业，户户有增收项目""整村推进展风貌，产业脱贫促增收"。五是宣传其他脱贫攻坚途径的标语口号，包括"扶贫先扶志，治穷先治愚""学会一种技能，带富一个家庭""劳务输出一人，脱贫致富一家""培训一人，转移一人，就业一人，脱贫一人""先富帮后富，共奔小康路""坚持整村推进，提供扶贫效益"。从总体上可以看出，脱贫攻坚既要依靠扶贫干部的帮扶，也要依靠贫困群体的自身努力；既要通过国家扶持政策推进创业就业扶贫，也要通过宣传引导推进精神扶贫。

基于脱贫攻坚的伟大实践、党和政府对脱贫攻坚精神的引导和培育、社会各界对脱贫攻坚精神的弘扬和挖掘，以及我国优秀历史文化精神的传承和全国300多个村的问卷调查，我们将脱贫攻坚的精神内涵概括为："勤劳勇敢、奋发图强的奋斗精神，不忘初心、攻坚克难的担当精神，扶贫济困、团结互助的奉献精神，求真务实、与时俱进的创新精神"。该表述方式基本上与现有的全国脱贫攻坚奖设定内涵较为一致，充分考虑了脱贫攻坚涉及的各类相关主体，也与各地区的脱贫攻坚先进评选、各类媒体对脱贫攻坚精神的概括较为一致，很好地传承了我们优秀的历史文化传统。

（二）脱贫攻坚伟大精神的内涵阐释

脱贫攻坚伟大精神，是勤劳勇敢、奋发图强的奋斗精神，是不忘初心、攻坚克难的担当精神，是扶贫济困、团结互助的奉献精神，是求真务实、与时俱进的创新精神，可以高度概括为"艰苦奋斗、勇于担当、无私奉献、求实创新"。脱贫攻坚伟大精神，既是对中国传统文化精神的传承与发展，更是对新时代脱贫攻坚伟大实践的总结与升华，是中国精神在新时代的鲜活实践和生动阐释。

勤劳勇敢、奋发图强的奋斗精神，就是主动发扬自力更生、艰苦奋斗精神，克服"等靠要"等懒惰心理，抵制各种畏难情绪、厌战情绪、麻痹情绪，充分激发贫困群体自身的主体意识，主动作为发展致富奔小康，带领广大群众摆脱贫困。习近平总书记多次强调"幸福都是奋斗出来的""奋斗本身就是一种幸福""新时代是奋斗者的时代"①。我国脱贫攻坚战能够取得决定性胜利，离不开扶贫干部的艰苦奋斗，也离不开贫困群体自身的艰苦奋斗。艰苦奋斗，凝结了共产党人全心全意为人民服务的高尚品格，体现了我们党的根本宗旨，是我们党的优良传统。在脱贫攻坚中发扬艰苦奋斗作风，既是时代的要求，也是完成历史使命的精神支柱。艰苦奋斗之可贵，在于它同不求索取、乐于奉献连在一起，脱贫攻坚既需要引导贫困群体通过勤劳致富，也需要党员干部奋发图强、默默奉献。国家级贫困县湖南省城步县的杨淑亭，在 20 岁的时候因一场车祸，从一名护士变成了高位截瘫的残疾人，只能与轮椅为伴，但她并没有因此丧失生活的斗志，决心要做玫瑰花般娇艳的女子，先后创办城步万红花卉生产专业合作社、湖南七七科技有限公司，在县城周边和白毛坪乡设置 22 个花卉组装代理点和 2 个扶贫车间，带领 30 多个村 380 多名贫困户、59 名残疾人和 1 300 多名村民脱贫致富，是 2019 年全国脱贫攻坚奋进奖获得者②。重庆市黔江区黑溪镇胜地村村民王贞六，他的儿子有脑膜炎后遗症完全丧失劳动能力，他的妻子常年体弱多病，2015 年在政府的支持下，他参加了中蜂养殖培训班，养殖中蜂 69 箱，当年实现蜂蜜销售收入 6 000 余元，2017 年养殖规模扩大到 205 箱，年收入达到 20 万余元，实现了脱贫致富，之后带头成立合作社、发展社员、培养养蜂技术人员，向全村因病、因残等致贫的建档立卡贫困户免费赠送蜜蜂，还主动栽种果树，探索出了"花-果-蜂蜜-中蜂培育"的现代农业发展新模式③。2008 年外出创业成功的张全收，面对乡亲们的热切期盼，毅然回村扛起村党支部书记的重任，从强化基层党组织建设入手，抓党建、促脱贫，强阵地、固堡垒，打好党建引领、产业支撑、民生保障、劳务输出精准扶贫"四张牌"，完成建村室、建学校、建敬老院、建文化大院、捐资助学、修桥铺路、安装路灯和健身器材等多项民生工程，带领群众创办合作社，建起扶贫蔬菜温棚、花木苗圃扶贫基地和光伏发电站，帮助全村 62 户、183 人顺利脱贫，还探索出了"包吃、包住、包技能培训、包年薪包月薪"的农民工培训务工新模式，让诸多贫困家庭脱贫致富，成为远近闻名的"扶贫书记"④。实践证明，一个干部在群众中有没有威信，很关键的一条就是看他有没有艰苦奋斗的精神，就是看他能不能为民干实事、脱离不脱离群众。发扬艰苦奋斗精神，是我们实现民族独立、国家自强、社会繁荣的关键，也是改变贫困地区落后面貌的根本。古语有云，穷则变、变则通、通则久，全面打赢脱贫攻坚战，需要干部群众沉得下心，受得了气，吃得了苦，耐得住寂寞，树立正确的思想意识，变输血为造血，做到真扶贫扶真贫。

不忘初心、攻坚克难的担当精神，就是要坚守"为中国人民谋幸福、为中华民族谋复兴"的初心使命，爱岗敬业精益求精，履职尽责倾心扶贫，做到敢于担当、勇于担当、善于

---

① 《幸福都是奋斗出来的》，《人民日报》，2018 年 3 月 4 日，http：// cpc. people. com. cn/n1/2018/0304/c64387 - 29846362. html。

② 全国脱贫攻坚奖评选表彰活动办公室：《杨淑亭主要事迹》，2019 - 10 - 10，http：//www. cpad. gov. cn/art/2019/10/10/art _ 2987 _ 104484. html。

③ 国务院扶贫办：《王贞六：追得百花鲜　迎来生活甜》，2020 - 06 - 11，http：//www. cpad. gov. cn/art/2020/6/11/art _ 304 _ 126481. html。

④ 全国脱贫攻坚奖评选表彰活动办公室：《张全收主要事迹》，2019 - 10 - 10，http：//www. cpad. gov. cn/art/2019/10/10/art _ 2987 _ 104485. html。

担当。习近平总书记指出："是否具有担当精神，是否能够忠诚履责、尽心尽责、勇于担责，是检验每一个领导干部身上是否真正体现了共产党人先进性和纯洁性的重要方面"①。要成为有担当的党员干部，必须坚定自己的理想信念，直面困难，接受挑战。脱贫攻坚是全面建成小康社会的攻城拔寨决胜时期，面对贫中之贫、困中之困、难中之难，党员干部更要勇挑重担、冲锋在前，不畏艰险、迎难而上，有担当、能作为。开展脱贫攻坚以来，全国共派出25.5万个驻村工作队、累计选派290多万名县级以上党政机关和国有企事业单位干部到贫困村和软弱涣散村担任第一书记或驻村干部，这些同志肩负重任，同当地基层干部并肩战斗，带领贫困群众脱贫致富，用自己的辛苦和汗水换来了贫困群众的欢笑和幸福，有的甚至献出了宝贵的生命，诠释了扶贫干部的担当与情怀。云南保山市原地委书记杨善洲，1988年退休后放弃进省城安享晚年的机会，扎根大亮山，义务植树20年，最后把建成的价值3亿元的5.6万亩森林无偿捐赠给国家，始终坚持"到山区去，到农民中去"，是新时代的干部楷模②。河北农业大学教授李保国，30多年扎根太行山，用科技和知识的力量，帮助那里的群众拔除"穷根子"、甩掉"穷帽子"，通过科技扶贫来帮助山区百姓脱贫致富，从不收取群众任何好处③。中央纪委国家监委信访室主任科员王寿梗，2016年到大凉山彝区腹地深度贫困村担任"第一书记"，以主人翁的心态扎根驻村，倾心用力真扶贫扶真贫，发展党员，培养后备干部，发展林下养殖和中药材产业，实施"劳动收入奖励计划"，激发村民自我发展的内生动力，建设电商服务站、网络远程接诊点，开办农民夜校，每周放映公益电影，定期举办文艺表演和农民运动会，倡导卫生健康的生活方式，仅用1年多时间就完成全村79户366名贫困人口脱贫任务，每年为村集体和村民增收200余万元，是新时代的扶贫好干部④。领导干部需要胸怀担当、胸怀人民，时刻不忘贫困群众冷暖，始终以焦裕禄、杨善洲、李保国、王寿梗等时代标杆为榜样，学习他们"战天斗地"的苦干实干精神，学习他们锲而不舍的钉钉子精神，学习他们一心为民的忘我工作精神，学习他们战斗一线的无怨无悔精神，用实际行动在脱贫攻坚中当好"排头兵"。在脱贫攻坚的伟大实践中，每一名党员干部都要牢固树立为民服务宗旨，想群众之所想，急群众之所急，不断强化责任意识，与贫困群体一道，心往一处想，劲往一处使，以勇于担当、善于作为的精神确保各项工作落到实处、取得实效，为如期打赢脱贫攻坚战贡献自己的一份力量。

扶贫济困、团结互助的奉献精神，就是弘扬扶贫济困、团结互助的传统美德，倡导相互帮助、患难扶持的时代新风，激发社会各界参与脱贫攻坚的主动性和积极性，以高度的社会责任感关心关爱贫困群众。习近平总书记反复强调，脱贫攻坚是全党全社会的共同责任。⑤

① 人民网-理论频道：《党员干部要勇于担当　能够担当　敢于担当》，2014年12月23日，http：// theory. people. com. cn/n/2014/1223/c40537-26260217. html。

② 共产党员网：《党员干部楷模杨善洲：60年坚守共产党人精神家园》，2018年12月18日，http：// biaozhang. 12371. cn/2018/12/18/ARTI1545121121750449. shtml。

③ 《太行愚公　科技财神——追记河北农大教授、博士生导师李保国》，《光明日报》，2016-5-30，http：// www. moe. gov. cn/jyb _ xwfb/xw _ zt/moe _ 357/jyzt _ 2016nztzl/2016 _ zt10/16zt10 _ mtbd/201606/t20160613 _ 267470. html。

④ 全国脱贫攻坚奖评选表彰活动办公室：《王寿梗主要事迹》，2018-8-17，http：// www. cpad. gov. cn/art/2018/ 8/17/art _ 2582 _ 88003. html。

⑤ 中共中央党史和文献研究院编：《习近平扶贫论述摘编》，北京，中央文献出版社，2018年6月。http：// theory. people. com. cn/GB/68294/421125/。

脱贫致富不仅是贫困地区的事，也是全社会的事。要更加广泛、更加有效地动员和凝聚各方面力量。全面打赢脱贫攻坚战，需要充分发挥政府和社会两方面力量作用，调动各方面积极性，形成全社会广泛参与的大扶贫格局。截至 2017 年年底，全国已有 4.62 万家民营企业帮扶 5.12 万个村，投资 527 亿元实施产业扶贫项目，捐资 109 亿元开展公益帮扶，带动和惠及 620 多万建档立卡贫困人口。在四川凉山，中国光彩事业促进会组织 500 多名知名民营企业家参加精准扶贫行动，促成合作项目 149 个，合同金额 2 037 亿元，向凉山彝族自治州捐赠公益资金 4 000 多万元①。这些活动既有力推动了贫困村和贫困群众脱贫致富，又弘扬了中华民族扶贫济困的优良传统。新希望集团董事长刘永好，30 多年来长期坚守农业，始终将带动广大农户脱贫致富视为己任，在全国"老少边穷"地区投资超过 50 亿元，在全国 14 个省份的贫困地区建设超过 150 家"光彩事业"扶贫工厂带动 6 万多人就业，先后建立"光彩希望"小学和教育基金、"学生奶工程"等项目开展教育扶贫，为 300 万儿童送去牛奶，帮助近千名失学儿童重返学堂，实施"新希望 1＋1"精准扶贫计划，在云贵川等 8 个省份投资兴建产业扶贫项目超过 20 个，带动 1 万多名建档立卡户脱贫增收，2018 年荣获全国脱贫攻坚奖奉献奖②。山西代县 54 岁的刘桂珍，2017 年被授予全国脱贫攻坚模范荣誉称号。她这辈子给公家挑了四副担子：40 年乡村医生，30 年乡村教师，22 年村党支部书记，15 年村委会主任。一肩挑四担，工龄加起来，足够别人干两辈子。这些担子都是临危受命，不是为了村里的老人有医看，就是为了娃娃们有学上，或是村里防洪防火有个跑腿管事的。这个体重不到 80 斤的瘦小女人，把每副担子都扛在肩上，把每个村民都装在心里，挺起了小山村的一片天。王新法是一名石家庄退休老兵，义务到千里之外的湖南省石门县深山区扶贫，任"名誉村长"，他出资 60 多万元修建"山河圆"烈士陵园安葬当地 68 具红军遗骨，他带领村民拓宽村道、新修桥梁，把道路修到贫困村民家门口，他带领百姓建成生态茶园，让村民茶叶收入两年翻了两番，他自筹资金购置 60 台摄像机，鼓励留守儿童参与村风文明建设，在他的带领下，薛家村不仅摘掉了贫困帽，还在 2017 年被评为全国文明村，但因劳累过度引发心肌梗死，他最终倒在扶贫攻坚战场上，长眠在"第二故乡"。俗语说，人心齐，泰山移③。在脱贫攻坚的战场上，要大力弘扬刘永好、刘桂珍、王新法等人的奉献精神，广泛发动社会力量，营造"众人拾柴火焰高"的良好社会氛围，凝聚人心，扶贫济困，守望相助，让贫困群众不仅在物质上脱贫，更能体会到社会大家庭的关怀和温暖，在精神上也富足。

求真务实、与时俱进的创新精神，就是要坚持实事求是，从实际出发，充分吸收最新的思想、理论和技术，不断改革工作方式方法，创造性地开展工作、推进工作，切实有效地解决现实工作中遇到的各种难题。脱贫工作需要讲究方式方法，要结合当地的资源优势制定科学的脱贫战略，要尊重群众的主体意志，要提升贫困群众的自主脱贫能力。在脱贫攻坚的伟

---

① 《习近平在打好精准脱贫攻坚战座谈会上的讲话》，《求是》，2020 - 4 - 30，http：//www.xinhuanet.com/politics/leaders/2020 - 04/30/c_1125928631.htm。

② 全国脱贫攻坚奖评选表彰活动办公室：《刘永好主要事迹》，2018 - 8 - 17，http：//www.capdrsc3.cpad.gov.cn/art/2018/8/17/art_2629_90062.html。

③ 国务院扶贫开发领导小组办公室：《人力资源社会保障部 国务院扶贫办关于追授王新法同志、授予刘桂珍同志"全国脱贫攻坚模范"称号的决定》，2018 - 01 - 02，http：//www.cpad.gov.cn/art/2018/1/2/art_343_801.html? from=singlemessage。

大实践中，全国各地创造了很多管用有效的扶贫举措。如山东菏泽探索出来的"扶贫车间"模式、安徽泗县的"光伏扶贫"模式、贵州省"资源变资产、资金变股金、农民变股东"的"三变"改革扶贫模式等创新性扶贫做法，已在全国遍地开花，都取得了显著的扶贫成效。山西省探索出来的以"扶贫攻坚造林专业合作"为形式的生态扶贫模式，把脱贫攻坚与生态建设有机结合，在一个战场同时打赢脱贫攻坚和生态治理两场攻坚战。内蒙古清水河县的武汉鼎，40年如一日扎根农村、蹲点扶贫，充分利用自己所学的兽医专业知识和不断总结的扶贫工作经验，为广大贫困群众开展脱贫服务，退休26年来仍然奔走在贫困山村开展扶贫工作，先后深入全县5个乡镇30多个偏远的自然村，骑自行车、徒步行程3万多公里，累计出资25万多元，找项目，送技术，搞宣讲，送良种，创办武汉鼎工作室，开创了科技扶贫新模式。广西扶贫干部蓝标河，从广西社会科学院到河池市大化瑶族自治县，从广西壮族自治区扶贫办到柳州市融安县，先后三次从机关到基层，主动到偏远贫困地区，连续4年驻村帮扶，勇挑重担，特别是脱贫攻坚战打响以来，他承担考核评估工作，较真碰硬推动政策落实，建立了一套完整的扶贫成效考核体系，成为广西开展脱贫攻坚的权威考核验收标准[1]。解放军上校伊占伟，协调军地力量共同参与扶贫，组建了"孟祥斌爱民服务队""陈大桂为民服务队""俞细文扶贫爱心志愿服务队"等扶贫志愿工作队，各志愿队累计投入800余万元，资助6 000余名贫困学生，帮助驻地5个省份13个定点帮扶村864名贫困群众实现脱贫，他还注重发挥军队信息技术优势，帮助所在部队定点帮扶困村打造综合服务信息中心，连接物联网平台，开设微店网店，把该村打造成为安徽首个"山泉流水养鱼之乡"，新建"渔家乐"21家，带动游客增量40%，泉水鱼销售额增长60%。全面打赢脱贫攻坚战，需要改革的勇气，创新的精神[2]。我们要学习武汉鼎、蓝标河等先进典型的求实创新精神，在具体工作中推动形成和大力弘扬求真务实的工作作风，大兴调查研究之风，深入基层和一线，全面了解实际情况，真正发现问题、解决问题。要大力弘扬唯实求真精神，坚持说实话、办实事、求实效，做到干劲实、作风实、措施实、成果实，以真抓实干推动各项政策措施落到实处、取得实效。要大力弘扬敢想敢干、勇于探索的首创精神，鼓励创业创新，以创业带动就业，坚持科学扶贫，扶贫工作要兼顾当地的生态环境建设、文化建设、教育建设、医疗建设，在扶贫的过程中推动群众生活、环境和条件的改善，真正让人民群众感受到获得感和幸福感，提升群众的幸福指数。

四、脱贫攻坚伟大精神的时代意义

全面建成小康社会、实现中华民族伟大复兴，是时代和历史赋予我们的庄严使命。伟大的事业需要并产生崇高的时代精神，崇高的时代精神支撑和推动着伟大的事业。脱贫攻坚伟大精神是我们必须继续坚持弘扬和培育的新时代精神。深入总结提炼和宣传弘扬脱贫攻坚伟大精神，有利于丰富中国精神的深刻内涵，有利于汇聚实现中华民族伟大复兴中国梦的磅礴

① 《追忆全国脱贫攻坚模范——蓝标河》，《中国扶贫》，2018-12-27，https://baijiahao.baidu.com/s?id=1620915470983793396&wfr=spider&for=pc。
② 全国脱贫攻坚奖评选表彰活动办公室：《伊占伟主要事迹》，2018-8-17，http://www.cpad.gov.cn/art/2018/8/17/art_2584_88114.html。

力量，为进一步巩固脱贫攻坚成果、全面实现乡村振兴提供精神动力。

一是培育和弘扬脱贫攻坚伟大精神有利于丰富中国精神的内涵。物质贫乏不是社会主义，精神空虚也不是社会主义。我们所建设的中国特色社会主义，不仅要有高度的物质文明，还要有高度的精神文明。脱贫攻坚伟大精神是社会主义核心价值体系的鲜活阐述，是新时代精神的重要组成部分。社会主义核心价值体系是全党全国人民建设中国特色社会主义的精神价值追求，是社会主义中国的精神旗帜，是社会主义先进文化的精髓，决定着中国特色社会主义的发展方向。社会主义核心价值体系有四个方面的基本内容，分别是马克思主义指导思想、中国特色社会主义共同理想、以爱国主义为核心的民族精神和以改革创新为核心的时代精神、社会主义荣辱观。其中，民族精神和时代精神是精髓，它包括以爱国主义为核心的团结统一、爱好和平、勤劳勇敢、自强不息的伟大民族精神，和以改革创新为核心的解放思想、实事求是、与时俱进、求真务实的时代精神。当前，我国正处于改革发展的关键期和攻坚期，社会思想空前活跃，社会思潮呈现出复杂多样、利益主导、自由互动、开放交流的特点，这既有利于解放思想、改革创新、吸收借鉴全人类优秀文明成果，又对坚持以马克思主义世界观人生观价值观引领社会思潮、不断增强社会主义意识形态的吸引力和凝聚力提出了新的更高的要求。脱贫攻坚伟大精神既承载着五千年的中华传统美德，又顺应了当代社会进步的潮流，既体现了国而忘家、公而忘私的传统爱国情怀，又体现了社会主义国家主人的博大胸怀，既体现了自强不息、奋斗不止的民族精神，又体现了锐意进取、改革创新的时代风貌，是传统文化与时代潮流、民族精神与时代精神的结晶。脱贫攻坚中涌现出的先进典型用鲜活的事迹，展现了新时代的精神风貌，彰显了中国特色社会主义的核心价值追求，展现了中国精神的巨大现实力量，对广大群众具有天然的亲和力和吸引力，让人们感到可亲可近、可学可及。当下广泛总结提炼和宣传弘扬脱贫攻坚伟大精神，有利于增强人们对中国特色社会主义主流价值观的认同感和践行力，让普通老百姓从感性到理性、从自发到自觉、从基础层次到更高层次，并逐渐将其内化于心、外化于行。

二是培育和弘扬脱贫攻坚伟大精神有利于汇聚实现中国梦的磅礴力量。习近平总书记指出："我们要坚持道路自信、理论自信、制度自信，最根本的还有一个文化自信"[①]。文化自信是一个民族、一个国家以及一个政党对自身文化价值的充分肯定和积极践行，并对其文化的生命力持有的坚定信心。我们的文化自信，不仅来自文化的积淀传承与创新发展，更来自当今中国特色社会主义的蓬勃生机，来自实现中国梦的光明前景。脱贫攻坚的伟大实践，我们创造了举世瞩目的成就，充分展现了我国社会主义的制度优势和中国共产党领导的政治优势。在脱贫攻坚中，我们紧扣"扶志"做文章，强化贫困人口的信心和斗志，点燃贫困人口脱贫致富奔小康的激情和动力。在脱贫攻坚中，我们努力做好"扶智"文章，大力提升贫困主体的自我发展能力，有效改善贫困地区和贫困群体的生产生活条件。在脱贫攻坚中，我们加快补齐"文化"短板，以丰富的群众文化活动，让每个贫困群众都有机会在群体的文化生活中走出个体的自卑和封闭，向更广的领域和人群开放自我，使自身的精神世界更加开放、更加丰富、更加积极、更加进取。总结提炼和宣传弘扬脱贫攻坚伟大精神，有助于全面提升我们的文化软实力，有助于凝聚更广泛的社会主义建设力量，共同为民族复兴贡献力量。

[①] 新华网：《文化自信——习近平提出的时代课题》，2016 年 8 月 5 日，http://www.xinhuanet.com/politics/2016-08/05/c_1119330939.htm。

三是培育和弘扬脱贫攻坚精神有利于促进世界文化的多元化发展。讲好中国的脱贫攻坚故事，是构建人类命运共同体的必然要求，是促进世界和平发展的内在要求。消除贫困，自古以来就是人类梦寐以求的理想，是各国人民追求幸福生活的基本权利，是人类社会的共同使命，也依然是当今世界面临的最大的全球性挑战。改革开放以来，我国探索出了一条符合我国国情农情的中国特色扶贫开发道路，使 7 亿多人口摆脱了贫困，占世界脱贫人口的70％以上。中国是全球最早实现千年发展目标中减贫目标的发展中国家，为全球减贫事业作出了重大贡献，得到了国际社会广泛赞誉。世界银行 2018 年发布的《中国系统性国别诊断》报告称"中国在快速经济增长和减少贫困方面取得了'史无前例的成就'"。联合国秘书长古特雷斯在致"2017 减贫与发展高层论坛"贺信中盛赞中国减贫方略，称"（中国）精准减贫方略是帮助贫困人口、实现《2030 年可持续发展议程》宏伟目标的唯一途径。中国已实现数亿人脱贫，中国的经验可以为其他发展中国家提供有益借鉴。"[1] 党的十八大以来，以习近平扶贫思想为指引，我国坚持精准扶贫、精准脱贫方略，逐步形成了一整套科学高效的贫困治理体系，不仅指引我国脱贫攻坚取得了历史最好成绩，也为全球贫困治理贡献了中国智慧和中国方案。脱贫攻坚伟大精神是对脱贫攻坚伟大实践的高度浓缩和升华，深入总结概括和宣传弘扬中国脱贫攻坚伟大精神，有助于更好讲述中国减贫故事，分享中国方案和中国智慧，促进国际减贫和发展领域的合作，推动共建没有贫困、共同发展的人类命运共同体。

五、宣传弘扬脱贫攻坚的伟大精神

弘扬脱贫攻坚精神，讲好中国减贫故事，是深入宣传中国特色社会主义制度优越性的客观要求，是坚定"文化自信"的重要举措，是实现中华民族伟大复兴中国梦的动力之源。要探索具体可行的宣传弘扬脱贫攻坚伟大精神的载体和机制，进一步完善国家扶贫荣誉制度，加大国家扶贫日宣传力度，打造脱贫光荣的社会舆论，营造学先进赶先进做先进的浓厚氛围，发挥社会组织在扶贫减贫中的正能量，大力倡导新时代的奋斗精神、担当精神、奉献精神和创新精神，为巩固脱贫攻坚成果、推进乡村振兴战略实施贡献力量。

（一）与时俱进的脱贫攻坚精神

脱贫攻坚伟大精神是新时代脱贫攻坚实践的精神力量总结，具有与客观实践同步发展变化的与时俱进特征。在脱贫攻坚伟大精神的弘扬中，要始终注重脱贫攻坚精神的培育和深化拓展。脱贫攻坚精神既要在弘扬中培育，也要在培育中弘扬。我们既要弘扬已形成且被实践证明了的传统优秀精神，也要培育崭新的符合新时代要求的精神力量。这是脱贫攻坚伟大精神保持活力和生命力的动力源泉。

弘扬脱贫攻坚伟大精神要充分继承我国传统历史文化中的优秀成分。脱贫攻坚精神根植于人民群众创造历史的过程中，是在优秀民族传统文化的基础上产生和发展起来的，只有充分吸收中华民族的优秀文化传统以及蕴含其中的精髓，才能发展先进文化，丢掉

---

① 《"史无前例的成就"：海外学者这样认识和评价"中国减贫"》，《理论周刊》，2020－05－02，https：//www.sohu.com/a/392569030＿617310。

了自己民族的优秀传统和民族精神，建设中国特色社会主义文化就成为无源之水、无本之木。对中国传统文化精神的继承和弘扬，对各民族文化精神的借鉴和吸收，都是为了把全国人民吸引到中国特色社会主义建设的旗帜下来，使广大人民以更加奋发有为、昂扬向上的精神状态投身于新时代中国特色社会主义伟大实践之中。而且，中国传统文化精神，各民族文化精神，其中的精与粗、真与伪、优与劣，都要放到中国特色社会主义实践中加以评判和检验。

弘扬脱贫攻坚伟大精神要结合实践的发展不断进行创新。弘扬脱贫攻坚伟大精神，需要继承中华民族优良文化传统，发扬当代中国人民的优秀文化品质。但更重要的是，必须立足中国现实，紧紧围绕我们要成为什么样的民族这个根本，立足于中华民族伟大复兴这个目标，着眼于充分反映中华民族的远大抱负和崇高理想这个主题，推进脱贫攻坚伟大精神的不断创新。从当代中国的角度，反思中国文化精神，探讨传统与现实的冲突和交融的特点和规律，解决好传统精神和新时代精神的关系，使中国传统文化精神"现代化"。从世界文明的角度，反观中国文化精神，探讨中西文化冲突和交融的特点和规律，解决好中国精神和人类文明的关系，使其他民族的文化精神"中国化"。与时俱进地创新文化精神，是中国人文社会科学工作者肩负的艰巨而光荣的历史责任。人文社会科学是文化精神的载体，文化精神是人文社会科学的灵魂。自古以来，中国的知识分子就以加强个人修养、培育民族精神为己任，追求"修身齐家治国平天下"。所谓"为天地立心，为生民立命，为往圣继绝学，为万世开太平"，就是这种使命感、责任感的写照。我们要大力发展人文社会科学，与时俱进，对脱贫攻坚伟大精神的深刻内涵和基本特征作出适应实践和时代发展要求的科学表述。

（二）弘扬脱贫攻坚的伟大精神

弘扬脱贫攻坚伟大精神是一个认识客观世界、改造主观世界的现实过程，是一个"认识-实践-再认识-再实践"的过程。让脱贫攻坚伟大精神从意识转化为行动，宣传教育是关键，既要善于创新宣传手段与形式，更要创新宣传内容。典型是最好的教科书，榜样是最鲜活的价值观，要以身边的典型教育影响、激励带动广大人民群众，让脱贫攻坚人物事迹深入人心，让脱贫攻坚精神传遍神州大地。

一是创新宣传内容与方式，对脱贫攻坚伟大精神的深刻内涵进行广泛的宣传教育。弘扬脱贫攻坚伟大精神，一方面要加强理论研究和宣传教育。将脱贫攻坚伟大精神融入中国精神，深化党的创新理论武装，打牢广大群众的思想理论基础。脱贫攻坚伟大精神是新时代民族精神的生动展示，要通过深化理论研究，将脱贫攻坚精神纳入中国特色社会主义文化理论体系，教育引导人们情感上真诚认同、政治上坚定信仰、行动上自觉运用，使广大干部群众在思想上行动上紧跟党的理论创新步伐、不断与时俱进，树立正确的世界观、人生观、价值观，形成做一个对党、对国家、对人民有用的人的人生价值追求。弘扬脱贫攻坚伟大精神，要与践行社会主义核心价值观有机衔接，在国家层面倡导富强、民主、文明、和谐等协调发展的共同理想，在社会层面倡导自由、平等、公正、法治等有序发展的共同价值追求，在个人层面倡导爱国、敬业、诚信、友善等共同遵循的基本道德规范，促进人们在思想道德上形成最广泛的价值共识，为弘扬和践行脱贫攻坚精神打牢思想道德基础。另一方面，大力宣传弘扬脱贫攻坚伟大精神要创新宣传方式。对于脱贫攻坚伟大精神内涵的宣传，既要利用好广播、电视、报纸、板报、影视剧等传统宣传方式，也要利用好微信、微博、微视频、直播等新媒体宣传方式，实现新旧结合，无缝衔接，做到全面化、立体化宣传。既要广泛开展文字、书画、说唱视频等宣传形式，也要探索实践式学习、体验式学习、互动式学习等新形式，并根据不同群体特征采取具有针对性的宣传形式，做到面面俱到，不留死角。要充分运用媒体传播规律，弘扬主旋律，激发正能量，把握好舆论引导的时、度、效，增强吸引力和感染力，让群众爱听爱看、产生共鸣，有效发挥正面宣传鼓舞人、激励人的作用。从2014年开始，每年的10月17日已经确定为我国国家扶贫日，要进一步利用扶贫日做好宣传工作。广泛开展人民群众喜闻乐见的文艺晚会，征集先进典型故事，评选优秀影视作品，用文字、图片、声音、镜头、人物，记录下脱贫攻坚给贫困村、贫困人口带来的点滴变化，记录下各地区各部门在脱贫攻坚实践中的温暖力量和感人瞬间，反映我国扶贫开发工作取得的显著成效，反映广大扶贫干部和贫困群众积极参与脱贫攻坚的精神风貌，反映我国贫困地区的自然风光、历史文化和民俗风情。

二是以国家扶贫荣誉制度为基础，广泛开展先进典型评选，营造学习榜样、争当先进的良好氛围。抓典型、树榜样，是思想政治教育的一般方法，通过具有典型、榜样意义的人或事的示范引导，有助于教育人们提高思想认识、规范自身行为。我们党历来重视抓典型、树榜样，这也是我们党开展思想政治工作的有效方法和优良传统。当前弘扬脱贫攻坚伟大精神，必须继续发扬这个优良传统，积极宣传脱贫攻坚先锋模范，为全社会树立鲜明导向和鲜活榜样。目前，我国已经建立了国家扶贫荣誉制度，要以此为基础，进一步在全国上下、各行各业广泛开展先进典型的评选和事迹宣传，共同营造学习榜样、争当先进的良好氛围。开展先进典型评选，要始终坚持实事求是原则。在发现、选择典型时，切实把实践证明优秀、广大群众公认的奉献典型挖掘出来，避免论资排辈、安排照顾、人情关系等不良倾向；在评价、树立典型时，对发现的典型作出客观评价，既要充分肯定他们的优点、优势，又不回避他们的缺点、弱点，避免文过饰非、避重就轻、"按需评价"等不良倾向；在宣传、弘扬典型时，把典型人物确实做过的事迹、确实具备的品质讲清楚、讲到位，避免力求"高大全"、任意拔高等不良倾向。同时，为了保证先进人物被树立为典型后能够更好地成长进步，必须坚持以人为本，继续精心培养、关心爱护。一方面要勉励典型谦虚谨慎、戒骄戒躁，在充分认识自己的优势长处的同时，充分认清自己的不足和短处，自律自省、固强补弱，百尺竿头、更进一步，争取做出更大成绩。另一方面要积极为先进典型发挥聪明才智、建功立业营造更好环境和条件，要真诚帮助他们解决工作、学习、生活中所遇到的各种实际问题，特别是为国家建设、人民幸福做出重大牺牲的先进人物，更要积极给予物质上、精神上的帮助，努力营造"做好事不会吃亏""好人终有好报"的典型成长环境。此外，我们树立先进典型，不是为了突出个人、彰显个人英雄主义，而是为了带动广大群众共同进步，催生出更多先进人物，因此要努力为广大群众学习先进典型树立良好的社会风气。积极营造鼓励人们干事业、支持人们干成事业的浓厚氛围，建设孕育典型的事业大舞台；树立崇尚典型、学习典型、赶超典型的良好氛围，营造良性竞争的社会大环境。

三是立足现实生活，全面建立脱贫攻坚精神学习教育实践基地，将脱贫攻坚伟大精神由思想意识转化为实际行动。脱贫攻坚伟大精神不是来自于书本上的道德教条，不是来自于经院式的冥想苦思，而是来源于新时代鲜活的实践创造。弘扬脱贫攻坚伟大精神最重要的是要把学习和实践相结合，将精神转化为做好本职工作的动力。要深入开展贫困地区农特产品产销对接活动，组织开展贫困地区农特产品进机关、进企业、进校园、进社区、进军营食堂活动，集中采购贫困地区农特产品，引领"消费扶贫"，带动全社会支持脱贫攻坚。组织开展乡村旅游对接帮扶活动，深入旅游扶贫示范村，开展乡村旅游规划、旅游线路、旅游服务培训等对接帮扶活动，促进旅游企业与旅游扶贫示范村深度对接，集中推介一批贫困地区休闲农业和乡村旅游品牌。完善社会扶贫平台建设，更好为社会各界参与脱贫攻坚提供机会和渠道。要立足现实生活，根据不同地域、不同领域、不同群体的不同特点有针对性地开展学习实践，将脱贫攻坚伟大精神融入现实工作生活实践之中，真正做到学以致用。

关于"十四五"时期促进农民持续增收的几点建议[①]

农民收入是农村发展的核心指标，事关国民经济和社会发展全局。经过"十一五"（年均增长 9.36%）和"十二五"（年均增长 9.62%）时期的高速增长之后，"十三五"时期农民收入进入中速增长阶段（年均增长 6.58%）。针对当前农民收入增长面临不确定不稳定因素增多、困难挑战压力加大的突出矛盾，"十四五"时期要促进农民持续增收，必须充分挖掘潜力、积极拓宽渠道、采取有力措施、培育发展动能。

一、稳定扩大农民就业，增加工资性收入

近 5 年来，工资性收入占农民收入的比重平均为 40.8%，对农民收入增长的贡献率平均为 44%。"十四五"时期，促进农民持续增收，首先要稳定扩大农民就业，推动农民创新创业。

1. 促进农村劳动力外出就业，增加农民务工收入。

一是稳住市场经营主体，加大对中小微企业和个体工商户的帮扶力度；落实涉企减税降费、减租降息政策，加大援企稳岗工作力度。加强对重点行业、重点群体就业支持，帮扶农村残疾人、零就业家庭等困难群体就业；在公共基础设施建设中，尽可能吸纳农村劳动者就地就近就业，扩大以工代赈规模，让返乡农民工能打工、有收入。

二是实行农民工在就业地平等享受就业服务政策，支持建立共享用工、就业保障等服务平台；保障外出农民工在常住地享有与城镇户籍人口同等的就业政策，依法保障农民工劳动报酬权益；扩大失业保险保障范围，放宽失业保险稳岗返还申领条件，将参保不足 1 年的农民工等失业人员都纳入常住地保障。

三是支持餐饮、商场、文化、旅游、家政等生活服务业恢复发展，鼓励地方设立乡村保洁员、水管员、护路员、生态护林员等公益性岗位，拓展农民就业增收渠道。

四是提高农民工技能提升补贴标准，实施家政服务、养老护理、医院看护、餐饮烹饪、电子商务等技能培训，打造区域性劳务品牌。

2. 支持农民创新创业，培育农民增收新动能。

一是深化"放管服"改革，推动各地开通企业开办"一网通办"平台，进一步简化审批和登记手续，实现企业开办全程网上办理；放宽小微企业、个体工商户登记经营场所限制，便利各类创业者注册经营、及时享受扶持政策。

二是深入推进大众创业万众创新，新建一批双创示范基地，发展平台经济、共享经济，

---

① 本文写于 2020 年 7 月，载于《乡村振兴决策参考》2020 年第 4 期。

发挥创业带动就业倍增效应；实施农村创新创业带头人培育行动，促进多渠道灵活就业。

三是支持农民就近创业就业，强化对返乡农民工创业担保贷款和补贴支持，将符合条件的返乡创业农民工纳入一次性创业补贴范围。

四是鼓励和引导农民发展新业态、新技术、新产品，创新商业模式，大力发展"互联网＋"和电子商务，引导农村各类创新创业主体与电商企业对接。

二、发展乡村富民产业，增加经营性收入

近5年来，经营性收入占农民收入的比重平均为37.5%，对农民收入增长的贡献率平均为27.6%。"十四五"时期，促进农民持续增收，要大力发展乡村富民产业，充分挖掘农民增收潜力。

1. 推动农业高质量发展，实现农业增效农民增收。

一是鼓励发展多种形式适度规模经营。开发农业多种功能，降低生产经营成本。加大对多种形式适度规模经营主体的支持力度，重点培育家庭农场、农民合作社等新型农业经营主体，健全面向小农户的农业社会化服务体系。

二是推动农业绿色发展。推进农业投入品减量化使用，推进农业废弃物资源化利用，切实加强农业资源养护，统筹山水林田湖草系统治理，提高农业可持续发展能力。

三是支持家庭农场、农民合作社、供销合作社、邮政快递企业、产业化龙头企业建设产地分拣包装、冷藏保鲜、仓储运输、初加工等设施，农村建设的保鲜仓储设施用电实行农业生产用电价格。

四是扩大电商、快递进农村覆盖面，畅通工业品下乡、农产品进城渠道。加强国家骨干冷链物流基地和商品流通网络建设，推动农产品冷链物流和供应链发展。

2. 促进一二三产业融合发展，让农民分享产业链增值收益。

一是健全促进乡村经济多元化发展的体制机制。支持各地立足资源优势打造各具特色的农业全产业链，建立健全农民分享产业链增值收益机制，形成有竞争力的产业集群，推进农村一二三产业深度融合发展。

二是建设国家、省、市、县现代农业产业园，支持农业产业强镇与农村产业融合发展示范园建设。培育农业产业化联合体，通过订单农业、入股分红、托管服务等方式，将小农户融入农业产业链。

三是以高新技术引领开拓现代食品产业市场，打造外向型现代农产品加工产业链，加快发展农产品加工业和现代食品产业。

四是依托地区特色农产品，发展特色优势产业，建设特色农产品优势区，实施休闲农业和乡村旅游精品工程，打造特色专业村、田园综合体、产业示范园区，培育一批宜居宜业的文旅小镇、区域品牌小镇等特色村镇；创新发展具有民族和地域特色的乡村休闲旅游业、手工业等特色产业，推动全域旅游、红色旅游、"互联网＋旅游"等业态发展，加快发展乡村新型服务业。

3. 提升农业品牌化经营水平，增加农业经营利润。

一是狠抓标准化生产，加强执法监管，推进品牌兴农。加强绿色食品、有机农产品、地理标志农产品认证和管理，打造地方知名农产品品牌，增加优质绿色农产品供给。

二是广泛宣传推介，营造品牌兴农的良好氛围。充分利用报刊、电视、网络等媒体，宣传政府出台的品牌兴农的相关政策。加强对地理标志农产品的宣传力度，提高产品知名度、提升企业效益以激励农业企业争创品牌的积极性。

三是扶持农业品牌策划、设计等服务组织发展，推动行业协会等社团组织更多更好地发挥品牌化建设的职能，建立健全农业品牌建设服务组织体系。

三、调整完善农村政策，增加转移性收入

近5年来，转移性收入占农民收入的比重平均为19.4%，对农民收入增长的贡献率平均为25.7%。"十四五"时期，促进农民持续增收，要调整完善农村政策，积极拓宽农民增收渠道。

1. 加大财政对农业农村的投入力度，改善农村生产生活条件。

一是确保财政投入持续增长，把农业农村发展作为财政优先保障领域，公共财政资金使用更大力度向"三农"倾斜。优化财政供给结构，推进行业内资金整合与行业间资金统筹相互衔接配合，增加地方自主统筹空间，加快建立涉农资金统筹整合长效机制。

二是拓宽资金筹集渠道。调整完善土地出让收入使用范围，进一步提高农业农村投入比例，重点用于农村人居环境整治、村庄基础设施建设和高标准农田建设。推广"一事一议""以奖代补"方式，鼓励农民对直接受益的项目投工投劳，分享项目建设收益。

2. 调整完善农业补贴政策，促进转移性收入稳定增长。

一是完善农业支持保护制度，加快建立与乡村振兴有机衔接的农业支持政策体系。调整完善农业补贴政策，重点向规模经营主体、粮食主产区倾斜，重点支持农业绿色发展、农民增加收入。

二是落实对农民的直接补贴制度，明确农业补贴的政策目标、资金规模、资金用途、分配依据，确保农业补贴政策的连续性和稳定性，鼓励和支持规模经营主体发展农业生产。

三是加大对产粮大县的奖励力度，优先安排农产品加工用地指标；支持产粮大县开展高标准农田建设新增耕地指标跨省域调剂使用，调剂收益按规定用于建设高标准农田。

四是调整完善农机购置补贴政策，启动实施新一轮草原生态保护奖补政策。

3. 深化农业市场调控改革，完善农产品价格形成机制。

一是深化农产品价格形成机制改革，落实小麦、稻谷最低收购价政策，完善玉米、大豆市场化收购加补贴机制，落实棉花目标价格政策，稳定农民基本收益。深化农产品收储制度改革，加快培育多元市场购销主体，健全粮食主产区利益补偿机制。

二是完善农产品进出口调节制度，完善重要农产品国际贸易和关税配额管理。合理有效利用国际市场资源，把握好进口规模节奏，实现国内农产品市场供求平衡和价格稳定。

4. 健全主要农产品市场保险制度，降低农业"两个风险"。

一是继续扩大农业灾害保险覆盖面、提高保费补助标准和保额标准。

二是健全农业信贷担保费率补助和以奖代补机制，推进稻谷、小麦、玉米完全成本保险和收入保险试点，扩大农业大灾保险试点，对地方优势特色农产品保险实施以奖代补试点。

三是优化"保险＋期货"试点模式，探索"订单农业＋保险＋期货（权）"试点。

四是抓好农业保险保费补贴政策落实，督促保险机构及时足额理赔。

四、全面深化农村改革，增加财产性收入

近 5 年来，财产性收入占农民收入的比重平均为 2.3%，对农民收入增长的贡献率平均为 2.8%。"十四五"时期，促进农民持续增收，要全面深化农村改革，培育农民增收新动能。

1. 深化农村土地制度改革，充分保障农民的土地财产权益。

一是完善农村土地承包制度，开展第二轮土地承包到期后再延长 30 年试点，保护农户依法承包集体土地的基本权利，建立健全土地承包权依法自愿有偿转让机制。落实农村土地所有权、承包权、经营权"三权"分置政策，开展农村承包土地经营权依法向金融机构融资担保试点，支持农民以土地入股方式从事农业产业化经营。

二是全面推开农村土地征收制度改革和农村集体经营性建设用地入市改革，加快推进房地一体的农村集体建设用地和宅基地使用权确权登记颁证。完善农民闲置宅基地和闲置农房政策，探索宅基地所有权、资格权、使用权"三权分置"，保障宅基地农户资格权和农民房屋财产权，适度放活宅基地和农民房屋使用权。

三是完善乡村产业发展用地政策。通过村庄整治、土地整理等方式节余的农村集体建设用地优先用于发展乡村产业项目；农村集体建设用地可以通过入股、租用等方式直接用于发展乡村产业。建立高标准农田建设等新增耕地指标和城乡建设用地增减挂钩节余指标跨省域调剂机制，将所得收益通过支出预算全部用于支持现代农业建设和实施乡村振兴战略。对利用收储农村闲置建设用地发展农村新产业、新业态的，给予新增建设用地指标奖励。完善农业设施用地政策，满足现代农业发展合理需求。

2. 推进农村集体产权制度改革，保障农民的集体股份收益权。

一是全面推开农村集体产权制度改革试点，有序开展集体成员身份确认、集体资产折股量化、股份合作制改革、集体经济组织登记赋码等工作。

二是加快推进集体经营性资产股份合作制改革，完善农村集体产权权能。健全农村产权流转交易市场，推动农村各类产权流转交易公开规范运行。积极探索集体资产股权质押贷款办法。

三是拓宽农村集体经济发展路径，加快农村集体资产监督管理平台建设，建立健全集体资产各项管理制度，强化集体资产管理，探索农村集体经济有效实现形式和运行机制。

3. 深化金融体系改革，强化农村金融服务支持农民增收。

一是提高农村金融服务水平。建立县域银行业金融机构服务"三农"的激励约束机制，落实涉农贷款增速总体高于各项贷款平均增速的政策。对机构法人和业务在县域的金融机构，适度扩大支农支小再贷款额度。落实农户、小微企业小额贷款税收优惠政策，让贷款可获得性明显提高，综合融资成本明显下降。推动温室大棚、养殖圈舍、大型农机、土地经营权依法合规抵押融资。

二是支持符合条件的涉农企业发行上市、新三板挂牌和融资、并购重组，支持重点领域特色农产品期货期权品种上市。

三是切实发挥全国农业信贷担保体系作用，通过财政担保费率补助和以奖代补等，加大对新型农业经营主体支持力度；发挥国家融资担保基金作用，强化担保融资增信功能，引导

更多金融资源支持乡村振兴，支持符合条件、有一定收益的乡村公益性项目建设。

4. 推进城乡公共服务均等化，切实保障和改善农村民生。

一是统筹城乡基础设施建设。坚持把基础设施建设与社会事业发展的重点放在农村，推进城乡基础设施互联互通、共建共享。创新农村基础设施和公共服务设施建设运行管护机制。加大乡村道路硬化、网络覆盖、饮用水供水保障、人居环境整治等农村基础设施建设投入力度。大力推进物联网、人工智能、一体化大数据中心等新型基础设施建设投资。持续改善农村生产生活条件，降低农民生产生活成本。

二是推动城乡义务教育均衡发展。提高农村教育质量。持续推进农村义务教育控辍保学专项行动，巩固义务教育普及成果，有效解决农民工随迁子女上学问题，提高农民素质和技能，促进农民增收。

三是强化农村基层医疗卫生服务。稳步推进紧密型县域医疗卫生共同体建设，加强乡村医生队伍建设与基层疾病预防控制队伍建设，提供农村公共卫生服务水平和人力资本素质。

四是加强农村社会保障。适当提高城乡居民基本医疗保险财政补助和个人缴费标准。提高城乡居民基本医保、大病保险、医疗救助经办服务水平，完善农村留守儿童和妇女、老年人关爱服务体系。

丰年不忘灾年　坚决遏制
"舌尖上的浪费"①

　　早在 2013 年 1 月，习近平总书记就作出重要指示，要求厉行节约、反对浪费，切实遏制公款消费中的各种违规违纪违法现象，培养学生勤俭节约良好美德。2020 年 8 月，习近平总书记再次强调，尽管我国粮食生产连年丰收，对粮食安全还是始终要有危机意识。要采取有效措施，建立长效机制，坚决制止餐饮浪费行为。

一、珍惜节约粮食减少损失浪费意义重大

　　一是传承弘扬中华民族传统美德的要求。"谁知盘中餐，粒粒皆辛苦""一粥一饭，当思来处不易"，从古至今，勤俭节约一直是中华民族的传统美德与优良家风。"温饱不忘饥寒""丰年不忘灾年"，珍惜粮食一直是老一辈劳动者的良好作风与生活习惯。厉行粮食节约，减少损失浪费，在全社会营造浪费可耻、节约光荣的氛围，是彰显文化自信、传承弘扬中华传统美德的现实要求。

　　二是深入实施粮食安全战略的要求。党的十八大以来，遵循以我为主、立足国内、确保产能、适度进口、科技支撑的国家粮食安全战略，我国走出了一条特色鲜明的粮食安全之路，提高了粮食综合生产能力，保障了粮食市场供应稳定。但从生产环节来看，尽管粮食生产连年丰收，收获、储备、流通等环节的损失问题还亟待解决；从需求环节来看，尽管生活水平不断提高，但餐饮浪费现象触目惊心、令人痛心！减少粮食损失和浪费，是保障我国粮食安全的重要举措，是深入实施国家粮食安全战略的必然要求。

　　三是应对化解国际粮食供应链变动风险的要求。长期以来，以相对稳定的国际粮食供应链为补充，我国粮食市场供应量与价格总体稳定。但 2020 年以来，新冠肺炎疫情在全球蔓延，多国粮食生产与出口面临严峻挑战。全球粮食供应链遭受冲击，国际贸易不稳定性不确定性增大。树立粮食危机意识，厉行粮食节约，是应对国际粮食供应链不确定性变化，化解国内粮食安全隐患的内在要求。

二、推动做好生产、流通储备、加工消费等环节的粮食节约工作

　　在粮食从田间到餐桌的产业链中，各个环节都存在着不同程度的损失和浪费。科学减损，厉行节约，就等于绿色增产，就能把饭碗牢牢端在自己手中。

　　一是要从生产收获环节减少损失浪费。以小麦为例，由于收获不及时、收获过程中的漏

---

　　①　本文发表于《人民日报》2020 年 10 月 27 日。

割和掉落等原因，收获环节的损失率可能超过 5%。选择恰当的收获时机与质量较好的收割机械，可将收获环节的损失减少 50% 以上。

减少生产收获环节的损失浪费，要继续拓展农业机械应用的广度与深度。优化农机购置补贴政策，加快实现重点机具购置敞开补贴，扩大老旧农机报废更新补贴试点，切实提高补贴标准，及时拓宽补贴范围。加快推进农业机械装备的前沿技术突破，紧盯薄弱环节和空白领域，加快大型拖拉机、高效联合收获机等中高端、多功能农机装备研发应用。科学制定农业机械作业的流程规范，加快构建标准化、区域化、规模化的粮食机械化收获模式。加强对农业机械作业人员的培训与教育，提高农机作业效率。

二是要从储备流通环节减少损失浪费。仓储装卸运输中的抛洒、遗漏等问题，也造成了很大的粮食损失浪费。

减少储备流通环节的损失浪费，要消除露天存粮和"危仓老库"。推广与运用绿色环保、智能高效、经济实用的仓储新技术与新设备，普及推广防虫防霉储粮新装具。充分利用物联网等信息技术，积极推进粮食物流环节自动监测、优化调度和智能追溯等技术应用。优化大型粮食物流园区布局，构建一批粮食进出口物流通道和重要节点，提升粮食物流重点线路流通效率。鼓励合理改建、扩建和新建粮食仓储物流设施，持续推进粮库智能化升级。

三是要从加工消费环节减少损失浪费。加工与消费环节是造成粮食损失浪费的严重部分。

减少加工与消费环节的损失浪费，要引导企业成品粮适度加工，加强节粮减损技术改造，推广节粮节能降耗工艺技术和设备，提高成品粮出品率。引导加工企业开展科学加工，促进粮食资源的科学高效利用。要淘汰一批工艺落后、物耗能耗高的落后产能。改革用餐方式，加强对餐饮业的管理，倡导文明、适度、节俭的消费方式。破除讲排场、比阔气等不良风气，促进节约粮食成为全社会的自觉行为。各级党政机关、国有企事业单位的公务活动用餐，要积极推行简餐和标准化饮食，杜绝公务活动用餐浪费。单位食堂要按照健康、从简原则提供饮食，在明显位置张贴宣传资料、摆放提示牌，提醒适量取餐。

三、健全节粮治理体系，建立遏制"舌尖上的浪费"长效机制

一是加强节粮减损的宣传与教育引导。广泛借助各类传统媒体和新媒体平台，宣传先进典型，曝光浪费现象，在全社会营造浪费可耻、节约为荣的氛围。组织好每年世界粮食日和全国爱粮节粮宣传周活动，加强公益宣传，组织开展爱粮节粮先进单位和示范家庭创建活动。加大各类学校节约粮食教育的工作力度，组织开展大中小学生节约粮食体验活动。依托现有的大型粮食龙头企业、粮食科研机构和高等院校，加快建设一批节粮减损宣传教育示范基地。

二是加强节粮减损的法制与监督约束。要加强立法修规，积极推动粮食安全保障立法进程，强化依法管粮依规节粮。尽早出台新修订的《粮食流通管理条例》，明确节粮减损的奖惩措施。推进适度加工等相关标准修订，引导企业标准生产，确定科学合理可持续的加工产能规模。进一步明确节粮减损的职能监管部门，适时出台粮食企业信用监管和联合惩戒办法。研究建立党政机关食堂粮食节约工作成效评估和通报制度，对粮食节约工作成效进行科学评估，对存在严重浪费行为的单位进行通报。

　　三是加强节粮减损的技术与资金支持。减少粮食的产后损失，要增强农业科技的创新与推广能力。建立专业化、一体化的粮食全流程服务中心，加快构建现代农业的社会化服务体系，加强小农户与现代农业的有效衔接。科学制定粮食损失浪费的标准与边界，建设指标合理、技术先进的粮食损失浪费动态监测体系。以政府为主导，充分发挥企业和社会力量等多元主体作用，建立稳定的资金投入保障机制。加大中央财政对粮食主产区及中西部财力薄弱地区的支持力度，继续将仓储物流设施等建设作为财政支农的重点领域。放宽和合理引导市场多元主体投资参与粮食储运等经营领域，建立健全"负面清单"发布制度。

智慧农业发展的状况、面临的问题及其对策建议[①]

一、什么是智慧农业，为何要发展智慧农业？

关于智慧农业的定义，因研究视角不同内涵有所差异。概括而言，智慧农业就是通过将互联网、物联网、大数据、云计算、人工智能、"5S"[②] 等现代信息技术与农业进行深度融合，形成农业信息感知、定量决策、智能控制、精准投入、个性化服务的全新农业生产方式，实现农业可视化、远程诊断、精准感知、灾变预警等智能化管理，推动农业产业的数字化、智能化、集约化、生态化，是农业信息化发展从数字化到网络化再到智能化的高级阶段。

智慧农业不仅仅是互联网技术与移动信息技术在农业产业中的单一应用，而是将农业作为一个中心系统，通过"互联网＋农业企业"与"互联网＋农业产业"，依靠农业大数据、云计算以及物联网共同组成一个完整的智慧农业产业链条，推动现代信息技术与农业生产全过程的结合，形成一种新的发展体系和模式。这样不仅可以通过对科学技术的综合运用，有效连接农业生产的各个环节，实现农业智能化控制，而且能够构建起基于数字化的新型农业生态，彻底转变农业生产者、消费者观念。

智慧农业的提出和发展，对于信息技术在农业领域的综合集成应用、农业产业转型升级、农业发展模式的创新、核心技术的自主研发，以及专业技术人才培养均创造了难得的机遇。

一是有利于科学管理农业生产，提高农业综合生产能力。智慧农业物联网系统可通过大数据和云计算等技术对农事活动进行记录与追溯，有助于在农业生产领域构建起集作物生长模型分析、环境生态监管、精准调节为一体的自动化系统和平台，帮助生产者科学、精确地进行决策。减少生产资料投入成本、劳动力成本以及时间成本，进一步推动实现农业生产的精准化管理，最大化农业的投入产出比，全面提升农业生产效率和资源利用率。

二是有利于解决信息不对称问题，掌握市场变化与消费者需求。智慧农业可以通过数字化供应链建设，有效打通农产品生产、加工和销售各个环节的信息，加速解决农业供应链的信息不对称问题。生产者可以根据平台的大数据和有效的反馈机制，感知市场行情，高效率地匹配供给端和需求端，了解需求端个性化的诉求，更好地制定生产和销售计划，定制化生产客户所需的农产品，减少农业的盲目生产、降低农产品损耗、实现农产品优质优价。

[①] 本文与杨旭合作，写于 2020 年 10 月，发表于《人民论坛·学术前沿》2020 年第 24 期。

[②] 通常是指：遥感技术（RS）、地理信息系统（GIS）、全球定位系统（GPS）、数字摄影测量系统（DPS）、专家系统（ES）。

三是有利于构建农产品可追溯体系，确保农产品质量安全。通过大数据分析和应用，解决病虫害监控和农药滥用难题，从而对种植有效性、生产环境安全性作出合理判断，增加农产品产量、改善产品质量。并且，借助互联网及二维码等技术，可以建立全程可追溯、互联共享的农产品质量和食品安全信息平台，对农产品流通过程实行全程监管，从而实现农产品从田间到餐桌全程可追溯。同时，也便于政府部门根据数据分析进行科学决策，改变行政管理方式，提升治理效能和治理能力。

四是有利于发展新模式新业态，提升农业全产业链价值。随着移动互联网技术、大数据、云计算、物联网等新一代信息技术的跨界融合，智慧农业的应用场景将会进一步拓展，在数据平台服务、无人机植保、农机自动驾驶、精细化养殖等多个方面，为智慧产业链提供信息化技术支撑。并且能够创新发展农村电子商务、农产品众筹、农产品新零售等发展模式，形成基于互联网平台、云平台的现代农业新业态，重塑农产品产业链和价值链。

五是有利于改善农业生态环境，推动农业可持续发展。智慧农业通过精细化生产、测土配方施肥、农业节水灌溉、农业废弃物利用，达到保护农业生态环境的目的。可通过利用卫星搭载高精度感知设备，构建农业生态环境监测网络，获取土壤、水文等农业资源信息，匹配农业资源调度专家系统、实现农业环境综合治理、农业生态保护和修复，推动农业可持续发展。

二、发达国家智慧农业发展的特点和扶持政策

目前欧盟、美国、日本等国的智慧农业取得了较快的发展，其在相关政策支持、新技术研发应用等方面走在了世界的前列，形成了具有鲜明特征的智慧农业发展模式。

1. 美国：信息化支撑农业发展。从 20 世纪 90 年代开始，美国政府每年拨款 10 多亿美元建设农业信息网络，进行技术推广和在线应用，农村高速上网日益普及。以政府为主体，在农业数据资源采集和储存方面，建立农业信息收集发布系统、农业教育科研推广系统，融科技、生产、推广于一体的公司系统，以农场为主的民间服务组织系统。农业信息化体系日益完善，大量涉农信息化企业应运而生。这些企业利用政府公开发布的农业大数据进行分析、预测，并提供给农业生产者用于农场生产管理及精细化耕作，提高生产效率。

美国经历了机械化、杂交种化、化学化、生物技术化后，正走向智慧农业（Smart Agriculture），现有大量的结合物联网、AI 的高精尖技术，包括智能机器人，温度和湿度传感器，航拍和 GPS 技术。这些技术大幅度提升了美国农场的运营效率，在成本没有较大改变的形势下，美国早已应用"5S 技术"、智能化农机技术等形成了农业精细化、规模化发展的智慧农业生产线系统，到 2020 年，美国平均每个农场将拥有 50 台连接物联网的设备。

2. 法国：打造大农业数据体系。法国是欧盟内部最大的农业生产国，也是世界第二大农业食品出口国。经过多年发展，法国农业信息数据库目前十分完备，涵盖种植、渔业、畜牧、农产品加工等领域。法国政府主导农业数据库建设，一个集高新技术研发、商业市场咨询、法律政策保障以及互联网应用等在内的"大农业"数据体系正在打造中，包括高新技术研发、商业市场咨询、法律政策保障以及互联网应用。

法国政府、农业合作组织以及私人企业共同承担农业信息化建设，政府定期公布农业生产信息、管控农产品流通秩序，根据市场价格提供最新生产建议，农业合作组织为生产者提

供法律、农业科技、农场管理等领域的信息支持。私人企业提供定制化服务，提高农业生产效率。法国的农业信息化体系呈现了"三位一体"的特点。

3. 德国：高科技与数字农业。 2017 年，欧洲农业机械协会（European Agricultural Machinery Association，CEMA）提出，未来欧洲农业的发展方向是以现代信息技术与先进农机装备应用为特征的农业 4.0（Farming 4.0）——智慧农业。德国是率先实施"工业4.0"的国家，而"智慧农业"的基本理念与"工业 4.0"基本相似。二者都需要通过物联网、大数据、云技术的应用，将数据由传感器从种植对象或养殖对象处收集，上传至数字技术综合应用平台，处理后再分发到对应农机上，进一步提高农业效率。

德国农业科技含量较高，农业信息技术、生物技术、环保技术等应用广泛，把地理信息系统、全球定位系统、遥感技术等应用到大型农业机械上，在计算机系统的控制下，实施耕地、播种、施肥、打农药等田间作业。加大物联网技术应用，在饲养的牲畜身上安装电子识别牌，通过电子识别牌获得动物饮食状况、产奶量等信息，从而进行改良和改进。由大型企业牵头研发"数字农业"技术，为农业生产者提供一系列技术解决方案。

4. 英国：大数据整合精准农业。 为了应对气候变化和全球农业竞争强度加剧问题，英国政府启动了"农业技术战略"，利用大数据和信息技术提升农业生产效率。建立了英国国家精准农业研究中心（The National Centre for Precision Farming，NCPF），在欧盟 FP7（7th Framework Programme）计划支持下，实施未来农场（Future Farm）智慧农业项目，研发除草机器人进行除草作业，替代使用化学农药，实现从播种到收获全过程的机器人化农业。建立了"农业信息技术和可持续发展指标中心"，搭建和完善数据科学和建模平台，搜集处理产业链上的行业数据。农业技术体系较为全面，涵盖了全球定位系统、地理信息系统、空间技术与数据库、遥感系统、作物生产管理专家决策系统等信息技术和系统的集成应用。

5. 日本：互联网振兴农业。 日本政府十分重视农业信息化体系建设，注重对农村信息化市场规划和发展政策制定，以及农业基础设施建设，建立了完善的农业市场信息服务系统，比如："农产品中央批发市场管理委员会"建立的市场销售信息服务体系，以及"日本农协"自主统计发布的各种农产品生产数量和价格行情预测系统。不断完善农业科技生产信息支持系统，并将信息技术作为载体在农业科技中推广应用。此外，还制定《生鲜食品电子交易标准》，建立生产资料共同订货、发送、结算标准。日本政府高度重视农业物联网发展，2004 年将农业物联网建设列入政府计划，2014 年，日本启动实施"战略性创新/创造计划（Cross‐Ministerial Strategic Innovation Promotion Program，SIP）"，并于 2015 年启动了基于"智能机械＋现代信息技术"的"下一代农林水产业创造技术"。他们还用数字技术、传感技术和远程控制等技术建立个性化"网上农场"式农业运营新模式，使消费者可实时自主远程精准控制自有农产品生产，并获得理想的农产品。

从国外的经验来看，智慧农业发展不完全是技术问题，政府从宏观角度进行调控和管理，在政策、法律等方面给予支持和保障，都起到了指导和推动作用。同时，国外还比较重视智慧农业核心技术的研发及集成推广，形成了政府和市场共同推进的智慧农业建设体系。

一是智慧农业扶持政策力度不断加大。国外完善的智慧农业发展政策法规和知识产权保护制度，引导了智慧农业的发展方向。比如，美国率先提出"精确农业"构想，他们在信息、科研、教育、基础设施、投资等方面，以法律法规形式形成了一套从信息资源采集到发布的立法管理体系，并且十分注重监管和知识产权保护，为智慧农业发展提供了良好的政策环境。虽然，智慧农业已在北欧一些国家得到了发展，但欧盟其他国家智慧农业则仍然相对滞后，2020年之后，支持农业革新和数字化成为欧盟共同农业政策（CAP）调整的重要方向，甚至会依据智慧农业发展，定制欧盟农机行业的政策。

二是构建智慧农业科技研发体系。目前很多发达国家构建了自有农业科技研发系统，以适应本国的智慧农业发展。虽然农业科技研发系统组成主体多样化，但都基本以政府、高校的农业科技研发机构为主体，政府作为主要研发推动者，企业及其他农业相关者紧密配合主要研发机构。比如，荷兰政府高度重视农业领域的实用技术研究和创新成果应用。政府在制定科研规划时，就要求企业直接参与，一般由企业提出研究方向和思路，政府和企业共同投入，科研机构服务于企业需求。欧盟制定的"地平线2020"科研与创新框架计划（H2020计划），是世界上规模最大的官方综合性科技研发的计划之一，主要研究国际前沿和竞争性科技难点问题。在农业发展方面，欧盟委员会提出"农业生产力与可持续的欧洲创新伙伴关系计划"（EIP-AGRI），创建了"地平线2020"计划与农村发展支持计划之间的联系。在此计划中，各方参与者致力于建立一个"运营组织团体"，寻求创新方法解决区域发展难题。

三是推动农业新技术的推广应用。很多国家都在推进产学研融合发展，以推进农业科研技术快速应用于智慧农业，形成了各具特色的农业推广体系，创新应用成效比较显著。欧盟委员会的通信网络内容和技术总司与农业与农村发展总司推出实现农业数字化的AIOTI计划，就是智能农业领域的一项大规模试点计划，该计划将得到3 000万欧元的资助，以推进欧盟农业部门在资金和基础设施等方面实现"数字化飞跃"。美国通过发展智慧农业生产系统，帮助农场主进行新技术应用推广。

三、当前我国智慧农业发展面临的问题和挑战

（一）我国智慧农业发展的过程和特点

自2012年以来，我国政府高度重视智慧农业发展，历年的中央1号文件对"智慧农业"都有论述。2012年提出推进"精准农业"技术，2015年和2016年提出在"智能农业"领域实现技术突破，2016年提出大力推进信息技术，包括"互联网＋、物联网、云计算、大数据、遥感"，2017年至2019年连续3年提出加强"智慧农业"科技研发。特别是"十三五"以来，智慧农业成为现代化农业发展中的重要组成部分，多项政策文件中均提出要发展智慧农业及相关技术。2018年《中共中央国务院关于实施乡村振兴战略的意见》明确提出，"大力发展数字农业，实施智慧农业林业水利工程，推进物联网试验示范和遥感技术应用"。《乡村振兴战略规划（2018—2022年）》中强调指出，大力发展数字农业，实施智慧农业工程和"互联网＋"现代农业行动。2020年中央网络安全和信息化委员会办公室、农业农村部等6部门印发《关于开展国家数字乡村试点工作的通知》，部署开展国家数字乡村试点工作。经过几年的发展，我国智慧农业正在从点的突破逐步转变成系统能力的提升，不断为农业农村发展注入活力，智慧农业建设工作取得了明显成效。

自2013年起，我国陆续在5个省份开展物联网区域试验，启动实施了一系列农业物联网项目。2017年启动实施数字农业试点项目，围绕数字农业创新中心、重要农产品全产业链大数据和数字农业试点县建设，中央累计投资11.5亿元，共计建设92个项目。通过这些

工程项目的示范带动，物联网、大数据、人工智能等新一代信息技术在大田种植、设施园艺、畜禽养殖、水产养殖的在线监测、精准作业、数字化管理等方面得到了不同程度的应用，形成了 426 项节本增效农业物联网产品技术和应用模式[①]。2019 年农业农村部等 4 部委联合印发《关于实施"互联网＋"农产品出村进城工程的指导意见》，组织实施"互联网＋"农产品出村进城工程，推动建立适应农产品网络销售的供应链体系、运营服务体系和支撑保障体系。组织开展农业电子商务"平台对接"专项行动等农产品产销对接专项活动，截至 2019 年年底，农产品网络零售额 3 975 亿元。农业农村部组织实施了"金农工程"，建成国家农业数据中心、国家农业科技数据分中心及 32 个省级农业数据中心，开通运行 33 个行业应用系统，信息系统已覆盖农业行业统计监测、监管评估、信息管理、预警防控等七类重要业务。农业各行业信息采集、分析、发布、服务制度机制不断完善，实现对农情、农产品市场运行、动植物疫情等重要情况的实时监测调度。推动农业农村大数据建设，积极推进粮油棉等八大类 15 个重点农产品全产业链大数据试点，建立"一网打尽"式市场信息发布服务窗口，为公众提供及时准确的市场信息服务[②]。随着国家政策的支持，智慧农业得到了蓬勃发展。传统农机企业如中国一拖、雷沃重工等，互联网企业如安徽朗坤物联网、华为、京东、神州数码等，甚至碧桂园、恒大等房地产企业，都纷纷布局进入智慧农业领域，给智慧农业注入了新的活力[③]。

（二）当前智慧农业发展面临的问题和挑战

我国智慧农业仍缺乏基础研究和技术积累，整体技术水平与发达国家相差 10 年以上[④]。智慧农业发展面临的主要问题和挑战，主要体现在以下几个方面：

一是智慧农业发展缺乏整体规划。基础建设和资金筹集缺乏有效衔接，应用技术推广没有形成规模化体系，项目落实和产业融合存在脱节现象，处于生产信息化向智慧化转变过程当中，农产品物流配送和物联网应用的运行机制缺乏整体的战略性规划。未能形成多元化投入机制，由于基础设施建设资金需求较大，信息渠道的构建需要协调各区域、各部门的资源，需要发挥政府的主导和协调作用。现有资金投入方式主要以政府为主，其他经济组织部门对于智慧农业资本投入的整体参与度不高。

二是智慧农业发展存在技术短板。我国自主研发农业传感器数量不到世界的 10％，且稳定性差，智能感知系统灵敏度不高，终端远程控制系统和执行控制指令系统精确性不足。动植物模型与智能决策准确度低，很多情况是时序控制而不是按需决策控制。智慧农业应用试点项目大多数停留在信息的简单传输与显示，与农业融合深度不够，缺乏解决农业实际问题的手段。

三是农业数据采集和应用整合程度低。影响农作物病虫害的因素和农作物的价格等都需

---

① 国务院新闻办公室举行深入推进"互联网＋农业"促进农村一二三产业融合发展吹风会，http：//www. moa. gov. cn/hd/zbft＿news/hlw123cyrh/。

② 资料来源：农业农村部网站 http：//www. moa. gov. cn/govpublic/SCYJJXXS/202009/t20200922＿6352742. htm。

③ 前瞻产业研究院：2019 年中国智慧农业市场分析：农业物联网应用场景加速落地，未来发展潜力广阔，https：//bg. qianzhan. com/trends/detail/506/190821－55c8701e. html。

④ 科学技术部《"十三五"数字农业领域国内外技术竞争综合研究报告》：我国智慧农业发展水平与先进国家相差近 12 年。

要数据的支撑，所需要的数据越多、越完整，智能预测模型的预测准确率就越高。从目前情况来看，农业数据采集覆盖面不足，农业数据缺乏准确性与权威性。农业信息数据整合程度低，数据标准化程度低，缺乏信息数据共享。收集数据不完整或者只能收集某种或某几种农作物相关的信息，所建立的智能模型、预警模型、管理信息系统都将失去存在的价值。农作物相关数据的收集整理成为当前面临的最大挑战。

四是农业科技投入和信息化水平不高。我国智能化装备还处于起步阶段，农业生产的大型化、智能化、信息化等机械设备较少。一些高端智能化农机设备主要依赖进口，农业科技化水平比较低，科技含量不高，很难实现多功能、复式、实时监测等作业，农业生产作业效率不高。当前，我国农村信息化建设比较落后，农村信息基础设施薄弱，很难在较大范围内推广和应用物联网、互联网、大数据等新型信息技术。

五是农村地区复合型高素质人才不足。发展智慧农业缺乏熟练操控现代化生产设备的高素质农民，以及农业电子信息化领域的农业科技人员。农业从业人员整体文化水平偏低，缺乏对农民的相关技术培训。缺乏农业生产经营管理和电子信息化的复合型人才，农业技术人员存在较大缺口，尤其是高职称、高层次的农业人才缺乏。

六是农业劳动者从事智慧农业意愿不强。智慧农业建设初期需要大量的投资，短期内却又很难收回成本、获得收益，农户参与智慧农业发展意愿不高，多数农户无力进行土地规模化经营和购买先进的农业生产机器。加之，农民接受信息化的内容和知识不多，应用信息技术的能力不强，影响了农产品市场开拓、农产品创新和农业信息化发展。

七是智慧农业发展受要素资源影响大。农业资源要素使用效率低下约束了智慧农业的发展。从劳动要素来看，现阶段中老年人、妇女是从事农业的主力军，对农业新技术的需求不足。从土地要素来看，农村耕地复种指数下降，出现大量土地抛荒现象，农村土地流转缺乏有序引导，影响了农业产业化、规模化经营。从技术要素来看，我国主要农作物综合机械化水平突破 50%，但是，由于地理环境、资源禀赋和自然条件等方面的差异，农业综合机械化水平发展不平衡。

八是创新性的农业商业模式匮乏。由于绝大部分智慧农业技术还处于科研项目阶段，主要依靠政府财政支持得以持续。以物联网等为代表的智能化技术尚未在农业领域广泛应用，急需市场机制介入，需要创新性地发展适合国情的商业模式，才能够真正促使农业信息化、现代化得以可持续、良性循环发展。

四、推进我国智慧农业发展的对策和措施

经过多年的政策布局和项目实施，我国智慧农业呈现了良好的发展势头，但基本上处于智慧农业发展的初级阶段，农业数字化产业链正处于形成时期，在顶层设计安排、制度机制设计、关键技术应用、基础设施建设等方面还有诸多需要完善的方面。

(一) 加强顶层规划设计，创造良好发展环境

各地政府应立足区域农业发展特点，根据不同的气候和地质条件，加强对智慧农业工作的宏观指导，促进智慧农业的相关政策落地实施，鼓励发展适应本地实际的智慧农业模式。一是统筹各类政府资源，围绕重点领域、重点产业实施一批智慧农业重大项目工程，加强智

慧农业关键技术研究与应用示范，探索可复制、可推广的发展模式。二是大力推进信息化、网络化和智能化的治理，加强农业科研经费投入，加大科技攻关力度，尽快进行农业科技创新机制改革，不断提高智慧农业的研发能力和应用水平。三是建立省、市、县农业物联网综合应用服务平台，抓好农业信息服务，加强信息流通与共享机制，为推动智慧农业发展提供便利。四是建立以科技为支撑的政府引导、企业运营的参与机制，鼓励更多社会资本参与到智慧农业建设之中，引入市场机制更好地推动农业从生产、销售等环节快速发展。

（二）制定相关配套政策，优化项目支持方向

发展智慧农业建设周期较长，需要投入资金量比较大。政府部门必须加大对智慧农业的资金支持和投入，不断提高智慧农业资金支出比重，对智慧农业技术产品和应用主体给予政策性资金补贴，减免农村地区互联网接入费用和农民移动通信、数据传输费用。鼓励商业银行以及农村金融机构向智慧农业基础设施建设提供融资贷款服务，大力支持市场主体发展智慧农业，升级传统的农业生产方式，鼓励有实力的企业和村级集体经济组织参与到智慧农业体系建设中来。

（三）强化信息基础设施建设，降低智慧农业发展成本

加强智慧农业基础设施和应用系统建设，利用"互联网＋"优化产业链、价值链结构，构建集实时感知、智能决策、自动控制、精准作业、科学管理于一体的智慧农业体系。提升农业装备、关键核心技术工具在农业中的应用，加快发展大型化、自动化、智能化等高端农业设备，提高农机装备信息整合、精准作业等能力，突破主要农业经济作物全程机械化瓶颈。解决网络覆盖、信息通畅问题，研发和推广适合农民操作和使用的信息终端设备，统筹规划与建设农村物流基础设施，通过农村物流枢纽建设，将农产品的生产、加工、仓储、运输、配送等服务串联起来，形成县、乡、村三级网络。

（四）加大科技研发力度，提升信息化应用水平

加强科技研发投入，加快自主研发的步伐，开发一批拥有自主知识产权的智能化技术装备。加强技术标准建设，积极推动国家和行业标准建设，依托产业联盟、行业协会等组织，建立产品标准、精细化管理等团体标准。推动新型互联网技术使用，依靠区块链等新型技术，建立农产品可追溯体系，将农业数据转化为具有价值的商业模式。政府部门牵头整合各个部门的大数据资源，加强农业数据的收集和开放平台建设，在一定范围内建立数据共享机制。

（五）培养农业信息化专业人才，推进农民职业化经营

大力培养农业科研创新、技术推广人才，以及农业产业化龙头企业带头人，为发展智慧农业提供必要的智力支持。一是制定智慧农业人才高校培养计划，重点培养农业与信息多学科交叉的人才，鼓励信息领域人才进入农业领域开展相关科学研究与应用推广。二是创新适应发展智慧农业的农民培养方式，有效克服传统培训次数少、培训内容针对性不足的缺点，根据不同地区的农民习俗与文化，设计合理的培训方式与内容，培育经营智慧农业的高素质复合型人才。三是培养符合智慧农业发展要求的新农人，实现传统农民先向职业农民转型，

再向新农人转变，鼓励农村中青年回农村工作，带动农业和农村经济的现代化发展[①]，培养出智慧农业生产经营的专业队伍。

（六）健全智慧农业支持政策，鼓励多元主体参与

智慧农业发展是一项长期、艰巨的工程，建设周期较长，涉及部门较多，影响因素复杂多样，在发展过程中要加强监督和指导，采取刚性约束制度，避免各种投机行为的发生，不断增强智慧农业发展科学性和有效性。建立智慧农业工作考核体系，深化政府管理体系改革，进一步优化营商环境，鼓励和引导各类主体积极参与到智慧农业建设中来，形成良好的工作合力和氛围。建立有利于促进智慧农业发展的政策体系，加快制定财政、金融、税收、产业等多种优惠政策，为智慧农业发展保驾护航。

---

① 侯秀芳，王栋：《新时代下我国"智慧农业"的发展路径选择》，《宏观经济管理》，2017年第12期，第64～68页。

不负众望的山东农业①

——写在山东农业总产值过万亿元之际

2021年1月20日，《人民日报》头版刊发题为《山东农业总产值超万亿元》的文章，文章提到2020年山东农林牧渔业总产值达到10 190.6亿元，成为全国首个农业总产值过万亿元的省份。山东是名副其实的农业大省，主要农业经济指标多年来一直位居全国前列，此次农业总产值成为第一个过万亿元的省份，与历届省委、省政府高度重视农业和山东人民勤奋耕耘是分不开的。如果总结一下成功经验的话，充分发挥自身优势、推进农业产业化经营、坚持改革创新驱动，是山东不断取得农业发展骄人成绩的重要原因。

山东农业生产发展势头强劲。山东农耕文明历史悠久，物种资源丰富，气候条件优越，是全国重要的农产品生产、加工和供应基地，素有"粮棉油之库，水果水产之乡"美称。习近平总书记曾经说过，山东以占全国约1%的淡水资源，灌溉了占全国约6%的耕地，生产了占全国约8%的粮食、9%的肉类、12%的水果、13%的蔬菜。近年来，山东扛牢农业大省责任，做好重要农产品稳产保供。2020年，粮食总产量达到1 089.4亿斤，连续7年稳定在千亿斤以上，比上年增加18亿斤，占全国增量的16%。生猪产能率先实现止跌企稳，恢复至2017年的96.5%，全年猪牛羊禽肉产量达到721.8万吨，水产品总产量860万吨，蔬菜、水果产量稳居全国前列，"菜篮子""果盘子"供应充足。在为全国稳产保供作出贡献的同时，山东持续加强农产品质量安全监管，坚持标准化引领，农业地方标准和技术规程累计达到2 600项，省级农业标准化生产基地达1 309个，3市18县被命名为国家农产品质量安全市、县，主要农产品监测合格率稳定在97%以上。

量足质优的特点使山东农产品在国际、国内市场上都占有很大的份额，全省大约有60%以上的农产品销到省外国外，农产品市场呈现省内、国内、国外三分天下的格局。国内市场上，以菜篮子产品为例，山东占到北京市场的10%、上海市场的30%，涌现了寿光、兰陵、莘县等一大批蔬菜大县，金乡的大蒜出口占到全国的一半以上。知名农产品区域公用品牌和企业产品品牌分别达到60个和500个，17个品牌入选中国农业品牌目录。"齐鲁畜牧""济宁礼飨""聊胜一筹""产自临沂"等区域品牌影响力不断提升，烟台苹果品牌价值超过145亿元，连续12年位居中国果业第一品牌。山东的农产品出口遍及世界160多个国家和地区，2020年，农产品进出口总额达到2 440亿元，其中，农产品出口额1 257.4亿元，连续22年位居全国第一位。

山东农业产业化经营持续深化。农业产业化经营作为一种新的生产经营方式，诞生在我国从计划经济体制向市场经济体制转轨的1993年前后。山东作为农业产业化的发源地，创造了"诸城模式""潍坊模式"和"寿光模式"。近年来，山东持续打造农业产业化的升级

---

① 本文写于2021年2月。

版，加快农村一二三产业融合，推动产业链相加、价值链相乘、供应链相通，打造终端型、体验型、循环型、智慧型发展业态，形成全环节提升、全链条增值、全产业融合的发展格局。

山东立足农产品的开发生产与加工、流通增值，大力发展农产品初加工、精深加工、综合利用，重点建设农产品精深加工基地和加工强县，提升农产品加工企业精深加工能力，构建农产品从田头到餐桌无缝对接的产业体系。全省销售收入500万元以上农业龙头企业达到1万多家，农产品加工业门类齐全，在多个行业中培育了一批领军企业，像新希望六和集团、鲁花集团、金胜粮油、西王集团、三星集团、滨州中裕等，都成为行业翘楚。

坚持用集群化、园区化思路发展现代农业，打造烟台苹果和寿光蔬菜2个千亿级国家优势特色产业集群，累计创建国家现代农业产业园8个、国家农业产业强镇59个。深入实施"百园千镇万村"工程，新创建省级现代农业产业园22个、省级农业产业强镇158个、省级乡土产业名品村1353个，园区建设数量居全国前列。将现代高效农业作为全省新旧动能转换的"十强"产业，坚持项目化推进。培育现代高效农业"雁阵形"产业集群7个、领军企业11家，推进一大批优选项目、"双招双引"项目落实落地。2020年，全省第一产业投资同比增长43.6%；现代高效农业优选项目完成投资200.8亿元，"双招双引"项目完成投资28.5亿元。

大力培植新产业、新业态。山东依托各地农业农村资源禀赋，丰富拓展农业多种功能，实现农业生产加工的跨界融合，挖掘地方特色农产品、传统农耕文化，发展参与式、体验式、娱乐式创意农业，依托优势景观资源和乡村文化底蕴，发展吃住游购一体化的休闲农业和乡村旅游。2020年，全省接待乡村旅游游客达2.28亿人次，实现乡村旅游消费1120.73亿元；全省农产品网络零售额360.3亿元，同比增长22.3%。

山东农业农村改革动力十足。中国的改革发端于农村。改革开放以来，山东在农村改革领域贡献了一大批经验模式，贸工农一体化、农业产业化经营就出自诸城、潍坊，形成了"诸城模式""潍坊模式""寿光模式"。党的十八大以来，山东陆续承担了一系列重大改革试点，率先以省长令形式出台了农产品质量安全监督管理规定；率先推出"齐鲁灵秀地·品牌农产品"省级农产品整体品牌形象；率先提出并启动实施了耕地质量提升计划；率先基本完成农村承包地确权登记颁证任务。各地勇于实践，大胆创新，陆续探索出土地托管服务、党组织领办合作社乡村共同体、农科"三联三化""四返四进""双基"引领等典型经验，不断丰富和拓展农村改革发展成果。

2019年，山东被国家确定为农村集体产权制度改革三个整省试点之一，到2020年10月，已率先基本完成农村集体产权制度改革试点，全省89756个村（组）完成成员身份确认，87646个村（组）成立了新的集体经济组织并完成登记赋码，分别占涉农村（组）的99.86%、99.75%；农村集体资产股权质押贷款达981笔，贷款金额为30958.9万元。总体实现了"改革范围全覆盖、改革时限较全国提前一年和取得一批制度成果"三项任务目标。

山东率先启动省级农村改革试验区建设，确定了济南市长清区等28个县（市、区）作为第一批省级农村改革试验区，与国家农村改革试验区东平县共同承担76项试验任务。枣庄市、东平县分别获批开展完善新型农业经营体系、健全农业社会化服务体系试点试验。承包地"三权分置"、土地经营权及集体资产股权抵（质）押贷款、土地二轮承包到期后再延长 30 年试点等改革探索稳步推进。全省土地流转面积达到 3 890.4 万亩，占家庭承包经营面积的 42.3%。当前，山东的农业农村改革正呈现全面发力、多点突破、纵深推进的崭新局面。可以说，在农业发展的每一个阶段，山东都能够抢抓机遇，锐意改革创新，探索提出符合山东实际的务实举措，这也是山东农业一直走在全国前列的根本原因。

下一步，希望山东更好地扛起农业大省责任，抓住构建新发展格局的重要机遇，聚力打造乡村振兴齐鲁样板，在率先实现农业农村现代化征程中谱写新的篇章。

资源环境约束下的中国粮食安全：内涵、挑战与政策取向[①]

一、引言

粮食安全[②]既是国民经济发展的重要支撑，又是维系社会稳定和国家自立的"压舱石"。作为农业大国，中国自古以来就高度重视粮食安全问题。早在 2 000 多年前，《礼记·王制》就提出了"国家无九年之蓄，曰不足无六年之蓄，曰急无三年之蓄，曰国非其国也"的论点。及至当前，世界正经历百年未有之大变局，粮食安全被赋予了更为关键的战略地位。2020 年中央 1 号文件明确指出"确保粮食安全始终是治国理政的头等大事"。习近平总书记在中央全面深化改革委员会第十五次会议上进一步强调"要把保障粮食安全放在突出位置，健全粮食安全制度体系"。

然而，新冠肺炎疫情大流行在呼唤公民生态觉醒的同时，也给各国敲响了粮食安全警钟。正如世界粮食计划署所指出的那样，"在拥有医学上的疫苗前，食物是对抗混乱的最佳'疫苗'"。已有研究发现，新冠肺炎疫情大流行引发了世界粮食市场异常波动，并可能导致 2020 年全球食物不足人数新增 0.83 亿～1.32 亿[③]，特别是对于本就因气候变化等因素而深陷粮食不安全的脆弱国家和脆弱群体而言，更是雪上加霜。幸运的是，得益于强有力的政策制度优势，中国粮食生产依旧取得了一系列突破性成果。近些年来，中国人均粮食占有量持续超过世界平均水平，到 2019 年超过 470 公斤，远超 400 公斤的国际粮食安全线。2020 年粮食总产量相比上年增长 113 亿斤，达到 13 390 亿斤[④]，取得了"十七连丰"的历史性成就。得益于持续稳定的粮食增产，中国成为世界上最早实现联合国千年发展目标的发展中国家，并提前 10 年实现联合国《2030 年可持续发展议程》中消除贫困与饥饿的目标。

虽然中国粮食生产取得了巨大成就，但从当前与长远、国内与国外、生产与消费的整体观视角来看，保障国家粮食安全的任务依旧艰巨，尤其是在资源安全、生态安全等方面存在着许多深层次问题亟待解决。一方面表现为资源约束。中国需要依靠 9％的耕地和 6％的淡水资源，养活世界近 20％的人口。另一方面表现为环境约束。农药、化肥等农业生产要素的过量投入，农业废弃物的不合理处置，带来了诸多环境污染问题，不利于粮食可持续生产。如何在"十四五"时期有效缓解资源和环境约束对粮食生产的威胁，在保障粮食绿色安

[①] 本文与何可合作，发表于《南京农业大学学报（社会科学版）》2021 年第 3 期。
[②] 本文谈论的粮食安全是从大农业、大食物观出发的，不仅包括谷物等，还包括重要的农林牧渔产品。
[③] 数据来源：FAO《世界粮食安全与营养状况 2020》。
[④] 数据来源：国家统计局农村司司长李锁强解读粮食生产情况，http：// www.stats.gov.cn/tjsj/sjjd/202012/ t20201210 _ 1808376. html。

全生产的基础上有效提高粮食品质，已成为当前迫切需要解决的重要问题。有鉴于此，本文在概括新时代粮食安全内涵特征的基础上，甄别保障粮食安全所面临的资源环境约束，并在此基础上尝试提出保障粮食安全的政策取向。

二、资源环境约束下粮食安全的内涵特征

(一) 粮食安全的内涵

粮食安全的概念最早出现在 20 世纪 70 年代中期，当时恰逢世界粮食危机，故而较为强调粮食的供应和粮价的稳定。现行国际上通行的粮食安全概念主要源于 1996 年 11 月世界粮食峰会（World Food Summit）的定义，即"在个人、家庭、国家、区域和全球各级，当所有人在任何时候都能在物质和经济上获得充足、安全和有营养的食物，以满足其积极和健康生活的饮食需要和食物偏好时，就实现了粮食安全"。之后，联合国粮农组织对该定义进行了发展和完善，从社会平等层面对弱势群体的食物获得问题进行了强调，即"粮食安全是指所有人在任何时候都能在物质、社会和经济上获得充足、安全和有营养的食物，以满足其积极和健康生活的饮食需要和食物偏好"[①]。这一概念与阿玛蒂亚·森（Amartya Sen）的社会福利思想不谋而合。

我国稻谷、小麦和玉米等口粮的自给率已超过 95%[②]，库存消费比也远高于联合国粮农组织提出的 17%～18% 的警戒线，表明我国已基本达成"谷物基本自给、口粮绝对安全"的目标。人们对粮食的消费已不满足于过去"吃饱、吃好"的基本需求，而是有了更高的要求。然而，面对资源与环境压力的日趋紧逼，粮食安全正面临着严峻挑战。其一，资源硬约束日益加剧，人多地少水缺是基本国情，劳动力资源紧缺是粮食生产面临的现实困境。其二，环境污染问题突出，全球气候变化、农业面源污染以及来自城镇的外源污染等问题都对保障粮食安全造成了严重威胁。因此，粮食安全需要实现治理体系和治理能力的现代化，其内涵已不仅仅局限于粮食产量、粮食质量、粮食结构，还涉及纵向维度的供应可持续性和横向维度的多功能性（图 1）。其中，多功能性又以生态、康养为主。

(二) 资源环境约束下粮食安全的特征要求

进入上中等收入国家行列后，中国经济社会主要矛盾已转化为人民日益增长的美好生活需要和不平衡不充分的发展之间的矛盾，农业经济也已从拼资源消耗、拼农资投入、拼生态环境粗放经营的高速增长阶段转向突出绿色化、优质化、特色化、品牌化的高质量发展阶段，消费者对粮食的需求也呈现出多层次、个性化、高品质的特点。鉴于此，新时代粮食安全的基本追求不在于如何扩大生产规模，而在于如何推动粮食生产与资源环境承载力相匹配，实现粮食产业全面绿色低碳转型不在于获得短期产量提高，而在于建立"政府有为，市场有效"相协调的粮食供需机制和生态补偿机制，保障绿色优质粮食的稳定持续供给不在于获取同质化的粮食产品，而在于追求具有生态、康养功能的多样化食品，重视粮食消费体验带来的幸福感、获得感和安全感。

---

① 资料来源：FAO《The State of Food Insecurity in the World 2001》。
② 数据来源：国务院新闻办公室《中国的粮食安全》白皮书。

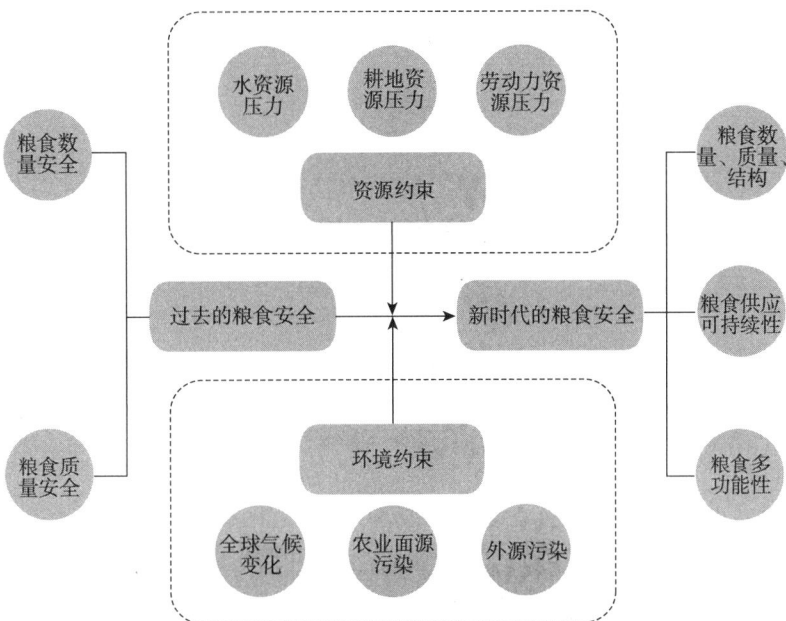

图 1　资源环境约束下实现新时代粮食安全目标所面临的挑战

1. 理念上，强调"人地和谐"与"万物健康"。 有土斯有粮。粮食生产对资源环境具有高度依赖性，水资源、土地资源等自然资源的投入必不可少，适宜的生态环境条件也相当重要。然而，传统粮食生产存在"高投入，高消耗，高产出"的特点，引发了一系列人地矛盾，不利于粮食的可持续供应。例如，为扩大粮食种植面积而大量毁林还耕、毁草还耕，致使生态多样性减少；为增加粮食单产而过量使用农用化学品，引发农业面源污染问题；为保障粮食总产量而过度利用耕地，引起基础地力透支。新时代粮食安全观强调秉持"人地和谐"与"万物健康"的理念，注重自然生态与人文生态深度交融，不仅要求保障当代人、后代人的和谐健康，而且还要求保障万物生灵、生态系统的和谐健康。由此，妥善处理好粮食生产消费与资源环境承载力之间的关系，通过"藏粮于地、藏粮于技"战略以及气候智慧型农业发展推进粮食产业全面绿色低碳转型，成为新时代保障国家粮食安全的行动指南。

2. 生产上，兼顾"数量安全""质量安全""结构安全""生态安全"。 传统粮食安全观强调粮食数量安全，旨在通过增加产量以保障粮食供给。在温饱问题得到有效解决、口粮绝对安全得到强化保障后，粮食安全被赋予新要求。其一，考虑到粮食需求仍将刚性增长，维护新时代国家粮食安全仍然需要保障粮食的数量、质量达到安全水平。其二，粮食生产结构性问题依然是我国粮食生产面临的挑战，水稻、小麦等口粮作物供大于求，带来了相当大的储藏成本，而优质强筋小麦、大豆等却面临着生产不足问题，难以满足市场需求。其三，农田生态系统是碳循环、氮循环不可或缺的组成部分，具有增加碳汇、改善乡村景观、维护生物多样性等功能，故而保障粮食生产符合绿色、低碳的生态标准，促进粮食生产与生态环境保护协调统一是质量兴农的应有之义。因此，未来需在持续巩固和提升粮食生产能力的基础上，通过"数量、质量、结构、生态"全方位转型，推动粮食生产向更高层次、更高质量、更有效率、更可持续方向发展。

3. 消费上，重视"多元体验""生态体验""康养体验"。 民以食为天。伴随城乡居民消费结构不断升级和体验经济的兴起，许多消费者对粮食的考量已经逐渐从"吃饱""吃好"向多元、生态、康养转变，更为重视在与自然的交互中表达"悦己"的情感诉求。其一，社会公众对肉类、水果、蔬菜等广义粮食的需求量日益增加，反映了消费者对多元食物的需求。2018 年，我国油料、猪牛羊肉、水产品、牛奶、蔬菜和水果的人均占有量分别达到24.7 千克、46.8 千克、46.4 千克、22.1 千克、505.1 千克和 184.4 千克，相较 1996 年分别增长 35.7%、55%、72.5%、333.3%、104.2%和 176.5%[①]。其二，在"绿水青山就是金山银山"理念深入人心的背景下，倡导"取之有度，用之有节"，关注粮食从农田到餐桌全过程的绿色、低碳已成为新的审美风尚。其三，考虑到人口营养不良及亚健康问题，粮食消费的"康养体验"需充分重视。一方面，药食同源理念古已有之，需将中医传统"四性""五味"理论与西医现代营养学相结合，深入挖掘绿色优质粮食的健康、养生功能。另一方面，将绿色现代粮食产业、优秀传统农耕文化与乡村生态旅游相结合，构建康养新业态，发挥其放松、疗愈身心的作用。

三、资源环境约束下保障粮食安全面临的问题挑战

（一）保障粮食安全的资源约束

1. 水资源压力。 在"靠天吃饭"的年代，水资源丰富的地区往往承担着粮仓重任。历史上，无论是"得中原者得天下"的黄淮平原，还是享有"苏常熟，天下足"的太湖平原，"湖广熟，天下足"的长江中下游平原，抑或承担"北粮南运"重任的东北平原，"中粮西运"重任的中原地区，均因水资源开发利用优势等成为天下粮仓。由此可见，水是农田生态环境的控制性要素，也是粮食生产中不可或缺的基础性自然资源。然而，以总量短缺、利用效率不高为特征的水资源压力业已成为威胁我国粮食安全的阻碍因素。

（1）水资源总量少，空间分布不均。我国是干旱缺水严重的国家，被联合国列为贫水国。虽然 2019 年全国水资源总量约为 29 041 亿立方米，居于世界前列，但人均水资源占有量却远不及世界平均水平。同时，由于经济发展、人口增长、消费习惯等因素，我国用水量呈增加趋势，2019 年全国用水总量约为 6 021.2 亿立方米，较 2000 年的 5 498 亿立方米增长约 9.52%[②]。农业方面，在农业水价综合改革、用水计量统计、节水监督管理等政策的强力推动下，我国农业用水和耕地实际灌溉亩均用水量占比已经有所下降，但农业依旧是用水量最多的，用水量高达 3 682.3 亿立方米。与此同时，我国水资源空间分布严重不均，并引致了区域粮食生产禀赋的差距。南方地区水资源丰富，但耕地资源相对较少，北方地区作为中国主要粮食生产基地，拥有全国 64.1%的耕地，水资源量却仅占全国总量的 19%。可以预见，水资源与耕地资源的不匹配，将进一步加剧农业用水压力，并对粮食数量安全形成更为明显的约束和瓶颈作用。

（2）水资源利用效率低。我国农业用水效率不高，农田灌溉水有效利用系数与国际先进水平存在较大差距。2019 年，我国农田灌溉水有效利用系数为 0.559，尽管已经达到《全国水资源综合规划》《水污染防治行动计划》中设定的 2020 年达到 0.55 以上的目标，但与发

---

① 数据来源：国务院新闻办公室《中国的粮食安全》白皮书。
② 数据来源：水利部《2019 年中国水资源公报》《2000 年中国水资源公报》。

达国家0.7～0.8的水平相比依旧有较大的提升空间。从各个省份来看，低于0.5的地区包括西藏0.446、四川0.477、贵州0.479、云南0.485、重庆0.499，高于0.7的地区仅北京0.747、上海0.738、天津0.714[①]。考虑到农业用水中绝大部分水资源用于农田灌溉，而灌溉用水的粗放、低效利用又反过来进一步加剧了水资源短缺程度。可以推断，这种恶性循环将使我国粮食数量安全所承受的风险加大。另外，部分地区将未经达标处理的污水直接灌溉农田，这种做法表面上提高了水资源利用效率，但因此带来的重金属量远高于肥料，造成粮食重金属超标、产地重金属污染，不利于粮食质量安全、产地生态安全。

2. 耕地资源压力。耕地资源是粮食生产最基本的生产要素之一，其数量、质量与粮食生产有着直接关联。大量经验研究和理论研究论证了耕地资源与粮食产量之间的正相关关系，即在一定的科技和管理水平下，耕地资源越丰富，粮食产量越高。中国耕地资源具有人均少、高质量少、可开发少、总量多的"三少一多"特征。这种典型的人地矛盾，决定了农户土地经营规模的有限性。我国拥有承包地的农户数量达到2.07亿户，但通过土地流转经营达到30亩以上的农户只占到全国农户总数的5%。然而，伴随人口增长和消费升级，粮食需求刚性不断增长。预计到2030年前后，谷物需求将达到7.1亿吨的峰值，这意味着，每年需增产100多亿斤，由此对耕地数量和质量提出了更高要求。

（1）耕地数量少，负荷巨大。2006年以来，我国在守住"18亿亩耕地红线"方面功效卓著，目前国内耕地总面积稳定在20.23亿亩左右。但一个不争的事实是，可开发为耕地的后备土地资源数量不断减少，加之中国正处在工业化、城镇化的快速推进期，不少耕地被建设占用，耕地资源所承担的粮食数量安全任务日益增大。我国有限的耕地不得不主要生产具有比较优势的主粮，而对"土地密集型"的大豆等广义粮食则高度依赖进口。得益于大豆振兴计划，我国2020年大豆播种面积达1.48亿亩[②]，产量破历史纪录，但生猪养殖业恢复较快也引起了饲料需求旺盛，大豆进口量突破1亿吨，玉米对外依存度仍然超过80%。尽管从国际市场中进口部分资源性粮食有助于缓解资源环境约束下的国内粮食供应问题，但地缘政治、新冠肺炎疫情等加剧了国际市场的不确定性，"两个市场、两种资源"利用效能和风险防范仍需加强。与此同时，我国畜禽粪尿产量巨大，而畜禽粪尿还田仍是现阶段的主要处理途径，耕地是其主要的消纳场地。只有当畜禽粪尿的排放量低于耕地的消纳能力时，畜禽粪尿才不会对粮食生产多功能性的发挥造成消极影响。

（2）耕地质量差，地力透支严重。耕地质量保护与提升是现代农业生产中稳定粮食数量和保障粮食质量的核心，更是实现农业可持续发展的关键。人多地少的基本国情使得我国传统粮食生产坚持高投入、超负荷模式，造成耕地质量呈现出中低产田面积大、退化面积大、污染面积大、有机质含量低、补充耕地等级低、基础地力低的"三大三低"特征。根据2014年和2019年全国耕地质量等级情况公报，近年来我国平均耕地质量呈上升趋势，但评价为7～10等的耕地约为5亿亩，等级越高，质量越差，占耕地总面积的1/4（图2）。这部分耕地基础地力相对较差，生产障碍因素突出，且难以在短时间内得到根本改善。分区域来看，东北黑土区耕地的主要问题在于黑土层变浅流失，土壤有机质不足；华北及黄淮平原潮

---

① 数据来源：水利部《2019年中国水资源公报》。
② 数据来源：国家统计局农村司司长李锁强解读粮食生产情况，http://www.stats.gov.cn/tjsj/sjjd/202012/t20201210_1808376.html。

土区耕地耕层变浅，部分地区土壤盐渍化严重；长江中下游平原水稻土区耕地则面临着土壤酸化、潜育化的风险，部分地区耕地还存在严重的重金属污染现象；南方丘陵岗地红黄壤区耕地同样存在土壤酸化、潜育化的问题；西北灌溉及黄土型旱作农业区耕地则在面临土壤盐渍化的同时，还伴随沙化和地膜残留污染等问题。

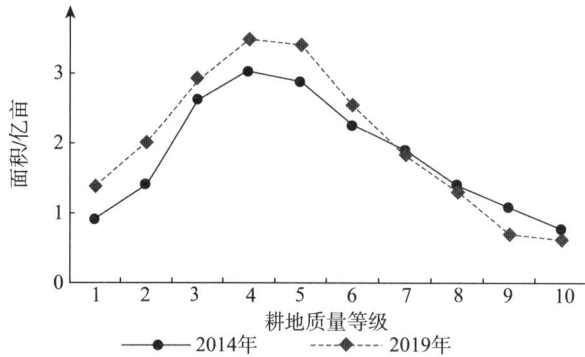

图 2　近年来我国耕地质量分布

数据来源《全国耕地质量等级情况公报》（2014、2019 年）。

3. 劳动力资源压力。 根据发展经济学中经典二元经济模型，劳动力流动的原因是农业部门的劳动生产率低于工业部门，且这种差距会进一步表现为两部门的工资收入差距。由此，现阶段大多数农村青壮年劳动力选择外出务工或迁往县城和大中城市，以获取更高的劳动回报，留在农村的多是"三八、六一、九九部队"，农村地区"老龄化""空心化""女性化"现象严重，甚至出现"70 后不愿种地，80 后不会种地，90 后不淡种地，00 后不知种地"的现象。农民工工资水平的上升则使得粮食生产成本不断增加、粮食进口大幅增长，加之农业机械化替代农业劳动力面临技术推广困难和成本上升压力，劳动力资源压力已成为我国粮食安全的又　大挑战。

（1）农村劳动力转移。受到利益驱动，我国农村劳动力资源大量转入第二、第三产业，并与粮食稳定增产保持一致性趋势。合理的劳动力流动能够促使不同产业部门相互协调，有助于提高人均劳动生产率，并分散粮食生产经营所面临的各种风险。由于农业机械化与劳动力之间的要素替代关系，在不适合发展农业机械化的丘陵山区、城市郊区，农村劳动力转移对粮食生产的改善作用会被削弱。另一个典型事实是，近年来农村劳动力外流数量及其占农村总人口的比例持续增加（图3），已超过劳动力转移的"刘易斯拐点"。加之农村人口老龄化的加剧，"未来谁来种地"问题成为社会各界人士的担忧。一方面，青壮年劳动力转移使得部分地区出现了不同程度的耕地撂荒现象，或者引起复种指数的人为下降，不利于粮食数量安全。另一方面，留在农村的"三八、六一、九九部队"，由于时间分配、体能水平等约束，通常在粮食绿色生产技术采纳方面劣势明显，不利于粮食质量安全、产地生态安全。

（2）劳动力资源浪费。虽然农业富余劳动力的合理转移，减缓了农业劳动力的资源浪费，但农业生产率的低下，在一定程度上掩盖了农业劳动力的隐蔽失业。在过去一段时间内，劳动力在农业部门就业所得收入尚可满足家庭基本生活需要，但由于其劳动能力难以得到充分发挥，农闲时甚至出现劳动力闲置的现象。这种低产出或无产出的劳动力资源配置，导致劳动力资源的浪费，也使得粮食生产在面临资源环境约束时难以保证稳定供给。加之我国农业集约化程度相对较低，农业劳动力资源的浪费加速了资本资源的消耗，从而使得粮食安全面临的资源压力加剧。

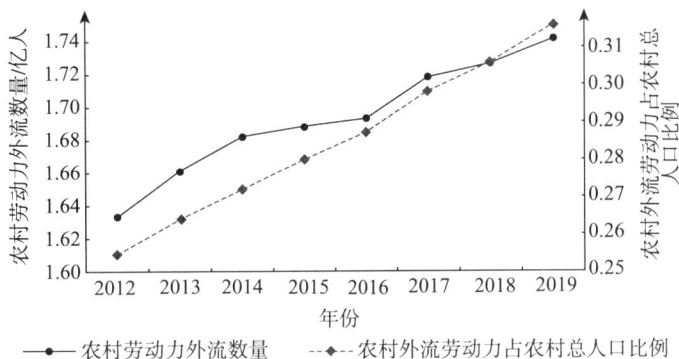

图 3 近年来我国农村劳动力外流情况

数据来源：《中国统计年鉴》(2012—2019 年)，《农民工监测调查报告》(2012—2019 年)。

4. 资源约束下粮食资源的配置。 基于供给端的粮食生产资源有效配置、基于需求端的粮食消费产品充分利用是保障我国粮食安全的双重手段。前者体现为"开源"，后者体现为"节流"。遗憾的是，目前我国粮食生产资源配置效率偏低、粮食消费产品浪费问题严重。

(1) 粮食生产资源配置效率偏低。由于耕地资源和水资源匮乏，为了满足人口对粮食的巨大需求，我国逐渐提高耕地的集约利用程度并增加农业生产资料投入。农户为了提高粮食产量，大量投入化肥、农药等农资高强度利用耕地，在增加农业生产成本的同时也造成资源浪费，耕地板结、土壤酸化、水污染等问题层出不穷。高强度的耕地利用模式固然实现了粮食的高单产水平，但毋庸置疑的是，此类模式是低效率的，且易引发耕地资源质量下降，既不利于粮食供应的可持续性，也阻碍了粮食生产多功能性的发挥。

(2) 粮食浪费问题突出。造成粮食浪费的因素可分为微观、中观和宏观 3 个层面。微观因素主要是大众餐饮食物浪费，即由于消费者个人决策所产生的"舌尖上的浪费"。中观因素主要体现在收获、干燥、农户储粮、运输、仓储、加工、销售和消费等环节存在的浪费。例如，由于收获不及时、收获过程中的漏割和掉落等原因，粮食收获环节将会产生大量损失；由于存粮场所简陋、易引发害虫侵袭、季节性霉变等产生的损耗；由于绿色生产效能不足，未能对粮油类副产品、果蔬类副产品开展综合利用而造成的加工环节损失。在宏观层面，我国粮食库存过于充裕，出库缓慢，陈粮存在损耗风险，加之"转圈粮"质量差而价格低也会造成大量粮食浪费。

(二) 保障粮食安全的环境约束

1. 全球气候变化的约束。 温室气体排放引致全球气候变化不断加剧，改变了包括降水量、温度、湿度、风速、日照时数在内的气候变量分布，对粮食生产造成深刻影响。理论上，气候变化对粮食生产有一定的正面作用，但其负面冲击更为严峻。一是不利于粮食数量安全和质量安全。气候变化会改变农作物生长发育状况，致其品质受损、单位面积产量减少。例如，在气候变暖作用下，水稻成熟天数减少，进而稻米的外观、品质均会受到影响；在干旱地区生产同样数量的粮食要比气候适宜地区消耗更多水资源。二是不利于粮食供应的可持续性。气候变化引发的高温、强降水、旱涝等会对区域粮食供应体系造成极大冲击，从而增大粮食生产的不稳定性。三是不利于粮食生产多功能性的发挥。气候变化扩大了病虫害的适应区域，不仅有可能造成粮食大规模减产，还可能反过来致使农药使用量增加。

从现实来看，我国是全球气候变化的敏感区和影响显著区，气候变化已成为威胁我国粮食产量及稳定性的主要作用因子。1951—2019 年，我国平均气温每 10 年便升高约 0.24℃，升温速率高于同期世界平均水平，极端高温事件也显著增加；年累计暴雨日数平均每 10 年增加约 3.8%，极端强降水事件也呈增多趋势，而平均年降水日数趋于减少①。可以预见，随着全球变暖持续加剧，我国农业仍将面临水灾、旱灾等气候灾害带来的不利影响（图 4）。更有研究预测，到 21 世纪末，气候变化可能使中国水稻、小麦和玉米的产量分别下降36.25%、18.26%和45.10%。

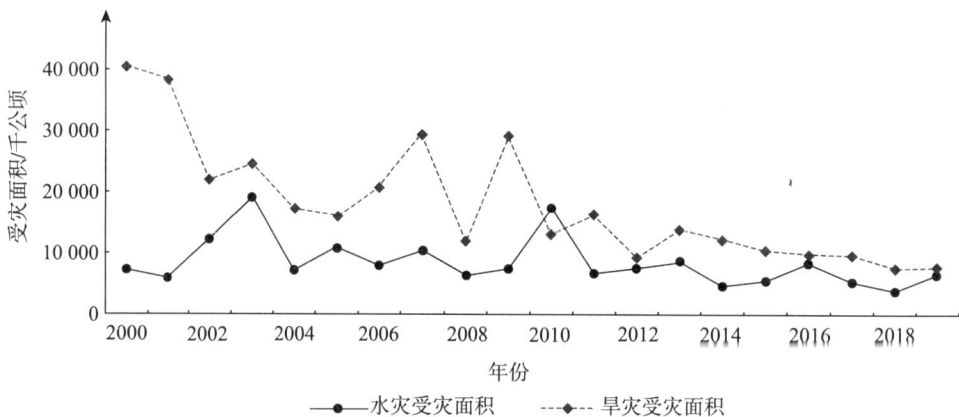

图 4　2000—2019 年我国农业生产受灾面积
数据来源：国家统计局。

（1）农业面源污染问题严重。农业面源污染主要源于农用化学品过量施用、农业废弃物的不合理处置等，防控和治理难度较大。就农用化学品投入而言，2015 年我国农膜使用量 260多万吨，而回收利用率不足 2/3②，2018 年使用量略有下降，但仍然高达 247 万吨（图 5）。农药残留会流入河塘、沟渠，污染水体，使农产品有毒物质超标；化肥的过量施用使得总磷、总氮等大量污染物进入水体及耕地土壤，污染地下水和耕地，并对粮食质量安全、产地生态安全造成影响。尽管我国 2015 年实施的化肥农药使用量零增长行动目标已于 2020 年年底顺利实现，但从总量上来看，农药使用量、农用化肥施用折纯量仍然不容乐观（图 5、图 6）。就农业有机废弃物而言，农作物秸秆、畜禽粪尿的不合理处置不仅对地表水、地下水造成污染，其大量堆积还会使得农田过肥，对其造成腐蚀，进而使农田质量降低乃至失去生产能力。据估计，仅 2014 年中国农作物秸秆资源量约为 9.89 亿吨，畜禽粪尿资源量鲜重更是高达 26.81 亿吨，而其中不少并未得到合理利用。

---

① 数据来源：中国气象局气候变化中心《中国气候变化蓝皮书》(2020)。
② 数据来源：农业农村部《农膜回收行动方案》。

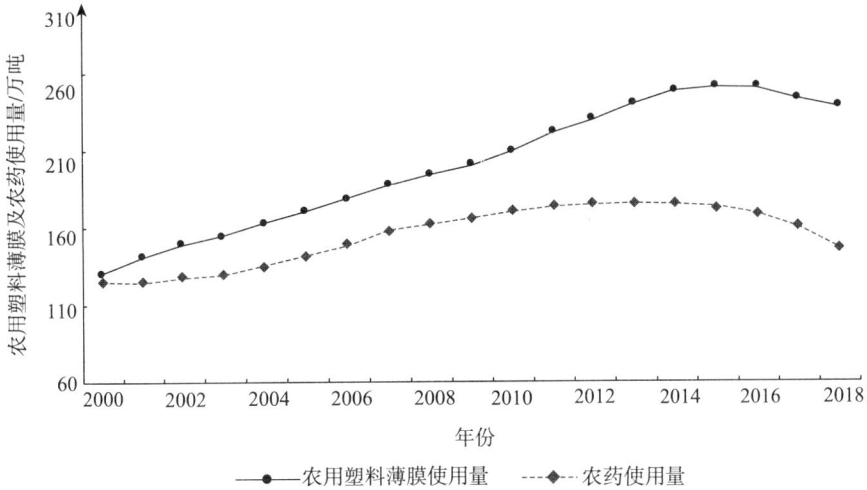

图 5　2000—2018 年我国农用塑料薄膜使用量和农药使用量

数据来源：国家统计局。

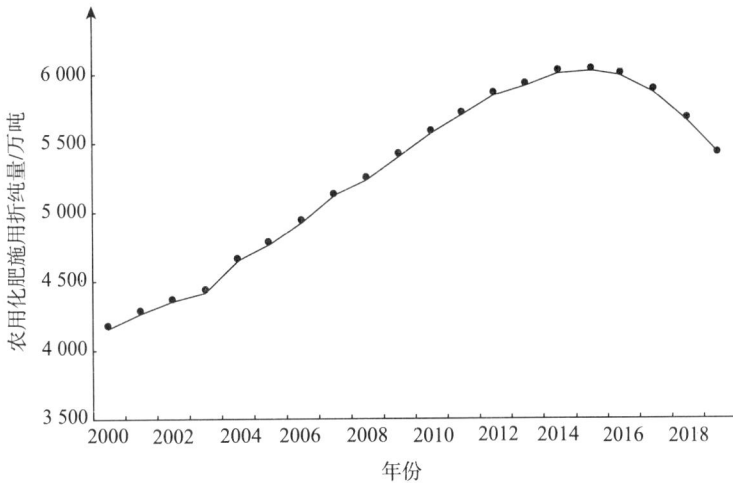

图 6　2000—2019 年我国农用化肥施用折纯量

数据来源：国家统计局。

（2）工业外源性污染向农业农村扩散。粮食安全所面临的环境约束与工业化、城镇化过程中引发的外源性污染不无关系。由于农村地区生产要素价格较为低廉、环境规制较为宽松，大量工业企业将农村视为"污染避难所"，向城郊、农村地界进驻。大量工业外源性污染由城市向农村转移，加之城镇生活污水的过量排放（图 7），其结果必然带来土壤污染加剧，进而导致土地正常功能受限、土质下降。据环境保护部、国土资源部于 2014 年发布的《全国土壤污染状况调查公报》显示，全国受污染耕地约占全部采样耕地的 19.4%，其中重金属污染是元凶之一。更为严重的是，土壤污染物在粮食作物中蓄积，通过食物链逐级富集到人体，进而对人体健康造成威胁。例如，近年来"镉大米""毒蔬菜"等事件屡屡发生，也引发了国民对粮食质量安全的担忧。

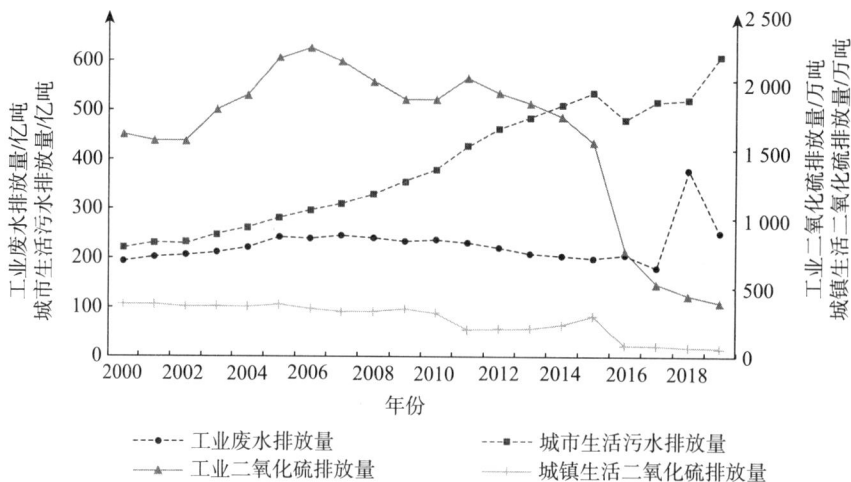

图 7　2000—2019 年工业"三废"和城镇生活等外源污染排放量/产生量

数据来源:《生态环境统计年报》(2000—2019 年)。

四、资源环境约束下保障粮食安全的政策取向

(一)组织形式高效化从小而美到大而强

我国幅员辽阔,各地的水土资源、气候条件等禀赋差异巨大,"小农经济"在当前和今后很长一个时期仍会是常态,亿万小农户对保障粮食安全作用巨大。然而,由于存在规模、投资及经营能力等方面的约束,单一小农户很难做到集约化、标准化、绿色化的粮食生产。加之抗风险能力不强,小农户也是最易受到气候变化影响的脆弱性主体。但中国"小农经济"也蕴含着可观的组织优势与分工潜力。特别是农业机械化的发展,实现了机械对农业劳动力的替代,释放了农村人口红利,加强了生产环节的可分离性,有助于缓解粮食生产所面临的资源环境约束。故而,需正确处理好发展适度规模经营和扶持小农户的关系,改变中国以"小农经济"为主的单一农业生产组织形式,将之纳入报酬递增的分工经济,推动粮食产业做大做强。

其一,发展壮大新型农业经营主体,帮助小农户开展粮食绿色生产。通过"新型农业经营主体+小农户"的形式,提高小农户组织化程度,可以从多个层面缓解资源环境约束对我国粮食安全的限制作用。首先,新型农业经营主体能够发挥示范作用,其本身即是绿色优质粮食供给的重要力量,他们更为关注粮食产业绿色低碳转型,也更加重视粮食生产康养、生态等多功能性的发挥。其次,新型农业经营主体能够发挥带动作用,引领周边小农户采用节水、节肥、节药等节约型农业技术,以及有机肥、微生物肥料、生物农药、可降解农膜等新型绿色农资,从而改善农业面源污染,保障粮食质量安全和产地生态安全。最后,新型农业经营主体能够提高小农户合作层次和规模,有助于提高农业生产资源的利用效率,降低粮食绿色生产成本。例如,通过联耕联种、共享用工的方式提升劳动力资源的利用效率;通过整合水土资源提升小农户应对气候变化的能力,帮助小农户发展绿色农业。

其二,积极探索农业生产托管服务,帮助小农户开展粮食绿色生产。农业生产托管本质上是农户服务外包,帮助农户完成粮食生产。由于不改变土地承包关系,在农业生产托管过

程中，农户或农业经营主体不是粮食生产的参与者，而是利益分享者。在适度交易半径内，通过农业生产托管组织的专业化、标准化服务，将符合绿色低碳理念的新品种、新技术、新装备等要素导入粮食生产过程，有助于切实解决过去"小农经济"经营方式粗放、高碳等问题，缓解传统农业生产方式对资源与环境造成的压力，在保证粮食产量和品质的基础上，促进农业生产和资源环境的协调发展。因此，要大力培育适应不同地区、不同产业小农户的农业作业环节需求的生产托管服务，为小农户提供符合"一控两减三基本"要求的多样化服务，切实帮助小农户提高粮食生产的绿色、低碳效率。

（二）产业模式生态化从单业态到多业态

受低收入弹性、有限市场容量的制约，加之水资源和耕地资源总量不足、利用不合理等的影响，传统单业态、单功能粮食产业不但难以激发种粮主体积极性，也不利于生态环境保护。尤其是面对全球气候变化带来的环境约束，保障粮食安全更应从高碳、单一粮食系统向低碳、复合粮食系统转变，提升粮食产业的稳定性和抗风险能力。故而，需将"绿色＋""低碳＋"全方位融入粮食生产各个环节，走多业态融合发展之路，突破传统粮食产业边界和功能边界，追求生态要素、经济要素乃至文化要素的融合。由此，可通过产业模式生态化优化农业资源配置，并缓解水资源、耕地资源及劳动力资源对粮食生产的约束，为提高粮食数量与质量，实现粮食供给可持续性、粮食生产多功能性提供保障。

其一，推进种养结合，实现农牧双赢。推动种养业生产由"资源-粮食-农业废弃物"的"单程式经济"，向"资源-粮食-农业废弃物-再生资源"的绿色低碳经济转变，可有效提高农业资源利用效率，缓解农作物秸秆、畜禽粪尿等农业有机废弃物的不合理处置带来的农业面源污染，并有助于推动实现"碳达峰"和"碳中和"。在种养结合诸多实践中，稻田种养结合尤其是"稻虾共作"模式的生态环境效应尤为显著。该模式将水稻种植与水产养殖相结合，不仅提高农户种粮积极性，更实现了"一水两用，一田双收，粮渔共赢"。可以预期，发展以"稻虾共作"模式为代表的种养结合农业将是资源环境约束下解决粮食安全问题的有效抓手。

其二，推进农林结合，实现林茂粮丰。联合国粮农组织于 2016 年发布的《世界森林状况》指出，当前迫切需要促进农业与林业之间更多的良性互动，建设可持续的农业系统和保障粮食安全。在实践中，农林废弃物来源广泛、种类繁多，是食用菌生产的良好基质。我国食用菌产量世界第一，是继粮、油、果、蔬后的第五大农作物，食用菌产业亦是农村"空心化""女性化"背景下农户增收致富的重要渠道、农业减排增汇的重要手段，因而其在粮食安全中扮演的角色不容小觑。在有限资源环境的约束下，以发展食用菌等产业为契机促进农林结合，不失为保障粮食安全问题的良好辅助措施。

（三）生产技术智能化从会种地到"慧"种地

如前所述，伴随农业劳动力不断向非农行业转移，粮食生产面临的劳动力刚性约束亦逐渐增强，粮食的生产成本、从事粮食生产工作的机会成本也随之双双提高。基础设施能够降低粮食生产成本，而互联网是"新基建"的重要内容。倘若能够为粮食生产插上物联网、云计算等新兴科技的翅膀，以较少的劳动力投入，实现智能化生产，那么，不仅粮食产业所面临的劳动力约束能够得到有效缓解，水资源、耕地资源等自然资源的利用效率也将大为提高。尤其是在新冠肺炎疫情全球大流行的背景下，农户亦能从"锄禾日当午，汗滴禾下土"式的传统生产方式转向"无接触式安全、绿色种粮"。要通过生产技术智能化缓解资源环境约束对我国粮食安全的威胁，以下两个方面的努力必不可少。

其一，以物联网技术推动粮食绿色生产的"智慧化"。物联网对实现粮食生产的智能管控和科学管理具有重要意义。通过开发和推广农业无线管理系统、育种信息化设备、遥感监测等智慧农业管理体系，构建粮食生产"互联网"生产体系，能够帮助农户实现智能化灌溉、精准施肥、精准打药等精细化、流水线化的操作，从而有效节约资源、降低污染，缓解粮食生产对生态环境造成的压力。从现实来看，在大数据战略和数字乡村战略的强力实施下，中国已有良好的粮食绿色生产"智慧化"基础。光纤和4G已基本实现行政村全覆盖，5G建设、空天网络基础设施建设亦处于世界前列，应用物联网监测设施开展农机深松整地作业面积累计超过 1.5 亿亩①，2019 年全国县域数字农业农村发展总体水平亦达到36.0％②。但仍需指出的是，当前物联网设备的前期投入成本、后期维护成本依旧高昂，加之部分粮食生产经营主体可能因缺乏相关知识而对无人机、机器人不信任，以物联网技术推动粮食绿色生产的"智慧化"依旧任重道远。

其二，以云计算技术推动粮食信息的"共享化"。中国政府颁布的《数字农业农村发展规划（2019—2025 年）》（农规发〔2019〕33 号）中强调通过加快生产经营数字化改造，促进粮食产业普惠共享。可通过成立专门的信息收集部门，以资源整合、数据共享为途径，建立起包括种质资源、高新技术研发、社会化服务、市场供给需求信息、农业气象、农业政策等在内的区域性共享数据库。进一步，还需通过村委会宣传、开发手机 App 等方式，保障农业生产经营主体能够获得区域性共享数据库的信息。一方面，粮食产业利益相关者之间充分的信息交流，有助于实现粮食产供销环节顺畅对接，增强粮食供应的可持续性，缓解粮食浪费问题。另一方面，及时、准确的气候信息预警，有助于粮食生产经营主体更好地规避气候风险。

（四）消费习惯绿色化从重产品到重体验

生态环境污染引致的食品安全事件凸显了粮食产业"绿色"的重要性。粮食安全始于农田，终于餐桌，在从生产者角度努力确保粮食数量安全、质量安全、结构安全和生态安全的同时，也应从消费者视角回溯，倒逼粮食产地对生态环境污染进行治理与预防，以期从源头缓解乃至消除生态环境污染问题对粮食安全的影响。在生产与消费过程中，绿色优质粮食兼具公共品与私人品的双重属性，政府干预是相对普遍的。消费习惯的绿色化既需要政府引导，又要充分发挥市场机制的作用，推动粮食生态性、康养性的这种"公共品"性质外显为可交易、可体验的"市场品"。

其一，增强公众对绿色优质粮食的价值认知与溢价付费意愿。在家庭经营和资源配置市场化的前提下，除了生产要素市场的价格信息，农业生产者还会参考粮食产品市场的价格信息，从而在比较中做出行为决策。换言之，消费者对粮食产业康养、生态属性的价值认识及付费意愿，也间接影响了农民种粮和地方抓粮的收益和积极性。需建立"政府有为，市场有

---

① 数据来源：农业农村部、中央网络安全和信息化委员会办公室《数字农业农村发展规划（2019—2025 年）》。
② 数据来源：农业农村部《2020 全国县域数字农业农村发展水平评价报告》。

效"相协调的粮食供需机制和生态补偿机制，帮助人们在粮食消费中体验乡愁、关怀与品位，疗愈身体与心灵，营造社会崇尚"舌尖上的绿色"的舆论氛围。

其二，倡导多元、生态和康养导向的膳食结构，减少食物浪费。我国城乡居民膳食结构正在发生变化，动物蛋白质消费高速增长，饮食品种日趋多样，但整体上仍存在结构问题。在 2017 年全球 20 个人口最多的国家中，中国因饮食结构问题而造成的心血管疾病死亡率、癌症死亡率排名第一。因而从大农业、大食物观的角度来看，在继续主张饮食多样化的同时，还需倡导生态、康养导向的膳食结构，引导消费者购买绿色优质粮食。此外，减少食品浪费也是国家粮食安全战略的重要内容，需加快《反食品浪费法》《粮食安全保障法》等法律的相关立法进程，更严格地约束食品浪费现象，如此方可更有效地助力粮食安全。

无偿转入土地对粮食生产效率的影响：福利还是负担？[①]

在"三权分置"改革不断放活农村承包土地经营权的背景下，土地流转在实现适度规模经营，提高农业与粮食生产效率上的现实意义不断凸显。但在一部分土地的流转租金快速上涨，加重了农业和粮食生产成本负担的同时，不收取实物和货币租的无偿流转现象还广泛存在。农村固定观察点的数据显示，2003—2013 年，农户无偿转入土地的比例约为 55.05%。陈奕山基于 2015 年在江苏省 9 市 18 县调研数据的研究表明，这一比例约为 51.60%。何欣等基于 2015 年中国家庭金融调查的研究结果显示，农地无偿流转的比例约为 42.50%。整体来看，仍有较多流转农地的租金受到"压制"，农村土地的要素市场，特别是农地流转租金的价格形成机制有待健全完善。

不同于规范程度较高、市场化倾向较强的有偿流转，农村土地的无偿流转不收取实物和货币租金，是农地流转的"差序格局"在租金安排上的具体表现。实践中，农村土地的无偿流转往往发生于亲朋好友之间，以口头约定代替书面契约，并较少对流转期限做出明确规定，是典型的家庭社区伦理型流转，具有明显的非市场化特征。现有研究更多从土地转出的视角考证其成因，主要从实现产权保护、满足人情往来和降低交易费用的角度，探究了农地无偿流转的现实原因与价值。

但更重要的是，转入方作为实际的农业生产经营者，与土地的联系更为紧密。无偿流转土地对转入户农业与粮食生产的影响，同样是判断土地无偿流转现实价值的关键方面。表面上看，无偿转入土地使农户以免费的方式扩大了耕地和生产规模，进而实现了产量和收入的提高，不失为一种福利。但目前，我国农业和粮食生产面临的资源环境约束仍然严峻、对外开放仍将深化，粮食生产效率亟待提升。因此值得思考的是，与有偿转入土地相比，无偿转入土地对粮食生产效率会产生什么样的影响？是推动粮食生产效率提高的"免费福利"，还是"无形负担"？其中的原因与影响机制是什么？对于这些问题的回答，将更加全面与准确地从微观农户的视角，分析农地无偿流转的现实影响与价值。同时，也将为农村土地流转市场的发展完善提供思路意见，更好地实现有限农地资源的优化配置与粮食生产效率的提升，保障新时代的粮食安全。

已有文献中，陈奕山等通过对无偿与有偿转入土地农户的异质性进行分析，进而认为无偿流转对于提高耕地利用效率的作用相对较弱。杨钢桥等以耕地流转的租金作为其流转规范性的判断标准，认为耕地转入规范户的生产技术效率高于欠规范的转入户。整体来看，尽管现有研究已经开始关注无偿转入土地对农业生产与农户生计的现实影响，但是对于粮食生产效率这一关键方面的分析仍有不足，还存在着作用机理不明晰，实证分析不充分等方面的

---

① 本文与魏佳朔、高鸣合作，发表于《华中农业大学学报（社会科学版）》2021 年第 3 期。

局限。

因此，本文基于土地转入的视角，系统分析了可能影响农户无偿转入土地决策的主要因素，运用较为前沿的逆概率加权的研究方法，在解决了样本选择偏误问题的基础上，实证分析无偿转入土地对粮食生产效率的影响效果。

一、理论分析

相较未流转土地的农户，土地流转，特别是土地转入能够通过改善土地细碎化与激励长期投资等方式推动粮食生产效率提升。在同样进行了土地转入的农户群体中，差异化的转入特征，如转入规模、期限等也同样将对粮食生产效率产生不同的影响效果。遵循这一思路，差异化的流转租金安排也将在粮食生产效率上有不同表现。舒尔茨在《改造传统农业》中指出，"任何对于地租的压制都将有损于农业生产者有效地使用农田的信号与刺激"。具体而言，无偿转入土地或将通过如下方面的作用机理影响粮食生产效率。

一是在要素价格信号上。在有偿转入土地的实践中，转入方既要承担土地流转的相应租金，也要面临流转租金可能的变化。相比之下，在非市场化的无偿转入土地中，农地的真实价格被低估，与其他要素的相对价格不能反映其稀缺程度。诱致性技术创新的理论表明，要素之间的相对价格是反映资源禀赋情况，进而引导技术进步与选择的重要信号。因此在农村土地无偿转入的情况下，流转租金的缺位使得租金的价格信号功能弱化，从而使农户在技术选择与改进上受到阻碍。二是在生产改进意愿上。在流转租金缺位的无偿转入实践中，凭借被压低的土地成本，生产者可以更容易地保障合理利润，从而在提升粮食生产效率的动力上可能不足。而有偿转入中租金成本的存在，使农户更倾向于通过生产技术改进来覆盖租金成本并实现利润回报，强化了此类农户的生产改进意愿。三是在资金投入约束上。相较有偿转入，无偿转入土地的最大优势就在于租金成本的节约。但如前文所述，无偿转入土地更容易弱化要素价格的信号功能以及农户的生产改进意愿，不能保证所节约的租金成本最终用于农业生产的改进。相比之下，市场化的有偿转入土地也往往存在着一定的"融资效应"，可以在一定程度上缓解生产技术改进中的资金投入约束。因此，从缓解资金投入约束的角度来看，无偿转入土地并不存在明显的优势。

在土地转入之后，更为具体的问题在于是否要对土地进行整理以及相应的投入规模。土地整理的效果主要表现为可耕种面积的扩大与连片程度的提高，而这两个方面都最终指向土地细碎化的改善与生产效率的提升。在遵循上述分析的基础上可以认为，有偿转入土地的农户或将更倾向于对转入土地进行整理，并且进行更大规模的投入，最终实现土地细碎化的有效改善，降低先进生产技术，特别是农业机械的运用难度与效率损失。相比之下，无偿转入土地的农户对转入土地进行整理的意愿与投入或将相对有限，在土地细碎化问题上难以得到与有偿转入土地农户相近的改善。而较高水平的土地细碎化又是加剧粮食与农业生产效率损失的关键因素。

在农业长期投资这一作用机理上，如前文所述，无偿转入土地在客观上弱化了要素价格的信号功能，并且在主观上难以有效激励农户改进生产技术。在优质品种与生产资料等或将提高粮食产量与收益的选择上，以及在可能降低粮食生产成本的技术选择与投入上，往往表现为相对较弱的能力和意愿。相比之下，有偿转入土地的农户则可能更倾向于加强在粮食生产中的长期投资，更加主动地追求粮食生产中的提质增效，为粮食生产效率的稳定与提高创造了条件。

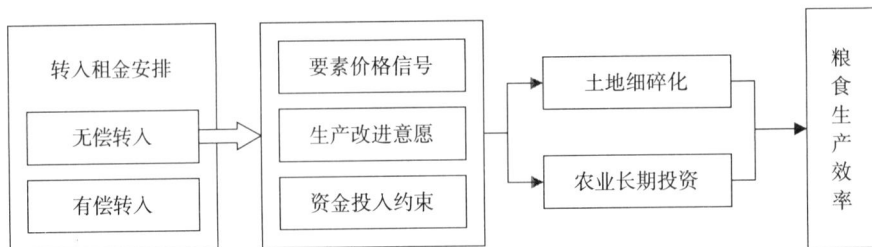

图 1 无偿转入土地影响粮食生产效率的作用机理

综上所述，流转租金缺位的无偿转入土地弱化了要素价格的信号功能与农户的生产改进意愿，并且不能有效保证所节约的租金成本实际缓解了生产改进中的资金压力，进而使其土地细碎化与农业长期投资未能得到与有偿转入土地情况下相同的改善，整体上不利于粮食生产效率的提升。由此，可以构建出无偿转入土地影响粮食生产效率的作用机理（如图 1 所示），并提出研究假设 1 与研究假设 2 如下：

H1：相较于有偿转入土地的农户，无偿转入土地不利于粮食生产效率提升。

H2：无偿转入土地不利于改善土地细碎化问题和激励农业长期投资，进而不利于粮食生产效率提升。

二、模型设定、数据来源与变量说明

1. 模型设定。现实中，尽管无偿转入土地的农户是由转出方"挑选"的，但这并不意味着无偿转入土地是完全意义上的"被选择"。一方面，面临对方无偿转出土地的安排，农户仍有拒绝的权利，仍会根据自身实力来判断是否要接受无偿转入土地。另一方面，据调查，在实践中也存在着部分农户在得知亲朋好友即将外出务工时，主动寻求无偿转入土地的实际情况。同时，现有研究也表明，无偿转入土地的决策受到如户主个人特征、农业生产与土地转入特征的实际影响。在对无偿转入土地影响粮食生产效率的估计中，如果不对这些影响因素加以识别，其中的样本选择偏误问题将导致估计结果的不准确。

同为解决样本选择偏误问题的处理效应估计方法，与倾向得分匹配法（Propensity Score Matching，PSM）相比，逆概率加权法（Inverse Probability Weights，IPW）具有如下优势：第一，避免了样本损失。IPW 方法在得到决策倾向之后，据此生成逆概率加权，可以在避免样本损失的基础上实现协变量的平衡与控制。第二，允许对结果变量进行模型设定。IPW 方法基础上的逆概率加权回归调整法（Inverse Probability Weighted Regression Adjustment，IPWRA）允许对结果变量的影响因素进行设定，在处理效应的评估上具有双重稳健的效果。因此，这一方法已经成为近年来国内外研究中的有效工具之一。本文将主要采用逆概率加权的研究方法，分析无偿转入土地对粮食生产效率的影响效果和作用机理。

首先，将全部土地转入农户样本划分为无偿转入（$D_i = 1$）与有偿转入（$D_i = 0$）两个类别。将可能影响无偿转入土地决策的各变量 X_i 作为解释变量，以是否进行了土地的无偿转入作为被解释变量，运用 Logit 模型估计出每个农户家庭无偿转入土地的概率（PS_i），具体估计方法如（1）式所示：

$$PS_i = Prob(D_i = 1 \mid X_i) = E(D_i = 0 \mid X_i) \tag{1}$$

$$\tau_{\text{ATT}}^{\text{IPW}} = \frac{1}{N} \sum_{i=1}^{N} TE_i \frac{D_i - P(X_i)}{1 - P(X_i)} \tag{2}$$

$$\tau_{\text{ATT}}^{\text{IPWRA}} = \frac{1}{N} \sum_{i=1}^{N} TE_i \left[\frac{P(X_i)}{1 + P(X_i)} \mid D_i = 1 \right] - \left[\frac{P(X_i)}{1 + P(X_i)} \mid D_i = 0 \right] \tag{3}$$

据此，可以生成相应的逆概率加权，并将其纳入到处理效应估计的分析框架中。进一步依据（2）式与（3）式，分别采用 IPW 与 IPWRA 方法来估计无偿转入土地对粮食生产效率的处理效应（ATT）。ATT 则可以反映相较有偿转入土地的农户，无偿转入土地是否有利于粮食生产效率提升。

2. 数据来源与样本选择。本研究所用数据来自 2015 年浙江大学"中国家庭大数据库"（Chinese Family Database，CFD）和西南财经大学中国家庭金融调查与研究中心的"中国家庭金融调查"（China Household Finance Survey，CHFS）。此次调查覆盖了全国 29 个省、自治区、直辖市，主要包括个人和家庭层面的调查。农户家庭粮食生产经营的基本投入产出，以及土地流转情况均有详尽的调查和记录。

在实证分析的样本选择中，本文以如下两方面作为基本条件：一是实际开展了粮食生产经营，且具有详尽的投入产出记录。二是在此基础上，实际进行了土地转入并用于粮食生产，且租金安排明确。进一步剔除数据缺失和异常样本之后，共得到有效样本 957 户。以农户家庭在被调查年份前一年的流转土地租金支出（包括折算为现金的实物租）是否为 0 作为判断标准，共有 413 户家庭进行了土地的无偿转入，约占全体土地转入农户的 43.15%。

3. 变量说明。

（1）结果变量。在综合考虑现有粮食生产效率评估方法特点的基础上，本文采用随机前沿分析中的超越对数函数进行粮食生产效率测算。遵循现有文献的普遍做法，并结合所用数据的现实可得性，以粮食总产值作为产出变量，以资本、劳动和土地投入作为投入变量进行粮食生产效率测算。

（2）处理变量。本文以无偿转入土地作为实证分析的处理变量，具体判断标准为农户家庭是否在没有支付租金（包括折算为现金的实物租）的条件下转入了耕地并用于粮食生产。当转入土地的支付租金总额为 0 时，认定该农户为无偿转入土地的家庭，归为处理组。当支付租金总额大于 0 时，认定该农户为有偿转入土地的家庭，归为控制组。

（3）控制变量。主要选择农户家庭的户主个人特征、农业生产特征、土地转入特征作为控制变量。在粮食和农业生产经营中，户主往往是最主要的劳动者与决策者，其劳动能力和学习能力的强弱，都可能会影响农户家庭的无偿转入土地决策。本文选择户主年龄、文化程度和身体健康状况作为衡量户主特征的主要变量。

作为衡量农户家庭粮食和农业生产特征的重要方面，自有土地规模是农户进行土地转入决策时的重要出发点。农业补贴通过资金上的支持，或将以"资本化"的路径机制，影响流转土地的租金安排。同时，以农户是否有农业信贷或信贷需求来反映其在资本市场上的参与程度，以是否出售农产品来反映其在产品市场上的参与程度，进而探索农户市场化水平对其无偿转入土地决策的具体影响。

此外，本文还将其他方面的土地转入特征纳入实证分析中，主要包括转入规模、期限、来源与原因。其中，转入规模即为农户家庭实际转入的耕地面积。在转入期限上，口头的非正式约定往往与不明确的流转期限共同存在，本文主要分析转入期限明确与否对土地无偿转入决策的影响。同时，以流转双方是否为亲友来反映土地转入的来源，是否出于生产性动机来界定土地转入原因。本文还控制了农户从事具体粮食与农业生产的类型，主要包括是否进行水稻、小麦、玉米的生产，是否从事经济作物与畜禽的非粮食生产。同时，以东部地区作为参照组，分别引入了中部地区和西部地区的虚拟变量。

（4）其他变量。在无偿转入土地影响粮食生产效率的作用机理分析中，结合现有研究与所用数据的实际情况，选择农户家庭的农业机械总价值来衡量其农业长期投资规模。现有文献更多采用地块数量或辛普森指数来衡量土地细碎化程度，但基于所用数据的有限性，文章采用农户家庭最大地块的相对面积来衡量其土地细碎化程度。各变量的具体赋值方法及其在两类农户间的均值差异检验结果如表1所示。

表1　各变量的赋值方法和均值差异检验

变量名称	赋值方法	全体样本（N=957）	无偿转入（N=413）	有偿转入（N=544）	均值差异（t检验）
投入和产出变量					
粮食产出	粮食产值（千元）	24.91	8.91	37.05	−8.68***
资本投入	种子、农药、除草剂、化肥和农机租赁支出总额（千元）	9.33	3.45	13.79	−8.01***
劳动投入	家庭劳动力的务农总月数（月）	13.98	15.33	12.95	4.09***
土地投入	实际耕地面积（亩）	23.36	7.89	35.1	−9.62***
控制变量					
户主年龄	户主的周岁年龄（岁）	52.21	54.65	50.35	6.44***
户主文化程度	没上过学=1，小学=2，初中=3，高中或中专及以上=4	2.55	2.47	2.61	−2.75***
户主健康情况	是否患有慢性病：是=1，否=0	0.49	0.55	0.45	3.05***
自有土地	转入土地之前的耕地面积（亩）	6.67	3.13	9.35	−10.20***
农业补贴	农业补贴收入（千元）	1.04	0.42	1.50	−1.82*
农业信贷	是否有农业信贷或信贷需求：是=1，否=0	0.24	0.15	0.31	−5.78***
农产品出售	是否出售自家农产品：是=1，否=0	0.81	0.70	0.90	−8.17***
转入规模	转入耕地的面积（亩）	16.69	4.76	25.75	−8.01***
转入期限	转入期限是否明确：是=1，否=0	0.59	0.42	0.72	−9.91***
转入来源	是否来源于亲朋好友：是=1，否=0	0.92	0.95	0.90	3.17***
转入原因	是否出于生产性动机：是=1，否=0	0.92	0.88	0.95	−3.91***
中部地区	所在省份是否属于中部地区：是=1，否=0	0.47	0.33	0.58	−8.11***
西部地区	所在省份是否属于西部地区：是=1，否=0	0.34	0.52	0.21	10.67***
其他变量					
最大地块面积	最大地块面积/家庭耕地面积	0.48	0.45	0.51	−3.14***
农机总价值	拥有的农业机械总价值（千元）	9.20	1.99	14.67	−5.80***

注：*、**、***分别表示在10%、5%、1%的水平上显著；表中未展示具体粮食和农业生产类型的统计特征。

从表 1 可以看出，两类农户在上述各方面均存在着较为显著的差异。如果忽视了无偿转入土地决策与其他特征之间的内在联系，而将其视作独立的外生变量进行分析，则可能会导致样本选择与估计结果的偏误。

三、实证分析

1. 粮食生产效率测算。基于随机前沿分析中超越对数函数的估计结果如表 2 所示。其中，资本和土地投入是影响粮食产出的关键因素，而劳动投入的影响效果并不显著。这与当前粮食生产中对劳动投入数量与质量要求相对较低的事实吻合，也与现有研究中的估计结果基本一致。同时，测算而得的 γ 约为 0.877 6，且在 1% 的水平上显著，表明技术非效率可以有效解释随机扰动项的绝大部分变化，证明了这一研究方法是适用的。

表 2　随机前沿生产函数的估计结果

	估计系数	标准误		估计系数	标准误
资本投入	0.463 5***	0.134 1	资本投入×劳动投入	−0.005 3	0.045 8
劳动投入	0.276 6	0.191 3	资本投入×土地投入	−0.109 4**	0.043 6
土地投入	0.432 2***	0.134 4	劳动投入×土地投入	−0.060 8	0.043 9
资本投入平方项	0.071 1***	0.026 8	常数项	0.967 9***	0.260 3
劳动投入平方项	−0.051 7	0.040 0	σ^2	3.554 4***	0.701 4
土地投入平方项	0.073 2***	0.024 6	γ	0.877 6***	0.029 1
对数似然值	−1 316.75		LR 统计量	45.08	

注：投入与产出变量在测算中都进行了对数化处理；*、**、***分别表示在10%、5%、1%的水平上显著。

进一步测算得到的粮食生产效率表明，全体农户的粮食生产效率均值约为 0.599 3。其中，无偿转入土地农户的粮食生产效率均值约为 0.592 1，低于有偿转入土地农户 0.604 8 的平均水平。其中，约有 60.11% 农户的粮食生产效率高于 0.6，而在无偿转入土地的农户中仅约 56.42%。通过简单的均值比较可以看出，无偿转入土地农户的粮食生产效率水平低于有偿转入土地农户。但这无法判定二者之间是否存在显著的因果关系，仍需要在考虑样本选择偏误和其他影响因素的基础上进行实证分析检验。

2. 无偿转入土地决策的影响因素分析。为有效解决无偿转入土地中的样本选择偏误问题，首先要对无偿转入土地决策的影响因素进行分析。据此可以测算每个农户家庭在无偿转入土地决策上的倾向得分，进而明确哪些样本家庭存在明显的样本选择偏误。基于（1）式，以是否无偿转入土地作为被解释变量，主要以农户个人特征、农业生产与土地转入特征作为解释变量进行 Logit 模型的估计。无偿转入土地决策影响因素的估计结果如表 3 所示。

表 3　无偿转入土地决策影响因素的 Logit 估计结果

	估计系数	标准误	边际效应
户主年龄	0.016 3*	−0.008 5	0.002 6*
户主文化程度	0.075 4	−0.106	0.012 2
户主健康情况	0.266 6	−0.165 4	0.043 1

	估计系数	标准误	边际效应
自有土地	−0.063 9***	−0.019 6	−0.010 3***
农业补贴	−0.046 4	−0.128 7	−0.007 5
农业信贷	−0.408 5*	−0.212 1	−0.066 1*
农产品出售	−0.759 7***	−0.222 4	−0.122 9***
转入规模	−0.045 2***	−0.010 9	−0.007 3***
转入期限	−0.793 3***	−0.164 2	−0.128 3***
转入来源	0.453 0	−0.333 4	0.073 3
转入原因	−0.568 3**	−0.278 4	−0.091 9**
中部地区	0.529 2**	−0.227 9	0.088 8**
西部地区	1.128 1***	−0.243 6	0.190 7***
粮食与农业生产类型	已控制	已控制	已控制
常数项	−0.704 5	−0.808	
样本量		957	
LR 统计量		381.50（$p=0.00$）	
对数似然值		−463.60	
Pseudo R^2		0.291 5	

注：*、**、***分别表示在 10%、5%、1%的水平上显著。

表 3 的估计结果显示，在户主个人特征方面，户主的年龄越大，农户家庭无偿转入土地的可能性也就越大。在农村老龄化不断加剧的背景下，"老人农业"是当前粮食生产经营中面临的现实困境。此外，农户家庭自有土地面积越小，则越容易接受或寻求无偿转入土地，更愿意以免费的方式获得生产经营规模扩大的福利。相比之下，自有土地面积越大，农户越能够从粮食的生产经营中获得积累，越有意愿与能力通过有偿转入土地的方式来扩大生产规模与改进生产技术。同时，农业信贷和农产品出售作为衡量农户参与资本市场和产品市场的重要标志，其估计结果表明，农户的市场化水平越高，越不倾向于进行无偿转入土地。

上述回归估计结果同样表明，转入规模、期限和原因都是影响土地无偿转入决策的关键因素。基于强化产权控制、降低交易费用和实现人情往来的目的，土地的无偿流转往往与流转规模较小、期限不明确与非生产性动机的特征相联系。但在上述回归估计中，转入来源对于农户无偿转入土地决策的影响并不显著。其中的原因可能在于，农地流转往往发生于本村内部，亲友间流转在无偿转入农户中的占比为 95%，有偿转入户中占比为 90%，使这一变量在回归估计中的现实意义与影响程度弱化。

通过对无偿转入土地决策的 Logit 回归估计可以看出，无偿转入土地并非完全的"被选择"，而是受到其户主个人特征，农业生产与土地转入等特征的显著影响。同时，这也表明农户无偿转入土地的决策存在较为明显的样本选择偏误。本文将进一步使用具有双重稳健特征的 IPWRA 方法，对无偿转入土地影响粮食生产效率的处理效应进行估计。

3. 无偿转入土地的影响效果分析。 基于（2）式和（3）式，分别运用 IPW 与 IPWRA 方法估计的无偿转入土地影响粮食生产效率的处理效应如表 4 所示。其中，控制组即有偿转入土地农户的粮食生产效率水平约为 0.628 1～0.630 2。两种方法测算而得的处理效应（ATT）均在 1% 的水平上显著，两类农户在粮食生产效率上存在显著差别，无偿转入土地整体上不利于粮食生产效率提升，研究假设 1 是基本成立的。具体而言，无偿转入土地将导致农户的粮食生产效率低出约 5.73%～6.05%。这与现有文献中以土地流转租金为划分标准，欠规范转入农户的生产效率低于规范转入农户的研究结论基本一致。

表 4　无偿转入土地影响粮食生产效率的处理效应估计

估计方法	控制组	ATT	变动率
IPWRA	0.628 1***	−0.036 0***	−5.73%
	(0.009 1)	(0.011 0)	
IPW	0.630 2***	−0.038 1***	−6.05%
	(0.009 6)	(0.011 4)	

注：*、**、***分别表示在 10%、5%、1% 的水平上显著；括号内为标准误。

其中可能的原因如理论分析部分所述，无偿转入土地是基于家庭社区伦理关系进行的土地流转实践，而非基于市场价值交换的准则。因此，农户可能会相对缺乏生产改进的意愿且不能有效运用土地所提供的价格信号，进而在生产技术的改进上滞后于有偿转入土地的农户，最终导致了相对较低的粮食生产效率水平。而在同样进行了土地转入的条件下，基于市场准则的有偿转入土地激励了农户通过生产技术改进的方式实现生产的提质增效，以此覆盖租金成本。同时，这也便于农户有效地利用农田的价格信号，进而对生产经营中各类投入要素进行调整优化。从这一角度来看，尽管无偿转入土地的农户以免费的方式扩大了原有的耕地面积和粮食生产规模，但仍面临着相对较高的粮食生产效率损失，不利于粮食生产效率提升。这一分析结果支持了现有研究中，认为有偿流转效率意义更强的基本结论。

同时，本文还运用倾向得分匹配的 PSM 方法对这一处理效应进行再估计，以达到稳健性检验的效果，具体的估计结果如表 5 所示。其中，控制组的粮食生产效率水平约为 0.630 6～0.636 9，各种方法估计得到的 ATT 均在 1% 的水平上显著，无偿转入土地农户的效率水平低出约 6.16%～7.08%。可以认为，研究假设 1 是明确成立的，即两类农户在粮食生产效率上存在显著差别，无偿转入土地整体上不利于粮食生产效率提升。并且，通过比较两类方

表 5　无偿转入土地影响粮食生产效率的稳健性检验

匹配方法	控制组	ATT	标准误	变动率
k 近邻匹配（k=4）	0.636 9	−0.045 1***	0.014 4	−7.08%
卡尺匹配（卡尺=0.05）	0.633 0	−0.041 3***	0.012 8	−6.52%
卡尺内 k 近邻匹配（k=4，卡尺=0.05）	0.636 0	−0.044 3***	0.015 7	−6.96%
核匹配	0.633 1	−0.041 4***	0.012 2	−6.53%
局部线性回归匹配	0.632 7	−0.040 9***	0.012 8	−6.47%
样条匹配	0.630 6	−0.038 8***	0.012 6	−6.16%

注：*、**、***分别表示在 10%、5%、1% 的水平上显著；标准误通过重复抽样 300 次的自助法得到。

法的估计结果可以看出，PSM 方法测算而得的负面影响效果相对偏高，这也印证了 IPWRA 方法下估计处理效应的双重稳健效果。

4. 作用机理的实证检验。上述研究表明，研究假设 1 是明确成立的。但具体到其中的影响机制与作用路径上，无偿转入土地是否不利于改善土地细碎化问题和激励农业长期投资，进而使其在粮食生产效率水平上明显低于有偿转入土地农户，仍有待进一步验证。对此，本文将继续采用 IPWRA 与 IPW 的估计方法，分别以最大地块面积、农机总价值作为结果变量进行处理效应估计。具体结果见表 6。

表 6   无偿转入土地影响粮食生产效率作用机理的处理效应估计

估计方法	结果变量	控制组	ATT
IPWRA	最大地块面积	0.516 9***	−0.066 0**
		(0.023 5)	(0.027 2)
	农机总价值	3.557 9***	−1.570 8**
		(0.751 4)	(0.755 6)
IPW	最大地块面积	0.520 4***	−0.069 4**
		(0.027 9)	(0.031 1)
	农机总价值	3.812 3***	−1.825 1***
		(0.690 6)	(0.692 6)

注：*、**、***分别表示在 10%、5%、1%的水平上显著；括号内为标准误。

从表 6 的估计结果可以看出，在解决了无偿转入土地样本选择偏误问题的基础上，与有偿转入相比，无偿转入土地农户的最大地块面积相对较小，没有在土地细碎化上得到相近的改善。另一方面，无偿转入土地也带来了农机总价值水平的降低，是农户在粮食与农业生产上长期投资实践弱化的具体表现。其中的原因与机制可能在于，无偿转入土地中租金成本的缺位导致了要素价格信号的缺失和农户技术改进意愿的弱化，进而使其在土地整理上的倾向更弱、投入规模更小，更不利于土地细碎化问题的改善。相应地，也使农户在先进生产技术采用上的意愿更低，抑制了粮食和农业生产中的长期投资。

而农业机械购置作为农户长期投资的重要方面，既有利于节约粮食生产中的劳动投入，也能够使其凭借自家之力，在较短的时间内、以较小的交易成本完成播种与收获等方面的工作，从成本与收益两端显著推动粮食生产效率提高。而土地细碎化的改善，将有效拓展农业机械、其他先进生产技术等各类形式长期投资应用的广度与深度，使粮食生产领域的长期投资与土地要素实现更加深入的结合，有利于粮食生产效率提升。由此可以认为，研究假设 2 是成立的，即在土地细碎化与农业长期投资上，无偿转入土地的农户未能实现与有偿转入相同的改进，最终在粮食生产上表现为相对较低的生产效率水平。

5. 组间差异分析。上述分析结果表明，相较有偿转入土地农户，无偿转入土地农户整体上的粮食生产效率水平相对较低，更多表现为粮食生产效率提升的潜力。但这一影响效果可能会因为各方面特征的不同而存在差异。对此，本文主要选择户主年龄、文化程度、农业补贴、农产品出售、转入规模和转入期限 6 个方面来进行分组，以此明确无偿转入土地对粮食生产效率影响效果的异质性。其中，户主年龄和文化程度可以反映粮食生产中最主要劳动者的体力劳动能力和知识学习能力。农业补贴是反映农户家庭在资金禀赋上的主要特征，是否出售农产品主要反映农户家庭在产品市场上的参与程度。转入土地的规模及其期限安排，则是土地流转契约中的最主要方面。以上述特征的均值作为分组依据①，运用 IPWRA 方法测算得到的处理效应估计结果见表 7。

表 7 无偿转入土地影响粮食生产效率的组间差异分析

分组变量		控制组	ATT	标准误	变动率
户主年龄	小于均值	0.640 8	−0.056 1***	0.014 8	−8.76%
	大于均值	0.618 0	−0.020 3	0.020 2	
户主文化程度	小于均值	0.607 9	−0.017 8	0.016 8	
	大于均值	0.644 9	−0.050 8***	0.013 8	−7.88%
农业补贴	小于均值	0.626 5	−0.033 0**	0.011 8	−5.27%
	大于均值	0.644 7	−0.068 2**	0.033 4	−10.58%
出售农产品	未出售	0.649 6	−0.067 8***	0.019 9	−10.44%
	出售	0.629 2	−0.032 7**	0.014 0	−5.20%
转入规模	小于均值	0.633 1	−0.038 1***	0.011 4	−6.02%
	大于均值	0.607 4	−0.073 0**	0.036 6	−12.02%
转入期限	不明确	0.628 9	−0.046 6***	0.016 9	−7.41%
	明确	0.607 6	−0.002 0	0.015 5	

注：*、**、***分别表示在 10%、5%、1% 的水平上显著。

表 7 中全部 ATT 的测算结果都表明，无偿转入土地农户的粮食生产效率普遍低于有偿转入土地的农户，支持了研究假设 1 的基本结论。在户主个人特征方面，这一消极影响在低年龄和高文化程度的户主群体中更为突出。低年龄和高文化程度的户主拥有相对更强的劳动能力和学习能力，无偿转入土地基础上的粮食生产经营活动，无法充分调动和激励其自身素质。相比之下，市场化的有偿转入土地能够更好地激发低年龄和高文化水平户主的生产能力，进而实现较高水平的粮食生产效率。

对于获得农业补贴水平较高的农户而言，较优的资金条件未能充分与无偿转入的土地进行紧密结合。二者之间的要素错配更为突出，进而面临的粮食生产效率损失也就越大。对于不出售自家生产农产品的自给型农户而言，无偿转入土地农户的粮食生产效率要低出约10.44%；而对出售自家生产农产品的农户而言，这一消极影响约为 5.20%。这表明，农户的市场化水平越低，更容易造成突出的粮食生产效率损失。

同时，以农户土地转入规模为依据的分组估计结果显示，当农户的土地转入规模相对较小时，无偿转入土地农户的粮食生产效率水平约低出 6.02%；而当土地转入规模相对较大时，这一水平约为 12.02%。这表明，无偿转入土地的规模越大，或将越难以和其他农业生产要素实现充分结合，进而造成更大程度上的粮食生产效率损失。在农地转入期限是否明确这一方面，当农地转入期限明确安排时，两类农户之间的差别并不显著。而当转入期限都不明确时，两类农户的粮食生产效率存在显著差别，无偿转入土地农户的效率水平低出约

---

① 户主年龄、户主文化程度、农业补贴和转入规模的均值分别为：52.20（岁）、2.55（初中和小学之间）、1.03（千元）、和 16.69（亩）。

7.41%。其中的原因可能在于，在转入期限明确约定的情况下，无偿转入土地的农户也同样获得了相对稳定的土地经营预期，更有利于农户开展相应的农业投入，一定程度上抵消了无偿转入土地带来的消极影响。

综上，在无偿转入土地整体上不利于粮食生产效率提升的基础上，这一消极影响在户主年龄较小或文化程度较高、获得农业补贴规模较大或市场化水平较低、转入土地规模较小或转入期限不明确的农户群体中更为突出。无偿转入土地面临的粮食生产效率损失，在上述农户群体中更为严重。

四、结论与启示

基于微观农户的调查数据，本文在理论分析了农户无偿转入土地影响粮食生产效率的作用机理的基础上，主要运用逆概率加权的方法实证检验了其影响效果、作用机理和组间差异，得到主要研究结论如下：与有偿转入土地相比，无偿转入土地是基于家庭社区伦理关系的非市场化行为。在解决了无偿转入土地样本选择偏误问题的基础上，无偿转入土地不利于粮食生产效率提升，比有偿转入土地的农户低出约5.73%～6.05%。无偿转入土地对粮食生产效率的影响，更多表现为"无形负担"，而非"免费福利"。在影响机制上，流转租金缺位的无偿转入土地不能提供有效的要素价格信号并且更容易弱化转入户的生产改进意愿，不能确保所节约的租金成本最终缓解了生产改进中的资金压力。进而使其在土地细碎化和农业长期投资上不能得到与有偿转入土地农户相同的改进，最终不利于粮食生产效率提升。组间差异分析的结果表明，无偿转入土地对粮食生产效率的消极影响，在户主年龄较小或文化程度较高、获得农业补贴较高或市场化水平较低、转入土地规模较小或转入期限不明确的农户群体中更为突出。

长期来看，一方面，新型农业经营主体更希望在今后的土地流转中减少与分散农户的直接对接，以此减少与降低交易费用。另一方面，农村集体经济不断发展壮大，农村土地所有权的主体不断强化。在"三权分置"的实践中，越来越多的农村集体和市场主体直接对接，发生于农户之间、基于伦理关系准则的土地无偿流转或将持续减少。但应当肯定的是，在农村青壮年劳动者普遍外流的背景下，土地的无偿流转为解决农村土地的撂荒提供了现实的解决方案。关键问题在于尊重并引导这种无偿形式的土地流转，使之与农村土地要素市场的发展完善、农业农村的现代化进程相适应。

进一步提高耕地的利用效率与粮食的生产效率，首先要立足于当地的实际情况来识别与谋划适当的规模化经营方向。对于土地流转发展条件有限的地区，可以将生产托管作为有效的补充形式，依靠服务的规模化来推动效率提升。而对于土地流转潜力较大的地区，要按照新颁布的《农村土地经营权流转管理办法》中的具体要求，推动农地流转市场的高质量发展，逐渐解决农地无偿流转带来的粮食生产效率损失。

中国共产党一百年来的"三农"政策实践[①]

一、前言

从 1921 年成立至今，中国共产党已经走过了一百年的光辉历程。一百年来，农业农村农民（"三农"）问题始终是中国共产党高度重视的问题。围绕解决好"三农"问题，中国共产党不断推进政策实践创新，推动农业农村经济社会持续稳定发展，走出了一条具有中国特色的发展道路，为全面建成小康社会、开启全面建设社会主义现代化国家新征程提供了根本遵循和行动指南。在"三农"工作重心历史性转移的重要时间节点，总结提炼中国共产党一百年来的"三农"政策实践，既可以为"三农"政策学理分析和理论阐释提供史实依据，也能为做好未来的"三农"工作提供参考借鉴。

根据《中国共产党简史》对中国共产党一百年来历史时期的划分——包括"新民主主义革命时期、社会主义革命和建设时期、党的十一届三中全会以后、党的十三届四中全会以后、党的十六大以后、党的十八大以来"6 个时期[②]，本文以 1949 年、1978 年、1989 年、2002 年和 2012 年为节点，以中国共产党成立以来各个历史时期的重大政策实践活动为主轴，对中国共产党一百年来的"三农"政策实践进行整理和归纳，尽可能详细地描述中国共产党"三农"政策实践的发展历程，从整体上、全景式地展现一百年来"三农"政策实践演进的画卷，进而回答中国共产党的"三农"政策史实是什么、政策演变过程如何等问题。本文根据各个历史时期党和政府作出的重大决策部署，以"三农"重要事件为主线，以政策实践探索为主题，通过梳理相关重要会议和领导讲话、所出台的相关文件和决定、所实施的相关法律和规划等，客观陈述并评价历史事实，概括提炼"三农"政策实践经验。

二、新民主主义革命时期（1921—1949 年）

20 世纪初期，在帝国主义的侵略掠夺下，中国沦为半殖民地半封建社会，农业和农村经济一片凋敝，亿万民众处于贫困甚至赤贫状态。中国共产党诞生后，以毛泽东为主要代表的中国共产党人，将马克思列宁主义的基本原理与中国革命的具体实践相结合，提出了"农民是新民主主义革命的主力军"和"没收一切地主土地分配给无地或少地农民"的主张，把

[①] 本文与张益、江帆合作，发表于《中国农村经济》2021 年第 7 期。

[②] 参见《中国共产党简史》（2021）第 528～530 页。

农民翻身求解放作为革命的根本问题，带领人民进行土地革命，通过开展乡村改造运动和大生产运动，实现了"耕者有其田"，促进了农业生产的恢复和发展。

1. 农民运动蓬勃发展。 1921 年 9 月，中国共产党领导的第一个农民协会在浙江省萧山县衙前镇成立。随着各种农民协会的陆续成立，农民运动得到蓬勃发展。1924 年 7 月，国共合作举办、由共产党人实际组织并领导的农民运动讲习所在广州正式开办，并在彭湃、毛泽东等共产党人的主持下，连续开展六届。作为第六届农民运动讲习所所长，毛泽东不但讲授了中国农民问题和农村教育等课程，而且公开发表了《中国社会各阶级的分析》，为全国农民运动培养了大量骨干。农民运动的蓬勃发展，从根本上动摇了帝国主义和封建势力的统治基础，引起了地主阶级和国民党右派的仇视和攻击。他们污蔑农民运动是"痞子运动"，减租减息是"惰农主义"，要求中国共产党放弃对农民运动的领导，并限制农民运动的开展。

为反驳当时党内外对于农民运动的责难，1927 年 1—2 月，毛泽东到湖南省湘潭县、湘乡县等地进行了深入的调查研究，撰写了《湖南农民运动考察报告》，总结了农民运动的成功经验，提出了解决农民问题的正确理论和主张[①]：一是肯定农民运动是"中国几千年未曾成就过的奇勋"，是"好得很"，不是"糟得很"；二是强调必须实行"一切权力归农会"，农民必须"推翻地主武装，建立农民武装"，否则，一切减租减息、要求获得土地等诉求绝无实现的可能；三是提出"农民中有富农、中农、贫农三种"，其中，贫农占农村人口的七成，是革命的中坚力量；四是指出农民要推翻几千年来的压迫，必须形成一个大的革命热潮，建立农民的绝对权力。

2. 根据地土地改革。 能否满足农民获得土地的愿望，关系到新民主主义革命的成败，是中国革命的中心问题。早在 1925 年 1 月召开的党的四届二中全会上，中国共产党就提出了农民的土地问题，但当时提出的只是一个"最终目标"，并没有提出现实的实践纲领。在井冈山斗争时期，毛泽东到江西省宁冈县和永新县进行了调查，将党中央关于土地政策的精神和当地实际情况相结合，先后于 1928 年 12 月和 1929 年 4 月主持制定了《井冈山土地法》和《兴国县土地法》。1931 年 12 月，中华苏维埃共和国临时中央政府正式颁布《中华苏维埃共和国土地法》，基本形成了依靠贫农、雇农，联合中农，限制富农，消灭地主阶级，变封建半封建的土地所有制为农民土地所有制的土地革命路线（参见王先进，1990）。1946 年 5 月，中共中央发出《关于土地问题的指示》，将在抗战时期所实行的"减租减息政策"改为"耕者有其田"政策。1948 年 5 月，中共中央要求分地区有步骤地进行土地改革，老区（指老解放区，下同）和半老区的土地改革逐步结束，新区（指新解放区，下同）一般只进行减租减息。

3. 乡村改造运动。 针对近代中国出现的乡村社会衰败、政权"土劣化"的倾向，以毛泽东为代表的中国共产党人深入农村，在其领导的根据地和解放区开展乡村改造运动，摧毁了旧政权和地主阶级。1940 年 2 月，毛泽东在《抗日根据地的政权问题》中提出："在抗日时期，我们所建立的政权的性质，是民族统一战线的。这种政权，是一切赞成抗日又赞成民主的人们的政权，是几个革命阶级联合起来对于汉奸和反动派的民主专政。"[②] 同时，通过

---

① 这一段落中所引内容参见《毛泽东选集》第一卷，北京：人民出版社 1991 年版，第 14～21 页。

② 参见《毛泽东选集》第二卷，北京：人民出版社 1991 年版，第 741～742 页。

减租减息、整理乡村财政、反奸清算和建立各种民众组织，充分发动群众参与抗战以及乡村治理和建设。1948 年，毛泽东《在晋绥干部会议上的讲话》和《中共中央关于县、区、村人民代表会议的指示》中都强调指出，在反对封建制度的斗争中，在贫农团和农会的基础上建立起来的区村（乡）两级人民代表会议，是新民主主义政权的最好形式，各地要认真贯彻、建立和完善这种制度。

4. 大生产运动。1939 年，日本帝国主义对抗日根据地进行大规模的军事进攻，国民党顽固派积极反共，加上自然灾害的影响，根据地的财政经济情况非常困难，军民的生活十分艰苦。为了解决粮食、棉布等生活必需品短缺的问题，坚持持久抗战，中共中央向抗日根据地军民发出了"自己动手、克服困难"的伟大号召。1939 年 2 月，毛泽东提出，要通过开展生产运动，解决陕甘宁边区军民和脱产人员的穿衣吃饭问题（史向军，2007）。1942 年 12 月，毛泽东在西北局高级干部会议上提出了"发展经济，保障供给"的财政经济工作总方针。1943 年 10 月，中共中央在《开展根据地的减租、生产和拥政爱民运动》指示中提出，必须实行以农业为主体，包括公私农业、工业、手工业、运输业、畜牧业和商业的大规模生产运动①。

大生产运动首先在陕甘宁边区展开。从各级党政干部到普通老百姓，从部队的指战员到干部家属，各抗日根据地组成庞大的生产大军，开垦荒地，种植粮棉，解决军民的衣食问题。随着大生产运动的不断推进，抗日根据地的农业生产得到恢复和发展，许多地方都做到了"耕三余一"②，实现了农民收入增加和人民生活改善。

三、社会主义革命和建设时期（1949—1978 年）

新民主主义革命任务完成后，面对一穷二白、百业凋敝的困难局面，中国共产党领导人民艰苦奋斗、重整山河。在全国范围内开展土地改革，废除了封建土地制度；完成了对农业、手工业和资本主义工商业的社会主义改造，建立了社会主义基本经济制度；发展集体经济，大兴农田水利；发展农村教育和合作医疗，建立以"五保制度"和特困群体救济为主体的农村初级社会保障体系③。这些探索和实践为下个时期开创农村改革发展新局面提供了制度前提和物质基础。

1. 开展农村土地改革。新中国成立初期，全国只有 1/3 的地区完成了土地改革。为了给社会主义革命和建设创造条件，农村土地改革进一步在华东、中南、西南和西北等地相继开展。1950 年 3 月和 6 月，毛泽东先后在《征询对待富农策略问题的意见》和《为争取国家财政经济状况的基本好转而斗争》中提出，从根本上改善财政经济情况的首要条件就是完成土地改革，"土改规模空前伟大，容易发生过左偏向"④，全党和全国人民应该"有步骤有秩序地进行土地改革工作。"⑤ 1950 年 6 月通过的《中华人民共和国土地改革法》缩小了没

---

① 前一句与这一句内容参见《毛泽东选集》第三卷，北京：人民出版社 1991 年版，第 891 页、第 911 页。
② 抗日战争时期，中国共产党领导下的若干边区人民政府在大生产运动中提出"耕三余一"的口号，号召农民积极生产，厉行节约，做到每家一年有 4 个月的余粮。
③ 参见《人类减贫的中国实践》，http://www.gov.cn/zhengce/2021–04/06/content_5597952.htm。
④ 参见《毛泽东选集》第五卷，北京：人民出版社 1977 年版，第 13 页。
⑤ 参见《毛泽东选集》第五卷，北京：人民出版社 1977 年版，第 18 页。

收封建土地和财产的范围，相关政策由征收富农多余土地财产转变为保护富农所有自耕和雇人耕种的土地及其财产不得侵犯，为新区土地改革提供了法律依据[①]。

到 1952 年 12 月，广大新区的农村土地改革基本完成。农民获得了一份属于自己的土地，实现了"耕者有其田"，对农村政治、社会和经济结构均产生了重大而深远的影响：在社会结构方面，封建地主阶级被永远消灭，农民成为平等独立的人，形成了一种民主自由的社会关系，为社会主义民主制度建设奠定了基础；在政治结构方面，农民获得了政治权利，改变了农村的政治结构，为建立新型农村基层政权奠定了基础；在经济结构方面，农民对地主的依附关系不复存在，以小块土地私有制为特征的家庭经济逐渐在中国农村经济生活中占据主体地位。农村土地改革的成功，充分激发了广大农民的生产积极性，推动了农业生产力的解放和发展，粮食作物和棉花、油菜等经济作物的产量迅速达到并超过新中国成立前的历史最高水平。

2. 建立粮食统购统销制度。 农村土地改革后，粮食产量虽然有了稳定增长，但粮食消费数量和质量方面的需求也在迅速增加，加之私商在粮食市场上与国家存在竞争关系、与政府不够合作以及存在粮食投机行为等，致使市场上出现了粮食购销紧张的局面。1953 年 10 月，毛泽东在中央政治局扩大会议上就粮食统购统销问题指出："我国经济的主体是国营经济，它有两个翅膀即两翼，一翼是国家资本主义（对私人资本主义的改造），一翼是互助合作、粮食征购（对农民的改造）。"[②] 同年 11 月，政务院下达《关于实行粮食的计划收购和计划供应的命令》，与城乡居民息息相关的粮食统购统销政策正式出台。在实行粮食统购统销制度的同时，棉花、油料等其他农产品的统购统销制度也相继建立起来，形成了一个完整的农产品统购统销制度体系（田锡全，2004）。

在粮食生产不能适应需求增长的情况下，实行统购统销制度对于保证供给、稳定市场，进而稳定整个社会秩序具有积极作用。同时，统购统销通过工农产品价格"剪刀差"为工业建设提供了大量资金，为中国工业化作出了巨大贡献。但也应当看到，实行统购统销制度，隔断了农民同市场的联系，消除了价值规律对农业生产的调节作用，农民种什么以及如何处置产品都由政府安排，这极大地影响了农民的生产积极性。统购统销制度还导致形成了城乡分割的二元经济结构，抑制了农业剩余劳动力的转移，影响了城乡之间的协调发展。

3. 开展农业合作化运动。 农村土地改革完成后，农村经济几乎清一色地变为小农家庭经营。受封建剥削和长期战争等遗留问题的影响，农村劳动力短缺，生产资料十分匮乏。农村土地改革结束时，平均每户只有 0.6 头牲畜，从事独立的家庭经营较为困难，农村中出现了以"自愿互利、互助合作"为主要特征的农业生产互助组（武力、郑有贵，2013）。

1951 年 12 月，中共中央通过《关于农业生产互助合作的决议（草案）》，提出要正确对待农民在土地改革基础上发扬起来的生产积极性，指出了互助合作的三种主要形式和农业互助合作需警惕的两种错误倾向，明确了党对于发展互助合作运动的方针和领导方法（武力、郑有贵，2013）。1952 年 2 月，《中央人民政府政务院关于一九五二年农业生产的决定》对农业互助合作运动作出具体安排，要求在全国范围内发展互助组和生产合作社，提出"老解

---

① 根据《中华人民共和国土地改革法》（http://www.npc.gov.cn/wxzl/wxzl/2000 - 12/10/content _ 4246. htm）归纳、整理。

② 参见《毛泽东文选》第六卷，北京：人民出版社 1999 年版，第 295 页。

放区要在今明两年把农村百分之八九十的劳动力组织起来，新区要争取 3 年左右完成这一任务。"① 在上述文件的推动下，全国初级农业生产合作社有了较大发展。1953 年 12 月，中共中央通过《关于发展农业生产合作社的决议》，总结了初级农业生产合作社（后文简称"初级社"）的十大优点，标志着农业互助合作运动的重心已由发展巩固互助组转变为发展巩固初级社。

1955 年 7 月，毛泽东在省委、市委、自治区党委书记会议上作了《关于农业合作化问题》的报告，预言"目前农村中合作化的社会改革的高潮，有些地方已经到来，全国也即将到来"②，批判了右倾保守思想，要求"赶快上马"，这改变了农业合作化的方针和进程。1955 年 10 月，党的七届六中全会（扩大）通过《关于农业合作化问题的决议》，对农业合作化的发展速度做出以下规划：在全国大多数地区，到 1958 年春季，先后基本上实现半社会主义的合作化。此次会议敲响了农业合作化高潮的战鼓，到 1956 年年底，中国已经基本实现了农业合作化（武力、郑有贵，2013）。

4. 建立人民公社体制。 1958 年，为迅速发展社会生产力、加快建设农村社会主义的步伐，"人民公社化运动"这场生产关系与社会制度的巨大变革在全国展开。这一运动以暴风骤雨式的政治运动形式掀起了全国上下尤其是农村地区建设人民公社的热潮，甚至被视作通向共产主义的"金桥"。

早在农村开展农业合作化运动的过程中，毛泽东就萌发了在农村建立"大社"的思想。1955 年 12 月，毛泽东在《大社的优越性》的按语中指出："现在办的半社会主义的合作社，……二三十户的小社为多。……这种小社仍然束缚生产力的发展，不能停留太久，应当逐步合并。……不但平原地区可以办大社，山区也可以办大社。"③ 1958 年 3 月，《关于把小型的农业合作社适当地合并为大社的意见》印发后，各地农村开展了"小社并大社"工作，大社建成后，名称叫法不一，最后统一取名为"人民公社"。1958 年 8 月，毛泽东在视察山东农村时提出，办人民公社的好处是可以把工、农、商、学、兵合在一起，便于领导。同月，《中共中央关于在农村建立人民公社问题的决议》决定在全国农村普遍建立人民公社。人民公社的基本特征是，组织上"一大二公""政社合一"和"多级管理"，生产上统一经营、集中劳动，分配上实行平均主义。

人民公社化运动是多种因素综合作用的结果。在当时的历史条件下，开展人民公社化运动对于动员农村资源、加强农业基础设施建设、发展农村集体经济和促进农村文化教育事业发展等发挥了积极作用，但也产生了一些消极后果：一是农业发展停滞、粮食减产、产业结构紊乱，严重损害了农业生产；二是人民公社"共产风"泛滥，无偿平调农民和农村集体的大批财产，使农民生活陷入困境。

5. 掀起"农业学大寨"运动。 "大跃进"和三年自然灾害造成的严重饥荒使中国共产党深刻认识到农业的重要性和恢复发展农业的紧迫性。20 世纪 60 年代以后，中国经济建设遇到困难，加上中苏关系恶化，国际环境严峻，需要加紧推进优先发展重工业的战略，国家希

---

① 参见中央档案馆（编），1991：《1949—1952 中华人民共和国经济档案资料选编·农业卷》，北京：社会科学文献出版社，第 44～45 页。
② 参见《毛泽东选集》第五卷，北京：人民出版社 1977 年版，第 168 页。
③ 参见《毛泽东选集》第五卷，北京：人民出版社 1977 年版，第 257～258 页。

望用农业剩余来支持工业化。山西省昔阳县大寨大队所提出并实现的"三不要"（不要国家救济款、救济粮、救济物资）、"三不减"（原计划的国家征购粮、集体储备粮、社员口粮都不减少）非常有必要提倡（参见宋洪远，2019）。

1964 年 5 月，毛泽东在听取国家计委领导小组关于"三五"计划的设想时提出："农业要自力更生，就要像大寨那样，他们不借国家的钱，也不向国家要东西"（武力、郑有贵，2013）。同年 6 月，在中共中央工作会议上，毛泽东再次强调"农业主要靠大寨精神，自力更生"。同年 12 月，在第三届全国人民代表大会第一次会议上，周恩来将大寨精神概括为"政治挂帅、思想领先的原则，自力更生、艰苦奋斗的精神，爱国家、爱集体的共产主义风格"（参见宋洪远，2019）。于是，全国掀起了"农业学大寨"运动。20 世纪 60—70 年代，29 个省（自治区、直辖市）710 万人到大寨大队参观学习，中央和地区先后 20 余次在大寨大队和昔阳县召开各类会议，这些对中国农业的恢复和发展起到了重要的促进作用（参见宋洪远，2019）。

"文化大革命"开始后，受极"左"思想的影响，大寨大队原先的基本经验被否定，从农业的先进典型演变成了执行"左"倾错误的典型。同时，大寨大队的一些具体做法在一些地区被不切实际地照搬过来。例如，造"大寨田"，片面强调农业生产；实行按大队统一核算，强行改变经济核算单位，盲目从小集体过渡到大集体等。"文化大革命"开始后的"农业学大寨"运动，在政治、经济、思想上都给各地带来了很大的危害。1980 年 11 月，中共中央转发山西省委《关于农业学大寨运动中经验教训的检查报告》，正式为"农业学大寨"运动画上了句号。

四、党的十一届三中全会以后（1978—1989 年）

在这一阶段，以邓小平为主要代表的中国共产党人，深刻总结新中国成立以来正反两方面的经验，借鉴世界社会主义历史经验，作出把党和国家工作重心转移到经济建设上来、实行改革开放的历史性决策。1979 年 9 月，党的十一届四中全会作出《关于加快农业发展若干问题的决定》，制定了发展农业生产力的 25 项政策措施，并对推进农业现代化作出了部署和安排。1987 年 1 月，中共中央印发《把农村改革引向深入》，提出"有计划地建立改革试验区"[①]，并对农村改革和发展作出了新的部署和安排。中国改革从农村开始并率先取得突破，为中国经济社会全面改革提供了宝贵经验和有力支撑。

1. 实行家庭承包经营。农业合作化运动中所出现的"要求过急、改变过快"和人民公社化运动中所出现的平均主义等问题[②]，严重损害了农民的利益，挫伤了农民的生产积极性。早在 20 世纪 50—60 年代，农民群众就自发地进行了至少三次较大的以"包产到户"为主要内容的实践探索，这在客观上为党的十一届三中全会以后实行家庭承包经营积累了经验。

1978 年 11 月，安徽省凤阳县小岗村农民大胆实行集体土地"包产到户"，拉开了以农村土地承包制度改革为开端的农村改革的序幕。1980 年 5 月，邓小平在同中央负责工作人

---

① 参见《把农村改革引向深入》，http://www.moa.gov.cn/ztzl/xzgnylsn/gd/200909/t20090922_1355575.htm。

② 参见《关于建国以来党的若干历史问题的决议》，http://www.people.com.cn/item/20years/newfiles/b1040.html。

员的谈话中热情赞扬了安徽农村实行的包产到户、包干到户。同年9月，中共中央发布《关于进一步加强和完善农业生产责任制的几个问题》，由小岗村率先实行的以"包产到户"为主的农业生产责任制获得了中央最高决策层的认同。到1983年，全国90％以上的农户签订了土地承包合同，90％以上的耕地实现了家庭承包，实现了由人民公社集体经济到家庭承包经营的转变①。

农村家庭承包经营具有以下几个基本特征：第一，除了农地的所有权仍归集体之外，农地的经营使用权基本下放给农户；第二，在绝大多数情况下，以生产队为单位，农地按农户的家庭人口数来平均分配并承包；第三，农户承包土地的收益在做了必要的扣除后，全部归农户所有；第四，农户根据自己的意愿使用土地和安排生产，基本实现了自主经营。

以家庭承包经营为基础、统分结合的双层经营体制的确立，极大地调动了广大农民的生产积极性，解放和发展了农业生产力，成就了改革开放以来中国农业农村发展的第一个"黄金时期"，被誉为"中国农民的伟大创造"。

2. 改革粮食等农产品流通体制。 实行家庭承包经营后，农产品产量大幅增加，之前供需紧张的局面得到缓解，受农产品统购统销制度的影响，部分农产品甚至出现了"卖难"问题，迫切要求放开农产品价格和流通管制。

1979年9月，党的十一届四中全会提出，恢复农贸市场，逐步减少农产品统购派购的品种和比重，扩大议价收购和市场调节的范围，重新将市场机制引入农业。1982年中央1号文件提出："必须多方设法疏通和开辟流通渠道。国营商业和供销合作社要充分利用现有经营机构，打破地区封锁，按照经济规律组织商品流通，大力开展产品推销工作"②。1985年中央1号文件明确要求全面改革农产品统购派购制度。

改革粮食等农产品流通体制，废除了长达30余年的农产品统购派购制度。广大农民在取得生产经营自主权之后，又取得了产品交换的自主权，成为相对独立的商品生产者，推动农村经济从自给半自给经济向商品经济转化，加快了中国农业和农村经济的市场化进程。

3. 乡镇企业异军突起。 乡镇企业的前身是"社队企业"。改革开放前，受各种原因特别是"左"的思想的影响，社队企业在挫折和困难中求生存、谋发展。1978年，全国共有社队企业52.1万个，从业人员1 734万人，总产值385亿元。随着家庭承包经营的普遍推行，农村有大量富余劳动力需要转移；而农村集体经济的积累和农户收入水平的提高，也给乡镇企业发展提供了资金来源。到1983年，全国乡镇企业增加到55.3万个，从业人员增至2 168万人，总产值提升至686亿元。

1984年1月，中共中央发出通知，鼓励农民向各种企业投资入股，鼓励集体和农民将资金集中起来，联合兴办各种企业。同年3月，中共中央、国务院转发农牧渔业部《关于开创社队企业新局面的报告》，将社队企业改称乡镇企业，并提出对乡镇企业发展给予支持。1985年和1986年的中央1号文件以及1987年中央5号文件，都对乡镇企业发展提出了新的要求，出台了一系列促进乡镇企业发展的新政策，乡镇企业得到快速发展。1996年10月，全国人大常委会通过《乡镇企业法》，以法律的形式明晰和理顺了乡镇企业的产权关系。

---

① 数据来源：《拉开农村改革序幕（改革开放40年40个"第一"）》，http://politics.people.com.cn/n1/2018/1212/c1001-30460601.html。

② 参见《中共中央国务院关于"三农"工作的一号文件汇编》，北京：人民出版社2010年版，第9页。

与社队企业相比，乡镇企业的发展具有以下特点：一是由原来的"两个轮子（社办、队办）一起转"，改为"四个轮子（乡办、村办、联户办、户办）一起转"；二是突破了"三就地"的限制，乡镇企业可以广泛外引内联；三是横向经济联合获得广泛发展，乡镇企业与国有企业和科研院所联合，引进资金、技术、设备、产品等。

乡镇企业的发展，带动了农村非农产业的发展，促进了农村劳动力转移就业，增加了农民收入，承担了支援农业的义务，对推进农村工业化和农业现代化发挥了重要作用。随着市场经济的发展，尤其是进入买方市场后，乡镇企业发展速度明显放缓、效益滑坡，市场竞争压力不断向企业内部传导，促使乡镇企业进行各种形式的产权制度改革。

4. 实行政社分开建立乡政府。随着农村改革的深入推进，人民公社"政社合一，多级管理"的生产经营体制越来越不适应家庭承包经营的要求，阻碍了农村经济社会的进一步发展，实行政社分开的乡村管理体制改革被提上日程。

1980年4月，四川省广汉县向阳公社第一个取下"广汉县向阳人民公社管理委员会"的牌子，挂上了"广汉县向阳乡人民政府"的牌子。1983年10月，《关于实行政社分开、建立乡政府的通知》要求各地普遍实行政社分开，恢复乡人民政府体制，规定公社为集体经济组织。

"人民公社"改"乡"，大体上形成了一社一乡制、大区小乡制和大区中乡制3种类型。其中，一社一乡制即在原人民公社的区划范围内建乡，这一类型在全国较为普遍；大区小乡制，即将原公社改为区，原生产大队改为乡，这一类型主要在广东、云南等省采用；大区中乡制，即将原人民公社改为区，原人民公社下的管理区改为乡，主要在原人民公社管辖范围较大的地区实行，约占全国总乡数的13%。到1985年，全国共有县辖区（区公所）7 908个、乡82 450个（其中民族乡3 144个）、镇9 140个，政社分开工作基本完成。

5. 实行村民自治制度。随着家庭承包经营的推行和政社分开的实行，部分地区的农村出现了对修建道路、水利设施等农村公共事务和公益事业的组织乏力等问题，农村社会治安、民事纠纷等社会管理方面的问题也大量增加。为解决这些问题，部分地区开始探索建立村民自治会（组）、村民委员会等自治组织[①]。

1980年，广西壮族自治区宜山县出现了全国第一个群众自发组织、自我管理的村民委员会，率先实现了村民自治。1982年12月通过的《中华人民共和国宪法》明确了"村民委员会是基层群众性自治组织"。1983年10月发出的《关于实行政社分开、建立乡政府的通知》指出，村民委员会作为基层群众自治组织，要积极办理本村的公共事务和公益事业，协助乡镇政府做好本村的行政和生产建设工作。到1984年年底，全国建立了94.86万个村民委员会，新的村级行政组织体系框架基本形成。1987年11月，第六届全国人民代表大会常务委员会第二十三次会议通过《中华人民共和国村民委员会组织法（试行）》，这标志着村级民主制度建设进入制度化和法制化阶段。

村民自治制度的实行，增强了农民的民主意识，推动形成了农村健康向上、有利于经济社会稳定发展的精神风貌；推动形成了较为完整的乡村政治制度体系，并使其不断优化和改进；带动了经济民主，推动形成了政治民主和经济民主良性互动的格局；推动形成了村庄民主和国家民主对接、互补、协调演进的制度创新格局。

---

① 中共中央文献研究室（编），2001：《十五大以来重要文献选编》（中），北京：人民出版社。

五、党的十三届四中全会以后（1989—2002 年）

在这一阶段，以江泽民为主要代表的中国共产党人，确立了社会主义市场经济体制的改革目标和基本框架，确立了社会主义初级阶段的基本经济制度和分配制度。1991 年 11 月，党的十三届八中全会通过《关于进一步加强农业和农村工作的决定》，部署了 20 世纪 90 年代农业农村发展的主要任务，提出了建设社会主义新农村的基本要求。1998 年 10 月，党的十五届三中全会通过《关于推进农村改革发展若干重大问题的决定》，制定了农业和农村跨世纪发展的目标和政策。农村经济体制改革不断深化，农业和农村经济获得较快发展。

1. 保障国家粮食安全。 20 世纪 80 年代中期，随着城市改革进程的加快，城市居民食物消费结构升级，非粮食食物需求增加。与此同时，一些地区出现了忽视农业发展的倾向，粮食生产增速放缓。在这种背景下，国际上也有学者提出了"谁来养活中国人"的问题。

为解决上述矛盾和问题，回应国际社会关切，在 1996 年 11 月联合国粮农组织召开粮食首脑会议之前，国务院首次发布《中国的粮食问题》白皮书，明确提出了立足国内资源、实现粮食基本自给的方针。2000 年 10 月，江泽民在党的十五届五中全会上强调："保持经济持续快速健康发展，必须始终高度重视并抓紧解决好粮食安全等问题。12 亿多人吃饭，只有依靠自己，靠谁也靠不住。决不可轻言粮食过关了。"

为保障国家粮食安全，中国政府采取了如下政策措施：一是努力改善生产条件，千方百计提高粮食综合生产能力；二是推进科教兴农，转变粮食增长方式；三是综合开发利用和保护国土资源，实现农业可持续发展；四是深化体制改革，创造粮食生产、流通的良好政策环境[①]。截至 2001 年，中国谷物、棉花、油菜籽、水果、猪牛羊肉等产品的产量稳居世界第一位[②]。事实充分证明，中国人民不仅能够养活自己，还为世界粮食发展作出了重要贡献。

2. 推进农村金融改革。 随着农业多种经营和农村非农产业的发展，农村的融资和投资需求大幅增加，但农村金融体制越来越不适应农业和农村经济发展的要求，改革创新农村金融体制势在必行。

1979 年 2 月，国务院批准恢复建立中国农业银行，允许其独立行使职责，自主经营业务，领导农村信用合作社，其主要任务是推动农村金融事业快速发展。1984 年 8 月，国务院批转中国农业银行《关于改革信用合作社管理体制的报告》，要求恢复信用社合作金融的性质。1994 年 4 月，中国农业发展银行成立，承担从中国农业银行剥离出来的政策性金融业务，实现了政策性金融和商业性金融的分离。

为进一步理顺各类金融机构之间的相互关系，建立起合理的管理体制和良好的运行机制，1996 年 8 月，《关于农村金融体制改革的决定》指出："农村信用社管理体制改革，是农村金融体制改革的重点。改革的核心是把农村信用社逐步改为由农民入股、由社员民主管

---

① 参见《中国的粮食问题》，http://www.gov.cn/zhengce/2005 - 05/25/content＿2615740.htm。
② 国家统计局：《国民经济持续快速健康发展》，http://www.stats.gov.cn/ztjc/ztfx/yjsld/200210/t20021003＿36048.html。

理、主要为入股社员服务的合作金融组织。"提出"在城乡一体化程度较高的地区,已经商业化经营的农村信用社,经整顿后可合并组建成农村合作银行。"① 1999 年 1 月,国务院下令全国统一取缔农村合作基金会。2003 年 6 月,国务院下发《深化农村信用社改革试点方案》,提出把农村信用社逐步办成由农民、农村工商户和各类经济组织入股的社区性地方金融机构。2006 年 12 月,中国银行业监督管理委员会提出支持和引导境内外银行资本、产业资本和民间资本到农村地区投资、收购、新设银行业金融机构②。

在这一时期,农村金融改革不断深化,农村金融体系的基本框架得以初步建立,各类农村金融机构之间的关系得到初步理顺,这为健全农村金融管理体制和运行机制、增强农村金融机构服务功能、提高农村金融服务水平打下了坚实基础。

3. 促进农业可持续发展。改革开放以来,中国农业农村经济发展取得了巨大成就。然而,在人多地少的基本国情下,农业资源过度开发、化肥农药利用率低导致农业内源性污染严重,粗放式生产方式导致农业生态系统功能退化。这些问题严重阻碍了农业经济的持续发展和农民生活质量的稳步提高。在这一背景下,党和政府认识到,通过高投入高消耗追求产量增长和"先污染后治理"的传统发展模式已不再适应当今和未来发展的要求,必须找到一条坚持生产发展与资源环境承载力相匹配的农业可持续发展道路。

1992 年 6 月联合国环境与发展大会召开后,中国政府于 1994 年 3 月率先组织制定《中国 21 世纪议程——中国 21 世纪人口、环境与发展白皮书》,阐明了中国的可持续发展战略和对策。这一文件"将成为中国制定国民经济和社会发展中长期计划的一个指导性文件,并在'九五'计划和 2010 年规划的制定中,作为重要的目标和内容,得到具体体现。"③ 1998 年 10 月,党的十五届三中全会首次提出"实现农业可持续发展"的基本方针。

在这之后的 4 年时间里,每年都召开中央人口资源环境工作座谈会,部署实施农业可持续发展战略。2001 年 3 月,江泽民在中央人口资源环境工作座谈会上强调:"切实保护农业资源和农业生态环境,是实现农业可持续发展的长远大计。……我们要下大决心,经过几十年努力,使我国农业生态环境明显改观"(武力、郑有贵,2013)。2001 年 3 月,《中华人民共和国国民经济和社会发展第十个五年计划纲要》完成了从确立到全面推进可持续发展战略的历史进程。2003 年 1 月,国务院印发《中国 21 世纪初可持续发展行动纲要》,明确了 21 世纪初中国实施可持续发展战略的主要目标、基本原则、重点领域及保障措施,进一步推动了中国农业可持续发展的进程。

4. 开展八七扶贫攻坚。20 世纪 80 年代,中国已在全国范围内开展了有计划、有组织、大规模的扶贫开发。到 1992 年年底,全国农村没有解决温饱的贫困人口由 1978 年的 2.5 亿人④减少到 8 000 万人。"这些贫困人口主要集中在国家重点扶持的 592 个贫困县,分布在中西部的深山区、石山区、荒漠区、高寒山区、黄土高原区、地方病高发区以及水库库区,而

---

① 参见《国务院关于农村金融体制改革的决定》,http://www.law-lib.com/law/law_view.asp?id=63204。

② 参见《中国银行业监督管理委员会关于调整放宽农村地区银行业金融机构准入政策更好支持社会主义新农村建设的若干意见》,http://www.gov.cn/zhengce/2016-05/24/content_5076293.htm。

③ 参见《中国 21 世纪议程——中国 21 世纪人口、环境与发展白皮书》序言部分,http://risd.ccnu.edu.cn/_local/F/0B/12/5A470E3D188A9E51A3CC43E199E_DDCD31B0_60327.pdf。

④ 参见《中国农村绝对贫困人口已经从 2.5 亿下降到 1 479 万》,http://www.gov.cn/jrzg/2008-07/08/content_1039319.htm。

且多为革命老区和少数民族地区。共同特征是，地域偏远，交通不便，生态失调，经济发展缓慢，文化教育落后，人畜饮水困难，生产生活条件极为恶劣。"[1] 因此，扶贫开发的任务十分艰巨。

为了进一步解决农村贫困问题、缩小地区差距，1994年3月，《国家八七扶贫攻坚计划（1994—2000年）》明确提出以下奋斗目标：1993年新确定的592个贫困县的绝大多数贫困户年人均收入达到500元以上（按1990年不变价计算）；扶持贫困户，减少返贫人口。

为推动《国家八七扶贫攻坚计划（1994—2000年）》的实施，1996年9月，江泽民在中央扶贫开发工作会议上强调，扶贫工作要实行责任制，各级党政一把手要亲自组织指挥本地区的扶贫攻坚战；各级党政机关要组织大批干部，到贫困村具体帮助扶贫；要把扶贫攻坚的任务和措施落实到贫困村和贫困户[2]。党中央、国务院印发《关于尽快解决农村贫困人口温饱问题的决定》，提出了一系列加快扶贫攻坚进度的重大政策措施[3]。

2001年5月，江泽民在中央扶贫开发工作会议上指出，《国家八七扶贫攻坚计划（1994—2000年）》中提出的战略目标已基本实现，中国农村贫困人口的温饱问题已基本得到解决。之后，国务院出台《中国农村扶贫开发纲要（2001—2010年）》，确定了中国2001—2010年扶贫开发的奋斗目标、基本方针、对象与重点、内容和途径以及政策保障。

5. 推进农村税费改革。实行政社分开、建立乡政府和村民自治组织后，随着乡村管理人员的增加和社会事业的发展，农村社会管理、基础设施、公共服务方面的开支不断扩大。为弥补经费开支缺口，国家于1983年11月对农林特产收入征收农业税，1991年12月出台《农民承担费用和劳务管理条例》，加上1950年12月开征的屠宰税和1958年6月开征的农业税、牧业税，形成了"农业四税"（农业税、屠宰税、牧业税、农林特产税）、"村级三项提留"（公积金、公益金、管理费）和"乡镇五项统筹"（乡村两级办学、计划生育、优抚、民兵训练、修建乡村道路）共12项税费，再加上征收过程中层层加码形成的"三乱"（乱集资、乱摊派、乱罚款）问题，导致农民负担过重，严重影响了干群关系和农村社会的稳定。

为切实减轻农民负担，1993年3月和7月，中共中央办公厅、国务院办公厅发布《关于切实减轻农民负担的紧急通知》和《关于涉及农民负担项目审核处理意见的通知》，基本上堵住了增加农民负担的源头（张新华，2008）。1996年12月，《关于切实做好减轻农民负担工作的决定》进一步完善了减轻农民负担的各项政策规定，提出允许一些粮食主产区进行税费改革探索。

为推进农村税费改革，1998年11月，国务院办公厅下发《关于制定农村税费改革方案有关问题的通知》，成立了农村税费改革工作小组及其办公室，负责制定农村税费改革方案并组织实施。2000年3月，《关于进行农村税费改革试点工作的通知》决定在安徽全省进行农村税费改革试点。改革的主要内容是"三取消、两调整和一改革"，即取消乡统筹费、农村教育集资等专门面向农民征收的行政事业性收费和政府性基金、集资，取消屠宰税，取消统一规定的劳动积累工和义务工；调整农业税和农业特产税政策；改革村提留征收使用办法。2003年3月，在全国范围内全面推开农村税费改革试点工作。2004年中央1号文件决

---

① 参见《国家八七扶贫攻坚计划（1994—2000年）》，http://www.cpad.gov.cn/art/2016/7/14/art_343_141.html。

② 参见《中国共产党大事年记（1996）》，https://www.chinacourt.org/article/detail/2003/06/id/64478.shtml。

③ 参见《关于尽快解决农村贫困人口温饱问题的决定》，http://nwccw.gov.cn/2017-04/28/content_152682.htm。

定"农业税税率总体上降低1个百分点，同时取消除烟叶外的农业特产税"①。2005年中央1号文件提出，"在国家扶贫开发重点县进行免征农业税试点，在其他地区进一步降低农业税税率。在牧区开展取消牧业税试点。"② 同年12月，第十届全国人民代表大会常务委员会通过《关于废止〈中华人民共和国农业税条例〉的决定》，在中国延续2 600多年的农民缴纳皇粮国税的时代一去不复返。

农村税费改革是新中国成立以来继农村土地改革、实行家庭承包经营之后的又一重大改革。进行农村税费改革，依法调整和规范国家、集体与农民的利益关系，将农村的分配制度进一步纳入法治轨道，堵住了加重农民负担的口子，明显改善了农村干群关系，促进了农村经济发展和农村社会稳定。

六、党的十六大以后（2002—2012年）

在这一阶段，以胡锦涛为主要代表的中国共产党人，在全面建设小康社会的进程中，不断推进实践创新、制度创新和政策创新。从2003年开始，每年召开中央农村工作会议；从2004年开始，中共中央每年下发关于"三农"工作的1号文件。明确"要把解决好'三农'问题作为全党工作的重中之重"，对这个时期的农村改革和发展作出了一系列部署和安排。全面取消农业税、实行种粮农民直接补贴政策，促进了粮食增产和农民增收；建立包括新型农村合作医疗和新型农村社会养老保险在内的农村社会保障制度，维护了农村社会发展和稳定的大局；加快推进社会主义新农村建设，全面深化农村改革，大力推进城乡统筹发展，奠定了全面建设小康社会的重要基础。

1. 促进农民增加收入。进入20世纪90年代中期，中国农民人均纯收入增速连续多年放缓，粮食主产区的农民收入增速低于全国平均水平，1998—2000年全国农民人均纯收入增长率分别为4.3%、3.8%和2.1%，连续3年下降的状况是自改革开放以来从未有过的。

早在2000年12月，胡锦涛就明确指出："如果农民增产不增收，甚至增产还减收的现象继续发展下去，就会严重地挫伤广大农民的生产积极性，甚至会使来之不易的农产品供求平衡的局面发生逆转。如果出现这种情况，国民经济发展的全局就会受到严重影响。"③ 2004年中央1号文件提出："坚持'多予、少取、放活'的方针，……强化对农业支持保护，力争实现农民收入较快增长，尽快扭转城乡居民收入差距不断扩大的趋势。"④ 2006年中央1号文件提出，要进一步拓宽农民增收渠道。2009年中央1号文件强调，要千方百计促进农民收入持续增长。

在支农惠农重大政策的支持下，农民收入多年低速徘徊的局面得到扭转。2012年农村居民人均纯收入达到7 917元，实际增长10.7%，连续3年增速达到两位数以上，比城镇居

---

① 参见《中共中央国务院关于促进农民增加收入若干政策的意见》，http://www.gov.cn/test/2006-02/22/content_207415.htm。

② 参见《中共中央国务院关于进一步加强农村工作提高农业综合生产能力若干政策的意见》，http://www.gov.cn/test/2006-02/22/content_207406.htm。

③ 参见《开展"三个代表"重要思想学习教育促进农村经济发展和社会全面进步》，https://www.gmw.cn/01gmrb/2001-04/02/GB/04%5E18739%5E0%5EGMA1-020.htm。

④ 参见《关于促进农民增加收入若干政策的意见》，http://www.gov.cn/test/2006-02/22/content_207415.htm。

民人均可支配收入增速高 1.1 个百分点①。

2. 建设社会主义新农村。 进入 21 世纪以来，中国的农业和农村发展仍然存在农业基础设施薄弱、农村社会事业发展滞后、城乡居民收入差距扩大等问题。对此，党中央提出，解决好"三农"问题仍是中国工业化、城镇化进程中重大而艰巨的历史任务，必须扎实稳步地推进社会主义新农村建设。

2005 年 10 月，《中共中央关于制定国民经济和社会发展第十一个五年规划的建议》提出，要按照"生产发展、生活宽裕、乡风文明、村容整洁、管理民主"的要求，扎实推进社会主义新农村建设。2005 年 12 月，中央经济工作会议指出，建设社会主义新农村是中国现代化进程中的重大历史任务，要使建设社会主义新农村成为全党全国的共同行动。2006 年中央 1 号文件深刻阐述了建设社会主义新农村的重大意义，提出了社会主义新农村建设的总体要求和主要措施。

建设社会主义新农村并不是一个新概念。早在 20 世纪 50 年代，《1956 年到 1967 年全国农业发展纲要》中就提出"发挥复员军人建设社会主义农村的积极性"②。到 1984 年提出"小康社会"概念时，建设社会主义新农村就是其中的重要内容之一。在 1984 年中央 1 号文件、1987 年中央 5 号文件和 1991 年党的十三届八中全会通过的《关于进一步加强农业和农村工作的决定》中，都出现过"建设社会主义新农村"的提法。在已有政策要求的基础上，结合新的历史条件，党的十六届五中全会提出了建设社会主义新农村的新要求。社会主义新农村建设中农村经济、政治、文化和社会等方面的发展，为实施乡村振兴战略打下了坚实的基础。

3. 大力发展现代农业。 进入 21 世纪以来，中国农业处在一个新的发展阶段，仍面临着许多矛盾和问题。一是资源约束趋紧。人多地少水缺已成为制约许多地区农业发展的瓶颈。二是市场约束增强。随着生活水平的提高，人们对食物的要求从"吃饱"转变为"吃好"。中国不具有竞争优势的农产品受进口冲击的状况已显现出来，而具有竞争优势的农产品的出口潜力还难以得到发挥。上述两个因素叠加在一起，导致市场对农业发展的约束越来越突出。三是体制约束固化。经过近 30 年的改革，中国已基本形成农村市场和农产品市场体系，但长期形成的城乡二元结构并未消除，生产要素在城乡之间的合理流动和优化配置还存在许多体制障碍。为从根本上解决当时农业发展面临的突出矛盾和问题，党和政府提出了积极发展现代农业，走中国特色农业现代化道路的任务和要求。

2005 年中央 1 号文件强调"稳定、完善和强化各项支农政策，切实加强农业综合生产能力建设"③。2007 年中央 1 号文件提出："建设现代农业的过程，就是改造传统农业、不断发展农村生产力的过程，就是转变农业增长方式、促进农业又好又快发展的过程。必须把建设现代农业作为贯穿新农村建设和现代化全过程的一项长期艰巨任务，切实抓紧抓好。"④

---

① 数据来源：《2012 年农民收入增速再度超过城镇居民》，http：// finance. people. cm. cn/n/2013/0121/c1004 - 20270245. html。

② 参见《1956 年到 1967 年全国农业发展纲要》，http：// www. npc. gov. cn/wxzl/gongbao/2000 - 12/23/content _ 5000702. htm。

③ 参见《中共中央国务院关于进一步加强农村工作提高农业综合生产能力若干政策的意见》，http：// www. gov. cn/ test/2006 - 02/22/content _ 207406. htmhttp：// www. gov. cn/test/2006 - 02/22/content _ 207406. htm。

④ 参见《关于积极发展现代农业扎实推进社会主义新农村建设的若干意见》，http：// www. chinadaily. com. cn/ hqkx/2007 - 01/30/content _ 796651. htm。

对于推进现代农业建设，这一文件提出了发展现代农业的主要目标、实现途径和政策措施。2008 年中央 1 号文件强调"突出加强农业基础建设""强化农业科技和服务体系基本支撑"①。2012 年中央 1 号文件强调"依靠科技创新驱动，引领支撑现代农业建设"②。

4. 全面深化农村改革。经过 30 年的改革发展，中国农村发生新的变革，城乡二元结构造成的深层次矛盾比较突出：农村经济体制尚不完善，农业发展方式依然粗放，农村社会事业和公共服务水平较低，农村社会利益格局发生深刻变化。为解决上述问题，全面深化农村改革刻不容缓。

2008 年 10 月，《中共中央关于推进农村改革发展若干重大问题的决定》在总结中国农村改革 30 年基本经验的基础上，提出了推进农村改革发展的指导思想、目标任务和重大原则，围绕完善农村基本经营制度、土地管理制度、农业支持保护制度，建立农村金融制度，促进城乡发展一体化制度，健全农村民主管理制度，部署安排了全面深化农村改革的重点任务和主要举措③。2009 年和 2010 年的中央 1 号文件均强调继续深化农村综合改革。

5. 统筹城乡经济社会发展。进入 21 世纪以来，随着现代工业的深入发展和城市化的快速推进，中国城乡经济社会发展不协调问题日益突出，城乡基础设施和社会事业等方面的差距更加明显，制约城乡协调发展的体制机制矛盾充分暴露。从市场因素看，资源要素自发向高收益高回报的产业和区域流动，主要表现为从农业转向工业、从农村流入城市；从制度约束看，长期形成的城乡二元结构短期内难以改变，有些方面改不动，有些改革难落实，传统体制仍然在许多方面以多种方式顽固地发挥作用。

2002 年 11 月，党的十六大根据国家经济社会发展的阶段性特点明确指出："统筹城乡经济社会发展，建设现代农业，发展农村经济，增加农民收入，是全面建设小康社会的重大任务。"④ 在 2003 年 1 月召开的中央农村工作会议上，胡锦涛指出："统筹城乡经济社会发展，就是要充分发挥城市对农村的带动作用和农村对城市的促进作用，实现城乡经济社会一体化发展。"⑤ 2004 年 9 月，在党的十六届四中全会上，胡锦涛提出"两个趋向"的重要论断，准确判断了中国经济社会发展的形势，明确了中国已经进入到应当和能够实行工业反哺农业、城市支持农村的新阶段。2007 年 10 月，党的十七大提出建立"以工促农、以城带乡"的长效机制，形成城乡经济社会发展一体化新格局。2008 年 10 月，党的十七届三中全会进一步提出建立促进城乡经济社会发展一体化的制度，并对如何统筹城乡发展做出了部署和安排。2010 年中央 1 号文件细化实化了统筹城乡经济社会发展的重点任务，提出了一系列政策措施。

统筹城乡经济社会发展，使中国农村经济社会发生了历史性的变化，农业农村发展进入改革开放以来第二个"黄金时期"。实践表明，统筹城乡发展的基本方略、政策体系和制度

---

① 参见《中共中央国务院关于切实加强农业基础建设进一步促进农业发展农民增收的若干意见》，http：//www. moa. gov. cn/ztzl/yhwj/wjhg/201202/t20120215 _ 2481402. htm。

② 参见《中共中央国务院关于切实加强农业基础建设进一步促进农业发展农民增收的若干意见》，http：//www. moa. gov. cn/ztzl/yhwj/wjhg/201202/t20120215 _ 2481402. htm。

③ 参见《中共中央关于推进农村改革发展若干重大问题的决定》，http：// www. gov. cn/jrzg/2008－10/19/content _ 1125094. htm。

④ 参见《全面建设小康社会，开创中国特色社会主义事业新局面》，http：// news. southcn. com/ztbd/llb/bg/200211160429. htm。

⑤ 参见《胡锦涛文选》第二卷，北京：人民出版社 2016 年版，第 18 页。

框架已基本形成，中国在统筹城乡发展的道路上已迈出了坚实的步伐。

七、党的十八大以来（2012—2021 年）

党的十八大以来，以习近平为主要代表的中国共产党人，围绕统筹推进"五位一体"总体布局，协调推进"四个全面"战略布局，提出了一系列新理念、新思想、新观点，就打赢脱贫攻坚战、深化农业供给侧改革、实施乡村振兴战略、健全城乡融合发展体制机制、强化农业农村法治保障、加强党对"三农"工作的领导①等重大问题作出部署和安排，为做好新时代的"三农"工作、加快推进农业农村现代化提供了根本遵循和行动指南。

1. 打赢脱贫攻坚战。 中国共产党自成立以来，就确立了为劳苦人民谋幸福的目标，带领人民进行了艰苦卓绝的斗争，持续向贫困宣战。党的十八大以来，多数地区和人口的贫困问题已得到解决，剩下的为贫中之贫、困中之困、坚中之坚，扶贫脱贫难度加大。面对复杂的脱贫形势，以习近平同志为核心的党中央把脱贫攻坚摆到治国理政突出位置，提出举全党全社会之力坚决打赢脱贫攻坚战。

2012 年，党中央突出强调，"小康不小康，关键看老乡，关键看贫困老乡能不能脱贫"，承诺"决不能落下一个贫困地区、一个贫困群众"②，拉开了新时代脱贫攻坚的序幕。2013 年 11 月，习近平在湖南省湘西土家族苗族自治州花垣县十八洞村考察时，提出了"实事求是、因地制宜、分类指导、精准扶贫"的十六字方针，"精准扶贫"迅速成为全国扶贫开发工作的指导思想。2015 年 11 月，习近平在中央扶贫开发工作会议上，对精准扶贫的目标任务、实施路径、工作机制、监督体系等进行了重点论述，为扶贫开发指明了方向。之后，中共中央、国务院印发《关于打赢脱贫攻坚战的决定》，阐述了打赢脱贫攻坚战的重要意义，提出了总体要求和政策措施。2016 年 12 月，国务院印发《"十三五"脱贫攻坚规划》，明确了"十三五"时期脱贫攻坚总体要求、指导思想、基本目标、主要任务和保障措施。2017 年 10 月，党的十九大将精准脱贫作为全面建成小康社会的三大攻坚战之一进行部署和安排。2018 年 6 月，中共中央、国务院印发《关于打赢脱贫攻坚战三年行动的指导意见》，聚力攻克深度贫困堡垒，决战决胜脱贫攻坚。经过 8 年的持续奋斗，到 2020 年年底，中国脱贫攻坚目标任务全面完成，提前 10 年实现了《联合国 2030 年可持续发展议程》中的减贫目标，为全球减贫事业贡献了中国力量。

2. 深化农业供给侧改革。 进入新时期以来，中国农业的主要矛盾由总量不足转变为结构性矛盾，突出表现为阶段性供过于求和供给不足并存。党的十八大以来，中国在农业转方式、调结构、促改革等方面进行了积极探索，但是，农产品供给结构失衡、要素配置不合理、资源环境压力大、农民持续增收乏力等问题仍然突出，增加产量与提升品质、成本攀升与价格低迷、库存高企与销售不畅、小生产与大市场、国内外价格倒挂等矛盾和问题亟待解决。为顺应新形势新任务新要求，加快推进农业农村发展，党中央、国务院作出"推进农业

---

① 强化农业农村法治保障、加强党对"三农"工作的领导，是党围绕"四个全面"战略布局就"三农"工作作出的重要部署和安排。同时，党的十八大以来，先后出台了《中国共产党农村工作条例》和《中华人民共和国乡村振兴促进法》，对这两方面问题进行了集中阐述。考虑到以上情况，将这两方面放在这一时期来分析。

② 参见中共中央党史和文献研究院（编），2018：《十八大以来重要文献选编》（下），北京：中央文献出版社，第 29～30 页、第 34 页。

供给侧结构性改革"的重大战略安排。

2015 年 12 月的中央农村工作会议和 2016 年中央 1 号文件都明确提出"推进农业供给侧结构性改革"。2016 年 3 月,习近平在参加第十二届全国人民代表大会第四次会议湖南代表团审议时强调:"推进农业供给侧结构性改革,提高农业综合效益和竞争力,是当前和今后一个时期我国农业政策改革和完善的主要方向。"① 2017 年中央 1 号文件以"深入推进农业供给侧结构性改革加快培育农业农村发展新动能"为主题,对推进农业供给侧结构性改革进行了全面部署和安排。同年 3 月,习近平在参加第十二届全国人民代表大会第五次会议四川代表团审议时强调:"我国农业农村发展已进入新的历史阶段,农业的主要矛盾由总量不足转变为结构性矛盾,矛盾的主要方面在供给侧。"② 2019 年中央 1 号文件明确提出,要围绕"巩固、增强、提升、畅通"八字方针,继续深化农业供给侧结构性改革。

在推进农业供给侧结构性改革的同时,党和国家坚持把保障国家粮食安全作为底线,先后印发《关于加快推进农业供给侧结构性改革大力发展粮食产业经济的意见》《国家质量兴农战略规划(2018—2022 年)》,强调全面落实国家粮食安全战略,走质量兴农之路;发布《中国的粮食安全》白皮书,指出中国粮食安全形势持续向好,为继续深化农业供给侧结构性改革奠定了基础。

经过 5 年的努力,农业供给侧结构性改革取得了重要进展。到 2020 年,中国粮食总产量已连续 6 年保持在 6.5 亿吨以上,粮食单产达到 382.3 公斤/亩,粮食人均占有量超过 470 公斤;从 2016 年起,全国化肥农药施用量连续减少,三类主粮生产中的化肥与农药利用率均超过 40%③,市场紧缺的优质专用小麦播种面积提高至 35.8%,优质早稻播种面积提高至 46.2%④。粮食安全得到充分保障,绿色转型进程明显加快,满足了人们日益增长的美好生活需要,为全面建成小康社会提供了重要物质保障。

3. 实施乡村振兴战略。建设什么样的乡村、怎样建设乡村,是一个历史性课题。中国特色社会主义进入新时代,中国社会的主要矛盾已经转化为人民日益增长的美好生活需要和不平衡不充分的发展之间的矛盾。从"三农"工作看,当前中国农业基础还比较薄弱,农民年龄与知识结构、农村社会建设和乡村治理等方面还存在较大问题;从城乡关系看,城乡之间要素自由流动存在壁垒、公共服务水平存在较大差距,城乡基本公共服务均等化水平有待提高。因此,党的十九大作出"实施乡村振兴战略"的重大决策部署。

2017 年 12 月,习近平在中央农村工作会议上发表重要讲话,全面阐述了实施乡村振兴战略的重大意义,强调要走中国特色社会主义乡村振兴道路,提出了实施乡村振兴战略的重要举措。之后,习近平在不同场合强调,要把实施乡村振兴战略摆在优先位置,让乡村振兴成为全党全社会的共同行动;实施乡村振兴战略,要明确总目标、总方针、总要求和制度保障,要处理好长期目标和短期目标、顶层设计和基层探索、政府作用和市场作用、增强群众

---

① 《习近平:推进农业供给侧结构性改革》,https://www.chinanews.com/ll/2016/03-10/7792542.shtml。

② 《习近平总书记参加四川代表团审议时的重要讲话在会场内外引起热烈反响》,http://www.xinhuanet.com//politics/2017-03/09/c_129504918.htm。

③ 数据来源:《农业现代化成就辉煌全面小康社会根基夯实》,http://www.ghs.moa.gn.cn/ghgl/202105/t20210508_6367377.htm。

④ 数据来源:《"十三五"成就巡礼:中国人的饭碗牢牢端在自己手上》,http://www.moa.gn.cn/xw/shipin/202012/t20201204_6357598.htm。

获得感和适应发展阶段要求四个关系①。为谋划好新时代乡村振兴的顶层设计，2018年中央1号文件对实施乡村振兴战略的主要目标、指导思想、基本原则、重点任务和主要措施进行了全面部署和安排。2018年9月，中共中央、国务院印发《乡村振兴战略规划（2018—2022年）》，明确了到2020年和2022年的目标任务，细化实化了工作重点和政策措施，部署安排了一系列重大工程、重大计划、重大行动。2020年，党的十九届五中全会提出，要全面推进乡村振兴，把乡村建设摆在社会主义现代化建设的重要位置，大力实施乡村建设行动。2021年中央1号文件对全面推进乡村振兴、加快农业农村现代化作出了新的部署和安排。

在推动实施乡村振兴战略的实践中，党和政府将农业农村现代化作为总目标，坚持农业农村优先发展的总方针，提出了到2020年、2035年、2050年三个时间节点乡村振兴的主要目标，明确了产业兴旺、生态宜居、乡风文明、治理有效、生活富裕、脱贫攻坚等重点任务，提出了强化制度供给、人才支撑、投入保障、党的领导等重要战略举措。

实施乡村振兴战略，是推进农业农村与国家同步实现现代化、顺应亿万农民对美好生活向往的必然要求。2017年以来，党和政府围绕落实乡村振兴重点任务出台了一系列相关政策文件，围绕推进乡村振兴重要举措制定了一系列相关政策法规，为全面推进乡村振兴提供了制度保障和政策支撑，实现了乡村振兴开好局、起好步。

4. 健全城乡融合发展体制机制。 党的十六大以后，中国在统筹城乡经济社会发展方面取得了重要进展，但仍存在城乡要素流通不顺畅、公共资源配置不合理等问题。

针对上述问题，2015年4月，习近平在第十八届中共中央政治局第二十二次集体学习时指出，加快推进城乡发展一体化，是党的十八大提出的战略任务，也是落实"四个全面"战略布局的必然要求②。2017年10月，党的十九大提出，实施乡村振兴战略，要建立健全城乡融合发展体制机制和政策体系。2018年9月，习近平在第十九届中共中央政治局第八次集体学习时指出："要走城乡融合发展之路，向改革要动力，加快建立健全城乡融合发展体制机制和政策体系"③。2019年4月，中共中央、国务院印发《关于建立健全城乡融合发展体制机制和政策体系的意见》，明确了指导思想、基本原则、政策措施和组织保障。2020年12月，习近平在中央农村工作会议上强调，要健全城乡融合发展体制机制，把县域作为城乡融合发展的重要切入点。

在推动健全城乡融合发展体制机制的实践中，党和政府采取了一系列政策和措施：一是分别明确了到2022年、2035年和21世纪中叶健全城乡融合发展体制机制的主要目标；二是提出了建立健全城乡基本公共服务普惠共享、城乡基础设施一体化发展、乡村经济多元化发展、农民收入持续增长和强化组织保障的体制机制；三是通过把县域作为城乡融合发展的重要切入点，统筹县域产业、基础设施、公共服务、基本农田、生态保护、城镇开发、村落

---

① 参见《习近平对实施乡村振兴战略作出重要指示》，http：// www. gov. cn/xinwen/2018 - 07/05/content _ 5303799. htm；《习近平主持中共中央政治局第八次集体学习并讲话》，http：// www. gov. cn/xinwen/2018 - 09/22/content _ 5324654. htm。

② 《习近平主持中共中央政治局第二十二次集体学习》，http：// www. xinhuanet. com/politics/2015 - 05/01/c _ 1115153718. htm。

③ 《习近平主持中共中央政治局第八次集体学习并讲话》，http：// www. gov. cn/xinwen/2018 - 09/22/content _ 5324654. htm。

分布等，壮大县域经济，加快小城镇发展，推进以县城为重要载体的城镇化建设，推动在县域就业的农民工就地市民化，加快县域内城乡融合发展。

5. 强化农业农村法治保障。新中国成立以来，中国重视涉农立法工作，制定修改了一些涉农法律制度。改革开放以来，涉农立法进入快车道。1983年中央1号文件提出："建议国家机关对农村各类经济形式及其活动，加强法制管理，制定相应的法规。"[①] 党的十八大以来，涉农立法进入调整完善阶段。2013年11月，党的十八届三中全会提出，推进国家治理体系和治理能力现代化。2014年10月，党的十八届四中全会提出："实现立法和改革决策相衔接，做到重大改革于法有据、立法主动适应改革和经济社会发展需要。"[②] 为全面实施乡村振兴战略、加快推动农业农村现代化，第十三届全国人民代表大会常务委员会第二十八次会议通过《中华人民共和国乡村振兴促进法》，自2021年6月1日起施行。

涉农法律体系主要包括以下内容：一是统领"三农"领域各专门法律的《农业法》；二是规范农村土地管理制度的《土地管理法》；三是规范农业基本经营制度的《农村土地承包法》和《农村土地承包经营纠纷调解仲裁法》；四是规范农业经营主体行为的《农民专业合作社法》和《乡镇企业法》；五是规范提升农业生产力发展的《种子法》和《农业技术推广法》等；六是规范农业农村资源开发管理的《森林法》和《草原法》等；七是规范农业生态环境保护的《水土保持法》和《水污染防治法》等；八是规范农产品质量安全监管的《农产品质量安全法》和《食品安全法》等；九是规范农村人居环境建设的《城乡规划法》；十是规范农村基层村民自治的《村民委员会组织法》；十一是规范乡村建设和发展的《乡村振兴促进法》；十二是保障农民各项权益的《民法典》。

在强化法治保障的过程中，农业农村法制建设不断强化，已建立起以《农业法》为基础、以不同领域专门涉农法律为主干、以有关法律中的涉农条款为补充的多层次全方位的涉农法律制度。截至2019年8月，由全国人民代表大会常务委员会制定的现行有效涉农法律有26部、包括涉农条款的法律有79部，国务院制定的涉农行政法规有76部，地方性涉农法规有1 300多部。

6. 加强党对"三农"工作的领导。习近平多次强调："党管农村工作是我们的传统"[③]。1978—1993年，中央先后设立过"国家农业委员会"和"中共中央书记处农村政策研究室"两个农村工作综合部门，之后，"中共中央书记处农村政策研究室"改为"中共中央农村政策研究室"，并加挂"国务院农村发展研究中心"牌子，负责组织协调农村工作。1993—2018年，中央成立农村工作领导小组，下设办公室作为农村工作综合部门负责组织协调农村工作。2018年3月，中共中央印发《关于深化党和国家机构改革的决定》，要求组建农业农村部，并将中央农村工作领导小组办公室设在农业农村部，负责组织协调农村工作。2019年9月，中共中央印发《中国共产党农村工作条例》，这是党的历史上首次专门制定关于农村工作的党内法规，充分体现了党对农村工作的高度重视。2020年12月，习近平在中央农村工作会议上强调，要加强党对"三农"工作的全面领导，要求各级党委扛起政治责任，落

---

① 参见《1983年中央1号文件：当前农村经济政策的若干问题》，http://www.nongye.cnki.net/staticpages/yihaowenjian/wj1983.html。

② 参见《中共中央关于全面推进依法治国若干重大问题的决定》，http://cpc.people.com.cn/n/2014/1029/c64387-25927606.html。

③ 参见中共中央文献研究室（编），2014：《十八大以来重要文献选编》（上），北京：中央文献出版社，第685页。

实农业农村优先发展的方针，以更大力度推动乡村振兴[①]。

办好农村的事情，关键在党。实施乡村振兴战略，必须加强党对"三农"工作的全面领导。加强党对"三农"工作的全面领导，主要体现在以下六个方面：一是实行中央统筹、省负总责、市县乡抓落实的农村工作领导体制；二是统筹推进农村经济建设、政治建设、文化建设、社会建设、生态文明建设和党的建设；三是加强农村工作干部队伍和人才队伍建设；四是发挥改革、投入、科技教育、乡村规划、法治等对农业农村发展的重要作用；五是健全五级书记抓乡村振兴考核机制；六是建立市县党政领导班子和领导干部激励约束机制等[②]。

八、结语

一百年来，在中国共产党的带领下，中国农业农村发展取得了历史性成就。在农业方面，通过增加技术、资本等生产要素投入，采用先进科技和生产手段等方式，转变农业经营方式，构建农业产业体系，实现了从改造传统农业到建设现代农业的转变；在农村方面，通过加强农村基础设施建设、发展农村社会事业、强化农村公共服务、推进农村生态文明建设，实现了从促进农村经济发展到加强农村社会建设的转变；在农民方面，通过完善农村产权制度、赋予农民更多的财产权利，完善村民自治制度、扩大农民政治参与，实现了从增加农民经济利益到保障农民民主权利的转变；在城乡关系方面，通过实行统筹城乡发展方略、改革城镇户籍管理制度、促进农村劳动力转移就业、推进城乡基本公共服务均等化，实现了从破除二元结构到推动城乡融合发展的转变。

从中国共产党一百年来的"三农"政策实践看，可以得出四点经验和启示：

一是坚持科学理论指引与"三农"实践探索相结合。中国共产党成立以来，始终坚持以马克思主义科学理论为指导，不断推进马克思主义同中国具体实际相结合，形成了毛泽东思想、邓小平理论、"三个代表"重要思想、科学发展观、习近平新时代中国特色社会主义思想等理论创新成果，对"三农"工作提出了一系列新思想新观点，对制定"三农"政策、推动"三农"发展发挥了重要引领作用。

二是坚持借鉴国际经验与立足中国实际相结合。从中国共产党一百年来的"三农"政策实践看，在中国特色农业农村发展道路和制度探索的过程中，需要借鉴一些先行国家的做法和经验，但同时要立足中国实际和发展条件，否则，就会出现曲折和反复。改革开放以后，中国共产党深刻总结新中国成立以来正反两方面经验，借鉴世界社会主义历史经验，从中国的国情和农情出发，适时调整发展战略，不断创新"三农"政策和实践，推动"三农"工作不断取得新进展。

三是立足发展阶段确定目标任务和政策举措。党的十六大以后，在全面建设小康社会的进程中，采取了增加农民收入、建设社会主义新农村、发展现代农业、深化农村改革、统筹城乡发展等重要举措；党的十八大以来，围绕协调推进"四个全面"战略布局，采取了脱贫

---

① 《加强党对"三农"工作的全面领导——论学习贯彻中央农村工作会议精神》，《人民日报》，2021年1月5日第2版，http://paper.people.com.cn/rmrb/html/2021-01/05/nw. D110000renmrb_20210105_1-02.htm。

② 根据《中国共产党农村工作条例》（http://www.gov.cn/zhengce/2019-09/01/content_5426319.htm? tdsourcetag=s_pcqq_aiomsg）整理、概括。

攻坚、农业供给侧结构性改革、推进乡村振兴、强化农村法治保障、加强党对"三农"工作的领导等重要举措。从一百年来的"三农"政策实践看，中国共产党针对不同时期面临的主要矛盾和问题，确定不同的目标任务，采取不同的政策举措，不断推动"三农"工作取得新成就。

四是注重保持政策的稳定性和连续性。在一百年来的"三农"政策实践中，农村土地制度、农业管理体制、粮食安全、农业发展、乡村建设、城乡关系等都是贯穿始终的重大政策问题。中国共产党在"三农"政策制定和实施过程中，注重不同历史时期所出台和实施的相同政策措施之间的关联性，注重同一历史时期所出台和实施的不同政策措施之间的配套性，对保证"三农"政策实施的连续性和稳定性、促进"三农"持续发展发挥了重要推动作用。

构建新格局下的粮食安全体系^①

民为国基，谷为民命。粮食安全既是国家经济社会稳定运转的重要支撑，又是维系社会稳定和国家主权安全的坚实基础。中国自古以来就高度重视粮食安全问题。无论是《管子》中的"不生粟之国亡，粟生而死者霸，粟生而不死者王"，还是"十四五"规划中将保障粮食安全视为"底线"，都体现出扛稳大国粮食安全重任的极端重要性。得益于制度优势，即使在新冠肺炎疫情肆虐的 2020 年，中国粮食总产量再创新高，达 13 390 亿斤，比上年增加 113 亿斤，增长 0.9%，产量连续 6 年保持在 1.3 万亿斤以上，中国人的饭碗牢牢端在自己手中。

习近平总书记指出："保障国家粮食安全是一个永恒课题，任何时候这根弦都不能松"。这意味着，保障国家粮食安全需要有居安思危、未雨绸缪的意识。当今世界正经历百年未有之大变局，新一轮科技革命和产业变革深入发展的同时，经济全球化却遭遇逆流，世界进入动荡变革期，粮食生产与贸易的均衡格局也被打破，全球粮食安全风险徒增。在这样的形势下，中国政府提出了"深化供给侧结构性改革，充分发挥我国超大规模市场优势和内需潜力，构建国内国际双循环相互促进的新发展格局"的破局之策。如何利用双循环内外兼修，保障国家粮食安全，已成为了当前亟待解决的问题。

一、"双循环"新格局对粮食安全提出的新要求

一是粮食数量安全需要高度警惕。粮食安全首先需要保障数量安全。确保谷物基本自给、口粮绝对安全，是实现粮食国内大循环的基础。随着我国经济社会发展，粮食生产"十七连丰"，粮食数量安全问题似乎基本得到解决。但在新冠肺炎疫情发生后，多国限制本国粮食出口，"粮食民族主义"在全球兴起，使得粮食供应链受到了严峻考验。面对重大突发公共卫生事件，我国粮食供应始终是充足的，并未出现粮食安全危机，但考虑到新冠肺炎疫情引发的不确定性越来越大，从长期来看，仍需高度警惕粮食数量安全问题。

二是粮食质量安全需要更加重视。我国进入上中等收入国家行列后，城乡居民消费结构不断升级，广大消费者对粮食和重要农产品的需求已经从"有没有""够不够"转向"好不好""优不优"，粗糙劣质的粮食无法满足人民群众美好生活需要。倘若优质粮食依赖进口，则不仅会对国内市场形成严重冲击，而且在遭遇新冠肺炎疫情等重大灾难时容易受制于出口国。由此，实现粮食产业由总量扩张向质量提升转变，突出粮食产业绿色化、优质化、特色化、品牌化，方能在国内国际"双循环"中更好地满足城乡居民多层次、个性化的消费需求，保障国家粮食安全。

---

① 本文与何可合作，发表于《经济参考报》2021 年 12 月 7 日。

三是粮食贸易安全需要提高防范。我国在国际市场的发展长期受到"普世福音"与"新殖民主义"的两极争议，"谁来养活中国""中国渴求巴西大豆助推亚马孙大火"等言论甚嚣尘上，严重阻碍了中国的正常粮食贸易和对外开放水平的提升。同时，要"跳出粮食看粮食"，粮食是一种准战略物资，粮食世界贸易既面临着倾销危机，也面临着限制出口危机。就前者而言，发达国家可通过倾销农产品导致发展中国家爆发农业危机；就后者而言，在新冠肺炎疫情发生后，部分国家为了优先保证本国粮食安全而限制粮食出口，造成了国际粮食市场的小范围恐慌。开拓合作共赢新局面，强化粮食贸易安全在国内国际"双循环"背景下显得日益重要。

二、"双循环"新格局下保障粮食安全存在的问题

一是粮食产业内循环不畅。首先，由于不少耕地被用于种植经济作物，加之二、三产业对土地的占用，导致土地资源供给受限，进而使得粮食种植面积的提升空间有限；其次，随着粮食生产规模的扩大以及其他要素投入的不断增加，我国每年财政支农资金投入量与现阶段粮食生产发展环节存在缺口，难以满足粮食生产进一步发展的需求；最后，目前我国老龄化和劳动力外流情况较为严重，农村人口比例严重失衡，留守人口无法快速掌握现代化的农业生产技术，也无法适应现代化农业生产方式，使得粮食产业提质增效面临挑战。

二是粮食产业外循环受阻。我国粮食进口的关税较低，加之近年来国际粮食市场价格持续走低，导致国内外粮食价格呈现倒挂现象；国内粮食企业为追逐利润，大量进口粮食，严重影响了我国粮食的流通。同时，受到贸易保护主义抬头与新冠肺炎疫情的影响，粮食贸易出口国为保证本国利益，主动采取措施限制粮食贸易，开始实行农产品出口限制措施，间接对我国粮食进口造成不利影响。

三是粮食产业内外循环脱节。畅通粮食安全内外循环，流通环节是关键节点。从国内看，粮食流通环节存在较多弊端，粮食流通要经过国家收购、存储、销售多个环节，粮食库存的85％以上集中在国有粮库，库存量居高不下，可能成为"双循环"新格局下粮食安全的重要隐患；从国内外粮食流通衔接度看，我国粮食在国内外市场流通性不强，国内国际市场相互促进的效果不佳。

三、"双循环"新格局下的中国粮食安全对策

(一) 通过"内循环"确保粮食安全

一是藏粮于地，严守耕地保护红线。首先，要增强全国土地利用总体规划的约束力，坚决遏制耕地"非农化"、严格管控"非粮化"；以建立健全"划、建、管、补、护"长效机制为重点，贯彻落实永久基本农田特殊保护制度。其次，要坚持轮作为主、休耕为辅，促进生态环境改善和资源永续利用，保障粮食安全。在粮食供过于求时，采取轮作休耕使部分土地减少粮食生产数量；在粮食紧缺时，则将这部分休耕土地迅速用于粮食生产。最后，要促进种地养地结合，统筹考虑种养规模和环境消纳能力，积极开展种养结合循环农业试点示范，处理好抓生产与保生态的关系，使藏粮于地战略真正落到实处。

二是藏粮于技，提升粮食产业竞争力。首先，全力以赴推进种业振兴。按照 2021 年中央 1 号文件"打好种业翻身仗"的要求，落实《种业振兴行动方案》有关精神，进一步加强制种基地和良种繁育体系建设，强化粮食作物品种选育与良种繁殖等核心技术、关键技术的研发与推广工作。其次，推动粮食产业由产量导向向竞争力导向转型。推进农业投入品减量化、生产清洁化、废弃物资源化、产业模式生态化，推动粮食产业质量变革、效率变革、动力变革，提高产出效益与附加价值。最后，增强粮食系统韧性。将推进粮食系统绿色低碳转型、增强粮食系统抗风险能力作为粮食产业科技创新的关键方向；同时，提高粮食供应链的风险预警和应急能力。

三是藏粮于民，提升粮农种粮积极性。首先，进一步完善粮食和重要农产品市场调控政策，综合考虑粮食生产成本、种粮机会收益、国际市场粮价等因素，合理制定最低收购价。其次，进一步扩大粮食作物完全成本保险和种植收入保险实施范围，增强种粮农民抵御风险能力，稳定种粮农民收益。最后，可基于"政府＋市场"的方式，鼓励对农业生态环境资本进行价值评估，建立生态环保成果的交易市场（如实施低碳技术发展低碳农业需要建立碳交易市场，流域上下游地区需要建立水权交易市场等），实现对种粮农民收入的生态补偿。

（二）通过"外循环"确保粮食安全

一是拓展多元化粮食进口渠道。通过建立和培育政府、国际组织、企业间多元化的伙伴关系，构造多元化的粮食供应合作机制。从未来全球粮食发展格局规划来看，通过深化与俄罗斯、泰国、缅甸、柬埔寨、老挝等周边国家以及美国、巴西、阿根廷等粮食和重要农产品出口大国的粮食安全合作，从而保障粮食进口来源渠道的稳定性，实现高效稳定的国际粮源供应。同时，还应借助"一带一路"成果，继续坚持推进贸易全球化，不断扩展对外开放新格局，加强国际和国内市场的联动，在全球范围内实现粮食和重要农产品资源的有效供应。

二是提升粮食生产对外投资能力。首先，针对大豆等国内短缺品种，鼓励我国农业生产企业到国外租地或承包农场，开发具有战略性和短缺性的粮食生产资源，打造中国"海外粮仓"。其次，通过深化"一带一路"等重点地区的经贸布局，为培育国际大粮商，鼓励和支持国内粮食企业走出去制定中长期发展规划。最后，要加强收储、仓储、港口、船运等战略性物流通道的建设，优先考虑不涉及权属转移的轻资产投入方式，从而更好地发挥我国国际大粮商在保障国内粮食基本供给上的重要作用。

三是增强全球粮食安全治理能力。首先，继续深入推进南南合作，积极响应并参与联合国粮农组织、世界粮食计划署等涉粮国际组织的倡议和活动，为实现联合国 2030 年可持续发展目标中的"消除饥饿，实现粮食安全，改善营养状况和促进可持续农业"作出积极努力。其次，立足全球视野，通过认真落实《中国落实 2030 年可持续发展议程国别方案》和《中国落实 2030 年可持续发展议程进展报告》，为其他国家落实粮食安全保障任务提供中国智慧、中国方案，提升对国际粮食市场和价格的影响力。最后，积极参与粮食安全全球治理，参与全球粮食规则制定，探索国际粮食合作新模式，提升对国际粮食市场和价格的话语权，推动建设稳定良好的粮食市场新秩序。

中国小康思想的传承创新和社会建设的实践经验①

全面建成小康社会，是中国特色社会主义建设的重大历史任务，是中华民族伟大复兴进程中的重要里程碑，为世界经济发展和人类社会发展做出了重要贡献。在"两个一百年"奋斗目标和战略转型的重要时间节点，从经济思想史和社会发展史相结合的视角，探究中国小康思想的传承创新和社会建设的实践经验，对坚持和完善中国特色社会主义制度，推进国家治理体系和治理能力现代化，开启全面建设社会主义现代化国家新征程，具有重要的理论价值和深远的历史意义。

一、中国小康思想的演进和理论创新

"小康"一直是中华民族对美好生活的憧憬和向往，是中国人民孜孜以求的千年梦想和百年夙愿。回顾中国小康思想演进和理论创新过程，小康理念从千年梦想到百年目标，小康社会从理论创新到实践探索，小康进程从全面建设到全面建成，逐步形成了中国特色的关于小康社会建设的理论体系。

（一）古代先贤的千年梦想

"小康"一词最早出现在《诗经》当中，《诗经·大雅·民劳》开篇首句便提到"民亦劳止，汔可小康。惠此中国，以绥四方"。这里的"小康"一词主要表示安居、安康，意在劝说统治者要体恤劳苦百姓，休养生息②。"小康"一词第一次得到系统阐述，是在成书于西汉时期的《礼记·礼运》中。书中记载道，以孔子为代表的儒家先贤感怀于原始公有制下"大道之行也，天下为公"的大同社会，进而引申出东周时期"今大道既隐，天下为家"的社会背景，重在强调小康社会是一个在财产私有基础上建立起来的社会秩序稳定、百姓生活富足的社会理想③。

自此之后，"小康"便逐渐演化成为古代先贤评判社会发展的一项标准。裴松之在《三国志·吴志·赵达传》中批注道，"自中原酷乱，至于建安，数十年间生民殆尽。比至小康，皆百死之余耳"。作者以"小康"的标准对照"酷乱"的现实，以此表达对三国时代生灵涂炭的感慨④。《旧唐书》记载，唐睿宗评价自己"虽卿士竭诚，守宰宣化，缅怀庶域，仍未

---

① 本文与魏佳朔合作，发表于《农业经济问题》2021 年第 9 期。

② 《十三经注疏》第 1 册，北京：中华书局，2009 年。

③ 《十三经注疏》第 3 册，北京：中华书局，2009 年。

④ 《三国志》卷 63《吴范刘惇赵达传》，北京：中华书局，1982 年，

小康"，表达了对未能实现国泰民安"小康"盛世的遗憾。司马光在《资治通鉴·后唐明宗长兴四年》中对五代时期的后唐明宗评价道，"在位年谷屡丰，兵革罕用，校于五代，粗为小康"，以此肯定其在这一时期的治理成效。

在当时的诗词作品中，文人墨客也同样用"小康"一词来描述时代特征。杜甫在亲身经历了开元盛世与安史之乱这"一治一乱"的鲜明对比之后，有了《壮游》中"圣哲体仁恕，宇县复小康"的感慨。南宋诗人陆游则以"小康何敢望，生计且支撑"来表达百姓对殷实生活的向往。

明清时期，"小康"开始成为统治者和老百姓共同追求的"治理盛世"。明成祖朱棣把"小康"作为治理天下的愿望和抱负，曾言："如得斯民小康，朕之愿也"。明清小说等文学形式的发展，也让"小康"为更多人所理解与接受。蒲松龄在《聊斋志异·丁前溪》中写道，"杨感不自已，由此小康，不屑旧业矣"。《儒林外史》第十五回中也提及，"先生得这'银母'，家道自此也可小康了"。由此可以看出，上至封建君主，下至平民百姓，小康思想的传播范围不断扩大，得到了更为广泛的认同。

到了近代，小康思想除传承古意之外，在内容上也有延伸和拓展。康有为在《大同书》中借"托古改制"的方式，主张通过变法维新，实现从"据乱世"进入"升平世"（小康）乃至"太平世"（大同）。孙中山在《建国大纲》中提出，"建设之首要在民生。故对于全国人民之食、衣、住、行四大需要，政府当与人民协力"，建设"足民食""裕民衣""乐民居""利民行"的社会[①]。

（二）当代中国的百年奋斗目标

中国共产党诞生后，就肩负起了民族独立、人民解放和国家富强、人民幸福的历史使命。新中国成立后，以毛泽东为主要代表的中国共产党人带领中国人民开展了社会主义建设的艰辛探索，逐步改变了"一穷二白"的落后状况，生活水平有了一定的提高，为小康社会的实现奠定了根本政治前提和制度保障。

改革开放以后，邓小平在1979年首次提出"小康之家"，以此来诠释中国式现代化[②]。1982年，党的十二大正式确定了这一发展目标，即中国20世纪的目标是使人民的物质文化生活达到小康水平。党的十二大之后，邓小平进一步提出包含"温饱—小康—中等发达国家水平"在内的"三步走"的战略部署。1987年，党的十三大将实现小康正式列为"三步走"战略的第二步。

1990年，党的十三届七中全会结合我国已基本解决温饱问题的实际，从生活资料、居住条件、文化生活、健康水平和社会服务方面对"小康目标"作出了更加详尽的描绘。全会对"小康水平"也作出了更为准确的界定："所谓小康水平，是指在温饱的基础上，生活质量进一步提高，达到丰衣足食"[③]。

2002年，江泽民在党的十六大报告中指出，我国总体上达到的小康社会，还是低水平、

---

① 资料来源：《建国大纲》，http://www.huaxia.com/zt/tbgz/16-040/5066503.html。
② 《邓小平年谱（1975—1997）》上册，北京：中央文献出版社，2004年。
③ 资料来源：《中共中央关于制定国民经济和社会发展十年规划和"八五"计划的建议》，http://www.ce.cn/xwzx/gnsz/szyw/200706/15/t20070615_11773708_1.shtml。

不全面、发展很不平衡的小康。我国要在21世纪头20年，全面建设惠及十几亿人口的更高水平的小康社会。从此，"全面建设小康社会"成为我国到2020年要实现的宏伟蓝图。2007年，党的十七大报告对全面建设小康社会的愿景又作出了进一步的描绘。

2012年，根据经济社会发展的实际进程，胡锦涛在党的十八大报告中提出，确保到2020年实现全面建成小康社会的宏伟目标。"全面建设小康社会"调整为"全面建成小康社会"，顺应了人民的新期待新要求，体现了中国共产党能够如期全面建成小康社会的必胜信心。2015年10月，习近平在党的十八届五中全会上强调，"今后5年党和国家各项任务，归结起来就是夺取全面建成小康社会决胜阶段的伟大胜利，实现第一个百年奋斗目标"。2017年，习近平在党的十九大报告中指出："从现在到2020年，是全面建成小康社会决胜期"，号召全党"决胜全面建成小康社会，夺取新时代中国特色社会主义伟大胜利"。

（三）全面建成小康社会的内涵要求

改革开放以来，中国共产党人坚持科学理论指引与中国实践探索相结合，形成了一系列关于小康社会建设的新思想新观点。

一是全面建成小康社会，更重要、更难做到的是"全面"。"小康"讲的是发展水平，"全面"讲的是发展的平衡性、协调性和可持续性。

二是全面小康，覆盖的领域要全面，是"五位一体"全面进步的小康。任何一个方面发展滞后，都会影响全面建成小康社会目标的实现。要全面推进经济、政治、文化、社会、生态文明建设，促进全面小康社会建设各个环节、各个方面的协调发展。

三是全面小康，覆盖的人口要全面，是惠及全体人民的小康。没有全民的小康，就没有全面的小康。要坚持发展为了人民、发展依靠人民、发展成果由人民共享，提高人民的获得感和幸福感。

四是全面小康，覆盖的区域要全面，是城乡区域共同发展的小康。没有农村和欠发达地区的全面小康，也就没有全国的全面小康。要加大统筹城乡区域发展的力度，把缩小城乡区域发展差距作为全面建成小康社会的重要任务。

五是全面建成小康社会，要实事求是、因地制宜。我国幅员辽阔，生产力发展水平多层次，完全没有差距是不可能的。既要坚持一定标准，又要防止好高骛远；既要考虑到2020年这个时间节点，又要立足于打基础、谋长远、见成效。

六是决胜全面建成小康社会，要抓住重点、补齐短板。要紧扣我国社会主要矛盾变化，统筹推进"五位一体"总体布局，协调推进"四个全面"战略布局，坚定实施七大发展战略，坚决打好三大攻坚战，使全面建成小康社会得到人民认可、经得起历史检验。

二、全面建成小康社会的历程和成就

"小康不小康，关键看老乡"，全面建成小康社会，最艰巨最繁重的任务在农村，最广泛最深厚的基础在农村。改革开放以来，特别是党的十八大以来，按照全面建成小康社会的目标要求和重点任务，全面深化改革开放，加快补齐农业农村短板弱项，大力推进农村全面小康建设，为决胜全面建成小康社会做出了重要贡献。

（一）改革开放以来小康社会建设的光辉历程

1. 1978—1991 年：稳定解决温饱问题。1978 年以来，改革开放逐步破除了约束社会生产力发展的体制机制。从 1982 年到 1986 年，中央连续印发 5 个关于"三农"工作的 1 号文件。推行家庭联产承包责任制赋予农民土地承包经营权。从 1985 年开始，对粮食等少数重要农产品实行国家计划合同收购政策，允许其余多数农副产品进行市场交易。1984 年，国务院印发《关于农民进入集镇落户问题的通知》，放松了农民进城落户的条件。加快农业发展，促进非农产业发展。到 1991 年，农村居民人均纯收入达到 709 元，是 1978 年的 5.3 倍；恩格尔系数达到 57.6%，比 1978 年下降 10.1%。

1984 年，党的十二届三中全会提出，我国社会主义经济是以公有制为基础的有计划的商品经济。逐步下放对经济的计划管理权限，并同时增强税收、金融等经济杠杆在宏观调控中的作用。坚持公有制经济主体地位，推动多种经济成分共同发展。兴办深圳、珠海、汕头和厦门经济特区，扩大沿海地区对外开放，有力地推动了全国的经济建设与发展。到 1991 年，城镇居民人均可支配收入增长 4 倍，恩格尔系数达到 53.8%；城乡居民家庭恩格尔系数均小于 60%，温饱问题得到了基本解决。

2. 1992—2001 年：建设实现总体小康。1992 年，党的十四大确立了社会主义市场经济体制的改革目标。加快推进财政、税收、金融、外贸、投资和价格流通体制以及住房、社会保障制度等一系列改革。国有企业推行公司制、股份制改革试点，推进现代企业制度建设。先后实施科教兴国战略和人才强国战略、西部大开发战略和可持续发展战略，推进科技创新，促进区域协调发展。

1993 年，在全国范围内取消粮票和油票制度，废除统购统销制度。鼓励支持发展乡镇企业，拓宽农民增收致富渠道。有关部门先后出台农村劳动力跨省流动就业管理暂行规定、小城镇户籍管理制度改革试点方案，促进农村劳动力转移就业。促进农业可持续发展，制定实施"八七"扶贫攻坚计划，解决了两亿多农村贫困人口的温饱问题。

到 2000 年，城镇居民人均可支配收入达到 6 280 元，是 1991 年的 3.6 倍；农村居民人均纯收入达到 2 253 元，恩格尔系数下降到 49.1%。人民生活在总体上达到了小康水平，实现了由温饱到小康的历史性跨越。

3. 2002—2012 年：全面建设小康社会。进入 21 世纪以来，我国以加入世界贸易组织为契机，全面深化改革开放，加快小康社会建设。推进分配制度和工资制度改革，机关事业单位职工工资明显提高，效益好的企业增加了职工工资及奖金、福利补贴，城镇居民的收入有了较快增长。提出和贯彻落实科学发展观，强调以人为本、全面协调可持续发展，实施中部崛起、东北振兴和统筹城乡发展战略，促进城乡区域协调发展。提出构建社会主义和谐社会，加强民生建设，加强生态环境建设。到 2012 年，我国经济总量已经跃升到世界第二位，人民生活水平迈上一个大台阶。

自 2004 年以来，历年的中央 1 号文件都聚焦"三农"工作，为建设社会主义新农村提供制度保障和政策支撑。加大农业投入和补贴力度；取消农业税，进一步减轻农民负担；全面放开粮食购销市场，进一步放宽农村劳动力转移就业政策限制，为农民收入稳定增长提供有力保障。大力发展现代农业，推进新农村建设。到 2012 年，农村居民人均纯收入达到 8 389 元，比 2000 年增长 2.7 倍；工资性收入、转移性收入占纯收入的比重比 2000 年分别提高 12.4%、5.2%。

4. 2013—2020 年：全面建成小康社会。2013 年，党的十八届三中全会通过《中共中央关于全面深化改革若干重大问题的决定》，围绕使市场在资源配置中起决定性作用和更好发挥政府作用，深化"放管服"改革，在放宽市场准入、加强金融支持、营造公平竞争环境等方面出台一系列政策举措，营商环境不断优化。深化供给侧结构性改革，巩固"三去一降一补"成果，增强各类市场主体活力，提升产业链供应链现代化水平，畅通国民经济循环。深化国有企业混合所有制改革，市场化经营机制建设迈出新步伐。实施京津冀协同发展、长江经济带发展等一系列重大区域发展战略，促进区域协调发展。民主法制建设稳步推进，文化体制改革深入推进，教育、医疗、养老等民生领域改革扎实推进，生态文明体制改革加快推进，纪检监察体制改革不断深化，为全面建成小康社会提供了制度保障。

党的十八以来，围绕打赢脱贫攻坚战、实施乡村振兴战略，深化农业经营制度改革，培育各类新型农业经营主体，发展农业社会化服务体系，促进小农户和现代农业发展实现有机衔接。深化农村土地制度改革，实行农村承包土地"三权分置"改革，推进集体经营性建设用地入市和宅基地制度改革试点。开展农村集体产权制度改革，完善农业支持保护制度，健全城乡融合发展体制机制。脱贫攻坚取得全面胜利，乡村振兴取得重要进展，为全面建成小康社会奠定了坚实基础。

（二）全面建成小康社会取得历史性成就

党的十八大以来，围绕全面建成小康社会关于经济建设、政治建设、文化建设、社会建设、生态文明建设的总要求，根据全面建成小康社会监测指标评估结果，到 2020 年，全面建成小康社会取得历史性成就。

1. 经济实力大幅跃升，经济结构持续优化。经济持续健康发展，科技进步作用凸显。2020 年，我国国内生产总值达到 101.6 万亿元，居民人均可支配收入达到 3.2 万元，分别是 2010 年的 2.46 倍、2.57 倍，"比 2010 年翻一番"的目标全面实现。科技进步对经济增长的贡献率超过 60%，我国在"全球创新指数"中的排名上升到第 14 位，已经进入创新型国家行列[①]

产业结构优化升级，城乡区域协调发展。2020 年，第一产业增加值占国内生产总值的比重为 7.7%，第二产业与第三产业分别占 37.8%、54.5%。高技术制造业、装备制造业、新兴服务业等新产业新业态成为推动经济高质量发展的重要力量。常住人口城镇化率超过 60%，户籍人口城镇化率接近 45%，城镇化质量明显提高；脱贫攻坚取得全面胜利，乡村振兴战略深入推进，城乡融合发展进程加快。京津冀协同发展、长江经济带发展等区域重大战略取得成效，区域协调发展呈现出新格局。

2. 人民民主繁荣发展，法治体系更加完善。人民民主政治制度建设得到加强，民主形式更加丰富。2019 年，中国共产党党员共有 9 191.4 万名，基层党组织 468.1 万个。人民代表大会制度不断完善，社会主义协商民主优势充分发挥，爱国统一战线更加巩固。"十四五"规划编制向全社会征求意见和建议，实现了顶层设计和问计于民的有机统一。

依法治国基本方略全面落实，社会主义法治体系更加完善。《宪法》完成第五次修改，

---

① 资料来源：《我国迈入创新型国家行列》，http://www.gov.cn/xinwen/2020 - 05/20/content_5513139.htm。

《民法典》正式实施，《立法法》作出重要修改，以宪法为核心的社会主义法律体系日趋完善。各级政府全面落实《法治政府建设实施纲要（2015—2020年）》，法治政府建设进程加快。"宪法宣传日"扩大为"宪法宣传周"，人民群众的法治意识不断增强。

3. 公民素质全面提高，文化生活日益丰富。全民的受教育程度明显提高，国民素质明显提升。2020年，全国学前教育毛入学率、九年义务教育巩固率、高中阶段毛入学率分别达到85.2%、95.2%、91.2%，分别比2012年提高20.7%、3.4%、6.2%。共有普通高校2 738所，在学总规模4 183万人，高等教育毛入学率到达54.4%，比2012年提高24.4%，高等教育进入普及化阶段。

全社会的文化娱乐消费增长，文化市场持续繁荣。2019年，居民人均教育文化娱乐支出2 513元，是2013年的1.80倍。旅游市场稳步增长，国内旅游人数60.06亿人次，全年实现旅游总收入6.63万亿元。全国电影总票房达到642.66亿元，国产电影总票房411.75亿元，中国电影市场已经成为全球最活跃的市场。文化新业态发展势头强劲，文化产品与服务生产消费的数字化、网络化进程加快。

4. 医疗养老更加便利，社会保障全面覆盖。医疗养老等各类服务和基础设施不断完善。2020年，全国共有医院3.5万个，比2012年增长52.1%；共有卫生技术人员1 066万人，比2012年增长64.0%。2019年，各类民政服务机构和设施拥有床位803.6万张，每千人口民政服务床位数5.7张，分别比2012年增长78.9%、72.7%。

世界上规模最大的社会保障体系已经建成。2020年，全国基本医疗保险参保人数达到13.61亿，参保覆盖面稳定在95%以上。参加城镇职工基本养老保险人数达到4.56亿，参加城乡居民基本养老保险人数达到5.42亿，分别比2012年增长50.1%、12.1%。

5. 资源利用效率提高，生态环境明显改善。能源消费结构不断优化，资源利用效率明显提高。煤炭消费比重持续下降，到2020年天然气、水电、核电等清洁能源的消费量提高至24.3%。2019年单位GDP能耗比2015年下降13.1%。"十三五"期间，单位GDP建设用地使用面积下降20%。2018年单位GDP水资源消费比2015年下降29.8%。

美丽中国建设成效显著，生态环境明显改善。2020年，全国337个主要城市环境空气质量平均优良天数比例为87.0%，59.9%的城市环境空气质量达标，地表水水质的优良（Ⅰ～Ⅲ类）比例为83.4%。单位GDP二氧化碳排放比2015年下降18.8%，完成"十三五"时期下降18%的预期目标。国土绿化事业取得新成绩，森林覆盖率超过23.0%，森林蓄积量超过175亿立方米，草原综合植被盖度达到56%；累计完成防沙治沙任务1 000多万公顷，四大沙地生态整体改善，生态系统稳定性增强。

（三）农村小康社会建设取得决定性进展

党的十八以来，围绕农村全面建成小康社会的目标任务和总体要求，根据农村全面建成小康社会监测指标评估结果，到2020年，农村小康社会建设取得决定性进展。

1. 粮食安全充分保障，绿色转型进程加快。粮食安全的饭碗牢牢端在自己手上。2020年，我国粮食总产量达到6.69亿吨，连续6年保持在6.5亿吨（1.3万亿斤）以上。粮食单位面积产量达到5 734公斤/公顷，高于同期世界平均水平。粮食人均占有量超过470公斤，高于国际公认的400公斤标准安全线。

农业绿色化优质化水平不断提升。从2016年起，全国化肥农药使用量连续减少，三类主粮生产中的化肥与农药利用率均超过 40%。轮作休耕试点面积累计超过 1 亿亩，2019 年全国耕地质量比 2014 年提升 0.35 个等级。市场紧缺的优质小麦品种播种面积提高至 35.8%，优质早稻品种播种面积提高至 46.2%，不断满足全社会"吃得好""吃得放心"的粮食消费新需求。

2. 基础设施不断完善，农村小康短板补上。基本形成了遍布农村连接城乡的农村公路网。2019 年，农村公路里程达到 420.05 万公里，比 2013 年增长 10.98%。其中，县道、乡道、村道的里程分别达到 58.03 万公里、119.82 万公里、242.20 万公里。

农村人居环境整治工作取得重大阶段性成效。到 2019 年，全国 90% 以上的村庄开展了清洁行动，卫生厕所普及率超过 60%，生活垃圾收运处置体系覆盖全国 84% 以上的行政村，生活污水治理水平有了较大进步。农村规模化供水覆盖人口达到 50%，全国农村集中供水率达到 88%，自来水普及率达到 83%。

农村信息化水平明显提升，数字鸿沟缩小。2020 年，农村地区的互联网普及率达到 55.9%，比 2016 年提高 22.8%。农村网民规模达到 3.09 亿，比 2015 年增长 1.14 亿；农村网民在全部网民中占 31.3%，比 2015 年增长 2.9%。

3. 公共服务供给增加，民生得到充分保障。农村居民文化素质明显提高。2019 年，全国已有 23 个省份整体实现县域义务教育基本均衡发展，累计有 2 767 个县通过国家基本均衡认定，占比达到 95.32%。到 2019 年，全国乡村共有高中学校 740 所，在校生人数达到 82.9 万人，高中专任教师共 6.4 万人，分别比 2013 年增长 4.5%、1.7% 和 16.4%。

农村医疗卫生状况大为改观。2020 年，全国共有基层医疗卫生机构 97.1 万个，比 2013 年增长 6.08%。其中共有村卫生室 61.0 万个，门诊部（所）29.0 万个，乡镇卫生院和社区卫生服务中心（站）分别有 3.6 万个、3.5 万个。新型农村合作医疗的人均补助标准逐年提高，2020 年达到 550 元；全国城乡居民基本养老保险基础养老金的最低标准从 2010 年起提高至每人每月 88 元。

4. 农民收入持续提高，生活水平极大提升。农民收入持续提高，收入结构逐渐优化。2020 年，农村居民人均可支配收入达到 17 131 元，比 2013 年增长 81.66%。其中，工资性收入占 40.7%，经营净收入占 35.5%，转移和财产净收入分别占 21.4%、2.4%。城乡居民人均可支配收入比值为 2.56，比 2013 年缩小 0.25。

家庭消费品升级换代，农民生活水平极大提升。2019 年，农村居民平均每百户拥有移动电话 261 部、计算机 28 台、汽车 25 辆、空调 71 台、热水器 72 台。2020 年，农村居民人均消费支出 13 713 元，比 2013 年增长 83.21%。农村居民恩格尔系数为 32.7%，比 2013 年下降 1.5%；人均教育文化娱乐消费支出为 1 482 元，比 2013 年增长 73.4%。

5. 脱贫攻坚全面胜利，绝对贫困已经消除。脱贫攻坚取得全面胜利，完成了消除绝对贫困的艰巨任务。到 2020 年，现行标准下 9 899 万农村贫困人口全部脱贫，贫困人口全面实现"两不愁三保障"及饮水安全有保障。832 个贫困县全部摘帽，12.8 万个贫困村全部出列，区域性整体贫困得到解决。2020 年国家贫困县农村居民人均可支配收入 12 588 元，2013 以来年均增长 11.6%，高于全国农村居民 2.3 个百分点。

国定贫困县建档立卡户中，适龄少年儿童 98.83% 在校就学，0.26% 送教上门。国定贫困县建档立卡贫困人口中，99.85% 参加城乡居民基本医疗保险，0.14% 参加职工基本医疗保险。国定贫困县建档立卡户中，43.74% 现住房或有其他住房实现居住安全，42.25% 通过危房改造实现住房安全，14.01%通过易地扶贫搬迁实现住房安全。

三、全面建成小康社会的意义和经验

全面建成小康社会取得历史性成就，对中国和世界的发展具有重要意义。提炼总结全面建成小康社会的基本经验，为开启全面建设社会主义现代化国家新征程提供启示借鉴。

（一）全面建成小康社会的重大意义

1. 中国人民的千年梦想终于如愿以偿。千百年来，建立一个安定富足的小康社会一直是中华民族的希冀和期盼。但无论是在落后的农耕文明时代，还是在积贫积弱的近代，小康社会对于广大百姓来说，都是难以实现的奢望和梦想。

从稳定解决温饱到实现总体小康，从全面建设到全面建成小康社会，中国人民的生活水平实现了历史性跨越。到 2020 年，中国人均国内生产总值突破 1 万美元，稳步迈向高收入国家行列。已经形成超过 4 亿人的世界上规模最大的中等收入群体，人民的获得感和幸福感显著增强。打赢脱贫攻坚战，近 1 亿贫困人口实现脱贫，消除了绝对贫困和区域性整体贫困。建成世界上规模最大的社会保障体系，覆盖范围不断扩大，保障水平稳步提高。联合国开发计划署发布的《2020 年人类发展报告指数》显示，从 1990 年到 2019 年，中国人类发展指数由 0.499 提高到 0.761，年均增速远高于世界平均水平，已经迈入"高人类发展指数"国家行列。全面建成小康社会，中国人民千百年来的美好愿望终于实现，不仅给中国人民的生活带来了实实在在的变化，也为人类社会发展贡献了中国力量。

2. 中华民族的伟大复兴迈出关键一步。"小康"一头连着每个家庭和每个中国人的"小日子"，一头连着中华民族的"大梦想"。实现中华民族的伟大复兴，是近代以来中华民族最伟大的梦想。"小康梦"是中国梦的阶段性目标，没有全面小康的实现，民族复兴就无从谈起。

如期全面建成小康社会，实现第一个百年奋斗目标，我国大踏步赶上了世界发展的步伐。2020 年，中国国内生产总值突破百万亿元大关，连续 11 年保持全球第二大经济体地位。目前，我国是世界第一大货物贸易国、第二大服务贸易国、第二大对外投资国、第一大外汇储备国。综合国力和国际地位有了明显提升，全面建成小康社会的中国，比历史上任何一个时期都更加接近中华民族伟大复兴的奋斗目标。

3. 为世界经济的发展提供广阔前景。全面建成小康社会不仅使中国人民的生活水平和综合国力显著提升，更对世界经济的发展具有重要意义。国际货币基金组织的统计数据显示，2019 年共有 70 个国家和地区的人均国内生产总值超过 1 万美元，包括中国 14 亿人口在内，总数约为 28 亿人。全面建成小康社会，使世界上人均国内生产总值超过 1 万美元的人口数量翻了将近一番。2020 年，中国经济占世界经济总量的比重超过 17%。2013—2019 年，中国经济对世界经济增长的贡献率接近 30%，中国经济成为拉动世界经济增长的最主要引擎，为世界经济发展做出了重要贡献。

展望未来，在经济全球化趋势不可逆转的背景下，一方面，全球新一轮科技革命和产业变革迅速发展，创新成果层出不穷。中国已经在一些基础和前沿领域取得一大批标志性成果，若干领域从"跟跑"实现"并跑"到"领跑"。另一方面，中国市场的吸纳能力、消化能力独一无二，各国都想在中国寻找发展机遇。全面建成小康社会，确保了中国需求仍将持续强劲释放，为世界经济发展带来新机遇。

4. 为人类社会的发展拓宽道路选择。中国全面建成小康社会对世界的贡献不仅体现在经济社会方面，还有发展模式创新和社会主义制度创新等软贡献。中国的现代化发展道路，不同于欧美国家的西方式发展道路，不同于"亚洲四小龙"的资本主义式发展道路，不同于苏联的计划经济式发展道路，是一条社会主义和市场经济相结合的发展道路。中国式现代化是人口规模巨大的现代化，是全体人民共同富裕的现代化，是物质文明和精神文明相协调的现代化，是人与自然和谐共生的现代化，是走和平发展道路的现代化。中国全面建成小康社会，给既希望加快发展又希望保持独立性的国家和民族提供了中国智慧和中国方案，为后发国家走向现代化拓宽了道路选择。

作为世界上最大的社会主义国家，中国全面建成小康社会，昭示着科学社会主义在 21 世纪的中国焕发出强大生机活力，对"历史终结论"和"社会主义失败论"做出了最有力的回击。中国全面建成小康社会的理论成果和实践经验，开拓了社会主义发展新境界，深化了对社会主义本质和规律的认识和理解，对社会主义制度在世界范围内的创新发展做出了重大贡献。

（二）全面建成小康社会的基本经验

回顾中国小康思想的历史演进和理论创新、小康社会的建设历程和现实成果，全面建成小康的经验启示可以提炼概括为：坚持走中国特色发展道路，坚持以科学理论作为指引，坚持强化各方面制度保障，坚持动员全社会广泛参与。

1. 坚持走中国特色发展道路。"道路关乎党的命脉，关乎国家前途、民族命运、人民幸福"。改革开放以来，中国坚定不移地走中国特色社会主义道路，走"小康式"的现代化发展道路，创造了包容性增长的经济奇迹和共享式发展的社会奇迹。坚持在发展中保障和改善民生，解决了人民群众最关心、最直接、最现实的利益问题；坚持走高质量发展之路，更好地满足了人民日益增长的美好生活需要；坚持共同富裕的目标导向，将经济社会发展的成果更多惠及人民群众，着力提高全社会的幸福感、获得感。

事实证明，全面建成小康社会取得历史性成就，最根本的经验就是坚持走中国特色发展道路，在增长中减少贫困，在发展中实现公平。在全面建设社会主义现代化国家新征程中，必须始终坚持道路自信，坚定不移地走中国特色发展道路，走"共同富裕式"的现代化发展道路。

2. 坚持以科学理论作为指引。实践基础上的理论创新是社会发展和变革的先导。自从小康社会的构想提出以来，中国共产党根据经济社会的发展实际，不断赋予小康社会更丰富的内涵、更高的实践标准。从"总体小康"到"全面小康"，从"全面建设"到"全面建成"，从"以经济建设为中心"到"五位一体"总体布局，小康社会建设的思路更加清晰，定位更加精准，举措更加到位。小康理论体系始终坚持以人民为中心的发展思想，小康社会建设的出发点和落脚地始终是让老百姓过上好日子。"时代是出卷人，中国共产党是答卷人，人民是阅卷人"，坚持以全体人民的认可作为评价标准，确保全面建成小康社会的质量和成色经得起历史检验。

事实证明，小康理论体系既牢牢抓住了经济社会发展的根本，又及时把握住了时代发展的脉搏，是彻底的、科学的，是全面建成小康社会的重要指引。在全面建设社会主义现代化国家的新征程中，必须始终坚持党的基本理论特别是习近平新时代中国特色社会主义思想的高度自信，坚持发展为了人民、发展依靠人民，发展成果由人民共享。

3. 坚持强化各方面制度保障。 办好中国的事情，关键在党。从邓小平1979年明确提出小康社会的构想，到2020年全面建成小康取得历史性成就，中国共产党是自始至终的领航力量，确保了全面建成小康社会沿着正确方向前进。我国幅员辽阔，南北跨度大，东西差异大，城乡差距大，全面建成小康社会的任务艰巨。坚持全国一盘棋，调动各方面积极性，加强了各地区的协同协作，集中力量办成了"全面建成小康社会"这件大事。坚持社会主义基本经济制度，避免了贫富差距拉大、社会矛盾加深等弊病。

事实证明，中国共产党领导，是中国特色社会主义制度的最大优势。只有坚持党的领导，才能确保党和国家大政方针的稳定性和持续性，才能更好推进中国特色社会主义事业不断向前发展。集中力量办大事，是中国特色社会主义制度的显著特征和优势。实现建成社会主义现代化强国的第二个百年奋斗目标，必须坚持全国一盘棋，坚持社会主义基本经济制度。

4. 坚持动员全社会广泛参与。 文化自信是更基础、更广泛、更深厚的自信，关乎道路、理论、制度的前进方向和价值取向。"小康"根植于中华民族的文化基因，深深地烙印在集体意识当中。小康社会的构想一经提出，就成为全社会广泛认同的强大精神力量，促进全体人民在思想上、精神上紧紧团结在了一起。坚持共同的理想信念、价值理念、道德观念，动员全社会广泛参与全面建成小康社会的伟大事业中，为全面建成小康社会创造了思想条件和文化基础。

事实证明，全面建成小康社会取得历史性成就，离不开全社会的价值认同与广泛参与。人民是历史的真正创造者，社会认识和实践上的每一次重大发展和突破，都离不开人民群众的智慧和实践。在全面建设社会主义现代化国家的新征程中，要更加尊重人民群众的主体地位和首创精神，把人民群众的智慧和力量更加充分激发出来。

党的十九大报告提出，在全面建成小康社会的基础上，全面建成社会主义现代化国家分两个阶段安排。第一个阶段是从2020年到2035年，目标是基本实现社会主义现代化；第二个阶段是从2035年到2050年，目标是全面建成社会主义现代化强国，这是新时代中国特色社会主义发展的战略安排。在党的十九届五中全会上，"四个全面"也有了新的表述，即全面建设社会主义现代化国家、全面深化改革、全面依法治国、全面从严治党。

在"十四五"规划和2035年远景目标纲要中，"全体人民共同富裕取得更为明显的实质性进展"，是到2035年要基本实现的社会主义现代化远景目标。在"改善人民生活品质……"部分，又突出强调了"扎实推动共同富裕"。我们要抓住机遇，应对挑战，加快发展，努力实现"十四五"期间为全面建设社会主义现代化国家开好局，起好步。

新型农村集体经济创新发展的
战略构想与政策优化①

2016 年，中共中央、国务院印发《关于稳步推进农村集体产权制度改革的意见》，明确将发展新型集体经济作为改革的目标之一。习近平总书记在主持中共中央政治局就实施乡村振兴战略进行第八次集体学习时强调，"要把好乡村振兴战略的政治方向，坚持农村土地集体所有制性质，发展新型集体经济，走共同富裕道路"。"十三五"期间，我国集体经营性资产股份合作制改革有序推进，带动新型农村集体经济发展壮大。2019 年，完成改革的集体经济组织当年股金分红 571.2 亿元，累计分红 3 420 亿元；42.3％的农村集体经营收益超过5 万元，比 2016 年增长 17.2％。但同时，这一比例在西部地区仅有 27.4％②，全国仍有超过一半的集体经济"空壳村"③，新型农村集体经济发展不平衡、不充分的问题还比较突出。

面向"十四五"时期，对标 2035 年远景目标，创新发展新型农村集体经济是全面推进乡村振兴战略、加快农业农村现代化的重要路径。值得思考的是，新型农村集体经济在发展实践中积累了哪些典型模式，各自的比较优势和推广适应范围是什么？创新发展新型农村集体经济面临着哪些突出问题和挑战？今后一段时期内，新型农村集体经济的发展目标、发展思路和重点任务分别是什么？如何增强集体经济的发展能力和统筹功能？回答好这些问题，对发展壮大新型农村集体经济，进而完善农村基本经营制度、逐步实现共同富裕具有重要的现实价值。

现有研究在对农村集体产权制度改革进行广泛分析的基础上，对新型农村集体经济的新特征、典型发展模式，及其与乡村振兴战略的关系等方面的研究也不断深入。但不足之处表现为：一是对新型农村集体经济的内涵界定更多关注产权层面，不够系统全面；二是少有研究对不同发展模式进行系统的提炼总结和比较分析；三是对新型农村集体经济发展中面临的新问题、新挑战分析不足。鉴于此，本文在对新型农村集体经济的内涵和特点进行更加明确界定的基础上，比较分析不同发展模式的比较优势和适应范围；在深入探究新型农村集体经济面临的问题和挑战的基础上，提出创新发展新型农村集体经济的战略构想。

一、新型农村集体经济的内涵界定与典型特征

创新发展新型农村集体经济首先要对其内涵进行更加明确合理的界定，提炼总结其典型

---

① 本文与高鸣、魏佳朔合作，发表于《改革》2021 年第 9 期。
② 数据来源：《中国农村政策与改革统计年报（2019 年）》。
③ 依据《中国农村政策与改革统计年报（2019 年）》的标准，文中"空壳村"是指村集体经济组织没有经营收益或经营收益在 5 万元以下的村。

特征，回答好新型农村集体经济"是什么"的关键问题。

（一）新型农村集体经济的内涵界定

现有政策文件对新型农村集体经济的内涵界定较少，现有研究则从不同方面进行了比较详细的说明。从产权体系的角度来看，新型农村集体经济是遵循归属清晰、权责明确等现代产权制度要求的一种经济形态。从要素配置和利益联结的角度看，新型农村集体经济是以农民为主体，相关利益方紧密联合，实行以按劳分配为主和按生产要素分配相结合的一种经济形态。在组织形式上，新型农村集体经济以股份经济合作社为主。政策文件和现有研究中涉及新型农村集体经济内涵界定的代表性观点如表1所示。

表1　相关政策文件和研究中的代表性观点

来源	具体内容
《财政部关于印发〈扶持村级集体经济发展试点的指导意见〉的通知》	鼓励试点地区大胆实践，勇于创新，积极探索村级集体经济不同实现形式，形成可复制、可推广的经验，走出适应不同经济资源和市场条件的新型集体经济发展道路
《农业农村部、中国人民银行、国家市场监督管理总局关于开展农村集体经济组织登记赋码工作的通知》	农村集体经济组织登记赋码的对象主要是农村集体产权制度改革后，将农村集体资产以股份或份额的形式量化到本集体成员而成立的新型农村集体经济组织
苑鹏、刘同山（2016）	农村新型集体经济，是指按照归属清晰、权责明确、保护严格、流转顺畅的现代产权制度要求，以成员自愿合作与联合为原则，通过劳动者的劳动联合或劳动者的资本联合实现共同发展的一种经济组织形态
周立等（2021）	以集体所有制为基本前提，以股份合作为主要形式，劳动者可以进行劳动、资本、土地等各生产要素联合，并以按劳分配、按生产要素分配等多种方式进行分配
涂圣伟（2021）	所谓新型农村集体经济，是指在农村地域范围内，以农民为主体，相关利益方通过联合与合作，形成的具有明晰的产权关系、清晰的成员边界、合理的治理机制和利益分享机制，实行平等协商、民主管理、利益共享的经济形态

结合文件精神和各地的实践探索，现有研究对新型农村集体经济内涵界定的不足主要表现为三个方面：第一，现有研究都关注到了新型农村集体经济的新变化、新特征，但普遍从某一个方面进行内涵界定。实际上，新型农村集体经济作为集体所有制经济的一种新形态，是多种新型经济关系的总和。第二，对新型农村集体经济的内涵界定局限于制度和形式层面，未关注其现实的经济实力和发展能力。第三，没有考虑到新型农村集体经济承担的社会公共职能，对其内涵界定没有与推进乡村治理体系和治理能力现代化的要求结合起来。

综合考虑新型农村集体经济的产权体系、组织形式、发展能力和治理效益，新型农村集体经济应当是指以农村集体经济组织为依托，集体资产量化到集体成员，内部治理结构完善，兼具经济实力和治理效益的农村公有制经济形态。

（二）新型农村集体经济的典型特征

传统的农村集体经济组织对内实行"集体所有、统一经营"，集体资产的所有权和使用权联结在一起，人人有份，但份额不清；对外和基层党组织、村民委员会的边界比较模糊，组织运行效率低；在市场竞争中，多数乡镇集体企业因为市场范围窄、经营能力弱等问题最终处于停顿状态甚至破产倒闭。相较之下，新型农村集体经济的典型特征主要表现为产权体系、组织形式、经济实力和治理结构四个方面（见表2）。

表2 新型农村集体经济的主要特点

	传统农村集体经济	新型农村集体经济
产权体系	资产归集体所有，人人有份，但份额不清	资产归集体所有，以股份或份额的形式量化到集体成员
组织形式	人民公社、乡镇集体企业等	以股份经济合作社为主
经济实力	以在本地开展经营活动为主，市场范围窄、经营能力弱	发展模式多元多样，"引资避险"能力增强
治理结构	干部家长式决策，集体资产的运营管理不规范、不透明	实行股民民主表决的决策机制，集体资产的经营管理制度比较健全

第一，完成股份合作制改革，产权体系更加清晰。新型农村集体经济的制度前提是完成集体经营性资产的股份合作制改革。新型农村集体经济在严格认定三级组织的成员资格、明确各级组织人员数量的基础上，折股量化了集体经营性资产，为组织成员分享集体经济的发展成果提供了分配依据。

第二，成立股份经济合作社，在组织形式上独立。通过组建以股份经济合作社为主要形式的新型农村集体经济组织，经济职能逐步从党建和自治职能中分离出来，有效提高了组织运行效率。在基层党组织的全面领导下，具有特别法人地位的新型农村集体经济组织实行集约化、专业化的独立运营，主要职责是发展壮大集体所有制经济。

第三，发展模式多元多样化，经济实力明显增强。除在本地开展经营活动之外，新型农村集体经济的发展模式还包括统一组织集体资产开展合作经营、投资入股经营或出租承包经营等，吸引社会资本和抵御市场风险的能力增强。同时，新型农村集体经济还应以一定的经济实力为支撑，不应是收益较低乃至没有收益的"空壳村"。

第四，组织治理结构更完善，兼具乡村治理效益。股份经济合作社的内部设有股东大会、理事会和监事会，实行股民民主表决的决策机制，涉及权力运行与监督的制度规范比较明确，农民和集体的联系更加紧密。涉及集体资产的规章制度更加健全，包括集体资产的经营管理制度、定期清查报告制度等更加完善，对集体资产的监督管理能力增强，带动乡村治理体系和治理能力现代化水平提高。

二、创新发展新型农村集体经济的现实价值

新型农村集体经济的产权体系和组织边界更加清晰，发展能力也明显增强，是实现农业高质高效、乡村宜居宜业、农民富裕富足的重要力量。创新发展新型农村集体经济，在推动实现农业农村现代化等方面具有重要的现实价值。

（一）巩固和完善农村基本经营制度

以家庭承包经营为基础、统分结合的双层经营体制，是我国的农村基本经营制度。改革开放以来，家庭经营"分"的制度绩效更加明显，但集体经济"统"的功能还有待加强。立

足"大国小农"的发展定位，巩固和完善农村基本经营制度需要发挥集体经济在衔接小农户和现代农业发展上的重要作用。

集体经济组织在提升小农户发展能力、提高小农户组织化程度、构建面向小农户的社会化服务体系上的地缘优势和组织优势明显。创新发展新型农村集体经济，特别是强化其在利用土地资源、整合涉农项目资金等方面的功能，是实现小农户与现代农业发展有机衔接、巩固和完善农村基本经营制度的必然要求。

（二）推进乡村治理体系和治理能力现代化

治理有效是乡村振兴的总要求之一。集体经济组织作为乡村基层组织中的重要部分，承担着发展乡村公共事业的职能，同时也是乡村治理体系和治理能力现代化建设中的薄弱环节。

开展集体经营性资产股份合作制改革，成立股份经济合作社，使集体经济组织与其他乡村基层组织的边界、职能更加清晰，组织运行效率明显提高。新型农村集体经济与农民的利益联结更加紧密，提高了农民的集体意识，巩固了乡村治理的群众基础。2019年，完成改革的集体经济组织的公益性支出达到718.0亿元，是2017年的2.7倍。其中，公益性基础设施建设投入434.7亿元，公共服务费用支出283.3亿元，分别比2017年增长161.2%、191.2%。创新发展新型农村集体经济，也将为提升农村基础设施和公共服务水平创造条件，夯实乡村治理的物质基础。

（三）实现共同富裕的远景目标

实现到2035年"全体人民共同富裕取得更为明显的实质性进展"的远景目标，重点和难点在乡村。作为公有制经济的组成部分，集体经济以统分结合的双层经营体制为基础，是防止两极分化、缩小城乡收入差距的重要经济形态。

创新发展新型农村集体经济，充分发挥其在推动农业规模化经营、实现农业高质量发展、支持乡村新产业新业态中的作用，是夯实乡村共同富裕经济基础的重要路径。2019年，新型农村集体经济当年股金分红571.2亿元，比2017年增长39.0%，累计股金分红3 420亿元。新型农村集体经济将集体经营性资产量化到组织成员，集体收益按股分红，是提高农民财产性收入、实现共同富裕远景目标的有效方式。

（四）贡献农业农村现代化的"中国方案"

集体经济是中国特色的制度安排，是公有制经济在农村的具体实现形式。创新发展新型农村集体经济，不仅将在以上方面带来实实在在的变化，而且将在世界范围内贡献中国智慧与中国方案，拓宽发展中国家农业农村现代化的道路选择。

我国幅员辽阔，不同地区的农业农村发展差异较大，探索新型农村集体经济的创新发展，本身就是对农业农村现代化理论的丰富。从国际比较的视野来看，发达国家的农业农村现代化，更多是在后工业化阶段，通过工业反哺农业、城市反哺乡村实现的。创新发展新型农村集体经济，提升农业农村的内生发展动力，走城乡融合的特色发展道路，可为广大工业和城市基础薄弱的发展中国家提供经验启示，拓宽其发展道路选择。

三、新型农村集体经济的实践探索

各地新型农村集体经济发展"多点开花"，已经形成经营型、联营型、租赁型、服务型和党建型等发展模式。不同发展模式存在各自的比较优势，在推广上也面临着不同的约束条件和适应范围。

（一）经营型集体经济

经营型集体经济是集体经济组织立足本地优势和资源禀赋，独立开展经营活动的一种经济形态。在乡村一二三产业加快融合发展的背景下，经营型集体经济的业务范围不再局限于种植业、畜牧业等传统农业，而是拓展到休闲观光农业、乡村旅游等新产业新业态。

经营型集体经济能够发挥的社会效益明显，但面临的经营风险较高。集体经济在本地开展经营活动，能够发挥吸引外出劳动力回流的功能，助力乡村人才振兴。发展乡村旅游等新兴业态，有助于发挥产业振兴和生态振兴双向促进的协同效应。在这种模式下，经营风险全部由集体经济组织承担，一旦发生决策失误或遭遇市场波动，就可能难以实现集体资产保值增值的目标要求。

这一发展模式对当地区位条件和人才条件的要求较高，更适合城郊乡村或集体经济基础较好的乡村。以乡村文旅融合、产业联合体为主要形式的经营型发展模式要突出当地特色，在交通便利程度、工业和城市发展基础等区位条件上的要求较高。从实现要素组合配置的角度来看，经营型集体经济的发展绩效和乡村人才紧密挂钩。除需要有能力的村干部带头人之外，还需要有以职业经理为基础的专业化团队开展运营，以此提升管理效率和市场竞争力。从区位条件和人才条件两方面看，经营型发展模式更适合城郊乡村或集体经济基础较好的乡村。

（二）联营型集体经济

联营型集体经济是在实现集体经济和外部资源有机结合的基础上，联合开展经营活动的一种经济形态。具体来看，联营型集体经济的发展路径既包括以集体土地参股参办新型农业经营主体或工商企业，又包括整合碎片化的涉农资金，入股其他市场主体开展联合经营。后一种路径是中西部地区普遍采用的发展模式，更能突出反映联营型集体经济的主要特点。河南省濮阳市范县孙庄村整合利用财政资金共160万元，与当地的食品企业联合创办食品加工厂，约定盈利额的10%归集体经济。甘肃省兰州市榆中县咸水岔村整合利用财政资金90万元，入股当地肉牛养殖专业合作社，约定每年的收益率为8%。

联营型集体经济能够整合多方的实力和优势，实现利益共享与风险共担，但能够发挥的社会效益有限。与经营型集体经济相比，联营型发展模式能够通过要素联结、入股参股的方式共享其他市场主体和其他地区的增值收益。同时，避免了可能形成的沉没固定资产，集体经济组织和其他市场主体共同承担经营风险，更能实现集体资产保值增值的目标要求。但整合资金参股入股其他市场主体的发展模式，可能难以充分发挥吸引外出劳动力回流等社会效益。

从适应范围来看，联营型发展模式对人才和资金的要求高，更适合乡村振兴重点帮扶县。整合资金参股入股其他市场主体的发展模式突破了经营活动的空间边界，受到本地区位条件的限制较少。但联营型发展模式在资金条件上的要求更高，也需要有社会资源丰富、能够连接其他市场主体的乡村人才，如第一书记、返乡入乡创业人才等。与其他地区相比，乡村振兴重点帮扶县在财政资金上更有优势，也将成为各类人才下乡入乡的重点地区，更适合发展联营型集体经济。

（三）租赁型集体经济

租赁型集体经济是集体经济组织在整合利用土地资源或投资建设厂房园区的基础上，盘活集体资源资产并获得租金收入的一种经济形态。新型农村集体经济在集体资产量化到组织成员的基础上，租赁收入的分配更加规范合理。

租赁型集体经济的收益稳定且风险较小，但对农村集体内生发展动力的激励有限。租赁型集体经济不直接面对经营风险，租金形式的收益稳定且风险较小，更能实现集体资产的保值增值。其他市场主体租入集体资源性、经营性资产在当地开展经营活动，也能发挥带动就业等其他经济效益和社会效益。但长期依赖租赁型发展模式下的租金收入，不能充分激发集体经济的内生发展动力，难以有效提升集体经济的经营管理和治理能力。

租赁型发展模式更依赖当地的区位条件，适合交通便利、周边工业与城市发展基础好的乡村。租赁型发展模式与当地的人才条件基本脱钩，只要市场主体按期缴纳租金，就能够获得稳定可观的收益。但面向新型农业经营主体出租耕地，要求当地的地形平坦、地块规则；面向工商企业出租厂房或建设用地，要求以一定的县域经济发展水平为基础。同时，两类具体模式都要求有比较便利的交通条件。

（四）服务型集体经济

服务型集体经济是农村集体利用自身的地缘优势和组织优势，为农民和其他市场主体提供生产性服务并获取收益的一种经济形态。当前，服务型集体经济的业务范围以农业领域为主，主要是为农户提供生产资料、耕种防收环节的生产托管等农业社会化服务，在服务小农户的同时增加集体收入。

服务型集体经济承担的经营风险有限，也能够增强集体经济的统筹功能。面向小农户开展以生产托管为主要形式的农业社会化服务，对实现粮食生产的节本增效、保障国家粮食安全具有重要意义。在提供农业社会化服务的过程中，农民与集体的利益联结更加紧密，能够提高农民的集体意识。同时，服务型集体经济不直接面对经营风险，能够获得的收益比较稳定。但合作社、企业和农业服务专业户同样是开展农业社会化服务的市场主体，新型农村集体经济需要在比较激烈的市场竞争中明确优势领域和优势环节，否则容易被其他市场主体替代。

服务型发展模式在区位条件和人才条件上的要求不高，可推广性更强。各地普遍面临小农户的强大需求，发展服务型集体经济有相对广阔的农业农村市场。同时，服务型发展模式基本与本地的交通便利程度、工业发展基础等区位条件脱钩，并且还可以进一步拓宽服务半径，提供跨区作业服务。尽管服务型发展模式也需要有农机手等专业技术人才的支撑，但整体要求不高，更适合集体经营性资产和特色资源较少的集体经济薄弱村和典型农业村。

（五）党建型集体经济

党建型集体经济是以党建为纽带，以"村村联合""人才带动"等方式发展壮大新型农村集体经济的一种经济形态。其主要路径可以概括为：一是不同集体经济组织通过村村联合、结对帮扶等方式实现共同发展；二是动员和选拔有能力、有思路的各类人才充实到农村基层党组织，以人才振兴带动产业振兴。

浙江金华市婺城区 85 个村整合利用各类资金共 6 800 万元，以"飞地抱团"形式入股发展可供 10 个左右汽摩配小微企业入驻的创业园项目，村均年经营性收入超过 5 万元。安徽亳州市谯城区牛集镇在强化党支部统领作用的基础上，推行"乡土人才＋基地＋农户"模式，共吸引优秀人才 100 余人回流，发动近 200 人参与领办集体经济发展项目，极大改善了新型农村集体经济发展的人才条件和资金条件。

党建型集体经济能够发挥的社会效益明显。通过开展"强弱互补""弱弱抱团"等方式，党建型发展模式为破解"无区位、无资金、无产业"等集体经济发展的典型难题提供了思路。同时，党建型发展模式是协调推进乡村产业振兴、人才振兴和组织振兴的有效路径，也是推动区域内协同发展和共同富裕的重要方式。但党建型集体经济面临的关键难题是要在众多的农村集体之间，构建起既能调动各方面积极性又能避免区域内两极分化的利益联结机制。

在推广适应上，各乡村都想谋求集体经济的发展壮大，容易形成发展党建型集体经济的一致目标，有更强的推广复制性。党建型发展模式对本地区位条件的要求比较低，但对"领头雁"式的人才要求高，需要有乡村党政人才、村党组织带头人的支撑。

综合来看，以上五类新型农村集体经济发展模式的比较优势和适应范围如表 3 所示。

表 3　不同新型农村集体经济发展模式的比较优势和适应范围分析

发展模式	比较优势		适应范围		
	优势	不足	区位条件	人才条件	推广适应范围
经营型	能够发挥推动乡村产业振兴、人才振兴、生态振兴的协同效应	面临的经营风险比较大	特色资源突出、交通便利、周边工业和城市发展基础比较好	有能力的农村集体带头人、以职业经理为基础的专业化管理团队	城郊乡村、集体经济发展基础好的乡村
联营型	能够实现利益共享和风险共担	能够发挥的社会效益有限	受本地区位条件的限制小	社会资源丰富的乡村人才，如第一书记、返乡入乡创业人才等	乡村振兴重点帮扶县
租赁型	收益比较稳定且风险相对较小	对农村集体内生发展动力的激励有限	交通便利；地形平坦、地块规则（对外流转耕地）；周边工业和城市发展基础比较好（对外出租建设用地或厂房）	受本地人才条件的限制小	自然条件比较好的乡村、工业发展基础比较好的地区
服务型	能够增强集体经济的统筹功能	与其他市场主体的竞争相对激烈	受本地区位条件的限制小	受本地人才条件的限制小	集体经济薄弱村、典型农业村
党建型	能够发挥的社会效益明显	关键难题是要构建起合理的利益联结机制	受本地区位条件的限制小	领导组织能力强的乡村党政人才、村党组织带头人	集体经济薄弱村、典型农业村

四、创新发展新型农村集体经济面临的问题

新型农村集体经济的发展成效显著，但整体上仍处于起步阶段。一方面，对新型农村集体经济的认识还有待深化，特别是与其他市场主体的关系不够明确；另一方面，还面临着如区位条件、人才条件上的约束。主客观两方面的因素，使新型农村集体经济在发展规模、发展定位和发展质量上还面临着一些问题和挑战。

（一）集体经济仍需跳出"改革—挂牌"的形式逻辑

到 2020 年年底，全国 53 万个村完成经营性资产股份合作制改革，超过 50 万个村认领集体经济组织登记证书。但回顾集体经济的发展历史不难发现，常有一些地区存在"跟风"后"挂牌"的情况。开展经营性资产股份合作制改革、成立股份经济合作社是动力和路径，发展壮大新型农村集体经济才是根本目的。

从整体来看，集体经济"空壳村"占 50％以上。2012—2016 年，集体经济的发展势头微弱，经营收益 5 万元以上村的占比仅从 21.6％提高到 25.1％。2016 年以来，农村集体产权制度改革持续深化，带动集体经济发展壮大。到 2019 年，这一比例达到 42.3％，比 2016 年提高了 17.2 个百分点。但与此同时，仍有超过 50％的集体经济组织是没有收益或收益低于 5 万元的"空壳村"。发展壮大新型农村集体经济，首先面临着如何跳出"改革—挂牌"的形式逻辑，实质性推动集体经济发展壮大，最终减少甚至消除"空壳村"的问题。

表 4　2017—2019 年不同地区的集体经济"空壳村"情况

地区	2017 年	2018 年	2019 年
东部地区	61.1％	54.8％	51.6％
中部地区	71.2％	61.8％	50.1％
西部地区	83.1％	78.6％	72.6％
东北地区	74.4％	68.0％	62.0％
全国平均	70.7％	63.6％	57.7％

资料来源：《中国农村经营管理统计年报》（2017—2018 年）《中国农村政策与改革统计年报（2019 年）》。

分区域来看，西部、东北地区的发展短板明显。如表 4 所示，2019 年西部地区、东北地区的集体经济"空壳村"占比分别下降至 72.6％和 62.0％，但仍高于全国 57.7％的平均水平。相比之下，西部地区、东北地区普遍缺少集体经营性资产，是典型的农区、集体经济发展薄弱地区。在继续推进农村集体产权制度改革的基础上，特别要重视各类发展模式在西部地区、东北地区的有效推广和应用，缩小与东部、中部地区的发展差距。

（二）增强集体经济统筹功能的难题尚未破解

农村集体产权制度改革增强了集体经济的统筹功能，但"分得充分、统得不够"的问题仍然存在，集体经济服务农业发展和农村建设的能力还有待增强。

在发挥统筹农业生产的功能上，以开展农业社会化服务为例，2019 年农村集体经济组

织平均服务小农户 107 户。与企业、合作社相比，集体经济面向小农户的服务能力还有待增强，特别是提供服务的范围有待拓展。从横向来看，针对非粮食作物的服务能力和服务质量还有待提高；从纵向来看，面向产前、产后环节提供服务的能力还有不足。除面向小农户提供社会化服务之外，集体经济在衔接小农户和现代农业发展、推动农业规模化经营上的实现形式还应更加多样。

在发挥统筹农村建设的功能上，在全面推进乡村振兴战略、加快农业农村现代化的新阶段，将有大量来自国家、社会和个人的资源下乡。但从整体来看，集体经济承接利用好下乡资源的统筹能力仍有不足，各类要素在向乡村流动的过程中缺少落脚点，外部资本不愿进入、财政资金不知投向谁的问题仍然存在。

(三) 集体经济组织的市场定位亟待明晰

2020 年审议通过的《民法典》明确规定，农村集体经济组织依法取得法人资格，农村集体经济组织法人为特别法人。在具体执行上，县级农业农村部门负责对新型农村集体经济组织发放登记证书，并赋予统一社会信用代码。尽管这从法律层面和操作层面赋予了新型农村集体经济组织比较明确的市场主体身份，但集体经济组织与新型农业经营主体、工商企业等其他市场主体存在具体业务上的交叉和竞争，其在农业农村发展中的市场定位还应更加清晰明确。

在联营型、租赁型发展模式下，集体经济组织与其他市场主体之间形成了比较紧密和明确的利益联结机制，在经营活动上的竞争关系不明显。集体经济组织更多扮演了要素供给者的角色，更多承担了为其他市场主体提供服务的功能，市场定位比较明确。

但在经营型、服务型发展模式下，一方面，各类工商企业"挤压"了集体经济组织的发展空间；另一方面，集体经济组织在农业领域的统一经营业务也容易被各类新型农业经营主体替代。2019 年，共有 6.3 万个集体经济组织开展农业社会化服务，占社会化服务组织总量的 7.1%，占集体经济组织总量的 10% 左右，多数集体经济组织以开展"居间"的统筹协调服务为主。与其他市场主体相比，集体经济组织还承担着提供和保障农村公共产品的职能，这强调了集体经济的经营活动应当是收益稳定且低风险的。就经营型、服务型集体经济而言，在有限的经营范围中，还应更加明确新型农村集体经济在哪些产业领域、哪些环节具有比较优势，更有市场竞争力。

(四) 集体经济组织的治理结构仍有待优化

目前，多数地区已经成立集体经济股份合作社。但在生产关系更加清晰、经济基础更加坚实的基础上，作为上层建筑的内部治理结构仍有优化改进的空间。发展壮大新型农村集体经济不仅要重视产业和技术的现代化，而且要补齐治理结构和经营管理体制上的短板。具体体现在：一是农村经营管理人才队伍薄弱。当前，农村经营管理队伍出现行政力量不足、公益职责悬空、乡镇力量分散的问题。擅长经营管理的集体经济带头人、以职业经理为基础的专业化管理团队的人才缺口较大。二是决策和监督机制落实不充分。一些集体经济组织在股民民主表决的决策机制上落实不充分，还存在过去干部家长式决策的现象。在对集体经济的监督上，2019 年中部、西部、东北地区年内平均公开农村财务 3.5 次、3.9 次、3.9 次，低于东部地区 6.7 次和全国 4.8 次的平均水平。三是经营管理体制有待完善。以会计核算体系为例，集体经济组织目前执行的仍是 2004 年制定的《村集体经济组织会计制度》；在硬件方面，2019 年全国仍有 36.2％的行政村尚未实现会计电算化，集体经济财务管理的现代化水平仍有提升空间。

（五）集体经济创新发展中的风险问题亟待重视

经过多年探索，新型农村集体经济已经积累了一些典型发展模式，并且还将进一步发展创新。但与此同时，一些风险问题也不断暴露出来，给农业农村的稳定发展带来了挑战。

从集体经济组织的资产负债率来看，2017—2019 年，全国集体经济组织的资产负债率由 40.3％下降至 35.5％。但如图 1 所示，相比之下，东部地区集体经济组织的资产负债率相对较高，连续多年保持在 42％的水平上。一些地区在壮大集体经济规模的同时，还要更加注重防范和化解乡村债务风险。一些地区在引入工商资本下乡的过程中，对集体资产的管护不足，存在集体资产流失的风险。

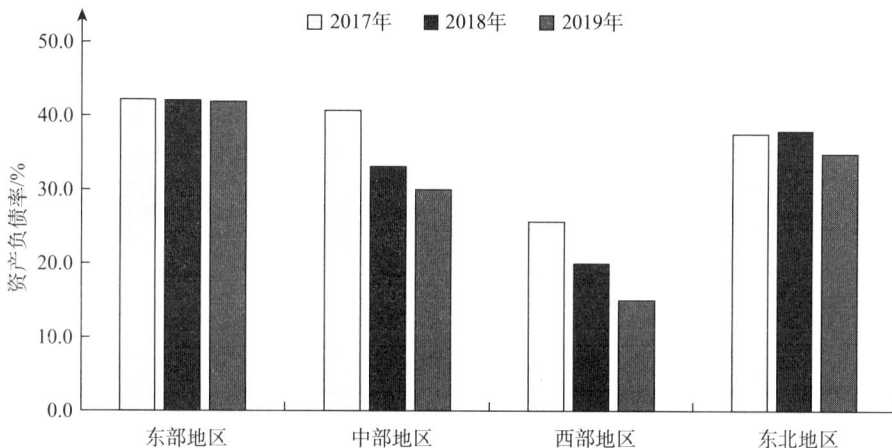

图 1　2017—2019 年不同地区集体经济组织的资产负债率变化

资料来源：《中国农村经营管理统计年报》（2017—2018 年）《中国农村政策与改革统计年报（2019 年）》。

从集体经济在土地流转上面临的风险来看，一些集体经济组织在农地经营权流转之后的监管缺位，存在新型农业经营主体违规变更耕地用途、违约变更种植品种的情况，导致耕地利用的"非农化""非粮化"。更有新型农业经营主体"跑路"的情况发生，使农民的合理利益受损，也给保障国家粮食安全带来了风险。

五、新型农村集体经济创新发展的战略构想

针对新型农村集体经济面临的发展规模不大、定位不明、质量不高的问题，综合考虑到 2035 年乡村振兴取得决定性进展、农业农村现代化基本实现的时间节点，新型农村集体经济创新发展的战略构想应在发展目标、发展思路和重点任务上更加明确。

（一）新型农村集体经济的发展目标

对标 2035 年基本实现农业农村现代化的远景目标，结合上述具体发展模式，新型农村

集体经济的发展目标应当主要包含以下方面。

一是市场定位更加清晰，新型农村集体经济组织与其他市场主体的联动发展格局基本形成。就联营型、租赁型集体经济而言，集体经济组织服务其他市场主体的能力增强，利益联结机制更加完善。就经营型、服务型集体经济而言，集体经济组织的市场定位更加清晰，在区域性、综合性经营领域上的比较优势更加明确，市场竞争优势增强。

二是发展能力稳步提高，新型农村集体经济的实现形式更加多元多样、可持续发展机制普遍建立。新型农村集体经济创新发展面临的交通约束和人才约束进一步缓解，农村集体的资源优势进一步转化为市场优势，发展模式更加多元多样。具有农村集体特色、反映农业农村发展要求的现代经营制度建立完善，集体经济的可持续发展机制普遍建立，集体资产的保值增值能力明显增强。

三是经济实力持续增强，新型农村集体经济成为农业农村现代化的重要支撑。结合2012 年以来农村集体经济的发展态势（见图 2），其在经济实力方面的远景目标应当是，到 2035 年，集体经济组织的平均收益基本实现比 2020 年翻一番，达到平均每村 80 万元以上，经营收益 5 万元以上的集体经济组织占比达到 70%～80%。集体经济在不同区域间的发展差距持续缩小，西部地区和东北地区的集体经济"空壳村"明显减少，接近全国的平均水平。

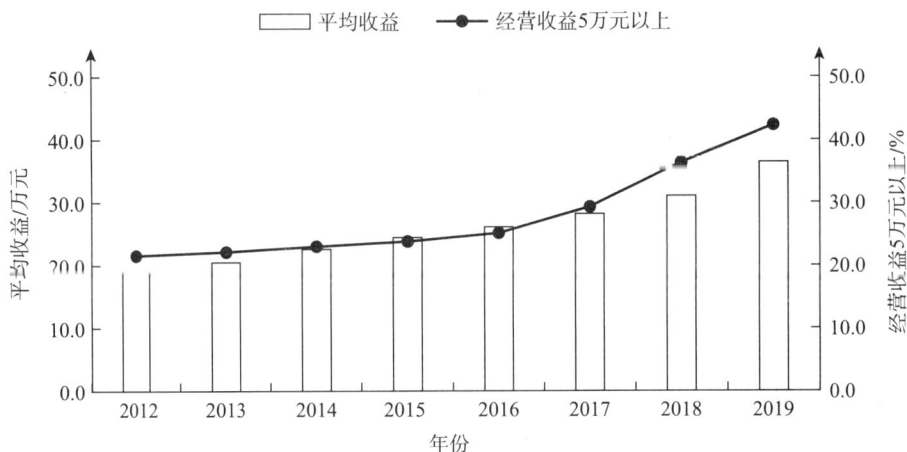

图 2　2012—2019 年集体经济组织的收益情况变化

资料来源：《中国农业统计资料》（2012—2017 年）《中国农村经营管理统计年报（2018 年）》《中国农村政策与改革统计年报（2019 年）》。

四是统筹功能充分实现，新型农村集体经济组织成为衔接小农户和现代农业发展的重要纽带、承接各类资源下乡的重要平台。集体经济组织面向小农户提供农业社会化服务的能力增强、质量提高，平均服务规模达到合作社的水平，与企业的服务能力差距进一步缩小。农业生产托管服务粮食作物的面积维持在 50% 以上，节本增效功能更加明显，为保障国家粮食安全贡献力量。新型农村集体经济组织成为各类资源下乡的落脚点，在公益性基础设施建设和公共服务上的支出持续增加，在公共事业等非经营性领域的支撑作用增强，服务农村建设和农民生活的能力明显提高。

（二）新型农村集体经济的发展思路

发展新型农村集体经济是一项长期性、系统性任务，对标以上发展目标，新型农村集体经济的发展思路主要包括：

一是以服务乡村振兴和农业农村现代化为战略方向。把发展新型农村集体经济作为重要抓手，推动实现乡村振兴取得决定性进展，农业农村现代化基本实现。将创新发展新型农村集体经济作为提高农民收入的重要路径，补齐共同富裕的乡村短板。

二是以新发展理念为战略指南。立足全面推进乡村振兴战略、加快农业农村现代化发展的新阶段，落实创新、协调、绿色、开放、共享的新发展理念。将创新发展新型农村集体经济作为构建新发展格局的重要组成部分，畅通"双循环"在乡村的堵点和断点。

三是以科学界定发展定位为战略基础。在法律层面，对新型农村集体经济组织的内在机制、成员权利等方面予以更加明确的规范。在市场层面，立足新型农村集体经济组织的特别法人地位，从理论和实践两个方面探索其在社会主义市场经济条件下的比较优势和市场定位。

四是以持续优化治理结构为战略重点。按照既能体现集体优越性又能调动各方面积极性的要求，围绕完善组织章程、落实民主决策与监督、完善收益分配制度等重点方面，健全符合社会主义市场经济运行机制的新型农村集体经济治理体系。同时，以优化新型农村集体经济的治理结构为契机，推进乡村治理体系和治理能力现代化。

（三）发展新型农村集体经济的重点任务

结合前文主要研究结论，今后一段时期内创新发展农村集体经济的重点任务主要包括以下方面（见图3）：

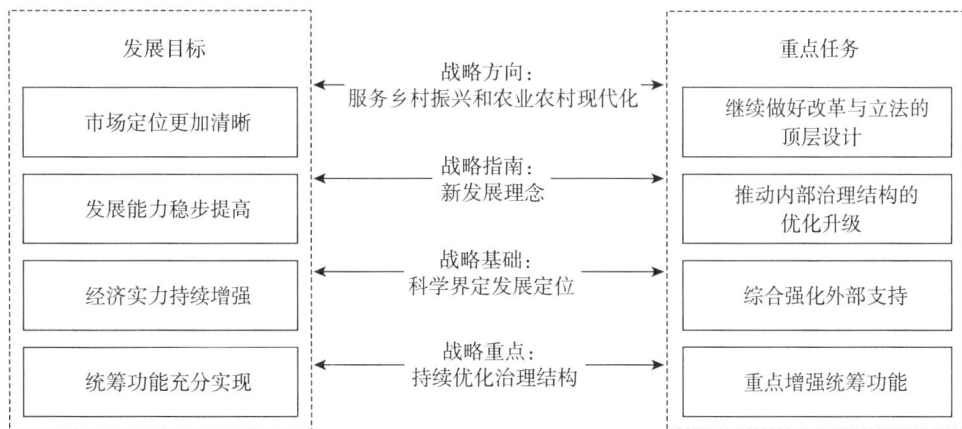

图3　新型农村集体经济创新发展的战略构想

一是继续完善新型农村集体经济的顶层设计，做好改革和立法的相关工作。继续推进有集体经营性资产的村镇，特别是脱贫地区开展股份合作制改革，实现资源变资产、资金变股金、农民变股东。对已经完成股份合作制改革的集体经济组织，要及时做好登记赋码和证书发放工作。继续深入研究制定农村集体经济组织法，指导有条件的地方开展先行立法，将农村集体产权制度改革的各项成果法制化。

二是推动新型农村集体经济组织内部治理结构的优化升级。各地应当参照《农村集体经济组织示范章程（试行）》，指导集体经济组织制定或完善章程。落实好涉及集体经济发展、关乎组织成员利益的重大事项股民民主决策表决机制。修订完善新型农村集体经济组织的财务会计制度，加快建设规范化、信息化的集体资产监督管理平台。健全完善新型农村集体经济组织的收益分配制度，因地制宜确定公积金、公益金的提取比例。

三是深化部门间的协同协作，综合强化新型农村集体经济创新发展的外部支持。"要想富，先修路"的观点仍不过时，要继续以建设"农村四好公路"为切入点，提高农村公路的网络化水平，破解新型农村集体经济创新发展面临的"硬约束"。优先向集体经济薄弱村选派驻村第一书记和工作队，完善对集体经济组织人才的激励机制，缓解人才方面的"软约束"。落实好新型农村集体经济组织的税费优惠政策，完善金融机构的相关融资、担保等政策。

四是重点增强新型农村集体经济的统筹功能，提高服务农民生产生活的能力。继续增强新型农村集体经济组织面向小农户提供社会化服务的能力，针对重要农产品产前、产中、产后的关键和薄弱环节，拓宽服务范围、提高服务质量。支持新型农村集体经济组织在尊重成员意愿的基础上，统一组织开展耕地整理并进行对外招标承包，重点增强经营权流转之后的监督管理，制止"非农化"、防止"非粮化"。支持新型农村集体经济组织通过股份合作、租赁等形式，参与农村公益性基础设施建设、人居环境整治等乡村建设活动，并根据不同投资来源和有关规定加强对非经营性资产的统一运行管护。

六、推动新型农村集体经济创新发展的政策建议

面向"十四五"时期和2035年远景目标，创新发展以股份经济合作社为主要组织形式、兼具经济实力和治理效益的新型农村集体经济，具有重要的现实和理论意义。针对新型农村集体经济面临的发展规模不大、定位不明、质量不高的问题，今后的重点任务是要继续做好改革与立法的顶层设计，推动内部治理结构的优化升级，综合强化其外部支持并重点增强统筹功能。推动新型农村集体经济创新发展，应从如下方面着手：

第一，因地制宜深化农村集体产权制度改革，巩固改革成果。继续推进集体经营性资产股份合作制改革，加强对改革进展缓慢地区的指导力度。率先完成改革的地区，应将改革的重点因地制宜地转移到探索新型农村集体经济的有效实现形式上，注重发挥基础条件好、组织能力强的集体经济的辐射带动作用。组织开展农村集体产权制度改革"回头看"工作，对前期改革工作进行查漏补缺，规范提升。

第二，持续提高城乡基本公共服务均等化水平，缓解新型农村集体经济面临的经营风险约束。集体经济承担的公共事业责任对控制经营风险提出了较高要求，同时也限制了其经营范畴。推动新型农村集体经济的多元多样发展，除了缓解其在交通条件和人才条件面临的约束外，一种可能的路径是持续提高城乡基本公共服务的均等化水平，减轻其公共事业负担。围绕教育、医疗、养老等重点领域，继续明确基本公共服务的国家标准并建立动态调整机制。促进基本公共服务资源向农村覆盖，持续增加各级财政对农村公共服务的支持。

第三，总结推广服务型、党建型集体经济的主要经验和发展路径。与其他新型农村集体经济的发展模式相比，服务型、党建型发展模式更适合在集体经济薄弱村和典型农业村开展。应进一步总结推广两类新型农村集体经济的主要经验和发展路径，为中西部地区发展壮大新型农村集体经济提供发展思路和道路选择。

第四，加强创新发展新型农村集体经济的风险管理。对新型农村集体经济开展的产业项目进行风险评估，做好持有股权的价值评定。对集体经济的资产负债情况进行动态监测，注重防范化解乡村债务风险。对各类返乡入乡创业的市场主体进行资格审查，防止本地巨头、外来资本借发展新型农村集体经济之名侵吞集体资产，重点防范集体土地流转风险。

以生产托管为抓手推动农业
绿色低碳发展[①]

推动农业绿色低碳发展，贯彻落实"绿水青山就是金山银山"理念，是实现乡村生态振兴的必然要求，也是实现农业领域"双碳"目标的必然选择。"大国小农"是我国的基本农情。第三次农业普查数据显示，我国小农户数量约占各类农业经营主体总数的98％以上，小农户经营耕地面积约占总耕地面积的70％。如何将绿色低碳要素有效导入小农户生产，便成了推动农业绿色低碳发展的核心。在这样的形势下，农业农村部于2021年出台《关于加快发展农业社会化服务的指导意见》，强调发展单环节、多环节、全程生产托管的重要性。毋庸置疑，依托生产托管促进农业减碳、农村增绿、农民增收，走出一条符合中国国情的农业绿色低碳发展之路，是赋能农业农村碳达峰、碳中和的重要路径。

一、依托生产托管是促进农业绿色低碳发展的主要途径

农业生产托管与其他经营主体和经营方式相比，具有开展规模经营、带动小农户开展农业绿色低碳生产的能力和动力。

生产托管服务主体具有开展规模经营、发展农业绿色低碳生产的内生动力。规模经营能降低农业绿色低碳生产的成本，其类型主要包括土地规模经营和服务规模经营。前者的主要形式是承包地经营权流转，其好处是有助于克服"均包制"下小规模分散经营引发的一系列问题，并促进农业的横向专业化生产。但土地流转市场还受人情关系、恋土情结、身份认同等因素的影响，并非完全竞争要素市场，寄希望于通过土地流转来推动农业绿色低碳发展具有局限性。服务规模经营的本质则是推动农业纵向分工，其重要形式是生产托管，好处在于保持小农户家庭经营基础地位的同时，将农业中的全部或部分环节的经营权分离出来，从而为绿色低碳要素的导入提供了空间。此外，现实中不少土地流转的期限较短或不稳定，使得土地转入方倾向于将农业生产当成"一次性买卖"，从而为追逐短期利益而过量施用化肥、农药；而生产托管服务主体往往是在适度半径内长期提供服务，较为重视声誉积累以吸引"回头客"，从而具有更强的绿色低碳生产动力。

生产托管服务主体具有为小农户提供服务、带动其发展农业绿色低碳生产的重要功能。农业领域"双碳"目标的达成，不但需要规模经营主体的大力推动，也离不开小农户的深度参与。"十四五"开局后，我国把"双碳"纳入生态文明建设整体布局，为农业绿色低碳发展指明了方向。公众对新发展理念的高度关注，也为农业绿色低碳发展凝聚了社会共识。在这样的背景下，一些小农户开展农业绿色低碳生产的意愿较强，但却往往受限于资金、技术

---

① 本文与何可、张俊飚合作，发表于《农民日报》（2021年10月16日）。

等而不具备相应的能力。生产托管服务主体则能针对这部分小农户的个性化需求，为其提供符合绿色低碳理念的服务，提高小农户自身开展农业生产的绿色低碳化程度。对于那些没有农业绿色低碳生产意愿但有生产托管服务需求的小农户，生产托管服务主体也能通过标准作业、统一服务等，将符合绿色低碳发展理念的现代要素集成导入托管过程，从而代替小农户完成农业绿色低碳生产。

二、依托生产托管促进农业绿色低碳发展面临的主要问题

信任机制尚不完善。一是思想观念"不信任"。不少小农户、新型农业经营主体，乃至乡镇基层政府，对生产托管在农业绿色低碳发展中的作用认识不足，造成农业绿色低碳生产托管工作规模小。二是供需匹配"不信任"。生产托管服务主体偏好于为新型农业经营主体提供服务，较难相信小农户也可能具有绿色低碳生产需求；即使生产托管服务主体出于扩大业务量的需要而愿意为小农户提供服务，不少小农户也担心其服务质量。

生产托管服务主体资金约束大。一是农村金融"绿色低碳指挥棒"作用尚未充分发挥。金融机构尚未将"双碳"纳入风险控制、产品开发、业绩评价等业务全流程。二是信贷支持薄弱。许多生产托管服务主体缺乏有效的担保抵押物，加之隐性交易费用高等问题，难以获得足够信贷支持来引进符合绿色低碳发展理念的要素。三是资金回流时间长。由于不少购买绿色低碳托管服务的小农户经常赊账，造成服务主体资金回流不及时，从而在一定程度上压缩了其与绿色低碳农资企业的价格谈判空间。

托管小农户效益有待提升。一是成本不占优。例如，当前湖北省襄阳市水稻全程托管服务费约为 $500\sim600$ 元/亩，而水田流转挂牌价格在每年 $400\sim1\,000$ 元/亩不等，生产托管较之不用承担自然风险、市场风险的土地流转虽有优势但不明显。二是收益有风险。即使通过生产托管使得绿色低碳农产品产量增加、品质提升，但由于市场不完善难以实现优质优价，小农户收入依然没有保障。

政策支持距离社会期望仍存差距。一是支持环节有限。主要以产中环节为主，对产前、产后环节支持力度较小。二是支持品种有限。以湖北省为例，当前政策重点支持水稻、小麦和玉米等粮食，仅有恩施市等少部分地区适当兼顾了茶叶等经济作物。三是支持方式较为单一。政策上鼓励全程托管模式，对更加灵活的单环节、多环节托管模式的支持略显不足。

三、依托生产托管促进农业绿色低碳发展的对策建议

抓好顶层设计和任务落实，统筹农业绿色低碳发展目标和生产托管目标。加强对农业绿色低碳发展和生产托管服务体系建设的宏观战略统筹，既要将生产托管目标任务全面融入农业绿色低碳发展战略规划，又要在农业生产托管专项规划中充分体现绿色低碳发展理念。各地也要充分认识生产托管在转变农业发展方式、促进农业转型升级等方面的重要作用，将生产托管作为帮助小农户在农业绿色低碳发展中不掉队的重要抓手。

加强宣传和政策引导，健全农业生产托管"信任"机制。一是要综合利用网络、广播、电视、报纸等媒体，加大依托生产托管促进农业绿色低碳发展的宣传力度。二是借助时下流行的抖音、快手、微视等短视频平台，进行科普性宣传，凝聚更多有助于农业绿色低碳发展

的社会共识。三是要以生产托管过程中涌现出的农业绿色低碳发展先进典型为榜样，做好示范带动工作，引导服务主体平等对待小农户、新型农业经营主体。

深化农村金融体制改革，破解托管服务资金约束。一是将绿色低碳发展理念纳入金融业长期发展战略规划，鼓励金融机构将"双碳"目标纳入业务全流程。二是构建多层次的农村融资担保体系。探索面向农业绿色低碳发展的"生产托管服务主体＋小农户"的贷款担保模式。必要时，政府提供一定的资金担保，或是探索无担保生产托管贷款。三是扩大农村金融机构的经营范围并增加业务种类，引导其将资金投向农业绿色低碳发展领域。

探索"碳交易＋生产托管"模式，增强生产托管服务的价格优势。考虑到生产托管有助于推动农业绿色低碳发展，具有显著的正外部性，可考虑将生产托管融入碳交易项目之中。更具体地，在建设完善碳排放碳汇核算方法与计量监测体系、完善碳交易管理平台功能和收益分配机制的基础上，鼓励第三方机构针对生产托管开发碳交易项目，通过碳市场的价格发现功能，为生产托管增加"低碳收益"，从而降低生产托管服务的价格，增强对小农户的吸引力。

拓宽生产托管支持范围，创新生产托管支持方式。一是拓宽生产托管支持范围。可在现有基础上拓展至果、菜、茶等比较收益较高的经济作物，推进至种养结合业、养殖业、农产品加工业等领域，延伸至农业废弃物资源化利用、农产品低碳减污加工贮运、绿色低碳技术培训等环节。二是积极引导发展多种托管模式。对于种粮积极性较强的地区，可以从推广单环节、多环节托管模式入手，逐步引导小农户走向绿色低碳生产；对于农业劳动力转移程度较高的地区，可重点推广关键环节综合托管、全程托管等模式。

"双碳"目标下的粮食安全问题[①]

　　农稳社稷，粮安天下。中华民族历来高度重视粮食安全问题，古往今来，粮食安全都是治国安邦的首要之务。党的十八大以来，以习近平同志为核心的党中央始终把粮食安全作为治国理政的头等大事，高屋建瓴地提出了"饭碗论""底线论""红线论"等观点，形成了一系列重要的粮食安全理论创新与实践创新，走出了一条中国特色的粮食安全之路，为国家长治久安奠定了重要的物质基础，并且为维护世界粮食安全作出了重要贡献。

　　在资源紧约束下，中国用9％的耕地和6％的淡水资源，养活了世界22％的人口，中国人的饭碗装满了中国粮。即使在新冠肺炎疫情肆虐的2020年，中国粮食生产形势依然不断向好，总产量高达66 949万吨，成功实现"十七连丰"，人均粮食占有量超过470千克，大幅超出400千克的国际粮食安全标准线。

　　保障粮食安全是我国永恒的课题，任何时候都不能放松，必须要有安不忘虞、防患未然的忧患意识。近年来，由碳排放导致的全球气候变化问题不断加剧，极端天气事件频发，对粮食生产造成了深刻影响，其中负面影响更为突出。例如，2020年，因洪涝、旱灾、低温冷冻、雪灾等自然灾害，中国全年农作物受灾面积1 996万公顷，绝收面积271万公顷。为应对气候变化，构建人与自然生命共同体，在《巴黎协定》签署5周年之际，习近平总书记在第七十五届联合国大会一般性辩论上提出："中国将提高国家自主贡献力度，采取更加有力的政策和措施，二氧化碳排放力争于2030年前达到峰值，努力争取2060年前实现碳中和。"这意味着，中国将用西方国家（1990—2050年）一半的时间（2030—2060年）实现碳中和的目标，这既为未来几十年粮食产业的低碳转型提出了更高要求，也为粮食产业赋能碳达峰、碳中和提供了重大历史机遇。

　　毋庸置疑，粮食产业领域"双碳"目标的实现，将是一个长期、复杂、涉及全局的过程，不仅需要人才支撑、政策扶持、法律法规保障，还需坚持系统思维、辩证思维、战略思维、创新思维，防止畸重畸轻、单兵突进。

一、坚持系统思维，促进包括粮食产业在内的各行各业的碳减排

　　基于由简入繁、先易后难的原则，将"碳排放大户"电力、工业部门作为重点来抓是必然的，但也不可忽略粮食产业在减排增汇中的作用。粮食产业温室气体排放主要来源于粮食生产过程中能源投入引起的碳排放、农地氧化亚氮排放、稻田甲烷排放、农作物秸秆露天焚烧引起的碳排放。近期一项发表于《Nature Food》的研究显示，粮食系统温室气体排放量占据了全球人为排放的34％。联合国粮农组织指出，"如不把农业温室气体排放量的增长计入，则《巴黎协定》的目标将无法达成"，为此，各国都需要重视粮食产业的碳排放，努力

---

　　① 本文与何可合作，发表于《光明日报》（2021年10月19日）。

减少包括粮食产业在内的各行各业温室气体的绝对排放量。我国作为粮食的生产和消费大国，也非常重视粮食产业的碳减排工作。

实现"双碳"目标，需要坚持系统思维，一方面大力促进包括粮食产业在内的各行各业碳减排，另一方面，也需加大对负排放技术的应用，将大气中的温室气体储存起来。常见的负排放技术很多与粮食产业密切相关，包括土壤碳汇、生物炭、改良种植方式等。尽管从总量上来看我国每年增加的碳汇量仍远低于每年的碳排放总量，但从减排成本的角度来看，这部分碳汇却可以用来抵消那些减排难度大、成本高的碳排放，从而有助于降低实现"双碳"目标的社会成本。

二、坚持辩证思维，协调好减排增汇与粮食供给之间的关系

"双碳"目标的实现需遵循经济合理原则，尤其是对发展中国家而言，更应坚持先立后破，坚决遏制运动式"减碳"。民以食为天，作为关乎国计民生的产业，粮食产业的主要功能和战略底线始终是满足人类生存和发展对食品的需要。故而，在挖掘其减排增汇功能时，需坚持全国一盘棋，根据经济社会发展的不同阶段，动态平衡低碳发展与粮食供给之间的关系，既不能因完全服从于减排增汇的目标而导致粮食供给失衡，也不能因片面追求粮食的短期产量而导致资源过度消耗。

粮食产业实现"双碳"目标，需充分考虑当地居民的生计和生活。我国各地农业资源禀赋条件差异大，居民的生产生活习惯也不尽相同。同时，"大国小农"是我国的基本国情农情，当前和今后很长一个时期，小农户家庭经营将是我国农业的主要经营方式。因此，正确处理好发展适度规模经营和扶持小农户之间的关系，是农业生产经营方式变革的核心问题。这就决定了"双碳"目标约束下的粮食产业发展既要坚持因地制宜，依据不同地区的自然、人文和社会生态系统，推广不同的减排增汇模式，又要坚持因"人"制宜，针对不同的农业生产经营主体，挖掘不同的减排增汇路径。特别是对于乡村振兴重点帮扶地区的小农户，更应坚持生态保护扶贫与开发并重，在生产、生态、生活中寻找到适宜的平衡点。

三、坚持战略思维，重视提高粮食系统适应气候变化的韧性

粮食产业是受气候变化影响最大的脆弱性部门。气候变化与粮食生产之间呈现出复杂的因果关系：一方面，粮食生产活动本身会产生温室气体，加剧气候变化，不合理的土地利用甚至会对数百公里外的温度、降水量产生影响；另一方面，粮食生产高度依赖气候条件，气候变化的加剧会改变降水量、温度、湿度、风速、日照时数，进而影响粮食作物种植制度、粮食产量和品质。特别是，我国地域辽阔，各地气候条件千差万别，是全球气候变化的敏感区和影响显著区，粮食生产面临的气候风险更为复杂。

在"双碳"目标约束下，需要特别重视提高粮食系统应对气候变化的韧性。未来即使全球通过通力合作实现了《巴黎协定》"气温升幅限制在1.5摄氏度内"的目标，此前排放的温室气体所带来的气候效应仍会影响数十年、数百年甚至更长时间，因而，适应气候变化的努力依然非常重要。为此，要进一步加强农业基础设施建设，调整种植制度，选育抗逆品

种。同时，构建资源节约、环境友好、低碳导向的气候智能型粮食系统。

四、坚持创新思维，深化粮食产业科技创新和粮食碳补偿机制创新

深化科技创新，将"低碳＋"融入粮食产业链各个环节。推进粮食产业低碳发展是粮食安全领域的一场深刻革命，对科技创新提出了新的要求。一是要以清洁能源、绿色低碳投入品、低碳高效设施装备和技术、绿色防控、农业废弃物资源化利用等为重点领域抓减排，以提升品种固碳能力和土壤储碳能力为重要补充抓增汇，以弱化粮食产业对作物生命特性和自然资源的依赖、强化农田基础设施抗风险能力为主攻方向抓适应，全面构建气候智能型粮食产业科技创新体系，推动粮食产业由增产导向转向提质导向，由侧重经济功能转向经济、低碳等多功能并重，由强调单要素生产率转向强调低碳全要素生产率。二是鼓励服务主体将符合低碳发展理念的新品种、新技术、新装备、新组织形式导入粮食产前、产中、产后全过程，重点支持服务主体承接投入品减量化、生产清洁化、废弃物资源化、产业模式生态化等方面的社会化服务。三是要依托大数据、云平台、5G等新技术提升粮食物流效率，探索粮食物流新业态、新模式，积极推进节粮减损。

强化制度创新，构建"政府有为，市场有效"的粮食碳补偿机制。推动粮食低碳生产，必须让农民开展粮食低碳生产有利可图、让主产区推动粮食低碳生产有积极性。考虑到粮食低碳生产的正外部性与公共品属性，构建政府主导型碳补偿与市场主导型碳补偿相协调的激励机制势在必行。一方面，更好发挥政府作用，探索农业补贴与粮食生产减排增汇挂钩机制，对开展粮食低碳生产的主体予以成本补偿，让积极开展粮食低碳生产者多得补贴；另一方面，充分发挥市场在资源配置中的决定性作用，引入碳交易机制，推动粮食产业减缓和适应气候变化的"服务性价值"外显为可交易的"产品性价值"。可鼓励第三方机构针对粮食低碳生产开发"碳汇＋"项目，借助碳市场对开展粮食低碳生产的主体进行收入补偿。

新形势下提升我国玉米产业竞争力的对策建议①

全球玉米出口高度集中，美国、巴西是最主要的出口国，有两点值得关注：一是虽然乌克兰业已取代美国成为中国玉米第一大进口来源国，但随着中美贸易关系的缓解，未来从美国进口玉米的数量势必会有所回升；二是随着玉米去库存速度加快，在储备玉米完全耗尽后，我国每年还需额外获取 6 000 多万吨的"库存替代"，对于这部分缺口，耕地资源富集、与我国有着良好大豆贸易往来的巴西极有可能会在未来成为重要的玉米来源国。在这样的形势下，理清美国和巴西两国玉米的生产、出口等基本现状，将有助于掌握国际玉米贸易形势，从而利用好国际间微妙的竞争关系，助推我国玉米产业国际竞争力的提升。

一、中国、美国和巴西玉米竞争力比较分析

（一）中国玉米成本竞争力总体上弱于美国和巴西

成本竞争力是衡量国际竞争力最常用的指标之一，一般通过农产品的单产水平、净利润（亩均收益）和生产成本（亩均总成本）来衡量。

从单产看，我国玉米单产水平略高于巴西，但明显低于美国。2000—2020 年，中国、美国、巴西三国玉米平均单产水平分别为 5 534.51 千克/公顷、9 873.93 千克/公顷、4 286.72千克/公顷。2020 年中国、美国、巴西三国玉米单产分别为 6 190 千克/公顷、11 200千克/公顷、5 640 千克/公顷，我国玉米单产比巴西高 13.87%，但比美国低 48.54%；在增长趋势方面，2000 年以来中国、美国、巴西三国玉米单产水平均呈现稳中有升的趋势，年均增长率分别为 1.50%、1.33%、3.72%，巴西玉米单产年增长率明显高于中国和美国。

从净利润看，中国玉米亩均收益在 2014 年后逐步低于美国和巴西。2006—2014 年，中国、美国、巴西三国玉米亩均收益分别为 171.11 元/亩、71.97 元/亩、－109.44 元/亩，在此期间中国玉米亩均收益远高于美国和巴西。2011 年之后，包括玉米在内的国际农产品价格大幅度降低，但中国玉米的收储价格却逐年提升，使得国内库存不断堆积，供给严重过剩，导致中国玉米亩均收益开始快速下降。2015 年中国玉米亩均收益由 81.82 元/亩降至－134.18元/亩，逐渐低于美国和巴西。2016 年时，中国实施了"市场化收购"加"补贴"政策，玉米价格完全由市场决定，亩均收益随之骤降至－299.70 元/亩。随着种植结构的调整，2017—2019 年期间玉米亩均收益开始逐步回升，分别为－175.79 元/亩、－163.34 元/亩、－126.77 元/亩，分别比同期增长 41%、7% 和 22%，但仍旧为负收益，直至 2020 年玉米亩均收益才转为正收益（107.84 元/亩）。值得指出的是，虽然近年来中国玉米净利润低于

---

① 本文与何可合作，写于 2021 年 12 月。

美国和巴西，但自 2000 年以来，美国和巴西的玉米亩均收益常年为负，尤其是巴西仅 2013 年和 2014 年为正收益。

（二）中国玉米价格竞争力劣势明显且波动幅度较大

价格竞争力反映出来的是产品综合性竞争水平，可通过出售价格和国内市场价格来衡量。出售价格反映了粮食销售的第一道环节，直接反映生产成本，代表了价格竞争中的价格下限水平；国内市场价格反映了国内粮食供需状况，是国内粮食产品的基本价格，代表了用粮主体（贸易商、加工企业等）的用粮成本，与国际粮价直接竞争。

从出售价格看，中国玉米的出售价格一直显著高于美国和巴西。2000 年，中国、美国、巴西玉米出售价格分别为 0.86 元/千克、0.58 元/千克、0.78 元/千克。在 2000 年至 2014 年期间，中国、美国、巴西玉米出售价格均呈上升趋势，但中国的增长速度最快，2014 年玉米出售价格高达 2.24 元/千克，比 2000 年增长 141.27%，2014 年美国和巴西的价格为 0.86 元/千克和 1.24 元/千克，比 2000 年分别上涨 48.32% 和 60.06%。受政策影响，中国玉米出售价格在 2014 年至 2019 年期间总体呈下降趋势，在 2019 年已降至 1.79 元/千克，但在 2020 年价格又上涨到历史最高的 2.31 元/千克。与此同时，美国和巴西玉米平均出售价格优势交替领先，但总体上均在 1 元/千克左右浮动，远低于中国的平均出售价格 1.88 元/千克的波幅。

从国内市场价格看，中国玉米国内市场价格同样高于美国和巴西。在 2014 年至 2020 年期间，中国、美国、巴西三国玉米国内市场价格均值分别为 2.01 元/千克、0.92 元/千克、1.04 元/千克。在此期间，中国玉米国内市场价格经历了先降后增的趋势，由 2014 年的 2.33 元/千克下降至 2016 年的 1.75 元/千克，随后又上升至 2020 年的 2.14 元/千克，而美国和巴西在此期间的玉米国内市场价格基本保持不变，分别在 0.92 元/千克和 1.04 元/千克左右浮动。

（三）中国玉米可持续发展竞争力弱于美国和巴西

只有粮食生产具有可持续性，才能长久维持国际竞争力。可持续发展竞争力可以通过化肥农药投入产出比和单位面积化肥农药投入量来刻画。

从化肥农药投入产出比看，美国化肥农药投入产出比远超中国和巴西。总体上看，2000—2018 年，中国、美国、巴西玉米化肥投入产出比均值分别为 15.63、81.44、22.90，农药投入产出比均值分别为 456.26、4006.37、902.31，美国和巴西玉米化肥投入产出比分别是中国的 5.21 倍和 1.47 倍，农药投入产出比是中国的 8.78 倍和 1.98 倍；纵向上看，中国、美国、巴西三国化肥农药投入产出比均呈现出平稳态势，化肥农药投入产出水平变化不大。2018 年，中国、美国、巴西三国化肥投入产出比分别为 17.63、93.71、19.08，与 2000 年相比分别变化 0.92%、16.82%、-15.98%，而农药投入产出比分别为 467.05、4 670.83、859.33，与 2000 年相比分别变化 0.01%、31.03%、-19.07%。

从单位面积化肥农药投入量来看，我国单位面积化肥农药投入量远高于美国和巴西。总体上看，2000—2018 年，中国、美国、巴西玉米种植的单位面积化肥投入量均值分别为 23.15 千克/亩、8.01 千克/亩、12.30 千克/亩，单位面积农药投入量均值分别为 0.80 千克/亩、0.16 千克/亩、0.32 千克/亩，中国玉米种植的单位面积化肥投入量分别是美国和巴西的 2.89 倍和 1.88 倍，单位面积农药投入量分别是美国和巴西的 5 倍和 2.5 倍；

纵向上看，美国玉米种植的单位面积化肥农药投入量较为平稳，而中国和巴西则有一定程度的上升。2018年，中国、美国、巴西玉米种植单位面积化肥投入量分别为23.08千克/亩、8.44千克/亩、17.83千克/亩，与2000年相比分别变化32%、18%、123%，单位面积农药投入量分别为0.87千克/亩、0.17千克/亩、0.40千克/亩，与2000年相比分别变化33%、5%、132%。

二、中国玉米产业竞争力处于劣势的主要原因

（一）自然条件约束

受地形、耕地质量及气候条件等客观因素的限制，中国玉米亩均产量与美国等主产国之间存在一定的差距。以中国生产条件最好的东北玉米带为例，其土壤有机质含量平均为2%，无霜期为130~145天，年降水量约为450~650毫米。美国玉米带土壤有机质含量平均为3%~6%，无霜期为160~200天，年降水量约为550~700毫米。同时，中国耕地面积有限、水土资源匹配度不均衡，加之多年的农业高速发展使得耕地和水资源均处于过度利用状态，严重制约了中国玉米产业竞争力的提升。

（二）生产方式约束

与美国等发达国家以规模生产方式为主不同，中国玉米生产经营以粗放、分散、家庭式的小规模生产方式为主，缺乏规模效应，导致许多新技术无法得到大面积推广，严重影响了玉米产业生产水平的整体提升。

（三）科技水平约束

一方面，由于农业科研管理体制、知识产权保护不完善等原因，导致中国玉米育种技术水平与发达国家相比有较大差距，另一方面，受限于中国传统的栽培耕作方式，导致缺乏具有规模化、专业化、集约化和标准化特征的栽培技术体系。此外，中国农业的机械化程度和农机技术等也与发达国家有一定的差距。

（四）政策调整影响

近年来，中国玉米产业先后经历了两次较大的政策调整，均对中国玉米产业竞争力产生了一定影响。一是2008年至2016年实施的玉米临时收储政策，该政策虽然促进了玉米生产和农民收入增长，但也带来了玉米价格上涨、进口压力增加、库存积压等问题；二是2016年，中国又将临时收储政策调整为"市场化收购"加"补贴"的新机制，虽然这一政策实现了去库存目标，但也导致了玉米种植面积和产量的大幅下降，受此影响，2020年中国玉米供需缺口加大，导致玉米价格持续上涨。

三、提升中国玉米产业竞争力的对策建议

（一）加强科技投入，改善生产环境

中国玉米成本竞争力弱和价格竞争力处于劣势的主要原因在于生产力低和生产成本高，

而科技进步正是中国提高玉米生产力和降低成本的根本出路。一是加快培育玉米新品种，通过玉米种质资源引进、挖掘和创新利用等方式，着力培育抗逆、高产、优质、适于密植和机械化作业等具有重大应用价值和自主知识产权的突破性新品种；二是将玉米机械收割技术研发作为推进玉米生产全程机械化的重点，并积极组织开展玉米收获关键技术和机具研发，不断提高玉米收获机械的质量和技术水平；三是着力缓解环境条件约束，因地制宜改善生产环境，例如通过深耕深松技术提高东北、黄淮海玉米产区的蓄水保墒和通气排涝能力，通过覆膜种植技术缓解西北、西南、东北西部地区玉米种植的春旱问题。

（二）推进生产方式变革，促进规模经营发展

规模化经营是提升中国玉米产业综合效益的有效途径。一是积极推进农业社会化服务体系建设，鼓励服务主体专门针对玉米生产各个环节推出更加符合生产实际的服务项目，例如玉米精量播种和机械整地项目、农机农艺融合模式化作业等；二是鼓励和支持家庭农场、种植大户与专业合作社发展，逐步加大和普及适度规模经营，采取"农场＋合作"等形式，努力实现区域间玉米生产经营的统一，逐步实现耕、种、收全程机械化作业；三是借助新型经营主体的纽带作用，探索多种形式"代购代储代烘代销"服务，将玉米存储由"贸易环节"转向"生产环节"，不断提高粮食生产者应对市场风险的能力。同时大力培育、扶持玉米加工的龙头企业，通过"企业＋合作社＋农户＋基地"等形式实现产业链条的利益共享，实现小农户与大市场的有效衔接。

（三）推进补贴机制改革，创新金融信贷模式

国外玉米种植主要是以大农场的形式展开，不仅规模效益高，而且还能通过各种方式获得高额补贴，在这样的情况下，要确保我国玉米产业具有一定的国际竞争力，必须推进补贴机制改革和创新金融信贷模式。一是借鉴美国等发达国家做法，充分利用"绿箱"政策空间，在对玉米生产进行补贴时，坚持"价补分离"的改革思路，实施与其他作物、农机资产等挂钩的综合化补贴机制；二是在玉米产业"市场化收购"加"补贴"的政策指引下，按照目标价格优化生产者补贴政策的思路，实施可调节的补贴标准，综合实际情况确定一个合理的参数价格水平，当市场价格低于参数价格时，国家启动生产者补贴政策，反之则不启动。此举不仅能让生产者补贴根据市场变动而弹性变动，还能在较大程度上规避市场价格风险对农民种植收益的冲击；三是应充分发挥农村信用社等金融机构信贷支农的重要作用，创新金融信贷模式，例如"公司＋基地＋农户＋流通市场"四位一体模式，形成玉米加工产业金融服务链条，并针对玉米加工龙头企业、农业产业化基地、农户生产经营和农产品物流中心等环节分别提供不同的金融支持。

（四）推广绿色化生产，实现可持续发展

要增强中国玉米可持续发展竞争力，除了增加科技投入外，推广绿色化生产也是重要一环。以往的价格支持政策过于强调粮食增产，以保障粮食的数量安全，导致农业生产投入大量的化肥农药，不仅造成了粮食生产效率低下，也严重阻碍了农业可持续发展，必须坚持"藏粮于地""藏粮于技"战略，推广玉米绿色化生产。一是开展轮耕休耕制度，积极探索推广"种养结合"等用地养地新模式，通过修复、改进耕地资源条件的途径，增强土地潜在的

综合生产能力。例如在东北玉米带推广玉米秸秆覆盖保护性耕作技术，在黄土旱塬区开展深松轮耕模式等；二是对玉米产品实施可追溯的标识制度，使得品质差、过量施用农药或化肥的残留成分多的产品可被追溯和问责；三是大力推进化肥减量提效，根据土壤状况、玉米种植面积、肥料种类等合理选择施肥模式，推进精准施肥、调整化肥使用结构、改进施肥方式、推广有机肥替代化肥；四是将生物防治技术、物理防治技术与生态防治技术相结合，替代传统的单纯化学农药防治手段，有效降低田间玉米病虫害的发生程度。

（五）保持政策连续性，稳定各主体预期

政策调整也是影响我国玉米产业健康平稳发展的重要因素，因此在制定和调整政策时必须更加慎重。一是在设计调控政策时，应通过专家论证、政策咨询等方式，充分预估政策调整可能对产业发展带来的影响，防止调控过度的情况出现；二是应着重注意保持政策的连续性，稳定玉米生产者、加工者等的政策预期，重视市场机制和价格机制对产业发展的调节作用。

（六）充分利用国际市场，增强市场调节能力

在生产成本和自然资源的约束下，需要统筹利用好"两个市场、两种资源"，通过增强市场调节能力，保证我国玉米产业供给和价格的稳定性。一是从短期来看，为防止国内玉米价格过度上涨和玉米进口直接冲击市场，可将一部分进口玉米转为周转性储备，在适当的时候投放市场；二是从长期来看，在高度一体化的国际市场下，与美国、巴西等重要的玉米出口国保持良好的贸易关系，促进进口来源地多元化，能充分保证我国玉米产业发展的稳定性；三是加强国际交流和项目合作，充分利用外国的水、耕地和劳动力等资源，有计划地在国外开展玉米种植，此举不仅可以提升中国玉米的生产技术和单产水平，而且有利于引入国际竞争，提高贸易效率。

（七）延伸玉米产业链，带动高质量发展

我国玉米的出售价格和国内市场价格均处于较高水平，不具有价格竞争优势，可以将目光放在附加值更高的加工环节。结合玉米临储政策取消后，加工企业成本降低和产能过剩的背景，可以通过推进玉米加工产业转型升级，延伸玉米产业链，以加工为引擎带动玉米产业高质量发展，支持加工企业进行深度研发，开发下游产品，向环保、能源、医药、化工等非食品领域发展，尤其是向生物燃料乙醇产业发展。

关于提升我国大豆产业国际竞争力的
政策建议①

党的十九届六中全会强调，要"统筹发展和安全，统筹开放和安全"，这就要求我们在食物系统转型过程中，要处理好发展和安全的关系：既要适度进口大豆，又要保持国内一定的生产能力，避免出现"大豆之殇"。要实现这一目标要求，关键在于提升大豆产业国际竞争力。美国、巴西是世界上最主要的大豆生产国和出口国，通过对比分析我国大豆产业竞争力水平，有助于理解我国大豆产业的国际竞争力现状，从而助推我国大豆产业国际竞争力的提升。

一、我国大豆产业国际竞争力的现状及其特点

（一）我国大豆成本竞争力持续低于美国和巴西，并且差距逐渐扩大

成本竞争力是衡量国际竞争力最常用的指标之一，既体现在投入上，也体现在产出上，可通过单产、亩均净利润和生产成本来度量。

从单产看，2000—2020 年我国大豆单产稳中有升，从 1 656 千克/公顷增长到 1 983.48 公斤/公顷，增长幅度达 19.78%，年均增速为 0.91%。但从全球范围看，我国大豆单产水平依然不高，2020 年既低于巴西的 3 450 千克/公顷，又低于美国的 3 490 千克/公顷，也低于全球平均水平的 2 900 千克/公顷。

从利润看，2000—2013 年我国大豆种植亩均利润为正，呈现先升后降趋势，2008 年最高为 178.45 元/亩，但随后净利润下滑；2014 年后开始出现负利润，2020 年净利润为 −60.33元/亩。总体而言，2013 年之前我国大豆种植亩均净利润持续高于美国，但从 2013 年开始低于美国，且差距不断扩大。相对而言，美国和巴西大豆种植虽然存在利润波动较大的问题，但极少出现负利润。

从成本看，2000—2020 年，我国大豆生产总成本由 215.24 元/亩升至 720.52 元/亩，涨幅高达 234.75%，年均增速 6.23%；美国从 346.61 元/亩增至 568.15 元/亩，增幅 63.92%，年均增速 2.50%。总体上看，2000—2009 年，我国大豆生产总成本低于美国，但差距逐渐缩小，从 −131.37 元/亩缩小到 −26.72 元/亩；2010—2020 年，我国超过美国且差距越来越大，从 7.62 元/亩扩大至 152.37 元/亩。2000—2011 年我国和巴西大豆生产总成本高低交替，但差距不大，一直低于 90 元/亩；但 2012—2019 年，我国一直高于巴西，且差距逐渐扩大，从 174.54 元/亩扩大至 291.22 元/亩。

---

① 本文与何可合作，写于 2021 年 12 月。

（二）我国大豆价格竞争力长期弱于美国和巴西，并且差距不断拉大

价格竞争力反映出来的是产品综合性竞争水平，可通过出售价格和国内市场价格来衡量。出售价格反映了粮食销售的第一道环节，直接反映生产成本，代表了价格竞争中的价格下限水平；国内市场价格反映了国内粮食供需状况，是国内粮食产品的基本价格，代表了用粮主体（贸易商、加工企业等）的用粮成本，与国际粮价直接竞争。

从出售价格看，我国大豆出售价格高于美国和巴西，且价差不断拉大。2000年我国大豆出售价格为2.06元/千克，波动上升至2012年的4.73元/千克后，2019年下跌至3.75元/千克，但2020年又上涨至4.86元/千克。美国和巴西大豆出售价格较为相近，2012年分别以3.18元/千克和3.20元/千克达最高点，但都低于我国的大豆价格。之后，两国的大豆价格在波动中下降，2020年美国大豆仅为2.48元/千克，远低于我国的4.86元/千克。

从国内市场价格看，我国大豆市场价格居于高位，与美国价差呈增大趋势，与巴西价差则呈缩小趋势。2000年我国大豆国内市场价格为2.53元/千克，波动升至2014年的最高点6.30元/千克，之后下跌至2020年的5.74元/千克。美国大豆的国内市场价格远低于我国，由2000年的1.38元/千克波动上升至2020年的2.89元/千克。巴西大豆的国内市场价格非常接近我国，2020年为5.29元/千克。

（三）我国大豆可持续发展竞争力弱于美国和巴西，但竞争优势正在不断增强

从长期看，只有粮食生产具备可持续性，才能长久维持国际竞争力。我国人均土地和水资源十分匮乏，工业化和城镇化的发展不断挤压耕地空间，加剧了农业资源的掠夺性开发，迫切需要重视农业生态资源保护和恢复，稳定提升可持续发展竞争力。可持续发展竞争力可通过化肥农药投入金额、化肥农药投入产出比来刻画。

从化肥农药投入看，一是我国大豆生产化肥投入水平低于巴西、高于美国。2000—2020年，我国化肥投入呈波动上升趋势，从16.33元/亩升至47.10元/亩，涨幅188.43%，年均增速5.44%；美国从12.07元/亩增加至36.27元/亩。二是尽管我国大豆生产农药投入水平持续低于美国和巴西，但呈上升态势。2000—2020年，我国大豆生产农药投入金额从5.52元/亩升至18.61元/亩，涨幅206.52%，年均增长6.07%；而美国从30.45元/亩波动上升至40.64元/亩，涨幅33.37%，年均涨幅1.67%。由于巴西国家商品供应公司尚未公布2020年度巴西的化肥、农药投入数据，因此我们在这里只对中美的投入水平进行了比较分析。

从化肥农药投入产出比看，一是我国大豆化肥投入产出比低于美国、高于巴西。2005年之前我国大豆化肥投入产出比有所下降，2005年后逐渐趋于平稳，基本稳定在12左右。美国化肥投入产出比在大多数年份都远高于我国和巴西，而巴西化肥投入产出比一直在低位徘徊。二是我国大豆农药投入产出比一直高于美国和巴西，但下降趋势明显。我国大豆农药投入产出比从2000年的47.39下降到2020年的35.48，降幅40.85%，年均下降2.73%。虽然美国农药投入产出比在2012年以后有所下降，但总体保持上升趋势。而巴西大豆农药投入产出比一直在低位震荡，围绕着10的比值上下波动。

二、我国大豆产业国际竞争力不强的问题及成因

（一）大豆单产水平较低

2000—2020 年，我国大豆单产虽呈上升趋势，但远不及美国、巴西等大豆主产国，2020 年单产水平仅达到美国、巴西的 56.83％和 57.49％。不仅如此，我国大豆的收获面积也较少，不到美国和巴西的 1/3，这导致我国大豆总产量不高的现实情况难以得到根本性改善，仅靠本国大豆生产很难满足本国人民的大豆需求。

（二）生产要素成本居高不下

受工业化、城镇化推进以及农村人口结构变化的影响，农村人力成本、土地成本和其他生产要素的成本正在不断攀升。2000—2020 年，我国大豆生产的土地、劳动和化肥农药投入分别从 43.17 元/亩、75.60 元/亩和 21.85 元/亩快速增长至 288.24 元/亩、226.19 元/亩和 65.71 元/亩。与此同时，我国大豆生产的人工成本常年占总成本的 30％左右，而美国人工成本仅占不到 1％。加之，我国大豆生产仍以家庭为单位的小规模分散种植为主，全国大豆种植户的户均规模仅 1～2 亩，难以实现规模效益。大豆生产成本难以降低，对我国大豆竞争力的提升造成了阻碍。

（三）大豆发展空间受到挤压

我国大豆竞争力下降可能还受到了供需双方的影响。从供给端来看，土地等自然资源对大豆生产的约束逐渐加强。2015 年以前，为保证主粮供应不受影响，大豆种植面积不断被压缩，这严重制约了我国大豆总产量的提高。我国大豆种植面积从 2000 年的 9 306.58 千公顷波动下降到 2015 年的 6 827.39 千公顷。在此期间，为保障大豆增产，豆农需要投入更多的农药、化肥，由此带来了沉重的环境压力，不利于大豆产业的可持续发展。此外，由于大豆种植的比较效益较低，农户种植大豆的积极性不强，许多地区出现了"好地种植玉米稻谷，差地种植大豆"的问题，这一现象在黑龙江表现得尤为突出。从需求端来看，随着我国人均收入水平的提高，拉动了消费结构的升级，人们对畜禽产品的需求不断增强，进一步推动了畜牧业的发展。大豆是畜牧业所需的重要饲料，需求也跟着快速增长。由于国内大豆供给不足，为弥补国内旺盛的大豆需求，我国大量进口国外大豆。然而，由于国外大豆价格相对较低，这对我国大豆产业的发展带来了巨大冲击。

（四）补贴政策需要调整完善

补贴政策是影响我国大豆竞争力的一个重要因素。目前我国大豆补贴总体上看支持力度较大，但官方已公布进行大豆补贴的地区较少，只有东北三省、内蒙古和四川对大豆种植予以补贴。河北、山西、新疆等一些其他适合种植大豆的地方尚未对大豆种植进行补贴，导致无法充分调动这些地区大豆生产者的积极性，大豆增产潜力受限。不仅如此，补贴政策还存在操作执行不当和制定被动僵化的问题。一方面，国家实行良种补贴全覆盖，但在实践操作中某些地区的良种补贴成了种植补贴，与良种推广脱离了关系。另一方面，大豆生产者补贴的本意是保护农民种豆的积极性，增加大豆产量。然而，生产者补贴在粮价下跌时难以发挥

有效的增产效应，缺乏刺激生产的长效性，而且仍存在政策操作成本高的问题，没有达到保护豆农利益和种豆积极性的目的。

三、提升我国大豆产业国际竞争力的思路与建议

（一）提升我国大豆产业竞争力的基本思路

安全和发展是一体之两翼、驱动之双轮，我国大豆生产需要高度重视统筹发展和安全、统筹开放和安全。为此建议：一是要重视市场波动与稳定的问题。在对外开放水平不断提升的背景下，保障我国大豆市场稳定的重点难点在于国际市场的利用和风险防控之间的平衡，需要清晰认识我国大豆价格波动与国际大豆价格波动之间的传递机制，统筹安排好大豆国际贸易和国内生产。二是要解决好外部冲击与应对的问题。近年来，自然灾害、疫情、汇率、金融危机等外部冲击对大豆价格的影响越来越大，必须充分认识并有效防控外部冲击对我国大豆价格波动的影响，努力规避大豆市场波动对宏观经济稳定带来较大的冲击。

（二）构建"种法合一"式的大豆育种推广体系

我国在大豆种植面积和单产方面还具有一定潜力。从面积看，间作套种的面积潜力较大，需要在间套作机械化作业上取得较大突破。从单产看，我国大豆平均亩产与主产国美国和巴西还有较大的差距，同时也具有很大的提升空间。良种和良法的推广应用，是提升大豆生产能力的重要措施。为此建议：一是整合国家、省、市、县等各级政府和技术团体的资源和人才优势，集中力量攻克"卡脖子"技术问题，尤其应加快生物技术在育种上的应用，进一步加快培育养分高效利用、高产高油高蛋白、耐密多抗宜机收的大豆新品种，稳步提高大豆单产水平。二是引导各级政府和技术团体将过去的"良种良法配套"理念升级为"良种良法有机融合"理念，促使科技工作者在研发、推广良种时自然引流出适宜的种植方法和技术，在研发、推广良法时自带适宜的推广品种。

（三）推进大豆生产绿色转型，提高大豆产业绿色溢价

在实现国家"碳达峰、碳中和"目标要求、推进绿色低碳循环农业发展的背景下，提升可持续发展能力已成为大豆产业竞争力的重要组成部分。为此建议：一是继续加强麦茬免耕覆秸精播、低损机械收获、品质全程监控与评价等绿色增产增效技术的研发工作，建立起"边研发、边集成、边示范、边培训、边推广"的发展模式。二是在大豆种植过程中，积极推进落实化肥、农药使用量零增长行动，推广有机肥替代化肥、测土配方施肥、经同位素技术改进的生物肥料，强化病虫害统防统治、农药"处方制"。需要特别注意的是，化肥用量要控制在合理范围，不能盲目"减肥"，农药减量也不能以牺牲大豆产量和防治病虫害效果为代价。

（四）适当降低玉米自给率，积极推进粮豆轮作

粮豆轮作既有助于降低玉米和大豆的生产成本，提升玉米和大豆的国际市场竞争力，又可以改善土壤理化性状，提高耕地地力水平。但受到必须保证玉米基本自给的传统粮食安全观的影响，我国对玉米和大豆采取不对等的贸易保护政策，致使粮豆轮作的推广受到一定的

抑制。为此建议：可适度提升玉米配额数量，并适度放开玉米进口，将玉米自给率目标调整为85%～90%的优势状态，从而为粮豆轮作的进一步发展释放更大的空间和潜力，也为通过增强地力更可持续地保障粮食安全提供可能。

（五）完善大豆生产者补贴政策和收入保险政策

我国大豆价格竞争力长期弱于美国和巴西，需要在政策上予以支持。为此建议：一是建立生产者补贴动态调节机制。一方面，以激发各类主体种植大豆意愿、扩大种植规模为目的，建立与大豆市场价格、最低工资标准挂钩的补贴方案；另一方面，各地应根据当地农民外出务工的动态，建立因地制宜的补贴制度，即不同地区采取不同的补贴标准。二是积极试点大豆"保险＋期货"价格险种，发挥期货公司专业优势和保险公司渠道优势在大豆产业中的作用。有条件的地方可进一步创新金融支持大豆的方式方法，例如可在保险公司、期货公司的基础上，引入龙头企业负责基差收购、科研机构负责卫星遥感测产等。

（六）以加工为引擎带动大豆产业高质量发展

加工是大豆全产业链的核心，上承种植业，下启饲料业和养殖业。通过发展大豆加工业有助于延长大豆产业链和提升价值链，促进大豆产业高质量发展，增强大豆产业竞争力。为此建议：一是鼓励大豆加工企业与原料基地构建紧密型链接机制，支持其参与土地流转，以保障高品质原料的供应。二是调整大豆加工业发展方向，鼓励国产大豆深加工企业优化产品结构。以高档大豆蛋白产品和食用大豆产业加工业为主，以油脂加工为辅，重点发展全粉类、发酵类和非发酵类大豆食品，拓宽大豆资源的应用领域。三是强化大豆加工技术的研发与投入，积极开发大豆全籽粒综合加工利用关键技术，并进一步强化现代食品加工技术，提高大豆原料的利用率和产品率。

（七）培育海外大豆生产企业，提升大豆产业链稳定性和竞争力

考虑到国内大豆种植面积的有限性，通过大力培育海外大豆生产企业，并将其生产的大豆运回国内，不失为提升大豆产业链稳定性和竞争力的可行路径。为此建议：一是鼓励企业建立海外大豆生产基地，提升企业国际影响力。我国已同乌克兰、玻利维亚、哈萨克斯坦、埃塞俄比亚、贝宁等国签署了大豆输华协议，这些国家拥有丰富的后备耕地资源，但囿于技术及资金短缺，没有发挥出应有的生产潜力。中国可通过购买或者租赁的形式，利用上述国家丰富的耕地资源，建立海外大豆生产基地，进一步保障国内大豆供给。二是成立并完善与境外农业投资企业服务相关的行业协会。完善国内已有相关协会的境外企业分会功能，发挥其在行业自律、项目协调、应对贸易纠纷以及抵御海外风险等方面的作用，提升海外大豆生产企业的话语权，保障其持续向国内供应大豆。

成渝地区双城经济圈建设中的现代农业发展策略①

重农固本是安民之基、治国之要。习近平总书记指出，要始终把解决好"三农"问题作为全党工作重中之重，促进农业全面升级、农村全面进步、农民全面发展。当今世界正经历百年未有之大变局，新一轮科技革命和产业变革深入发展，国际分工体系面临系统性调整。从国内看，我国已转向高质量发展阶段，但发展不平衡、不充分问题仍然突出，重点领域关键环节改革任务仍然艰巨，农业基础还不稳固，城乡区域发展和收入分配差距较大。在这样的背景下，成渝地区双城经济圈被赋予构建新格局的新使命，必须千方百计稳住农业基本盘，推动农业高质量发展，加快农业现代化，形成特色鲜明、布局合理、集约高效的城市群发展格局。

一、成渝双城经济圈建设对现代农业发展提出的新要求

一是推动农业高质量发展。支持川渝平坝和浅丘地区建设国家优质粮油保障基地，打造国家重要的生猪生产基地、渝遂绵优质蔬菜生产带、优质道地中药材产业带、长江上游柑橘产业带和安岳、潼南柠檬产区。推进特色农产品精深加工，打造全球泡（榨）菜出口基地、川菜产业和竹产业基地。发展都市农业，高质量打造成渝都市现代高效特色农业示范区。

二是强化农业科技支撑。共建国家农业高新技术产业示范区。支持建设西南特色作物种质资源库、西部农业人工智能技术创新中心、国家现代农业产业科技创新中心等。推动畜禽遗传资源保护利用，建设区域性畜禽基因库、畜牧科技城、国家级重庆（荣昌）生猪大数据中心。

三是大力拓展农产品市场。积极开展有机产品认证，健全农产品质量安全追溯体系。做强地理标志农产品，推广巴味渝珍、天府龙芽等特色品牌，打造川菜渝味等区域公用品牌。强化农产品分拣、加工、包装、预冷等一体化集配设施建设，大力建设自贡等国家骨干冷链物流基地。大力发展农村电商，建设一批重点网货生产基地和产地直播基地。建设国际农产品加工产业园。

二、成渝双城经济圈建设中四川省现代农业发展面临的问题

一是产业基础薄弱。从土地要素看，近 10 年四川省粮食作物播种面积年均增速为 0.21%，低于全国 0.37% 的平均水平。尽管在严格耕地保护制度下，城镇化对耕地侵占的

---

① 本文与江帆合作，写于 2021 年 12 月。

显性数量明显减少，但对耕地隐性质量的伤害依然存在。从投入要素看，近10年四川省化肥、农药使用量虽呈低速下降趋势，但利用率不高，高效低毒低残留农药应用面积比重严重偏低。农膜使用量增长较快，四川省农用塑料薄膜使用量从2010年的114 161万吨增至2019年的123 235万吨，增长7.95%。相比全国其他地区，四川省农作物病虫害呈多发、频发、重发态势，导致农民对化肥、农药、除草剂、杀虫剂、农膜等化学投入品的过度依赖和不合理使用，造成农业生态资源环境负荷增加，引发地力下降、土壤板结、有机质含量降低、农业面源污染等多重负面影响，资源环境刚性约束和农业污染严重威胁四川省农业安全生产。从资本要素看，四川省乡村资本要素严重短缺。2020年，四川省劳均农林水事务财政支出额为8 685.9元，远低于浙江省36 773.6元、江苏省16 166.7元的支持力度，随着经济下行压力的增大，四川省财政支农力度将进一步趋弱。从劳动要素看，2020年四川省第一产业从业人员为1 542万人，近10年年均增长率分别为－3.05%。随着农村青壮年劳动力的外出务工，农业生产中劳动力短缺与老龄化程度进一步加深的问题并存，一定程度上制约了农业的发展。从粮食供求形势看，四川省作为全国最主要的生猪生产基地，饲料粮供给存在很大缺口。为了满足养殖业的需要，四川省连续多年从省外调进玉米。随着饲料、白酒、化工等产业用粮需求量的快速增长，四川粮食供给总量趋紧、品种结构性矛盾进一步凸显，弱化了四川粮食生产的比较优势，降低了其对国家粮食安全的贡献率。从产品市场竞争力看，土地、劳动力、质量安全等成本的不断提高使得四川农业生产进入成本快速上涨阶段，同时，农业产业经营分散、产业链条短、加工率低，农产品区域同质化现象严重等问题削弱了市场竞争力。

二是农业科技创新动力不足。从农村人才角度看，根据第三次全国农业普查数据，四川省农业生产经营人员中受教育程度为小学及以下的占比为58.1%，比全国平均水平高出近15个百分点，受教育程度为高中及以上的占比仅为5.2%，较全国平均水平低3.1%。四川省人才储备相较长三角、珠三角、京津冀等城市群而言存在较大差距，农村人才"招不来、下不去、留不住"的问题长期存在，严重制约了现代化农业技术的推广普及和科技创新。从财政支出角度看，2020年，四川省地方财政科学技术支出为181.7亿元，而浙江省为472.13亿元，江苏省为584.39亿元，财政对科技发展的支撑能力有所不足，教育、科技等公共事业发展较为滞后。从制度体系角度看，体制内农业科研人员管理日趋行政化，一定程度上阻碍了其成为创新主体；农业科技创新的激励不足，龙头企业和新型经营主体投资农业科技创新的积极性不高；农业数据积累严重不足，农业技术链与产业链的有效耦合程度不够，技术链对产业链的"双螺旋"支撑体系尚未建成，产业链和技术链的协同效益不能有效发挥。

三是农产品市场培育亟待深化。第一，四川省农产品品种、品牌较多，但产品品质、品牌影响力还有待提高。"川字号"特色优势农产品关键技术成果少，难以支撑品牌影响力提升，农产品品牌建设不足。第二，储藏运输业、农产品加工业发展滞后，农产品加工程度普遍不高，农产品深加工程度不足，产品附加值较低。众多农产品仅停留在鲜销或初加工水平上，很难在全国市场中占有一席之地，龙头企业竞争力较弱，导致很难形成规模经济，农民市场议价能力较弱，龙头企业的带动能力不足。第三，农村电子商务、农村物流发展缓慢滞后，存在人才缺失、管理非专业化、配套基础设施建设不足等问题，制约了农业产业的增值空间。第四，农业产业融合发展不深，特色农业资源开发不够，与文旅元素结合不够紧密。

在产业发展过程中，还存在经营管理体制不健全、配套设施不完善等问题。

三、成渝双城经济圈建设中四川省现代农业发展的对策

（一）推进产业发展，助力成渝双城经济圈建设

一是深化土地制度改革，提升规模化水平。进一步深化"三权分置"的土地制度改革，加强土地流转服务体系建设，尊重农民流转主体地位，鼓励有条件农户自愿将土地经营权流转给新型经营主体，积极推动农业规模化生产。积极培育种粮大户、家庭农场、农民合作社等新型农业生产经营主体，鼓励通过股份合作、土地托管、联耕联种和代耕代种等方式发展多种形式农业适度规模经营。

二是做好资金扶持，提高化肥农药使用效率。建立健全"三农"财政投入稳定增长机制，确保投入力度不断增强、总量持续增加；完善农村金融组织体系，打通金融服务"三农"各个环节，加大信贷支持力度，支持农村一二三产业融合发展；加大工商资本下乡推进力度，构建财政优先保障、金融重点倾斜、社会资本积极参与的多元化投入格局。推进农业绿色发展，加大农业面源污染治理力度，开展农业节肥节药行动，实现化肥农药使用量负增长；提高田间精细化管理和机械化水平，以专业化、现代化和规模化的化肥农药施用方式取代农户分散化、粗放化的化肥农药使用行为。

三是加强社会化服务体系建设，实现资本对劳动力的替代。鼓励金融机构、涉农企业为服务组织提供金融、信息和技术培训等方面的服务，不断提高服务组织的服务能力；推动各服务组织之间的协作，推进设施设备等资源共享，降低成本、提高设备使用率，实现资源优化配置。推动形成以市场为导向，集农资供应、资金融通、农业生产、农机租赁、农产品加工、储存运输、信息咨询和农产品市场营销等多种服务并存的服务机制，不断提升服务组织的综合服务水平。

四是确保粮食生产主体地位，稳住农业基本盘。落实最严格的耕地保护制度，加强耕地用途管制，严守耕地红线。强化农业科技支撑，把提高农业综合生产能力放在更加突出的位置，大力推进种源等农业关键核心技术攻关，提升农机装备研发应用水平，加快发展设施农业，持续挖掘增产潜力，坚持四川的饭碗主要装四川的口粮。

五是降低生产成本，提高市场竞争力。根据地区资源禀赋状况，发挥地区优势，适度优化农业生产结构，提高生产效率。加强对各个环节的管控，形成覆盖全产业链条的农产品种植、加工、运输、分销体系，优化内部结构和利益分配。

（二）加强农村人才队伍建设，加大农业科技创新力度

一是做好人才支撑，培育造就乡土人才。加大招才引智力度，招引高端人才、留住高端人才为产业所需的新技术进行科研攻关；加大乡土人才培育力度，以文化程度高的返乡青年、经验丰富的土专家为突破口，提高新成果、新技术的转化应用能力，切实让科技转变成为第一生产力。制定适合本土人才队伍培育和孵化的意见和办法，建立引进人才与自主培养相结合的人力资源开发机制。加大对农村居民的培训力度，提升农民人力资本和创新意识。

二是发挥财政作用，加大科技投入力度。财政科技投入要将重点从配置资源转向促进多元化创新投入，充分发挥科技资金引导作用，通过财政投入拉动科技总投入。在加大科技投

入的同时，找准成渝双城经济圈农业科技投入的"着力点"，避免为科技投入而投入，注重科技贡献率，最大程度实现科技投入效率最大化。

三是加强体系建设，提升科技创新动力。从成渝双城经济圈建设过程中现代农业发展形势和客观需要出发，加强科技研发、转化和推广，为农业发展拓展新空间、增添新动能，形成科技创新驱动现代农业生产的新局面。坚持农业种质、种源优先发展，持续稳定支持育种攻关和现代农业产业技术体系创新团队，围绕粮食主产区和粮食生产功能区粮油作物品种需求，围绕蔬菜、柑橘、柠檬、茶叶、道地中药材等特色产业发展需求，围绕生猪、牛、羊、鸡、兔、鱼等优势特色畜禽水产发展需求，加大国内外优质种质资源引进力度，加强地方特色种质资源发掘和利用。坚持绿色质量导向，重点研发适合农民需要、适用性强的新品种、新技术、新机具、新模式、新方法。面向四川优势农业产业，加强农业科技前沿研究，建立健全政产学研用协同创新机制，培育一批农业产业科技创新中心和联盟，建设农业高新技术产业开发区、农业高新技术产业示范区、农业科技园区等新载体，形成农业科技的研发、融资、信息和转化等产业集群。建立健全科技转化体系，建设农业科技成果交易市场，创新农业科技成果转化激励机制，建立健全科技成果转化完成人分享制度，激发科研人才科技创新和成果转化的积极性。

（三）深化农产品市场培育，加快产业融合发展

一是加强品牌建设，提升品牌影响能力。要按照一村一品、一镇一业的要求，深入推进双城经济圈主导产业建设。围绕四川省特色农产品，以绿色优质为导向，重点打造一批具有影响力的地方品牌，增加中高端产品供给。通过抓标准化生产、加强执法监管、推进品牌兴农提升质量，深入推进农业高质量发展。健全农产品质量安全追溯体系，加强农业投入品使用监管，强化生产经营者主体责任，构建"政府负责、部门尽责、企业守责、司法惩治、公众参与"的农产品质量安全治理格局。通过品牌兴农提高农产品价格，带动农业增效、农民增收。进一步完善四川省特色农产品营销的产业结构政策、产业技术政策、产业组织政策、财政支持政策等，形成政策支持体系，营造良好政策氛围，把特色农产品营销体系建设纳入强农惠农项目，有计划、有重点地加以实施推进。

二是延长产业链条，提高农产品附加值。要加大招商引资力度，发展农产品精深加工企业，鼓励社会资本因地制宜发展农产品初加工业设施，想方设法延长产业链条，拓宽市场渠道，增强市场风险抵抗能力。开展特色优势产业全链条、多学科协同创新，集成示范品种、种养、加工、保鲜、仓储、物流等成套技术，优化提升产业技术体系，提升"川字号"农产品质量和效益，增强企业和产业核心竞争力。在全面推进成渝地区双城经济圈建设的战略引领下，带动沿线、沿江、沿界农业生产要素高效集聚，合力推进四川省现代高效特色农业产业带建设。

三是加强基础设施建设，促进电子商务、农村物流发展。加快农村公路、供水、供气、环保、电网、物流、信息等基础设施建设，推动城乡基础设施互联互通。依托淘宝、京东、拼多多等电商平台，通过搭建多层级电商服务网络，创新电商发展模式，不断推进农村电商发展。注重增强农民参与电商的意识，加强农村电商物流人才培育。积极整合现有农村物流资源，做好农村地区物流节点功能与布局规划，构建城乡一体、结构优化的物流网络，充分发挥网络节点的枢纽作用，提升网络的服务能力。

四是加速三产融合，深度开发特色农业资源。要充分挖掘绿色潜力，将"绿水青山"有效转化为"金山银山"，立足资源优势大力发展乡村旅游，因地制宜开发休闲采摘、农耕体验、观光旅游、养生度假等多种项目，加强配套项目建设，深入推进一二三产业融合发展。依托特色资源与文化，打造特色乡村休闲旅游村。利用"旅游＋""生态＋"等模式，推进农业、林业与旅游、教育、文化、康养等产业深度融合。打造各类主题乡村旅游目的地和精品线路，打造乡村旅游品牌项目。充分利用四川省的优质自然资源和多元人文景观资源，培育"接二连三、三产互动"新业态，实现农业与旅游、文化等产业深度融合，着力推进农村一二三产业融合发展。依托文化创意和特色文创，推动文化节庆活动、文创产品、特色文化产业等业态发展，不断发掘文化创意产品、激活乡村文化资源、促进乡土农耕文化的传播，复活乡村社区的文化空间活力。

附录一 科研项目

1. 美国伊利诺伊大学 ADM 研究中心合作课题"小麦产后减损问题研究", 2013 年度。
2. 农业部"十三五"农业农村经济发展规划编制前期研究重大课题"'十三五'时期农业农村经济发展重大问题研究",课题编号：2014-01。
3. 国家统计局委托课题"我国粮食综合生产能力评价研究", 2014 年度。
4. 中国农村金融论坛委托课题"创新农业经营体系与发展农业规模经营研究", 2014 年度。
5. 马克思主义理论研究和建设工程重大项目"加快农业现代化建设与'三农'问题研究",课题编号：2015MZD036。
6. 农业部软科学课题"'十二五'时期农业和农村政策回顾与评价研究", 2015 年度。
7. 中国农业发展银行委托课题"金融支持农业规模经营发展研究",课题编号：201505。
8. 美国福特基金会资助项目"村镇城市化战略与制度创新案例研究", 2016—2018 年度。
9. 清华大学中国农村研究院重点研究课题"稻谷最低收购价制度改革与补贴政策研究",课题编号：CIRS2017-8。
10. 中央农办委托课题"稳定和完善农村基本经营制度问题研究", 2017 年度。
11. 农业部"三农"重大问题研究课题"我国农业市场化问题研究",课题编号：2017-01。
12. 农业部"三农"重大问题研究课题"我国农业用地功能保护和政策研究",课题编号：2017-02。
13. 世界银行资助项目"土地流转、劳动力流动与中国农业发展研究", 2017—2019 年度。
14. 中国经济改革研究基金会资助项目"乡村振兴背景下的土地制度改革研究", 2018 年度。
15. 山东省人民政府决策咨询研究重大课题"乡村振兴战略中的产业融合与新六产发展研究", 2018 年度。
16. 国家粮食安全政策专家咨询委员会研究课题"我国稻谷供求平衡战略研究",课题编号：GLZK2018LX04。
17. 中国农业发展银行委托课题"金融支持低碳循环农业发展问题研究", 2019 年度。
18. 中央农办、农业农村部软科学课题"新中国 70 年农村发展与制度变迁研究", 2019 年度。
19. 中国发展研究基金会资助课题"财政支持新型农业经营主体发展案例研究", 2019 年度。
20. 国家社会科学基金特别委托项目"脱贫攻坚精神研究",课题批准号：20@ZH006。
21. 农业农村部重大调研课题"解决相对贫困问题机制研究", 2020 年度。

22. 中央农办、农业农村部重大调研课题"新冠疫情对农村经济影响研究",2020年度。

23. 平安银行资助项目"金融支持脱贫攻坚和乡村振兴理念与实践研究",2020年度。

24. 国家粮食和物资储备局技术服务项目招标课题"中国粮食国际竞争力比较研究",课题编号:ZCD - ZFCG(BJ - FW)2020 - 004。

25. 华中农业大学自主科技创新基金项目"完善乡村振兴制度框架和政策体系研究",课题编号:2021XCZX10。

附录二　主要著作

1.《当代中国经济转型与农村发展研究》，宋洪远等著，中国农业出版社，2014 年 1 月

本书收录了作者及其合作者在 1988—2012 年 25 年间撰写的研究分析报告共 80 篇。主要内容包括：经济增长与周期波动、城乡二元结构演变、农村经济结构调整、农村发展战略转型、农业产业发展、区域农业发展、粮食和食品安全、农民收入与减贫、农村劳动力流动、价格与市场调控、农户和部门行为、农村经营管理制度、农村财税制度和农村金融制度共 14 个方面。比较全面地反映了作者对当代中国经济转型与农村发展问题的观点和意见。

2.《农村全面建成小康社会之路》，主报告作者：宋洪远、李实，中国发展出版社，2014 年 2 月

本书对全面建设小康社会的由来及其在中国现代化进程中的历史方位做出了脉络清晰的回顾，对中国农村政策变迁做出了系统的梳理，提出了农村全面小康社会建设的六项重点任务和基本路径。报告从城乡互动及城乡发展一体化的视角出发，对人口变化、土地制度、农业生产、农民增收、社会保障、生态环境、社会治理、财政支持和城乡一体化等 10 个领域做了专题分析，提出了应对各领域问题的具体政策建议。2016 年 10 月，本书获得杜润生中国农村发展研究奖专著奖。

3.《中国企业对外农业投资战略研究》，宋洪远、张红奎等著，中国发展出版社，2014 年 12 月

本书围绕以企业为主体，扩大农业对外投资，加快农业"走出去"这个主题，分析了中国对外农业直接投资的基本状况、对外直接投资政策的演变、对外农业直接投资对中国农业和经济发展的影响、中国企业对外农业直接投资具备的有利条件、面临的问题和障碍、意向与选择以及国外政府的支持政策与启示等问题，提出了中国企业对外农业直接投资的战略思考和对策建议。

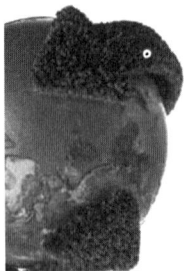

4.《中国新型农业经营主体发展研究》，宋洪远、赵海等著，中国金融出版社，2015 年 3 月

本书从宏观层面对新型农业经营主体的政策和现实问题进行了总结和梳理，提出了新型农业经营主体的内涵和特征；对家庭承包农户组织特征、功能定位和发展趋势进行了分析，指出其是新型农业经营主体的生成基础；分别对家庭农场、农民合作社、龙头企业、农业社会化服务组织的发展状况、组织特征、功能定位和发展趋势进行了分析，提出了相应的政策建议；分别对美国、日本、德国农业经营主体的发展状况和趋势特点进行了分析，归纳了经验启示。

5.《中国"三农"重要政策执行情况及实施机制研究》，宋洪远主编，科学出版社，2016 年 2 月

本书是国家自然科学基金应急项目研究成果。从系统梳理中共十六大以来我国"三农"政策的框架和内容入手，全面开展我国"三农"政策执行情况和执行效果分析评估，深入分析导致有关政策措施执行偏差的原因和效果不同的机理，总结借鉴主要国家和地区农业政策制定和执行的做法和经验，研究提出完善我国"三农"政策框架体系和调整政策措施的对策建议。

6.《中国农村经济分析和政策研究（2013—2016）》，宋洪远著，中国农业出版社，2016年9月

本书是《中国农村经济分析和政策研究报告》系列的第六本，收录了2013年至2016年关于中国农村经济和政策问题的分析报告30余篇。这些报告主要围绕农村土地制度、农业经营体系、农村劳动力转移、对外农业投资、粮食安全、农民收入、资源环境、农村改革、农业现代化、新型城镇化等方面的内容，对"十二五"时期的运行情况和"十三五"时期的发展趋势进行了分析和展望。

7.《"十二五"时期农业和农村政策回顾与评价》，宋洪远等著，中国农业出版社，2016年9月

本书基本上延续了《"十一五"时期的农业和农村经济政策》一书的分析框架。全书由总论、26个专题和附录组成，全面系统地介绍了2010—2015年期间，特别是党的十八大以来在中国农村实际推行过的各项农业和农村政策的背景、主要内容、实施机制以及对政策效果的评价等。

8.《大国根基——中国农村改革40年》，宋洪远主编，广东经济出版社，2018年4月

本书从粮食生产和食品安全、农村土地管理制度、农村基本经营制度、农产品流通和市场、农业支持保护制度、城乡发展一体化、农村财税金融制度、乡村治理机制、农业科技创新与技术推广、资源环境与生态建设、农业对外开放、农村劳动力转移、农村扶贫开发等14个方面，回顾分析了自1978年改革开放以来，我国在农业农村建设上取得的历史进展和巨大成就，展望了我国农业农村的未来发展和改革对策。

9. 《转型的动力——中国农业供给侧结构性改革》，宋洪远主编，广东经济出版社，2018年12月

中国是一个农业大国，农业是国民经济的基础产业，农业现代化是全面建设现代化国家的战略支撑。深入推进农业供给侧结构性改革，既为促进农业转型升级提供了动力，又为我国建设现代化经济体系增添了活力，也为世界农业发展贡献了中国智慧和中国方案。本书从理念到行动，从政策到实践，从项目到投资，从探索到模式，全景式描述了中国农业供给侧结构性改革的历程和成就。该书入选2019年广东省重点出版物暨"百部好书"扶持项目。

10. 《挑战与选择——中国稻谷收储政策改革》，宋洪远、高鸣等著，经济管理出版社，2018年12月

针对稻谷收储制度的市场化改革问题，本书从稻谷产业的现状、我国粮食储备制度发展与改革、最低收购价政策的现状和挑战、稻谷补贴政策的演变和现状，以及国外价补分离的成功经验等方面，全面分析了我国稻谷收储制度和补贴政策。

11. 《中国粮食价格波动、形成机制及调控政策研究》，宋洪远、翟雪玲等著，科学出版社，2019年2月

本书是国家社会科学基金重大项目研究成果。从粮食流通体制、支持政策、生产成本、经营主体、国际市场、宏观调控等方面，认真分析了我国粮食价格波动的周期及特点，深入研究了粮食价格波动的原因及形成机理，探讨了粮食价格波动与宏观经济波动的关系，提出了粮食市场价格调控的政策框架和主要措施。

12.《发展探源——如何构建农业现代化政策体系》，宋洪远、谭智心、张振著，中国农业出版社，2019 年 9 月

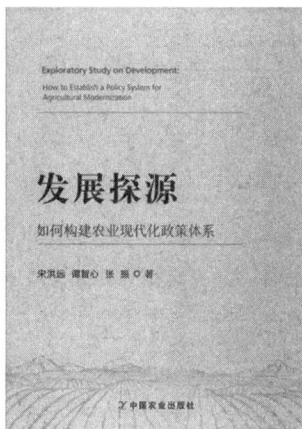

农业现代化是国家现代化的基础和支撑。农业现代化不仅包括农业生产过程的机械化、水利化和电气化、信息化等，而且拓展到生产条件、生产技术、生产标准、生产组织和管理制度等方面。本书从新中国成立以来我国农业现代化的发展历程和经验总结中，得出了一些对未来发展有借鉴意义的经验和启示。

13.《近代以来中国农村变迁史论》（全 4 卷），宋洪远总主编，清华大学出版社，2019 年 6 月、9 月

全书由 4 卷组成，是第一部由中国大陆学者撰写的全面系统反映近代 170 多年来中国社会转型中农村发展与制度变迁的著作。本书是清华大学中国农村研究院重大项目研究成果，是 2018 年度国家出版基金项目，列入"十三五"国家重点图书出版规划。2020 年 10 月，本书获得"张培刚发展经济学优秀成果奖"。

14.《新中国 70 年农村发展与制度变迁》，韩俊主编、宋洪远副主编，人民出版社，2019 年 10 月

本书系统回顾了新中国成立 70 年来农村发展与制度变迁的历程，总结了农村发展的重大成就，分析了农村改革的重要进展，阐述了全面深化农村改革的目标和任务，提出了着力推进重点领域和关键环节农村改革的思路和举措。

15.《战略与政策——中国稻谷供求平衡现状与趋势分析》，宋洪远、高鸣、迟亮等著，中国农业出版社，2020年6月

本书是国家粮食安全政策专家咨询委员会委托课题的研究成果。全书主要内容包括：稻谷生产现状分析、需求现状分析、库存及进出口贸易情况分析、供求平衡状况及价格波动机制分析等部分，基于湖南、黑龙江、浙江、江西等省份的实地调研，提出完善粮食储备制度、稻谷最低收购价政策、粮食补贴政策的思考和建议。

16.《深化与拓展——乡村振兴齐鲁样板青岛模式研究》，宋洪远、李竣、高鸣等著，中国农业出版社，2020年7月

为贯彻落实习近平总书记"打造乡村振兴齐鲁样板、深化拓展莱西经验"的指示要求，山东省委、省政府对如何打造乡村振兴齐鲁样板做出了部署和安排。受青岛市农业农村局委托，课题组对"深化拓展乡村振兴齐鲁样板青岛模式"进行了系统研究。本书分为综合报告篇、专题报告篇、案例报告篇三大部分，对青岛市进行的探索与实践、取得的进展和成效进行了总结分析，提出了相关对策和建议。

17.《决胜全面小康：从脱贫攻坚到乡村振兴》，宋洪远主编、陈洁副主编，科学出版社，2020年8月

本书是2019年承担完成的农业农村部重大调研课题的成果报告。全书以全面建成小康社会、脱贫攻坚与乡村振兴三个发展议程间的相互关系为中心议题和概念框架，聚焦全面建成小康社会"三农"领域的短板和弱项，提出决胜全面建成小康社会的对策和建议；聚焦脱贫攻坚的重点地区和突出问题，提出决战脱贫攻坚、推进持续减贫的政策和措施；聚焦乡村振兴的目标任务和总体要求，分析从脱贫攻坚到乡村振兴面临的矛盾和问题，提出实现两者有机衔接的思路和建议。

18.《为乡村振兴提供制度保障和政策支撑》，宋洪远主编，中国农业出版社，2021 年 9 月

本书回顾了乡村振兴战略的时代背景和形成过程，总结了乡村振兴战略实施以来所取得的主要成就，剖析了乡村振兴战略的目标和重点任务，阐述了实施乡村振兴战略的指导思想和重大举措。在此基础上，通过专题研究的方式，提出了为乡村振兴提供制度保障和政策支撑的具体改革措施。

19.《农村产权制度改革与集体经济发展研究》，宋洪远、高鸣、倪坤晓等著，中国农业出版社，2021 年 11 月

本书概括了农村集体经济的内涵特点，回顾了农村集体经济的发展历程，总结了农村集体经济发展的经验启示，提出了发展壮大农村集体经济的政策建议。在此基础上，围绕农村集体产权制度改革、农村集体资产财务管理、农村产权交易市场建设、新型农村集体经济发展 4 个主题进行分析和研究，并对江苏、河北、河南、内蒙古 4 个省份的案例材料进行整理、归纳和分析。

20.《金融支持脱贫攻坚和乡村振兴理念与实践研究》，宋洪远、徐岗、夏英主编，中国农业出版社，2022 年 3 月

本书是农业农村部农村经济研究中心、平安银行股份有限公司和中国农业科学院农业经济与发展研究所联合编写的成果。总论部分回顾了脱贫攻坚和乡村振兴的提出及形成过程，阐述了脱贫攻坚和乡村振兴的重要意义，提出促进脱贫攻坚与乡村振兴有机衔接的建议。金融支持脱贫攻坚包括为实施精准扶贫精准脱贫方略、脱贫攻坚的目标要求和政策措施、金融支持脱贫攻坚的做法和成效、平安银行参与脱贫攻坚的做法和成效等 4 章。金融支持乡村振兴包括为坚持走中国特色乡村振兴道路、实施乡村振兴战略的重大举措、实施乡村振兴战略的重点任务、金融支持乡村振兴的做法和成效、平安银行参与乡村振兴的做法和成效等 5 章。

作 者 简 介

宋洪远，1983 年 7 月毕业于吉林大学经济系政治经济学专业，先后在国家统计局工业交通统计司、国家经济体制改革委员会中国经济体制改革研究所工作，农业农村部农村经济研究中心原主任、二级研究员，华中农业大学乡村振兴研究院院长、经济管理学院教授，中国农业大学和华中农业大学博士生导师。

受邀担任全国政协参政议政人才库特聘专家，国务院食品安全委员会专家委员会专家，中央农村工作领导小组办公室、农业农村部乡村振兴专家咨询委员会委员、副秘书长，国家粮食安全政策专家咨询委员会委员。山东省人民政府决策咨询特聘专家，中共四川省委、四川省人民政府决策咨询委员会委员，湖北省政协参政议政特聘专家。

自 1991 年以来一直从事农村发展研究与政策咨询工作，自 1997 年以来连续参加起草中央农村工作会议文件和中央领导同志讲话 40 多件。组织编写《中国农业发展报告》和主持编写《中国农村政策执行报告》，参加起草《粮食法（征求意见稿）》和《中国的粮食安全 1996》白皮书。先后有 38 项科研成果获得国务院和省部级领导批示，有 10 多项科研成果被国家和有关部门制定政策时采纳。中央国家机关党的十九大精神宣讲人。大型纪录片《大国根基》（共 6 集）总策划。中央电视台《中国经济大讲堂》演讲嘉宾。

主持完成国家社会科学基金重大项目和中宣部马克思主义理论研究和建设工程重大项目、国家自然科学基金应急项目和国家软科学重点项目、中国发展研究基金、中国经济改革研究基金和中华农业科教基金资助项目、国家部委和省级委托课题、世界银行、亚洲开发银行及其他国际机构合作课题 66 项。

在《经济研究》《管理世界》《经济社会体制比较》《改革》和《中国农村经济》《中国农村观察》《农业经济问题》《农业技术经济》《人民日报》《经济日报》《光明日报》《经济参考报》和《农民日报》等报刊发表文章 100 多篇，作为主笔和主编出版著作 40 部。

研究成果先后获得"张培刚发展经济学优秀成果奖""中国农村发展研究奖""中国图书奖""农业部软科学研究优秀成果奖""三农研究奖""亚洲开发银行和中国财政部技术援助项目政策推动奖"等。

1997 年 8 月被农业部授予部级有突出贡献的中青年专家，2001 年 6 月经人事部批准享受国务院颁发政府特殊津贴；1999 年 5 月荣获"科学中国人"称号，2008 年 10 月荣获"中国改革开放 30 年 60 名农村人物"称号。

图书在版编目（CIP）数据

新时代中国农村发展与政策研究 / 宋洪远等著 . —
北京：中国农业出版社，2022.5
ISBN 978-7-109-29381-6

Ⅰ. ①新… Ⅱ. ①宋… Ⅲ. ①农村经济发展—研究—
中国 Ⅳ. ①F32

中国版本图书馆 CIP 数据核字（2022）第 070851 号

新时代中国农村发展与政策研究

XINSHIDAI ZHONGGUO NONGCUN FAZHAN YU ZHENGCE YANJIU

中国农业出版社出版
地址：北京市朝阳区麦子店街 18 号楼
邮编：100125
责任编辑：贾 彬 文字编辑：耿增强
版式设计：杜 然 责任校对：范 琳
印刷：中农印务有限公司
版次：2022 年 5 月第 1 版
印次：2022 年 5 月北京第 1 次印刷
发行：新华书店北京发行所
开本：787mm×1092mm 1/16
印张：27.75
字数：750 千字
定价：128.00 元